JANE EYRE

CHARLOTTE BRONTË

Charlotte Brontë est née le 21 avril 1816 à Thornton dans le Yorkshire. Elle est la troisième fille du révérend Patrick Brontë, au sein d'une famille de condition modeste qui compte six enfants. Très jeune elle est confrontée à la mort, tout d'abord avec le décès de sa mère en 1821, puis c'est la tuberculose qui emporte ses deux sœurs aînées en 1825.
Devenue institutrice, puis gouvernante, elle reste habitée par le désir d'écrire. En 1845, elle découvre les écrits de sa sœur Emily et, enthousiasmée, propose à ses sœurs de publier un recueil collectif sous le titre *Poems by Currer, Ellis and Acton Bell* (1846). Elles se lancent alors dans l'écriture de romans, et c'est avec son deuxième texte, *Jane Eyre*, publié sous le pseudonyme de Currer Bell, que Charlotte trouve un éditeur et rencontre le succès. Charlotte débute la rédaction de son troisième roman, *Shirley*, tout en étant aux prises avec une profonde dépression suite aux décès successifs de son frère et de ses deux sœurs, victimes de la tuberculose. Néanmoins, soutenue par son éditeur, elle termine son roman et fait la connaissance du Tout-Londres et de ses pairs. En 1853, elle publie *Villette*, basé sur son séjour à Bruxelles en 1842. L'année suivante, elle épouse le vicaire de son père, Arthur Bell Nicholls. La maladie l'emporte le 31 mars 1855.

POCKET CLASSIQUES

CHARLOTTE BRONTË

JANE EYRE

Traduit de l'anglais par Sylvère Monod

POCKET

Le Code de la propriété intellectuelle n'autorisant, aux termes de l'article L. 122-5 (2° et 3° a), d'une part, que les « copies ou reproductions strictement réservées à l'usage privé du copiste et non destinées à une utilisation collective » et, d'autre part, que les analyses et les courtes citations dans un but d'exemple et d'illustration, « toute représentation ou reproduction intégrale ou partielle faite sans le consentement de l'auteur ou de ses ayants droit ou ayants cause est illicite » (art. L. 122-4).
Cette représentation ou reproduction, par quelque procédé que ce soit, constituerait donc une contrefaçon sanctionnée par les articles L. 335-2 et suivants du Code de la propriété intellectuelle.

© Pocket, un département d'Univers Poche, 2012,
pour la présente édition.

ISBN : 978-2-266-29904-6
Dépôt légal : janvier 2020

JANE EYRE
À Monsieur
W.M. THACKERAY
cet ouvrage est
respectueusement dédié par
L'AUTEUR

PRÉFACE DE LA DEUXIÈME ÉDITION

Une préface à la première édition de *Jane Eyre* étant inutile, je ne lui en donnai point ; cette seconde édition exige quelques mots à la fois de remerciements et d'observations diverses.

Ma gratitude va dans trois directions.

Au Public, pour l'oreille indulgente qu'il a prêtée à un simple récit sans guère de prétentions.

À la Presse, pour le vaste champ que ses suffrages honnêtes ont ouvert à un obscur débutant.

À mes Éditeurs, pour l'aide que leur délicatesse, leur énergie, leur sens pratique et leur franche générosité ont accordée à un auteur inconnu et qui n'avait personne pour le recommander.

La Presse et le Public ne sont pour moi que de vagues abstractions ; je ne puis donc que les remercier en termes vagues ; mais mes Éditeurs sont bien définis, et il en est de même pour certains critiques généreux qui m'ont encouragé comme un inconnu ne saurait être encouragé dans ses efforts que par des hommes au cœur large et à l'esprit noble ; à ceux-là, c'est-à-dire à mes Éditeurs et à ces quelques critiques distingués, je déclare avec chaleur : « Messieurs, je vous remercie de tout cœur. »

Ayant maintenant reconnu ce que je dois à ceux qui m'ont aidé et approuvé, je me tourne vers un autre groupe, peu nombreux à ma connaissance, mais qui ne doit pas pour autant être dédaigné. Je veux parler des rares personnes timorées ou pointilleuses qui se méfient de l'influence d'un livre comme *Jane Eyre,* aux yeux de qui tout ce qui s'écarte de l'ordinaire est dangereux, dont l'oreille décèle dans toute protestation contre le sectarisme générateur de crime une insulte à la piété, cette régente de Dieu sur la terre. À ces inquiets, je voudrais proposer certaines distinctions évidentes ; je voudrais leur rappeler certaines vérités toutes simples.

Qui dit convention ne dit pas morale. La satisfaction de soi n'est pas la religion. S'attaquer à l'une n'est pas livrer assaut à l'autre. Arracher le masque du visage du Pharisien n'est pas lever une main impie contre la couronne d'épines. Ces réalités et ces actions sont diamétralement opposées ; elles sont aussi distinctes que l'est le vice de la vertu. Les hommes les confondent trop souvent ; on ne doit pas les confondre ; on ne doit pas prendre l'apparence pour la vérité ; on ne doit pas substituer d'étroites doctrines humaines, tendant seulement à exalter et à glorifier quelques êtres, à la croyance en Christ qui rachète le monde. Il y a, je le répète, une différence ; et c'est une bonne et non une mauvaise action que de souligner clairement et visiblement la ligne de démarcation.

Peut-être le monde n'aime-t-il pas voir distinguer ces idées, car il s'est habitué à les mêler, estimant commode de faire passer l'apparence extérieure pour la valeur authentique, de laisser des murs blanchis attester de la pureté des sanctuaires. Le monde hait peut-être celui qui ose scruter et mettre au jour, soulever la dorure et révéler le vil métal qu'elle cache, pénétrer dans le sépulcre et dévoiler les reliques du charnier ; mais le monde a beau haïr un tel homme, il lui est redevable.

Achab[1] n'aimait pas Michée[2], parce que celui-ci ne prophétisait jamais de bien à son égard, mais seulement du mal ; il est probable qu'il lui préférait ce sycophante de fils de Kenaana ; pourtant, Achab aurait pu échapper à une mort sanglante, si seulement il avait refusé de prêter l'oreille à la flatterie et l'avait ouverte aux conseils loyaux.

Il est un homme de nos jours dont les paroles ne sont pas faites pour chatouiller les oreilles délicates ; un homme qui, à mon sens, se dresse devant les grands de notre monde à peu près comme le fils de Yimla se dressait devant le trône des rois de Juda et d'Israël ; un homme qui parle avec une vérité aussi profonde, une puissance aussi prophétique et vitale, un visage aussi audacieux et intrépide. Admire-t-on en haut lieu le satiriste de *La Foire aux vanités*[3] ? Je n'en sais rien ; mais je pense que si certains de ceux parmi lesquels il jette le feu grégeois de ses sarcasmes et au-dessus desquels il brandit les foudres de ses dénonciations pouvaient entendre à temps ses avertissements, ils pourraient encore, eux ou leur descendance, échapper à un fatal Ramot de Galaad[4].

Pourquoi ai-je fait allusion à cet homme ? Lecteur, j'ai fait allusion à lui parce que je pense voir en lui une intelligence plus profonde et plus exceptionnelle que ses contemporains ne l'ont encore reconnu ; parce que

---

1. Roi d'Israël entre 874 et 853 avant Jésus-Christ (toutes les notes sont de l'éditeur).
2. Michée est l'un des douze petits prophètes auxquels sont attribués des livres de la Bible, Le Livre de Michée en l'occurrence.
3. Roman de William Makepeace Thackeray, qui y dépeint la société anglaise de la première moitié du XIXe siècle et la critique de façon mordante.
4. Bataille lors de laquelle Achab fut mortellement touché par un archer.

je le tiens pour le premier régénérateur social de notre époque, pour le maître véritable de ce petit groupe d'ouvriers qui s'efforcent de redresser notre système déformé ; parce que je pense que nul commentateur de ses écrits n'a encore trouvé de comparaison qui lui convienne, de termes qui définissent convenablement son talent. On dit qu'il ressemble à Fielding : on parle de son esprit, de son humour, de sa force comique. Il ressemble à Fielding comme l'aigle ressemble au vautour ; Fielding était capable de s'abattre sur la charogne, mais Thackeray ne l'est pas. Son esprit est éclatant, son humour est attrayant, mais l'un et l'autre ont avec le côté sérieux de son génie le même rapport qu'ont les simples éclairs diffus et blafards qui se jouent au bord d'un nuage d'été avec l'étincelle électrique porteuse de mort qui se cache en son sein. Enfin, j'ai fait allusion à M. Thackeray, parce que c'est à lui (s'il veut bien accepter l'hommage de quelqu'un qui lui est complètement inconnu) que j'ai dédié cette deuxième édition de *Jane Eyre*.

CURRER BELL.
21 décembre 1847.

NOTE POUR LA TROISIÈME ÉDITION

Je profite de l'occasion que m'offre une troisième édition de *Jane Eyre* pour adresser encore un mot au public, afin d'expliquer que mon titre au nom de romancier repose sur ce seul ouvrage. Si, par conséquent, la paternité d'autres œuvres d'imagination m'a été attribuée, un honneur est décerné à qui ne le mérite pas, donc refusé à qui y aurait droit.

Cette explication servira à corriger les erreurs qui ont déjà pu se produire, et à en prévenir le retour pour l'avenir.

CURRER BELL.
13 avril 1848.

CHAPITRE I

Impossible de nous promener ce jour-là. À vrai dire, nous avions fait un tour le matin pendant une heure dans le bosquet dépouillé de ses feuilles ; mais depuis le dîner (Mme Reed dînait de bonne heure quand il n'y avait pas d'invités), le vent froid de l'hiver avait apporté des nuages si sombres et une pluie si pénétrante qu'il ne pouvait plus être question désormais de prendre de l'exercice au-dehors.

J'en étais contente ; je n'ai jamais aimé les longues promenades, surtout l'après-midi par temps froid ; je redoutais le retour dans l'air âpre du crépuscule, qui vous pinçait les doigts et les orteils, tandis que j'avais le cœur attristé par les gronderies de Bessie, la bonne d'enfants, et humilié par le sentiment de mon infériorité physique à l'égard d'Eliza, de John et de Georgiana Reed.

Les susdits Eliza, John et Georgiana étaient à présent pressés autour de leur maman dans le salon : elle était allongée sur un sofa au coin du feu et, ayant autour d'elle ses chérubins (qui momentanément ne se disputaient pas ni ne pleuraient), elle avait l'air parfaitement heureuse. Pour moi, elle m'avait dispensée de me joindre à ce groupe, en disant qu'elle regrettait de devoir me tenir à distance, mais que, jusqu'au jour où elle apprendrait par Bessie et se rendrait compte par elle-même que je m'efforçais pour tout de bon d'acquérir un caractère plus sociable et plus enfantin, ainsi que des manières plus plaisantes et plus enjouées, de devenir un peu plus gaie, plus franche, ou, pour ainsi dire, plus naturelle... jusqu'à ce jour elle était vraiment obligée de m'exclure des privilèges réservés aux petits enfants heureux et satisfaits de leur sort.

— De quoi Bessie m'accuse-t-elle ? demandai-je.

— Jane, je n'aime pas les questionneuses et les ergoteuses ; d'ailleurs il y a quelque chose de véritablement repoussant dans le spectacle d'une enfant qui reprend les grandes personnes de cette manière. Va t'asseoir quelque part ; et tant que tu ne seras pas capable de parler aimablement, tais-toi.

Une petite salle à manger était contiguë au salon. C'est là que je me réfugiai sans attirer l'attention. Il s'y trouvait une bibliothèque ; j'eus tôt fait de m'emparer d'un volume, en prenant soin d'en choisir un qui fût abondamment illustré. Je me hissai sur la banquette de la fenêtre ; je ramenai mes jambes sous moi et m'assis à la turque ; alors, quand j'eus presque complètement tiré le rideau de moreen[1] rouge, je me trouvai préservée par une double retraite.

Des plis de draperie écarlate arrêtaient mes regards à droite ; à gauche des vitres claires me protégeaient, sans m'en séparer, de cette triste journée de novembre. Par moments, tandis que je tournais les pages de mon livre, j'examinais l'apparence de cet après-midi hivernal. Au loin, il n'offrait qu'une masse pâle et indistincte de brume et de nuages ; plus près, le spectacle se composait de pelouses trempées et de buissons battus par

---

1. Étoffe résistante, en laine ou en coton.

la tempête, cependant qu'une pluie incessante fuyait en désordre devant une longue et plaintive rafale.

Je revins à mon livre, *L'Histoire des oiseaux britanniques,* de Bewick[1] ; du texte je me souciais fort peu en général ; pourtant il s'y trouvait certaines pages que, malgré mon très jeune âge, je ne pouvais laisser passer avec une complète indifférence. C'étaient celles qui décrivent les repaires des oiseaux de mer, les « rocs et promontoires solitaires » habités par eux seuls ; la côte de Norvège, semée d'îles depuis son extrémité méridionale, le Lindesnes ou Nase, jusqu'au cap Nord,

Où l'Océan nordique, en vastes tourbillons,
Bouillonne autour des îles noires et mélancoliques
De la plus lointaine Thulé, et où la houle atlantique
Se déverse au milieu des orageuses Hébrides[2].

Non plus que je ne pouvais laisser passer sans y prêter attention l'évocation des froids rivages de la Laponie, de la Sibérie, du Spitzberg, de la Nouvelle-Zemble, de l'Islande, du Groenland, avec « la vaste étendue de la zone arctique et ces régions désertes aux espaces lugubres, ce réservoir de gel et de neige, où des surfaces de glace solide accumulée par des siècles d'hivers, figées en forme de montagne après montagne hautes comme les Alpes, entourent le pôle et concentrent les rigueurs multipliées d'une froideur extrême[3] ». De ces royaumes blancs comme la mort, je me faisais mon idée personnelle, indistincte, comme toutes les notions à demi assimilées qui flottent obscurément dans

---

1. Thomas Bewick (1753-1828) est un graveur et ornithologue britannique.
2. Citation du poème de James Thomson (1700-1748), *Les saisons.*
3. Citation de Bewick, *L'histoire des oiseaux britanniques.*

un cerveau d'enfant, mais étrangement imposante. Les termes de ces pages d'introduction s'associaient aux vignettes qui leur faisaient suite et donnaient leur sens à un rocher dressé tout seul dans une mer de lames et d'embruns ; à l'embarcation brisée et échouée sur une côte désolée ; à la lune froide et effrayante qui, entre des barreaux de nuage, dardait ses rayons sur une épave au moment précis où elle sombrait.

Je ne saurais dire quel sentiment hantait le cimetière entièrement solitaire avec sa pierre tombale gravée d'une inscription, sa grille, ses deux arbres, son horizon bas, ceinturé d'un mur délabré, et son croissant de lune fraîchement levé, pour marquer le moment de la soirée.

Quant aux deux navires encalminés sur une mer inerte, je les considérais comme des fantômes marins.

Sur le démon qui rivait au sol le baluchon du voleur derrière lui, je passais rapidement, car c'était un objet de terreur.

De même l'être noir et cornu assis à l'écart sur un rocher et contemplant la foule lointaine qui entourait un gibet.

Chaque image racontait une histoire, une histoire souvent mystérieuse pour mon intelligence rudimentaire et mes sentiments mal dégrossis, mais toujours puissamment intéressante ; aussi intéressante que les contes narrés parfois par Bessie, les soirs d'hiver où elle était par hasard de bonne humeur et où, après avoir transporté sa table de repassage devant l'âtre de la chambre d'enfants, elle nous permettait de l'entourer et, tandis qu'elle apprêtait les ruches de dentelle de Mme Reed et gaufrait la bordure de ses bonnets de nuit, donnait en pâture à notre avide attention des histoires d'amour et d'aventure empruntées à de vieux contes de fées et à de plus vieilles ballades ; ou encore (ainsi que je le découvris plus tard) aux pages de *Pamela*[1] et de *Henri, comte de Moreland*[2].

Avec Bewick sur mes genoux, j'étais alors heureuse ; heureuse à ma façon, du moins. Je ne redoutais rien d'autre qu'une interruption et elle survint trop vite. La porte de la petite salle à manger s'ouvrit.

— Fi ! Madame la Boudeuse ! s'écria la voix de John Reed ; puis il se tut, car il avait trouvé la pièce apparemment vide.

— Où diantre est-elle ? poursuivit-il. Lizzy ! Georgy ! (il appelait ses sœurs) Jane n'est pas ici, dites à maman qu'elle s'est sauvée dehors sous la pluie... la vilaine bête !

« Il est heureux que j'aie tiré le rideau », pensai-je ; et de souhaiter avec ferveur qu'il ne découvrît pas ma cachette.

D'ailleurs, John Reed ne l'eût pas trouvée tout seul, car il n'avait aucune vivacité de regard ni de réflexion ; mais Eliza passa la tête à la porte et dit aussitôt :

— Elle est sur la banquette de la fenêtre, Jack, tu peux en être sûr.

Alors je sortis immédiatement, car je tremblais à l'idée d'être extraite de ma cachette par le susnommé Jack.

— Que me voulez-vous ? demandai-je avec une gaucherie inquiète.

— Il faut dire : « Que me voulez-vous, monsieur Reed ? », me fut-il répondu. Je veux que tu viennes ici.

Et, s'installant dans un fauteuil, il m'intima d'un geste l'ordre de m'approcher et de me tenir debout devant lui.

---

1. *Pamela ou la Vertu récompensée*, premier roman de Samuel Richardson, écrivain britannique (1689-1761).
2. *Henri, comte de Moreland* est une version abrégée d'un roman de Henry Brooke (1703-1783), *Le Sot de qualité*.

John Reed était un écolier de quatorze ans ; il avait donc quatre ans de plus que moi, qui n'en avais que dix ; il était grand et gros pour son âge et il avait le teint gris et malsain, des traits épais dans un visage massif, les bras et les jambes lourds, de grands pieds et de grandes mains. Il avait l'habitude de se gaver de nourriture, ce qui le rendait bilieux et lui donnait des yeux ternes et larmoyants au-dessus de ses joues flasques. Il aurait dû se trouver présentement à l'école ; mais sa maman l'avait fait rentrer à la maison pour un mois ou deux « à cause de sa santé délicate ». M. Miles, le maître d'école, affirmait qu'il se porterait fort bien s'il ne recevait de chez lui tant de gâteaux et de bonbons ; mais le cœur de la mère refusait d'admettre une notion aussi cruelle, et préférait l'idée plus distinguée que le teint jaunâtre de John était dû à un excès d'application, ainsi, peut-être, qu'à la nostalgie du foyer.

John n'avait guère d'affection pour sa mère et ses sœurs et pour moi il avait de l'antipathie. Il me tyrannisait et me brutalisait, non point deux ou trois fois par semaine, ni même une ou deux fois par jour, mais en permanence. Toutes les fibres de mon être le craignaient, tout ce que j'avais de chair dans le corps se contractait à son approche. Il y avait des moments où j'étais affolée par la terreur qu'il m'inspirait, parce que je n'avais absolument aucun recours contre ses menaces ou ses brimades ; les domestiques ne voulaient pas offenser leur jeune maître en prenant mon parti contre lui et Mme Reed était aveugle et sourde à ce sujet ; jamais elle ne le voyait me frapper ou ne l'entendait m'insulter, bien qu'il fît de temps en temps l'un et l'autre en sa présence même ; mais il le faisait plus fréquemment quand elle avait le dos tourné.

Ayant l'habitude d'obéir à John, je m'approchai de son fauteuil ; il passa quelque trois minutes à me tirer la langue en l'avançant aussi loin qu'il le pouvait sans se faire de mal ; je savais qu'il allait bientôt me frapper et, tout en redoutant le coup, je méditai sur l'apparence hideuse et répugnante de celui qui n'allait pas tarder à me l'administrer. Je me demande s'il lut cette pensée sur mon visage, car, sans mot dire, il me frappa soudain violemment. Je chancelai, puis, après avoir retrouvé mon équilibre, je me retirai à un ou deux pas de son fauteuil.

— C'était pour te punir de ton insolence quand tu as répondu à maman tout à l'heure, me dit-il, et de ta façon sournoise de te cacher derrière les rideaux, et du regard que tu avais dans les yeux il y a deux minutes, espèce de rat !

Habituée aux injures de John Reed, je n'aurais jamais eu l'idée d'y répondre ; je me préoccupais de savoir comment supporter le coup qui allait assurément faire suite à l'insulte.

— Que faisais-tu derrière le rideau ? me demanda-t-il.

— Je lisais.

— Fais voir quel livre.

Je retournai à la fenêtre et j'en rapportai le livre.

— Tu n'as pas le droit de prendre nos livres ; tu n'es qu'une pauvresse, maman l'a dit ; tu n'as pas d'argent ; ton père ne t'en a pas laissé ; tu devrais mendier au lieu de vivre ici avec des enfants de bonne famille comme nous, de prendre les mêmes repas que nous et de t'habiller aux frais de maman. Maintenant je vais t'apprendre à fouiller ma bibliothèque, car elle est à moi ; toute la maison m'appartient, ou m'appartiendra dans quelques années. Va te placer près de la porte à distance de la glace et des fenêtres.

C'est ce que je fis, sans comprendre tout d'abord quelle était son intention, mais quand je le vis soulever et brandir le livre pour s'apprêter à le jeter, je sautai instinctivement de côté en poussant un cri d'indignation ; cependant je ne fus pas assez prompte : le volume fut lancé, il m'atteignit, et je tombai en me cognant et en me blessant la tête contre la porte. La blessure saignait, la douleur était vive ; je n'étais plus au comble de la fureur ; d'autres sentiments en avaient pris la place.

— Vous êtes un gamin méchant et cruel ! disais-je. Vous êtes comme un criminel... Comme un vrai garde-chiourme... Comme les empereurs romains !

J'avais lu l'*Histoire de Rome* de Goldsmith et j'avais mes idées sur Néron, Caligula et compagnie. De plus j'avais établi en silence certains rapprochements que je n'avais nulle intention de proclamer ainsi publiquement.

— Comment ! Comment ! s'écria-t-il. A-t-elle pu me dire une chose pareille ? L'avez-vous entendue, Eliza et Georgiana ? Tu penses que je vais le dire à maman ! Mais d'abord...

Il se rua sur moi ; je le sentis qui m'empoignait les cheveux et l'épaule ; mais il était aux prises avec une forcenée. Je voyais vraiment en lui un despote et un criminel. Je sentis une ou deux gouttes de sang qui me coulaient de la tête dans le cou et j'éprouvais une douleur passablement cuisante ; ces sensations l'emportèrent momentanément sur la crainte et je le reçus avec frénésie. Je ne sais trop ce que je fis de mes mains, mais il m'appela « Rat ! rat ! » et poussa des hurlements. Des renforts étaient à proximité de lui : Eliza et Georgiana avaient couru chercher Mme Reed, qui était montée au premier : elle arrivait sur les lieux à cet instant, suivie de Bessie et de sa femme de chambre Abbot. On nous sépara ; j'entendis les paroles suivantes :

— Mon Dieu ! mon Dieu ! Une vraie furie ! Quelle façon de se jeter sur M. John !

— A-t-on jamais vu pareille image de la colère ?

Puis Mme Reed lança un ordre :

— Emmenez-la et enfermez-la dans la chambre rouge.

Quatre mains se posèrent instantanément sur moi et je fus emportée au premier étage.

CHAPITRE II

Je me débattis pendant tout le trajet ; c'était inattendu de ma part et cette circonstance fit beaucoup pour renforcer l'opinion défavorable que Bessie et Mlle Abbot étaient enclines à concevoir à mon endroit. Le fait est que je ne me dominais pas entièrement, ou plutôt que j'étais, comme on dirait en français, *hors de moi*[1]. Je me rendais compte qu'un instant de révolte m'avait déjà exposée à des châtiments inusités et, comme tous les autres esclaves rebelles, j'étais résolue, dans mon désespoir, à me porter à n'importe quelles extrémités.

— Tenez-lui les bras, mademoiselle Abbot : elle est comme une chatte enragée.

— Quelle honte, quelle honte ! s'écria la femme de chambre. Quelle conduite abominable, Mademoiselle, que de frapper un jeune monsieur, qui est le fils de votre bienfaitrice et votre jeune maître !

— Mon maître ! En quoi est-il mon maître ? Suis-je une domestique ?

— Non : vous êtes moins qu'une domestique, car vous ne faites rien pour gagner votre nourriture. Allons, asseyez-vous et réfléchissez à votre méchanceté.

---

1. En français dans le texte, comme tous les termes français mis en italique dans l'ouvrage.

Elles m'avaient déjà introduite dans la pièce désignée par Mme Reed et m'avaient plantée sur un tabouret ; une impulsion m'en fit jaillir comme un ressort ; leurs quatre mains m'immobilisèrent instantanément.

— Si vous ne vous tenez pas tranquille, il va falloir qu'on vous ligote, dit Bessie. Mademoiselle Abbot, prêtez-moi vos jarretières ; elle aurait tôt fait de casser les miennes.

Mlle Abbot se détourna pour dépouiller sa jambe épaisse de la ligature demandée. Cette façon de préparer mes liens et le surcroît d'opprobre qu'elle impliquait me firent perdre un peu de ma surexcitation.

— Ne les enlevez pas, m'écriai-je ; je ne bougerai plus.

En foi de quoi, je me cramponnai des deux mains à mon siège.

— Cela vaudra mieux pour vous, dit Bessie.

Puis quand elle se fut assurée que je me calmais vraiment, elle relâcha son étreinte sur moi ; alors Mlle Abbot et elle restèrent, bras croisés, à contempler mon visage d'un air sombre et inquiet, comme si elles doutaient que je fusse saine d'esprit.

— C'est la première fois qu'elle fait une chose pareille, finit par dire Bessie en se tournant vers la soubrette.

— Mais ça a toujours été dans sa nature, lui fut-il rétorqué. J'ai souvent dit à Madame ce que je pensais de cette enfant, et Madame est tombée d'accord avec moi. C'est une petite sournoise ; je n'ai jamais vu une fille de son âge aussi portée à la dissimulation.

Bessie ne lui répondit pas, mais, au bout de peu de temps, elle s'adressa à moi pour me dire :

— Vous devriez comprendre, Mademoiselle, que vous avez des obligations envers Mme Reed : elle vous nourrit ; si elle vous mettait dehors, vous en seriez réduite à l'asile des pauvres.

Je n'avais rien à répondre à de tels propos ; ils n'étaient pas nouveaux pour moi ; les tout premiers souvenirs de ma vie comportaient des indications du même genre. Ce reproche d'être à la charge d'autrui était devenu comme une vague rengaine à mes oreilles ; très pénible et accablante, mais seulement à demi intelligible. Mlle Abbot fit chorus.

— Et vous ne devriez pas vous estimer l'égale des demoiselles Reed et du jeune M. Reed, parce que Madame a la bonté de vous faire élever avec eux. Ils auront beaucoup d'argent et vous n'en aurez pas du tout ; il vous convient d'être humble et de tâcher de vous rendre agréable envers eux.

— Ce qu'on vous en dit, c'est pour votre bien, ajouta Bessie d'une voix sans dureté ; vous devriez essayer d'être utile et aimable ; ainsi peut-être trouveriez-vous un foyer dans cette maison ; mais si vous devenez coléreuse et brutale, je suis sûre que Madame vous renverra.

— D'ailleurs, dit Mlle Abbot, Dieu va la punir : pourrait la faire mourir subitement au beau milieu de ses colères, et alors, où irait-elle ? Venez, Bessie, nous allons la quitter ; pour rien au monde je ne voudrais avoir un cœur comme le sien. Récitez vos prières, mademoiselle Eyre, quand vous serez seule ; car si vous ne vous repentez pas, un être malfaisant pourrait bien être autorisé à descendre par la cheminée pour venir vous emporter.

En s'en allant, elles refermèrent la porte derrière elles et laissèrent la clef dans la serrure.

La chambre rouge était une chambre à coucher, où il était fort rare qu'on couchât ; je pourrais même dire en fait qu'on n'y couchait jamais, à moins qu'un afflux inusité de visiteurs au château de Gateshead n'obligeât à tirer parti de toutes les possibilités de logement qu'il offrait ; et pourtant c'était l'une des pièces les plus vastes et les plus majestueuses de cette demeure. Un lit soutenu par de massives colonnes d'acajou, tendu de rideaux en damas rouge sombre, se dressait au centre comme un tabernacle ; les deux grandes fenêtres, aux stores toujours baissés, disparaissaient presque sous des festons et des cascades d'une draperie analogue ; le tapis était rouge ; la table, au pied du lit, était couverte d'un tissu pourpre ; les murs d'une couleur fauve pâle, teintée d'une nuance de rose ; l'armoire, la table de toilette, les chaises étaient en vieil acajou ciré de teinte foncée. Du fond de ce décor ténébreux surgissaient et étincelaient de blancheur les matelas et les oreillers entassés sur le lit et recouverts d'une neigeuse courte-pointe molletonnée. À peine moins visible était un vaste fauteuil à coussins placé près de la tête du lit ; il était blanc, lui aussi, avec un tabouret par-devant, et ressemblait, dans ma pensée, à un pâle trône.

Cette pièce était froide, parce qu'on y faisait rarement du feu ; silencieuse, parce que éloignée de la salle de jeu et des cuisines ; solennelle, parce qu'on savait que les gens y entraient très rarement. Seule la femme de chambre y venait le samedi pour ôter des glaces et des meubles la poussière paisiblement accumulée pendant la semaine, et de loin en loin Mme Reed en personne s'y rendait pour passer en revue le contenu de certain tiroir secret de l'armoire où étaient conservés divers parchemins, sa cassette de bijoux et une miniature de son défunt époux, et ces derniers mots livrent le secret de la chambre rouge… le charme qui la maintenait dans une telle désolation en dépit de sa majesté.

M. Reed était mort depuis neuf ans ; c'était dans cette pièce qu'il avait rendu le dernier soupir, c'est là qu'il avait reposé en grand apparat ; c'est de là que son cercueil avait été emporté par les gens des pompes funèbres ; aussi, depuis ce jour, le sentiment d'un caractère sacré et lugubre l'avait-il préservée de fréquentes intrusions.

Mon siège, auquel Bessie et l'acerbe Mlle Abbot m'avaient laissée rivée, était une ottomane basse, proche de la cheminée de marbre ; le lit se dressait devant moi ; à ma droite se trouvait la haute et lourde armoire dont les panneaux luisants étaient traversés de reflets atténués et fragmentaires, à ma gauche les fenêtres emmitouflées ; entre elles un grand miroir reproduisait la terne majesté du lit et de la chambre. Je n'étais pas absolument sûre qu'elles eussent fermé la porte à clef, aussi dès que j'osai bouger, me levai-je pour aller voir ce qu'il en était. Hélas, oui ! Nul cachot ne fut jamais plus sûr. En revenant, il me fallut passer devant le miroir ; mon regard fasciné explora involontairement les profondeurs qu'il révélait. Tout paraissait plus froid et plus sombre dans cette cavité imaginaire que dans la réalité ; et l'étrange petite silhouette que j'y vis me contempler, dont le visage et les bras formaient trois taches blanches sur les ténèbres et dont les yeux étincelants de crainte remuaient alors que tout le reste était immobile, me fit l'effet d'être un véritable esprit : elle me sembla pareille à l'un des minuscules fantômes, mi-fées mi-lutins, que les récits vespéraux de Bessie représentaient comme émergeant des fougères dans les replis solitaires des landes et apparaissant aux yeux des voyageurs attardés. Je regagnai mon siège.

Dès cet instant, la superstition me tenait compagnie, mais l'heure de sa victoire complète n'avait pas sonné ; j'avais encore le sang échauffé ; l'état d'esprit de l'esclave révolté me donnait encore le soutien de sa vigueur acerbe ; il me fallait endiguer un flot rapide de réflexions rétrospectives avant de trembler devant le lugubre présent.

Toutes les violentes tyrannies de John Reed, toute la hautaine indifférence de ses sœurs, toute l'aversion de sa mère, toute la partialité des domestiques remontèrent à la surface de mon esprit agité comme un dépôt noirâtre dans un puits troublé. Pourquoi devais-je toujours souffrir, toujours être rabrouée, toujours accusée, condamnée sans cesse ?

Pourquoi ne pouvais-je jamais plaire ? Pourquoi était-ce en vain que j'essayais de gagner les faveurs de quiconque ? Eliza, qui était têtue et égoïste, se faisait respecter. Georgiana, qui avait un caractère d'enfant gâté, des rancunes acharnées, un comportement vétilleux et insolent, obtenait ce qu'elle voulait de tout le monde. Sa beauté, ses joues roses et ses boucles blondes paraissaient ravir tous ceux qui la regardaient et lui permettre d'échapper aux conséquences de toutes ses fautes. John n'était jamais contrarié et moins encore puni par personne, et pourtant il tordait le cou aux pigeons, tuait les petits paonneaux, lançait les chiens contre les moutons, dépouillait de leurs fruits les vignes de la serre, cassait les boutons des plantes les plus rares du jardin d'hiver ; avec cela, il appelait sa mère « ma vieille », lui reprochait parfois d'avoir le teint olivâtre comme lui-même, refusait ouvertement de tenir compte de ses désirs, déchirait ou salissait assez fréquemment ses robes de soie : mais il restait toujours « mon trésor chéri ». Moi, je n'osais commettre aucune faute, je m'efforçais d'accomplir tous mes devoirs ; et l'on me traitait de désobéissante et d'assommante, de grognon et de sournoise, du matin jusqu'à midi et de midi jusqu'au soir.

J'avais encore la tête endolorie et ensanglantée par le coup et la chute que j'avais subis ; personne n'avait réprimandé John pour m'avoir frappée gratuitement ; mais, parce que je m'étais dressée contre lui pour éviter de nouvelles violences insensées, on m'accablait d'un opprobre unanime.

« Injustice… injustice ! » disait ma raison, stimulée par cet aiguillon torturant au point de posséder une puissance précoce mais passagère ; et ma Résolution, également exacerbée, me suggérait de recourir, pour parvenir à échapper à cette intolérable oppression, à quelque expédient inouï, tel que de prendre la fuite ou, si cela se révélait impraticable, de ne plus rien manger ni boire et de me laisser mourir.

Dans quelle consternation avais-je l'âme plongée en ce lugubre après-midi ! Quel tumulte régnait dans tout mon esprit, quelle insurrection dans mon cœur tout entier ! Et pourtant dans quelles ténèbres, dans quelle épaisse ignorance se livrait cette bataille mentale ! J'étais incapable de répondre à mon incessante question intérieure : pourquoi souffrais-je de la sorte ? À présent, avec le recul de… je ne dirai pas combien d'années, je vois clairement les choses.

J'étais une fausse note au château de Gateshead ; je ne ressemblais à aucun de ses habitants ; je n'avais aucun élément d'harmonie avec Mme Reed, ni avec ses enfants ni avec les vassaux de son choix. S'il est vrai que les gens ne m'aimaient pas, je ne les aimais pas davantage. Ils n'étaient pas tenus de considérer avec affection un être incapable de se trouver en sympathie avec un seul d'entre eux ; un être hétérogène, qu'opposaient à eux son tempérament, ses capacités, ses penchants ; un être inutile, impropre à servir leurs intérêts ou à accroître leur plaisir ; un être nocif, qui cultivait les germes de l'indignation devant leur traitement, du mépris pour leur jugement. Je sais que si j'avais été une enfant joyeuse, brillante, insouciante, exigeante, jolie, turbulente (même en restant tout aussi dépourvue de ressources et d'appuis), Mme Reed aurait toléré ma présence plus aisément ; ses enfants auraient eu pour moi plus de considération et de camaraderie ; les domestiques auraient été moins enclins à faire de moi le bouc émissaire du groupe des petits.

La lumière du jour commença à se retirer de la chambre rouge ; il était quatre heures passées et l'après-midi orageux tournait au crépuscule sinistre. J'entendais la pluie qui continuait à battre sans cesse la fenêtre de l'escalier et le vent qui mugissait dans le bosquet derrière le vestibule ; petit à petit je me sentis froide comme la pierre et c'est alors que mon courage tomba. Mon humeur habituelle, faite d'humiliation, de doute de moi, d'abattement morose, jeta un froid sur les tisons de mon courroux qui s'éteignait. Tout le monde disait que j'étais méchante, et peut-être l'étais-je en effet ; quelle pensée venais-je précisément de concevoir, sinon de me laisser mourir de faim ? Assurément c'était un crime ; d'ailleurs, étais-je prête à mourir ? ou le caveau situé sous le chœur de l'église de Gateshead était-il une destination alléchante ? Dans ce caveau, m'avait-on dit, était enseveli M. Reed : entraînée par cette réflexion à évoquer son idée, je m'y arrêtai avec une crainte grandissante. Je ne me souvenais pas de lui, mais je savais qu'il était vraiment mon oncle, le frère de ma mère, qu'il m'avait recueillie chez lui, orpheline en bas âge ; et qu'à ses derniers instants il avait demandé à Mme Reed de lui promettre qu'elle allait m'élever et me pourvoir comme l'un de ses propres enfants. Mme Reed considérait probablement qu'elle avait tenu cette promesse ; et j'imagine qu'elle s'en était acquittée en effet dans toute la mesure où sa nature le lui permettait ; mais comment aurait-elle pu aimer véritablement une intruse, quelqu'un qui n'était pas de sa race et ne lui était attachée, depuis la mort de son mari, par aucun lien ? Il avait dû lui être particulièrement pénible de se trouver contrainte, par un engagement pris à contre-cœur, de tenir lieu de mère à une enfant déconcertante qu'elle ne pouvait aimer, et de voir une étrangère antipathique installée en permanence au milieu de son propre groupe familial.

Une idée singulière commença à m'envahir. Je ne doutais pas (je n'en ai jamais douté) que, si M. Reed avait vécu, il m'eût traitée avec bonté ; aussi à cet instant, tandis que je contemplais le lit blanc et les murs plongés dans l'ombre, non sans tourner aussi de temps à autre un regard fasciné vers le miroir qui luisait obscurément, je commençai à me rappeler ce que j'avais entendu dire de morts qui, troublés dans leur tombe par la violation de leurs dernières volontés, revenaient sur terre pour punir les parjures et venger les opprimés, et je songeais que l'esprit de M. Reed, tourmenté par les torts que subissait l'enfant de sa sœur, allait peut-être quitter sa demeure (soit dans le caveau de l'église, soit dans le monde inconnu des disparus) et surgir devant moi dans cette chambre. J'essuyai mes larmes et fis taire mes sanglots, de crainte que le moindre signe de chagrin violent ne risquât de susciter une voix surnaturelle pour me réconforter ou de faire jaillir de l'ombre un visage entouré d'un halo qui se pencherait sur moi avec une mystérieuse pitié. Cette idée était consolante en principe, mais je me rendis compte qu'elle serait terrifiante si elle se réalisait : de toutes mes forces je m'appliquai à l'étouffer... je m'appliquai à être ferme. Rejetant en arrière les cheveux que j'avais devant les yeux, je levai la tête et j'essayai de promener un regard hardi autour de la chambre ; à cet instant une lueur apparut sur le mur. Était-ce, me demandai-je, un rayon de lune qui pénétrait par quelque interstice du store ?

Non ; la clarté de la lune est immobile tandis que celle-ci remuait ; pendant que je la regardais, elle se déplaça silencieusement vers le plafond et se mit à trembloter au-dessus de ma tête. Je puis à présent conjecturer sans peine que ce rai de lumière était, selon toute probabilité, un faisceau projeté par une lanterne que quelqu'un portait en traversant la pelouse ; mais ce jour-là, ayant l'esprit prêt à l'horreur et les nerfs ébranlés par l'émotion, je vis en ce rayon aux mouvements rapides le prélude d'une vision qui arrivait d'un autre monde. Mon cœur battit à se rompre, ma tête devint brûlante ; un bruit m'emplit les oreilles que je pris pour un grand bruissement d'ailes ; il semblait qu'un être fût près de moi, j'étais oppressée, je suffoquais ; ma résistance s'effondra ; je me précipitai sur la porte dont je secouai la serrure en un effort désespéré. Des pas se firent entendre à l'extérieur dans le couloir ; la clef tourna dans la serrure, Bessie et Abbot entrèrent.

— Mademoiselle Eyre, êtes-vous malade ? demanda Bessie.

— Quel bruit épouvantable ! j'en ai été toute transpercée ! s'exclama Abbot.

— Faites-moi sortir ! Emmenez-moi dans la chambre d'enfants ! m'écriai-je.

— Pourquoi ? Vous êtes-vous fait mal ? Avez-vous quelque chose ? me demanda encore Bessie.

— Oh ! j'ai vu une lumière et j'ai cru qu'un fantôme allait venir.

À présent je m'étais emparée de la main de Bessie, qui ne la retira pas des miennes.

— Elle a fait exprès de crier, déclara Abbot, non sans dégoût. Et quel cri ! Si elle avait éprouvé de vives douleurs, on aurait pu l'excuser, mais elle voulait tout simplement nous faire venir toutes ici ; je connais ses tours, à cette vilaine.

— Que signifie tout ceci ? demanda une autre voix sur un ton péremptoire ; Mme Reed arrivait par le corridor, le bonnet en bataille avec sa robe qui bruissait impétueusement. Abbot et Bessie, il me semble que je vous avais donné l'ordre de laisser Jane Eyre dans la chambre rouge jusqu'à ce que je vienne la chercher moi-même.

— C'est que Mlle Jane a poussé un tel cri, Madame, fit Bessie, intercédant.

— Laissez-la, lui fut-il simplement répondu. Lâche les mains de Bessie, mon enfant ; tu ne réussiras pas à sortir par de tels moyens, tu peux en être sûre. J'ai horreur de la tromperie, surtout chez les enfants ; mon devoir est de te montrer que la ruse ne sert à rien ; tu vas donc rester ici une heure de plus et c'est seulement en cas de soumission et de tranquillité absolues que je te libérerai à ce moment-là.

— Oh, ma tante ! Pitié ! Pardonnez-moi ! je ne peux pas le supporter... punissez-moi autrement ! Je vais mourir si...

— Silence ! Cette véhémence est tout à fait répugnante.

Et telle en effet, sans nul doute, elle lui apparaissait. J'étais à ses yeux une actrice précoce ; elle me considérait sincèrement comme un mélange de colères virulentes, de bassesse d'âme et de dangereuse duplicité.

Bessie et Abbot s'étant retirées, Mme Reed, impatientée par mon angoisse désormais frénétique et mes sanglots déchaînés, me repoussa brusquement en arrière, et m'enferma en coupant court à la discussion. Je l'entendis s'éloigner à grands pas ; peu après son départ, j'imagine que j'eus une sorte de syncope, car l'inconscience mit un terme à cette scène.

CHAPITRE III

La première chose dont je me souvienne ensuite est de m'être réveillée avec l'impression d'avoir eu un cauchemar épouvantable, et d'avoir vu devant moi une terrible lueur rouge traversée de grosses barres noires. En outre, j'entendais des voix qui parlaient sur un ton caverneux, et comme étouffées par un bruissement de vent ou d'eau ; l'agitation, l'incertitude et un sentiment écrasant de terreur mettaient mes facultés en déroute. Avant peu, je me rendis compte que quelqu'un s'occupait de moi, me redressait et me soutenait dans la position assise, et cela plus délicatement que je n'avais jamais été soulevée ou soutenue jusqu'alors. J'appuyai ma tête contre un oreiller ou contre un bras, et je me sentis bien.

Au bout de cinq minutes le nuage de confusion se dissipa ; je me rendis parfaitement compte que j'étais dans mon lit, et que la lueur rouge était l'âtre de la chambre d'enfants. C'était la nuit ; une bougie brûlait sur la table ; Bessie était debout au pied du lit avec une cuvette à la main et il y avait un monsieur assis sur une chaise à mon chevet et qui se penchait au-dessus de moi.

J'éprouvai un indicible soulagement, un sentiment apaisant de protection et de sécurité, quand je sus qu'il y avait un étranger dans la pièce, quelqu'un qui n'était pas de Gateshead ni de la famille de Mme Reed. Je détachai mon regard de Bessie (encore que sa présence me fût beaucoup moins désagréable que celle d'Abbot, par exemple, ne l'eût été) et j'examinai attentivement le visage du monsieur ; je le reconnus : c'était M. Lloyd, un apothicaire que Mme Reed faisait parfois venir quand les domestiques étaient malades ; pour elle-même et pour ses enfants elle avait recours à un médecin.

— Eh bien, qui suis-je ? me demanda-t-il. Je prononçai son nom et lui tendis en même temps la main ; il la prit en souriant et en me disant :

— Nous allons nous remettre très vite.

Puis il m'allongea de nouveau et s'adressa à Bessie pour la prier de prendre grand soin que je ne fusse pas dérangée pendant la nuit. Après avoir donné d'autres instructions et annoncé qu'il ferait une nouvelle visite le lendemain, il partit à mon grand regret ; je m'étais sentie si bien protégée et entourée pendant qu'il était sur sa chaise à mon chevet que, quand il referma la porte derrière lui, toute la pièce s'assombrit et le cœur me manqua de nouveau, accablée que j'étais par une indicible tristesse.

— Avez-vous l'impression que vous pourriez dormir, Mademoiselle ? me demanda Bessie d'une voix assez douce.

C'est à peine si j'osai lui répondre (tant je craignais que la phrase suivante ne fût rude) :

— Je vais essayer.

— Aimeriez-vous boire, ou pourriez-vous manger quelque chose ?

— Non merci, Bessie.

— Alors je crois que je vais me coucher, car il est minuit passé, mais vous pouvez m'appeler si vous avez besoin de quoi que ce soit pendant la nuit.

Quelle merveilleuse civilité c'était là ! Du coup je m'enhardis à poser une question.

— Bessie, qu'est-ce que j'ai ? Suis-je souffrante ?

— Vous vous êtes rendue malade, j'imagine, à force de pleurer dans la chambre rouge ; vous ne tarderez pas à vous remettre, sans nul doute.

Bessie s'en fut dans la chambre, toute proche, de la femme de charge. Je l'entendis dire :

— Sara, venez coucher avec moi dans la chambre d'enfants ; pour rien au monde je ne voudrais rester seule cette nuit avec cette pauvre petite ; elle risque de mourir ; c'est tellement bizarre qu'elle ait eu une syncope comme ça ; je me demande si elle aurait vu quelque chose. Madame a été un peu trop dure.

Sara revint avec elle ; elles se couchèrent toutes deux et bavardèrent à mi-voix pendant une demi-heure avant de s'endormir. Je saisis des bribes de leur conversation, qui ne me permirent que trop facilement de deviner le principal sujet de leur discussion :

— Quelqu'un est passé près d'elle, tout habillé de blanc, et puis a disparu... Il y avait un grand chien noir derrière lui... Trois grands coups frappés à la porte de la chambre... Une lumière dans le cimetière juste au-dessus de la tombe... etc.

Finalement toutes deux s'endormirent ; le feu et la bougie s'éteignirent. Pour moi, les veilles de cette longue nuit se passèrent dans une épouvantable insomnie ; j'avais à la fois l'ouïe, le regard et l'esprit tendus par la crainte, par une crainte comme seuls les enfants peuvent en éprouver.

Aucune maladie corporelle grave ou prolongée ne résulta de l'incident de la chambre rouge ; il ne fit qu'infliger à mes nerfs un ébranlement dont je ressens les répercussions aujourd'hui encore. Oui, madame

Reed, je vous suis redevable de certains redoutables instants de souffrance mentale. Mais je devrais vous pardonner, car vous ne saviez ce que vous faisiez ; en me fendant le cœur jusqu'au tréfonds, vous pensiez ne faire qu'extirper mes mauvais penchants.

Le lendemain, avant midi, je m'étais levée et habillée et j'étais assise, enveloppée d'un châle, devant l'âtre de la chambre d'enfants. Je me sentais physiquement faible et abattue ; mais ma pire souffrance était une indicible tristesse intérieure, une tristesse qui ne cessait de m'arracher des larmes silencieuses. À peine avais-je essuyé sur ma joue une de ces gouttes salées qu'une autre la suivait. Pourtant je me disais que j'aurais dû être heureuse, car aucun des Reed n'était là (ils étaient tous sortis en voiture avec leur maman). De plus, Abbot cousait dans une autre pièce et Bessie, tout en allant et venant pour ranger des jouets ou mettre de l'ordre dans des tiroirs, m'adressait de temps à autre la parole avec une gentillesse insolite. Cet état de choses aurait dû être un paradis pour moi, habituée que j'étais à une vie de réprimandes incessantes et d'ingrates corvées ; mais en fait mes nerfs torturés étaient à présent dans un tel état qu'aucun calme ne pouvait les apaiser, aucun plaisir leur communiquer une agitation agréable.

Bessie était descendue à la cuisine et elle en avait rapporté une tarte posée sur certaine assiette de porcelaine brillamment décorée, dont l'oiseau de paradis, niché sur une couronne de volubilis et de boutons de rose, avait naguère suscité en moi un sentiment d'admiration très chaleureuse ; c'était une assiette que j'avais souvent imploré la permission de prendre entre mes mains pour l'examiner de plus près ; mais jusqu'à présent j'avais toujours été jugée indigne d'un tel privilège. Ce précieux récipient fut alors posé sur mes genoux et je fus cordialement invitée à manger le petit rond de pâtisserie fine qui s'y trouvait. Vaine faveur ! qui, comme la plupart des autres faveurs souvent désirées et longtemps ajournées, arrivait trop tard ! Je ne pus manger la tarte ; quant au plumage de l'oiseau et aux teintes des fleurs, ils me parurent curieusement pâlis ! Je reposai l'assiette et la tarte tout à la fois. Bessie me demanda si je voulais un livre ; le mot *livre* agit comme un stimulant passager et je la priai d'aller chercher dans la bibliothèque *Les Voyages de Gulliver*. C'est un livre que j'avais mainte et mainte fois parcouru avec délices. Je le considérais comme un récit de faits authentiques et j'y découvrais une source d'intérêt plus profonde que je n'en trouvais dans les contes de fées ; en effet, pour ce qui était des elfes, après les avoir recherchés en vain parmi les feuilles et les clochettes des digitales, sous les champignons et sous le lierre rampant qui tapissait les recoins des vieux murs, j'avais fini par me résigner à la triste vérité, à savoir qu'ils avaient tous quitté l'Angleterre pour gagner un pays sauvage où les bois étaient moins défrichés et plus épais et la population plus clairsemée ; tandis que Lilliput et Brobdingnag étant, selon ma croyance, des parties substantielles de la surface de la terre, je ne doutais pas qu'il dût m'être possible, un jour, en faisant un long voyage, de voir de mes propres yeux les petits champs, les petites maisons, les petits arbres, les êtres menus et les minuscules moutons, vaches et oiseaux du premier de ces royaumes, ainsi que les champs de blé hauts comme des forêts, les chiens puissants, les chats monstrueux, les hommes et les femmes grands comme des maisons, du second. Pourtant, ce jour-là, quand je feuilletai les pages du livre et cherchai dans ses merveilleuses images le charme que je n'avais encore jamais manqué d'y trouver, tout me fut fantastique et lugubre ; les géants étaient comme des gnomes déchaînés, les pygmées comme des lutins malveillants et redoutables, Gulliver comme un vagabond fort désolé dans des régions fort effrayantes et dangereuses. Je refermai le livre, que je n'osais plus parcourir, et je le posai sur la table à côté de la tarte inentamée.

Bessie avait maintenant fini d'épousseter et de ranger la pièce ; alors, s'étant lavé les mains, elle ouvrit certain petit tiroir, plein de splendides lambeaux de soie et de satin et commença à faire un nouveau chapeau pour la poupée de Georgiana. En même temps elle chantait la chanson suivante :

Au temps où nous voyagions en romanichels,
Au vieux temps de jadis.

J'avais déjà souvent entendu cette chanson, et toujours avec un vif plaisir ; car Bessie avait une voix agréable, ou qui du moins me paraissait telle. Mais ce jour-là, bien que sa voix fût toujours agréable, je trouvai à sa mélodie quelque chose d'indiciblement triste. De temps à autre, préoccupée par son travail, elle chantait le refrain très bas et très lentement : *Au vieux temps de jadis* ressemblait alors aux cadences les plus tristes d'un cantique funèbre. Elle passa ensuite à une autre ballade, qui était cette fois réellement mélancolique.

Mes pieds endoloris, mes jambes sont bien lasses.
Long le chemin, sauvage la colline,
Le soir tombe et le ciel, vide et triste, est de glace
Sur le chemin de la pauvre orpheline.

Pourquoi m'envoya-t-on si loin, si solitaire
Où sur la lande un rocher gris s'incline ?

Si l'homme a le cœur dur, un ange sur la terre
Garde les pas d'une pauvre orpheline.

Pourtant là-bas tout doux souffle le vent du soir.
De nuages point, au ciel d'opaline.
Dieu de miséricorde, apporte un peu d'espoir,
De réconfort à la pauvre orpheline.

Même si je devais tomber dans le ruisseau
D'une perfide lumière victime,
Le Père cependant, qui nous bénit d'en haut,
Recevrait chez lui la pauvre orpheline.

C'est une réflexion qui me devrait aider,
Moi que nul parent jamais ne câline.
Le ciel est mon foyer, j'y trouverai la paix,
Dieu est l'ami de la pauvre orpheline.

— Voyons, mademoiselle Jane, ne pleurez pas, me dit Bessie quand elle eut fini.

Elle aurait aussi bien pu dire au feu : « Ne brûlez pas ! » mais comment aurait-elle deviné de quelles souffrances morbides j'étais la proie ?

Au cours de la matinée, M. Lloyd revint.

— Comment, déjà levée ! dit-il en entrant dans la chambre. Alors, mademoiselle Bessie, comment va notre malade ?

Bessie répondit que j'étais en très bonne voie.

— En ce cas elle devrait avoir l'air plus joyeuse.

— Venez ici, mademoiselle Jane ; vous vous appelez bien Jane, n'est-ce pas ?

— Oui, Monsieur, Jane Eyre.

— Eh bien, mademoiselle Jane Eyre, vous avez pleuré ; pouvez-vous me dire à quel propos ? Souffrez-vous ?

— Non, Monsieur.

— Oh, fit Bessie, intervenant alors, j'imagine qu'elle pleure parce qu'elle n'a pas pu sortir en voiture avec Madame.

— Sûrement pas ! Voyons, elle est trop grande pour de pareils caprices.

C'était aussi mon avis ; et, comme mon amour-propre était blessé par cette fausse accusation, je répondis promptement :

— Jamais de ma vie je n'ai pleuré pour une raison pareille ; je déteste sortir en voiture, je pleure parce que je suis malheureuse.

— Oh, Mademoiselle, fi donc ! dit Bessie.

Le brave apothicaire parut quelque peu intrigué. J'étais debout devant lui ; il me regardait très fixement ; il avait les yeux petits et gris, et un peu ternes ; mais j'imagine que je les trouverais passablement perçants aujourd'hui ; il avait les traits durs et pourtant l'air bon. Après m'avoir examinée à loisir, il me demanda :

— Qu'est-ce qui vous a rendue malade hier ?

— Elle a fait une chute, dit Bessie, se mêlant de nouveau à la conversation.

— Une chute ! voyons, voilà qui est de nouveau bien puéril ! Ne sait-elle pas encore marcher à son âge ? Elle doit bien avoir huit ou neuf ans.

— On m'a jetée par terre, m'écriai-je crûment, cette explication m'étant arrachée soudain par une nouvelle atteinte à mon orgueil blessé, mais ce n'est pas cela qui m'a rendue malade, ajoutai-je, tandis que M. Lloyd s'octroyait une prise de tabac.

Au moment où il remettait sa tabatière dans la poche de son gilet, une cloche sonore annonça le dîner des domestiques ; M. Lloyd l'identifia.

— C'est pour vous, mademoiselle Bessie, dit-il ;

vous pouvez descendre ; je vais faire la morale à Mlle Jane jusqu'à votre retour.

Bessie aurait préféré rester, mais elle fut obligée de partir, car la ponctualité aux repas était rigoureusement exigée au château de Gateshead.

— Ce n'est pas votre chute qui vous a rendue malade ; alors qu'est-ce ? poursuivit M. Lloyd quand Bessie fut partie.

— J'ai été enfermée jusqu'à la nuit dans une chambre où il y a un fantôme.

Je vis M. Lloyd sourire et froncer le sourcil tout à la fois.

— Un fantôme ! Voyons, vous n'êtes qu'un bébé finalement ? Vous avez peur des fantômes ?

— De celui de M. Reed, oui ; il est mort dans cette pièce, et c'est là qu'on lui a fait sa toilette funèbre. Ni Bessie ni personne d'autre n'y va jamais la nuit, sauf quand il n'y a pas moyen de faire autrement ; et c'était cruel de m'y enfermer toute seule sans bougie... Si cruel que je crois que je ne l'oublierai jamais.

— Allons donc ! Et c'est là ce qui vous rend si malheureuse ? Avez-vous peur à présent en plein jour ?

— Non, mais la nuit ne tardera pas à revenir ; d'ailleurs, j'ai d'autres raisons d'être triste, très triste.

— Quelles sont ces autres raisons ? Pouvez-vous m'en dire quelques-unes ?

Comme j'aurais voulu répondre complètement à cette question ! Comme il était difficile de formuler une réponse quelconque ! Les enfants sont capables de sentir, mais non d'analyser leurs sentiments ; même quand l'analyse s'opère partiellement dans leur pensée, ils ne savent pas exprimer par des mots le résultat de cette opération. Cependant, de crainte de laisser passer cette première et unique occasion de soulager mon chagrin en faisant part à quelqu'un, je parvins après un instant de silence embarrassé à formuler une réponse indigente, mais dans ses étroites limites exacte.

— D'abord, je n'ai ni père, ni mère, ni frère, ni sœur.

— Vous avez une tante généreuse et des cousins.

De nouveau je me tus ; puis je proclamai maladroitement :

— Mais c'est John Reed qui m'a jetée par terre et ma tante qui m'a enfermée dans la chambre rouge.

M. Lloyd exhiba de nouveau sa tabatière.

— Ne trouvez-vous pas que le château de Gateshead est une maison splendide ? demanda-t-il. N'êtes-vous pas reconnaissante de pouvoir habiter dans une si belle demeure ?

— Je n'y suis pas chez moi, Monsieur ; et Abbot dit que j'ai moins de droits qu'une domestique à m'y trouver.

— Bah ! vous n'êtes tout de même pas assez sotte pour avoir envie de quitter un endroit aussi magnifique ?

— Si j'avais un autre endroit où aller, je serais heureuse de partir d'ici ; mais je ne pourrai jamais quitter Gateshead avant d'être adulte.

— Peut-être que si... qui sait ? Avez-vous de la famille en dehors de Mme Reed ?

— Je ne crois pas, Monsieur.

— Personne du côté de votre père ?

— Je ne sais pas ; je l'ai demandé un jour à tante Reed, et elle m'a dit qu'il était possible que j'eusse des parents du nom d'Eyre, pauvres et de condition humble, mais qu'elle n'avait pas de renseignements sur eux.

— Si vous en aviez, aimeriez-vous aller chez eux ?

Je réfléchis. La pauvreté paraît rebutante aux adultes et plus encore aux enfants ; ils ne soupçonnent guère l'existence d'une pauvreté diligente, laborieuse et respectable ; le mot, dans leur pensée, n'évoque que des vêtements en lambeaux, une nourriture insuffisante, des cheminées sans feu, des manières grossières et des vices avilissants : pour moi pauvreté était synonyme de déchéance.

— Non, je n'aimerais pas être à la charge de gens pauvres, lui répondis-je.

— Même s'ils vous traitent avec bonté ?

Je hochai la tête ; je ne voyais pas comment des gens pauvres auraient eu les moyens d'être bons ; et puis, apprendre à parler comme eux, adopter leurs manières, être sans éducation, devenir en grandissant semblable à une des pauvres femmes que je voyais parfois s'occuper de leurs enfants ou laver leur linge à la porte des maisonnettes du village de Gateshead... non, je n'étais pas assez héroïque pour acheter ma liberté en sacrifiant ma condition sociale.

— Mais ces parents sont-ils tellement pauvres ? Sont-ils ouvriers ?

— Je ne sais pas ; tante Reed dit que, si j'ai des parents, ils doivent être gueux comme des mendiants ; je n'aimerais pas m'en aller mendier.

— Aimeriez-vous aller à l'école ?

De nouveau je réfléchis ; c'est à peine si je savais ce qu'est une école ; Bessie en parlait quelquefois comme d'un endroit où les jeunes demoiselles sont mises au pilori, portent des planches orthopédiques et sont censées être prodigieusement distinguées et méticuleuses ; John Reed détestait son école et invectivait son maître ; mais mes goûts n'étaient pas calqués sur ceux de John Reed ; d'autre part si les renseignements de Bessie sur la discipline scolaire (elle les tenait des jeunes filles d'une famille où elle avait vécu avant de venir à Gateshead) étaient un peu terrifiants, les détails qu'elle donnait sur certains talents possédés par les mêmes jeunes personnes étaient à mon avis également séduisants. Elle parlait avec fierté de magnifiques tableaux exécutés par elles et représentant des paysages et des fleurs ; de chansons qu'elles chantaient, de morceaux de musique qu'elles jouaient, de bourses qu'elles confectionnaient au crochet, de livres français qu'elles traduisaient, tant et si bien qu'à l'écouter un esprit d'émulation s'emparait de moi. D'ailleurs, l'école serait un changement complet ; elle signifiait un long voyage, une rupture totale avec Gateshead, l'entrée dans une vie nouvelle.

— J'aimerais vraiment beaucoup aller à l'école.

Telle fut, annoncée à haute voix, la conclusion de ma méditation.

— Bon, bon ; qui sait ce qui peut se produire ? dit M. Lloyd en se levant. Cette enfant a besoin de changer d'air et de milieu, ajouta-t-il à part lui ; elle a les nerfs en piteux état.

C'est alors que Bessie revint ; au même instant on entendit la voiture qui s'avançait dans l'allée de gravier.

— Est-ce votre maîtresse, mademoiselle Bessie ? demanda M. Lloyd. J'aimerais lui dire deux mots avant de m'en aller.

Bessie l'invita à passer dans le petit salon et l'y conduisit.

Au cours de l'entretien qui eut lieu alors entre Mme Reed et lui, je présume, à en juger par les événements ultérieurs, que l'apothicaire se risqua à recommander qu'on m'envoyât à l'école ; recommandation qui fut certainement adoptée sans difficulté ; car, comme le dit Abbot discutant cette question avec Bessie un soir où elles cousaient toutes deux dans la chambre d'enfants alors que j'étais déjà couchée et, croyaient-elles, endormie :

— Madame est assez contente, j'imagine, de se débarrasser d'une enfant aussi assommante et mal embouchée, qui a toujours l'air d'espionner tout le monde et de fomenter des complots en sous-main.

Je crois qu'Abbot me faisait la réputation d'être une sorte de Guy Fawkes[1] en herbe.

Le même jour j'appris pour la première fois, par les déclarations de Mlle Abbot à Bessie, que mon père avait été un pasteur sans fortune, que ma mère l'avait épousé contre le sentiment de sa famille qui le tenait pour un parti indigne d'elle ; que mon grand-père Reed avait été irrité par sa désobéissance au point de la déshériter complètement ; qu'un an après ce mariage, mon père avait attrapé le typhus en visitant le quartier pauvre d'une grande ville industrielle où était située l'église dont il était vicaire, et où cette maladie était alors très répandue ; que ma mère avait été contaminée par lui et qu'ils étaient morts tous les deux à un mois d'intervalle.

Bessie, quand elle eut écouté ce récit, soupira et dit :

— Cette pauvre Jane mérite tout de même notre pitié, Abbot.

— Oui, répliqua Abbot ; si c'était une enfant jolie et gentille on pourrait avoir de la compassion pour sa solitude ; mais il est vraiment impossible de s'intéresser à un laideron comme elle.

— On ne peut guère s'intéresser à elle, bien sûr, acquiesça Bessie ; en tout cas une beauté comme Mlle Georgiana serait beaucoup plus touchante dans les mêmes circonstances.

---

1. Principal instigateur (devenu figure mythique) du « Complot des Poudres », qui devait faire sauter le Parlement de Londres en 1605.

— Oui, je raffole de Mlle Georgiana ! s'écria Abbot avec ferveur. La petite chérie !... avec ses grandes boucles et ses yeux bleus, et ce joli teint qu'elle a, on dirait d'une peinture !... Bessie, il me semble que j'aimerais souper d'une fondue au fromage.

— Moi aussi... avec un oignon grillé. Eh bien, nous allons descendre.

Ce qu'elles firent.

CHAPITRE IV

Dans ma conversation avec M. Lloyd, ainsi que dans l'entretien rapporté ci-dessus entre Bessie et Abbot, je puisai assez d'espoir pour avoir un motif suffisant de souhaiter me remettre ; un changement paraissait proche ; je le désirai et je l'espérai en silence. Cependant il se fit attendre ; les jours et les semaines passèrent ; j'avais recouvré mon état de santé normal, mais aucune nouvelle allusion ne fut faite au sujet de ma méditation constante. Mme Reed me considérait parfois d'un œil sévère, mais elle m'adressait rarement la parole ; depuis ma maladie elle avait tracé une ligne de démarcation plus tranchée que jamais entre ses enfants et moi, en m'assignant un petit cagibi pour y coucher toute seule, en me condamnant à prendre mes repas et à passer tout mon temps dans la chambre d'enfants tandis que mes cousins étaient sans cesse au salon. Toutefois elle ne faisait jamais la moindre allusion au projet de m'envoyer à l'école ; mais j'avais la certitude instinctive qu'elle ne supporterait pas longtemps ma présence sous le même toit qu'elle ; car son regard, quand elle le posait sur moi, exprimait plus que jamais une aversion invétérée et insurmontable.

Eliza et Georgiana, agissant manifestement sur ordre, me parlaient le moins possible ; John me faisait une grimace ironique chaque fois qu'il me voyait ; et il essaya une fois de me battre ; mais, comme je me retournai instantanément contre lui, mue par le même sentiment de colère profonde et de révolte désespérée qui avait déjà révélé des aspects surprenants de ma nature une première fois, il jugea préférable de ne pas insister et s'enfuit en proférant des insultes et en protestant que je l'avais fait saigner du nez. Il est vrai que j'avais administré à cette protubérance le plus rude coup que mes phalanges fussent capables d'infliger ; et quand je vis John intimidé par ce coup ou par mon regard, j'eus la plus grande envie du monde d'exploiter pleinement cet avantage, mais il était déjà auprès de sa maman. Je l'entendis qui commençait à raconter en pleurnichant comment « cette vilaine Jane Eyre » s'était jetée à sa tête comme une tigresse ; il fut interrompu assez brutalement :

— Ne me parle pas d'elle, John ; je t'ai dit de ne pas t'approcher d'elle ; elle ne mérite pas que tu t'intéresses à elle. J'ai décidé que ni toi ni tes sœurs vous ne devez frayer avec elle.

À ce moment, penchée par-dessus la balustrade, je m'écriai soudain, sans réfléchir le moins du monde à mes paroles :

— C'est eux qui sont indignes de frayer avec moi.

Mme Reed était une femme assez corpulente ; mais en entendant cette déclaration surprenante et audacieuse, elle monta l'escalier prestement, m'emporta comme un tourbillon dans la chambre d'enfants et, après m'avoir plaquée contre le rebord de mon petit lit, me mit au défi de bouger de là ou de proférer une seule syllabe avant la fin du jour.

— Que vous dirait mon oncle Reed, s'il était encore vivant ? lui demandai-je, presque sans le vouloir.

Je dis : presque sans le vouloir, car il semblait que ma langue prononçât des mots sans que ma volonté eût consenti à ce qu'ils fussent émis ; une force sur laquelle j'étais sans pouvoir parlait à travers moi.

— Comment ? fit Mme Reed à mi-voix ; son regard, habituellement froid et calme, se troubla et prit une expression de crainte ; elle ôta la main de mon bras et me considéra comme si vraiment elle ne savait si j'étais enfant ou démon. Il était trop tard pour reculer.

— Mon oncle Reed est au Ciel et voit tout ce que vous faites et tout ce que vous dites ; et papa et maman aussi ; ils savent comment vous me tenez enfermée toute la journée et combien vous souhaitez ma mort.

Mme Reed ne tarda pas à recouvrer sa présence d'esprit : elle me secoua énergiquement, m'administra un soufflet sur chaque joue, puis me quitta sans mot dire. Bessie combla cette brèche au moyen d'une homélie d'une bonne heure, au cours de laquelle elle établit sans aucun doute possible que j'étais la plus perverse et la plus dépravée des enfants jamais élevées par des humains. Je le crus presque, car, en vérité, je ne sentais que des émotions malfaisantes me soulever la poitrine.

Novembre, décembre et la moitié de janvier passèrent. Noël et le nouvel an avaient été célébrés à Gateshead avec l'éclat habituel de ces fêtes ; des cadeaux avaient été échangés, des dîners et des soirées avaient été donnés. De toutes les réjouissances j'avais été naturellement exclue : ma participation aux festivités avait consisté à contempler la toilette quotidienne d'Eliza et Georgiana, à les voir descendre au salon vêtues de robes de mousseline légère avec de larges ceintures rouges et les cheveux arrangés en savantes bouclettes ; et ensuite, à écouter monter le son du piano ou de la harpe, les allées et venues du maître d'hôtel et du valet, le tintement des verres et de la porcelaine quand on passait des rafraîchissements, le murmure haché des conversations quand on ouvrait ou refermait les portes du salon. Quand je me lassais de ces occupations, je quittais le palier pour me retirer dans la chambre d'enfants silencieuse et solitaire ; et là, un peu triste, certes, je n'étais pourtant pas malheureuse. À dire le vrai, je n'avais pas le moindre désir de paraître en société, car en société il était très rare qu'on s'intéressât à moi ; et si seulement Bessie avait été gentille et sociable, j'eusse tenu pour un grand privilège de passer mes soirées tranquillement avec elle, plutôt que sous le redoutable regard de Mme Reed, dans une pièce pleine de belles dames et de beaux messieurs. Mais Bessie, dès qu'elle avait fini d'habiller ses jeunes maîtresses, se déplaçait vers la région plus animée de la cuisine et de la chambre de l'intendante, emportant généralement la bougie avec elle. Je restais alors assise avec ma poupée sur les genoux, jusqu'au moment où le feu baissait, non sans jeter de temps à autre un regard à la ronde pour m'assurer qu'aucun être plus dangereux que moi ne hantait la pénombre de la pièce ; puis, quand il ne restait plus que des braises rouge sombre, je me dépêchais de me déshabiller en tirant tant bien que mal sur les nœuds et les cordons, et je cherchais dans mon petit lit un refuge contre le froid et l'obscurité. Dans ce lit j'emportais toujours ma poupée ; les êtres humains ont besoin d'aimer et, faute d'objet plus digne de mon affection, je parvenais à me réjouir d'aimer et de chérir cette idole défraîchie, déguenillée comme un épouvantail en miniature. Je suis étonnée aujourd'hui quand j'évoque l'absurde sincérité de ma folle tendresse pour ce petit jouet, que j'arrivais presque à croire vivant et capable d'éprouver des sensations. Je ne pouvais pas m'endormir si la poupée n'était enveloppée dans ma chemise de nuit ; mais, quand elle y était, bien au chaud et en sécurité, j'étais relativement heureuse, car je la croyais heureuse, elle aussi.

Comme elles me paraissaient longues, les heures où j'attendais le départ des invités et où je guettais le bruit des pas de Bessie dans l'escalier ! Parfois elle montait entre-temps pour venir chercher son dé ou ses ciseaux, ou encore pour m'apporter un petit quelque chose en guise de souper (par exemple une brioche, ou une tartelette au citron), et en ce cas elle s'asseyait sur mon lit pendant que je mangeais, puis, quand j'avais fini, elle me bordait, et deux fois elle m'embrassa en me disant : « Bonsoir, mademoiselle Jane. » Quand elle était si gentille, Bessie me semblait meilleure, plus jolie, plus généreuse que quiconque au monde ; et je désirais avec une extrême intensité qu'elle pût être toujours aussi aimable et plaisante, au lieu de me houspiller, de me gronder et de m'imposer des tâches déraisonnables, comme elle avait l'habitude de le faire fréquemment. Je pense que Bessie Lee devait être une fille naturellement douée, car elle était adroite dans tout ce qu'elle faisait et elle avait un remarquable talent de narratrice ; tel était du moins mon sentiment d'après l'impression produite sur moi par ses contes de nourrice. En outre, elle était jolie, si le souvenir que me laissent son visage et sa personne est exact. Je me la rappelle comme une jeune femme mince, aux cheveux noirs, aux yeux sombres et au teint clair et sain ; mais elle avait un caractère changeant et emporté et des notions sommaires de morale et de justice ; pourtant, telle qu'elle était, je la préférais à tous les autres habitants du château de Gateshead.

Nous étions le 15 janvier et il était à peu près neuf heures du matin. Bessie était descendue déjeuner ; mes cousins n'avaient pas encore été appelés auprès de leur maman ; Eliza mettait son chapeau et son gros manteau de jardin pour aller nourrir ses volailles, occupation qui lui plaisait fort, de même qu'il lui plaisait de vendre les œufs à l'intendante et de thésauriser l'argent obtenu par ce moyen. Elle avait le don du négoce et un penchant prononcé pour les économies, qu'elle ne manifestait pas seulement par le commerce des œufs et des poulets, mais aussi en extorquant de fortes sommes au jardinier en échange de ses tubercules, de ses graines et de ses boutures, car cet employé avait reçu de Mme Reed l'ordre d'acheter à sa jeune maîtresse tous les produits de son parterre qu'elle aurait envie de vendre ; or, Eliza aurait été prête à vendre ses cheveux jusqu'au dernier si elle avait pu en tirer un coquet bénéfice. Quant à son argent, elle avait commencé par le dissimuler dans divers recoins, enveloppé d'un chiffon ou d'une vieille papillote ; mais, certaines de ces cachettes ayant été découvertes par la femme de chambre, Eliza, craignant de perdre quelque jour son précieux trésor, avait consenti à le confier à sa mère, moyennant un taux d'intérêt usuraire (cinquante ou soixante pour cent), et elle exigeait ses intérêts tous les trimestres, en tenant ses comptes sur un petit registre avec une vigilante minutie.

Georgiana était assise sur un haut tabouret pour se coiffer devant le miroir, en entremêlant ses boucles de fleurs artificielles et de plumes aux couleurs fanées, dont elle avait trouvé une provision dans un tiroir de la mansarde. Je faisais mon lit, car j'avais reçu de Bessie l'ordre impératif de l'avoir rendu présentable avant son retour (en effet Bessie se servait souvent de moi désormais comme d'une sorte de bonne d'enfants auxiliaire pour mettre la pièce en ordre, épousseter les sièges, etc.). Après avoir étendu le dessus-de-lit et plié ma chemise de nuit, je m'en fus vers la banquette de la fenêtre pour ranger des livres d'images et des meubles de poupée qui y étaient épars ; ce travail fut interrompu par Georgiana qui m'ordonna brutalement de laisser ses jouets tranquilles (car les chaises et les glaces minuscules, les délicates tasses et assiettes lui appartenaient) ; alors, faute d'autre occupation, je me mis à souffler sur les fleurs de givre dont s'ornementait la fenêtre et à dégager ainsi sur la vitre un espace qui me permît de regarder le parc, où tout était immobile et pétrifié sous l'influence d'une âpre gelée.

Par cette fenêtre on voyait la loge du portier et l'allée cochère ; au moment précis où je venais de faire fondre une assez grande quantité du feuillage argenté qui recouvrait les carreaux pour regarder dehors, je vis les grilles s'ouvrir et livrer passage à une voiture. Je la regardai s'avancer dans l'allée avec indifférence : il venait souvent des voitures à Gateshead, mais aucune n'amenait jamais de visiteurs auxquels je m'intéressasse ; elle s'immobilisa devant la maison, la sonnette de la porte d'entrée retentit bruyamment, le nouveau venu fut introduit. Comme rien de tout cela ne me concernait, mon attention désœuvrée trouva bientôt un attrait plus puissant au spectacle d'un petit rouge-gorge famélique venu gazouiller sur les rameaux dépouillés d'un cerisier qui grimpait contre le mur, près de la fenêtre. Les restes de mon déjeuner, composé de pain et de lait, étaient sur la table ; aussi, après avoir émietté un morceau de mon petit pain, étais-je occupée à essayer de soulever le bas de la fenêtre pour déposer les miettes sur le rebord extérieur, quand Bessie monta en courant et fit irruption dans la chambre d'enfants.

— Mademoiselle Jane, ôtez votre tablier. Que faites-vous là-bas ? Vous êtes-vous lavé les mains et la figure ce matin ?

Je tirai une nouvelle fois sur la fenêtre avant de répondre, car je voulais être sûre que l'oiseau aurait son pain : le châssis céda, j'éparpillai les miettes, en partie sur le rebord de pierre, en partie sur la branche du cerisier ; puis je refermai la fenêtre et répondis :

— Non, Bessie ; je viens seulement de finir d'épousseter.

— Quelle enfant insupportable et sans soin !... Et que faites-vous à présent ? Vous avez l'air toute rouge, comme si vous aviez fait des bêtises ; pourquoi avez-vous ouvert cette fenêtre ?

Je n'eus pas à prendre la peine de répondre, car Bessie semblait trop pressée pour écouter des explications : elle me traîna jusqu'au lavabo, m'infligea un récurage impitoyable, mais heureusement bref, sur la figure et sur les mains, avec du savon, de l'eau et une serviette rêche, mit de l'ordre dans mes cheveux à l'aide d'une brosse hérissée de piquants, me dépouilla de mon tablier ; puis elle me poussa précipitamment sur le palier et m'enjoignit de descendre immédiatement, car on me réclamait au petit salon.

J'aurais voulu lui demander qui me réclamait... j'aurais voulu savoir si Mme Reed était là ; mais Bessie était déjà partie et avait refermé derrière moi la porte de la chambre d'enfants. Je descendis lentement. Depuis près de trois mois je n'avais jamais été appelée à comparaître devant Mme Reed ; après avoir été si longtemps confinée dans la chambre d'enfants, la salle à manger et les deux salons étaient devenus pour moi des régions imposantes où je redoutais de pénétrer.

J'étais parvenue dans le vestibule désert ; devant moi se trouvait la porte du petit salon et je m'arrêtai, intimidée et tremblante. Quelle misérable petite poltronne avait fait de moi, à cette époque, la crainte engendrée par un injuste châtiment ! Je n'osais pas retourner à la chambre d'enfants, mais je n'osais pas non plus m'avancer jusqu'au salon ; pendant dix minutes je restai plongée dans une hésitation tourmentée ; la sonnette du petit salon, en tintant énergiquement, me décida ; je ne pouvais faire autrement que d'entrer.

« Qui a bien pu me réclamer ? » me demandai-je intérieurement, tandis que des deux mains j'essayais de tourner la poignée de la porte, qui était dure et résista pendant quelques secondes à mes efforts. Qui vais-je voir dans la pièce, outre tante Reed ?... Sera-ce un homme ou une femme ?

La poignée tourna, la porte s'ouvrit et, quand je l'eus franchie en faisant une profonde révérence, je levai les yeux et vis... une colonne noire ! ou du moins telle m'apparut au premier regard la forme rectiligne, étroite, de noir vêtue, qui se dressait sur le tapis ; le visage rébarbatif qui la couronnait ressemblait à un masque sculpté, placé au-dessus du fût en guise de chapiteau.

Mme Reed occupait son siège habituel au coin du feu ; elle me fit signe d'approcher : je m'exécutai et elle me présenta en ces termes à l'inconnu marmoréen :

— Voici la petite fille au sujet de laquelle je vous ai écrit.

Le personnage (c'était un homme) tourna lentement la tête vers l'endroit où je me trouvais et, après m'avoir examinée des deux yeux gris inquisiteurs qui scintillaient sous ses deux sourcils broussailleux, dit sur un ton solennel et d'une voix de basse :

— Elle est petite ; quel âge a-t-elle ?

— Dix ans.

— Tant que cela ? (Réponse faite sur un ton d'incrédulité ; et de prolonger son examen pendant plusieurs minutes : ensuite il s'adressa à moi.) Et tu t'appelles, petite ?

— Jane Eyre, Monsieur.

En prononçant ces mots j'avais levé les yeux : il me fit l'effet d'être de très haute taille, mais il est vrai que j'étais toute petite ; il avait des traits épais, qui, ainsi que toutes les lignes de son corps, étaient à la fois rudes et rigides.

— Alors, Jane Eyre, es-tu une petite fille bien sage ?

Impossible de répondre affirmativement à cette question, car tout mon petit univers était d'avis contraire ; je demeurai donc silencieuse. Mme Reed répondit pour moi en hochant la tête de façon expressive, puis s'empressa d'ajouter :

— Moins on parlera de ce sujet, mieux cela vaudra, je crois, monsieur Brocklehurst.

— Je suis vraiment désolé de l'apprendre ! Il faut que nous ayons un brin de conversation, elle et moi.

Abandonnant alors sa posture perpendiculaire, il déposa sa personne dans le fauteuil placé en face de celui de Mme Reed.

— Viens ici, me dit-il.

Je m'avançai sur le tapis ; il me planta toute droite et exactement en face de lui. Quelle tête il avait, maintenant qu'elle était presque au même niveau que la mienne ! Quel grand nez ! Quelle bouche ! Et ces dents grosses et proéminentes !

— Il n'y a pas de spectacle plus affligeant que celui d'un enfant désobéissant, commença-t-il, surtout quand cet enfant est une petite fille. Sais-tu où vont les méchants après leur mort ?

— Ils vont en enfer, répondis-je sans hésiter et de façon orthodoxe.

— Et qu'est-ce que l'enfer ? Peux-tu me le dire ?

— Une fosse pleine de feu.

— Alors, aimerais-tu tomber dans cette fosse pour y brûler à tout jamais ?

— Non, Monsieur.

— Que faut-il que tu fasses pour éviter cela ? Je réfléchis un instant ; ma réponse, quand elle sortit enfin, fut répréhensible :

— Il faut que je me garde en bonne santé et que j'évite de mourir.

— Comment peux-tu te garder en bonne santé ? Des enfants plus jeunes que toi meurent tous les jours. Il y a un ou deux jours encore j'ai enterré un petit enfant de cinq ans... un petit enfant bien sage, dont l'âme est à présent dans le Ciel. Il est à craindre qu'on n'en puisse dire autant de toi, si tu devais être appelée à quitter ce monde.

N'étant pas en mesure de l'ôter de ce doute, je me contentai de baisser les yeux sur les deux gros pieds qu'il avait plantés sur le tapis et de pousser un soupir, en regrettant de n'être pas à cent lieues de là.

— J'espère que ce soupir vient du cœur et que tu te repens d'avoir pu causer la moindre peine à ton excellente bienfaitrice.

« Ma bienfaitrice ! ma bienfaitrice ! répétai-je en mon for intérieur ; tout le monde appelle Mme Reed ma bienfaitrice ; si elle l'est, c'est qu'une bienfaitrice est quelqu'un de désagréable. »

— Fais-tu ta prière matin et soir ? poursuivit mon examinateur.

— Oui, Monsieur.

— Lis-tu ta Bible ?

— Quelquefois.

— Avec plaisir ? L'aimes-tu ?

— J'aime l'Apocalypse, et le Livre de Daniel, et la Genèse, et Samuel, et un petit bout de l'Exode, et certains passages des Rois et des Chroniques, et Job et Jonas.

— Et les Psaumes ? J'espère que tu les aimes.

— Non, Monsieur.

— Comment ! Mais c'est effarant ! J'ai un petit garçon plus jeune que toi, qui sait six psaumes par cœur ; et quand on lui demande ce qu'il préfère qu'on lui donne, une nonnette à manger ou un verset de psaume à apprendre, il dit : « Oh ! le verset de psaume ! les anges chantent les psaumes. » Et il ajoute : « Je veux être un petit ange ici-bas. » Alors on lui donne deux nonnettes pour le récompenser de sa précoce piété.

— Les psaumes ne m'intéressent pas, déclarai-je.

— Cela prouve que tu as le cœur méchant ; il faut prier Dieu de le changer, de t'en donner un autre, neuf et propre, de t'ôter ton cœur de pierre et de t'en donner un de chair.

J'étais sur le point de poser une question, touchant la façon dont devait s'accomplir cette opération de changement de cœur, quand Mme Reed intervint en m'ordonnant de m'asseoir ; puis elle se mit en devoir de poursuivre elle-même la conversation.

— Monsieur Brocklehurst, je crois vous avoir donné à entendre, dans la lettre que je vous ai écrite il y a trois semaines, que cette petite fille n'a pas exactement le caractère et le tempérament que je souhaiterais ; si vous l'acceptiez à l'école de Lowood, je serais heureuse que la directrice et les professeurs fussent priées d'exercer sur elle une surveillance rigoureuse et surtout fussent mises en garde contre le plus grave de ses défauts, qui est son penchant pour la tromperie. Je le dis devant toi, Jane, pour que tu n'ailles pas essayer d'en faire accroire à M. Brocklehurst.

J'avais bien raison de craindre, j'avais bien raison de détester Mme Reed ; car elle était naturellement portée à me blesser cruellement ; jamais je n'étais heureuse en sa présence. Malgré tout le soin que je mettais à lui obéir, toute l'application avec laquelle je tentais de la satisfaire, mes efforts étaient toujours repoussés ou payés de retour par des phrases comme celle qu'on a lue plus haut. Or, proférée devant un inconnu, cette accusation me fendit le cœur ; je me rendis obscurément compte qu'elle faisait déjà disparaître tout espoir de cette phase nouvelle de mon existence à laquelle Mme Reed me destinait. Je sentis (bien que j'eusse été incapable d'exprimer ce sentiment) qu'elle semait l'aversion et la dureté le long de mon chemin futur ; je me voyais muée, sous le regard de M. Brocklehurst, en une enfant rusée et malfaisante ; mais que pouvais-je faire pour réparer les dégâts ? « Rien, certes », pensai-je tout en m'efforçant de réprimer un sanglot et en essuyant précipitamment quelques larmes, témoignages impuissants de mon chagrin.

— La tromperie, en vérité, est une faute déplorable chez une enfant, dit M. Brocklehurst ; elle s'apparente au mensonge ; or tous les menteurs se retrouveront dans le lac de feu et de soufre brûlant ; toutefois, elle sera surveillée, madame Reed. J'en parlerai à Mlle Temple et aux professeurs.

— Je voudrais qu'elle reçoive une éducation conforme à l'avenir qui l'attend, poursuivit ma bienfaitrice, qu'elle se rende utile et qu'elle reste humble. Quant à ses vacances, si vous le voulez bien, elle les passera toujours à Lowood.

— Vos décisions, Madame, sont parfaitement judicieuses, répliqua M. Brocklehurst. L'humilité est une grâce chrétienne, une grâce particulièrement appropriée aux élèves de Lowood ; c'est pourquoi j'ai demandé qu'on s'attache avec une attention toute particulière à la cultiver chez elles. J'ai recherché les meilleurs moyens d'anéantir en elles le sentiment d'orgueil terrestre et, l'autre jour encore, j'ai reçu une preuve agréable de mon succès. Ma deuxième fille, Augusta, est allée visiter l'école avec sa maman et à son retour elle s'est écriée : « Oh, cher papa, comme toutes les filles de Lowood ont l'air ternes et laides ! Avec leurs cheveux ramenés derrière les oreilles, et leurs tabliers longs, et ces petites poches en toile écrue qu'elles ont sur le devant de leur robe, on dirait presque des enfants de pauvres ! » Et elle a ajouté : « Elles ont regardé ma robe et celle de maman comme si c'était la première fois qu'elles voyaient des robes de soie. »

— C'est un état de choses que j'approuve sans réserve, répondit Mme Reed. Si j'avais cherché à travers toute l'Angleterre, je n'aurais guère pu trouver de système plus précisément adapté à une enfant telle que Jane Eyre. La suite dans les idées, cher monsieur Brocklehurst... j'estime qu'il faut de la suite dans les idées en toute chose.

— La suite dans les idées, Madame, est le premier devoir du chrétien et il en a été tenu compte dans toutes les dispositions concernant notre établissement de Lowood : une nourriture sans prétentions, des vêtements simples, des chambres sans luxe, une vie rude et active, tel est l'ordre du jour pour la maison et ses habitantes.

— C'est parfait, Monsieur. Je puis donc compter sur vous pour accueillir cette enfant comme élève à Lowood et lui donner une éducation conforme à sa situation et à l'avenir qui l'attend ?

— Oui, Madame, elle sera placée dans cette pépinière de plantes de choix et je veux croire qu'elle se montrera reconnaissante de l'inestimable privilège que constitue cette élection.

— Je l'y enverrai donc le plus tôt possible, monsieur Brocklehurst ; car je vous assure que je suis impatiente d'être soulagée d'une responsabilité qui commençait à me peser.

— Assurément, Madame, assurément. Et maintenant je vous dis au revoir. Je rentrerai au manoir de Brocklehurst d'ici une semaine ou deux ; mon excellent ami l'archidiacre ne me permettra pas de le quitter plus tôt. Mais je ferai savoir à Mlle Temple qu'elle doit attendre une nouvelle élève, si bien qu'il n'y aura aucune difficulté pour l'accueillir. Au revoir.

— Au revoir, monsieur Brocklehurst ; rappelez-moi au bon souvenir de Mme et de Mlle Brocklehurst, ainsi que d'Augusta et de Théodore et du jeune M. Broughton Brocklehurst.

— Je n'y manquerai pas, Madame… Petite, voici un livre intitulé *Le Guide de l'enfant* ; lis-le avec des prières, surtout la partie qui contient « Le récit de la mort effrayante et soudaine de Martha G…, vilaine enfant qui s'adonnait au mensonge et à la tromperie ».

Ce disant, M. Brocklehurst me mit entre les mains un mince opuscule broché, puis, après avoir sonné pour demander sa voiture, il s'en fut.

Nous restâmes seules, Mme Reed et moi. Quelques minutes s'écoulèrent en silence ; elle cousait et je l'observais. Mme Reed devait avoir à cette époque quelque trente-six ou trente-sept ans ; c'était une femme de constitution robuste, aux épaules carrées et aux bras puissants, de taille moyenne, corpulente sans être obèse ; elle avait le visage un peu lourd, sa mâchoire inférieure étant très forte et très développée ; elle avait le front bas, le menton gros et saillant, la bouche et le nez passablement réguliers ; sous ses sourcils blonds luisaient des yeux dépourvus de tendresse ; elle avait la peau jaunâtre et opaque, les cheveux presque filasse ; elle avait une santé de cheval, il était impensable qu'elle tombât jamais malade ; c'était une administratrice rigoureuse et habile qui exerçait un empire absolu sur sa maison et ses fermiers ; seuls ses enfants bravaient parfois son autorité, qu'ils tournaient en dérision ; elle était bien habillée et avait une prestance et un maintien propres à mettre en valeur ses beaux vêtements.

Assise sur un tabouret bas, à quelques mètres de son fauteuil, j'examinais sa silhouette et j'étudiais les traits de son visage. Je tenais à la main la brochure contenant la mort soudaine de la menteuse, récit auquel j'avais été invitée à m'intéresser à titre d'avertissement approprié. Ce qui venait de se passer, ce que Mme Reed avait dit de moi à M. Brocklehurst, la teneur de leur conversation, tout cela me laissait à l'esprit une impression fraîche, cuisante, douloureuse, chaque parole avait atteint ma sensibilité aussi cruellement qu'elle avait distinctement frappé mon oreille, et un ressentiment passionné bouillonnait en moi à cet instant.

Mme Reed leva les yeux de son ouvrage ; son regard resta fixé sur le mien en même temps que s'interrompait l'agile mouvement de ses doigts.

— Sors d'ici ; retourne dans la chambre d'enfants, m'ordonna-t-elle.

Sans doute mon regard ou quelque autre détail lui avait-il paru offensant, car elle parlait avec une irritation extrême, encore que contenue. Je me levai ; j'allai jusqu'à la porte ; je revins ; je traversai la pièce en direction de la fenêtre ; puis j'allai droit à elle.

J'avais besoin de parler ; j'avais été cruellement foulée aux pieds et j'avais besoin de me rebiffer ; mais comment faire ? Quelle force avais-je à ma disposition pour frapper mon antagoniste d'un trait vengeur ? Je rassemblai toute mon énergie et la concentrai dans cette phrase que je lançai de but en blanc :

— Je ne suis pas trompeuse ; si je l'étais, je dirais que je vous aime bien ; mais je proclame que je ne vous aime pas ; je vous déteste plus que quiconque au monde à l'exception de John Reed ; quant à ce livre sur la menteuse, vous pouvez le donner à votre fille Georgiana, car c'est elle qui dit des mensonges, et non moi.

Les mains de Mme Reed étaient encore posées, inertes, sur son ouvrage ; son œil de glace restait fixé implacablement sur le mien.

— Qu'as-tu d'autre à me dire ? me demanda-t-elle, en parlant plutôt sur le ton qu'on emploie pour s'adresser à un adversaire adulte que sur celui dont on se sert habituellement avec un enfant.

Ce regard et cette voix qu'elle avait mirent en jeu toute mon antipathie. Tremblant de la tête aux pieds, parcourue par un frisson d'agitation irrépressible, je poursuivis :

— Je suis heureuse que vous ne soyez pas ma parente. Jamais plus jusqu'à la fin de ma vie je ne vous appellerai « ma tante ». Je ne viendrai jamais vous voir quand je serai grande ; et si quelqu'un me demande quels sont mes sentiments envers vous et comment vous m'avez traitée, je dirai que votre seule pensée m'écœure et que vous m'avez traitée avec une cruauté abominable.

— Comment oses-tu affirmer une chose pareille, Jane Eyre ?

— Comment j'ose l'affirmer, madame Reed ? Comment je l'ose ? Mais parce que c'est la vérité. Vous croyez que je n'ai pas de sentiments et que je peux me passer de la moindre miette d'affection ou de bonté ; mais je ne peux pas vivre de la sorte ; et vous êtes sans pitié. Jusqu'à mon dernier jour je me rappellerai comment vous m'avez repoussée... repoussée avec brutalité et avec violence... dans la chambre rouge, et m'y avez enfermée alors que j'étais torturée, alors que je criais, tout en suffoquant de douleur : « Ayez pitié ! Ayez pitié, tante Reed ! » Et cette punition, vous me l'avez fait subir parce que votre infâme fils m'avait frappée, parce qu'il m'avait jetée par terre sans provocation. À quiconque me posera des questions, je ferai précisément ce récit. On vous croit bonne, mais vous êtes méchante, vous avez le cœur dur. C'est vous qui êtes trompeuse !

Avant même d'avoir achevé cette réplique, mon âme commença à se dilater, à exulter, à éprouver le plus étrange sentiment de libération et de triomphe que j'aie jamais connu. Il semblait qu'un lien invisible se fût rompu et que mes efforts m'eussent permis d'accéder à une liberté inespérée. Ce sentiment n'était d'ailleurs pas sans cause : Mme Reed avait l'air apeurée ; son ouvrage lui était tombé des genoux ; elle levait les mains, elle se tordait sur son fauteuil, elle avait même les muscles du visage qui se contractaient comme si elle allait pleurer.

— Jane, tu es victime d'une erreur ; qu'as-tu ? Pourquoi trembles-tu si violemment ? Aimerais-tu boire un peu d'eau ?

— Non, madame Reed.

— Y a-t-il autre chose qui te ferait envie, Jane ? Je t'assure que je souhaite être une amie pour toi.

— Vous, non. Vous avez dit à M. Brocklehurst que j'avais le caractère méchant et un penchant pour la tromperie ; alors je dirai à tous les gens de Lowood ce que vous êtes et ce que vous avez fait.

— Jane, tu ne comprends rien à ces questions ; il faut bien corriger les enfants de leurs défauts.

— La tromperie n'est pas mon défaut ! m'écriai-je d'une voix aiguë et sauvage.

— Mais tu es emportée, Jane, cela, tu dois le reconnaître ; maintenant retourne dans la chambre d'enfants, comme une bonne petite chérie, et étends-toi un moment.

— Je ne suis pas votre petite chérie ; je ne suis pas en état de m'étendre. Ne tardez pas à m'envoyer à l'école, madame Reed, car vivre ici me fait horreur.

— Certes, je ne tarderai pas à l'envoyer à l'école,

murmura Mme Reed, *sotto voce* ; puis elle ramassa son ouvrage et sortit brusquement de la pièce.

J'y restai seule, maîtresse du terrain. C'était la bataille la plus dure que j'eusse jamais livrée et la première victoire que j'eusse remportée. Je me tins un moment sur le tapis, à l'endroit où s'était tenu M. Brocklehurst et je savourai ma solitude de conquérante. Tout d'abord, je me pris à sourire toute seule et à exulter ; mais ce plaisir aigu s'apaisa en moi aussi vite que la palpitation accélérée de mon pouls. Une enfant ne saurait se disputer avec des adultes (comme je venais de le faire), ne saurait donner libre cours à la fureur de ses sentiments (comme je l'avais fait), sans éprouver ensuite un remords cuisant et une sensation d'accablement. Une crête de lande embrasée, vivante, fulgurante, dévorante, eût été un excellent emblème de mon esprit au moment où j'avais accusé et menacé Mme Reed ; la même crête, noire et dévastée après l'extinction des flammes, eût représenté de façon appropriée mon état ultérieur, une fois qu'une demi-heure de silence et de réflexion m'eut montré la folie de ma conduite et tout ce qu'il y avait de lugubre dans ma situation haineuse et haïssable.

Pour la première fois j'avais connu un peu de la saveur de la vengeance. Au moment de l'avaler, c'était comme un vin odorant, chaud et corsé ; son arrière-goût, métallique et corrosif, me donnait la sensation d'avoir été empoisonnée. C'est bien volontiers qu'à présent je serais allée implorer le pardon de Mme Reed ; mais je savais, en partie par expérience, en partie d'instinct, que ce serait le meilleur moyen de l'amener à me repousser avec un surcroît de mépris et à réveiller ainsi toutes les impulsions les plus désordonnées de ma nature.

J'aurais bien aimé tirer parti d'une faculté plus haute que celle de faire des discours impétueux... J'aurais aimé donner un aliment à un sentiment moins démoniaque que la morne indignation. Je pris un livre, un recueil de contes des *Mille et Une Nuits* ; je m'assis et j'essayai de lire. Je n'arrivai pas à comprendre de quoi il s'agissait ; mes propres pensées venaient sans cesse s'interposer entre moi et ces pages que je trouvais habituellement passionnantes. J'ouvris la porte vitrée du petit salon ; le bosquet était absolument silencieux ; il faisait un froid noir, sans le moindre soleil, ni la moindre brise, d'un bout à l'autre du parc. Je relevai le bas de ma robe pour m'en couvrir la tête et les bras et m'en fus faire un tour dans une partie très retirée du bosquet ; mais je ne pris aucun plaisir au spectacle des arbres silencieux, des pommes de pin qui tombaient, des reliques gelées de l'automne, ces feuilles rousses que les vents de naguère avaient réunies en un tas et qui étaient à présent raides et collées ensemble. Je m'appuyai contre une barrière et portai mon regard sur un champ vide où nul mouton ne broutait, où l'herbe rase était brûlée et blanchie par le gel. Le jour était très gris ; le ciel fort opaque, annonciateur de neige, formait une voûte ininterrompue ; puis des flocons se mirent à tomber par intermittences, qui se posèrent sans fondre sur le chemin durci et sur le pré couvert de givre. Je restai là, passablement misérable, à me répéter inlassablement à mi-voix : « Que vais-je faire ? Que vais-je faire ? »

Tout à coup j'entendis une voix claire s'écrier :

— Mademoiselle Jane, où êtes-vous ? Venez déjeuner !

C'était Bessie, je le savais fort bien, pourtant je ne bougeai pas. Son pas léger arriva en sautillant dans l'allée.

— Petite vilaine ! dit-elle. Pourquoi ne venez-vous pas quand on vous appelle ?

La présence de Bessie, comparée aux pensées qui avaient occupé ma triste méditation, me parut gaie, encore qu'elle fût, comme d'habitude, d'assez méchante humeur. Le fait est qu'après mon conflit avec Mme Reed et ma victoire sur elle, je n'étais pas encline à me soucier beaucoup du courroux de la bonne d'enfants ; en revanche, j'étais encline à me laisser réchauffer par la juvénile légèreté de son cœur. Je lui mis mes deux bras autour du cou et dis :

— Allons, Bessie ! ne me grondez pas !

Ce geste était plus spontané et plus intrépide que tous ceux que j'avais l'habitude d'accomplir. Il se trouva qu'il lui plut.

— Vous êtes une étrange enfant, mademoiselle Jane, dit-elle en baissant les yeux sur moi, un petit être vagabond et solitaire. Alors vous allez partir pour l'école, j'imagine ?

J'acquiesçai d'un signe de tête.

— Et n'allez-vous pas regretter de quitter la pauvre Bessie ?

— Bessie s'intéresse-t-elle donc à moi ? Elle me gronde tout le temps.

— C'est que vous êtes une si drôle de petite, apeurée et timide. Il faudrait vous enhardir.

— Comment ? Pour me faire battre plus souvent ?

— Pensez-vous ! Mais il est certain que vous êtes un peu brimée. Ma mère m'a dit, quand elle est venue me voir la semaine dernière, qu'elle n'aimerait pas voir un de ses propres petits à votre place. Allons, rentrez et je vous annoncerai une bonne nouvelle.

— Je n'en crois rien, Bessie.

— Ma petite ! Que voulez-vous dire ? Comme vous me regardez avec des yeux tristes ! Enfin ! Mais

Madame et les demoiselles et le jeune M. John sont invités pour le thé cet après-midi, alors vous allez prendre le thé avec moi. Je vais demander à la cuisinière de vous faire un petit gâteau, et ensuite vous m'aiderez à passer en revue vos tiroirs, parce qu'il va bientôt falloir que je fasse vos malles. Madame a décidé que vous quitteriez Gateshead d'ici un jour ou deux, et vous choisirez les jouets que vous voulez emporter.

— Bessie, il faut me promettre que vous ne me gronderez plus jusqu'à ce que je parte.

— Bon, je veux bien ; mais tâchez d'être sage et de ne pas avoir peur de moi. Ne sursautez pas s'il m'arrive de vous parler un peu vivement ; c'est tellement agaçant.

— Je crois que je n'aurai plus jamais peur de vous, Bessie, parce que je me suis habituée à vous ; d'ailleurs je vais bientôt avoir un tas d'autres gens à redouter.

— Si vous les redoutez, ils vont vous détester.

— Comme vous me détestez, Bessie ?

— Je ne vous déteste pas, Mademoiselle ; je crois que je vous aime mieux que tous les autres réunis.

— Vous ne le montrez guère.

— La petite délurée ! Vous avez une façon toute nouvelle de parler. Qu'est-ce qui vous rend si audacieuse et si brave ?

— Ma foi, je serai bientôt loin de vous, et puis…

J'étais sur le point de lui dire un mot de ce qui s'était passé entre Mme Reed et moi ; mais à la réflexion je jugeai préférable de garder le silence sur ce sujet.

— Alors vous êtes contente de me quitter ?

— Pas du tout, Bessie, et même pour le moment j'en suis presque attristée.

— Pour le moment ! Et presque ! Avec quel aplomb ma petite demoiselle vous dit cela ! Je suis sûre à présent que si je vous demandais un baiser vous ne me le donneriez pas ; vous me diriez que vous aimez *presque* autant n'en rien faire.

— Je vais vous embrasser, et très volontiers : baissez la tête.

Bessie se pencha ; nous nous étreignîmes et je la suivis dans la maison, tout à fait réconfortée. L'après-midi s'écoula dans la paix et l'harmonie ; et le soir Bessie me raconta plusieurs de ses histoires les plus enchanteresses et me chanta plusieurs de ses plus jolies chansons. Même pour moi la vie n'était pas sans rayons de soleil.

CHAPITRE V

Cinq heures avaient à peine sonné, au matin du 19 janvier, quand Bessie arriva dans mon cagibi avec une bougie et me trouva déjà debout et presque habillée. Je m'étais levée une demi-heure avant son entrée ; je m'étais lavé la figure et j'avais mis mes vêtements à la lumière d'une demi-lune qui était sur le point de se coucher et dont les rayons pénétraient dans la pièce par l'étroite fenêtre proche de mon petit lit. Je devais quitter Gateshead ce jour-là par une diligence qui passait devant la porte de la loge à six heures du matin. Bessie était la seule personne qui fût déjà levée ; elle avait allumé le feu dans la chambre d'enfants et c'est là qu'elle se mit en devoir de préparer mon petit déjeuner. Peu d'enfants peuvent manger quand ils sont surexcités par la pensée d'un voyage, et je ne faisais pas exception à la règle. Bessie, après m'avoir vainement pressée d'avaler quelques cuillerées de la panade au lait chaud qu'elle m'avait préparée, enveloppa des biscuits dans un papier et les mit dans mon sac, puis elle m'aida à mettre ma pelisse et mon chapeau et, quand elle se fut emmitouflée dans un châle, nous sortîmes toutes deux de la chambre d'enfants. Quand nous passâmes devant la porte de Mme Reed, elle me demanda :

— Voulez-vous entrer pour dire au revoir à Madame ?

— Non, Bessie ; elle est venue au chevet de mon lit hier soir pendant que vous étiez descendue souper ; elle m'a dit que ce ne serait pas la peine de la déranger ce matin, ni mes cousins non plus ; ensuite elle m'a demandé de me rappeler qu'elle avait toujours été ma meilleure amie, et par conséquent de parler d'elle et de penser à elle avec gratitude.

— Qu'avez-vous répondu, Mademoiselle ?

— Rien ; je me suis caché la figure sous les couvertures et je me suis retournée du côté du mur.

— Vous avez eu tort, mademoiselle Jane.

— J'ai eu absolument raison, Bessie ; votre maîtresse n'a pas été mon amie ; elle a été mon adversaire.

— Oh, mademoiselle Jane, il ne faut pas dire cela !

— Au revoir, Gateshead ! m'écriai-je quand nous traversâmes le vestibule et sortîmes par la porte d'entrée.

La lune s'était couchée et il faisait très sombre ; Bessie portait une lanterne, dont la lumière se reflétait sur les marches mouillées et sur le gravier du chemin trempé par un dégel récent. Ce matin d'hiver était âpre et mordant ; je claquais des dents en suivant l'allée d'un pas pressé. Il y avait de la lumière dans la loge du portier ; quand nous y arrivâmes, nous trouvâmes la femme du portier qui commençait tout juste à allumer son feu ; ma malle, qu'on y avait transportée la veille au soir, était cordée et posée devant la porte. Il était six heures moins quelques minutes et, peu de temps après que l'heure juste eut sonné, un grondement de roues dans le lointain annonça l'arrivée de la diligence ; je gagnai la porte et je regardai les lanternes de la voiture qui approchaient rapidement dans l'obscurité.

— Est-ce qu'elle part toute seule ? demanda la femme du portier.

— Oui.
— Et c'est à quelle distance ?
— Cinquante milles.
— Quel grand voyage ! Cela m'étonne que Mme Reed n'ait pas peur de la laisser aller si loin toute seule.

La diligence s'arrêta ; voilà qu'elle était devant la grille avec ses quatre chevaux et l'impériale chargée de voyageurs ; le postillon et le cocher nous invitèrent bruyamment à nous dépêcher ; ma malle fut hissée sur le toit ; on m'arracha au cou de Bessie que j'étreignais en l'embrassant.

— Ne manquez pas de prendre grand soin d'elle, cria-t-elle au postillon, au moment où il me faisait monter à l'intérieur de la voiture.

— Ouais, ouais ! lui fut-il répondu.

La portière claqua, une voix s'écria : « Prêt ! » et nous étions partis. C'est ainsi que je me séparai de Bessie et de Gateshead ; c'est ainsi que je fus emportée à vive allure vers des régions inconnues et que je jugeais alors lointaines et mystérieuses.

J'ai fort peu de souvenirs de ce voyage ; je sais simplement que la journée me parut prodigieusement longue et que j'eus l'impression de parcourir plusieurs centaines de milles sur cette route. Nous traversâmes plusieurs villes ; dans l'une d'elles, qui était très grande, la diligence s'arrêta ; les chevaux furent dételés et les voyageurs descendirent pour dîner. On m'emmena dans une auberge, où le postillon voulait me faire faire un petit repas ; mais, comme je n'avais pas d'appétit, il me laissa dans une immense salle qui avait une cheminée à chaque extrémité, un lustre pendu au plafond et un petit balcon peint en rouge, placé très haut contre le mur et empli d'instruments de musique. C'est là que je me promenai interminablement de long en large, très dépaysée et éprouvant une frayeur mortelle de voir entrer quelqu'un pour m'enlever ; car je croyais aux voleurs d'enfants, dont les exploits avaient souvent figuré dans les récits de Bessie au coin du feu. Finalement le postillon revint ; de nouveau je fus installée dans un coin de la diligence, mon protecteur grimpa sur son siège, fit retentir sa trompe au son caverneux, et nous repartîmes à grand bruit sur les pavés de L***.

L'après-midi arriva, pluvieux et embrumé : quand il pâlit pour faire place au crépuscule, je commençai à me dire que nous étions vraiment très loin de Gateshead ; nous cessâmes de traverser des villes ; le paysage changea, de grandes collines grises surgirent tout autour de l'horizon ; tandis que l'obscurité s'épaississait, nous descendîmes dans une vallée, assombrie par des forêts, et, longtemps après que la nuit eut enveloppé le paysage, j'entendis un vent déchaîné qui bruissait dans les arbres. Bercée par cette musique, je finis par m'endormir ; il n'y avait pas longtemps que je sommeillais quand l'interruption soudaine du mouvement me réveilla ; à la portière ouverte de la voiture se tenait une personne qui avait l'air d'une domestique ; je distinguai son visage et ses vêtements à la lumière des lanternes.

— Y a-t-il ici une petite fille du nom de Jane Eyre ? demanda-t-elle.

Je répondis « Oui » et fus alors extraite de la voiture ; ma malle fut descendue, et la diligence repartit instantanément.

J'étais engourdie à force d'être restée longtemps assise et ahurie par le bruit et le mouvement de la diligence ; je me ressaisis et regardai autour de moi. La pluie, le vent, les ténèbres emplissaient les airs ; cependant je distinguai confusément devant moi un mur percé d'une porte ; je franchis cette porte à la suite de ma nouvelle conductrice, qui la referma à clef derrière elle.

On apercevait ensuite une ou plusieurs maisons (car le bâtiment était très étendu) avec de nombreuses fenêtres, dont certaines étaient éclairées ; nous suivîmes une large allée caillouteuse, pleine de flaques, et on nous fit entrer dans la maison ; puis la domestique me conduisit par un couloir dans une pièce où il y avait du feu et où elle me laissa seule.

Je restai debout à réchauffer mes doigts engourdis au-dessus de la flamme, puis je regardai autour de moi ; il n'y avait pas d'éclairage, mais la lueur tremblotante de l'âtre révélait par intermittences les murs recouverts de papier peint, des tapis, des rideaux, des meubles d'acajou luisants ; c'était un salon, moins spacieux et moins resplendissant que celui de Gateshead, mais passablement confortable. J'étais absorbée par mes efforts pour deviner le sujet d'un tableau accroché au mur, quand la porte s'ouvrit et qu'entra une personne portant une bougie et suivie de près par une autre femme.

La première était une dame de haute taille, aux cheveux et aux yeux noirs, qui avait le front grand et pâle ; elle était en partie enveloppée d'un châle, elle avait le visage grave, elle se tenait très droite.

— Cette enfant est bien jeune pour voyager toute seule, dit-elle en posant sa bougie sur la table.

Elle m'examina attentivement pendant une ou deux minutes, puis elle ajouta :

— Il vaudrait mieux la coucher de bonne heure ; elle a l'air fatiguée. Êtes-vous fatiguée ? me demanda-t-elle en me mettant une main sur l'épaule.

— Un peu, Madame.

— Et elle a faim aussi, sans nul doute ; qu'on la fasse souper avant de la coucher, mademoiselle Miller. Est-ce la première fois que vous quittez vos parents pour venir à l'école, ma petite ?

Je lui expliquai que je n'avais pas de parents. Elle

me demanda depuis combien de temps ils étaient morts, puis quel âge j'avais, comment je m'appelais, si je savais lire, écrire et faire un peu de couture ; puis elle me toucha la joue de l'index avec douceur et, en me disant : « J'espère que vous serez bien sage », me congédia avec Mlle Miller.

La dame que je venais de quitter devait avoir dans les vingt-neuf ans ; celle qui m'escortait, quelques années de moins ; la première m'avait fait impression par sa voix, sa mine, sa manière d'être. Mlle Miller était plus commune ; elle était rougeaude tout en ayant le visage fatigué ; elle avait la démarche et les gestes pressés, comme quelqu'un qui a toujours une multitude de tâches à accomplir ; de fait elle avait l'air de ce qu'elle était en réalité (comme je l'appris plus tard), c'est-à-dire d'une répétitrice. Sous sa conduite, je parcourus pièce après pièce, couloir après couloir d'un vaste bâtiment de forme irrégulière, jusqu'au moment où, émergeant du silence total et un peu sinistre qui régnait dans la partie de la maison que nous avions traversée, nous entendîmes soudain un bourdonnement de voix nombreuses et pénétrâmes bientôt dans une vaste et longue salle : quatre grandes tables en bois blanc s'y trouvaient, deux à chaque bout, sur chacune desquelles brûlaient deux bougies et qui étaient entourées de bancs occupés par un groupe de filles de tous les âges, depuis neuf ou dix ans jusqu'à vingt. En les voyant à la lumière incertaine des médiocres bougies, leur nombre me parut incalculable, mais en réalité il ne devait pas y en avoir plus de quatre-vingts : elles étaient uniformément habillées de robes en lainage brun de coupe inélégante et de longs tabliers en toile écrue. C'était l'heure de l'étude ; elles étaient occupées à repasser leurs leçons pour le lendemain et le bourdonnement que j'avais entendu résultait de leurs multiples récitations à mi-voix.

Mlle Miller me fit signe de m'asseoir sur un banc près de la porte, puis elle s'avança jusqu'au fond de la grande salle et s'écria :

— Monitrices, ramassez les livres de leçons et rangez-les !

À chacune des quatre tables une grande fille se leva, qui en fit le tour en ramassant les livres pour les emporter. Mlle Miller donna de nouveau un ordre :

— Monitrices, allez chercher les plateaux pour le souper !

Les grandes filles s'en allèrent et revinrent bientôt, portant chacune un plateau où étaient disposées des portions de quelque chose que je n'identifiai pas, avec une cruche d'eau et une timbale au milieu de chaque plateau. Les portions furent distribuées à la ronde ; celles qui le désiraient burent un peu d'eau en se servant de la timbale commune. Quand vint mon tour, je bus, car j'avais soif, mais je ne touchai pas à la nourriture, parce que l'émotion et la fatigue m'avaient rendue incapable de manger ; toutefois je vis alors que c'était une mince galette d'avoine, coupée en petits morceaux.

Une fois ce repas terminé, des prières furent récitées par Mlle Miller, puis les classes montèrent en colonne par deux au premier étage. Étant à présent accablée de lassitude, je ne remarquai guère à quoi ressemblait le dortoir ; je vis seulement que, comme la salle de classe, c'était une pièce très longue. Cette nuit-là, je devais coucher avec Mlle Miller ; elle m'aida à me déshabiller ; une fois couchée, je jetai un coup d'œil sur la longue rangée de lits, dont chacun fut promptement garni de deux occupantes ; au bout de dix minutes l'unique bougie fut éteinte ; dans le silence et l'obscurité complète, je m'endormis.

La nuit passa rapidement ; j'étais même trop fatiguée pour rêver ; je m'éveillai une seule fois pour entendre le vent mugir en rafales furieuses et la pluie tomber à torrents, et pour m'apercevoir que Mlle Miller avait pris place à côté de moi. Quand j'ouvris les yeux à nouveau, une cloche sonnait bruyamment ; les élèves étaient debout et s'habillaient ; le jour n'avait pas encore commencé à poindre, et une ou deux chandelles à mèche de jonc brûlaient dans la pièce. À mon tour je me levai, à contrecœur ; il faisait un froid mordant et je m'habillai tant bien que mal tout en grelottant, puis je me lavai dès qu'il y eut une cuvette libre, ce qui ne se produisit pas de sitôt, car il n'y avait sur les petites tables placées au milieu de la pièce qu'une cuvette pour six. De nouveau la cloche sonna ; tout le monde se rassembla en colonne par deux et, dans cette formation, nous descendîmes l'escalier et entrâmes dans la salle de classe froide et mal éclairée ; des prières y furent récitées par Mlle Miller ; ensuite elle s'écria :

— Groupez-vous par classes !

Un grand tumulte s'ensuivit pendant quelques minutes, tandis que Mlle Miller criait à plusieurs reprises : « Silence ! » et « Du calme ! » Quand le bruit s'apaisa, je vis que toutes les filles étaient alignées en quatre demi-cercles, en face de quatre chaises placées à la tête des quatre tables ; chacune avait un livre à la main, et un grand livre, qui avait l'air d'une Bible, était posé sur chaque table, devant la chaise vide. Il y eut alors un intervalle de quelques secondes, empli par le murmure sourd et vague de la foule ; Mlle Miller allait de classe en classe pour réprimer ce bruit indistinct.

Dans le lointain une cloche tinta : aussitôt trois personnes entrèrent dans la salle, dont chacune s'avança vers une table et s'assit ; Mlle Miller prit la quatrième chaise vacante, qui était la plus proche de la porte et autour de laquelle les plus petites élèves étaient assemblées ; je fus invitée à me joindre à cette classe inférieure et placée au dernier rang.

Le travail commença alors : la collecte du jour fut récitée, puis certains textes de l'Écriture furent lus, auxquels succéda une lecture prolongée de chapitres entiers de la Bible, qui dura une heure. Avant que cet exercice prît fin, le jour s'était complètement levé. L'infatigable cloche sonna alors une quatrième fois : les classes furent mises en rangs et conduites en bon ordre dans une autre salle pour le petit déjeuner. Que j'étais contente à la perspective d'avoir quelque chose à manger ! Je défaillais presque d'inanition à présent, ayant absorbé si peu de nourriture la veille.

Le réfectoire était une vaste salle sombre et basse de plafond ; sur deux longues tables fumaient des bols de quelque chose de chaud qui toutefois, je m'en aperçus avec inquiétude, émettait une odeur fort peu alléchante. Je vis un mécontentement unanime se manifester quand les fumets de ce festin parvinrent aux narines de celles qui devaient l'ingurgiter ; à l'avant-garde de notre cortège, constituée par les grandes filles de première, s'élevèrent dans un murmure les mots :

— C'est dégoûtant ! La bouillie d'avoine est encore brûlée !

— Silence ! articula une voix ; non point celle de Mlle Miller mais celle de l'un des professeurs principaux, petite personne brune, élégamment habillée, mais d'apparence un peu maussade, qui s'installa à la tête d'une table, tandis qu'une dame plus corpulente présidait l'autre.

C'est en vain que je cherchai du regard celle que j'avais vue d'abord la veille au soir ; elle était introuvable. Mlle Miller occupait le bas bout de la table à laquelle je m'assis ; et une curieuse personne entre deux âges, à l'air étranger (professeur de français, comme je l'appris plus tard), prit une place analogue à l'autre table. Un long bénédicité fut récité, et un cantique chanté ; puis une domestique apporta du thé pour les professeurs et le repas commença.

Affamée, et maintenant très affaiblie, je dévorai une ou deux cuillerées de ma portion sans penser au goût qu'elle avait, mais une fois que mon appétit se fut un peu émoussé, je m'aperçus que j'avais entre les mains un mets répugnant : la bouillie d'avoine brûlée ne vaut guère mieux que des pommes de terre pourries ; il n'est pas jusqu'à la famine qui ne s'en dégoûte bien vite. Les cuillers allaient lentement ; je vis chacune des élèves goûter sa bouillie et essayer de l'avaler ; mais dans la plupart des cas l'effort ne tarda pas à être abandonné. Le déjeuner était terminé et personne n'avait déjeuné. Une action de grâces ayant été dite pour ce que nous n'avions pas reçu et un deuxième cantique chanté, le réfectoire fut évacué au bénéfice de la salle de classe. Je fus l'une des dernières à sortir et, en passant près des tables, je vis l'un des professeurs prendre un bol de bouillie et y goûter ; elle regarda les autres ; tous leurs visages exprimaient le mécontentement et l'une d'elles, la plus grosse, murmura :

— Infâme ! C'est une honte !

Un quart d'heure s'écoula avant la reprise des leçons, quart d'heure pendant lequel la salle de classe fut plongée dans un beau tumulte ; au cours de ce laps de temps il semblait qu'il fût permis de parler à haute voix et librement, et les élèves profitaient de ce privilège. Toute la conversation roula sur le déjeuner, dont chacune sans exception disait tout le mal possible. Les pauvres petites ! c'était la seule consolation qu'elles eussent. Mlle Miller était pour le moment le seul professeur présent dans la salle ; un groupe de grandes élèves l'entourait, en parlant avec des gestes graves et mécontents. J'entendis prononcer par quelqu'un le nom de M. Brocklehurst, sur quoi Mlle Miller hocha la tête avec réprobation ; mais elle ne fit guère d'efforts pour refréner le courroux général, qu'elle partageait sans nul doute.

La pendule de la salle de classe sonna neuf heures : Mlle Miller quitta son cercle et se plaça au milieu de la salle pour s'écrier :

— Silence ! À vos places !

La discipline s'établit ; en cinq minutes la mêlée se mua en ordre et un silence relatif vint apaiser le déchaînement des langues, digne de Babel. Les professeurs des grandes classes reprirent alors leurs places sans perdre un instant ; pourtant tout le monde avait l'air d'attendre. Assises en rangs sur leurs bancs des deux côtés de la salle, les quatre-vingts élèves se tenaient droites et immobiles ; c'est une étrange assemblée qu'elles offraient aux regards avec leurs cheveux plats ramenés en arrière, sans qu'une seule boucle fût visible ; avec leurs robes brunes et montantes, la gorge entourée d'un mince fichu, et de petites poches en toile écrue (dont la forme n'était pas sans rappeler la bourse des montagnards d'Écosse), fixées sur le devant de leur robe et destinées à leur servir de sac à ouvrage ; avec cela elles portaient toutes des bas de laine et des chaussures de paysannes, fermées par des boucles de cuivre. Parmi celles qui étaient ainsi accoutrées, plus d'une vingtaine étaient des filles de taille adulte, ou même de jeunes femmes ; ce costume ne leur allait pas et donnait un air bizarre même aux plus jolies.

Je les regardais encore, non sans examiner aussi de temps en temps les professeurs (dont aucune n'était exactement de mon goût : car la grosse était un peu vulgaire, la brune plus qu'un peu coléreuse, l'étrangère rude et grotesque, et Mlle Miller, la pauvre, avait l'air empourprée, fatiguée, surmenée) quand, tandis que mon regard allait de visage en visage, toute la classe se leva d'un seul geste, comme mue par un même ressort.

Que se passait-il ? Je n'avais pas entendu donner d'ordre ; je fus intriguée. Avant que j'eusse retrouvé ma présence d'esprit les élèves se rassirent, mais, comme tous les regards se tournaient à présent du même côté, le mien suivit la direction générale et se posa sur la personne qui m'avait accueillie la veille au soir. Elle était debout au fond de la longue salle, devant l'âtre, car il y avait une cheminée à chaque extrémité ; en silence et avec gravité elle considéra les deux rangées d'élèves. Mlle Miller s'approcha d'elle, parut lui poser une question, puis, ayant reçu une réponse, revint à sa place et dit à haute voix :

— Monitrice de la première classe, allez chercher les globes !

Pendant que cet ordre était en cours d'exécution, la demoiselle qui avait été consultée s'avança lentement dans la salle. Je suppose que j'ai l'organe de la vénération très développé, car j'éprouve encore le sentiment de respect admiratif avec lequel mes yeux s'attachèrent à ses pas. Telle que je la voyais alors, en plein jour, elle paraissait grande, belle et bien faite ; ses yeux bruns, dont les iris avaient une lueur de bonté et que de longs cils entouraient d'un cercle élégamment dessiné, mettaient en valeur la blancheur de son vaste front ; sur ses deux tempes ses cheveux d'un brun très foncé étaient ramassés en boucles rondes, selon la mode de l'époque, en un temps où ni les bandeaux plats ni les longues anglaises n'étaient en vogue ; sa robe, également conforme au goût du jour, était de drap violet, rehaussé par une sorte de garniture espagnole en velours noir ; une montre en or (les montres n'étaient pas aussi courantes à l'époque qu'à présent) brillait à sa ceinture. Que le lecteur ajoute, pour compléter le tableau, des traits distingués, un teint pâle, mais clair, ainsi qu'une allure et un maintien majestueux, et il aura, au moins aussi clairement que les mots peuvent la lui donner, une idée exacte de l'apparence extérieure de Mlle Temple... de Maria Temple, nom que je vis plus tard inscrit sur un livre de prières qui me fut confié pour le porter à l'église.

La directrice de Lowood (car telle était sa fonction), s'étant assise en face de deux globes placés sur l'une des tables, fit venir la première classe autour d'elle et commença à donner un cours de géographie ; les classes inférieures furent appelées par les professeurs. Des répétitions d'histoire, de grammaire, etc., se poursuivirent pendant une heure, auxquelles succédèrent des séances d'écriture et d'arithmétique, tandis que Mlle Temple donnait des leçons de musique à certaines des élèves les plus âgées. La durée de chaque leçon était déterminée avec précision par la pendule qui finit par sonner midi. La directrice se leva.

— J'ai un mot à dire aux élèves, dit-elle.

Le tumulte créé par l'interruption des cours commençait déjà à se déclencher, mais il s'apaisa à sa voix. Elle poursuivit :

— Ce matin vous avez eu un petit déjeuner immangeable ; vous devez avoir faim. J'ai donné l'ordre de servir à tout le monde une collation de pain et de fromage.

Les professeurs la regardèrent avec une sorte de stupeur :

— Cela se fera sous ma responsabilité, ajouta-t-elle à leur adresse sur un ton explicatif ; après quoi elle sortit immédiatement de la salle.

Le pain et le fromage furent bientôt apportés et distribués, pour la vive satisfaction et le grand réconfort de toute l'école. Un ordre fut alors lancé : « Au jardin ! » Chacune mit un chapeau de paille ordinaire, avec des cordons en calicot de couleur, et une cape de ratine grise. Je fus équipée de façon identique et, suivant la foule, je gagnai l'air libre.

Le jardin était un vaste enclos, entouré de murs si hauts qu'ils bouchaient complètement la vue ; une véranda couverte s'étendait sur l'un des côtés et de larges allées bordaient un espace central divisé en plusieurs dizaines de petits parterres ; ces parterres étaient attribués, en guise de jardins, aux élèves qui devaient les cultiver, si bien que chaque parterre avait sa propriétaire. Pleins de fleurs, ils devaient certainement être jolis à voir, mais à présent, vers la fin de janvier, tout était brûlé par l'hiver ou bruni par la décomposition.

Je me mis à grelotter en regardant autour de moi sans bouger ; la journée était inclémente pour les exercices de plein air ; il ne pleuvait pas vraiment, mais le temps était assombri par un brouillard jaunâtre et crachinant ; sous nos pas tout était encore détrempé par les trombes de la veille. Les plus vigoureuses des élèves couraient et se livraient à des jeux actifs, mais certaines, pâles et maigres, se rassemblaient pour chercher un abri et un peu de chaleur sous la véranda ; et dans ce groupe, à mesure que la brume épaisse pénétrait jusqu'aux corps frissonnants, j'entendis plus d'une fois le bruit d'une toux caverneuse.

Jusqu'alors je n'avais encore parlé à personne et personne ne paraissait faire attention à moi ; je me trouvais assez solitaire, mais l'isolement était une sensation à laquelle j'étais accoutumée ; elle ne m'accablait guère.

Je m'appuyai contre un des piliers de la véranda, je resserrai ma cape grise autour de moi et, en essayant d'oublier le froid dont je sentais la morsure à l'extérieur et la faim inassouvie qui me tenaillait à l'intérieur, je m'abandonnai à l'occupation consistant à observer et à réfléchir. Mes pensées trop indistinctes et fragmentaires ne méritent pas d'être rapportées. C'est à peine si je savais où j'étais. Gateshead et ma vie passée semblaient avoir été emportés à une distance indéfinissable. Le présent était vague et étrange ; quant à l'avenir, je ne pouvais faire aucune conjecture à son sujet. Je promenai mon regard autour du jardin semblable à celui d'un couvent, puis je levai les yeux vers la maison, vaste bâtiment dont une moitié semblait grise et vieille, l'autre toute neuve. La partie nouvelle, qui contenait la salle de classe et le dortoir, était percée de fenêtres à meneaux et losanges, ce qui lui donnait une allure ecclésiastique. Au-dessus de la porte, une plaque de pierre portait l'inscription suivante :

« Institution de Lowood. – Partie reconstruite en l'an..., par Noémi Brocklehurst, du Manoir de Brocklehurst, en ce comté. » « Ainsi votre lumière doit-elle briller aux yeux des hommes pour que, voyant vos bonnes œuvres, ils en rendent gloire à votre Père qui est dans les cieux. » *(*Matth.*, V, 16.)

Je lus et relus ces mots. Je sentais qu'ils demandaient une explication et j'étais incapable d'en pénétrer complètement la portée. Je méditais encore sur le sens du mot « Institution », et je m'efforçais d'établir un lien entre les premiers mots et le verset de l'Écriture, quand le bruit d'une toux, juste derrière moi, me fit tourner la tête. Je vis une fille assise sur un banc de pierre, non loin de moi. Elle était penchée sur un livre, dont la lecture paraissait l'absorber. De ma place j'en voyais le titre... c'était *Rasselas*[1]... nom qui me fit l'effet d'être étrange et par conséquent attrayant. En tournant une page, il lui advint de lever les yeux et je lui demandai aussitôt :

— Votre livre est-il intéressant ? (J'avais déjà fait le projet de lui demander de me le prêter un jour.)

— Il me plaît, me répondit-elle après un bref instant de silence pendant lequel elle m'avait examinée.

— De quoi parle-t-il ? poursuivis-je.

Je ne sais trop où je puisai la hardiesse d'entrer ainsi en conversation avec une inconnue. Cette démarche était contraire à ma nature et à mes habitudes ; mais je crois que l'occupation de cette fille avait fait vibrer quelque part en moi une corde sympathique, car, moi aussi, j'aimais la lecture, mais dans un genre frivole et puéril. Je ne pouvais absorber ni comprendre ce qui était sérieux et substantiel.

— Vous pouvez y jeter un coup d'œil, répondit la fille en me tendant le livre.

Je profitai de la permission. Un bref examen me convainquit que le contenu était moins attachant que le titre. *Rasselas* parut morne à mon goût futile. Je n'y vis pas trace de fées ni de génies ; nulle variété ne paraissait en éclairer les pages aux lignes serrées. Je lui rendis le livre. Elle le prit en silence et, toujours sans mot dire, elle allait retomber dans son humeur studieuse de tout à l'heure, quand je me permis de la déranger de nouveau :

— Pouvez-vous me dire ce que signifie l'inscription gravée sur cette pierre, au-dessus de la porte ? Qu'est-ce que l'Institution de Lowood ?

— La maison où vous êtes venue habiter.

---

1. Roman de Samuel Johnson (1709-1784).

— Et pourquoi s'appelle-t-elle Institution ? Est-elle différente en quoi que ce soit des autres écoles ?

— C'est jusqu'à un certain point une œuvre de charité. Vous et moi, et toutes les autres élèves, nous sommes élevées par charité. Je suppose que vous êtes orpheline. Est-ce que votre père ou votre mère ne sont pas morts ?

— Ils sont morts tous les deux depuis trop longtemps pour que je m'en souvienne.

— Eh bien, ici toutes les élèves ont perdu au moins un de leurs parents et l'école s'appelle Institution pour l'éducation des orphelins.

— Est-ce que nous ne versons pas d'argent ? Est-ce qu'on nous entretient pour rien ?

— Nous payons, ou plutôt nos familles paient quinze livres par an pour chaque élève.

— Alors pourquoi dit-on que nous sommes élevées par charité ?

— Parce que quinze livres ne suffisent pas pour la pension et l'enseignement, et que le surplus est obtenu par souscription.

— Qui souscrit ?

— Diverses dames et divers messieurs charitables de la région et de Londres.

— Qui était Noémi Brocklehurst ?

— La dame qui a fait construire la partie neuve de la maison, comme le relate la plaque, et dont le fils dirige et contrôle tout ici.

— À quel titre ?

— Parce qu'il est trésorier et administrateur de l'établissement.

— Alors cette maison n'appartient pas à la grande dame qui porte une montre et qui nous a fait donner un peu de pain et de fromage ?

— À Mlle Temple ? Oh, non ! c'est grand dommage.

Elle doit rendre compte à M. Brocklehurst de tout ce qu'elle fait. C'est M. Brocklehurst qui fait tous les achats de nourriture et de vêtements pour nous.

— Habite-t-il ici ?

— Non... à deux milles d'ici, dans un grand manoir.

— Est-ce un homme bon ?

— C'est un ecclésiastique et l'on dit qu'il fait beaucoup de bien.

— N'avez-vous pas dit que la grande dame s'appelle Mlle Temple ?

— Oui.

— Et comment s'appellent les autres professeurs ?

— Celle qui a les joues rouges s'appelle Mlle Smith, elle s'occupe de nos ouvrages et des cours de coupe... car nous faisons nous-mêmes nos vêtements, nos robes, nos pelisses, et tout le reste ; la petite aux cheveux noirs s'appelle Mlle Scatcherd : elle enseigne l'histoire et la grammaire et fait réciter les leçons de la deuxième classe ; et celle qui porte un châle et qui a un mouchoir noué au côté par un ruban jaune, c'est Mme Pierrot ; elle vient de Lille, en France, et enseigne le français.

— Aimez-vous les professeurs ?

— Assez.

— Aimez-vous la petite noiraude, et cette Mme... je n'arrive pas à prononcer son nom comme vous.

— Mlle Scatcherd est emportée... il faut prendre garde de ne pas la mécontenter ; Mme Pierrot n'est pas une méchante femme.

— Mais Mlle Temple est la meilleure... n'est-ce pas ?

— Mlle Temple est très bonne et très intelligente ; elle est supérieure aux autres, parce qu'elle sait beaucoup plus de choses qu'elles.

— Y a-t-il longtemps que vous êtes ici ?

— Deux ans.

— Êtes-vous orpheline ?
— Ma mère est morte.
— Êtes-vous heureuse ici ?
— Vous me posez trop de questions. Je vous ai fait assez de réponses pour le moment. Maintenant j'ai envie de lire.

Mais à cet instant l'appel du dîner retentit. Tout le monde rentra dans la maison. L'odeur qui emplissait à présent le réfectoire n'était guère plus appétissante que celle qui nous avait chatouillé les narines au petit déjeuner. Le dîner était servi dans deux immenses récipients étamés, d'où montait une épaisse fumée qui sentait la graisse rance. Je m'aperçus que le mets se composait de méchantes pommes de terre et de bizarres lambeaux de viande avancée, le tout mélangé et cuit en une seule fois. De cette décoction une assiettée assez abondante fut servie à chaque élève. Je mangeai ce que je pus, tout en me demandant à part moi si la chère allait être tous les jours de cette qualité.

Après le dîner, nous nous transportâmes immédiatement dans la salle de classe. Les leçons reprirent et nous continuâmes jusqu'à cinq heures.

Le seul événement marquant de l'après-midi fut que je vis la fille avec qui j'avais conversé sous la véranda exclue d'une classe d'histoire et mise en pénitence par Mlle Scatcherd, qui la plaça debout au milieu de la vaste salle. Ce châtiment me parut hautement ignominieux, surtout pour une fille aussi grande (elle avait l'air d'avoir au moins treize ans). Je m'attendais à la voir donner des signes d'affliction et de honte intenses ; mais, à ma grande surprise, elle ne pleura ni ne rougit. Grave, mais calme, elle resta immobile au centre de tous les regards. « Comment peut-elle supporter cela de façon si tranquille et si ferme ? me demandai-je. À sa place, il me semble que j'aurais envie de voir la terre s'ouvrir pour m'engloutir. Elle a l'air de penser à quelque chose qui est au-delà de son châtiment... au-delà de sa situation, à quelque chose qui n'est pas autour d'elle ni devant elle. J'ai entendu parler de gens qui rêvent éveillés ; rêve-t-elle éveillée en ce moment ? Elle a les yeux fixés sur le sol, mais je suis sûre qu'elle ne le voit pas... on dirait que son regard est tourné vers l'intérieur et descend jusqu'au fond de son cœur ; elle contemple ses souvenirs, je crois. Je me demande quel genre de fille c'est... si elle est sage ou vilaine. »

Peu après cinq heures nous eûmes un autre repas, composé d'une petite timbale de café et d'une demi-tranche de pain bis. Je dévorai mon pain et je bus mon café avec plaisir, mais j'aurais aimé en avoir deux fois plus : j'avais encore faim. Il y eut ensuite une demi-heure de récréation, puis l'étude ; puis le verre d'eau avec le morceau de galette d'avoine, les prières et le coucher. Telle fut ma première journée à Lowood.

CHAPITRE VI

Le jour suivant commença de la même façon, quand nous nous levâmes et nous habillâmes à la lumière des chandelles à mèche de jonc ; mais cette fois nous fûmes contraintes de nous soustraire au cérémonial des ablutions : l'eau était gelée dans les pots. Un changement de temps s'était produit la veille au soir et un âpre vent du nord-est, sifflant toute la nuit par les interstices des fenêtres du dortoir, nous avait fait frissonner dans nos lits et avait changé en glace le contenu des brocs.

Avant que s'achevât la longue heure et demie de prières et de lectures bibliques, je me sentis prête à mourir de froid. L'heure du petit déjeuner finit par arriver et ce jour-là la bouillie n'était pas brûlée ; elle était de qualité mangeable, mais en quantité insuffisante ; que ma portion me parut petite ! J'aurais voulu en avoir le double.

Au cours de cette journée je fus enrôlée comme membre de la quatrième classe et l'on m'assigna des devoirs et autres travaux réguliers ; jusqu'alors je n'avais assisté qu'en spectatrice à ce qui se passait à Lowood ; j'allais désormais en devenir actrice. Tout d'abord, comme je n'avais guère l'habitude d'apprendre par cœur, les leçons me parurent à la fois longues et difficiles ; de plus, le fréquent passage d'un exercice à un autre me déconcerta ; aussi fus-je contente quand, vers trois heures de l'après-midi, Mlle Smith me mit entre les mains une bande de mousseline de deux mètres de long, avec une aiguille, un dé, et ainsi de suite, et m'envoya m'installer dans un coin tranquille de la salle de classe, avec pour instructions d'ourler ce tissu. À cette heure, la plupart des autres élèves cousaient également ; mais une classe restait groupée, debout, autour de la chaise de Mlle Scatcherd pour lire et, comme le calme régnait, on pouvait suivre le sujet de la leçon, et aussi la façon dont se comportait chacune des filles et les blâmes ou les louanges inspirés à Mlle Scatcherd par le résultat de leurs efforts. Il s'agissait d'histoire d'Angleterre ; parmi les lectrices, je remarquai la fille que j'avais rencontrée sous la véranda ; au commencement de la leçon, elle s'était trouvée en tête de la classe, mais à la suite d'une erreur de prononciation ou d'un manque d'attention à la ponctuation, elle fut brusquement envoyée au tout dernier rang. Même quand elle fut dans cette humble situation, Mlle Scatcherd continua à lui accorder une attention constante ; elle ne cessait de lui adresser des remarques de ce genre :

— Burns (tel était son nom, semblait-il ; dans cette école on appelait toutes les filles par leur nom de famille, comme on le fait ailleurs pour les garçons), Burns, vous vous tenez sur le côté de vos pieds, mettez-les immédiatement la pointe en dehors... Burns, vous avancez le menton de façon très déplaisante ; rentrez-le... Burns, j'exige que vous teniez la tête droite ; je ne veux pas vous voir devant moi dans cette attitude... etc.

Lorsqu'un chapitre eut été lu d'un bout à l'autre à deux reprises, les livres furent refermés et les élèves interrogées. La leçon avait porté sur une partie du règne de Charles Ier et il y eut diverses questions concernant les taxes sur les tonnages et les commissions, les impôts pour la construction de navires de guerre, auxquelles la plupart des élèves parurent incapables de répondre ; cependant chacune de ces petites difficultés fut résolue instantanément quand vint le tour de Burns ; sa mémoire semblait avoir retenu en totalité la substance de la leçon et elle avait sa réponse toute prête sur chaque point. Je m'attendais sans cesse à entendre Mlle Scatcherd la complimenter de son attention ; au lieu de quoi, elle s'écria soudain :

— Vous êtes une enfant sale et désagréable ! Vous ne vous êtes absolument pas nettoyé les ongles ce matin !

Burns ne dit mot ; je m'étonnai de son silence.

« Pourquoi n'explique-t-elle pas, me dis-je, qu'elle n'a pu ni se nettoyer les ongles ni se laver la figure, puisque l'eau était gelée ? »

Mon attention fut alors détournée par Mlle Smith qui me demanda de lui tenir un écheveau de fil ; tandis qu'elle le mettait en pelote, elle m'adressa la parole de temps à autre, me demandant si j'étais déjà allée à l'école, si je savais marquer le linge, piquer, tricoter, et ainsi de suite ; c'est seulement quand elle me congédia que je pus recommencer à observer les mouvements de Mlle Scatcherd. Quand je revins à ma place, cette personne venait de lancer un ordre dont je ne saisis pas la signification ; mais Burns quitta immédiatement sa classe, pénétra dans le petit cagibi où l'on rangeait les livres et revint au bout de trente secondes, tenant à la main un faisceau de branchettes attachées ensemble à une extrémité. En s'inclinant respectueusement, elle présenta à Mlle Scatcherd cet instrument inquiétant ; puis, sans mot dire et sans attendre qu'on le lui demandât, elle défit son tablier ; là-dessus la maîtresse lui infligea immédiatement et brutalement douze coups sur la nuque avec ce faisceau de branchettes. Nulle larme ne monta aux yeux de Burns ; et, tandis que j'arrêtais ma couture parce que, à ce spectacle, j'avais les doigts qui tremblaient sous l'influence d'un sentiment de colère vaine et impuissante, aucun des traits de son visage pensif ne se départit de son expression habituelle.

— Petite endurcie ! s'écria Mlle Scatcherd ; rien ne pourra vous guérir de vos habitudes malpropres ; emportez les verges.

Burns s'exécuta ; je l'observai attentivement quand elle ressortit du placard aux livres ; elle remettait son mouchoir dans sa poche, tandis que le reste d'une larme luisait sur sa joue amaigrie.

L'heure de la récréation du soir m'apparaissait comme le moment le plus agréable de la journée à Lowood : la bouchée de pain et la gorgée de café avalées à cinq heures avaient suscité un regain de vitalité, sans toutefois apaiser la faim ; la longue contrainte de la journée se relâchait ; la salle de classe semblait plus chaude que le matin, car on laissait le feu brûler un peu plus fort dans les deux cheminées afin de remplacer, dans une certaine mesure, les bougies encore absentes ; ce rougeoiement crépusculaire, le tumulte autorisé, le bruit confus de voix nombreuses, tout donnait un sentiment agréable de liberté.

Le soir du jour où j'avais vu Mlle Scatcherd fouetter son élève Burns, je me promenai comme d'habitude parmi les bancs et les tables et les groupes rieurs, sans compagnie aucune et cependant sans souffrir de ma solitude ; en passant devant les fenêtres, je soulevais de temps à autre un store pour jeter un regard au-dehors ; il neigeait fort et la neige s'amoncelait déjà contre les vitres du bas ; en mettant l'oreille tout contre la fenêtre, je parvenais à distinguer du tumulte joyeux de l'intérieur, le gémissement mélancolique du vent au-dehors.

Sans doute, si j'avais récemment quitté un foyer heureux et des parents affectueux, eût-ce été là l'heure où j'eusse le plus cruellement regretté la séparation ; le vent m'eût attristé le cœur ; le désordre dans l'obscurité eût troublé la paix de mon esprit : dans les circonstances où j'étais, je tirais de l'un et de l'autre une étrange surexcitation et, d'humeur aventureuse et fébrile, je souhaitais entendre le vent hurler plus sauvagement, voir la pénombre se muer en ténèbres et le désordre dégénérer en clameurs.

En sautant par-dessus les bancs et en me faufilant sous les tables, je gagnai l'une des cheminées, où, agenouillée auprès du grand garde-feu en fil de fer, je trouvai Burns, absorbée, silencieuse, détachée de tout ce qui l'entourait par la compagnie d'un livre qu'elle lisait à la faible lueur des charbons ardents.

— Est-ce toujours *Rasselas* ? lui demandai-je en arrivant derrière elle.

— Oui, dit-elle, et je viens de le finir.

Cinq minutes plus tard elle le refermait. J'en fus heureuse.

« Maintenant, me dis-je, je vais peut-être réussir à la faire parler. »

Je m'assis auprès d'elle sur le plancher.

— Quel nom portez-vous, en dehors de Burns ?

— Helen.

— Venez-vous d'un endroit éloigné d'ici ?

— Je viens d'un endroit situé plus au nord, exactement aux frontières de l'Écosse.

— Y retournerez-vous jamais ?

— Je l'espère ; mais personne ne peut être sûr de l'avenir.

— Vous devez avoir envie de partir de Lowood.

— Non : pourquoi en aurais-je envie ? On m'a envoyée à Lowood pour que j'y reçoive mon éducation ; il ne servirait à rien d'en partir avant d'avoir atteint cet objectif.

— Mais ce professeur, Mlle Scatcherd, est tellement cruelle avec vous.

— Cruelle ? Pas du tout ! Elle est sévère ; elle déteste mes défauts.

— Mais si j'étais à votre place je la détesterais ; je lui résisterais ; si elle me frappait de ses verges, je les lui arracherais des mains et je les briserais sous son nez.

— Il est probable que vous ne feriez rien de pareil ; mais si vous le faisiez, M. Brocklehurst vous expulserait de l'école, et ce serait un grand chagrin pour votre famille. Il vaut infiniment mieux supporter patiemment une peine que nul ne ressent en dehors de vous-même que de commettre par emportement une action dont les funestes conséquences s'étendront à tous ceux qui sont en relation avec vous ; d'ailleurs la Bible nous enjoint de rendre le bien pour le mal.

— Mais tout de même, il est déshonorant d'être fouettée, ou d'être placée debout au milieu d'une salle pleine de monde ; et puis vous êtes une si grande fille ; je suis beaucoup plus jeune que vous, mais je ne pourrais pas supporter cela.

— Pourtant, ce serait votre devoir de le supporter si vous ne pouviez pas agir autrement ; vous faites preuve de faiblesse et de sottise en disant que vous ne pouvez pas supporter ce que votre destin vous oblige à supporter.

Je l'écoutai avec stupeur : je n'arrivais pas à comprendre cette doctrine de la résignation ; j'arrivais encore moins à comprendre ou à partager l'indulgence qu'elle exprimait envers son bourreau. Toutefois, je me rendais compte que Helen Burns voyait les choses sous un jour que mes yeux n'apercevaient pas. Je pressentais qu'elle avait peut-être raison, et moi tort ; mais je me refusais à examiner cette question à fond ; comme Félix[1], je remettais cet examen à un moment plus commode.

— Vous dites que vous avez des défauts, Helen ; quels sont-ils ? Vous me paraissez très sage.

— En ce cas, apprenez par mon exemple à ne pas juger sur les apparences. Je suis, comme l'a dit Mlle Scatcherd, malpropre ; il est rare que je mette mes affaires en ordre et je ne les y laisse jamais ; je suis négligente ; j'oublie les règlements ; je lis alors que je devrais apprendre mes leçons ; je n'ai pas de méthode ; et parfois je dis comme vous que je ne peux pas supporter d'être soumise à une discipline systématique. Tout cela est fort irritant pour Mlle Scatcherd, qui est naturellement soigneuse, ponctuelle, méticuleuse.

— Et coléreuse et cruelle, ajoutai-je.

Mais Helen ne voulut pas accepter ces compléments ; elle garda le silence.

— Mlle Temple est-elle aussi sévère avec vous que Mlle Scatcherd ?

Au nom de Mlle Temple, un tendre sourire passa fugitivement sur le visage grave de Helen.

— Mlle Temple est pleine de bonté ; cela lui fait de la peine d'être sévère avec n'importe qui, même la moins bonne élève de l'école ; elle voit mes erreurs et me les signale avec douceur ; et si je fais quelque chose qui mérite des éloges, elle m'en accorde une ample mesure. Une preuve frappante de mon naturel déplorablement imparfait, c'est que ses reproches eux-mêmes,

---

1. Gouverneur de Judée (cf. Actes, 24,25).

si modérés, si raisonnables, n'ont pas une influence suffisante pour me guérir de mes défauts, et que ses louanges elles-mêmes, bien que je les apprécie au plus haut point, n'arrivent pas à me faire persévérer dans le soin et la prévoyance.

— C'est curieux, dis-je ; il est si facile d'être soigneuse.

— Pour vous, je ne doute pas que ce ne soit facile. Je vous ai observée dans votre classe ce matin et j'ai vu que vous suiviez attentivement ; vos pensées n'ont jamais eu l'air de vagabonder pendant que Mlle Miller vous expliquait votre leçon et vous questionnait. Mais les miennes vont continuellement se promener ailleurs ; alors que je devrais écouter Mlle Scatcherd et retenir assidûment tout ce qu'elle dit, je laisse souvent échapper jusqu'au son de sa voix ; je sombre dans une sorte de rêve. Parfois je me crois en Northumberland et je prends les bruits que j'entends autour de moi pour le babil d'un petit ruisseau qui traverse Valprofond, près de chez nous... alors, quand vient mon tour de répondre, il faut qu'on me réveille ; et, comme je n'ai rien entendu de ce qu'on lisait parce que je prêtais l'oreille à l'imaginaire ruisseau, je n'ai pas de réponse prête.

— Et pourtant, comme vous avez bien répondu cet après-midi !

— C'est par pur hasard ; le sujet que nous avions étudié m'avait intéressée. Cet après-midi, au lieu de rêver à Valprofond, je me demandais comment un homme désireux de faire le bien avait pu agir de façon aussi injuste et inintelligente que Charles Ier l'a fait parfois ; je songeais combien il était regrettable qu'avec son intégrité et sa droiture, il n'eût pas su voir plus loin que les prérogatives de la Couronne. Si seulement il avait pu porter son regard au-delà et voir de quel côté tendait ce qu'on appelle l'esprit de son temps ! Pourtant, j'aime bien Charles... je le respecte... j'ai pitié de lui, de ce pauvre roi assassiné ! Oui, ses ennemis ont été pires que lui : ils ont répandu un sang qu'ils n'avaient pas le droit de répandre. Comment ont-ils osé le tuer !

Helen parlait à présent pour elle-même ; elle avait oublié que je ne pouvais guère la comprendre, que j'ignorais presque totalement le sujet dont elle discutait. Je la fis redescendre à mon niveau.

— Et quand c'est Mlle Temple qui vous fait la classe, vos pensées vagabondent-elles ?

— Non, assurément, pas souvent : parce que Mlle Temple a en général des choses à dire qui sont plus neuves que mes propres réflexions ; sa façon de parler a pour moi un charme singulier et l'information qu'elle nous apporte est souvent exactement celle que je souhaitais acquérir.

— Ainsi donc, avec Mlle Temple vous êtes bonne élève ?

— Oui, de façon passive ; je ne fais pas d'effort ; je me laisse guider par mes penchants. Il n'y a pas de mérite à être bonne de cette manière.

— Il y en a beaucoup ; vous êtes bonne pour ceux qui sont bons avec vous. Je n'ai pas envie d'en faire jamais davantage. Si les gens étaient toujours aimants et obéissants envers ceux qui sont cruels et injustes, les méchants en feraient à leur guise ; ils n'auraient rien à craindre et ne changeraient donc jamais, sinon pour devenir de plus en plus méchants. Quand on nous frappe sans raison, nous devons rendre coup pour coup avec vigueur... j'en suis certaine... avec assez de vigueur pour ôter à celui qui nous a frappés l'envie de jamais recommencer.

— Vous changerez d'avis, je l'espère, en grandissant. Pour le moment, vous n'êtes qu'une petite fille sans instruction.

— Mais j'ai en moi une conviction, Helen : il faut que je déteste ceux qui, quoi que je fasse pour leur plaire, persistent à me détester ; il faut que je résiste à ceux qui me punissent injustement. C'est pour moi aussi naturel que d'aimer ceux qui me montrent de l'affection, ou de me soumettre au châtiment quand je le trouve mérité.

— Les païens et les tribus sauvages professent cette doctrine ; mais les chrétiens et les nations civilisées la rejettent.

— Comment cela ? Je ne comprends pas.

— Ce n'est pas la violence qui vient le mieux à bout de la haine, ni la vengeance qui guérit le plus sûrement l'injustice.

— Qu'est-ce donc ?

— Lisez le *Nouveau Testament,* observez ce que dit le Christ et comment Il agit ; faites de Sa parole votre loi et de Sa conduite votre exemple.

— Que dit-Il ?

— Aimez vos ennemis ; bénissez ceux qui vous maudissent ; faites le bien à ceux qui vous haïssent et vous traitent cruellement.

— En ce cas je devrais aimer Mme Reed, ce que je ne saurais faire ; je devrais bénir son fils John, ce qui est impossible.

À son tour, Helen Burns me demanda une explication ; et je me mis aussitôt en devoir de déverser à ma manière le récit de mes souffrances et de mes rancunes. Âpre et agressive quand je m'emportais, je parlai à cœur ouvert, sans réserve ni atténuation.

Helen m'écouta patiemment jusqu'au bout ; je pensais qu'elle allait faire alors une remarque, mais elle ne dit mot.

— Eh bien, lui demandai-je avec impatience, Mme Reed n'est-elle pas une femme méchante, au cœur dur ?

— Elle a été cruelle envers vous, sans nul doute, parce que, comprenez-vous, elle déteste votre genre de caractère comme Mlle Scatcherd déteste le mien ; mais quel souvenir précis vous conservez de tout ce qu'elle vous a dit et fait ! Quelle impression étonnamment profonde son injustice semble avoir produite sur votre cœur ! Aucun mauvais traitement n'a marqué ma sensibilité de façon aussi indélébile. Ne seriez-vous pas plus heureuse si vous tentiez d'oublier sa sévérité en même temps que les emportements passionnés qu'elle a suscités ? La vie me paraît trop courte pour que nous la passions à entretenir notre animosité ou à enregistrer nos griefs. Inévitablement, tous tant que nous sommes, nous sommes accablés de défauts en ce monde ; mais le jour viendra bientôt où, je le crois, nous nous en déferons en nous défaisant de nos corps éphémères, où la déchéance et le péché se détacheront de nous en même temps que notre pesante enveloppe de chair, et où il ne nous restera que l'étincelle de l'esprit, le principe impalpable de la vie et de la pensée, aussi pur qu'au jour où il a quitté le Créateur pour venir animer sa créature ; il retournera d'où il est venu, peut-être pour être donné de nouveau à quelque être supérieur à l'homme, peut-être pour franchir les étapes de la transfiguration, depuis la pâleur de l'âme humaine jusqu'à l'éclat du séraphin ! Jamais assurément il ne lui sera permis de dégénérer au contraire en descendant de l'homme au démon. Non, je ne puis croire cela ; je professe une autre croyance, que nul ne m'enseigna jamais, que j'évoque rarement, mais qui fait ma joie et à laquelle je m'accroche, car elle offre l'espérance à tous ; elle fait de l'éternité un repos, un vaste foyer, et non point une terreur et un abîme. En outre, armée de cette croyance, j'arrive à distinguer si clairement le criminel de son crime, à pardonner si sincèrement au premier tout en haïssant le second ; armée de cette croyance, jamais je n'ai le cœur troublé par la vengeance, jamais je ne suis trop profondément dégoûtée par l'abjection, trop complètement accablée par l'injustice ; je vis dans le calme, les yeux fixés sur le but.

La tête de Helen, toujours penchée, s'inclina un peu plus bas tandis qu'elle achevait cette phrase. Je vis à son regard qu'elle ne désirait pas continuer à me parler, mais plutôt s'entretenir avec ses propres pensées. Il ne lui fut guère accordé de temps pour la méditation. Une monitrice, grande fille à l'air rude, arriva bientôt et s'écria avec un fort accent du Cumberland :

— Helen Burns, si tu ne viens pas ranger ton tiroir et replier ton ouvrage à l'instant même, je dirai à Mlle Scatcherd de venir y jeter un coup d'œil !

Helen soupira en voyant s'enfuir sa rêverie, mais se leva et obéit à la monitrice sans dire un mot ni perdre un instant.

CHAPITRE VII

Mon premier trimestre à Lowood me parut durer une éternité, mais non point une éternité bienheureuse ; il comporta une lutte épuisante contre les difficultés que j'éprouvais à m'habituer à des règles nouvelles et à des besognes inaccoutumées. La crainte d'échouer sur ce point me tourmentait plus cruellement que les misères physiques de ma condition, qui pourtant n'étaient pas négligeables.

Pendant les mois de janvier, février et le début de mars, l'épaisseur de la neige, puis, lorsqu'elle eut fondu, l'état presque impraticable des routes nous interdirent de faire un pas au-delà des murs du jardin, sauf pour aller à l'église, mais dans leur enceinte nous devions passer tous les jours une heure en plein air. Nos vêtements étaient insuffisants pour nous protéger d'un froid rigoureux ; nous n'avions pas de bottes, la neige pénétrait dans nos chaussures, où elle fondait ; nous n'avions pas de gants et nos mains s'engourdissaient et se couvraient d'engelures, de même que nos pieds. Je me rappelle bien l'intolérable irritation que j'endurais tous les soirs pour ce motif, à l'heure où mes pieds s'enflammaient ; je me rappelle quelle torture c'était d'enfoncer le matin dans mes chaussures des orteils enflés, raides, à vif. La maigreur de notre chère était un tourment de plus : alors que nous avions l'appétit vigoureux d'enfants en pleine croissance, on nous donnait à peine de quoi maintenir en vie un malade délicat.

De cette carence alimentaire découlait une pratique qui pesait lourdement sur les plus jeunes élèves : chaque fois que les grandes, affamées, en avaient l'occasion, elles confisquaient la portion des petites par la cajolerie ou par la menace. Maintes fois j'ai partagé entre deux revendicatrices le précieux morceau de pain bis qu'on distribuait à l'heure du thé, puis, après avoir abandonné à une troisième la moitié du contenu de ma timbale de café, j'ai avalé le reste, arrosé de larmes secrètes que m'arrachait l'extrémité de la faim.

Le dimanche était une journée sinistre en cette saison d'hiver. Il nous fallait faire deux milles à pied pour aller à l'église de Brocklebridge, où officiait notre protecteur. Nous avions froid au départ, nous avions encore plus froid en arrivant à l'église ; une sorte de paralysie nous gagnait pendant l'office du matin. Nous étions trop loin pour rentrer dîner ; aussi nous distribuait-on, entre les deux offices, une ration de viande froide et de pain, non moins chichement mesurée que nos repas ordinaires.

Au terme de l'office de l'après-midi, nous rentrions par une route exposée et accidentée, où l'âpre vent d'hiver, qui arrivait du nord en passant par-dessus une chaîne de sommets enneigés, nous arrachait presque la peau du visage.

Je me rappelle Mlle Temple qui marchait d'un pas vif et léger le long de notre colonne faiblissante, en serrant autour de son corps sa cape de lainage d'Écosse soulevée par le vent glacial, et qui nous encourageait, par ses exhortations et son exemple, à ne pas nous laisser abattre et à aller de l'avant, selon son expression,

« comme de vaillants soldats ». Quant aux autres professeurs, les pauvres, elles étaient en général trop déprimées elles-mêmes pour entreprendre de réconforter autrui.

Comme nous aspirions à goûter la lumière et la chaleur d'une belle flambée en rentrant ! Mais, aux plus petites tout au moins, cette satisfaction était refusée ; les deux cheminées de la salle de classe étaient immédiatement entourées d'une double rangée de grandes, et derrière elles les enfants plus jeunes se pelotonnaient par petits groupes, enveloppant leurs bras transis dans leurs tabliers.

Un petit réconfort survenait à l'heure du thé, sous forme d'une double ration de pain (une tranche entière au lieu d'une demi-tranche) avec le délectable supplément que constituait une mince pellicule de beurre ; c'était là le régal hebdomadaire que nous attendions toutes impatiemment d'un sabbat à l'autre. Je parvenais généralement à conserver pour moi une moitié de ce somptueux festin ; quant au reste, j'étais invariablement contrainte de m'en séparer.

La soirée du dimanche se passait à réciter par cœur le catéchisme de l'Église d'Angleterre et les chapitres V, VI et VII de saint Matthieu, puis à écouter un interminable sermon lu par Mlle Miller, dont les bâillements irrépressibles montraient la lassitude. Un fréquent intermède, au cours de ces séances, était la reprise du rôle d'Eutyque[1] par une bonne demi-douzaine de petites filles : celles-ci, accablées de sommeil, tombaient, sinon du troisième étage, du moins du quatrième banc, et on les relevait à demi mortes. Le remède consistait à les faire avancer au centre de la salle, où on les

---

1. Référence à la Bible, Actes 20, 9-12.

obligeait à rester debout jusqu'à ce que le sermon fût fini. Parfois leurs jambes se dérobaient sous elles et elles s'effondraient toutes ensemble comme une masse ; alors on les étayait au moyen des hauts tabourets des monitrices.

Je n'ai pas encore parlé des visites de M. Brocklehurst : à vrai dire, ce personnage resta éloigné de chez lui pendant la plus grande partie du mois qui suivit mon arrivée, peut-être parce qu'il prolongeait son séjour chez son ami l'archidiacre ; son absence me fut un soulagement. Inutile de dire que j'avais des raisons personnelles de redouter sa venue ; pourtant elle finit par se produire.

Un après-midi (il y avait trois semaines que j'étais à Lowood), alors que j'étais assise avec une ardoise à la main, plongée dans un exercice de calcul avec diviseur à deux chiffres, mes yeux, distraitement levés vers la fenêtre, aperçurent quelqu'un qui passait à cet instant précis. Je reconnus presque instinctivement cette silhouette décharnée ; aussi, quand, deux minutes plus tard, toute la classe, professeurs comprises, se mit debout « comme un seul homme », je n'eus pas besoin de lever les yeux pour déterminer de qui on saluait ainsi l'entrée. Un pas allongé parcourut la salle et bientôt, aux côtés de Mlle Temple, qui s'était elle-même levée, se tint la même colonne noire qui m'avait considérée de façon si menaçante et rébarbative, plantée sur le devant du foyer à Gateshead. Je jetai alors un bref regard oblique sur ce morceau d'architecture. Oui, je ne m'étais pas trompée : c'était bien M. Brocklehurst, vêtu d'un pardessus boutonné jusqu'au cou, l'air plus allongé, plus étroit, plus rigide que jamais.

J'avais mes raisons personnelles d'être plongée dans le désarroi par cette apparition : je ne me souvenais que trop bien des indications perfidement données par

Mme Reed touchant mon tempérament et autres faits du même genre, ainsi que l'engagement pris par M. Brocklehurst d'informer Mlle Temple et les professeurs de mon naturel vicieux. Je n'avais pas cessé de redouter l'accomplissement de sa promesse ; jour après jour j'avais guetté l'arrivée de « Celui qui devait venir » et dont les déclarations relatives à ma vie et à ma conduite passées devaient me marquer à tout jamais du sceau de la mauvaise élève ; et voilà qu'il était arrivé. Il était debout à côté de Mlle Temple ; il lui parlait à l'oreille, à mi-voix ; je ne doutais pas qu'il ne fût occupé à lui révéler ma scélératesse ; et je surveillais avec une douloureuse anxiété l'œil de la directrice, m'attendant à en voir d'un instant à l'autre le globe sombre se poser sur moi avec un regard de répugnance et de mépris. Je tendais aussi l'oreille ; et comme je me trouvais assise au tout premier rang de la classe, je saisis la plus grande partie de ses paroles : leur teneur me délivra de mes appréhensions pour l'immédiat.

— Je suppose, mademoiselle Temple, que le fil que j'ai acheté à Lowton fera l'affaire ; il m'a semblé qu'il était exactement de la qualité voulue pour les chemises de calicot ; et j'ai choisi des aiguilles appropriées. Vous pourrez dire à Mlle Smith que j'avais oublié de noter ses aiguilles à repriser, mais qu'on lui en enverra deux ou trois paquets la semaine prochaine ; mais elle ne devra sous aucun prétexte en donner plus d'une à la fois à chaque élève : si on leur en donne davantage, elles risquent de se montrer négligentes et de les perdre. Et puis, Madame ! Je voudrais qu'on prît grand soin des bas de laine ! La dernière fois que je suis venu ici, je suis allé dans le potager et j'ai examiné les vêtements qui séchaient sur la corde ; il y avait une quantité de bas noirs en très mauvais état ; d'après la dimension des trous, je suis convaincu qu'on avait négligé de les réparer convenablement de temps à autre.

Il s'interrompit.

— Il sera tenu compte de vos instructions, Monsieur, dit Mlle Temple.

— D'autre part, Madame, poursuivit-il, la blanchisseuse m'informe que certaines élèves mettent deux guimpes propres par semaine ; c'est trop ; le règlement ne leur en accorde qu'une.

— Je crois pouvoir vous expliquer le fait, Monsieur. Agnès et Catherine Johnstone ont été invitées à prendre le thé chez des amis à Lowton jeudi dernier, et je les ai autorisées à mettre des guimpes propres en cet honneur.

M. Brocklehurst inclina la tête.

— Bon, pour une fois, passons ; mais veuillez éviter que cela ne se reproduise trop souvent. Et il y a encore autre chose qui m'a surpris : en réglant les comptes avec l'intendante, je vois qu'un déjeuner composé de pain et de fromage a été servi aux élèves, à deux reprises au cours des quinze derniers jours. Comment cela se fait-il ? J'ai consulté le règlement et ne trouve nulle part mention d'un quelconque déjeuner de midi. Qui a introduit cette innovation ? Et sur l'autorité de qui ?

— Je dois revendiquer la responsabilité de cette décision, Monsieur, répliqua Mlle Temple ; le petit déjeuner avait été si mal préparé que les élèves ont été dans l'impossibilité absolue de le manger ; et je n'ai pas osé les laisser à jeun jusqu'à l'heure du dîner.

— Un instant, Madame, si vous me le permettez. Vous n'ignorez pas que ma méthode pour l'éducation de ces enfants consiste, non point à leur inculquer des habitudes de luxe et d'abandon, mais à les rendre endurantes, patientes et frugales. Que survienne quelque petite déception accidentelle de leur appétit, telle qu'un repas gâté, un plat trop ou trop peu assaisonné, il n'y a pas lieu de neutraliser cet incident en remplaçant par quelque chose de plus raffiné la satisfaction manquée, ce qui revient à choyer les corps et à contrecarrer les buts visés dans cet établissement ; il y a lieu d'en tirer parti pour l'édification spirituelle des élèves, en les encourageant à faire preuve de force d'âme devant une privation temporaire. Une brève allocution ne serait pas déplacée en de telles circonstances, où un maître judicieux saisirait l'occasion de faire allusion aux souffrances des premiers chrétiens, aux tourments des martyrs, aux exhortations de Notre Bienheureux Seigneur Lui-même, qui appelait Ses disciples à prendre leur croix et à Le suivre, à Son avertissement, aux termes duquel l'homme ne vit pas de pain seulement, mais de toute parole qui sort de la bouche de Dieu ; à Sa divine consolation : « Si vous souffrez de la faim ou de la soif pour l'amour de Moi, heureux serez-vous. » Ah, Madame, quand vous mettez du pain et du fromage dans la bouche de ces enfants, en guise de bouillie brûlée, il se peut en vérité que vous nourrissiez leurs corps de misère, mais vous songez bien peu à la façon dont vous affamez leurs âmes immortelles !

M. Brocklehurst s'interrompit à nouveau... peut-être parce qu'il succombait à l'émotion. Mlle Temple avait baissé les yeux quand il avait commencé à lui adresser la parole ; mais à présent elle regardait droit devant elle et son visage, qui était naturellement d'une pâleur de marbre, paraissait imiter aussi la froideur et la rigidité de cette matière ; sa bouche, en particulier, était fermée, comme si seul le ciseau du sculpteur eût été capable de l'ouvrir, et sur son front s'établit progressivement une expression de sévérité pétrifiée.

Cependant M. Brocklehurst, debout devant l'âtre et les mains derrière le dos, contemplait majestueusement l'ensemble des élèves. Soudain ses yeux cillèrent, comme s'ils s'étaient posés sur un objet qui en éblouissait ou en blessait les pupilles ; il se détourna et dit, avec un débit plus rapide que celui dont il avait usé jusqu'alors :

— Mademoiselle Temple, mademoiselle Temple, qu'est-ce que c'est, mais qu'est-ce que c'est que cette fille aux cheveux bouclés ? Des cheveux roux, Madame, bouclés... bouclés sur toute la tête ?

Et de sa canne tendue, et serrée d'une main tremblante, il désigna l'objet épouvantable.

— C'est Julia Severn, répliqua Mlle Temple d'une voix très calme.

— Julia Severn, Madame ! Et pourquoi Julia, ou n'importe qui d'autre, porterait-elle des cheveux bouclés ? Pourquoi, au mépris de tous les préceptes et de tous les principes de la maison, se conforme-t-elle aux usages du monde, dans cet établissement évangélique et charitable, au point d'avoir sur la tête une masse compacte de cheveux bouclés ?

— Julia a les cheveux qui bouclent naturellement, répondit Mlle Temple d'une voix encore plus calme.

— Naturellement ! Oui, mais nous ne devons pas nous conformer à la nature. Je veux que ces filles soient des enfants de la Grâce ; et pourquoi cette abondance ? J'ai à mainte et mainte reprise fait connaître mon désir qu'on ait une coiffure serrée, modeste et simple. Mademoiselle Temple, cette fille devra se faire couper les cheveux complètement ; j'enverrai un coiffeur demain ; et j'en vois d'autres qui ont une bien trop grande quantité de la même excroissance... cette grande fille, là, dites-lui de se retourner. Dites à toutes les élèves de première de se lever et de se tourner vers le mur.

Mlle Temple se passa un mouchoir sur les lèvres, comme pour effacer le sourire involontaire qui les retroussait ; toutefois elle donna l'ordre requis et, quand les élèves de première réussirent à comprendre ce qu'on leur demandait, elles obéirent. En me penchant un peu en arrière sur mon banc, je voyais les regards et les grimaces qu'elles échangeaient à titre de commentaire sur cette manœuvre ; il était dommage que M. Brocklehurst ne les vît pas également ; il se serait peut-être rendu compte que, quoi qu'il pût faire à l'extérieur de la coupe et du plat, l'intérieur échappait plus complètement qu'il ne se l'imaginait à toute intervention de sa part.

Il scruta pendant cinq bonnes minutes le revers de ces médailles vivantes, puis il rendit sa sentence. Ses mots tombèrent comme le glas du jugement dernier :

— Il va falloir me couper tous ces chignons.

Mlle Temple eut l'air de protester.

— Madame, poursuivit-il, je suis au service d'un Maître dont le royaume n'est pas de ce monde : ma mission est de mortifier chez ces filles les appétits de la chair, de leur apprendre à se vêtir de pudeur et de sobriété, non de cheveux tressés et d'ornements coûteux ; or, chacune des jeunes personnes que nous avons devant nous a une natte façonnée en tresses que la vanité elle-même eût pu tisser ; ces nattes, je le répète, devront être coupées ; pensez à la perte de temps, pensez à...

M. Brocklehurst fut alors interrompu ; trois nouveaux visiteurs, de sexe féminin, entrèrent à ce moment dans la salle. Il était regrettable que ces personnes ne fussent pas venues un peu plus tôt pour entendre son exposé sur l'habillement, car elles étaient somptueusement vêtues de velours, de soie et de fourrure. Les deux plus jeunes membres du trio (deux belles jeunes filles de seize et dix-sept ans) avaient des chapeaux de castor gris, à la mode du jour, ombragés de plumes d'autruche ; à l'abri du bord de cette coiffure gracieuse tombait une cascade de tresses légères, savamment frisées ; l'aînée de ces dames était enveloppée d'un châle en velours de grand prix, bordé d'hermine, et portait une fausse frange de bouclettes à la française.

Ces dames furent saluées avec déférence par Mlle Temple sous le nom de Mme et Mlles Brocklehurst, et conduites à des places d'honneur au haut bout de la salle. Je crus comprendre qu'elles étaient arrivées dans la même voiture que leur vénérable parent, et qu'elles avaient opéré une fouille systématique des pièces de l'étage, cependant qu'il réglait ses affaires avec l'intendante, questionnait la blanchisseuse et faisait la leçon à la directrice. Elles se mirent alors en devoir d'adresser un certain nombre d'observations et de reproches à Mlle Smith, qui était chargée de l'entretien du linge et de la surveillance des dortoirs ; mais je n'eus pas le temps d'écouter ce qu'elles disaient, car d'autres affaires appelèrent et retinrent mon attention.

Jusqu'à ce moment, tout en recueillant les propos échangés par M. Brocklehurst et Mlle Temple, je n'avais pas négligé cependant de prendre les précautions propres à assurer ma sécurité personnelle, qui pourrait être préservée, pensai-je, si seulement j'arrivais à ne pas me faire remarquer. À cette fin, je m'étais tenue bien en arrière sur mon banc et, tout en ayant l'air absorbée par mon problème, j'avais placé mon ardoise de façon à me cacher la figure. J'aurais pu passer inaperçue, si cette traîtresse d'ardoise n'avait trouvé le moyen de me glisser des mains et, en tombant avec un fracas indiscret, d'attirer aussitôt sur moi tous les regards ; je compris que tout était perdu désormais et, tandis que je me baissais pour ramasser les deux morceaux de mon ardoise, je m'armai de tout mon courage pour faire face au pire, qui ne manqua pas d'arriver.

— Une petite négligente ! dit M. Brocklehurst, qui ajouta aussitôt : C'est la nouvelle, à ce que je vois.

Puis, sans me laisser le temps de reprendre mon souffle :

— Il ne faut pas que j'oublie que j'ai un mot à dire à son sujet.

Et ensuite, à voix haute... et combien haute me parut cette voix !

— Que l'élève qui a cassé son ardoise s'avance !

Par mes propres moyens je n'aurais pas pu bouger ; j'étais paralysée ; mais les deux grandes qui m'encadraient me mirent sur mes jambes et me poussèrent en direction du juge redoutable, puis Mlle Temple m'aida avec douceur à m'avancer jusqu'aux pieds de ce personnage et j'entendis la directrice me glisser à l'oreille ce conseil :

— N'aie pas peur, Jane, j'ai vu que c'était un accident ; tu ne seras pas punie.

Ce murmure généreux me transperça le cœur comme un poignard.

— Encore une minute, et elle va mépriser en moi une hypocrite, pensai-je.

Alors un mouvement de colère contre Reed, Brocklehurst et Cie me fit bouillir le sang dans les veines à cette pensée. Je n'étais pas Helen Burns.

— Allez me chercher ce tabouret, dit M. Brocklehurst, en en désignant un très haut, qu'une monitrice venait de quitter ; on le lui apporta.

— Mettez la petite dessus.

Et j'y fus placée, je ne sais par qui. Je n'étais pas en état d'observer les détails. Je me rendis simplement compte qu'on m'avait hissée au niveau du nez de M. Brocklehurst, qu'il était à moins d'un mètre de moi, et qu'un étalage de pelisses en soie chatoyante orange et mauve, ainsi qu'une nuée de plumage argenté, s'étendait et ondulait au-dessous de moi.

M. Brocklehurst s'éclaircit la voix.

— Mesdames, dit-il en se tournant vers sa famille ; mademoiselle Temple, mesdames les professeurs, et vous, mes enfants, vous voyez toutes cette petite fille ?

Bien sûr qu'elles me voyaient, car je sentais leurs regards dardés comme des verres ardents[1] sur ma peau en feu.

— Vous voyez qu'elle est encore jeune ; vous remarquez qu'elle possède les dehors ordinaires de l'enfance ; Dieu dans Sa bonté lui a donné la forme qu'il a donnée à chacun de nous ; nulle difformité ne la marque à nos yeux d'un signe reconnaissable. Qui croirait que le Malin ait déjà trouvé en elle une servante et une agente ? Pourtant, je suis au regret de le dire, tel est le cas.

Un moment de silence... pendant lequel je commençai à maîtriser l'agitation de mes nerfs et à comprendre que le Rubicon était franchi, et que l'épreuve, puisqu'il n'était plus possible de s'y dérober, devait être subie avec fermeté.

— Mes chers enfants, poursuivit avec émotion l'ecclésiastique de marbre noir, c'est une circonstance triste et mélancolique ; car mon devoir est à présent de vous avertir que cette petite fille, qui aurait pu être l'une des brebis élues de Dieu, est une petite réprouvée, qu'elle n'est pas membre du vrai troupeau, mais qu'elle est de toute évidence une étrangère et une intruse. Il faut que vous soyez sur vos gardes contre elle ; il faut que vous rejetiez son exemple, et, en cas de besoin, que

---

1. Lentilles utilisées pour allumer le feu.

vous évitiez sa compagnie, que vous l'excluiez de vos jeux, que vous la teniez à l'écart de vos conversations. Professeurs, vous devez la surveiller, garder l'œil fixé sur ses mouvements, soupeser ses paroles, scruter ses actions, châtier son corps pour sauver son âme (si, en vérité, un tel sauvetage est possible) car... ma langue hésite au moment de vous le dire, cette enfant, cet être né en terre chrétienne, plus misérable que mainte petite païenne récitant sa prière à Brahma et prosternée devant le char de Djarggernat[1]... cette enfant est... une menteuse !

Il y eut à ce moment une pause de dix minutes, pendant laquelle (ayant dès lors recouvré toute ma présence d'esprit) je vis toutes ces dames Brocklehurst exhiber leurs mouchoirs et les porter à leurs organes oculaires, tandis que la plus âgée d'entre elles hochait douloureusement la tête et que les deux plus jeunes murmuraient : « C'est affreux ! »

M. Brocklehurst reprit.

— C'est de sa bienfaitrice que je le tiens, de la dame pieuse et charitable qui l'adopta alors qu'elle était orpheline, qui l'a élevée comme sa propre fille, et dont la bonté, la générosité n'ont obtenu comme récompense qu'une ingratitude si grave, si affreuse que l'excellente protectrice fut finalement obligée de séparer cette enfant de ses propres petits, de peur qu'un exemple vicieux comme le sien ne contaminât leur pureté. Elle a été envoyée ici en vue de sa guérison, de même que les Juifs de jadis envoyaient leurs malades à la piscine agitée de Bethesda[2] ; ainsi, mesdames les professeurs,

---

1. Brahma et Djarddernat : divinités hindoues.
2. La piscine de Bethesda, Évangile selon saint Jean, chapitre 5, est le lieu d'un miracle de Jésus sur un paralytique.

madame la directrice, je vous prie de ne pas laisser l'eau qui l'entourera devenir stagnante.

Sur cette sublime conclusion, M. Brocklehurst ajusta le bouton du haut de son pardessus, dit un mot à voix basse à sa famille, qui se leva, et s'inclina à l'adresse de Mlle Temple ; puis tous les grands personnages quittèrent la salle d'un pas lent et majestueux. En se retournant sur le seuil, mon juge déclara :

— Qu'elle reste encore une demi-heure sur ce tabouret, et que personne ne lui adresse la parole jusqu'à la fin de la journée.

Et voilà que j'étais donc perchée sur cette éminence : moi qui avais dit que je ne supporterais pas de rester debout sur mes pieds naturels au milieu de la salle, j'étais à présent exposée aux regards de tous sur un piédestal d'infamie. Ce que furent mes sensations, nul langage ne saurait le dire ; mais, au moment même où ces sensations jaillissaient toutes en moi, me coupant le souffle et me serrant la gorge, une fille s'avança et passa devant moi ; au passage, elle leva les yeux. Quelle étrange lumière les animait ! Quelle extraordinaire sensation leur rayon fit passer à travers mon être ! Quel soutien m'apporta ce sentiment nouveau ! C'était comme si un martyr, un héros, était passé auprès d'un esclave ou d'une victime et lui avait communiqué sa force au passage. Je surmontai mon début d'hystérie, je relevai la tête et m'établis plus fermement sur mon tabouret. Helen Burns posa une petite question concernant son ouvrage à Mlle Smith, fut réprimandée pour l'insignifiance de sa demande, retourna à sa place et me sourit en repassant devant moi. Quel sourire ! Je m'en souviens aujourd'hui, et je sais qu'il était l'émanation d'une noble intelligence et d'un authentique courage ; il éclairait ses traits accusés, son visage émacié, son œil cave et gris, comme le reflet d'une apparition angélique. Pourtant à cet instant Helen Burns portait au bras « l'insigne de la malpropreté » ; moins d'une heure auparavant je l'avais entendu condamner par Mlle Scatcherd à dîner de pain sec le lendemain, parce qu'elle avait fait une tache sur son devoir en le recopiant. Telle est la nature imparfaite de l'être humain ! Telles sont les souillures qu'il y a sur le disque de la planète la plus pure ; des yeux comme ceux de Mlle Scatcherd ne sont capables de voir que ces défauts infimes et sont aveugles au plein éclat de l'astre.

CHAPITRE VIII

Avant la fin de cette demi-heure, cinq heures sonnèrent ; la classe fut congédiée et tout le monde s'en fut dans le réfectoire pour le thé. Je me risquai alors à descendre ; il faisait très sombre ; je me retirai dans un coin et m'assis par terre. Le charme qui m'avait soutenue jusqu'alors commença à se dissiper ; une réaction se produisit en moi et bientôt le chagrin qui s'empara de moi fut si accablant que je m'écroulai de tout mon long, face contre terre.

À présent je pleurais ; Helen Burns n'était pas là ; rien ne me soutenait plus ; abandonnée à moi-même je me laissai aller et mes larmes inondèrent le plancher. J'avais eu l'intention d'être si sage et d'accomplir tant de choses à Lowood, de me faire tant d'amies, de mériter le respect et de gagner l'affection. Déjà j'avais visiblement fait du chemin ; le matin même j'étais parvenue à la première place de ma classe ; Mlle Miller m'avait chaleureusement félicitée ; Mlle Temple m'avait adressé un sourire d'approbation ; elle m'avait promis de m'enseigner le dessin et de m'autoriser à apprendre le français, si je continuais à faire des progrès analogues pendant deux mois encore ; de plus j'étais bien accueillie par mes camarades, traitée en égale par celles de mon âge, sans être rudoyée par personne ; et maintenant, voilà que j'étais de nouveau écrasée et piétinée ; pourrais-je m'en relever un jour ?

« Jamais », me dis-je ; et c'est avec ferveur que je souhaitai mourir. Tandis que j'exprimais ce souhait d'une voix entrecoupée de sanglots, quelqu'un s'approcha ; je sursautai... de nouveau Helen Burns était auprès de moi ; la lueur faiblissante des cheminées me permettait tout juste de la voir qui s'avançait dans la vaste salle vide ; elle m'apportait mon café et mon pain.

— Allons, mange quelque chose, me dit-elle.

Mais je repoussai le tout, car j'avais l'impression que la moindre goutte ou la moindre miette m'eût étouffée dans l'état où j'étais alors. Helen me considéra, probablement avec surprise ; j'étais à présent incapable de maîtriser mon émotion, malgré tous mes efforts ; je ne cessais de pleurer à grand bruit. Elle s'assit par terre à côté de moi, entoura ses genoux de ses bras et posa la tête dessus ; dans cette attitude elle demeura silencieuse comme un fakir. Ce fut moi qui parlai la première :

— Helen, pourquoi restes-tu avec une fille que tout le monde tient pour une menteuse ?

— Tout le monde, Jane ? Voyons, il n'y a que quatre-vingts personnes qui t'aient entendu appeler de ce nom, or le monde en contient des centaines de millions.

— Mais que m'importent les millions ! Les quatre-vingts que je connais me méprisent.

— Jane, tu te trompes ; il est probable que personne dans l'école ne te méprise ni ne te déteste ; nombreuses, j'en suis sûre, sont celles qui ont grande pitié de toi.

— Comment peuvent-elles avoir pitié de moi après ce qu'a dit M. Brocklehurst ?

— M. Brocklehurst n'est pas un dieu, ni même un grand homme admiré de tous : on ne l'aime guère ici ; il ne s'est jamais mis en peine de se faire aimer. S'il t'avait traitée avec une faveur particulière, tu aurais trouvé des ennemies, déclarées ou secrètes, tout autour de toi ; dans la situation actuelle, la majorité t'offrirait sa sympathie si elle l'osait. Peut-être professeurs et élèves vont-elles te considérer avec froideur pendant un jour ou deux, mais des sentiments amicaux se dissimulent dans leur cœur ; et si tu persévères à bien agir, ces sentiments apparaîtront sous peu, de façon d'autant plus manifeste qu'ils auront été provisoirement réprimés. En outre, Jane...

Elle se tut.

— Eh bien, Helen ? dis-je en mettant ma main dans la sienne.

Elle frotta mes doigts avec douceur pour les réchauffer, et poursuivit :

— Si le monde entier te haïssait et te tenait pour méchante, alors que ta propre conscience t'approuverait et t'absoudrait de toute faute, tu ne serais pas sans amis.

— Non ; je sais que j'aurais bonne opinion de moi-même ; mais ce n'est pas suffisant ; si les autres ne m'aiment pas, j'aime mieux mourir que vivre... je ne puis supporter d'être solitaire et haïe, Helen. Écoute ; pour conquérir un peu d'affection réelle de ta part, ou de celle de Mlle Temple, ou de n'importe quelle autre personne que j'aime vraiment, je m'exposerais volontiers à me faire casser le bras, ou à me laisser lancer en l'air par un taureau, ou à me mettre derrière un cheval qui rue, pour qu'il me plante son sabot dans la poitrine...

— Tais-toi, Jane ! Tu penses trop à l'amour des êtres humains ; tu es trop impulsive et trop véhémente ; la Main souveraine qui a créé ton corps et qui y a fait descendre la vie t'a pourvue d'autres ressources que ta pauvre personne ou que des créatures aussi faibles que toi. En dehors de cette terre et en dehors de la race humaine, il est un monde invisible et un royaume des esprits : ce monde est autour de nous, puisqu'il est partout ; et ces esprits veillent sur nous, puisqu'ils ont reçu mission de nous garder : alors, quand bien même nous mourrions dans la douleur et la honte, quand bien même le mépris nous environnerait de toutes parts et la haine nous accablerait, les anges verraient nos tourments, reconnaîtraient notre innocence (si du moins nous sommes innocents, comme je sais que tu l'es de ce reproche que M. Brocklehurst a pauvrement et pompeusement reproduit de seconde main d'après Mme Reed ; car je lis dans tes yeux ardents et sur ton front limpide un naturel sincère) et Dieu n'attend que la séparation entre l'esprit et la chair pour nous couronner d'une complète récompense. Pourquoi donc succomberions-nous jamais au désarroi, alors que la vie sera si vite terminée et que la mort sera un si sûr moyen d'accéder au bonheur... à la gloire ?

J'étais silencieuse ; Helen m'avait calmée ; mais à la tranquillité qu'elle m'avait communiquée se mêlait un élément d'indicible tristesse. J'avais éprouvé une impression de chagrin tandis qu'elle parlait, mais je n'aurais su dire d'où elle provenait ; puis, quand, ayant fini de parler, elle eut la respiration un peu rapide et fut agitée d'une toux brève, j'oubliai momentanément mes propres peines pour me laisser aller à une vague inquiétude à son sujet.

Posant la tête sur l'épaule de Helen, je mis les bras autour de sa taille ; elle m'attira contre elle et nous restâmes immobiles et silencieuses. Il n'y avait pas longtemps que nous étions dans cette posture quand une autre personne entra. De lourds nuages, chassés du ciel par le vent qui se levait, avaient laissé la lune à découvert, et sa lumière qui entrait à flots par une fenêtre proche nous éclairait en plein, à la fois Helen et moi et la silhouette qui s'avança et que nous reconnûmes aussitôt ; c'était Mlle Temple.

— Je suis venue exprès pour te chercher, Jane Eyre, dit-elle ; je voudrais que tu viennes dans ma chambre ; et puisque Helen Burns est avec toi, elle peut venir aussi.

Nous partîmes ; guidées par les pas de la directrice, nous dûmes parcourir un enchevêtrement de couloirs et gravir un escalier avant d'atteindre sa chambre ; elle contenait un bon feu et avait un air de gaieté. Mlle Temple invita Helen Burns à s'asseoir dans un fauteuil bas d'un côté de l'âtre, puis, en ayant elle-même pris un autre, elle me fit venir auprès d'elle.

— Est-ce bien fini ? me demanda-t-elle en baissant les yeux vers moi. As-tu assez pleuré pour oublier ton chagrin ?

— Je ne l'oublierai jamais, j'en ai bien peur.

— Pourquoi ?

— Parce que j'ai été injustement accusée et que vous, Madame, comme tout le monde, vous allez maintenant me croire méchante.

— Nous te croirons telle que tu te révéleras être, mon enfant. Continue à agir en petite fille sage et tu nous convaincras.

— Vraiment, mademoiselle Temple ?

— Vraiment, dit-elle en m'entourant de son bras. Et maintenant dis-moi quelle est la dame que M. Brocklehurst a appelée ta bienfaitrice.

— C'est Mme Reed, la femme de mon oncle. Mon oncle est mort et m'a confiée à elle.

— Elle ne t'a donc pas adoptée de son plein gré ?

— Non, Madame ; elle l'a fait à regret ; mais mon oncle, d'après ce que j'ai souvent entendu dire par les domestiques, lui a fait promettre avant de mourir qu'elle me garderait toujours.

— Eh bien, Jane, comme tu le sais, ou du moins comme je peux te l'apprendre, un criminel qu'on met en accusation a toujours le droit de présenter sa propre défense. On t'a accusée de tromperie ; défends-toi devant moi de ton mieux. Dis-moi tout ce qui dans ton souvenir constitue la vérité ; mais n'y ajoute rien et n'exagère rien.

Je résolus en mon for intérieur de me montrer extrêmement modérée et extrêmement précise ; aussi, après avoir réfléchi pendant quelques minutes afin d'organiser de façon cohérente ce que j'avais à dire, lui racontai-je toute l'histoire de ma triste enfance. Épuisée par l'émotion, j'usai d'un langage moins violent qu'il ne l'était en général quand je parlais de ce sujet pénible ; en outre, comme je me souvenais que Helen m'avait mise en garde contre la tentation de me laisser aller à la rancune, je mêlai à mon récit moins de poison et d'absinthe que d'habitude. Grâce à cette retenue et à cette simplicité, il parut moins invraisemblable, et je sentis tout en parlant que Mlle Temple me croyait sans réserve.

Au cours de mon récit j'avais parlé de M. Lloyd, en disant qu'il était venu me voir après ma syncope ; car je n'oubliais jamais l'épisode, terrifiant pour moi, de la chambre rouge ; quand j'en évoquais les détails, ma surexcitation ne pouvait manquer, jusqu'à un certain point, de se donner libre cours ; rien en effet ne pouvait atténuer dans mon souvenir la poignante souffrance qui m'avait étreint le cœur quand Mme Reed avait repoussé ma demande angoissée de pardon et m'avait enfermée une deuxième fois dans la chambre sombre et hantée.

J'en avais fini : Mlle Temple me considéra en silence pendant quelques minutes ; puis elle me dit :

— Je sais qui est M. Lloyd ; je vais lui écrire ; si sa réponse coïncide avec tes déclarations, tu seras publiquement lavée de tout reproche ; à mes yeux, Jane, tu l'es déjà.

Elle m'embrassa, puis, tout en me gardant à côté d'elle (où il ne me déplaisait nullement de rester debout, car je tirais un plaisir enfantin de la contemplation de son visage, de sa robe, de ses quelques modestes bijoux, de son front blanc, de ses boucles de cheveux serrées et brillantes et de l'éclat de ses yeux sombres), elle se mit en devoir d'adresser la parole à Helen Burns.

— Comment te sens-tu ce soir, Helen ? As-tu toussé beaucoup aujourd'hui ?

— Pas tellement, Madame, il me semble.

— Et ta douleur dans la poitrine ?

— Cela va un peu mieux.

Mlle Temple se leva, lui prit la main et lui tâta le pouls ; puis elle revint à sa place ; tandis qu'elle se rasseyait je l'entendis pousser un profond soupir. Elle resta quelques minutes pensive, puis elle se ressaisit et dit avec entrain :

— Mais vous êtes mes invitées ce soir toutes les deux ; il faut que je vous traite en conséquence.

Elle sonna.

— Barbara, dit-elle à la domestique qui répondit à son appel, je n'ai pas encore pris le thé ; apportez le plateau et mettez-y des tasses pour ces deux jeunes personnes.

Un plateau ne tarda pas à être apporté. Quel charme eurent à mes yeux les tasses de porcelaine et la théière luisante, placées sur la petite table ronde auprès du feu ! Combien parfumées me parurent la vapeur du breuvage et l'odeur du pain grillé, dont, toutefois, avec inquiétude (car je commençais à avoir faim), je n'aperçus qu'une toute petite quantité ; Mlle Temple le remarqua aussi.

— Barbara, dit-elle, ne pourriez-vous apporter un

peu plus de pain et de beurre ? Il n'y en a pas assez pour trois.

Barbara s'en fut. Elle revint bientôt.

— Mme Ledur fait dire à Madame qu'elle en a envoyé autant que d'habitude.

Il faut préciser que Mme Ledur était l'intendante, personne comme les aimait M. Brocklehurst, constituée par parties égales de baleine et de fer.

— Fort bien ! répliqua Mlle Temple ; il va falloir que nous nous en accommodions, Barbara, j'imagine.

Mais, tandis que la jeune fille se retirait, elle ajouta avec un sourire :

— Heureusement, j'ai pour une fois le moyen de compenser ces insuffisances.

Après nous avoir invitées, Helen et moi, à nous approcher de la table, et avoir placé devant chacune de nous une tasse de thé avec un morceau de pain grillé délicieux, mais mince, elle se leva, ouvrit un tiroir fermé à clef, en tira un paquet enveloppé dans du papier et exhiba bientôt à nos yeux un gâteau à l'anis de bonne taille.

— Je voulais vous en donner à chacune un morceau à emporter, dit-elle ; mais comme il y a si peu de pain grillé, il va falloir que vous le mangiez maintenant.

Et d'en couper des tranches d'une main généreuse.

Nous fîmes ce soir-là un festin qui valait le nectar et l'ambroisie ; le moindre charme du banquet n'étant pas le sourire de plaisir avec lequel notre hôtesse nous considérait tandis que nous satisfaisions, grâce à la chère délicate qu'elle nous offrait avec libéralité, nos appétits aiguisés. Une fois le thé fini et le plateau enlevé, elle nous fit de nouveau approcher du feu ; nous nous assîmes à ses côtés, puis, entre Helen et Mlle Temple, une conversation s'engagea, et ce fut un rare privilège de pouvoir y assister.

Mlle Temple avait toujours une certaine sérénité d'allure, une certaine majesté de comportement, une certaine propriété raffinée de langage, qui interdisaient de se laisser aller à l'ardeur, à l'agitation, à l'empressement ; quelque chose qui purifiait le plaisir de celles qui la regardaient ou l'écoutaient en le refrénant par un sentiment d'admiration respectueuse ; telle était bien mon attitude ce jour-là ; quant à Helen Burns, elle me frappa d'émerveillement.

Le repas réconfortant, le feu brillant, la présence et la bonté de son éducatrice bien-aimée, ou peut-être, plus encore que tous ces facteurs, une faculté de l'esprit original de Helen elle-même, avaient mis en branle toutes les ressources de son être. Elles s'éveillèrent, elles s'enflammèrent ; elles commencèrent par luire dans la teinte brillante de ses joues, que je n'avais jamais vues jusqu'alors que pâles et exsangues ; puis elles resplendirent dans l'éclat liquide de ses yeux, qui avaient soudain acquis une beauté plus singulière que ceux de Mlle Temple, une beauté qui ne tenait ni à la couleur, ni à la longueur des cils, ni au dessin des sourcils, mais à la signification, à l'animation, au rayonnement. Et puis son âme lui montait aux lèvres, et les mots coulaient à flots, sans qu'on eût pu dire d'où ils venaient ; le cœur d'une fille de quatorze ans peut-il être assez vaste, assez vigoureux pour contenir la source débordante d'une éloquence pure, pleine, fervente ? Telle était la caractéristique des propos de Helen en cette soirée mémorable pour moi ; son esprit paraissait se hâter de vivre en un très bref espace tout ce que vivent beaucoup d'êtres au cours d'une existence prolongée.

Leur conversation porta sur des sujets dont je n'avais jamais entendu parler, sur des nations et des époques du passé, sur des pays lointains ; sur des secrets de la nature, découverts ou pressentis ; elles parlèrent aussi de livres : que de livres elles avaient lus ! Quels trésors de savoir elles possédaient ! Et puis elles paraissaient si familières avec les noms français et les auteurs français ; mais ma stupeur fut à son comble quand Mlle Temple demanda à Helen si elle dérobait parfois un instant pour se remémorer le latin que lui avait appris son père, puis, prenant un livre sur une étagère, elle lui dit de lire et de traduire une page de Virgile ; Helen lui obéit, cependant que mon pouvoir d'admiration allait grandissant après chacune de ces lignes sonores. Elle avait à peine terminé quand la cloche annonça le coucher ; nul retard ne pouvait être excusé ; Mlle Temple nous embrassa toutes deux et nous dit au moment où elle nous serrait contre son cœur :

— Dieu vous bénisse, mes enfants !

Elle retint Helen un peu plus longuement que moi et la laissa partir plus à regret. C'est Helen qu'elle suivit du regard jusqu'à la porte ; c'est pour elle qu'à nouveau elle poussa un soupir attristé, pour elle qu'elle essuya une larme sur sa joue.

En arrivant au dortoir nous entendîmes la voix de Mlle Scatcherd, qui inspectait les tiroirs et venait d'ouvrir celui de Helen Burns ; quand nous entrâmes Helen fut accueillie par une verte réprimande et informée que le lendemain on lui épinglerait sur l'épaule cinq ou six articles qu'elle avait si négligemment pliés.

— C'est vrai que mes affaires étaient dans un désordre honteux, me confia Helen à voix basse ; j'avais l'intention de les ranger, mais j'ai oublié.

Le lendemain matin, Mlle Scatcherd inscrivit en gros caractères sur un morceau de carton le mot « SOUILLON » et l'attacha comme un phylactère autour du vaste front serein, intelligent et bienveillant, de Helen. Elle porta son bandeau jusqu'au soir, avec patience, sans rancune, car elle le considérait comme un châtiment mérité. À l'instant où Mlle Scatcherd se retira après la classe de l'après-midi, je courus vers Helen, lui arrachai ce bandeau et le jetai au feu. La fureur dont elle était incapable avait fait rage en moi toute la journée et de grosses larmes brûlantes n'avaient cessé de m'inonder les joues, car le spectacle de sa tristesse résignée me mettait dans le cœur une douleur intolérable.

Environ une semaine après les incidents rapportés ci-dessus, Mlle Temple, qui avait écrit à M. Lloyd, reçut sa réponse : il se révéla que ses déclarations tendaient à confirmer mes propos. Mlle Temple, ayant rassemblé toute l'école, annonça qu'une enquête avait été faite touchant les accusations proférées contre Jane Eyre et qu'elle avait le grand bonheur de déclarer cette élève complètement lavée de tout reproche. Alors les professeurs me serrèrent la main et m'embrassèrent, tandis qu'un murmure de plaisir parcourait les rangs de mes compagnes.

Ainsi délivrée d'un poids douloureux, je me mis derechef au travail à compter de cet instant, résolue à me frayer un chemin à travers toutes les difficultés. Je besognai dur, et mon succès fut en proportion de mes efforts ; ma mémoire, qui n'était pas naturellement tenace, s'améliora par l'entraînement ; l'exercice m'aiguisa l'esprit. Au bout de quelques semaines on me fit monter dans la classe supérieure ; moins de deux mois plus tard je fus autorisée à commencer le français et le dessin. J'appris les deux premiers temps du verbe *Être* et le même jour dessinai ma première maisonnette (dont les murs, soit dit en passant, rivalisaient d'inclinaison avec ceux de la tour penchée de Pise). Le soir, en me couchant, j'oubliai d'apprêter en imagination le festin de Barmécide[1] composé de pommes de terre sautées chaudes, ou de pain blanc et de lait frais, qui me servait habituellement à tromper les appétits de mon corps. Au lieu de quoi je me délectai de la contemplation de dessins imaginaires, que je voyais dans l'obscurité et qui étaient tous l'œuvre de mes propres mains ; il y avait des arbres et des maisons tracés d'une main sûre, des rocs et des ruines pittoresques, des groupes de bêtes à la Cuyp[2], de délicats tableaux de papillons voletant au-dessus de boutons de rose, de nids de roitelets renfermant des œufs semblables à des perles, enguirlandés de jeunes rameaux de lierre. J'envisageai aussi dans mes pensées la possibilité d'être un jour capable de traduire couramment certain petit recueil de contes français que Mme Pierrot m'avait montré le jour même ; et ce problème n'était pas encore résolu de façon satisfaisante quand je m'endormis d'un doux sommeil.

Salomon a eu bien raison de dire : « Mieux vaut dîner d'herbes là où est l'amour que de bœufs engraissés avec la haine en partage[3]. »

Désormais je n'aurais pas échangé Lowood malgré toutes ses privations pour Gateshead avec son luxe quotidien.

---

1. Personnage des *Mille et une nuits*.
2. Albert Cuyp est un peintre néerlandais (1620-1691).
3. Proverbe de Salomon issu de la Bible (références 25,17).

CHAPITRE IX

Mais les privations, ou plutôt les difficultés d'existence à Lowood, diminuaient. Le printemps approchait... il était même déjà là ; les gelées de l'hiver avaient pris fin ; les neiges avaient fondu, la morsure du vent s'était atténuée. Mes pauvres pieds, que l'air âpre de janvier avait écorchés et enflés jusqu'à me faire boiter, commencèrent à se cicatriser et à reprendre forme sous le souffle plus tendre d'avril ; la nuit et le matin ne nous gelaient plus le sang dans les veines par des températures dignes du Canada ; nous pouvions désormais supporter l'heure de récréation passée dans le jardin ; parfois même, par une journée ensoleillée elle commençait à être agréable et plaisante, et la verdure poussait sur les parterres brunâtres, qui, par leur teinte chaque jour plus vive, nous inspiraient la pensée que l'Espérance les avait parcourus pendant la nuit en laissant chaque matin des traces plus éclatantes de son passage. Des fleurs se montraient timidement au milieu des feuilles : perce-neige, crocus, oreilles-d'ours violettes et pensées à l'œil d'or. Le jeudi après-midi (demi-journée de congé) nous faisions désormais des promenades et nous trouvions des fleurs encore plus charmantes qui s'ouvraient au bord du chemin sous les haies.

Je découvris aussi qu'un grand plaisir, une jouissance limitée seulement par l'horizon, se trouvait tout à l'entour du mur, haut et hérissé de piquants, de notre jardin : ce plaisir était constitué par une étendue de magnifiques sommets encerclant une vaste vallée encaissée, riche d'ombre et de verdure, et par un ruisseau lumineux, plein de pierres sombres et de remous étincelants. Que ce paysage m'avait paru différent quand je l'avais vu s'étaler sous le ciel métallique de l'hiver, durci par le gel, sous son linceul de neige !... alors que des brumes froides comme la mort erraient au gré des vents d'est le long de ces pics violacés, ou dévalaient les prés et les pentes jusqu'au moment où elles se mêlaient au brouillard glacial du ruisseau ! Ce ruisseau était lui-même devenu torrent, bourbeux et irrépressible ; il se taillait un passage à travers le bois, lançait une folle clameur dans les airs, souvent assombris par un déchaînement de pluie ou un tourbillon de grésil ; quant à la forêt, sur ses rives, elle n'offrait aux regards que des rangées de squelettes.

Avril céda la place à mai, et ce fut un mois de mai lumineux et serein, dont la durée fut occupée par des journées de ciel bleu, de soleil paisible et de tièdes brises de l'ouest ou du sud. À présent la végétation s'épanouissait avec vigueur ; Lowood secoua sa chevelure et la déploya ; tout ne fut plus que verdure et fleurs ; les grands squelettes des ormes, des chênes et des frênes retrouvèrent leur vitalité majestueuse ; des plantes sylvestres jaillirent à profusion dans les recoins ; d'innombrables variétés de mousse emplirent les creux, et une profusion de primevères sauvages ensoleilla la terre d'une étrange lumière : j'ai vu dans des endroits ombreux leurs lueurs d'or pâle jonchant le sol de leur si tendre clarté. De tout cela je pus jouir souvent et pleinement, libre, sans surveillance, presque seule ; cette liberté et ces plaisirs inaccoutumés avaient une cause qu'il m'incombe à présent de faire connaître.

Le site que j'ai décrit n'était-il pas un agréable lieu de résidence, puisque j'ai dit qu'il était niché dans les collines et les bois et s'élevait au bord d'un cours d'eau ? Certes, il ne manquait pas d'agréments ; quant à savoir s'il était ou non salubre, c'est une autre question.

Le vallon boisé où se trouvait Lowood était le berceau des brumes et de la pestilence engendrée par les brumes ; et cette pestilence, avivée par la vitalité du printemps, s'insinua dans l'orphelinat, fit pénétrer l'haleine du typhus dans sa salle de classe et son dortoir surpeuplés et, avant la venue de mai, transforma le pensionnat en hôpital.

Les carences alimentaires et les rhumes mal soignés avaient prédisposé la plupart des élèves à être contaminées : sur les quatre-vingts, quarante-cinq se trouvèrent alitées en même temps. Les classes se dispersèrent, le règlement se relâcha. Aux rares filles restées vaillantes on accorda une licence presque sans limite, parce que le médecin avait souligné la nécessité qu'elles prissent fréquemment de l'exercice pour préserver leur santé ; d'ailleurs, même sans cela, personne n'aurait eu le loisir de les surveiller ou de les contraindre. Toute l'attention de Mlle Temple était absorbée par les malades ; elle passait sa vie dans l'infirmerie, qu'elle ne quittait jamais sauf pour dérober la nuit quelques heures de sommeil. Les professeurs étaient entièrement occupées à faire des bagages et d'autres préparatifs exigés par le départ des filles assez heureuses pour avoir des amis et des parents qui pussent et voulussent bien les éloigner du siège de la contagion. Nombreuses étaient celles, qui, déjà condamnées, ne rentraient chez elles que pour y mourir ; d'autres mouraient à l'école, et on les enterrait discrètement et rapidement, car la nature de leur mal ne permettait pas d'attendre.

Tandis que la maladie s'était ainsi installée à demeure à Lowood, où la mort rendait de fréquentes visites ; tandis que régnaient dans ses murs la tristesse et la crainte ; tandis que ses salles et ses couloirs exhalaient des odeurs d'hôpital, où drogues et pastilles s'efforçaient en vain de l'emporter sur les effluves de la mortalité, ce beau mois de mai, au-dehors, brillait sans nuages au-dessus des collines escarpées et des bois splendides. Son jardin, lui aussi, s'embrasait de fleurs : les roses trémières avaient jailli de terre, hautes comme des arbres, les lis s'étaient ouverts, les tulipes et les roses étaient en pleine floraison ; la bordure des petits parterres s'égayait de statices roses et de marguerites doubles de couleur incarnat ; les églantiers exhalaient, matin et soir, leur senteur d'épices et de pomme ; mais tous ces trésors parfumés étaient inutiles à la plupart des habitantes de Lowood, si ce n'est qu'ils servaient de temps à autre à fournir une pincée d'herbes et de fleurs à déposer sur un cercueil.

Mais moi, avec les autres élèves demeurées vaillantes, je goûtai pleinement les beautés du paysage et de la saison ; on nous laissait vagabonder dans le bois comme des romanichels, du matin jusqu'au soir ; nous faisions ce que nous voulions, nous allions où nous voulions ; et puis nous avions la vie plus facile. M. Brocklehurst et sa famille ne venaient plus jamais à proximité de Lowood ; nos affaires domestiques n'étaient plus minutieusement examinées ; la maussade intendante était partie, chassée par la crainte de la contagion ; sa remplaçante, qui avait été infirmière en chef au dispensaire de Lowton, ignorant les mœurs de sa nouvelle résidence, nous approvisionnait avec une relative générosité. D'ailleurs, il y avait moins de bouches à nourrir, car les malades ne mangeaient guère ; nos bols, au petit déjeuner, étaient mieux remplis ; quand elle n'avait pas le temps de nous préparer un véritable repas, ce qui arrivait souvent, elle nous donnait un gros morceau de pâté en croûte ou une épaisse tranche de pain avec du fromage, que nous emportions dans le bois, où chacune d'entre nous retrouvait son coin préféré et où nous faisions un dîner somptueux.

Mon siège favori était une pierre lisse et large, qui se dressait, blanche et sèche, au beau milieu du ruisseau, et qu'on ne pouvait atteindre qu'en mettant les pieds dans l'eau, exploit que j'accomplissais en me déchaussant. Cette pierre était tout juste assez large pour fournir un siège confortable à une autre fille en même temps qu'à moi, et cette autre fille était ma camarade préférée du moment, une certaine Mary Ann Wilson, personne sagace et observatrice, dont la société me plaisait, en partie parce qu'elle était spirituelle et originale, en partie parce qu'elle avait des manières qui me mettaient à l'aise. De quelques années mon aînée, elle connaissait mieux le monde et savait me dire bien des choses que j'avais plaisir à entendre ; avec elle ma curiosité était satisfaite ; pour mes défauts elle avait des trésors d'indulgence et n'imposait jamais de frein ni de limite à aucun de mes propos. Elle avait le don du récit, moi celui de l'analyse ; elle aimait informer autrui, j'aimais poser des questions ; si bien que nous nous entendions à merveille, tirant beaucoup d'amusement, sinon beaucoup de profit, de notre commerce.

Mais où était donc, pendant ce temps, Helen Burns ? Pourquoi ne passais-je point avec elle ces précieuses journées de liberté ? L'avais-je oubliée ? Étais-je assez indigne pour m'être lassée de sa société si pure ! Assurément cette Mary Ann Wilson dont je viens de parler était inférieure à ma première amie : elle n'était capable que de me raconter des histoires amusantes ou d'ajouter sa contribution à tous les commérages savoureux et piquants auxquels il me prenait fantaisie de me livrer ; alors que, si j'ai dit la vérité sur Helen, elle était apte à donner à celles qui avaient le privilège de converser avec elle un aperçu sur des réalités bien supérieures.

C'est vrai, lecteur, et je le savais, j'en étais consciente ; or, si je suis un être imparfait, si j'ai beaucoup de défauts et peu de qualités pour les compenser, je ne me suis cependant jamais lassée de Helen Burns, je n'ai jamais cessé de nourrir à son égard le sentiment d'affection le plus puissant, le plus tendre, le plus respectueux de tous ceux qui ont jamais habité mon cœur. Comment eût-il pu en être autrement, alors que Helen, en tout temps et en toutes circonstances, m'avait montré une amitié patiente et fidèle, que la mauvaise humeur ne venait jamais aigrir, ni l'irritation altérer ? Mais Helen était malade à présent ; depuis plusieurs semaines on l'avait transportée, hors de ma vue, dans je ne savais quelle chambre du premier étage. Elle n'était pas, m'avait-on dit, dans la partie de la maison contenant l'infirmerie, avec les victimes de l'épidémie, car ce n'était pas du typhus, mais de la consomption[1] qu'elle était atteinte ; or par consomption, dans mon ignorance, j'entendais un mal bénin, que le temps et les soins ne pourraient manquer de soulager.

Je fus confirmée dans cette idée par le fait qu'elle descendit une ou deux fois au rez-de-chaussée par de très chauds après-midi de soleil, et fut conduite par Mlle Temple dans le jardin ; mais, lorsque ce fut le cas, je ne fus pas autorisée à aller lui parler ; je ne la vis que de la fenêtre de la salle de classe, et peu distincte-

---

1. Tuberculose.

ment, car elle était fort emmitouflée et s'asseyait au loin sous la véranda.

Un soir, au début de juin, j'étais restée très tard dehors avec Mary Ann, dans le bois ; comme d'habitude, nous nous étions séparées des autres et nos pas nous avaient entraînées très loin ; si loin que nous avions perdu notre chemin et qu'il nous avait fallu le demander dans une petite maison solitaire, habitée par un homme et une femme qui soignaient un troupeau de porcs à demi sauvages, nourris de faines dans le bois. Quand nous revînmes, la lune se levait déjà ; un poney, que nous reconnûmes pour celui du médecin, était à la porte du jardin. Mary Ann déclara qu'à son avis il devait y avoir quelqu'un de gravement malade, pour qu'on eût fait venir M. Bates à une heure si tardive. Elle s'en fut dans la maison ; je restai quelques minutes en arrière pour planter dans mon jardin une poignée de racines que j'avais déterrées dans la forêt et que je craignais de voir périr si j'attendais jusqu'au lendemain. Cela fait, je m'attardai encore un moment ; c'est que les fleurs avaient une odeur si suave à l'heure où tombait la rosée ; la soirée était si agréable, si sereine, si chaude ; l'occident encore empourpré promettait si généreusement une nouvelle journée de beau temps pour le lendemain ; la lune montait avec tant de majesté dans le ciel grave de l'orient. J'étais occupée à observer ces faits et à les apprécier à ma manière enfantine, quand une pensée me vint à l'esprit comme elle ne l'avait encore jamais fait :

— Qu'il est triste d'être allongée en ce moment sur un lit de malade et en danger de mort ! Ce monde est agréable... ce serait terrible d'être appelée à le quitter, de devoir s'en aller, qui sait où !

Et c'est alors que mon esprit fit son premier effort sérieux pour comprendre ce qu'on lui avait inculqué touchant le ciel et l'enfer, et pour la première fois il eut un mouvement de recul et de perplexité ; pour la première fois, portant son regard derrière lui, de part et d'autre de lui, devant lui, il ne vit de tous côtés qu'un abîme insondable ; il prit conscience du seul point où il se trouvait : le présent ; tout le reste n'était que nuées informes et profondeurs vides ; et il frémit à la pensée de vaciller et de plonger au milieu de ce chaos. Tandis que je méditais sur cette nouvelle idée, j'entendis s'ouvrir la porte d'entrée ; M. Bates sortit et une infirmière se trouvait avec lui. Après avoir attendu qu'il fût monté à cheval et parti, elle allait refermer la porte, mais j'accourus vers elle.

— Comment va Helen Burns ?
— Elle ne va pas fort, me fut-il répondu.
— Est-ce pour elle que M. Bates est venu ?
— Oui.
— Et qu'a-t-il dit ?
— Il dit qu'elle ne restera pas bien longtemps ici.

Cette formule, si on l'avait prononcée devant moi la veille, m'aurait simplement donné à penser que Helen allait être transportée dans le Northumberland, chez elle. Je ne me serais pas doutée que cela voulût dire qu'elle était mourante ; mais je le compris instantanément cette fois ; la formule révéla clairement à mon intelligence que Helen Burns comptait ses derniers jours en ce monde, et qu'elle allait être emportée dans la région des esprits, s'il était vrai qu'une telle région existât. J'éprouvai une vive horreur, puis un puissant mouvement de chagrin, puis le désir, le besoin impérieux de la voir ; je demandai donc dans quelle pièce elle était.

— Elle est dans la chambre de Mlle Temple, me dit l'infirmière.
— Puis-je aller lui parler ?

— Oh non, ma petite ! Il n'y a aucune chance qu'on vous le permette ; à présent il est temps que vous rentriez ; vous allez attraper la fièvre si vous restez dehors à l'heure où tombe la rosée.

L'infirmière referma la grande porte ; je rentrai par la porte de côté qui menait à la salle de classe ; j'arrivai juste à temps ; il était neuf heures et Mlle Miller donnait aux élèves le signal du coucher.

C'est sans doute quelque deux heures plus tard, probablement vers onze heures, que, n'ayant pas réussi à m'endormir et estimant, d'après le silence absolu du dortoir, que mes compagnes étaient toutes plongées dans un profond sommeil, je me levai sans bruit, enfilai ma robe par-dessus ma chemise de nuit, et sans chaussures, me glissai hors de la salle et me mis en quête de la chambre de Mlle Temple. Elle était exactement à l'autre bout de la maison ; mais je connaissais le chemin et la clarté de la lune qui, brillant dans un ciel d'été sans nuages, entrait çà et là par les fenêtres des couloirs, me permettait de m'y retrouver sans difficulté. Une odeur de camphre et de vinaigre chaud m'avertit que j'arrivais près de la salle des typhiques ; je passai promptement devant la porte, de crainte d'être entendue par l'infirmière qui veillait toute la nuit. Je redoutais d'être découverte et renvoyée au dortoir ; car il fallait que je visse Helen, il fallait que je pusse l'embrasser avant sa mort, lui donner un dernier baiser, échanger avec elle une dernière parole.

Ayant descendu un escalier, parcouru une partie du rez-de-chaussée et réussi à ouvrir et à refermer sans bruit deux portes, j'arrivai au pied d'un autre escalier ; je le gravis et me trouvai alors exactement en face de la chambre de Mlle Temple. On voyait de la lumière par le trou de la serrure et sous la porte ; un profond silence régnait dans tout le voisinage. En m'approchant, je constatai que la porte était légèrement entrebâillée, probablement pour laisser entrer un peu d'air frais dans la demeure étouffante de la maladie. Peu portée à l'hésitation, pleine d'élans impatients, l'âme et les sens frémissant d'une vive agitation, je poussai cette porte et regardai à l'intérieur de la chambre. Mes yeux cherchaient Helen et redoutaient de rencontrer la mort.

Tout près du lit de Mlle Temple, dont les rideaux blancs le dissimulaient à demi, se trouvait un petit lit d'enfant. Je distinguai une silhouette sous les couvertures, mais le visage était caché par les tentures ; l'infirmière à qui j'avais parlé dans le jardin était assise dans un fauteuil et dormait ; une bougie qu'on n'avait pas mouchée brûlait faiblement sur la table. Mlle Temple restait invisible ; j'appris plus tard qu'elle avait été appelée au chevet d'une malade qui délirait dans la salle des typhiques. Je m'avançai, puis je m'immobilisai auprès du lit d'enfant ; j'avais la main sur le rideau, mais je préférai parler avant de le tirer, car j'étais encore arrêtée par la terreur de poser les yeux sur un cadavre.

— Helen ! dis-je d'une voix très basse, es-tu éveillée ?

Elle bougea et repoussa le rideau ; je vis alors son visage, pâle, émacié, mais parfaitement calme ; elle avait si peu changé que mes craintes se dissipèrent instantanément.

— Se peut-il que ce soit toi, Jane ? me demanda-t-elle, de cette voix douce qu'elle avait.

« Oh ! pensai-je, elle ne va pas mourir ; on se trompe ; elle ne pourrait pas avoir la voix et l'air aussi calmes si elle était mourante. »

Je montai sur son petit lit et je l'embrassai ; elle avait le front glacé, et la joue à la fois amaigrie et glacée, de même que la main et le poignet ; mais elle souriait comme avant.

— Pourquoi es-tu venue ici, Jane ? Il est onze heures passées ; j'ai entendu l'heure sonner il y a quelques minutes.

— Je suis venue pour te voir, Helen ; j'ai appris que tu étais très malade et je n'arrivais pas à m'endormir avant de t'avoir parlé.

— Tu es donc venue me dire adieu : il est probable que tu arrives juste à temps.

— Vas-tu partir d'ici, Helen ? T'en vas-tu chez toi ?

— Oui, je vais chez moi pour longtemps… pour la dernière fois.

— Non, non, Helen !

Je me tus, interrompue par ma détresse. Tandis que je m'efforçais de ravaler mes larmes, un accès de toux s'empara de Helen, sans toutefois réveiller l'infirmière. Quand la toux prit fin, Helen resta quelques minutes immobile, épuisée ; puis, elle dit à mi-voix :

— Jane, tes petits pieds sont nus, étends-toi et couvre-toi de mon édredon.

C'est ce que je fis ; elle m'entoura d'un de ses bras et je me blottis contre elle. Au bout d'un long silence, elle reprit, toujours à mi-voix :

— Je suis très heureuse, Jane ; et quand tu apprendras que je suis morte, il ne faudra surtout pas t'affliger : il n'y a là rien d'affligeant. Nous devons tous mourir un jour, or la maladie qui va m'enlever n'est pas douloureuse ; elle est modérée et progressive ; j'ai l'esprit en paix. Je ne laisse personne pour me regretter vivement : je n'ai que mon père, et il s'est remarié récemment, si bien que je ne lui manquerai pas. En mourant jeune, j'échapperai à de grandes souffrances. Je n'avais pas les qualités ni les talents nécessaires pour faire aisément mon chemin dans le monde ; j'aurais été continuellement en défaut.

— Mais où t'en vas-tu, Helen ? Le vois-tu ? Le sais-tu ?

— Je crois ; j'ai la foi : je vais à Dieu.

— Où est Dieu ? Qu'est-ce que Dieu ?

— Mon Créateur et le tien, qui jamais ne détruira ce qu'Il a Lui-même créé. Je m'en remets aveuglément à Sa puissance et me fie sans réserve à Sa bonté ; je compte les heures jusqu'à celle, mémorable, qui me rendra à Lui et me Le révélera.

— Tu es donc sûre, Helen, qu'il existe bien un endroit appelé le Ciel, et que nos âmes peuvent y accéder à notre mort ?

— Je suis sûre qu'il existe un au-delà ; je crois que Dieu est bon ; je peux Lui abandonner sans la moindre appréhension la partie immortelle de mon être. Dieu est mon père : Dieu est mon ami ; je L'aime ; je crois qu'Il m'aime.

— Mais te reverrai-je, Helen, quand je mourrai ?

— Tu gagneras la même région bienheureuse ; tu seras accueillie par le même Père universel, sans nul doute, ma chère Jane.

De nouveau, je posai la question (mais cette fois en pensée seulement) : « Où est cette région ? Existe-t-elle ? » Et je serrai Helen plus fort, dans mes bras ; il semblait qu'elle me fût plus chère que jamais ; j'avais l'impression que je ne pourrais pas la laisser partir ; je restais la tête enfouie contre son épaule. Bientôt elle me dit de sa voix la plus douce :

— Que je suis bien ! Cette dernière quinte de toux m'a un peu fatiguée ; je crois que j'ai envie de dormir ; mais ne me quitte pas, Jane ; cela me fait plaisir de t'avoir près de moi.

— Je vais rester avec toi, très chère Helen ; personne ne me fera partir.

— As-tu bien chaud, ma chérie ?

— Oui.
— Bonsoir, Jane.
— Bonsoir, Helen.

Elle m'embrassa, je l'embrassai, et nous ne tardâmes pas à nous assoupir toutes les deux.

Quand je me réveillai il faisait jour ; c'est un mouvement inusité qui me fit reprendre conscience ; je levai les yeux ; j'étais dans les bras de quelqu'un ; l'infirmière me portait et nous étions dans le couloir qui menait au dortoir. Je ne fus pas réprimandée pour avoir quitté mon lit ; les gens avaient d'autres choses en tête ; nulle explication ne fut fournie en réponse à mes nombreuses questions ; mais un ou deux jours plus tard j'appris que Mlle Temple, en retournant dans sa chambre à l'aube, m'avait trouvée couchée dans le petit lit d'enfant, la tête contre l'épaule de Helen Burns, les bras autour de son cou. J'étais endormie, et Helen était... morte.

Sa tombe se trouve dans le cimetière de Brocklebridge ; pendant quinze ans après sa mort elle n'a été couverte que d'un monticule verdoyant ; mais aujourd'hui l'endroit est marqué par une plaque de marbre gris, gravé de son nom et du mot : *Resurgam*[1].

---

1. Je ressusciterai.

CHAPITRE X

Jusqu'ici j'ai relaté en détail les événements de mon insignifiante existence : aux dix premières années de ma vie, j'ai accordé un nombre presque égal de chapitres. Mais ce livre ne va pas être une autobiographie en bonne et due forme ; je ne suis tenue d'interroger ma mémoire que quand je suis sûre que ses réponses posséderont un certain intérêt ; c'est pourquoi je passe à présent presque complètement sous silence une période de huit années ; quelques lignes suffiront à maintenir la continuité du récit.

Quand l'épidémie de typhus eut accompli à Lowood sa mission dévastatrice, elle s'en éloigna peu à peu, mais non sans que sa virulence et le nombre de ses victimes eussent attiré l'attention du public sur l'école. Une enquête eut lieu sur l'origine du fléau et, progressivement, divers faits se révélèrent qui suscitèrent l'indignation publique à un haut degré. Le caractère insalubre du site, la quantité et la qualité de l'alimentation des élèves, l'eau saumâtre et fétide qu'on utilisait pour la préparer, l'habillement et le logement sordides des enfants... tout cela fut découvert ; et cette découverte aboutit à des résultats humiliants pour M. Brocklehurst, mais heureux pour l'établissement.

Plusieurs personnages riches et généreux du comté

souscrivirent des sommes importantes pour permettre la construction d'un bâtiment plus commode et mieux situé ; de nouveaux règlements furent institués ; des améliorations furent apportées au régime alimentaire et vestimentaire ; les finances de l'école furent confiées à l'administration d'un comité. M. Brocklehurst, qui, en raison de sa fortune et de ses relations familiales, ne pouvait être éliminé, conserva son poste de trésorier ; mais il fut secondé dans l'accomplissement de sa tâche par des hommes ayant l'esprit un peu plus ouvert et accessible à la charité ; quant à ses fonctions d'inspecteur, il dut également les partager avec des gens capables de joindre la raison à la rigueur, le confort à l'économie, la compassion à la droiture. Ainsi améliorée, l'école finit par devenir un établissement vraiment utile et admirable. Je demeurai habitante de ses murs, après sa régénération, pendant huit années, six comme élève et deux comme professeur ; et à ces deux titres je rends témoignage de sa valeur et de son importance.

Pendant ces huit années ma vie fut monotone, mais non malheureuse, car elle n'était pas inactive. J'avais à ma portée les ressources d'une excellente éducation ; par mon attachement pour certaines de mes études, par mon désir d'exceller en toutes, en même temps que par le plaisir que j'éprouvais à satisfaire mes professeurs, surtout celles que j'aimais, je fus poussée à l'effort. Je profitai pleinement des avantages qui m'étaient offerts. De progrès en progrès je finis par être première de la première classe ; puis on me confia les fonctions de professeur, dont je m'acquittai avec zèle pendant deux ans ; mais au bout de cette période je changeai.

Mlle Temple, à travers toutes les transformations, était jusqu'alors restée directrice du pensionnat ; c'est à son enseignement que je devais la plus grande partie de mes progrès ; son amitié et son commerce avaient été mon réconfort continuel ; elle m'avait tenu lieu de mère, de gouvernante et, ces derniers temps, de compagne. À cette époque elle se maria, s'en fut habiter avec son mari (membre du clergé et excellent homme, presque digne d'une telle épouse) dans un comté lointain et fut ainsi perdue pour moi.

À compter du jour de son départ je ne fus plus la même ; avec elle avaient disparu tous les sentiments enracinés, tous les souvenirs qui avaient fait de Lowood, dans une certaine mesure, un foyer pour moi. À son contact j'avais acquis un peu de son naturel et beaucoup de ses habitudes ; des pensées plus harmonieuses et des sentiments apparemment plus modérés étaient devenus les familiers de mon esprit. J'avais fait ma soumission au devoir et à l'ordre ; j'étais calme ; je me croyais satisfaite ; aux yeux d'autrui et en général même à mes propres yeux j'apparaissais comme une personne disciplinée et apaisée.

Mais le destin, sous les traits du Révérend Nasmyth, s'interposa entre Mlle Temple et moi ; je la vis, en tenue de voyage, monter dans une chaise de poste peu après la cérémonie nuptiale. Je regardai la chaise de poste gravir la côte et disparaître derrière le sommet ; puis je me retirai dans ma chambre, où je passai dans la solitude la plus grande partie de la demi-journée de congé accordée en l'honneur de cet événement.

J'arpentai cette chambre presque sans arrêt. Je m'imaginais que je déplorais simplement la perte subie et que je réfléchissais aux moyens de la réparer ; mais quand mes réflexions s'achevèrent, et que je levai les yeux pour m'apercevoir que l'après-midi avait pris fin et que la soirée était très avancée, une autre découverte se fit jour en moi, à savoir qu'en ce laps de temps j'avais subi une métamorphose ; que mon esprit avait rejeté tout ce qu'il avait emprunté à Mlle Temple, ou plutôt, qu'elle avait emporté avec elle l'atmosphère sereine que j'avais respirée à proximité d'elle... et qu'à présent je me retrouvais dans mon élément naturel et commençais à ressentir le trouble des émotions de jadis. Je n'avais pas l'impression qu'un appui m'avait été retiré mais plutôt qu'une incitation avait disparu ; ce n'était pas la faculté de garder mon calme qui m'échappait, mais une raison de rester calme qui s'était enfuie. Mon univers s'était depuis quelques années borné à Lowood ; mon expérience avait été faite de ses règles et de ses systèmes ; à présent je me rappelai que le monde réel était vaste, et qu'un domaine varié d'espérances et de craintes, de sensations et d'agitations, attendait celles qui avaient le courage de s'aventurer dans son étendue, de chercher au milieu de ses périls une connaissance authentique de la vie.

J'allai à ma fenêtre, je l'ouvris, je portai mon regard au-dehors. Il y avait les deux ailes du bâtiment ; il y avait le jardin ; il y avait l'enceinte de Lowood ; il y avait l'horizon montagneux. Sans s'arrêter sur aucun des autres objets, mes yeux se posèrent sur les plus lointains, sur les sommets bleutés. C'étaient eux que j'aspirais à dépasser ; tout ce qui était à l'intérieur de leur frontière de roc et de lande me faisait l'effet d'une cour de prison et d'une terre d'exil confinée. Je cherchai du regard la route blanche qui longeait la base d'une montagne et disparaissait dans une gorge entre deux sommets. Comme j'aspirais à la suivre plus avant ! Je me rappelai l'époque où j'avais emprunté cette même route en diligence ; je me souvins que j'avais descendu cette pente au crépuscule. Un siècle semblait s'être écoulé depuis le jour qui m'avait amenée pour la première fois à Lowood, que je n'avais jamais quitté depuis lors. Mes vacances s'étaient toutes passées à l'école.

Reed ne m'avait jamais fait venir à Gateshead ; ni

elle ni personne de sa famille n'étaient jamais venus me rendre visite. Je n'avais eu aucune communication épistolaire ou verbale avec le monde extérieur. Les règles scolaires, les tâches scolaires, les habitudes et les idées scolaires, ainsi que les voix, les visages, les formules, les costumes, les préférences et les antipathies scolaires : voilà ce que je connaissais de l'existence. Maintenant je comprenais que ce n'était pas suffisant. En un après-midi je me lassai d'une routine acceptée pendant huit ans. Il me prit un désir de liberté, une soif haletante de liberté ; pour la liberté je fis une prière ; mais elle parut s'éparpiller au souffle léger de la brise du moment. Je l'abandonnai et je formulai une plus humble supplique. Supplique, pour qu'un changement survienne, une stimulation. Cette requête, à son tour, parut balayée dans un espace indéfini. « Alors, m'écriai-je, que me soit du moins accordée une nouvelle servitude ! »

À cet instant une cloche, annonçant l'heure du souper, m'obligea à descendre.

Je ne fus pas libre de reprendre le cours interrompu de ma méditation avant l'heure du coucher ; et même alors un professeur qui partageait ma chambre me tint éloignée, par une suite interminable de bavardages, du sujet auquel j'aspirais à revenir. Comme j'aurais voulu que le sommeil la réduisît au silence ! Il me semblait que, si seulement je pouvais retourner à la dernière idée qui m'était venue à l'esprit tandis que j'étais debout à ma fenêtre, quelque suggestion ingénieuse surgirait pour me secourir.

Mlle Gryce finit par ronfler. C'était une Galloise corpulente, et jusqu'alors je n'avais jamais considéré la musique coutumière de ses narines comme autre chose qu'une plaie. Ce soir-là j'en saluai les premières mesures sonores avec satisfaction ; ma pensée à demi effacée reprit vie sur-le-champ.

« Une nouvelle servitude ! Il y a quelque chose dans cette nouvelle idée, monologuai-je (mentalement, qu'on me comprenne ; je ne parlais pas à haute voix). Je n'en doute pas, car cela n'a guère d'attrait. Rien qui ressemble à ce qu'évoquent Liberté, Animation, Plaisir : ce sont des mots bien doux à entendre, certes, mais ils ne représentent rien de plus que des sons pour moi, des sons si creux et si fugitifs que ce serait pure perte de temps que d'y prêter l'oreille. Mais la Servitude ! Le fait s'impose. N'importe qui peut servir. Je sers ici depuis huit ans : tout ce que je désire à présent, c'est de servir ailleurs. Ne saurai-je même pas obtenir gain de cause sur ce point ? La chose n'est-elle pas faisable ? Si, si : le but ne serait pas si difficile à atteindre, si seulement j'avais un cerveau assez actif pour découvrir le moyen d'y parvenir. »

Je m'assis dans mon lit afin de réveiller le susdit cerveau. La nuit était fraîche ; je me couvris les épaules d'un châle, puis je me mis en devoir de réfléchir à nouveau, de toutes mes forces.

« Qu'est-ce que je désire ? Un nouvel emploi, dans une maison nouvelle, parmi des visages nouveaux, dans des circonstances nouvelles. Je le désire parce qu'il ne servirait à rien de souhaiter mieux. Comment s'y prennent les gens pour trouver un nouvel emploi ? Ils s'adressent à leurs amis, j'imagine. Je n'ai pas d'amis. Il y a bien d'autres personnes qui n'ont pas d'amis, qui sont obligées de chercher par leurs propres moyens et d'être leurs propres auxiliaires ; en ce cas, quelles sont leurs ressources ? »

Je n'en savais rien ; rien ne me répondit. Je donnai alors à mon cerveau l'ordre de trouver la solution, et rapidement. Il se mit au travail et travailla de plus en plus vite. Je sentis les pulsations de mon sang à la tête et aux tempes ; mais pendant près d'une heure le travail se fit dans le chaos et les efforts n'aboutirent à aucun résultat. Rendue fiévreuse par ce vain labeur, je me levai et fis quelques pas dans la chambre ; je soulevai le rideau, je regardai une ou deux étoiles, je me pris à frissonner de froid et je revins me glisser dans mon lit.

Assurément une bonne fée avait déposé en mon absence la suggestion requise sur mon oreiller, car au moment où je m'allongeais elle me vint à l'esprit sans crier gare et tout naturellement.

« Les gens qui cherchent des situations doivent mettre une annonce : il faut mettre une annonce dans le *Courrier du Comté de ****.

« Comment faire ? Je ne connais rien aux annonces. » Désormais les réponses jaillissaient avec aisance et promptitude.

« Il faut mettre le texte et le prix de l'annonce sous une enveloppe adressée au rédacteur en chef du *Courrier*. Il faut déposer cette enveloppe, à la première occasion, au bureau de poste de Lowton. Les réponses devront y être adressées au nom de J. E., poste restante. Tu pourras aller demander, une semaine environ après avoir envoyé ta lettre, s'il est arrivé des réponses, et agir en conséquence. »

Je me répétai ce projet une fois, puis deux ; il se trouva alors assimilé par mon esprit ; je le tenais sous une forme claire et pratique ; satisfaite, je m'endormis.

Au point du jour, je fus debout ; mon annonce fut rédigée, mise sous enveloppe, pourvue de l'adresse, avant que sonnât la cloche pour le réveil des élèves ; le texte était le suivant :

« Une jeune personne habituée à l'enseignement (n'étais-je pas professeur depuis deux ans ?) aimerait trouver une situation dans une maison particulière, auprès d'enfants de moins de quatorze ans. (Il me semblait que, comme j'en avais à peine dix-huit, il ne conviendrait pas que je me chargeasse de diriger des élèves plus proches de mon âge.) Elle est qualifiée pour enseigner les matières habituelles d'une bonne éducation anglaise, ainsi que le français, le dessin et la musique. (À cette époque, lecteur, cette liste de talents – aujourd'hui bien mince – eût été tenue pour passablement étendue.) S'adresser à J. E., poste restante, Lowton, comté de ***. »

Ce document resta toute la journée sous clef dans mon tiroir. Après le thé, je demandai à la nouvelle directrice l'autorisation d'aller à Lowton pour y faire quelques petites courses pour moi et pour une ou deux de mes collègues ; la permission me fut accordée sans difficulté et je m'en fus. Il y avait deux milles à parcourir à pied, et le temps était humide, mais les jours étaient encore longs ; j'allai dans une ou deux boutiques, je glissai ma lettre dans la boîte du bureau de poste, et je rentrai sous une pluie battante, avec des vêtements trempés, mais le cœur léger.

La semaine qui suivit me parut longue ; elle finit toutefois par s'achever, comme toute chose en ce bas monde, et une fois encore, au terme d'une agréable journée d'automne, je me trouvai en marche sur la route de Lowton. C'était d'ailleurs un chemin pittoresque, qui longeait le bord du ruisseau et épousait les courbes les plus aimables du vallon ; mais ce jour-là je pensais davantage aux lettres qui pouvaient être ou ne pas être en attente pour moi dans la petite bourgade où je me rendais qu'aux charmes des pâturages et des cours d'eau.

Le but avoué de mon expédition était cette fois de faire prendre mes mesures pour une paire de chaussures ; je m'acquittai donc en premier lieu de cette opération, puis, quand elle fut accomplie, je traversai la petite rue proprette et paisible qui séparait le marchand de chaussures de la poste, tenue par une vénérable personne qui portait sur le nez des lunettes à monture de corne et aux mains des mitaines noires.

— Y a-t-il des lettres pour J. E. ? lui demandai-je.

Elle me jeta un regard perçant par-dessus ses lunettes, puis elle ouvrit un tiroir et en fouilla longuement le contenu, si longuement que mon espoir commença à faiblir. Finalement, après avoir exposé un document au feu de ses lunettes pendant près de cinq minutes, elle me le tendit à travers le comptoir, en accompagnant ce geste d'un nouveau regard inquisiteur et méfiant : c'était une lettre pour J. E.

— N'y en a-t-il qu'une ? demandai-je.

— Il n'y en a pas d'autres, dit-elle ; je la mis dans ma poche et pris le chemin du retour ; impossible de l'ouvrir sur-le-champ ; le règlement m'obligeait à être rentrée pour huit heures, et il était déjà sept heures et demie.

Diverses tâches m'attendaient à mon arrivée. Il me fallait surveiller les élèves pendant leur heure d'étude ; puis c'était mon tour de dire les prières et de m'occuper du coucher ; ensuite je soupai avec les autres professeurs. Même quand nous finîmes par nous retirer pour la nuit, j'avais encore pour compagne l'inévitable Mlle Gryce ; il ne restait qu'un petit bout de bougie dans notre bougeoir, et j'eus peur de l'entendre bavarder jusqu'au moment où la bougie s'éteindrait d'elle-même ; mais par bonheur le lourd souper qu'elle avait mangé produisit un effet soporifique ; elle ronflait déjà avant que j'eusse fini de me déshabiller. Il restait encore un pouce de bougie et je tirai alors la lettre de ma poche ; le cachet portait un F majuscule ; je le brisai ; le contenu de la lettre était bref.

« Si J. E., qui a mis une annonce dans le *Courrier du Comté de* *** de jeudi dernier, possède la compétence qu'elle indique ; et si elle est en mesure de fournir des références satisfaisantes touchant son caractère et ses capacités, une situation pourra lui être offerte, ne comportant qu'une seule élève, âgée de moins de dix ans, le salaire étant de trente livres par an. J. E. est priée d'envoyer ses références, son nom, son adresse, et tous les détails utiles à : Mme Fairfax, Thornfield près de Millcote, comté de ***. »

J'examinai longuement ce document ; l'écriture était démodée et un peu hésitante, comme celle d'une dame d'un certain âge. Ce détail me plut ; j'avais été hantée par la crainte secrète d'avoir, en agissant ainsi de mon propre chef et guidée de mes seules lumières, pris le risque de me mettre dans quelque mauvais pas ; par-dessus toute chose, je souhaitais que le résultat de ma tentative fût respectable, convenable, *en règle*. Je me dis alors qu'une dame d'un certain âge était un élément plutôt favorable à mes affaires. Mme Fairfax ! Je la voyais en robe noire et bonnet de veuve ; froide, peut-être, mais non discourtoise ; le modèle de l'Anglaise respectable d'un certain âge. Thornfield ! C'était là, sans nul doute, le nom de sa maison : lieu propre et ordonné, j'en étais sûre, encore que j'échouasse dans mes efforts pour me représenter le plan exact des bâtiments. Millcote, comté de *** ; je passai en revue mes souvenirs sur la carte de l'Angleterre ; oui, je voyais, je voyais la ville aussi bien que le comté. De ce comté à Londres, la distance était de soixante-dix milles plus courte que de la région isolée où je demeurais présentement ; c'était à mes yeux une recommandation. J'aspirais à m'en aller là où il y aurait de la vie et du mouvement. Millcote était une grande ville industrielle, sur les bords du fleuve A*** ; endroit assez actif, sans nul doute ; tant mieux ; ce serait au moins un changement complet. Non que j'eusse l'imagination très attirée par la pensée des hautes cheminées et des nuages de fumée… « mais, me dis-je pour me convaincre, Thornfield sera probablement à bonne distance de la ville ».

À cet instant, la bobèche de la bougie tomba et la mèche s'éteignit.

Le lendemain j'eus de nouvelles mesures à prendre ; je ne pouvais plus garder mes projets dans le secret de mon cœur ; j'étais obligée d'en faire part à autrui pour en assurer le succès. Ayant sollicité et obtenu une audience de la directrice, pendant la récréation de midi, je lui déclarai que j'avais la possibilité de trouver une nouvelle situation avec un salaire double de celui que je touchais à présent (car à Lowood on ne me donnait que quinze livres par an) ; et je la priai de bien vouloir s'en ouvrir pour moi à M. Brocklehurst, ou à d'autres membres du comité, et de s'assurer qu'ils m'autoriseraient à les citer comme référence. Elle consentit obligeamment à jouer le rôle de médiatrice dans cette négociation. Le lendemain elle exposa l'affaire à M. Brocklehurst, qui décréta qu'il fallait écrire à Mme Reed, puisqu'elle était ma tutrice naturelle. Une lettre fut donc expédiée à cette personne, qui fit savoir, pour toute réponse, que je pouvais faire comme bon me semblerait et qu'elle avait depuis longtemps renoncé à se mêler en aucune manière de mes affaires. Ce billet circula parmi les membres du comité et finalement, au bout d'un délai qui me parut vraiment interminable, je reçus l'autorisation en bonne et due forme d'améliorer mon sort si je le pouvais, avec en outre l'assurance que, comme je m'étais toujours bien comportée à Lowood, tant comme élève que comme professeur, une attestation relative à mes capacités et à mon caractère, signée des inspecteurs de l'établissement, allait m'être fournie sur-le-champ.

Je reçus effectivement cette attestation au bout d'un mois environ, j'en expédiai un exemplaire à Mme Fairfax, dont je reçus la réponse : elle se déclarait satisfaite et fixait à quinze jours plus tard la date à laquelle je devais prendre possession du poste de gouvernante dans sa maison.

Je m'occupai désormais activement de mes préparatifs, et les quinze jours passèrent bien vite. Je n'avais pas une garde-robe très abondante, encore qu'elle suffît à mes besoins ; j'eus assez de la dernière journée pour faire ma malle... la même malle que j'avais apportée de Gateshead huit ans auparavant.

Ma malle était cordée et l'étiquette clouée dessus. Une demi-heure plus tard le messager devait venir la prendre pour l'emporter à Lowton, où je devais moi-même me rendre de bonne heure le lendemain matin pour me trouver sur le passage de la diligence. J'avais brossé ma robe de voyage en lainage noir, apprêté mon chapeau, mes gants, mon manchon, fouillé tous mes tiroirs pour m'assurer que je n'oubliais rien ; à présent, n'ayant plus rien à faire, je m'assis et m'efforçai de me reposer. Impossible ; j'avais été sur pied toute la journée : j'étais trop agitée. Une phase de ma vie s'achevait ce soir-là, une nouvelle phase commençait le lendemain ; impossible de sommeiller dans l'intervalle ; il me fallait veiller fiévreusement tandis que le changement allait s'accomplir.

— Mademoiselle, me dit une domestique, qui m'accosta dans le couloir où j'errais comme un esprit inquiet, il y a en bas quelqu'un qui voudrait vous voir.

— C'est le messager, sans nul doute, me dis-je. Et de descendre en courant sans poser de questions. Au moment où, pour me rendre à la cuisine, je passais devant le petit salon, ou parloir des professeurs, dont la porte était entrouverte, quelqu'un en sortit précipitamment.

— C'est elle, j'en suis sûre ! Je l'aurais reconnue n'importe où ! s'écria cette personne, qui m'arrêta et me prit la main.

Je levai les yeux : je vis une femme habillée comme une domestique assez cossue, épanouie mais encore jeune, et qui avait fort belle apparence, avec ses cheveux noirs, ses yeux noirs et son teint coloré.

— Alors, qui suis-je donc ? me demanda-t-elle, d'une voix et avec un sourire que je reconnus à moitié : vous ne m'avez pas oubliée, tout de même, mademoiselle Jane ?

Une seconde plus tard, je l'étreignais et je l'embrassais avec transport : « Bessie ! Bessie ! Bessie ! » c'est tout ce que je sus dire ; sur quoi elle se mit à rire et à pleurer tout ensemble et nous entrâmes toutes deux dans le parloir. Près de la cheminée se tenait un petit gaillard de trois ans, en sarrau et pantalon de tissu écossais.

— C'est mon petit garçon, me dit aussitôt Bessie.

— Êtes-vous donc mariée, Bessie ?

— Oui, depuis près de cinq ans, avec Robert Leaven le cocher ; et en plus de mon Bobby ici présent, j'ai une petite fille que j'ai baptisée Jane.

— N'habitez-vous plus à Gateshead ?

— J'habite à la loge ; l'ancien portier est parti.

— Bon, et que devient tout le monde ? Donnez-moi toutes les nouvelles des gens de Gateshead, Bessie ; mais d'abord asseyez-vous, et toi, Bobby, viens t'asseoir sur mes genoux, veux-tu ?

Mais Bobby préféra se couler auprès de sa mère.

— Vous n'avez pas tellement grandi, mademoiselle Jane, ni tellement forci, poursuivit Mme Leaven. J'imagine qu'on ne vous a pas trop bien soignée à l'école ; Mlle Reed vous dépasse de la tête et des épaules ; et Mlle Georgiana est deux fois plus forte que vous.

— Georgiana doit être belle, je suppose, Bessie ?

— Très. Elle est allée à Londres l'hiver dernier avec sa maman, et là-bas tout le monde l'a admirée et un jeune lord est tombé amoureux d'elle ; mais la famille du jeune homme s'est opposée au mariage ; alors... que dites-vous de cela ? Mlle Georgiana et lui ont décidé qu'il allait l'enlever ; mais leurs projets ont été découverts et déjoués. C'est Mlle Reed qui les a dénoncés ; je crois qu'elle était jalouse : alors à présent elles vivent comme chien et chat ; elles se disputent tout le temps.

— Fort bien ; et John Reed ?

— Oh, il ne réussit pas aussi bien que sa mère le voudrait. Il est allé à l'Université, mais il s'est fait... recaler, comme on dit, je crois. Ensuite ses oncles ont voulu qu'il devienne avocat et qu'il étudie le droit ; mais c'est un jeune homme si dissolu qu'on ne tirera jamais grand-chose de lui, à mon avis.

— Comment est-il, physiquement ?

— Il est très grand. Il y a des gens qui disent que c'est un beau jeune homme ; mais il a les lèvres trop épaisses.

— Et Mme Reed ?

— Madame a l'air assez robuste et bien portante, à la voir, mais je crois qu'elle n'a pas l'esprit vraiment tranquille. La conduite de M. John ne lui donne pas satisfaction... il dépense beaucoup d'argent.

— C'est elle qui vous a envoyée, Bessie ?

— Non, certes ; mais il y avait longtemps que j'avais envie de vous revoir ; alors, quand j'ai appris qu'il était arrivé une lettre de vous et que vous alliez partir pour une autre région, je me suis dit que j'allais me mettre en route et venir jeter un coup d'œil sur vous sans attendre que vous soyez complètement hors de ma portée.

— J'ai peur que vous ne soyez déçue par moi, Bessie ?

Je dis cela en riant. Je me rendais compte que le regard de Bessie, tout en exprimant de l'attachement, ne révélait en aucune manière de l'admiration.

— Non, mademoiselle Jane, pas exactement. Vous êtes assez distinguée ; vous avez l'air d'une dame et je n'en ai jamais attendu davantage de votre part ; vous n'étiez pas une beauté quand vous étiez enfant.

Je souris de la franche réponse de Bessie ; je compris qu'elle était justifiée, mais j'avoue que je n'étais pas complètement indifférente à sa signification. À dix-huit ans la plupart des gens ont envie de plaire, et la conviction que leur physique n'est pas de nature à les y aider n'a rien d'agréable.

— Mais j'imagine que vous êtes instruite, poursuivit Bessie, en guise de consolation. Qu'est-ce que vous savez faire ? Savez-vous jouer du piano ?

— Un peu.

Il y avait un piano dans la pièce ; Bessie alla l'ouvrir puis me demanda de m'y asseoir et de lui jouer un air. J'exécutai une ou deux valses et elle en fut enchantée.

— Les demoiselles Reed ne sauraient pas jouer si bien ! dit-elle avec exultation. J'ai toujours dit que vous étiez plus douée qu'elles pour apprendre ; et savez-vous dessiner ?

— C'est un de mes tableaux qui est là au-dessus de la cheminée.

C'était un paysage à l'aquarelle, dont j'avais fait cadeau à la directrice, pour la remercier d'être obligeamment intervenue en ma faveur auprès du comité, et qu'elle avait fait encadrer et glacer.

— Eh bien, c'est splendide, mademoiselle Jane ! Le

professeur de dessin de Mlle Reed ne serait pas capable de peindre un plus beau tableau que cela, sans parler de ces demoiselles elles-mêmes, qui en sont à cent lieues ; et avez-vous appris le français ?

— Oui, Bessie, je sais lire et même parler cette langue.

— Et vous savez faire de la broderie fine et de la tapisserie au canevas ?

— Oui.

— Alors, vous êtes vraiment une grande dame, mademoiselle Jane ! Je savais que vous y arriveriez ; vous ferez votre chemin, que votre famille s'intéresse à vous ou non. Il y a quelque chose que je voulais vous demander. Avez-vous jamais eu des nouvelles de la famille de votre père, les Eyre ?

— Absolument jamais.

— Alors, vous savez que Madame disait toujours que c'étaient des gens pauvres et tout à fait méprisables ; il se peut qu'ils soient pauvres en effet ; mais je crois qu'ils sont de tout aussi bonne famille que les Reed, car un jour, il y a près de sept ans de cela, un certain M. Eyre est venu à Gateshead et a demandé à vous voir. Madame a dit que vous étiez à l'école, à cinquante milles de distance ; il a paru extrêmement déçu, car il ne pouvait pas rester ; il partait pour un voyage dans un pays étranger, et son bateau devait quitter Londres un ou deux jours plus tard. Il avait l'air fort distingué et je crois que c'était le frère de votre père.

— Quel était ce pays étranger où il s'en allait, Bessie ?

— Une île, à plusieurs milliers de milles, où on fait du vin, à ce que m'a dit le sommelier…

— Madère ? proposai-je.

— Oui, c'est cela… c'est exactement ce nom-là.

— Il est donc parti ?

— Oui, il n'est resté que quelques minutes dans la maison ; Madame l'a pris de très haut avec lui ; ensuite, elle a parlé de lui comme d'un « commerçant sournois ». Mon Robert croit qu'il était négociant en vins.

— C'est très probable, répliquai-je ; ou peut-être était-il employé ou agent d'un négociant en vins.

Nous continuâmes une heure encore, Bessie et moi, à parler du temps jadis ; puis elle fut obligée de me quitter ; je la revis pendant quelques minutes le lendemain matin à Lowton, tandis que j'attendais la diligence. Nous nous quittâmes définitivement à la porte des Armes de Brocklehurst ; chacune s'en alla de son côté ; elle se mit en route pour gagner le sommet de la côte de Lowood où elle devait retrouver la voiture qui allait la ramener à Gateshead ; je montai dans la diligence qui devait m'emporter vers de nouvelles tâches et une vie nouvelle dans les environs inconnus de Millcote.

CHAPITRE XI

Un nouveau chapitre dans un roman ressemble quelque peu à une nouvelle scène dans une pièce ; ainsi, quand je lève le rideau cette fois, lecteur, il faut vous imaginer que vous voyez une salle de l'auberge du Roi George[1] à Millcote : il y a sur les murs ce genre de papier à larges dessins que possèdent les salles d'auberges ; il y a ce genre de tapis, ce genre de meubles, ce genre d'ornements sur la cheminée, ce genre de gravures (y compris un portrait de George III et un autre du prince de Galles, ainsi qu'un tableau représentant la mort du général Wolfe[2]) qu'on trouve dans les auberges. Tout cela, vous le voyez à la lumière d'une lampe à huile accrochée au plafond, et à celle d'un très bon feu auprès duquel je suis assise, revêtue de mon manteau et de mon chapeau ; mon manchon et mon parapluie sont posés sur la table, et j'essaie de faire fondre l'engourdissement et le refroidissement que j'ai contractés en restant exposée pendant seize heures à l'âpreté d'une journée d'octobre ; j'ai quitté Lowton à quatre heures du matin et l'horloge

1. George III, qui régna de 1760 à 1820.
2. Héros de la guerre franco-canadienne, tué à la bataille du Québec en 1759. La mort du général Wolfe était devenue, à la fin du XVIIIe siècle, un sujet classique chez les peintres.

de l'hôtel de ville de Millcote sonne huit heures en cet instant précis.

Lecteur, même si j'ai l'air confortablement installée, je ne suis pas très rassurée. Je pensais, quand la diligence s'est arrêtée ici, qu'il allait y avoir quelqu'un pour m'accueillir ; j'ai promené autour de moi un regard inquiet en descendant le marchepied de bois que le portier de l'hôtel avait disposé pour moi, car je m'attendais à entendre prononcer mon nom et à voir un véhicule quelconque prêt à m'emmener à Thornfield. Rien de tel à l'horizon ; et quand j'ai demandé à un garçon si quelqu'un était venu s'enquérir d'une certaine Mlle Eyre, j'ai reçu une réponse négative ; il ne m'est resté d'autre ressource que de demander à être conduite dans un salon particulier ; et c'est là que j'attends, tandis que toutes sortes de doutes et de craintes me tourmentent l'esprit.

C'est pour une jeune fille inexpérimentée une étrange sensation que de se trouver toute seule au monde, coupée de toutes ses relations, sans trop savoir si elle pourra atteindre le port vers lequel elle se dirige, alors que nombre d'obstacles l'empêchent de retourner à celui qu'elle a quitté. Le charme de l'aventure adoucit cette sensation, la flamme de l'orgueil la réchauffe, mais en même temps le frémissement de la crainte la trouble, et c'est la crainte qui devint prédominante en moi quand une demi-heure se fut écoulée et que je restai toujours seule. Je m'avisai de sonner.

— Y a-t-il dans le voisinage un endroit du nom de Thornfield ? demandai-je au garçon qui répondit à mon appel.

— Thornfield ? Je ne sais pas, Madame ; je vais demander à la buvette.

Il disparut, mais revint presque aussitôt.

— Mademoiselle s'appelle-t-elle Eyre ?

— Oui.

— Il y a ici quelqu'un qui attend Mademoiselle.

Je me levai d'un bond, saisis mon manchon et mon parapluie et me précipitai dans le couloir d'entrée de l'hôtel ; un homme était debout près de la porte ouverte et dans la rue éclairée de réverbères j'aperçus confusément un véhicule attelé d'un cheval.

— Ça doit être votre bagage, j'imagine, me dit l'homme de façon un peu abrupte quand il me vit, en désignant ma malle posée dans le couloir.

— Oui.

Il la hissa sur le toit de la voiture, qui était une sorte de carriole, puis je montai à l'intérieur ; avant qu'il ne m'y enfermât je lui demandai quelle distance il y avait jusqu'à Thornfield.

— Dans les six milles.

— Combien de temps nous faudra-t-il pour y arriver ?

— Quelque chose comme une heure et demie.

Il assujettit la portière de la voiture, puis il grimpa sur son siège à l'extérieur et nous partîmes. Nous avançâmes sans nous presser et j'eus tout le temps de réfléchir ; j'étais satisfaite d'être enfin si proche du but de mon voyage ; aussi, bien calée sur le siège de l'inélégant mais confortable véhicule, méditai-je fort à mon aise.

« J'imagine, pensais-je, à en juger par la rusticité du serviteur et de la voiture, que Mme Fairfax n'est pas une personne qui cherche à en imposer ; tant mieux ; je n'ai vécu qu'une fois chez des gens du grand monde, et j'ai été très malheureuse avec eux. Je me demande si elle vit sans autre compagnie que cette petite fille ; en ce cas, si Mme Fairfax est le moins du monde aimable, je réussirai sûrement à m'entendre avec elle ; je ferai de mon mieux ; il est regrettable qu'il ne suffise pas toujours de faire de son mieux. À Lowood, en vérité, j'avais pris cette résolution et je l'ai tenue et j'ai réussi à donner satisfaction ; mais chez Mme Reed je me rappelle que le mieux que j'avais à offrir était toujours repoussé avec mépris. Je prie le Ciel que Mme Fairfax ne se révèle pas être une deuxième Mme Reed ; mais si elle l'est, je ne serai pas tenue de rester chez elle ; en mettant les choses au pire, je pourrai faire paraître une nouvelle annonce. Je me demande où nous en sommes de notre trajet. »

Je baissai la vitre pour regarder dehors ; Millcote était derrière nous ; à juger d'après le nombre de ses lumières, ce devait être une ville d'une importance considérable, bien plus grande que Lowton. Nous étions maintenant, autant que j'en pusse juger, sur une sorte de terrain communal ; mais il y avait des maisons éparses dans tous les environs ; je compris que nous étions dans une région différente de Lowood, plus populeuse et moins pittoresque, plus vivante et moins romantique.

Les routes étaient lourdes, la nuit brumeuse ; mon conducteur laissa son cheval aller au pas pendant tout le trajet et je crois fort que son heure et demie dura en fait deux bonnes heures ; finalement, il se retourna sur son siège, et me dit :

— Vous n'êtes pas tellement loin de Thornfield à présent.

Derechef, je regardai dehors : nous passions devant une église, dont je vis la tour basse et trapue se détacher sur le ciel et dont j'entendis la cloche sonner le quart ; je vis en outre, à flanc de coteau, une mince constellation de lumières qui marquait l'emplacement d'un village ou d'un hameau. Quelque dix minutes plus tard, le cocher descendit pour ouvrir les deux battants d'une grille ; nous la franchîmes et elle se referma à grand bruit derrière nous. Nous gravîmes ensuite lentement une allée et nous débouchâmes sur une longue façade ; il y avait de la lumière derrière les rideaux d'une seule fenêtre en saillie ; toutes les autres étaient obscures. Le véhicule s'immobilisa devant la porte d'entrée, qui fut ouverte par une domestique ; je descendis de voiture et pénétrai dans la maison.

— Si Mademoiselle veut bien passer par ici, me dit la fille ; et à sa suite je traversai un vestibule carré tout entouré de hautes portes ; elle m'introduisit dans une pièce dont le double éclairage par le feu et par les bougies commença par m'éblouir, tant il contrastait avec les ténèbres auxquelles mes yeux s'étaient accoutumés depuis deux heures ; mais quand j'y vis plus clair, c'est un tableau plaisant et douillet qui s'offrit à mes regards.

Une petite pièce accueillante ; une table ronde auprès d'un feu réconfortant ; un fauteuil à l'ancienne mode, à dossier haut, où était assise la plus coquette petite vieille qu'on puisse imaginer, avec bonnet de veuve, robe de soie noire et tablier de mousseline blanc comme neige – tout à fait conforme à l'idée que je m'étais faite de Mme Fairfax, sauf qu'elle était moins majestueuse et paraissait plus accessible. Elle tricotait ; un gros chat était assis à ses pieds, l'air grave ; bref, rien ne manquait pour parachever l'image du confort domestique. On aurait pu difficilement concevoir un début plus rassurant pour une nouvelle gouvernante ; il n'y avait pas de grandeur pour l'écraser, pas de hauteur pour l'intimider ; de surcroît, quand j'entrai, la vieille dame se leva et s'avança promptement et cordialement à ma rencontre.

— Comment vous sentez-vous, ma petite ? Je crains que vous n'ayez fait un trajet bien ennuyeux ; John conduit si lentement ! Vous devez avoir froid ; venez près du feu.

— Mme Fairfax, j'imagine ? demandai-je.

— Oui, vous ne vous trompez pas ; asseyez-vous donc. Elle me mena à son propre fauteuil, puis commença à m'ôter mon châle et à dénouer les cordons de mon chapeau ; je la priai de ne pas se donner tant de mal.

— Oh, cela ne me donne aucun mal ; je suis sûre que vous avez vous-même les mains presque paralysées par le froid. Léa, préparez un peu de négus chaud[1], ainsi qu'un ou deux sandwichs ; voici les clefs de la resserre[2].

Et elle tira de sa poche un trousseau de clefs fort digne d'une bonne ménagère, qu'elle remit à la domestique.

— Et maintenant, approchez-vous du feu, poursuivit-elle. Vous êtes arrivée avec vos bagages, n'est-ce pas, ma petite ?

— Oui, Madame.

— Je vais m'assurer qu'on les porte dans votre chambre, dit-elle ; et de sortir d'un air affairé.

« Elle me traite comme une invitée », pensai-je. Je ne m'attendais guère à un tel accueil ; je n'envisageais qu'une attitude froide et compassée ; cela ne ressemble guère à ce qu'on m'a raconté sur la façon dont sont traitées les gouvernantes ; mais je ne dois pas trop m'empresser de crier victoire.

Elle revint ; de ses propres mains elle débarrassa la table de son attirail de tricot et d'un ou deux livres, pour faire place au plateau qu'apporta alors Léa ; puis c'est elle-même qui me passa les éléments de ma collation. Je me sentis un peu confuse de me voir l'objet de plus d'égards qu'on ne m'en avait jamais accordé et de me les voir en outre montrer par quelqu'un qui

1. Chocolat chaud.
2. Réserve.

était mon employeur et ma supérieure ; mais comme elle n'avait pas l'air elle-même de considérer qu'elle fît quoi que ce fût de déplacé, je jugeai préférable d'accepter ses civilités en silence.

— Aurai-je le plaisir de voir Mlle Fairfax dès ce soir ? demandai-je quand j'eus pris le repas qu'elle m'offrait.

— Qu'avez-vous dit, ma petite ? Je suis un peu sourde, me répondit la brave femme, en approchant son oreille de mes lèvres.

Je répétai ma question plus distinctement.

— Mlle Fairfax ? Ah, vous voulez dire Mlle Varens. C'est Varens que s'appelle votre future élève.

— Vraiment ! Ce n'est donc pas votre fille ?

— Non ; je n'ai pas d'enfants.

J'aurais volontiers donné suite à ma première question en demandant quel lien existait entre Mlle Varens et elle ; mais je me souvins qu'il était impoli de poser trop de questions ; d'ailleurs, je ne pouvais manquer d'être renseignée tôt ou tard.

— Je suis si contente, poursuivit-elle en s'asseyant en face de moi et en prenant le chat sur ses genoux ; je suis si contente que vous soyez arrivée ; la vie ici va être très agréable désormais avec une compagne. Assurément elle est plaisante en tout temps, car Thornfield est un beau vieux manoir, un peu négligé ces derniers temps, sans doute, mais c'est tout de même un endroit fort respectable ; cependant, vous comprenez, en hiver on se sent triste à rester toute seule, même dans le plus beau décor. Je dis : seule... bien sûr Léa est très gentille et John et sa femme sont des gens très convenables ; seulement, voyez-vous, ce ne sont que des domestiques et on ne peut pas s'entretenir avec eux sur un pied d'égalité ; on est obligé de les tenir à distance sous peine de perdre son autorité. Je vous assure que l'hiver dernier (qui a été très rigoureux, je ne sais pas si vous vous en souvenez ; quand il ne neigeait pas il y avait de la pluie et du vent), il n'est venu absolument personne chez nous, sauf le boucher et le facteur, de novembre à février ; alors je suis tombée dans des humeurs vraiment mélancoliques à force de rester seule soir après soir ; je faisais venir Léa de temps en temps pour me faire la lecture, mais je ne crois pas que la pauvre fille aimait beaucoup ce travail : elle le trouvait trop astreignant. Au printemps et en été on se sentait mieux ; le soleil et la longueur des jours font une différence énorme : et puis, tout au début de cet automne sont arrivées la petite Adèle Varens et sa bonne ; une enfant met de la vie dans une maison d'un seul coup ; et maintenant que vous êtes là, je vais être très gaie.

Mon cœur s'attendrit bel et bien envers cette digne personne quand je l'entendis parler ainsi ; aussi approchai-je un peu mon fauteuil du sien et exprimai-je le désir sincère qu'elle pût trouver ma société aussi agréable qu'elle l'escomptait.

— Mais je ne veux pas vous faire veiller tard ce soir, me dit-elle ; minuit est sur le point de sonner, or vous avez voyagé toute la journée ; vous devez être fatiguée. Si vous vous êtes suffisamment réchauffé les pieds, je vais vous montrer votre chambre à coucher. J'ai fait préparer pour vous la chambre contiguë à la mienne ; ce n'est qu'une petite pièce, mais il m'a semblé qu'elle vous plairait mieux que l'une des grandes chambres du devant : certes, elles sont mieux meublées, mais elles sont si lugubres et solitaires que je n'y couche jamais pour ma part.

Je la remerciai des prévenances qui lui avaient dicté ce choix et, comme je me sentais vraiment fatiguée par mon long voyage, je me déclarai prête à me retirer. Elle prit sa bougie et je la suivis hors de la pièce. Elle s'en fut tout d'abord vérifier que la porte d'entrée était bien fermée ; puis, après avoir retiré la clef de la serrure, elle me précéda dans l'escalier. Les marches et la balustrade étaient en chêne ; l'escalier avait une haute fenêtre treillissée ; cet escalier, ainsi que le long couloir sur lequel donnaient les chambres à coucher, avait plutôt l'air d'appartenir à une église qu'à une maison particulière. Un air glacial, comme on en respire sous une voûte, emplissait l'escalier et le couloir et évoquait des idées peu réjouissantes d'espace et de solitude ; aussi, quand je fus finalement introduite dans ma chambre, fus-je heureuse de voir qu'elle était de petites dimensions et que le mobilier était d'un style moderne et banal.

Lorsque Mme Fairfax m'eut avec bonté souhaité une bonne nuit et que j'eus refermé ma porte, promené posément mon regard tout autour de moi et dans une certaine mesure dissipé l'impression d'étrangeté produite par ce vaste vestibule, cet escalier sombre et spacieux, et ce couloir long et froid, grâce à l'aspect plus vivant de ma petite chambre, je me souvins qu'au terme d'une journée de fatigue physique et d'inquiétude morale, j'étais enfin parvenue à bon port. Un élan de gratitude m'emplit le cœur, je m'agenouillai à côté de mon lit et je fis monter mon action de grâces vers Celui à qui je devais rendre grâces, sans oublier, avant de me relever, d'implorer Son aide pour aller de l'avant sur ma route, et le pouvoir de mériter la bonté qu'on paraissait m'offrir si généreusement avant que je l'eusse gagnée. À la fois lasse et satisfaite, je ne tardai pas à m'endormir d'un profond sommeil ; quand je me réveillai, il faisait grand jour.

Ma chambre me fit l'effet d'une petite pièce si lumineuse quand le soleil y pénétra entre les rideaux de la fenêtre (en percale glacée bleu vif), révélant le papier sur les murs et le tapis sur le sol, si différents des planches nues et des plâtres sales de Lowood, qu'à cette vue je me sentis toute joyeuse. Le décor extérieur a une grande influence sur les êtres jeunes. Il me sembla que commençait une période plus heureuse de ma vie, une période qui allait comporter des fleurs et des plaisirs, en plus de ses épines et de ses peines. Mes facultés, stimulées par le changement d'atmosphère et par le champ nouveau qui s'offrait à mon espérance, paraissaient toutes prêtes à s'animer. Je ne saurais définir avec précision l'objet de leur attente, mais c'était un objet plaisant, non point peut-être pour le jour même, ni pour le mois suivant, mais pour un moment indéterminé de l'avenir.

Je me levai ; je m'habillai avec soin ; contrainte d'être simple (car je ne possédais pas un seul article vestimentaire qui n'eût été confectionné avec une extrême modestie), j'étais cependant naturellement attentive à paraître irréprochable. Il n'entrait pas dans mes habitudes d'être indifférente à mon apparence ou insoucieuse de l'impression que je produisais ; au contraire, je souhaitais toujours me montrer sous mon meilleur jour et plaire dans toute la mesure où me le permettait mon manque de beauté. Je regrettais parfois de n'être pas plus belle ; parfois j'aurais voulu avoir les joues roses, le nez droit, une petite bouche couleur cerise ; je désirais être grande, majestueuse, avoir le corps harmonieusement développé ; je tenais pour une infortune d'être si petite, si pâle, d'avoir des traits si irréguliers et si marqués. Et pourquoi avais-je ces aspirations et ces regrets ? Il serait difficile de le dire ; je n'aurais pas su à l'époque me l'expliquer clairement à moi-même ; pourtant j'avais une raison, et de surcroît une raison logique et naturelle. Toutefois, quand je me fus soigneusement brossé et lissé les cheveux, quand j'eus mis ma robe noire (qui, malgré son genre quaker, avait au moins le mérite de m'aller à la perfection), quand j'eus mis en place ma guimpe blanche toute propre, je me dis que j'avais l'air assez respectable pour comparaître devant Mme Fairfax et que ma nouvelle élève ne risquait pas du moins de se détourner de moi avec antipathie. Après avoir ouvert la fenêtre de ma chambre et vérifié que je laissais tous les objets bien en ordre et bien arrangés sur ma table de toilette, je me risquai à sortir.

Après avoir parcouru le long couloir garni de nattes, je descendis les marches de chêne glissantes ; puis je gagnai le vestibule ; je m'y arrêtai une minute, pour regarder divers tableaux sur les murs (l'un d'eux, je m'en souviens, représentait un sinistre personnage en cuirasse, un autre une dame aux cheveux poudrés et avec un collier de perles), une lampe de bronze pendue au plafond, une grande horloge dont la caisse, faite de chêne sculpté de figures étranges, avait été rendue noire comme l'ébène par l'âge et la cire. Tout me paraissait très majestueux et imposant : mais il est vrai que je n'étais guère accoutumée à la grandeur. La porte d'entrée, vitrée à mi-hauteur, était ouverte ; j'en franchis le seuil. C'était un beau matin d'automne ; les premiers rayons du soleil éclairaient d'une lumière sereine des bosquets au feuillage brunissant et des champs encore verts ; en m'avançant sur la pelouse, je levai la tête pour examiner la façade de la demeure. Elle comptait trois étages et était de proportions vastes sans être immense : manoir de gentilhomme, mais non château d'aristocrate ; les créneaux qui couronnaient les murs lui donnaient une allure pittoresque. Sa façade grise se détachait agréablement sur un fond d'arbres habités par des freux[1] croassant,

---

1. Espèce de corbeau.

qui avaient à cet instant pris leur vol. Ils survolaient la pelouse et le parc pour aller se poser dans un pré situé de l'autre côté d'un saut-de-loup et où un déploiement de vieilles épines magnifiques, robustes, noueuses, grosses comme des chênes, expliquait au premier coup d'œil l'étymologie du nom de la maison[1]. Plus loin, il y avait des collines ; elles n'étaient pas si hautes que celles des environs de Lowood, ni si escarpées ni si semblables à des barrières dressées contre le monde des vivants ; c'étaient pourtant des collines assez tranquilles et solitaires et elles avaient l'air d'enserrer Thornfield d'un isolement que je ne m'étais pas attendue à rencontrer si près d'une localité animée comme Millcote. Un petit hameau, dont les toits se mêlaient aux arbres, s'étirait sur le flanc de l'une de ces collines ; l'église du canton se trouvait plus près de Thornfield et la vieille tour qui la couronnait se dressait au sommet d'un mamelon entre la maison et les grilles.

J'étais encore occupée à goûter le calme du paysage et la plaisante fraîcheur de l'air, à écouter avec agrément le croassement des freux, à contempler la vaste façade blanche de la demeure, à me dire que c'était là une bien grande bâtisse pour être habitée par une simple petite dame solitaire comme Mme Fairfax, quand cette personne apparut sur le pas de la porte.

— Comment ! Déjà dehors ! dit-elle. Je vois que vous êtes très matinale.

Je m'avançai vers elle et je fus accueillie, avec affabilité, par un baiser et une poignée de main.

— Que dites-vous de Thornfield ? me demanda-t-elle. Je lui répondis que l'endroit me plaisait fort.

— Oui, dit-elle, c'est un joli domaine ; mais il va

---

1. *Thornfield* signifie « champ d'épines ».

devenir difficile à maintenir en bon état, je le crains, à moins qu'il ne prenne fantaisie à M. Rochester de venir y résider en permanence, ou du moins d'y rendre des visites un peu plus fréquentes. Les grandes demeures et les beaux parcs exigent la présence du propriétaire.

— M. Rochester ! m'écriai-je. Qui est-ce ?

— Le maître de Thornfield, me répondit-elle sans se troubler. Ignoriez-vous qu'il s'appelle Rochester ?

Bien sûr que je l'ignorais ! C'était la première fois que j'entendais parler de lui. Mais la vieille dame paraissait considérer l'existence de M. Rochester comme un fait universellement acquis, dont tout le monde devait avoir connaissance d'instinct.

— Je pensais, poursuivis-je, que Thornfield vous appartenait.

— À moi ? Bonté divine, ma petite, quelle idée ! À moi ? Je ne suis que l'intendante, ou l'économe. Certes, je suis une lointaine parente des Rochester du côté maternel, ou du moins mon mari l'était. C'était un ecclésiastique, desservant de la paroisse de Hay (ce petit village que vous voyez là-bas sur le coteau) et l'église proche de la grille était la sienne. La mère de l'actuel M. Rochester était une Fairfax, cousine issue de germain de mon mari ; mais jamais je ne me targue de cette parenté… en fait, elle ne compte pas pour moi. Je me considère absolument comme une intendante ordinaire. Mon patron est toujours courtois et je n'en demande pas davantage.

— Et la petite fille ? Mon élève ?

— C'est la pupille de M. Rochester. Il m'a chargée de lui trouver une gouvernante. Il veut la faire élever dans le comté de ***, je crois. La voici qui arrive, avec *ma bonne,* comme elle appelle la bonne d'enfants.

L'énigme s'était donc éclaircie : cette petite veuve affable et généreuse n'était point une grande dame, mais une employée comme moi. Je ne l'en aimai pas moins pour autant ; au contraire, je me trouvai plus satisfaite que jamais. L'égalité entre elle et moi était donc réelle et non point l'effet d'une simple condescendance de sa part. Tant mieux. Ma position n'en était que plus libre.

Tandis que je méditais sur ces révélations, une petite fille suivie de son escorte arriva en courant à travers la pelouse. Je regardai mon élève, qui tout d'abord n'eut pas l'air de remarquer ma présence. C'était une très petite enfant, âgée de sept à huit ans peut-être, frêle, avec un visage pâle aux traits menus et une surabondance de cheveux bouclés qui lui tombaient jusqu'à la taille.

— Bonjour, Adèle, dit Mme Fairfax. Venez parler à la dame qui va être votre professeur et faire de vous un jour une femme instruite.

Adèle s'approcha de nous.

— *C'est la gouvernante ?* demanda-t-elle à sa bonne en me montrant du doigt.

Celle-ci répondit :

— *Mais oui, certainement.*

— Sont-elles étrangères ? demandai-je, stupéfaite d'entendre du français.

— La bonne est étrangère et Adèle est née sur le Continent ; je crois d'ailleurs qu'elle ne l'a quitté que depuis six mois. Au moment de son arrivée ici, elle ne savait pas du tout s'exprimer en anglais ; à présent elle trouve le moyen de le parler un peu. Je ne la comprends pas, tant elle y mêle de français ; mais j'imagine que vous découvrirez très bien ce qu'elle veut dire.

Heureusement j'avais eu l'avantage d'apprendre le français avec une Française ; et, comme je m'étais toujours attachée à converser avec Mme Pierrot le plus souvent possible, comme j'avais en outre depuis sept ans appris par cœur chaque jour quelques lignes de français, en m'appliquant à soigner mon accent et en imitant le plus exactement possible la prononciation de mon professeur, j'avais acquis une certaine aisance et une certaine correction dans le maniement de cette langue et je ne risquais guère d'être embarrassée par Mᵉ Adèle. Elle vint me serrer la main quand elle apprit que j'étais sa gouvernante ; puis, tout en la conduisant à la salle à manger pour le petit déjeuner, je lui adressai quelques phrases dans sa propre langue. Elle me répondit d'abord laconiquement ; mais une fois que nous fûmes installées à table et qu'elle m'eut examinée pendant une dizaine de minutes de ses grands yeux couleur de noisette, elle se mit soudain à babiller avec volubilité.

— Ah ! s'écria-t-elle en français, vous parlez ma langue aussi bien que M. Rochester. Je vais pouvoir parler avec vous comme avec lui, et Sophie aussi. Elle en sera contente ; ici personne ne la comprend ; Mᵐᵉ Fairfax ne sait que l'anglais. Sophie, c'est ma bonne ; elle est venue avec moi, en traversant la mer dans un grand bateau avec une cheminée qui fumait, qui fumait même terriblement ! et j'ai été malade, et Sophie aussi, et M. Rochester aussi. M. Rochester est resté couché sur un sofa dans une jolie pièce qu'on appelait le *salon,* et Sophie et moi, on avait des lits dans un autre endroit. J'ai failli tomber du mien, qui ressemblait à une étagère. Et puis, Mademoiselle... comment vous appelez-vous ?

— Eyre... Jane Eyre.

— *Aire ?* Bah ! Je n'arrive pas à le prononcer. En tout cas, notre bateau s'est arrêté le matin, avant qu'il fît tout à fait jour, dans une grande ville... une ville immense aux maisons sombres, tout enfumée, qui ne ressemblait pas du tout à la jolie ville toute propre d'où je viens ; alors M. Rochester m'a prise dans ses bras pour descendre à terre par une passerelle, et Sophie nous a suivis, et nous sommes tous montés dans une voiture, qui nous a conduits à une grande et magnifique maison, plus grande et plus belle que celle-ci, qu'on appelait un hôtel. Nous y sommes restés près d'une semaine ; Sophie et moi, nous allions tous les jours nous promener dans un grand jardin tout plein d'arbres verts, qu'on appelait le parc ; et il s'y trouvait beaucoup d'autres enfants, et un bassin avec de magnifiques oiseaux dedans, auxquels je donnais des miettes de pain à manger.

— La comprenez-vous quand elle parle ainsi à toute allure ? me demanda Mme Fairfax.

Je la comprenais fort bien, car je m'étais accoutumée à la langue fort déliée de Mme Pierrot.

— Je voudrais, poursuivit notre brave amie, que vous lui posiez une ou deux questions au sujet de ses parents. Je me demande si elle se souvient d'eux.

— Adèle, demandai-je, chez qui habitiez-vous quand vous étiez dans cette jolie ville toute propre dont vous parliez ?

— Je vivais chez maman, il y a longtemps ; mais elle s'en est allée auprès de la Sainte Vierge. Maman m'apprenait à danser et à chanter et à réciter des vers. Maman recevait beaucoup de visiteurs et de visiteuses, et je dansais devant eux, ou alors je m'asseyais sur leurs genoux pour leur chanter quelque chose ; j'aimais bien cela. Voulez-vous m'entendre chanter tout de suite ?

Elle avait fini son repas ; je lui permis donc de nous offrir un échantillon de ses talents. Elle descendit de sa chaise et vint se placer sur mes genoux ; puis, joignant ses petites mains devant elle avec gravité, rejetant ses cheveux bouclés en arrière et levant les yeux au plafond, elle commença à chanter une chanson tirée d'un opéra. C'était la complainte d'une dame abandonnée qui, après avoir déploré la perfidie de son amant, appelle l'orgueil à son secours ; elle prie sa servante de la parer de ses joyaux les plus éclatants et de ses vêtements les plus somptueux et décide d'aller retrouver le traître au bal le soir même et de lui prouver, en adoptant une attitude de gaieté, combien peu elle est affectée par cet abandon.

Ce sujet paraissait étrangement choisi pour une chanteuse d'âge tendre ; mais je suppose que le piquant de l'affaire consistait à faire entendre les accents de l'amour et de la jalousie égrenés avec un zézaiement enfantin : c'était là un piquant de fort mauvais goût, à mon avis du moins.

Adèle chanta sa *canzonette* d'une voix assez juste et avec la naïveté de son âge. Cela fait, elle sauta à bas de mes genoux et me dit :

— Maintenant, Mademoiselle, je vais vous réciter une poésie.

Prenant une pose, elle annonça : *La Ligue des rats, fable de La Fontaine.* Puis elle déclama le petit morceau avec une attention à la ponctuation et à l'accentuation, une souplesse de voix et un choix de gestes appropriés, qui étaient fort rares en vérité à son âge et montraient qu'elle avait reçu une formation attentive.

— Est-ce votre maman qui vous a appris ce morceau ? demandai-je.

— Oui ; et elle le récitait exactement de cette manière ; *Qu'avez-vous donc ? lui dit un de ces rats ; parlez !* Elle me faisait lever la main... comme ça... pour me rappeler que je devais élever la voix en posant la question. Voulez-vous me voir danser maintenant ?

— Non, cela suffit. Mais après que votre maman s'en fut allée auprès de la Sainte Vierge, comme vous dites, chez qui avez-vous habité ensuite ?

— Chez Mme Frédéric et son mari ; elle s'est occupée de moi, mais elle n'est pas du tout ma parente. Je la crois pauvre, car sa maison était moins belle que celle de maman. Je n'y suis pas restée longtemps. M. Rochester m'a demandé si j'aimerais venir vivre avec lui en Angleterre, et j'ai dit oui ; car je connaissais M. Rochester avant de connaître Mme Frédéric, et il a toujours été bon pour moi, il me donnait de jolies robes et des jouets ; mais vous voyez qu'il n'a pas tenu parole, car il m'a bien amenée en Angleterre, mais maintenant il est lui-même reparti et je ne le vois jamais.

Après le petit déjeuner, Adèle et moi, nous nous retirâmes dans la bibliothèque, pièce que, semble-t-il, M. Rochester avait désignée pour servir de salle d'étude. La plupart des livres étaient sous clef derrière leurs portes vitrées ; mais l'un des meubles restait ouvert et contenait tout ce dont nous pouvions avoir besoin en fait d'ouvrages élémentaires, ainsi que divers volumes de lecture facile, poésie, biographies, récits de voyages, quelques romans, etc. J'imagine qu'il avait décidé que c'était là tout ce qu'il faudrait à la gouvernante pour ses lectures personnelles ; et de fait, ces livres me satisfirent amplement sur le moment ; comparés aux maigres rebuts que j'avais pu de temps à autre glaner à Lowood, ils paraissaient m'offrir une abondante moisson de divertissement et d'information. Il y avait en outre dans cette pièce un piano droit, tout neuf et d'excellente sonorité, ainsi qu'un chevalet pour la peinture et deux mappemondes.

Je constatai que mon élève était assez docile, mais peu portée à l'effort ; elle n'avait pas été accoutumée à des occupations régulières, quelles qu'elles fussent. Je compris qu'il ne serait pas judicieux de la contraindre trop rudement au début ; c'est pourquoi, après lui avoir parlé longuement et lui avoir fait apprendre quelques petites choses, lorsque la matinée eut atteint l'heure de midi, je la laissai retourner auprès de sa bonne. J'avais l'intention de m'occuper ensuite jusqu'au dîner en faisant quelques petits dessins à l'usage de mon élève.

Tandis que je m'apprêtais à monter chercher mon carton à dessins et mes crayons, Mme Fairfax m'interpella :

— Vous en avez fini avec vos leçons pour ce matin, j'imagine, dit-elle.

Elle était dans une pièce dont la porte à deux battants était ouverte. J'y entrai quand elle m'adressa la parole. C'était une vaste salle majestueuse, garnie de sièges et de rideaux pourpres, d'un tapis de Turquie, de boiseries en noyer sur les murs, d'une immense fenêtre richement ornée de vitres de couleur, et d'un splendide plafond aux moulures élégantes. Mme Fairfax époussetait de beaux vases en spath pourpre, posés sur un buffet.

— Quelle pièce magnifique ! m'écriai-je en regardant autour de moi ; car je n'en avais encore jamais vu une qui fût moitié aussi imposante.

— Oui ; c'est la salle à manger. Je viens d'ouvrir la fenêtre, pour y faire entrer un peu d'air et de soleil ; car tout devient terriblement humide dans les pièces rarement habitées ; au salon là-bas, on se croirait dans un caveau.

Elle me montrait une ample ouverture arrondie qui faisait le pendant de la fenêtre et était comme elle pourvue de rideaux teints à la pourpre de Tyr[1], présentement relevés par des embrasses. Montant par deux larges degrés jusqu'à cette ouverture et plongeant mon regard à l'intérieur de l'autre pièce, je crus apercevoir un endroit féerique, tant le spectacle qui s'offrit alors à mes yeux inexpérimentés parut éblouissant. Ce n'était

1. Teinture rouge violacée créée par les Phéniciens.

pourtant qu'un très joli salon, avec un boudoir à l'intérieur, l'un et l'autre garnis de tapis blancs sur lesquels semblaient posées de brillantes guirlandes de fleurs ; l'un et l'autre avaient au plafond des sculptures blanches comme neige en forme de grappes de raisin et de feuilles de vigne, sous lesquelles tranchait l'éclat splendide des divans et des ottomanes rouge vif, cependant que sur la cheminée de marbre pâle de Paros les ornements étaient en verre de Bohême scintillant, rouge rubis, et qu'entre les fenêtres de vastes miroirs reproduisaient l'alliance générale de la neige et du feu.

— Comme vous tenez ces pièces en ordre, madame Fairfax ! dis-je. Pas de poussière, pas de housses ; si ce n'est que l'air est un peu glacial, on pourrait croire qu'elles sont habitées journellement.

— Ma foi, mademoiselle Eyre, si les visites de M. Rochester ici sont rares, elles sont toujours soudaines et inattendues ; et comme j'ai remarqué que cela le met de mauvaise humeur de trouver tout sous housses et de déclencher un grand remue-ménage par son arrivée, j'ai jugé préférable de tenir les pièces toutes prêtes.

— M. Rochester est-il un homme exigeant et pointilleux ?

— Pas particulièrement ; mais il a les goûts et les habitudes d'un homme de qualité et il s'attend qu'on en tienne compte dans l'administration de la maison.

— Est-ce que vous l'aimez ? Est-il aimé en général ?

— Oh, oui ; la famille Rochester a toujours été respectée par ici. Presque toutes les terres du voisinage, à perte de vue, ont appartenu aux Rochester depuis toujours.

— Oui, mais laissant de côté la question des terres, est-ce que vous l'aimez ? Est-il aimé pour lui-même ?

— Pour ma part, je n'ai aucune raison de ne pas

l'aimer ; et je crois qu'il est considéré par ses fermiers comme un propriétaire juste et généreux ; il est vrai qu'il n'a jamais beaucoup vécu parmi eux.

— Mais n'a-t-il pas de traits originaux ? Bref, quel genre de caractère a-t-il ?

— Oh, son caractère est irréprochable, j'imagine. Peut-être est-il un peu original ; il a beaucoup voyagé ; il a beaucoup roulé sa bosse, à mon avis. J'imagine qu'il est instruit, mais je n'ai jamais eu de longues conversations avec lui.

— En quel sens est-il original ?

— Je ne sais pas... ce n'est pas facile à définir... il n'y a rien de frappant, mais on s'en rend compte quand il vous parle ; on ne peut jamais savoir à coup sûr s'il plaisante ou s'il parle sérieusement, s'il est content ou mécontent ; bref, on ne le comprend pas parfaitement... du moins pas moi ; mais c'est sans importance ; M. Rochester est un très bon maître.

C'est tout ce que je pus tirer de Mme Fairfax en fait de renseignements sur notre maître à toutes deux. Il y a des gens qui semblent n'avoir aucune idée de ce que c'est que décrire un caractère ; observer et définir les traits saillants, qu'il s'agisse de personnes ou d'objets ; et ma digne amie appartenait visiblement à cette catégorie ; mes questions l'intriguaient, mais ne la faisaient pas réagir. M. Rochester était à ses yeux M. Rochester : homme de qualité, propriétaire terrien... sans plus ; elle ne se posait pas d'autres questions, ne cherchait pas à en savoir davantage, et s'étonnait manifestement de mon désir d'obtenir une définition plus précise de son identité.

Quand nous sortîmes de la salle à manger, elle me proposa de me faire visiter le reste de la maison ; je montai et descendis donc des escaliers à sa suite, en m'émerveillant au passage, car tout était beau et bien tenu. Les grandes chambres en façade me parurent particulièrement splendides ; et certaines des pièces de l'étage supérieur, bien que basses de plafond et sombres, étaient intéressantes par leur air d'antiquité. Les meubles jadis dévolus aux pièces du rez-de-chaussée avaient été de temps à autre relégués là-haut, à mesure que changeaient les modes ; et la lumière imparfaite qui entrait par d'étroites fenêtres révélait des lits âgés de cent ans ; des commodes de chêne ou de noyer, qui, avec leurs curieuses sculptures représentant des branches de palmier ou des têtes de chérubin, ressemblaient à des modèles empruntés à l'arche des Hébreux ; des séries de chaises vénérables, avec leurs dossiers étroits et hauts, des tabourets encore plus antiques, dont le dessus rembourré laissait voir encore des traces de broderies à demi effacées, exécutées par des doigts qui, depuis deux générations, s'étaient transformés en poussière dans un cercueil. Toutes ces reliques donnaient à l'étage supérieur du manoir de Thornfield l'aspect d'une habitation du passé, d'un sanctuaire du souvenir. J'aimais en plein jour le silence, la pénombre, la bizarrerie de ces retraites ; mais je ne convoitais aucunement une nuit de sommeil dans l'un de ces lits larges et pesants dont certains étaient protégés par des portes de chêne, tandis que d'autres étaient abrités de vieilles tentures ouvragées à l'anglaise, avec d'épaisses broderies représentant les formes de fleurs étranges, d'oiseaux plus étranges et d'êtres humains encore plus étranges que tout le reste : tout cela eût paru vraiment fort étrange à la lueur blême d'un clair de lune.

— Les domestiques couchent-ils dans ces chambres ? demandai-je.

— Non ; ils occupent une série de pièces plus petites situées sur le derrière de la maison ; personne ne couche jamais ici. On pourrait presque dire que, s'il y avait un fantôme au manoir de Thornfield, c'est ici qu'il se promènerait.

— C'est bien mon avis. Ainsi, vous n'avez pas de fantôme ?

— Je n'ai jamais entendu dire qu'il y en eût un, me répondit Mme Fairfax avec un sourire.

— Ni de traditions à ce sujet ? Pas de légende ou d'histoire de fantôme ?

— Je ne crois pas. Et pourtant, on raconte que les Rochester ont été dans le temps une lignée plutôt violente que paisible. Mais c'est peut-être pour cette raison qu'ils reposent calmement dans leur tombe à présent.

— Oui... « après la fièvre agitée de la vie ils dorment d'un bon sommeil[1] », fis-je à mi-voix. Où allez-vous maintenant, madame Fairfax (car elle commençait à s'éloigner) ?

— Sur le toit ; voulez-vous venir voir la vue de là-haut ?

Je la suivis de nouveau, et nous montâmes par un très étroit escalier jusqu'aux mansardes, puis par une échelle et une trappe jusque sur le toit du manoir. J'étais à présent au même niveau que la colonie de corbeaux dont je voyais l'intérieur des nids. En me penchant par-dessus les créneaux, et en abaissant mon regard au loin, je contemplais le domaine, déployé comme une carte : le velours brillant de la pelouse qui encerclait de près la base grise de la demeure ; le pré, aussi vaste qu'un parc et émaillé de ses vénérables arbres ; le bois, sombre et desséché, traversé par un sentier manifestement envahi par la végétation et plus vert sous sa mousse que les arbres sous leur feuillage ; l'église derrière la grille, la route, les pentes tranquilles, tout cela

---

1. *Macbeth*, acte II, scène 2.

exposé au soleil de ce jour d'automne ; la vue s'étendant jusqu'à un ciel propice, azuré, marbré de blanc nacré. Nul trait de ce décor n'était extraordinaire, mais tout était plaisant. Quand je m'en détournai pour franchir de nouveau la trappe, c'est à peine si j'y vis assez pour descendre l'échelle ; l'étage mansardé me parut sombre comme un tombeau, par comparaison avec cette voûte d'air bleu vers laquelle j'avais levé les yeux, ou avec ce paysage ensoleillé de bosquets, de pâtures et de coteaux verdoyants dont le manoir était le centre et que je venais de contempler avec ravissement.

Mme Fairfax resta quelques instants en arrière pour refermer la trappe. Quant à moi, à force de tâtonner, je finis par trouver le moyen de sortir de la mansarde et me mis en devoir de descendre l'étroit escalier qui y donnait accès. Je m'attardai dans le long couloir où débouchait l'escalier et qui séparait, à l'étage supérieur, les chambres de façade de celles de l'arrière, couloir étroit, bas de plafond, obscur, n'ayant qu'une seule petite fenêtre à l'extrémité et ressemblant fort, avec ses deux rangées de petites portes noires toutes fermées, à un corridor dans un château de Barbe Bleue.

Tandis que je m'avançais doucement, le dernier bruit que je me fusse attendue à entendre dans une région aussi calme, un rire, me vint aux oreilles. C'était un rire curieux, distinct, appliqué, sans joie. Le bruit se tut, mais pendant un instant seulement. Il reprit, plus fort (car la première fois, tout en étant très distinct, il était très bas). Il s'éteignit après s'être transformé en une série d'éclats sonores qui eurent l'air de retentir dans toutes les chambres solitaires, bien qu'il provînt seulement de l'une d'entre elles et que j'eusse pu montrer du doigt la porte d'où s'était échappé le bruit.

— Madame Fairfax ! m'écriai-je, car à présent je

l'entendais qui descendait le grand escalier. Avez-vous entendu ce rire bruyant ? Qui est-ce ?

— Une des domestiques, très probablement, répondit-elle ; peut-être Grace Poole.

— L'avez-vous entendu ? demandai-je de nouveau.

— Oui, très bien ; je l'entends souvent. Elle fait de la couture dans l'une de ces chambres. Léa est quelquefois avec elle ; il leur arrive souvent de faire du bruit à elles deux.

Le rire se reproduisit sous sa forme basse, syllabique, et se termina par un bizarre murmure.

— Grace ! cria Mme Fairfax.

Je ne m'attendais vraiment pas à voir une quelconque Grace répondre, car ce rire était bien le rire le plus tragique et le plus surnaturel que j'eusse jamais entendu ; d'ailleurs, si nous n'avions été en plein milieu du jour, sans qu'aucune circonstance fantomatique entourât l'étrange manifestation de gaieté, n'eût été le fait que ni le lieu ni le moment, donc, n'engendraient la crainte, j'eusse éprouvé une crainte superstitieuse. Toutefois, l'événement me montra que j'avais été bien sotte d'éprouver même un sentiment de surprise.

La porte la plus proche de moi s'ouvrit et livra passage à une domestique, femme de trente à quarante ans, courtaude et trapue, rousse, au visage revêche et sans beauté ; il eût été difficile d'imaginer une apparition moins romantique ou moins fantomatique.

— Trop de bruit, Grace, dit Mme Fairfax. Souvenez-vous de vos instructions !

Grace s'inclina sans mot dire et rentra dans la chambre.

— C'est une personne que nous avons ici pour faire de la couture et aider dans les travaux du ménage, poursuivit la veuve ; elle n'est pas absolument irréprochable à certains égards, mais elle fait assez bien notre affaire. À propos, comment vous êtes-vous entendue avec votre nouvelle élève ce matin ?

La conversation, ainsi détournée vers Adèle, se poursuivit jusqu'au moment où nous atteignîmes la région gaie et bien éclairée du rez-de-chaussée. Adèle vint en courant à notre rencontre dans le vestibule, en s'écriant :

— *Mesdames, vous êtes servies !*

Et d'ajouter :

— *J'ai bien faim, moi !*

Nous trouvâmes le dîner servi qui nous attendait dans le salon de Mme Fairfax.

CHAPITRE XII

La perspective d'une carrière sans heurts, qu'un premier contact paisible avec le manoir de Thornfield paraissait me promettre, ne fut pas démentie par une connaissance plus poussée de l'endroit et de ses habitants. Mme Fairfax se révéla être telle qu'elle paraissait, c'est-à-dire une personne au caractère placide, bonne, d'éducation convenable et d'intelligence moyenne. Mon élève était une enfant vive, qui avait été choyée et gâtée et se montrait en conséquence parfois capricieuse ; mais comme elle m'était entièrement remise entre les mains et qu'aucune intervention déraisonnable ne venait jamais d'aucun côté contrecarrer mes efforts pour l'amender, elle eut tôt fait d'oublier ses petites lubies et de devenir obéissante et docile. Elle n'avait pas de grands talents, de traits de caractère accentués, de développement particulier de la sensibilité ou du goût, qui pussent l'élever d'un pouce au-dessus du niveau ordinaire de l'enfance ; mais elle n'avait pas non plus de lacune ou de vice qui pût la faire descendre au-dessous de ce niveau. Elle faisait des progrès honorables, et nourrissait pour moi une affection vive, sinon peut-être très profonde ; par sa simplicité, la gaieté de son babil, ses efforts pour me plaire, elle m'inspirait en retour un attachement suffisant pour nous faire prendre plaisir à la compagnie l'une de l'autre.

Ces formules, soit dit entre parenthèses, vont être jugées bien froides par les gens qui professent de graves doctrines touchant le naturel angélique des enfants et l'obligation faite à ceux qui ont la charge de leur éducation de leur vouer un culte idolâtre. Mais ce n'est pas pour flatter l'égocentrisme des parents que j'écris, ni pour me faire l'écho de propos sanctimonieux ou pour prêter main-forte à de pieuses supercheries ; je ne fais que dire la vérité. J'éprouvais une sollicitude consciencieuse pour le bien-être et les progrès d'Adèle, ainsi qu'une calme affection pour sa petite personne ; de même que je nourrissais envers Mme Fairfax un sentiment de gratitude pour sa bonté et que je prenais à sa compagnie un plaisir proportionné à l'estime paisible qu'elle avait pour moi et à la modestie de son intelligence et de son caractère.

Me blâmera qui voudra quand j'ajouterai que lorsque, de temps à autre, je faisais une promenade solitaire dans le parc, lorsque je descendais jusqu'à la grille, à travers laquelle j'envoyais mon regard se promener le long de la route ; lorsque, tandis qu'Adèle jouait avec sa bonne et que Mme Fairfax confectionnait des gelées dans la resserre, je grimpais à l'étage supérieur, je soulevais la trappe de la mansarde et, parvenue sur le toit, je portais mon regard au loin par-dessus le champ isolé et le coteau, le long de la ligne d'horizon indistincte... qu'alors j'aspirais à posséder un pouvoir de vision qui me permît de dépasser ces limites, qui pût atteindre le monde actif, les villes, ces régions pleines de vie dont j'avais entendu parler mais que je n'avais jamais vues ; qu'alors je regrettais de ne pas posséder plus d'expérience concrète, de ne pas avoir plus de relations avec mes semblables, de ne pas mieux connaître la diversité des caractères que je ne le pouvais avec ce qui était à ma portée. J'estimais ce qu'il y avait de bon chez Mme Fairfax et ce qu'il y avait de bon chez Adèle, mais je croyais à l'existence d'autres sortes de bonté plus intenses, et quand je croyais à quelque chose j'avais envie de le voir.

Qui me blâmera ? Bien des gens, sans doute, et l'on va me traiter d'éternelle mécontente. Je n'y pouvais rien ; cette agitation était dans ma nature ; elle me troublait parfois de façon douloureuse. En ce cas, je ne trouvais de soulagement qu'en arpentant sans fin le couloir de l'étage supérieur, protégée par le silence et la solitude de l'endroit, en permettant à mon imagination de poser les yeux sur toutes les visions lumineuses qui pouvaient surgir devant elle... et, certes, elles étaient nombreuses et brillantes ; en laissant mon cœur se soulever d'un mouvement d'exultation qui, s'il le rendait lourd à l'heure de l'épreuve, le gonflait de vie ; ou mieux encore, en ouvrant mon oreille intérieure à un récit qui ne s'achevait jamais... à un récit que créait et narrait sans cesse mon imagination, animé par tout ce que je désirais et ne trouvais pas dans mon existence actuelle en fait d'incidents, de vie, de chaleur, de sentiment.

Il est vain de prétendre que les êtres humains doivent se satisfaire de la tranquillité ; il leur faut du mouvement ; et s'ils n'en trouvent pas, ils en créeront. Des millions d'individus sont condamnés à un destin plus immobile que le mien, mais ces millions sont en rébellion silencieuse contre leur sort. Nul ne sait combien de révoltes, en dehors des révoltes politiques, fermentent dans la masse des vivants qui peuplent la terre. Les femmes sont censées être très paisibles en général, mais les femmes ont tout autant de sensibilité que les hommes ; il leur faut des occasions d'exercer leurs facultés et un champ d'action tout comme à leurs frères ; elles souffrent de contraintes trop rigides, d'une stagnation trop complète, exactement comme en souffriraient des hommes ; et c'est par étroitesse d'esprit que leurs compagnons plus privilégiés décrètent qu'elles devraient se borner à faire des entremets et à tricoter des chaussettes, à jouer du piano ou à broder des sacs. Il est sot de les condamner ou de se moquer d'elles quand elles cherchent à faire ou à apprendre plus de choses que la coutume n'a déclarées nécessaires aux personnes de leur sexe.

Quand j'étais seule dans ces circonstances, j'entendais assez souvent le rire de Grace Poole, ces mêmes éclats, ce même « Ha ! ha ! » lent et sourd qui, la première fois que je l'avais entendu, m'avait fait frissonner ; j'entendais aussi ses grommellements excentriques, plus étranges encore que son rire. Il y avait des jours où elle restait complètement silencieuse ; mais il y en avait d'autres où je ne m'expliquais pas les bruits qu'elle faisait. Parfois je la voyais : elle sortait de sa chambre avec une cuvette, ou une assiette, ou un plateau à la main, descendait à la cuisine et revenait bientôt (ô, lecteur romantique, pardonne-moi de dire la vérité toute nue) ! porteuse d'une pinte de bière brune. Son apparence servait toujours d'éteignoir à la curiosité que suscitaient ses bizarreries sonores ; impassible, les traits revêches, elle n'offrait aucun aspect qui pût retenir l'intérêt. Je fis quelques efforts pour engager la conversation avec elle, mais elle paraissait fort laconique ; une réponse monosyllabique coupait généralement court à toute tentative de cette nature.

Les autres membres de la maisonnée, c'est-à-dire John et sa femme, Léa la femme de chambre et Sophie la bonne d'enfants française, étaient des gens convenables, mais qui n'avaient rien de remarquable ; à

Sophie je parlais souvent en français et parfois je lui posais des questions sur son pays natal ; mais elle n'était pas portée à la description ni au récit, et me fournissait généralement des réponses si insipides et confuses qu'elles étaient plus propres à interrompre qu'à encourager mon interrogatoire.

Octobre, novembre et décembre s'écoulèrent. Par un après-midi de janvier, Mme Fairfax m'avait priée de donner congé à Adèle, qui était enrhumée ; et comme Adèle avait appuyé cette requête avec une ardeur qui m'avait rappelé tout le prix qu'avaient eu, dans ma propre enfance, les petits congés inattendus, je le lui accordai, estimant qu'il était sage de faire preuve de souplesse sur ce point. La journée était très froide, mais belle et calme ; j'étais lasse d'être restée assise sans bouger dans la bibliothèque pendant toute une longue matinée ; Mme Fairfax venait d'écrire une lettre qui attendait une occasion d'être mise à la poste ; je pris mon chapeau et mon manteau et m'offris à porter cette lettre à Hay ; la distance, qui était de deux milles, pouvait faire une agréable promenade à pied par un après-midi d'hiver. Après avoir installé Adèle confortablement dans son petit fauteuil au coin de la cheminée dans le salon de Mme Fairfax, après lui avoir donné sa plus belle poupée de cire (que je gardais habituellement dans un tiroir, enveloppée de papier d'argent) pour s'amuser, ainsi qu'un livre d'histoires pour varier les plaisirs, après avoir répondu par un baiser à son adieu : « *Revenez bientôt, ma bonne amie, ma chère mademoiselle Jeannette* », je me mis en route.

Le sol était dur, l'air était calme, ma route était solitaire ; je commençai par marcher vite pour me réchauffer, puis je marchai lentement pour goûter et analyser cette espèce de plaisir qui habitait pour moi le moment et la situation. Il était trois heures ; la cloche de l'église sonna l'heure au moment où je passais au pied du clocher ; le charme de cette heure résidait dans l'approche de l'obscurité, dans le soleil qui déplaçait ses pâles rayons au ras de l'horizon. J'étais à un mille de Thornfield, dans un chemin réputé pour ses églantines en été, pour ses noisettes et ses mûres en automne, et qui, même ce jour-là, gardait quelques trésors vermeils sous forme de cenelles et de baies d'églantier, mais dont le charme le plus puissant en hiver résidait dans sa solitude complète et le silence dû à l'absence de feuillage. Quand un souffle d'air se levait, il ne s'entendait pas en ce lieu ; car il n'y avait pas le moindre houx, le moindre conifère pour bruire, tandis que les arbustes dépouillés, aubépines et noisetiers, étaient aussi silencieux que les pierres blanches usées qui pavaient le milieu du chemin. À perte de vue, de part et d'autre, il n'y avait que des prés, où nulle bête ne paissait à présent ; quant aux petits oiseaux bruns qu'on voyait parfois remuer dans la haie, ils avaient l'air d'être des feuilles rousses isolées qui eussent oublié de tomber.

Ce chemin était en côte jusqu'à Hay : lorsque j'en eus atteint le milieu, je m'assis sur un échalier qui donnait accès à un champ. En resserrant mon manteau autour de moi et en m'abritant les mains dans mon manchon, je ne sentais pas le froid, bien qu'il gelât très fort, comme le montrait une nappe de glace recouvrant la chaussée à l'endroit où un petit ruisseau, à présent gelé, avait débordé au cours d'un dégel soudain quelques jours plus tôt. De mon siège je pouvais abaisser mes regards sur Thornfield : le manoir gris et crénelé était le principal objet du vallon que je surplombais ; ses bois, sa sombre colonie de freux se détachaient à l'occident. Je m'attardai jusqu'au moment où le soleil se coucha au milieu des arbres et s'enfonça, clair et rougeoyant, derrière eux. Je me retournai alors vers l'est.

Au sommet de la colline que j'avais au-dessus de moi se levait la lune ; elle était encore pâle comme un nuage, mais devenait d'instant en instant plus lumineuse ; elle surplombait Hay qui, à demi perdu dans les arbres, faisait monter la fumée bleue de ses rares cheminées ; j'étais encore à un mille du village, mais dans le silence absolu j'entendais distinctement le murmure ténu de sa vie. Mon oreille percevait aussi l'écoulement de certains cours d'eau ; dans quels vallons, dans quelles profondeurs, je n'aurais su le dire ; mais il y avait nombre de collines après Hay, et sans nul doute nombre de ruisseaux se faufilaient entre elles. Le calme de cette soirée trahissait aussi bien le ruisselis des cours d'eau les plus proches que le murmure des plus lointains.

Un bruit violent vint éclater au milieu de ces clapotis et de ces chuchotements délicats, qui étaient à la fois si lointains et si clairs : c'était un piétinement vigoureux, un cliquetis métallique, qui dissipa les doux mouvements des ondes, de même que, sur un tableau, la masse solide d'un rocher ou le tronc rugueux d'un chêne, dessiné au premier plan de couleurs sombres et fortes, empêche de voir dans un lointain éthéré les collines bleutées, l'horizon ensoleillé, les nuages entremêlés aux teintes fondues.

Ce vacarme se produisait sur la route ; un cheval arrivait ; les détours du chemin le cachaient encore, mais il approchait. Je m'apprêtais à quitter mon échalier ; mais, comme le chemin était étroit, je restai assise pour laisser passer le cheval. À cette époque, j'étais jeune et toutes sortes d'images gaies ou tristes m'habitaient l'esprit ; le souvenir de contes de nourrice s'y trouvait avec d'autres fadaises, et quand ils me revenaient en mémoire, ma jeunesse mûrissante leur donnait un surcroît de vigueur et de vivacité qu'ils n'avaient pu avoir dans l'enfance. Tandis que ce cheval approchait et que je guettais son apparition dans la pénombre, je me rappelai certains des récits de Bessie, où figurait un esprit connu dans le nord de l'Angleterre, appelé le « Gytrash » et qui, sous la forme d'un cheval, d'un mulet ou d'un énorme chien, hantait les chemins solitaires et fondait parfois sur les voyageurs attardés, comme ce cheval allait à présent fondre sur moi.

Il était très proche, mais non point encore visible, quand, outre le piétinement de sabots, j'entendis un bruissement sous la haie et que, tout contre la base des noisetiers, se faufila un énorme chien qui, grâce à ses couleurs blanche et noire, se distinguait aisément des arbres. Il avait exactement l'aspect de l'un des masques du Gytrash de Bessie : créature aux allures de lion, avec son poil long et sa tête immense ; toutefois il passa devant moi assez paisiblement, sans s'arrêter pour lever vers mon visage, comme je m'attendais presque à le voir faire, des yeux étranges, tel un chien fantastique. Il fut suivi du cheval, belle bête, montée par un cavalier. L'homme, l'être humain, dissipa sur-le-champ l'illusion. Personne ne montait jamais le Gytrash, qui était toujours seul ; quant aux gnomes, dans mon idée, s'ils pouvaient habiter la carcasse d'animaux muets, ils ne risquaient guère de convoiter l'abri d'une banale forme humaine. Non, ce n'était point un Gytrash... mais simplement un voyageur qui gagnait Millcote par un raccourci. Il passa son chemin ; au bout de quelques pas, je me retournai ; le bruit d'une glissade et l'exclamation : « Que diantre se passe-t-il à présent ? », suivie d'une chute à grand fracas, attirèrent mon attention. L'homme et le cheval étaient à terre ; ils avaient glissé sur la couche de glace qui recouvrait la chaussée. Le chien revint en arrière en bondissant et, voyant son maître en fâcheuse posture et entendant les gémissements du cheval, se mit à aboyer tant et si bien que les collines renvoyèrent dans l'air du soir l'écho de sa voix, aussi grave que l'animal était grand. Il flaira sous tous les angles le groupe abattu puis vint vers moi en courant ; c'était ce qu'il pouvait faire de mieux... il n'y avait personne d'autre dans les parages qu'il pût appeler au secours. Je lui obéis et je descendis auprès du voyageur, qui se débattait déjà pour se dégager de sa monture. Ses efforts étaient si vigoureux qu'il me sembla qu'il ne devait pas s'être fait grand mal ; cependant, je lui posai la question :

— Vous êtes-vous blessé, Monsieur ?

Je crois qu'il jurait, mais je n'en suis pas certaine ; toujours est-il qu'il prononçait quelque formule et que cela l'empêcha de me répondre aussitôt.

— Puis-je faire quelque chose ? demandai-je encore.

— Vous n'avez qu'à vous tenir à l'écart, me répondit-il tout en se dressant, d'abord sur les genoux, puis sur ses jambes.

J'obéis ; alors commença tout un tohu-bohu, à grand renfort de tractions, de battements de pieds, de claquements de sabots, accompagné d'abois et de hennissements qui me tinrent efficacement à quelques mètres de distance ; mais je ne voulais pas me laisser chasser définitivement avant de voir la tournure prise par les événements. Bien m'en prit, après tout ; le cheval était sur ses pattes, le chien réduit au silence par le cri : « Assis, Pilote ! » À présent, le voyageur se baissait et se palpait le pied et la jambe comme pour voir s'ils étaient en bon état ; apparemment il y avait quelque chose qui n'allait pas, car il gagna en clopinant l'échalier que je venais de quitter et s'y assit.

J'étais d'humeur serviable, ou du moins empressée,

je crois, car à ce moment je m'approchai de lui à nouveau.

— Si vous vous êtes fait mal et que vous ayez besoin d'aide, Monsieur, je peux aller chercher quelqu'un soit au manoir de Thornfield, soit à Hay.

— Merci, je vais m'arranger ; je ne me suis rien cassé... ce n'est qu'une entorse.

Et derechef il se leva et mit son pied à l'épreuve, mais le résultat lui arracha un « Aïe ! » involontaire.

Il restait encore un soupçon de jour et la lune commençait à briller ; je le vis donc distinctement. Il avait le corps enveloppé d'une cape de voyage, garnie d'un col de fourrure et fermée par une agrafe d'acier ; je ne vis donc pas les détails du corps, mais je discernai des aspects d'ensemble tels qu'une taille moyenne et une largeur de poitrine considérable. Il avait le teint brun, le visage sévère et le front lourd ; ses yeux et ses sourcils contractés exprimaient pour le moment la colère et la contrariété ; ce n'était plus un jeune homme, mais il n'avait pas encore atteint l'âge mur, il devait avoir dans les trente-cinq ans. Il ne m'inspirait aucune crainte et fort peu de timidité. S'il s'était agi d'un beau jeune gentilhomme aux airs héroïques, je n'aurais pas osé rester ainsi à le questionner contre son gré et à lui offrir mes services sans y être invitée. Je n'avais pour ainsi dire jamais vu de beau jeune homme ; jamais de ma vie je n'avais adressé la parole à un tel personnage. J'éprouvais en théorie de la vénération et de la déférence pour la beauté, l'élégance, la bravoure, le charme ; mais si j'avais rencontré ces qualités incarnées dans un corps masculin, j'aurais compris d'instinct qu'elles n'étaient ni ne pouvaient être en sympathie avec aucun trait de ma propre nature et je les eusse évitées comme on évite le feu, la foudre ou tout autre objet lumineux mais de nature hostile.

Si seulement cet inconnu avait souri et m'avait parlé avec bonne humeur quand je lui avais adressé la parole ; s'il avait repoussé mon offre d'aide avec gaieté et gratitude, j'aurais passé mon chemin sans me sentir le moins du monde appelée à répéter mes questions, mais le froncement de sourcils et la rudesse du voyageur me mirent à mon aise ; je restai à mon poste quand il me fit signe de m'éloigner et je lui déclarai :

— Je ne puis songer à vous quitter, Monsieur, à cette heure tardive, dans ce chemin solitaire, avant d'avoir constaté que vous êtes en état d'enfourcher votre monture.

Il me regarda quand je dis ces mots ; jusqu'alors c'est à peine s'il avait tourné les yeux de mon côté.

— Il me semble que c'est vous qui devriez être rentrée chez vous, me dit-il, si vous habitez dans les environs. D'où venez-vous ?

— Du bas de la côte ; et je n'ai absolument pas peur de rester dehors tard quand il y a de la lune. J'irai volontiers jusqu'à Hay pour vous en courant, si vous le désirez ; d'ailleurs j'y vais pour mettre une lettre à la poste.

— Vous habitez au bas de la côte... voulez-vous dire dans cette maison crénelée ?

Il me montrait le manoir de Thornfield, sur lequel la lune projetait un rayon blanchâtre, ce qui le faisait ressortir, tout pâle, au milieu des bois ; ceux-ci, par contraste avec le ciel à l'ouest, apparaissaient maintenant comme une seule masse d'ombre.

— Oui, Monsieur.
— À qui est cette maison ?
— À M. Rochester.
— Connaissez-vous M. Rochester ?
— Non, je ne l'ai jamais vu.
— Il ne réside donc pas chez lui ?

— Non.
— Pouvez-vous me dire où il est ?
— Non.
— Vous n'êtes pas domestique au manoir, bien sûr. Vous êtes...

Il s'interrompit, parcourut du regard mes vêtements qui, comme d'habitude, étaient fort simples : un manteau de mérinos noir et un chapeau de castor noir ; ni l'un ni l'autre n'avaient moitié assez d'élégance pour appartenir à une femme de chambre. Il parut intrigué, incapable de décider ce que j'étais. Je vins à son secours.

— Je suis la gouvernante.
— Ah ! la gouvernante ! répéta-t-il ; le diable m'emporte si je n'avais oublié ! La gouvernante !

Et derechef mes vêtements furent soumis à un examen attentif. Deux minutes plus tard, il se leva de l'échalier ; son visage prit une expression de souffrance quand il essaya de remuer.

— Je ne puis vous charger d'aller chercher de l'aide, dit-il ; mais vous pouvez m'aider un peu vous-même, si vous voulez bien en avoir la bonté.
— Oui, Monsieur.
— Vous n'avez pas de parapluie qui puisse me servir de canne ?
— Non.
— Essayez d'attraper la bride de mon cheval et de me l'amener. Vous n'avez pas peur ?

J'aurais eu peur de toucher à un cheval toute seule, mais quand il me le demanda je me sentis encline à obéir. Je posai mon manchon sur l'échalier et m'avançai vers le grand animal ; je m'efforçai de saisir la bride, mais la bête était fougueuse et ne voulut pas me laisser approcher de sa tête ; je fis effort sur effort, mais toujours en vain ; cependant, j'avais une peur horrible d'être piétinée par ses pattes de devant. Le voyageur attendit en m'observant pendant quelque temps, puis il finit par éclater de rire.

— Je vois, dit-il, la montagne ne sera jamais amenée jusqu'à Mahomet ; tout ce que vous pouvez faire, c'est donc d'aider Mahomet à s'avancer vers la montagne ; il faut que je vous prie de venir ici.

Je m'approchai.

— Excusez-moi, poursuivit-il, la nécessité me contraint de me servir de vous.

Il posa lourdement la main sur mon épaule et, s'appuyant sur moi avec effort, s'avança en boitillant jusqu'à son cheval. Une fois qu'il se fut emparé de la bride, il maîtrisa aussitôt l'animal et bondit en selle, en grimaçant péniblement quand il fit cet effort, car son entorse en avait pâti.

— Maintenant, dit-il, quand il cessa de se mordre cruellement la lèvre inférieure, passez-moi simplement ma cravache ; elle est là, sous la haie.

Je la cherchai et la trouvai.

— Merci ; et maintenant dépêchez-vous de porter votre lettre à Hay, puis rentrez le plus vite possible.

Piqué de l'éperon, son cheval commença par sursauter et se cabrer, puis bondit en avant ; le chien se précipita sur ses traces, tous trois disparurent...

Comme un brin de bruyère que, dans la lande désolée,
Un vent impétueux emporte de son souffle.

Je ramassai mon manchon et je repris ma route. Pour moi l'incident avait eu lieu et il était clos ; c'était un incident sans importance, sans rien de romanesque, sans intérêt en un sens ; pourtant, il avait marqué de nouveauté une heure isolée dans une existence monotone. Mon aide était devenue nécessaire et avait été requise ;

je l'avais fournie ; j'étais heureuse d'avoir fait quelque chose ; pour banal et passager qu'eût été mon geste, c'était pourtant un moment d'activité, alors que j'étais lasse d'une existence toute passive. De plus, ce nouveau visage était comme un tableau nouveau introduit dans la galerie de la mémoire et qui ne ressemblait à aucun de ceux qui y étaient exposés ; en premier lieu, parce que c'était un visage masculin ; et en second lieu, parce que c'était un visage sombre, énergique et sévère. Je l'avais encore devant les yeux quand j'arrivai à Hay et glissai la lettre au bureau de poste ; je le voyais toujours quand je descendis la côte d'un pas rapide pendant tout le trajet de retour. Quand j'atteignis l'échalier, je m'arrêtai une minute, je regardai autour de moi et je tendis l'oreille, dans l'idée que les sabots d'un cheval allaient peut-être retentir à nouveau sur la chaussée et qu'un voyageur enveloppé dans une cape, avec un chien de Terre-Neuve semblable au Gytrash, allait peut-être apparaître à nouveau : je ne vis devant moi que la haie et un saule étêté qui se dressait immobile et rigide pour recevoir les rayons de la lune ; je n'entendis que le plus faible souffle imaginable du vent qui vagabondait capricieusement parmi les arbres aux alentours de Thornfield, à un mille de distance ; et quand j'abaissai mon regard du côté d'où venait ce murmure, mes yeux, en parcourant la façade du manoir, aperçurent une lumière qui s'allumait derrière une fenêtre ; cela me rappela que j'étais en retard et je me hâtai de repartir.

C'est sans plaisir que je rentrai à Thornfield. En franchir le seuil, c'était revenir à la stagnation ; traverser le vestibule silencieux, gravir les marches du sombre escalier, gagner ma petite chambre solitaire, puis retrouver la paisible Mme Fairfax et passer la longue soirée d'hiver avec elle, avec elle seule, c'était anéantir définitivement la faible agitation suscitée par ma promenade, c'était passer de nouveau à mes facultés les fers invisibles d'une vie uniforme et trop tranquille, d'une existence dont je devenais incapable d'apprécier même les privilèges, tels que la sécurité et l'aisance. Quel bien cela m'eût fait à cette époque d'être ballottée par les tempêtes d'une vie incertaine et précaire, d'apprendre par de dures et cruelles aventures à désirer le calme au milieu duquel je me languissais à présent ! Oui, exactement autant de bien qu'en ferait une longue promenade à un homme fatigué de rester immobile dans un fauteuil trop confortable ; et le désir de bouger était tout aussi naturel dans mon cas qu'il le serait dans le sien.

Je m'attardai à la grille, je m'attardai sur la pelouse, je fis les cent pas sur le trottoir devant la maison ; les volets de la porte vitrée étaient clos ; je ne voyais rien à l'intérieur ; d'ailleurs j'avais le regard aussi bien que la pensée détachés de la ténébreuse demeure, qui m'apparaissait comme une carcasse grisâtre pleine de cellules obscures, et attirés par le ciel qui se déployait devant mes yeux, comme une mer bleue exempte de la souillure du moindre nuage ; la lune y montait d'une démarche solennelle et son globe paraissait tourné vers la hauteur à mesure qu'elle laissait de plus en plus loin au-dessous d'elle le sommet des collines, d'où elle venait d'émerger, et qu'elle aspirait à atteindre le zénith, sombre comme la nuit dans son insondable profondeur et son incommensurable éloignement ; quant aux étoiles tremblantes qui l'escortaient dans sa course, leur vue me rendait le cœur tremblant et m'enflammait les veines. Il faut peu de chose pour nous faire redescendre sur terre ; l'horloge sonna dans le vestibule ; cela suffit. Je me détournai de la lune et des étoiles, j'ouvris une porte de côté, j'entrai dans la maison.

Le vestibule était sombre, car on n'y avait encore

allumé que la suspension de bronze. Cependant une chaude lueur s'y répandait ainsi que sur les marches inférieures de l'escalier de chêne. Ce rougeoiement provenait de la grande salle à manger, dont la porte à deux battants était ouverte et révélait, dans l'âtre, un feu réconfortant, qui se reflétait sur le marbre de la cheminée et le cuivre des chenets et faisait en outre apparaître les draperies pourpres et les meubles cirés sous un jour fort agréablement lumineux. L'ouverture de la porte révélait aussi un groupe rassemblé auprès de la cheminée. Je venais de l'apercevoir et de prendre conscience d'une confusion de voix joyeuses, au milieu desquelles j'eus l'impression de reconnaître l'accent d'Adèle, quand la porte se referma.

Je me précipitai dans le petit salon de Mme Fairfax. Il y avait du feu, là aussi, mais de bougie, point, ni de Mme Fairfax. Au lieu de quoi, tout seul, assis bien droit sur le devant du foyer, considérant les flammes avec gravité, j'aperçus un grand chien blanc et noir à poil long, exactement semblable au Gytrash du chemin. La ressemblance était si forte que je m'avançai et appelai : « Pilote ! » ; sur quoi l'animal se leva et vint me flairer. Je le caressai et il agita sa grande queue ; mais il avait un air bien inquiétant pour partager ma solitude et je ne savais d'où il venait. Je sonnai, car je voulais une bougie ; et je voulais aussi avoir des renseignements sur ce visiteur. Léa entra.

— Qu'est-ce que ce chien ?
— Il est arrivé avec Monsieur.
— Avec qui ?
— Avec Monsieur... M. Rochester... qui vient d'arriver.
— Vraiment ! Et Mme Fairfax est auprès de lui ?
— Oui, et Mlle Adèle aussi ; ils sont dans la salle à manger, et John est allé chercher un médecin, parce que

Monsieur a eu un accident. Son cheval a fait une chute, et Monsieur s'est foulé la cheville.

— Est-ce sur le chemin de Hay que la chute a eu lieu ?

— Oui, en descendant la côte ; le cheval a glissé sur la glace.

— Ah ! Apportez-moi une bougie, voulez-vous, Léa ?

Léa me l'apporta. Elle revint, suivie de Mme Fairfax, qui confirma les nouvelles et ajouta que M. Carter, le médecin, était arrivé et se trouvait présentement avec M. Rochester. Puis elle se dépêcha de ressortir afin de donner des ordres pour le thé, tandis que je montais à ma chambre pour ôter mon manteau.

CHAPITRE XIII

M. Rochester, sur le conseil du médecin, semble-t-il, se coucha tôt ce soir-là ; il ne se leva pas non plus de bonne heure le lendemain matin. Quand il descendit enfin, ce fut pour s'occuper d'affaires. Son régisseur et plusieurs de ses fermiers étaient arrivés et attendaient le moment de s'entretenir avec lui.

Il fallut qu'Adèle et moi nous laissions désormais la bibliothèque libre : elle allait servir tous les jours de salle de réception pour les visiteurs. On alluma du feu dans une pièce du premier étage, où je transportai nos livres et que je disposai de façon à en faire à l'avenir notre salle d'étude. Je me rendis compte au cours de la matinée que le manoir de Thornfield n'était plus le même. Au lieu d'être silencieux comme une église, il retentissait toutes les heures ou toutes les deux heures d'un coup frappé à la porte ou d'un appel de la sonnette. En outre, des pas traversaient souvent le vestibule et des voix nouvelles parlaient sur divers tons au rez-de-chaussée. Un ruisselet venu du monde extérieur coulait dans la maison. Elle avait un maître ; pour ma part, elle ne m'en plaisait que davantage.

Adèle ne fut pas une élève facile ce jour-là ; elle n'arrivait pas à se concentrer. Elle courait sans cesse à la porte ; elle se penchait par-dessus la rampe pour essayer d'entrevoir M. Rochester. Puis elle forgea des prétextes pour descendre au rez-de-chaussée, dans l'intention, que je fus assez avisée pour deviner, de se rendre à la bibliothèque, où je savais qu'on ne voulait pas d'elle. Ensuite, quand je me mis un peu en colère et l'obligeai à rester assise, elle continua à me parler sans interruption de *mon ami Monsieur Édouard Fairfax de Rochester* (c'est ainsi qu'elle le baptisait et c'est la première fois que j'entendais ses prénoms) et à faire des conjectures sur les cadeaux qu'il lui apportait ; car il semble que la veille au soir il lui avait donné à entendre que, quand ses bagages arriveraient de Millcote, on y trouverait certaine petite boîte dont le contenu la concernait.

— *Et cela doit signifier,* dit-elle, *qu'il y aura là-dedans un cadeau pour moi, et peut-être pour vous aussi, Mademoiselle. Monsieur a parlé de vous : il m'a demandé le nom de ma gouvernante, et si ce n'était pas une petite personne, assez mince et un peu pâle. J'ai dit qu'oui : car c'est vrai, n'est-ce pas, Mademoiselle ?*

Mon élève et moi, nous dînâmes comme d'habitude dans le petit salon de Mme Fairfax. L'après-midi, il fit mauvais et il neigea, et nous restâmes dans la salle d'étude. À la tombée de la nuit, je permis à Adèle de ranger ses livres et son ouvrage et de descendre aussitôt ; car, d'après le silence relatif du rez-de-chaussée et l'interruption des appels de la sonnette, je conjecturais que M. Rochester était maintenant libre. Restée seule, je m'approchai de la fenêtre ; mais on n'y voyait rien. Le crépuscule et les flocons de neige réunis épaississaient l'air et cachaient jusqu'aux arbustes de la pelouse. Je laissai tomber le rideau et revins au coin du feu.

Dans les braises lumineuses je cherchais à retrouver un dessin, qui ressemblait assez à un tableau que je me souvenais d'avoir vu et qui représentait le château de Heidelberg sur le Rhin, quand Mme Fairfax entra, dispersant par son entrée la mosaïque flamboyante que j'avais assemblée, et dissipant du même coup certaines pensées importunes et pesantes qui commençaient à envahir en foule ma solitude.

— M. Rochester serait heureux que vous veniez ainsi que votre élève prendre le thé avec lui dans le salon ce soir, me dit-elle. Il a été tellement occupé toute la journée qu'il n'a pas pu demander à vous voir plus tôt.

— À quelle heure prend-il le thé ?

— Oh, à six heures. À la campagne il se couche tôt. Vous devriez changer de robe tout de suite ; je viens avec vous pour vous aider à l'agrafer. Voici une bougie.

— Est-il nécessaire que je change de robe ?

— Oui, cela vaut mieux. Je m'habille toujours le soir quand M. Rochester est là.

Ce surcroît de cérémonial me parut un peu solennel. Toutefois je me rendis dans ma chambre et, avec l'aide de Mme Fairfax, je remplaçai ma robe de drap noir par une autre de soie noire ; c'était ma plus belle robe et la seule de rechange que j'eusse, à l'exception d'une gris clair que, avec mes idées lowoodiennes sur la toilette, je croyais trop élégante pour être portée, sauf dans les très grandes circonstances.

— Il vous faut une broche, dit Mme Fairfax.

Je possédais un unique petit bijou orné d'une perle, que m'avait donné Mlle Temple en souvenir d'elle quand nous nous étions quittées. Je mis cette broche, puis nous descendîmes. Comme je n'étais pas habituée à rencontrer de nouvelles personnes, c'était un peu une épreuve pour moi de comparaître ainsi, officiellement convoquée, en présence de M. Rochester. Je laissai Mme Fairfax entrer avant moi dans la salle à manger et je m'abritai derrière elle pendant que nous traversions cette pièce puis, ayant franchi le passage voûté, dont le rideau était à présent baissé, nous entrâmes dans l'élégante retraite qui se trouvait de l'autre côté.

Deux bougies allumées étaient posées sur la table et deux autres sur la cheminée ; inondé par la lumière et la chaleur d'une magnifique flambée, Pilote était couché par terre et Adèle était agenouillée auprès de lui. Presque allongé sur un sofa on voyait M. Rochester, le pied reposant sur un coussin ; il contemplait Adèle et le chien. La lueur du feu lui éclairait en plein le visage. Je reconnus mon voyageur, avec ses sourcils larges et couleur de jais. Je reconnus l'allure décidée de son nez, qui avait plus de caractère que de beauté ; l'ampleur des narines, dénotant, pensai-je, l'irascibilité ; la sévérité de la bouche, du menton et des mâchoires ; oui, ils étaient sévères tous les trois, il n'y avait pas à s'y tromper. Quant à son corps, à présent débarrassé de sa cape, je vis qu'il était carré à l'égal de sa physionomie. J'imagine que c'était un corps bien bâti, au sens athlétique du terme (il avait la poitrine large et les hanches minces), mais il n'était ni grand ni gracieux.

M. Rochester avait dû nous entendre entrer, Mme Fairfax et moi ; mais il se révéla qu'il n'était pas d'humeur à nous prêter attention, car il ne leva pas la tête un seul instant pendant que nous nous approchions.

— Voici Mlle Eyre, Monsieur, dit Mme Fairfax de sa voix tranquille. Il s'inclina, mais toujours sans détacher son regard du groupe formé par le chien et l'enfant.

— Que Mlle Eyre prenne un siège, dit-il.

Mais il y avait dans son salut raide et contraint, dans son ton impatient et pourtant cérémonieux, quelque chose qui semblait vouloir dire en outre : « Que diable m'importe que Mlle Eyre soit ici ou ailleurs ? Pour le moment je ne suis pas disposé à lier conversation avec elle. »

Je me sentis plus à mon aise et je m'assis. Un accueil d'une courtoisie raffinée m'aurait probablement embarrassée, car je n'aurais su y répondre ni le payer de retour par une grâce et une élégance équivalentes de mon côté ; mais un caprice brutal ne m'imposait aucune obligation ; au contraire, une attitude calme et digne, en face de ces manières fantasques, me donnait l'avantage. D'ailleurs, l'excentricité du procédé était piquante : j'attendis avec curiosité de voir comment il allait se comporter ensuite.

Il se comporta comme l'eût fait une statue, c'est-à-dire qu'il ne parla ni ne bougea. Mme Fairfax parut estimer nécessaire que quelqu'un se mît en frais d'amabilité et commença à parler. Avec bonté, comme d'habitude, mais aussi, comme d'habitude, de façon un peu insipide, elle le plaignit du poids des affaires qui l'avaient occupé toute la journée, et de l'ennui qu'elles avaient dû lui causer avec sa douloureuse entorse ; puis elle le loua de la patience et de la persévérance dont il avait fait preuve en s'y adonnant jusqu'au bout.

— Madame, je voudrais prendre le thé, lui fut-il dit pour toute réponse.

Elle se dépêcha de sonner et, quand le plateau arriva, elle se mit en devoir de disposer les tasses, les cuillers et le reste, avec une célérité empressée. Adèle et moi, nous nous attablâmes ; mais le maître de maison ne quitta pas son sofa.

— Voulez-vous porter sa tasse à M. Rochester ? me demanda Mme Fairfax ; Adèle risquerait de la renverser.

Je fis ce qu'elle me demandait. Quand il me prit la tasse des mains, Adèle jugea le moment propice pour présenter une requête en ma faveur et s'écria :

— *N'est-ce pas, Monsieur, qu'il y a un cadeau pour Mlle Eyre dans votre petit coffre ?*

— Qui parle de *cadeaux* ? demanda-t-il d'un ton rogue. Vous attendiez-vous à en recevoir un, mademoiselle Eyre ? Aimez-vous les cadeaux ?

Il me dévisagea de ses yeux qui étaient, je le vis, sombres, courroucés et perçants.

— Je ne sais trop, Monsieur, j'en ai peu d'expérience ; les cadeaux sont généralement considérés comme agréables.

— Généralement considérés ! Mais comment les considérez-vous vous-même ?

— Il me faudrait du temps, Monsieur, pour pouvoir vous donner une réponse acceptable à vos yeux ; un cadeau a bien des aspects, n'est-ce pas ? Et il faudrait les prendre tous en considération avant de se prononcer sur la nature d'un cadeau.

— Mademoiselle Eyre, vous n'êtes pas aussi dépourvue d'artifice qu'Adèle ; elle réclame un cadeau à cor et à cri dès qu'elle m'aperçoit ; vous usez de détours.

— C'est que j'ai moins de confiance en mes mérites qu'Adèle en les siens ; elle peut se fonder sur son titre de vieille connaissance et aussi sur le droit coutumier ; car elle dit que vous avez toujours eu l'habitude de lui donner des jouets ; mais moi, si je devais plaider ma cause, je serais embarrassée, puisque je suis une nouvelle venue et que je n'ai rien fait pour avoir droit à un remerciement.

— Allons, ne vous réfugiez pas dans la fausse modestie ! J'ai interrogé Adèle et je vois que vous vous êtes donné beaucoup de mal pour elle ; elle n'a pas l'esprit vif, elle est peu douée ; et pourtant en peu de temps elle a fait de grands progrès.

— Monsieur, vous m'avez maintenant donné mon *cadeau* ; je vous en suis obligée ; c'est la récompense la plus convoitée des professeurs que l'éloge des progrès de leur élève.

— Baste ! dit M. Rochester ; et de boire son thé en silence.

— Approchez-vous du feu ! dit le maître, quand le plateau eut été enlevé et que Mme Fairfax se fut installée dans un coin avec son tricot, tandis qu'Adèle me prenait la main pour me faire faire le tour de la pièce en me montrant les beaux livres et les bibelots des consoles et des chiffonniers.

Nous obéîmes, comme c'était notre devoir de le faire ; Adèle voulut s'asseoir sur mes genoux, mais reçut l'ordre de jouer avec Pilote.

— Il y a trois mois que vous résidez dans ma maison ?

— Oui, Monsieur.

— Et vous venez de… ?

— De l'école de Lowood, dans le comté de ***.

— Ah ! Un orphelinat. Combien de temps y êtes-vous restée ?

— Huit ans.

— Huit ans ! Vous devez avoir la vie dure. J'aurais cru que quatre années dans un pareil endroit suffisaient à ruiner n'importe quelle constitution ! Il n'est pas étonnant que vous ayez un peu l'air de venir d'un autre monde. Je me demandais où vous étiez allée chercher un visage pareil. Quand vous m'êtes apparue hier soir sur le chemin de Hay j'ai pensé inexplicablement à des contes de fées, et j'ai eu presque envie de vous demander si vous aviez ensorcelé mon cheval ; je ne suis pas encore sûr du contraire. Qui sont vos parents ?

— Je n'en ai pas.

— Et vous n'en avez jamais eu, j'imagine ; vous souvenez-vous d'eux ?

— Non.

— Je m'en doutais. Alors vous attendiez vos congénères, assise sur ce fameux échalier ?

— Mes quoi, Monsieur ?

— Les hommes en vert[1] ; le clair de lune d'hier soir devait leur convenir à merveille. Avais-je traversé un de vos cercles magiques pour que vous ayez répandu cette satanée glace sur la chaussée.

Je hochai la tête.

— Les hommes en vert ont tous quitté l'Angleterre il y a cent ans, dis-je, en parlant d'un ton aussi sérieux que le sien. Même sur le chemin de Hay, ou dans les champs des environs, vous ne sauriez trouver la moindre trace de ces gens. Je crois que jamais plus ni en été, ni à la moisson, ni en hiver la lune ne luira sur leurs ébats.

Mme Fairfax avait laissé tomber son tricot et, ouvrant de grands yeux, paraissait se demander ce que signifiait cette conversation.

— Enfin, reprit M. Rochester, même si vous reniez père et mère, vous devez bien avoir des gens dont vous êtes parente à un degré quelconque, des oncles et tantes ?

— Non ; je n'en ai jamais vu un seul.

— Et votre foyer ?

— Je n'en ai pas.

— Où habitent vos frères et sœurs ?

— Je n'ai ni frères ni sœurs.

— Qui vous a conseillée de venir ici ?

---

1. Sorte de lutins.

— J'ai mis une annonce, à laquelle Mme Fairfax a répondu.

— Oui, dit la digne femme, qui savait à présent sur quel terrain nous étions, et je rends grâces chaque jour du choix que la Providence m'a conduite à faire. Mlle Eyre a été pour moi une inappréciable compagnie et pour Adèle un professeur bon et attentif.

— Ne vous donnez pas la peine de lui décerner un certificat, répliqua M. Rochester ; aucun panégyrique ne me préviendra en sa faveur ; je veux la juger par moi-même. Elle a commencé par faire tomber mon cheval.

— Monsieur ! s'exclama Mme Fairfax.

— C'est à elle que je suis redevable de mon entorse.

La veuve parut déconcertée.

— Mademoiselle Eyre, avez-vous déjà habité en ville ?

— Non, Monsieur.

— Avez-vous vu beaucoup de monde ?

— Personne d'autre que les élèves et les professeurs de Lowood, puis maintenant les habitants de Thornfield.

— Avez-vous beaucoup lu ?

— Seulement les livres qui me sont tombés sous la main ; ils n'ont été ni très nombreux ni fort savants.

— Vous avez mené la vie d'une recluse ; vous êtes certainement très exercée à la pratique des rites religieux ; Brocklehurst, dont je crois savoir qu'il dirige Lowood, est pasteur, n'est-ce pas ?

— Oui, Monsieur.

— Alors les autres élèves et vous, vous le vénériez probablement, comme toutes les religieuses d'un couvent vénèrent leur directeur de conscience.

— Ah, non.

— Vous ne manquez pas d'aplomb ! Non ! Comment ! Une novice qui ne vénère pas son prêtre ! Voilà qui paraît bien blasphématoire.

— Je détestais M. Brocklehurst, et je n'étais pas seule de mon avis. C'est un homme dur, à la fois pompeux et touche-à-tout ; il nous faisait porter les cheveux courts, et par économie il nous achetait des aiguilles et du fil de mauvaise qualité, avec lesquels nous avions bien du mal à coudre.

— C'était là une économie bien mal entendue, déclara Mme Fairfax qui venait de ressaisir le sens de ce dialogue.

— Était-ce sa plus grande faute ? demanda M. Rochester.

— Il nous faisait mourir de faim quand il était seul à surveiller les approvisionnements, avant la nomination du comité ; il nous assommait avec de longues homélies une fois par semaine, et par la lecture, chaque soir, d'extraits de livres rédigés par lui-même, pleins de morts et de châtiments soudains, après quoi nous avions peur d'aller nous coucher.

— Quel âge aviez-vous quand vous êtes arrivée à Lowood ?

— Environ dix ans.

— Et vous y êtes restée huit ans ; vous en avez donc maintenant dix-huit ?

J'acquiesçai.

— Vous voyez que l'arithmétique a son utilité ; sans son aide, je n'aurais guère su deviner votre âge. C'est une question difficile à trancher quand les traits et l'expression du visage sont en désaccord aussi marqué que dans votre cas. Et maintenant, qu'avez-vous appris à Lowood ? Jouez-vous du piano ?

— Un peu.

— Naturellement : c'est la réponse inévitable. Allez dans la bibliothèque... Je veux dire : allez dans la bibliothèque, s'il vous plaît. – Excusez mon ton impérieux ; j'ai l'habitude de dire « Faites ceci » et de voir la chose se faire ; je ne puis modifier mes habitudes invétérées pour une seule personne nouvelle dans la maison. – Allez donc dans la bibliothèque en emportant une bougie ; laissez la porte ouverte ; asseyez-vous au piano et jouez quelque chose.

« Assez ! s'écria-t-il au bout de quelques minutes. Vous jouez un peu, en effet, je le vois ; comme n'importe quelle autre écolière anglaise ; peut-être un peu mieux que certaines ; mais vous ne jouez pas bien.

Je refermai le piano et revins. M. Rochester poursuivit :

— Adèle m'a montré ce matin des dessins dont elle dit qu'ils sont de vous. Je ne sais s'ils sont entièrement votre œuvre ; il est probable que vous avez été aidée par un maître.

— Non, certes ! m'exclamai-je aussitôt.

— Tiens ! Voilà qui vous pique au vif. Bon, allez me chercher votre carton si vous pouvez me garantir que le contenu en est original ; mais ne donnez pas votre parole si vous n'en êtes pas certaine ; je sais reconnaître le travail d'équipe.

— En ce cas je ne dirai rien, Monsieur, et vous jugerez par vous-même.

J'allai chercher mon carton dans la bibliothèque.

— Approchez la table, dit-il.

Je la poussai vers son sofa. Adèle et Mme Fairfax s'approchèrent pour voir les tableaux.

— Pas de bousculade, dit M. Rochester ; vous m'ôterez les dessins des mains au fur et à mesure que j'aurai fini de les regarder ; mais ne venez pas fourrer vos figures contre la mienne.

Il examina méthodiquement chacun de mes dessins et de mes peintures. Il en mit trois de côté ; quant aux autres, après les avoir examinés, il les repoussa d'un grand geste.

— Emportez-les sur l'autre table, Madame Fairfax, dit-il, pour les regarder avec Adèle ; quant à vous (son regard se posa sur moi), reprenez votre siège et répondez à mes questions. Je constate que ces tableaux sont l'œuvre d'une main unique ; cette main est-elle la vôtre ?

— Oui.

— Et quand avez-vous trouvé le temps de les exécuter ? Ils ont pris beaucoup de temps, et un peu de réflexion aussi.

— Je les ai faits au cours des deux dernières périodes de vacances que j'ai passées à Lowood, alors que je n'avais rien d'autre à faire.

— Où avez-vous trouvé vos modèles ?

— Dans ma tête.

— Dans cette tête que je vois en ce moment sur vos épaules ?

— Oui, Monsieur.

— Contient-elle d'autres matériaux du même genre ?

— Cela ne me paraît pas impossible ; j'espère même qu'elle en contient de meilleurs.

Il étala les tableaux devant lui et les examina de nouveau tour à tour.

Tandis qu'il est occupé de la sorte, je vais vous dire, lecteur, en quoi ils consistent ; mais tout d'abord, je dois indiquer à titre de préface qu'ils n'ont rien d'extraordinaire. En vérité, leur sujet s'était imposé à mon esprit avec intensité. Tant que je les avais vus de mon œil spirituel, avant d'essayer de les incarner, ils avaient été frappants ; mais ma main n'avait pas voulu suivre mon imagination, si bien que dans chaque cas elle n'avait exécuté qu'une pâle représentation de l'objet que j'avais conçu.

Ces tableaux étaient des aquarelles. La première représentait des nuages bas et blêmes, qui roulaient au-dessus d'une mer houleuse ; tous les lointains étaient éclipsés ; il en était de même pour le premier plan, ou, plus exactement, pour les lames les plus proches, car il n'y avait pas de terre. Un rayon de lumière donnait du relief à un mât à demi submergé, sur lequel était posé un cormoran, sombre et grand, aux ailes pailletées d'écume ; son bec tenait un bracelet d'or, serti de pierres précieuses, auxquelles j'avais donné les teintes les plus vives que pût fournir ma palette, et le dessin le plus clair et le plus brillant que sût produire mon crayon. Enfoncé dans l'eau au-dessous de l'oiseau et du mât, le cadavre d'une noyée pouvait être entrevu à travers l'onde verdâtre ; un bras blanc était la seule partie du corps qu'on vît clairement, et c'est de là que le bracelet avait été emporté par les flots ou arraché violemment.

Le second tableau n'avait pour premier plan que la crête indécise d'une montagne, où l'herbe et quelques feuilles étaient couchées comme par une brise. Au-delà et au-dessus de la montagne s'étalait une étendue de ciel d'un bleu sombre comme au crépuscule ; dans ce ciel s'élevait une silhouette féminine, visible jusqu'à la poitrine, colorée des teintes les plus ténébreuses et en même temps les plus douces que j'eusse su produire. Le front indistinct était couronné d'une étoile ; les autres traits apparaissaient comme à travers un flot de vapeur ; l'œil avait un éclat sombre et égaré ; les cheveux flottaient obscurément, comme un nuage déchiré par l'orage ou par une charge d'électricité. Sur le cou tombait un pâle reflet semblable à la clarté lunaire ; le même éclat atténué touchait la mince bande de nuages d'où surgissait (pour s'incliner aussitôt) cette vision de l'étoile du soir.

La troisième image montrait la cime d'un iceberg perçant le ciel d'hiver polaire ; les rayons d'une aurore boréale, groupés en rangs serrés, dardaient leurs lances indistinctes au long de l'horizon. Rejetant celles-ci dans le lointain, s'élevait au premier plan une tête... une tête colossale, inclinée vers l'iceberg et prenant appui sur lui. Deux mains élancées, qui se joignaient sous le front et le soutenaient, tendaient devant le bas du visage un voile noir ; un front absolument exsangue, blanc comme des ossements, et un œil caverneux au regard fixe, dépourvu de toute expression mais vitreux de désespoir, c'est tout ce qu'on en voyait. Au-dessus des tempes, parmi les replis du turban noir qui drapait la tête comme une couronne, aussi vague qu'un nuage par sa nature et sa consistance, luisait un anneau de flammes blanches, constellées d'étincelles d'une teinte plus cuivrée. Ce pâle croissant, c'était « l'apparence d'une couronne royale » ; elle servait de diadème à « la forme qui de forme n'avait point[1] ».

— Étiez-vous heureuse quand vous avez peint ces tableaux ? me demanda bientôt M. Rochester.

— J'étais absorbée, Monsieur, oui, et heureuse aussi. Bref, en les peignant, je goûtais l'un des plaisirs les plus intenses que j'aie jamais connus.

— Ce n'est pas beaucoup dire. Vos plaisirs, de votre propre aveu, n'ont pas été nombreux ; mais j'imagine que vous avez vraiment vécu en artiste dans une sorte de pays des rêves, tandis que vous mêliez et disposiez

---

1. Citations du *Paradis perdu* de John Milton (1608-1674), poète et pamphlétaire anglais.

ces étranges couleurs. Faisiez-vous de longues séances chaque jour ?

— Je n'avais rien d'autre à faire, puisque c'étaient les vacances, et mes séances duraient du matin jusqu'à midi, puis de midi jusqu'au soir ; la longueur des jours d'été favorisait mon penchant à l'effort soutenu.

— Et le résultat de vos efforts passionnés vous donnait-il satisfaction ?

— Loin de là. J'étais tourmentée par le contraste entre mon idée et l'œuvre de mes mains : dans chaque cas j'avais imaginé quelque chose que j'étais absolument incapable de réaliser.

— Pas absolument : vous avez capturé l'ombre de votre pensée, mais probablement pas davantage. Vous ne possédez pas assez d'habileté et de technique artistiques pour lui donner une existence complète ; cependant, pour une écolière, ces dessins sont originaux. Quant aux pensées, elles sont fantastiques. Ces yeux, dans l'étoile du soir, vous avez dû les voir en rêve. Comment avez-vous fait pour leur donner un aspect si clair, sans cependant les rendre le moins du monde brillants, puisque l'astre, au-dessus d'eux, éteint leur éclat ? Et quelle est cette signification qu'on lit dans leur solennelle profondeur ? Et qui vous a appris à peindre le vent ? Un souffle puissant passe dans ce ciel et sur le sommet de cette montagne. Où avez-vous vu Latmos ? Car c'est Latmos qu'on voit ici. Allons... rangez vos dessins !

Je venais à peine de nouer les cordons de mon carton quand, regardant sa montre, il dit :

— Il est neuf heures ; à quoi pensez-vous, mademoiselle Eyre, pour laisser Adèle veiller si tard ? Allez la coucher.

Adèle vint l'embrasser avant de sortir de la pièce ; il subit sa caresse, mais sans paraître y prendre plus de plaisir que ne l'eût fait Pilote, et même moins que lui.

— Je vous souhaite une bonne nuit à toutes dès maintenant, dit-il, avec un geste de la main en direction de la porte, pour montrer qu'il était las de notre société et voulait nous congédier.

Mme Fairfax rangea son tricot ; je pris mon carton ; nous lui fîmes une révérence, dont il nous remercia par un salut glacial ; et c'est ainsi que nous le quittâmes.

— Vous m'aviez dit que M. Rochester n'était pas particulièrement original, madame Fairfax, déclarai-je quand je vins la retrouver dans son petit salon après avoir couché Adèle.

— Eh bien, n'est-ce pas vrai ?

— Je ne trouve pas ; il est très brusque et changeant.

— Oui, sans doute peut-il paraître tel à une nouvelle venue ; pour moi, je me suis habituée à ses manières et je n'y fais jamais attention ; d'ailleurs, s'il a l'humeur un peu particulière, il faut tenir compte des circonstances.

— Qu'est-ce à dire ?

— En partie parce que c'est dans sa nature – or, aucun de nous ne peut rien contre sa nature –, en partie parce qu'il a sans doute des pensées désagréables qui le tourmentent et lui rendent l'humeur inégale.

— À quel sujet ?

— Des ennuis de famille, entre autres.

— Mais il n'a pas de famille.

— Il n'en a plus, mais il en a eu… ou du moins, des parents. Il a perdu son frère aîné il y a quelques années.

— Son frère aîné !

— Oui. Il n'y a pas très longtemps que l'actuel M. Rochester est entré en possession du domaine ; cela ne fait guère que neuf ans.

— Neuf ans, cela fait déjà un bon moment. Était-il attaché à ce frère au point de rester inconsolable de sa perte ?

— Ma foi, non, peut-être que non. Je crois qu'il existait certains différends entre eux. M. Roland Rochester n'était pas entièrement juste à l'égard de M. Édouard ; et peut-être M. Roland avait-il prévenu leur père contre lui. Le vieux M. Rochester aimait l'argent et il était vivement désireux de ne pas disperser les biens de la famille. Il lui répugnait de diminuer la valeur du domaine en le partageant ; pourtant il tenait à ce que M. Édouard eût de l'argent, lui aussi, pour maintenir le renom de la famille ; aussi, dès la majorité de M. Édouard, des dispositions furent-elles prises qui n'étaient pas entièrement équitables et qui ont fait beaucoup de mal. Le vieux M. Rochester et M. Roland se sont entendus pour placer M. Édouard, afin de faire sa fortune, dans une position que celui-ci considéra comme pénible ; je n'ai jamais su la nature exacte de cette position, mais son orgueil ne put supporter ce qu'elle lui faisait endurer. Il est un peu vindicatif ; il rompit avec sa famille et cela fait maintenant bien des années qu'il mène une vie un peu instable. Je ne crois pas qu'il ait jamais résidé quinze jours de suite à Thornfield depuis que la mort de son frère, disparu sans avoir fait de testament, l'a rendu propriétaire du domaine ; à vrai dire, il n'est pas étonnant qu'il se détourne de cette vieille maison.

— Pourquoi s'en détourne-t-il ?

— Peut-être la trouve-t-il sinistre.

C'était une réponse évasive. J'aurais préféré quelque chose de plus net ; mais Mme Fairfax ne pouvait pas, ou peut-être ne voulait-elle pas, me donner de renseignements plus explicites sur l'origine et la nature des épreuves subies par M. Rochester. Elle affirmait que ces épreuves étaient un mystère pour elle aussi, et que ce qu'elle en savait résultait principalement de ses conjectures. À vrai dire, il était manifeste qu'elle souhaitait me voir parler d'autre chose ; ce que je fis en conséquence.

CHAPITRE XIV

Après quoi, pendant plusieurs jours de suite, je vis fort peu M. Rochester. Le matin, il avait l'air très absorbé par ses affaires et, l'après-midi, des messieurs de Millcote ou du voisinage venaient le voir et restaient parfois dîner avec lui. Quand il fut suffisamment remis de son entorse pour pouvoir refaire de l'équitation, il sortit beaucoup à cheval ; c'était probablement pour rendre les visites reçues, car il ne rentrait pas avant une heure avancée de la soirée.

Pendant cette période, Adèle elle-même fut rarement appelée en sa présence ; quant à mes propres relations avec lui, elles se bornèrent à une rencontre, de loin en loin, dans le vestibule, dans l'escalier ou dans le couloir ; en ce cas, tantôt il passait à côté de moi d'un air hautain et glacial, tantôt il se contentait de montrer par un salut distant ou par un regard indifférent qu'il avait conscience de ma présence, tantôt il s'inclinait et souriait avec toute l'affabilité d'un homme du monde. Ses changements d'humeur ne me vexaient pas, car je me rendais compte que je n'avais rien à voir à ces métamorphoses ; le flux et le reflux de son humeur dépendaient des causes sans lien aucun avec ma personne.

Un jour, il avait eu des invités à dîner et avait fait demander mon carton à dessin, pour en montrer, sans nul doute, le contenu ; les invités partirent de bonne heure pour aller assister, m'apprit Mme Fairfax, à une réunion publique à Millcote ; mais, comme la soirée était pluvieuse et inclémente, M. Rochester ne les accompagna pas. Peu après leur départ, il sonna ; on nous informa de sa part, Adèle et moi, que nous devions descendre. Je brossai les cheveux d'Adèle et la rendis pimpante, puis, après m'être assurée que j'étais moi-même correctement équipée dans mon style quaker, où il n'y avait rien à retoucher (car tout était trop simple et trop ajusté, y compris mes cheveux tressés, pour risquer de se défaire), nous descendîmes, cependant qu'Adèle se demandait si le *petit coffre* était enfin arrivé ; en effet, par suite d'une erreur, la livraison en avait été jusqu'à présent retardée. Elle fut satisfaite : le *coffre* (c'était un petit carton) était posé sur la table quand nous entrâmes dans la salle à manger. Elle eut l'air de l'identifier d'instinct.

— *Ma boîte ! Ma boîte !* s'écria-t-elle en courant vers la table.

— Oui, voici enfin ta *boîte ;* tu vas l'emporter dans un coin, digne enfant de Paris, et t'amuser à l'éventrer, dit la voix grave et quelque peu sarcastique de M. Rochester, émanant des profondeurs d'un immense fauteuil placé au coin de la cheminée. Et attention, ajouta-t-il, il ne faudra pas m'ennuyer en me donnant des détails sur l'opération de déballage ou des renseignements sur l'état du contenu ; que ton ouvrage s'accomplisse en silence ; *tiens-toi tranquille, enfant, comprends-tu ?*

Cette mise en garde paraissait à peine nécessaire à Adèle, qui s'était déjà retirée sur un sofa avec son trésor, et s'occupait à dénouer la ficelle qui retenait le couvercle. Une fois qu'elle eut déplacé cet obstacle et soulevé plusieurs couches luisantes de papier de soie, elle s'exclama simplement :

— *Oh, ciel ! Que c'est beau !*

Puis elle resta absorbée par une contemplation extatique.

— Mlle Eyre est-elle ici ? demanda alors le maître de céans, en se soulevant à demi sur son siège pour tourner la tête en direction de la porte, près de laquelle j'étais restée.

— Ah ! bon, avancez-vous ; venez vous asseoir ici.

Il approcha un fauteuil du sien.

— Je n'aime pas le babil des enfants, poursuivit-il, car, tout célibataire endurci que je suis, l'expérience que j'ai de leur langage ne me laisse pas d'agréables souvenirs. Il me serait intolérable de passer une soirée entière en tête à tête avec un moutard. N'éloignez pas ce siège, mademoiselle Eyre : asseyez-vous exactement où je l'ai placé... je veux dire, si vous le voulez bien. Au diable ces formules de politesse ! Je ne cesse de les oublier. Je n'ai guère plus de goût pour les vieilles dames simples d'esprit. À propos, il ne faut pas que j'oublie la mienne ; je ne peux pas me permettre de la négliger ; c'est une Fairfax, ou l'épouse d'un Fairfax ; et l'on dit que la voix du sang se fait toujours entendre.

Il sonna et fit transmettre une invitation à Mme Fairfax, qui ne tarda pas à arriver avec sa corbeille à ouvrage à la main.

— Bonsoir, Madame ; je vous ai fait venir à des fins charitables. J'ai interdit à Adèle de me parler de ses cadeaux et elle va éclater ; ayez la bonté de lui servir d'auditrice et d'interlocutrice ; ce sera là l'une des actions les plus généreuses que vous ayez jamais accomplies.

Adèle, d'ailleurs, dès qu'elle avait aperçu Mme Fairfax, l'avait fait venir sur le sofa, où elle lui avait promptement déposé sur les genoux les objets de porcelaine, d'ivoire, de cire, contenus dans sa *boîte,* tout en déversant sans cesse des explications et des expressions de ravissement composées des bribes d'anglais qu'elle connaissait.

— Maintenant que j'ai joué mon rôle de bon hôte, poursuivit M. Rochester, en mettant mes invitées en mesure de s'entre-divertir, je crois que j'ai le droit de me soucier de mon propre plaisir. Mademoiselle Eyre, tirez votre siège encore un peu plus en avant ; vous êtes encore trop en arrière ; je ne peux pas vous voir sans changer de position dans ce confortable fauteuil, ce dont je n'ai nulle envie.

Je fis ce qu'il me disait, bien que j'eusse fortement préféré demeurer un peu dans l'ombre ; mais M. Rochester avait une façon si directe de donner des ordres que l'obéissance à son égard paraissait aller de soi.

Nous étions, comme je l'ai dit, dans la salle à manger : le lustre qu'on avait allumé pour le dîner emplissait la pièce d'une opulente abondance de lumière ; le grand feu était très vif et rougeoyant ; les rideaux pourpres déployaient leurs riches et amples draperies devant la haute fenêtre et l'arche plus haute encore ; tout était calme, à part le bavardage d'Adèle à mi-voix (car elle n'osait parler tout haut) et, pour emplir chaque pause de la conversation, le bruit de la pluie d'hiver contre les vitres.

M. Rochester, assis dans son fauteuil tapissé de damas, avait un aspect différent de celui que je lui avais vu auparavant ; il était un peu moins sévère et beaucoup moins sombre. Il y avait un sourire sur ses lèvres et ses yeux étincelaient, sans que je pusse dire avec certitude si c'était ou non sous l'effet du vin ; mais je crois la chose très probable. Bref, il était dans son état d'après-dîner : plus détendu et plus cordial et aussi plus porté au laisser-aller qu'en ses humeurs glaciales et rigides du matin ; toutefois, il avait encore l'air fameusement rébarbatif, tandis qu'il appuyait sa tête massive sur le dossier rebondi de son fauteuil et recevait la lueur du feu sur ses traits taillés dans le granit et sur ses grands yeux sombres ; car il avait de grands yeux sombres, de fort beaux yeux de surcroît, qui n'étaient pas sans subir de temps à autre, en profondeur, une transformation ; si ce n'était de la douceur, du moins cela faisait-il penser à ce sentiment.

Il y avait deux minutes qu'il regardait le feu et un temps égal que je le regardais lui-même, quand il se retourna soudain et saisit mon regard rivé sur sa physionomie.

— Vous m'examinez, mademoiselle Eyre, me dit-il ; me trouvez-vous beau ?

Si j'avais eu le temps de réfléchir, j'eusse répliqué à cette question par quelque formule conventionnellement vague et polie ; mais ma réponse me tomba pour ainsi dire des lèvres avant que je m'en aperçusse :

— Non, Monsieur.

— Ah ! Ma parole ! Il y a en vous quelque chose de singulier, dit-il ; vous avez l'air d'une petite *nonnette,* avec votre mine d'un autre temps, tranquille, grave et simple, assise là, les mains devant vous et les yeux en général posés sur le tapis – sauf, pourtant, quand ils viennent me transpercer le visage, comme c'était le cas à l'instant, par exemple – ; et puis, quand on vous pose une question ou qu'on vous adresse une observation à laquelle vous êtes obligée de répondre, vous décochez une réplique sans ambages, qui, sans être brutale, ne manque pas de brusquerie. Qu'entendez-vous par cette attitude ?

— Monsieur, j'ai été trop franche. J'aurais dû vous

dire qu'il n'était pas facile de répondre à l'improviste à une question portant sur les apparences ; que les goûts sont le plus souvent différents, et que la beauté est de peu d'importance, ou autre chose de ce genre.

— Vous n'auriez nullement dû faire pareille réponse. La beauté, de peu d'importance, en vérité ! Ainsi, sous couleur d'atténuer votre offense première, de me caresser et de me flatter pour me faire retrouver ma placidité, vous m'enfoncez cauteleusement un canif sous l'oreille ! Continuez : quels défauts trouvez-vous en moi, je vous prie ? J'imagine que mes membres et les traits de mon visage sont au complet comme ceux de tout autre homme.

— Monsieur Rochester, permettez-moi de désavouer ma première réponse ; je n'avais nulle intention d'en faire une réplique agressive ; ce n'était qu'une maladresse.

— Parfaitement ; je le crois ; et vous allez en subir les conséquences. Critiquez-moi ; est-ce mon front qui ne vous plaît pas ?

Il souleva les mèches noires ondulées qui lui barraient horizontalement le front et révéla ainsi une masse assez compacte d'organes intellectuels, mais aussi une lacune marquée à l'endroit où aurait dû apparaître le signe aimable de la bonté.

— Eh bien, Mademoiselle, suis-je un sot ?

— Au contraire, Monsieur. Mais peut-être me jugeriez-vous discourtoise si je vous demandais en revanche si vous êtes un philanthrope ?

— Elle recommence ! Un nouveau coup de canif, alors qu'elle fait mine de me caresser la tête ; et tout cela parce que j'ai dit que je n'aime pas la société des enfants et des vieilles femmes – baissons la voix ! –. Non, ma petite demoiselle, je ne suis pas un philanthrope universel ; mais j'ai une conscience (et il montra du doigt les protubérances qui sont censées indiquer cette faculté et qui, heureusement pour lui, étaient assez visibles, donnant même une ampleur prononcée au sommet de sa tête) et en outre j'ai eu jadis une sorte de tendresse de cœur rudimentaire. Quand j'avais votre âge, j'étais du genre plutôt sensible ; je m'intéressais aux êtres novices, déshérités, malchanceux ; mais le destin m'a malmené depuis lors ; il m'a même pétri la tête entre ses doigts, si bien que je me flatte d'être à présent dur et résistant comme une balle de caoutchouc ; mais accessible encore par une ou deux fentes et possédant un point sensible au milieu de la masse. Eh bien ; cela laisse-t-il quelque espoir pour moi ?

— Quelle sorte d'espoir, Monsieur ?

— De finir par me retransformer de caoutchouc en chair.

« Assurément il a trop bu », pensai-je ; je ne savais quelle réponse fournir à son étrange question ; comment aurais-je pu dire s'il était capable de se retransformer ?

— Vous paraissez fort intriguée, mademoiselle Eyre ; or, bien que vous ne soyez pas plus jolie que je ne suis beau, cet air intrigué vous sied pourtant ; en outre, il est commode, car il détache de ma physionomie vos yeux perçants et les force à s'occuper des fleurs de ce tapis de laine ; restez donc intriguée. Sachez, jeune demoiselle, que je suis enclin à me montrer sociable et communicatif ce soir.

Sur cette annonce il se leva de son fauteuil et se mit debout, le bras appuyé sur la cheminée de marbre ; dans cette attitude on voyait sa silhouette aussi clairement que son visage et l'on observait la largeur exceptionnelle de sa poitrine, presque disproportionnée à la longueur de ses membres. Je suis sûre que la plupart des gens l'eussent jugé laid ; pourtant il y avait tant d'orgueil inconscient dans son maintien, tant d'aisance dans son comportement, un air d'indifférence si complète à sa propre apparence extérieure, une manière si hautaine de se fier au pouvoir d'autres qualités, intrinsèques ou accidentelles, pour compenser l'absence de simple séduction physique, qu'en le regardant on se prenait inévitablement à partager son indifférence et même, d'une façon aveugle et imparfaite, à avoir foi en son assurance.

— Je suis enclin à me montrer sociable et communicatif ce soir, répéta-t-il, et c'est pourquoi je vous ai fait venir : le feu et le lustre n'étaient point pour moi une compagnie suffisante, non plus que ne l'eût été Pilote, car il ne peut pas converser lui non plus. Adèle est d'un ordre un peu supérieur, mais elle est encore très loin du niveau requis ; Mme Fairfax de même ; tandis que vous, j'en suis convaincu, vous pouvez me convenir si vous le voulez ; vous m'avez intrigué le premier soir où je vous ai invitée à descendre ici. Je vous ai presque oubliée depuis lors ; d'autres pensées ont chassé la vôtre de mon esprit ; mais ce soir je suis résolu à me détendre, à rejeter ce qui m'importune, à n'évoquer que ce qui me plaît. Il me plairait à présent de vous forcer à vous livrer, d'en savoir plus long sur vous... donc, parlez.

Au lieu de parler, je souris, sans que mon sourire fût particulièrement complaisant ou soumis, d'ailleurs.

— Parlez, dit-il avec insistance.

— De quoi, Monsieur ?

— De tout ce que vous voudrez. Je vous laisse entièrement libre de choisir le sujet et la façon de le traiter.

En conséquence, je restai immobile et ne dis mot. « S'il se figure que je vais parler pour le simple plaisir de parler et de briller, il va s'apercevoir qu'il s'est trompé d'adresse », pensai-je.

— Vous êtes muette, mademoiselle Eyre.

Je restai muette. Il inclina légèrement la tête vers moi et d'un seul regard rapide parut plonger au fond de mes yeux.

— Butée ? dit-il, et contrariée. Bah ! Ce n'est pas illogique. J'ai présenté ma requête sous une forme absurde, et presque insolente. Mademoiselle Eyre, je vous demande pardon. Qu'il soit entendu, une fois pour toutes, que je ne désire pas vous traiter en inférieure ; du moins (reprit-il, en se corrigeant), je ne prétends à d'autre supériorité que celle que me donne le fait d'être de vingt ans votre aîné et d'avoir un siècle d'avance sur vous par l'expérience. C'est là une distinction légitime, *et j'y tiens,* comme dirait Adèle ; c'est en vertu de cette supériorité, et d'elle seule, que je vous prie d'avoir la bonté de me parler un peu à présent, et de divertir mon esprit, qui est comme mis à vif à force de s'appesantir toujours sur la même pensée... une pensée lancinante comme un clou rouillé.

Il avait manifestement eu l'intention de formuler des explications, presque des excuses ; aussi ne restai-je pas insensible à sa condescendance et ne voulus-je point le paraître.

— Je veux bien vous divertir, Monsieur, si je le puis... j'y suis toute disposée ; mais je ne saurais inventer un sujet de conversation, car, comment saurais-je ce qui peut vous intéresser ? Posez-moi des questions, et je ferai de mon mieux pour y répondre.

— Alors, en premier lieu, estimez-vous comme moi que j'ai le droit de me montrer un peu autoritaire, brusque, peut-être exigeant parfois, pour les motifs que j'ai indiqués, à savoir, que je suis assez vieux pour être votre père, que j'ai bataillé au cours d'aventures diverses avec bien des hommes appartenant à bien des nations et que j'ai parcouru la moitié du globe, tandis que vous avez vécu tranquillement dans une seule maison et un seul milieu ?

— Comme bon vous semblera, Monsieur.

— Ce n'est pas une réponse ; ou plutôt, c'est une réponse fort irritante parce que fort évasive. Répondez clairement.

— Je ne pense pas, Monsieur, que vous ayez le droit de me commander simplement parce que vous êtes mon aîné ou parce que vous avez vu le monde plus que moi ; vos titres à la supériorité dépendent de l'usage que vous avez fait de votre temps et de votre expérience.

— Baste ! Voilà qui est prestement répliqué. Mais je ne vous accorderai pas ce point, car cela ne fait pas du tout mon affaire ; en effet, je n'ai tiré qu'un parti médiocre, pour ne pas dire mauvais, de ces deux avantages. Laissons donc de côté la question de la supériorité ; il faut tout de même que vous acceptiez de recevoir mes ordres de temps à autre, sans être piquée ni blessée par leur ton autoritaire. Y consentez-vous ?

Je souris ; je me dis que M. Rochester était vraiment original : il avait l'air d'oublier qu'il me payait trente livres par an pour recevoir ses ordres.

— Votre sourire est bel et bon, dit-il en s'apercevant instantanément de mon expression passagère, mais il faut parler aussi.

— Je me disais, Monsieur, que bien peu de maîtres prendraient la peine de demander si, oui ou non, leurs subalternes rétribués sont piqués ou blessés par leurs ordres.

— Leurs subalternes rétribués ! Comment ! Êtes-vous donc mon subalterne rétribué, vous ? Ah ! oui, j'oubliais votre salaire ! Ainsi donc, pour ce motif mercenaire, consentirez-vous à me laisser tonitruer un brin ?

— Non, Monsieur ; non point pour ce motif-là, mais parce que vous avez pu oublier ce motif et que vous

vous souciez de savoir si, oui ou non, un de vos serviteurs souffre de sa condition à votre service, j'y consens de grand cœur.

— Et accepterez-vous de vous passer d'un grand nombre de formalités et de phrases conventionnelles, sans estimer que leur omission est preuve d'insolence ?

— Je suis certaine, Monsieur, que je ne prendrais jamais pour de l'insolence l'absence de formalisme ; cette dernière me plaît assez ; quant à la première nul être né libre ne s'y soumettrait, même moyennant un salaire.

— Fadaise ! La plupart des êtres nés libres se soumettraient à n'importe quoi moyennant un salaire ; tenez-vous-en donc à votre cas et ne vous risquez pas à proférer des généralités dont vous êtes intensément ignorante. Toutefois, je vous serre mentalement la main pour vous remercier de votre réponse, en dépit de son inexactitude ; oui, pour vous remercier aussi bien de la façon dont vous avez parlé que de la teneur de vos propos ; votre manière a été franche et sincère, une de ces manières comme on n'en voit pas souvent ; non, au contraire, l'affectation ou la froideur, ou une interprétation stupidement ou vulgairement erronée de ce qu'on a voulu dire, telles sont habituellement les récompenses de la franchise. Sur trois mille écolières gouvernantes inexpérimentées il ne s'en serait pas trouvé trois pour me répondre comme vous venez de le faire. Mais je ne veux pas vous flatter ; si vous avez été coulée dans un moule différent de celui de la majorité, le mérite ne vous en revient pas ; c'est l'œuvre de la nature. Et puis, après tout, je me presse trop d'en tirer des conclusions ; pour autant que je sache, vous ne valez peut-être pas davantage que les autres ; vous avez peut-être d'intolérables défauts pour compenser vos quelques qualités.

— Et vous de même, pensai-je.

Mon regard croisa le sien au moment où cette pensée me traversait l'esprit. Il sembla lire dans mes yeux, car il me répondit comme si l'idée avait été exprimée en même temps que conçue :

— Oui, oui, vous avez raison, dit-il ; j'ai une foule de défauts, moi aussi ; je le sais et je vous assure que je ne veux pas les minimiser. Dieu sait que je n'ai guère lieu d'être trop sévère envers autrui ; quand je regarde dans mon propre cœur, j'y contemple un passé, une série d'actions, une couleur de vie qui pourraient fort bien m'attirer plus d'un sarcasme et plus d'une condamnation de la part de mon prochain. Je suis parti, ou plutôt – car, comme les autres délinquants, je me complais à faire reposer la moitié de la responsabilité sur un sort contraire ou sur des circonstances défavorables – j'ai été lancé sur une mauvaise piste à l'âge de vingt et un ans et depuis lors je n'ai jamais retrouvé le droit chemin ; mais j'aurais pu être quelqu'un de différent ; j'aurais pu être bon comme vous – en plus avisé – et presque aussi impeccable que vous. Je vous envie la paix de votre esprit, la netteté de votre conscience, votre mémoire immaculée. Petite fille, une mémoire sans tache ni souillure doit être un trésor merveilleux... une source inépuisable de pure fraîcheur ; n'est-ce pas vrai ?

— Dans quel état était votre mémoire quand vous aviez dix-huit ans, Monsieur ?

— En excellent état alors ; limpide, saine ; nul jaillissement d'eau saumâtre n'en avait fait une mare fétide. À dix-huit ans j'étais votre égal... absolument. La nature me destinait à être, dans l'ensemble, un juste, mademoiselle Eyre, un homme de l'espèce supérieure, mais vous voyez que je n'en suis pas un. Vous allez dire que vous ne le voyez pas ; c'est du moins ce que je me flatte de lire dans vos yeux – à propos, méfiez-vous de ce que vous exprimez par le regard, car je suis prompt à en interpréter le langage. Croyez-m'en donc sur parole ; je ne suis pas un scélérat ; il ne faut rien croire de pareil... il ne faut pas m'attribuer cette sorte de grandeur funeste ; mais en raison, je le crois sincèrement, des circonstances plutôt que de mes penchants naturels, je suis un pécheur ordinaire et banal, rompu à toutes les pauvres dissipations médiocres au moyen desquelles les gens riches et indignes essaient de supporter la vie. Vous étonnez-vous que je vous fasse un tel aveu ? Sachez qu'au cours de votre vie vous vous trouverez souvent choisie pour confidente involontaire des secrets de vos relations ; les gens découvriront instinctivement, comme je l'ai fait, que votre point fort n'est pas de parler de vous-même, mais d'écouter pendant que d'autres parlent d'eux-mêmes ; ils s'apercevront aussi que vous écoutez sans concevoir un mépris malveillant pour leur indiscrétion, mais avec une sympathie innée, qui n'est pas moins réconfortante et encourageante pour rester très discrète dans ses manifestations.

— Comment le savez-vous ?... Comment pouvez-vous deviner tout cela ?

— Je le sais bien ; c'est pourquoi je poursuis presque aussi librement que si j'inscrivais mes pensées dans un journal intime. Vous allez me dire que j'aurais dû être plus fort que les circonstances ; c'est vrai... c'est très vrai ; mais, voyez-vous, je ne l'ai pas été. Quand le destin m'a meurtri, je n'ai pas eu la sagesse de garder mon sang-froid ; je me suis révolté ; puis j'ai dégénéré. À présent, quand n'importe quel imbécile vicieux suscite mon dégoût par sa vulgaire débauche, je ne puis me flatter de lui être supérieur : je suis forcé de reconnaître que nous sommes sur le même plan. Je regrette de n'être pas resté ferme... Dieu sait que je le regrette ! Redoutez le remords quand vous serez tentée de vous égarer, mademoiselle Eyre : le remords empoisonne la vie.

— On dit que le repentir en est l'antidote.

— Il n'en est pas l'antidote. L'antidote serait peut-être de se réformer ; et je pourrais me réformer... il m'en reste la force... si... mais à quoi bon y penser, alors que je suis entravé, accablé, maudit ? D'ailleurs, puisque le bonheur m'est irrévocablement refusé, j'ai le droit de tirer mon plaisir de la vie ; et je veux l'en tirer, quoi qu'il m'en puisse coûter.

— En ce cas, vous ne ferez que dégénérer davantage, Monsieur.

— Cela se peut ; mais pourquoi en irait-il ainsi, si je peux trouver un plaisir frais et délicat ? Et j'en peux trouver de frais et de délicat comme le miel sauvage que butine l'abeille dans la lande.

— Il sera piquant... Il aura un goût amer, Monsieur.

— Qu'en savez-vous ?... vous n'y avez jamais goûté. Quel air extrêmement sérieux, extrêmement solennel vous prenez ; vous n'en savez pas plus long sur la question que la tête de ce camée (il en prit un sur la cheminée). Vous n'avez pas le droit de me faire des sermons, jeune néophyte, qui n'avez point franchi le portail de la vie et êtes absolument ignorante de ses mystères.

— Je n'ai fait que vous rappeler vos propres paroles, Monsieur ; vous avez dit que l'erreur entraînait le remords et vous avez déclaré que le remords empoisonne l'existence.

— Mais qui parle d'erreur à présent ? Je ne suis guère porté à croire que l'idée qui m'a effleuré l'esprit fût une erreur. Je crois que ce fut une inspiration plutôt qu'une tentation : elle était très plaisante, très apaisante... j'en suis sûr. Voilà qu'elle revient ! Ce n'est pas un démon, je vous le garantis ; ou si c'en est un, il s'est revêtu de la robe d'un ange de lumière. Je crois qu'il me faut laisser entrer un si beau visiteur lorsqu'il me demande de lui ouvrir mon cœur.

— Méfiez-vous de lui, Monsieur ; ce n'est pas un ange véritable.

— Encore une fois, qu'en savez-vous ? Par quel instinct prétendez-vous distinguer un séraphin tombé dans l'abîme d'un messager du trône éternel... un guide d'un séducteur ?

— J'en ai jugé d'après votre visage, Monsieur, qui s'est troublé quand vous avez dit que cette suggestion était revenue vous trouver. Je suis sûre qu'elle vous causera de nouvelles souffrances si vous lui prêtez l'oreille.

— Point du tout : elle m'apporte le plus gracieux message du monde ; quant au reste, vous n'êtes point gardienne de ma conscience et n'avez donc point à vous mettre en peine. Là, entre, mon joli vagabond !

Il dit ces mots comme s'il parlait à une vision perceptible seulement à ses propres yeux ; puis il croisa sur sa poitrine les bras qu'il venait d'étendre à demi et parut resserrer dans leur étreinte l'être invisible.

— Et maintenant, poursuivit-il en s'adressant de nouveau à moi, j'ai accueilli ce pèlerin... cette divinité déguisée, à ce que je crois sincèrement. Cela m'a déjà fait du bien : mon cœur était une sorte de charnier ; ce sera désormais un sanctuaire.

— À dire le vrai, Monsieur, je ne vous comprends pas du tout ; je ne puis soutenir cette conversation, parce que j'ai perdu pied. Il y a une seule chose que je sais ; vous avez dit que vous n'étiez pas aussi bon que vous voudriez l'être et que vous regrettiez vos propres imperfections ; il y a une seule chose que je comprends : vous m'avez donné à entendre qu'une mémoire souillée était un perpétuel fléau. Il me semble que, si vous vous y appliquiez énergiquement, vous finiriez par réussir à devenir tel que vous puissiez vous approuver vous-même et que si, à partir de ce jour, vous commenciez à amender vos pensées et vos actions, en quelques années vous auriez accumulé un nouveau trésor incorruptible de souvenirs, auxquels vous pourriez vous reporter avec plaisir.

— Pensée judicieuse et correctement exprimée, mademoiselle Eyre ; et en cet instant même, je pave l'enfer avec énergie.

— Monsieur ?

— J'y dépose de bonnes intentions, que je crois durables comme du silex. Assurément, mes compagnons et mes activités vont changer désormais.

— En mieux ?

— En mieux... il y aura autant de différence qu'entre le pur minerai et les viles scories. Vous paraissez douter de moi, mais je ne doute pas de moi-même : je sais quel est mon but et quels sont mes motifs ; et en cet instant je promulgue une loi, inaltérable comme celles des Mèdes[1] et des Perses, en vertu de laquelle but et motifs sont justes.

— Ils ne peuvent l'être, Monsieur, s'il leur faut un décret nouveau pour les légitimer.

— Ils le sont, mademoiselle Eyre, encore qu'il leur faille absolument un décret nouveau ; des enchaînements de circonstances inouïs exigent des règles inouïes.

— Voilà une maxime qui semble bien dangereuse, Monsieur, car on en discerne aussitôt les risques d'abus.

— Sagace et sentencieuse personne ! Vous avez raison ; mais je jure sur mes dieux lares de n'en pas abuser.

— N'êtes-vous point humain et faillible ?

1. Peuple de l'Iran ancien, voisin des Perses.

— Si : tout comme vous… et après ?

— Les êtres humains et faillibles ne devraient pas s'arroger un pouvoir qui ne peut être confié sans danger qu'aux êtres divins et parfaits.

— Quel pouvoir ?

— Celui de dire d'une ligne de conduite étrange et non sanctionnée : « Qu'elle soit juste. »

— « Qu'elle soit juste ! » C'est la formule même qu'il me fallait ; et vous l'avez prononcée.

— Puisse-t-elle être juste en ce cas, dis-je en me levant, car il me paraissait vain de poursuivre un entretien où tout était ténèbres pour moi ; je comprenais en outre que le caractère de mon interlocuteur échappait à ma pénétration, ou du moins à sa portée du moment ; et j'éprouvais l'incertitude, la vague sensation d'insécurité qui va de pair avec un sentiment d'ignorance.

— Où allez-vous ?

— Mettre Adèle au lit ; l'heure de son coucher est passée.

— Vous avez peur de moi, parce que je parle comme un sphinx.

— Votre langage est énigmatique, Monsieur ; mais si je suis déconcertée, je ne suis assurément pas effrayée.

— Vous êtes bel et bien effrayée… votre amour-propre redoute de commettre une balourdise.

— En ce sens, j'éprouve en effet de l'appréhension… je n'ai nul désir de dire des bêtises.

— Si vous en disiez, ce serait sur un ton si grave et si tranquille que je les prendrais pour des propos sensés. Ne riez-vous donc jamais, mademoiselle Eyre ? Ne prenez pas la peine de me répondre… je vois bien que vous riez rarement ; mais vous savez rire très joyeusement ; croyez-m'en, vous n'êtes pas d'un naturel austère, non plus que je ne suis d'un naturel vicieux. Vous êtes encore quelque peu imprégnée de la retenue de Lowood ; c'est ce qui fige vos traits, assourdit votre voix et paralyse vos gestes ; aussi, en présence d'un homme qui est votre frère, ou votre père, ou votre maître, ou tout ce que vous voudrez... redoutez-vous de sourire trop gaiement, de parler trop librement, de remuer trop vivement ; mais avec le temps, je crois que vous arriverez à être naturelle avec moi, de même qu'il m'est impossible de rester conventionnel avec vous ; et alors vos regards et vos mouvements prendront plus de vivacité et de variété qu'ils n'osent en montrer à présent. J'aperçois de temps à autre le regard d'une étrange espèce d'oiseau entre les barreaux serrés de sa cage : il y a là un prisonnier vif, agité, résolu ; si seulement il était libéré, il monterait d'un coup d'aile jusqu'aux nuages. Êtes-vous toujours décidée à me quitter ?

— Neuf heures ont sonné, Monsieur.

— Peu importe... attendez une minute. Adèle n'est pas encore prête à aller se coucher. Ma position, mademoiselle Eyre, le dos au feu, le visage tourné vers la pièce, est favorable à l'observation. Tout en vous parlant, j'ai aussi de temps à autre observé Adèle – j'ai mes raisons personnelles de voir en elle un sujet d'étude intéressant... ce sont des raisons dont il est possible que je vous fasse part, non, dont il est certain que je vous ferai part un jour. Elle a tiré de sa boîte, il y a environ dix minutes, une petite robe rose ; son visage s'est illuminé de joie quand elle l'a dépliée ; la coquetterie lui coule dans le sang, se mêle à sa cervelle, et lui imprègne jusqu'à la moelle des os. « *Il faut que je l'essaie !* s'est-elle écriée, *et à l'instant même !* » puis elle s'est précipitée hors de la pièce. Elle est en ce moment avec Sophie et se soumet à une opération d'habillage ; dans quelques minutes elle va rentrer ; et je sais ce que je vais voir : une Céline Varens en miniature, telle qu'elle apparaissait naguère sur les planches au lever du... mais laissons cela de côté. Quoi qu'il en soit, mes sentiments les plus tendres sont sur le point de recevoir un choc ; tel est mon pressentiment ; restez ici maintenant, pour voir s'il va se réaliser.

Avant peu, on entendit le petit pas léger d'Adèle traverser le vestibule. Elle entra, métamorphosée comme l'avait prédit son tuteur. Une robe de satin rose, très courte, à la jupe aussi ample que le permettaient les fronces, remplaçait la robe brune qu'elle portait précédemment ; une couronne de boutons de rose lui encerclait le front ; aux pieds elle avait des bas de soie et de petites sandales de satin blanc.

— *Est-ce que ma robe va bien ?* s'écria-t-elle en s'avançant d'un bond ; *et mes souliers ? et mes bas ? Tenez, je crois que je vais danser !*

Puis, gonflant sa robe, elle fit un chassé à travers la pièce ; lorsqu'elle eut atteint M. Rochester, elle virevolta légèrement devant lui sur la pointe des pieds, puis mit un genou à terre à ses pieds en s'écriant :

— *Monsieur, je vous remercie mille fois de votre bonté ;* puis, se levant, elle ajouta : *C'est comme cela que maman faisait, n'est-ce pas, Monsieur ?*

— Ex-ac-te-ment ! lui fut-il rétorqué ; et, *comme cela*, elle ensorcelait mon bon or anglais pour le faire sortir de la poche de mon pantalon britannique. J'ai été naïf, moi aussi, mademoiselle Eyre... oui, extrêmement naïf : la couleur printanière de votre fraîcheur présente n'est pas plus éclatante que celle de ma fraîcheur d'autrefois. Pourtant mon printemps n'est plus, mais il m'a laissé cette fleurette française sur les bras et il y a des moments où j'aimerais fort en être débarrassé. Je n'apprécie plus à présent la racine qui lui a donné naissance, car j'ai découvert qu'elle était d'une espèce à laquelle rien d'autre que la poudre d'or ne pouvait servir d'engrais. La fleur elle-même ne me plaît qu'à moitié, surtout quand elle a l'air aussi artificiel qu'en ce moment. Je l'entretiens et l'élève conformément au principe des catholiques, pour expier maints péchés, grands et petits, par une seule bonne œuvre. Je vous expliquerai tout cela quelque jour. Bonsoir.

CHAPITRE XV

M. Rochester me l'expliqua en effet une autre fois. Ce fut un après-midi où il me rencontra par hasard en compagnie d'Adèle dans le parc ; tandis qu'elle jouait avec Pilote et avec un volant, il me demanda de faire les cent pas dans une longue avenue de hêtres sans perdre de vue la petite.

Il me déclara alors qu'Adèle était la fille d'une danseuse d'Opéra française, Céline Varens, envers qui il avait jadis nourri ce qu'il appela une *grande passion*. Cette passion, Céline avait fait mine de la lui rendre avec une ardeur encore plus forte. Tout laid qu'il était, il se considéra comme l'idole de cette femme ; il crut, me dit-il, qu'elle préférait sa *taille d'athlète* à l'élégance de l'Apollon du Belvédère.

— Ainsi, mademoiselle Eyre, fus-je si bien flatté par cette prédilection de la sylphide gauloise pour son gnome britannique, que je l'installai dans un hôtel et lui procurai un établissement au grand complet, avec domestiques, voiture, cachemires, diamants, dentelles, et ainsi de suite. Bref, je me mis en devoir de me ruiner selon les formes reconnues, comme n'importe quel autre nigaud. Je n'eus pas, semble-t-il, assez d'originalité pour tracer une route nouvelle en direction du déshonneur et de la perdition, mais parcourus le sentier familier avec le souci stupidement minutieux de ne pas m'écarter d'un pouce du milieu de ce chemin battu. J'eus, comme je le méritais, le destin de tous les autres nigauds. Rendant par hasard visite à Céline un soir où elle ne m'attendait pas, je la trouvai sortie ; mais la nuit était chaude, et j'étais las d'avoir marché dans Paris, si bien que je m'assis dans son boudoir, heureux de respirer l'air sanctifié si peu de temps auparavant par sa présence. Non... j'exagère : je n'ai jamais cru qu'il y eût aucun pouvoir de sanctification dans sa personne ; ce qu'elle avait laissé, plutôt qu'une odeur de sainteté, c'était un parfum de pastille, une senteur de musc et d'ambre. Je venais de commencer à me sentir étouffé par les exhalaisons de plantes de serre et d'essences vaporisées, quand je m'avisai d'ouvrir la fenêtre et de passer sur le balcon. La nuit était très calme et sereine. Le balcon était meublé d'une ou deux chaises. Je m'assis et pris un cigare... je vais en prendre un maintenant, si vous voulez bien m'excuser.

Il s'ensuivit une pause, occupée par l'apparition et l'allumage d'un cigare ; lorsqu'il l'eut porté à ses lèvres et qu'il eut exhalé dans l'air gris et glacial un nuage d'encens de La Havane, il reprit :

— J'aimais aussi les bonbons à cette époque, mademoiselle Eyre, et j'étais *croquant* – si vous voulez bien me passer cette incorrection –, j'étais *croquant* des chocolats et fumant tour à tour, tout en surveillant les équipages qui roulaient dans les rues élégantes vers l'Opéra tout proche, quand parut une jolie voiture fermée attelée de deux magnifiques chevaux anglais et distinctement visible dans le brillant éclairage nocturne de la ville : je reconnus la *voiture* que j'avais offerte à Céline. Elle rentrait ; naturellement mon cœur se mit à bondir contre les barreaux de fer auxquels je m'appuyais. La voiture s'immobilisa, comme prévu, à la porte de l'hôtel ; mon *béguin* (c'est le terme propre pour une dulcinée appartenant à l'Opéra) en descendit ; elle était emmitouflée d'une cape – embarras fort inutile, d'ailleurs, par une si chaude soirée de juin – mais je la reconnus aussitôt à son petit pied, que je vis dépasser de sa jupe quand elle sauta à bas du marchepied. Penché sur le balcon, j'étais sur le point de murmurer *Mon ange* – sur un ton, cela va sans dire, destiné à n'être perçu que par l'oreille de l'amour – quand une silhouette bondit hors de la voiture à sa suite ; silhouette enveloppée également d'une cape ; mais il y avait des éperons aux talons qui sonnèrent sur le trottoir et un chapeau sur la tête qui franchit alors la *porte cochère* voûtée de l'hôtel.

« Vous n'avez jamais éprouvé de jalousie, n'est-ce pas, mademoiselle Eyre ? Bien sûr que non ; inutile de vous le demander, puisque vous n'avez jamais éprouvé l'amour. Il vous reste à découvrir ces deux sentiments ; votre âme sommeille ; elle n'a pas encore reçu le choc qui l'éveillera. Vous croyez que toute l'existence s'écoule d'un cours aussi uni que celui par lequel votre jeunesse s'est enfuie jusqu'à présent. En vous laissant porter par le flot, les yeux fermés et les oreilles bouchées, vous ne voyez pas les rocs dont se hérisse un peu plus loin le lit du fleuve, ni n'entendez bouillonner les brisants à leur place. Mais je vous déclare, et vous pouvez prendre garde à mes paroles, que vous atteindrez quelque jour une passe rocheuse du chenal, où le cours tout entier de la vie se brisera en tourbillons et en tumultes, en écume et en tintamarre : ou bien vous serez déchiquetée sur la pointe des récifs, ou bien vous serez soulevée par une vague plus puissante et portée vers un courant plus calme... comme je le suis à présent.

« J'aime cette journée ; j'aime ce ciel d'acier ; j'aime l'austérité et le silence du monde dans ce gel. J'aime

Thornfield, son antiquité, sa solitude, ses vieux nids de corbeaux et ses vieilles épines, sa façade grise et ses alignements de fenêtres sombres où se reflète le firmament de métal ; et pourtant, combien de temps ai-je abhorré la seule pensée de cette maison et me suis-je dérobé à son contact comme à celui d'une vaste maison de pestiférés ? Comme j'abhorre encore...

Il grinça des dents et se tut ; il avait arrêté sa marche et frappa du pied le sol durci. Une pensée odieuse semblait s'être saisie de lui et le tenir d'une étreinte si serrée qu'il ne pouvait plus avancer...

Nous remontions l'avenue au moment où il s'immobilisa de la sorte. Il leva les yeux vers les créneaux et les parcourut d'un regard tel que je n'en ai jamais vu de pareil, ni avant ni depuis ce jour. La douleur, la honte, le courroux, l'impatience, le dégoût, l'aversion... parurent momentanément livrer une bataille frémissante dans les grandes pupilles qui se dilataient sous ses sourcils d'ébène. Acharné fut le combat pour savoir qui allait l'emporter ; mais un autre sentiment surgit et triompha : quelque chose de dur et de cynique, de volontaire et de résolu, qui apaisa ses passions et figea son visage ; il poursuivit :

— Pendant le moment où je suis resté silencieux, mademoiselle Eyre, j'ai réglé une question avec ma destinée. Elle était là, debout, près du tronc de ce hêtre, sorcière semblable à l'une de celles qui apparurent à Macbeth sur la lande de Forres. « Tu aimes Thornfield ? » m'a-t-elle dit, le doigt levé ; alors elle a tracé dans les airs un rappel, qui s'est inscrit en hiéroglyphes livides sur toute la façade de la maison, entre la rangée supérieure et la rangée inférieure des fenêtres : « Aime cette maison si tu le peux ! Aime-la si tu l'oses ! »

« "Je veux l'aimer, ai-je répondu ; j'ose l'aimer" ; et, ajouta-t-il d'un ton chagrin, je tiendrai parole ; je briserai les obstacles au bonheur, et à la vertu... oui, à la vertu. Je veux être meilleur que je n'ai été et que je ne suis ; de même que le Léviathan de Job brisait la lance, le trait et la javeline, je ne tiendrai que pour paille et bois pourri les difficultés où d'autres voient de l'acier ou de l'airain.

À ce moment Adèle arriva en courant devant lui avec son volant.

— Va-t'en ! lui cria-t-il durement ; tiens-toi à distance, petite ; ou va-t'en retrouver Sophie !

Comme il continuait ensuite sa marche silencieuse, je me risquai à le rappeler au point d'où il s'était brusquement écarté :

— Avez-vous quitté le balcon, Monsieur, demandai-je, à l'entrée de Mlle Varens ?

Je m'attendais presque à essuyer une rebuffade pour cette question peu opportune ; mais, au contraire, tiré de sa sombre torpeur, il tourna les yeux vers moi et l'ombre parut se dissiper de son front.

— Ah, j'oubliais Céline ! Bon, reprenons. Quand je vis mon ensorceleuse entrer ainsi, accompagnée d'un cavalier, il me sembla que j'entendais un sifflement et le serpent vert de la jalousie, dressé sur ses anneaux onduleux, se glissa dans mon gilet sur ce balcon au clair de lune, et en deux minutes me grignota la poitrine pour se frayer un chemin jusqu'à mon cœur. C'est étrange !, s'écria-t-il, faisant soudain une nouvelle digression, c'est étrange que je vous choisisse pour confidente de tout cela, petite demoiselle ; c'est furieusement étrange que vous m'écoutiez tranquillement, comme si c'était la chose la plus normale du monde qu'un homme comme moi raconte ses histoires de danseuses à une fille compassée et inexpérimentée comme vous ! Mais cette deuxième anomalie explique la première, comme je vous l'ai déjà fait comprendre un jour ;

car, avec votre gravité, votre délicatesse, votre prudence, vous êtes faite pour recevoir les secrets. D'ailleurs, je sais de quelle sorte est l'esprit que je place en communication avec le mien ; je sais qu'il ne risque pas d'être contaminé, qu'il est original, qu'il est unique. Heureusement, je n'ai pas l'intention de lui faire de mal ; mais si j'en avais l'intention, cet esprit ne se laisserait pas atteindre par mon mal. Plus nous converserons, vous et moi, mieux cela vaudra ; car, si je ne puis vous flétrir, vous pouvez me renouveler.

Après cette digression, il poursuivit :

— Je restai sur le balcon. « Ils vont venir dans ce boudoir, sans nul doute, pensai-je, préparons-leur une embuscade. » Alors, passant la main à l'intérieur par la fenêtre ouverte, je tirai le rideau pour la cacher, en ne laissant qu'une ouverture pour me permettre de me livrer à mes observations ; puis je fermai la fenêtre, avec seulement un interstice juste assez large pour livrer passage aux serments échangés à mi-voix par des amoureux ; puis je regagnai sans bruit ma chaise, où je me rassis au moment même où le couple entrait. Mes yeux furent promptement appliqués à la fente. La femme de chambre de Céline entra, alluma une lampe, la posa sur la table et se retira. Ainsi me furent clairement révélés les deux êtres, qui ôtèrent tous deux leurs capes : il y avait là « la Varens », étincelante de satin et de bijoux – que je lui avais donnés, bien sûr –, ainsi que son compagnon en uniforme d'officier ; je reconnus en lui un jeune roué de vicomte – jouvenceau stupide et vicieux que j'avais rencontré quelquefois dans le monde et que je n'aurais jamais eu l'idée de haïr, tant je le méprisais complètement. Quand je le reconnus, la dent du serpent jalousie se brisa instantanément, car au même instant mon amour pour Céline fut recouvert d'un éteignoir. Une femme capable de me trahir pour un tel rival ne méritait pas qu'on luttât pour elle ; elle ne méritait que le dédain ; mais moins que moi, dont elle avait fait sa dupe.

« Ils commencèrent à bavarder ; leur conversation acheva de me mettre à l'aise ; frivole, intéressée, insensible, inintelligente, elle était plus propre à susciter la lassitude que la fureur de l'auditeur. Une de mes cartes était posée sur la table ; quand ils l'aperçurent, ce fut l'occasion de discuter de moi. Ni l'un ni l'autre n'avaient l'énergie ou l'esprit nécessaires pour m'infliger une rude correction, mais ils m'insultèrent aussi grossièrement qu'ils en étaient capables à leur façon mesquine, surtout Céline, qui se mit même à être presque brillante aux dépens de mes défauts physiques, de mes difformités, pour employer son expression. Or elle avait toujours eu coutume de se lancer dans des dithyrambes sur ce qu'elle appelait ma *beauté mâle* ; ce en quoi elle avait une opinion radicalement opposée à la vôtre, puisque vous m'avez dit de but en blanc, à notre seconde rencontre, que vous ne me trouviez pas beau. Ce contraste me frappa sur le moment et...

À cet instant Adèle arriva de nouveau en courant.

— Monsieur, John vient de me dire que votre agent vous rend visite et voudrait vous voir.

— Ah ! En ce cas il faut que j'abrège. Ouvrant la fenêtre, je fis irruption dans la pièce où ils se trouvaient ; je délivrai Céline de ma protection ; je l'invitai à libérer son hôtel ; je lui offris une bourse pour ses besoins immédiats ; je ne tins aucun compte de ses hurlements, de ses crises de nerfs, de ses implorations, de ses protestations, de ses convulsions ; je fixai au vicomte un rendez-vous au bois de Boulogne. Le lendemain matin j'eus le plaisir de l'y rencontrer ; je logeai une balle dans l'un de ses pauvres bras étiolés, débile comme l'aile d'un poulet atteint de la pépie, et je crus alors en avoir fini avec toute cette bande. Mais malheureusement, six mois plus tôt, la Varens m'avait fait don de la fillette Adèle, qui, affirmait-elle, était ma fille ; et il se peut qu'elle l'ait été, encore que je ne voie nulle trace d'une paternité aussi rébarbative inscrite sur son visage ; Pilote me ressemble plus qu'elle. Quelques années après ma rupture avec la mère, elle abandonna son enfant et se sauva en Italie avec un musicien ou un chanteur. Je ne reconnaissais aucun droit naturel d'Adèle à être entretenue par moi et je continue de n'en reconnaître aucun, car je ne suis pas son père ; mais, apprenant qu'elle était dans le dénuement complet, j'ai tout de même tiré cette pauvre petite de la vase et de la boue de Paris pour la transplanter ici, afin qu'elle pousse proprement dans le sol salubre d'un jardin de la campagne anglaise. Mme Fairfax vous trouva pour veiller à la croissance de la plante ; mais maintenant que vous savez qu'elle est la descendante illégitime d'une danseuse française, vous allez changer d'avis sur votre poste et sur votre protégée ; vous allez venir à moi un de ces jours pour m'avertir que vous avez trouvé une nouvelle place, que vous me priez de chercher une autre gouvernante, et ainsi de suite, n'est-ce pas ?

— Non ; Adèle n'est responsable ni des fautes de sa mère ni des vôtres ; j'ai de l'affection pour elle ; et maintenant que je sais qu'elle est, en un certain sens, orpheline – abandonnée par sa mère et reniée par vous, Monsieur –, je vais m'attacher à elle encore plus étroitement que par le passé. Comment pourrais-je donc préférer l'enfant chérie et gâtée d'une famille riche, qui verrait en sa gouvernante une personne assommante et haïssable, à une petite orpheline solitaire qui s'appuie sur elle comme sur une amie ?

— Tiens, c'est sous ce jour que vous voyez la chose ! Enfin, il faut que je rentre maintenant ; et vous aussi ; il commence à faire sombre.

Pourtant je restai encore quelques minutes dehors avec Pilote et Adèle ; je jouai avec elle à la course, puis au volant. Quand nous rentrâmes, après l'avoir débarrassée de son chapeau et de son manteau, je la pris sur mes genoux et l'y gardai une heure en la laissant babiller à sa guise, sans même la gronder pour les petites familiarités et les petites banalités auxquelles elle était portée à se laisser aller quand on s'intéressait beaucoup à elle et qui révélaient chez elle un caractère superficiel, hérité probablement de sa mère et qui n'était guère plaisant pour un esprit anglais. Toutefois elle avait ses mérites et j'étais encline à apprécier au plus haut degré tout ce qu'il y avait de bon en elle. Je cherchai sur son visage et dans ses traits une ressemblance avec M. Rochester, sans en trouver aucune ; nul détail, nulle expression ne proclamait leur parenté. C'était regrettable ; s'il avait pu être prouvé qu'elle lui ressemblât, il eût fait plus grand cas d'elle.

C'est seulement quand je me fus retirée dans ma chambre pour la nuit que je passai méthodiquement en revue le récit que m'avait fait M. Rochester. Comme il me l'avait dit, il n'y avait sans doute absolument rien d'extraordinaire dans la substance de l'histoire proprement dite : la passion d'un riche Anglais pour une danseuse française, la perfidie de cette dernière à son égard, c'étaient là, probablement, des choses assez courantes dans le monde ; mais il y avait quelque chose d'incontestablement bizarre dans le paroxysme d'émotion qui s'était soudain emparé de lui alors qu'il était occupé à exprimer son humeur satisfaite du moment, et le renouveau de plaisir que lui procuraient le vieux manoir et ses environs. Je méditai sur cet incident avec étonnement ; mais, m'en détachant peu à peu, car je le trouvais momentanément inexplicable, j'en vins à examiner l'attitude de mon maître envers moi-même. La confiance qu'il avait jugé bon de placer en moi paraissait être un hommage à mon discernement : je la considérai et l'acceptai comme telle. Son comportement à mon égard depuis quelques semaines déjà était devenu moins changeant qu'au début. Jamais je ne paraissais le gêner ; il n'était plus saisi de ses accès de dédain glacial ; quand il me rencontrait à l'improviste, la rencontre semblait être la bienvenue ; il avait toujours à ma disposition quelques mots, et parfois un sourire ; quand j'étais convoquée en sa présence par une invitation officielle, j'étais honorée d'un accueil dont la cordialité me montrait que je possédais vraiment le pouvoir de le divertir, et que ces entretiens vespéraux étaient recherchés tout autant pour son plaisir que pour mon édification.

Pour ma part, à vrai dire, je parlais assez peu, mais je l'écoutais parler avec bonheur. Il était d'un naturel communicatif ; il aimait dévoiler à un esprit ignorant du monde certains aperçus des scènes qui s'y déroulent et des mœurs qu'on y observe (je ne parle pas de scènes de corruption ni de mœurs dépravées, mais de celles qui tirent leur intérêt de la vaste échelle sur laquelle elles se jouent, ou de l'étrange nouveauté qui les caractérise) ; et j'éprouvais un vif plaisir à accueillir les idées neuves qu'il m'offrait, à me représenter les images neuves qu'il me décrivait, à le suivre en pensée dans les régions nouvelles qu'il me révélait, sans être jamais déconcertée ni embarrassée par la moindre allusion déplacée.

L'aisance de ses manières me libérait de toute contrainte pénible ; la franchise amicale, aussi correcte qu'elle était cordiale, avec laquelle il me traitait, m'attirait vers lui. J'avais parfois l'impression qu'il était mon parent plus que mon maître : certes, il était encore impérieux de temps à autre ; mais je ne m'en formalisais pas ; je voyais que c'était sa manière d'être. Cet intérêt nouveau ajouté à ma vie me rendit si heureuse et satisfaite que je cessai de soupirer après d'autres contacts humains ; le mince croissant de ma destinée parut s'élargir ; les vides de mon existence se comblèrent ; ma santé physique s'améliora ; je pris du poids et des forces.

Et M. Rochester était-il toujours laid à mes yeux ? Non, lecteur : la gratitude et nombre de souvenirs, tous agréables et réconfortants, faisaient de son visage l'objet que j'avais le plus de plaisir à voir ; sa présence dans une pièce était plus réjouissante que la plus belle flambée. Certes, je n'avais pas oublié ses défauts ; en vérité, comment les eussé-je oubliés, alors qu'il attirait fréquemment mon attention sur eux. Il était orgueilleux, sardonique, dur envers toutes les formes d'infériorité ; dans le secret de mon âme je savais que sa grande bonté à mon égard avait pour contrepartie une injuste sévérité envers beaucoup d'autres. De surcroît, il avait l'humeur changeante, à un degré inexplicable ; plus d'une fois, alors qu'il m'avait appelée pour lui faire la lecture, je le trouvai assis tout seul dans sa bibliothèque, la tête posée sur ses bras croisés et, quand il levait les yeux, un rictus morose et presque méchant assombrissait son visage. Mais j'étais convaincue que son humeur changeante, sa dureté et ses défaillances morales dans le passé (je dis « dans le passé », car à présent il en paraissait guéri) avaient leur origine dans quelque cruel coup du sort. J'étais convaincue que par nature il avait des penchants meilleurs, des principes plus nobles, des goûts plus purs que ceux que les circonstances avaient fait naître, l'éducation implantés ou le destin accentués en lui. Je croyais qu'il y avait chez lui d'excellents matériaux, encore que présentement ils constituassent une masse quelque peu abîmée et enchevêtrée. Je ne saurais nier que je m'affligeais de son chagrin, quel qu'il fût, et que j'eusse donné beaucoup pour l'apaiser.

Bien que j'eusse éteint ma bougie et que je me fusse couchée, je n'arrivais pas à dormir tant je pensais à l'air qu'il avait eu quand il s'était immobilisé dans l'avenue et m'avait dit que sa destinée avait surgi devant lui et l'avait mis au défi d'être heureux à Thornfield.

« Pourquoi pas ? me demandai-je. Qu'est-ce qui l'éloigne de cette maison ? Va-t-il la quitter bientôt de nouveau ? Mme Fairfax m'a dit qu'il restait rarement ici plus de quinze jours de suite ; or il y a maintenant huit semaines qu'il y réside. S'il s'en va, le changement sera affligeant. À supposer qu'il soit absent pendant le printemps, l'été et l'automne : comme il y aura peu de joie dans le soleil et les beaux jours ! »

Je ne sais trop si je dormis ou non après cette méditation ; en tout cas, je me trouvai complètement éveillée, en sursaut, entendant un vague murmure, étrange et lugubre, qui se produisait, me sembla-t-il, juste au-dessus de moi. Je regrettai de n'avoir pas laissé ma bougie allumée ; la nuit était d'une obscurité sinistre ; j'étais très abattue. Je me soulevai et m'assis dans mon lit, tendant l'oreille ; le bruit s'était tu.

J'essayai de me rendormir ; mais mon cœur battait anxieusement ; ma tranquillité intérieure était en déroute. L'horloge, en bas dans le vestibule, sonna deux heures. À cet instant même il me sembla qu'on touchait la porte de ma chambre, comme si des doigts avaient effleuré les panneaux de bois en passant à tâtons dans le sombre couloir, de l'autre côté de la porte. Je demandai : « Qui est là ? » Il n'y eut pas de réponse. J'étais glacée de terreur.

Tout à coup je me souvins que ce pouvait être Pilote, qui, quand la porte de la cuisine restait accidentellement ouverte, trouvait assez souvent le moyen de monter jusqu'au seuil de la chambre de M. Rochester ; je l'y avais parfois vu moi-même couché le matin. Cette idée me tranquillisa un peu ; je me recouchai. Le silence calme les nerfs ; comme une paix totale à présent régnait de nouveau dans toute la maison, je commençai à me sentir reprise par la somnolence. Mais je n'étais pas destinée à dormir cette nuit-là. À peine un rêve m'eut-il visitée qu'il prit aussitôt la fuite, effrayé, épouvanté par un incident assez propre à glacer le sang dans les veines.

Ce fut un éclat de rire démoniaque, sourd, contenu et grave, émis, me sembla-t-il, exactement dans le trou de serrure de ma chambre. La tête de mon lit était proche de la porte, et je crus tout d'abord que le gnome ricanant était debout à mon chevet, ou plus exactement accroupi à côté de mon oreiller ; mais je me soulevai, je regardai autour de moi, et ne vis rien ; cependant, tandis que je promenais encore mon regard, le bruit surnaturel se reproduisit, et je compris qu'il venait de l'autre côté de la porte. D'instinct je commençai par me lever pour tirer le verrou ; aussitôt après, je m'écriai : « Qui est là ? »

Il y eut un gloussement et un gémissement. Au bout d'un bref instant, des pas s'éloignèrent dans le couloir en direction de l'escalier du troisième étage ; une porte avait été récemment aménagée pour cacher l'accès de cet escalier ; j'entendis s'ouvrir et se fermer cette porte, puis tout retomba dans le silence.

« Était-ce Grace Poole ? Et serait-elle possédée du démon ? » me demandai-je.

Impossible de rester seule un instant de plus ; il me fallait aller trouver Mme Fairfax. Je passai précipitamment une robe et mis un châle ; je tirai le verrou et ouvris ma porte d'une main tremblante. Une bougie allumée était posée juste en face de ma porte, sur la natte du couloir. Cette circonstance me surprit ; mais je fus encore plus stupéfaite de voir que l'air était obscurci, comme par une épaisse fumée ; et, tandis que je regardais à droite et à gauche pour voir d'où provenaient ces volutes bleutées, je pris conscience en outre d'une forte odeur de brûlé.

Il y eut un craquement : c'était une porte entrebâillée ; et cette porte était celle de M. Rochester et un nuage de fumée s'en échappait. Je ne songeai plus à Mme Fairfax ; je ne songeai plus à Grace Poole ni à son rire ; en un instant, je fus dans la chambre. Des langues de feu surgissaient autour du lit ; les rideaux étaient en feu. Au milieu des flammes et de la vapeur, M. Rochester gisait inerte, plongé dans un profond sommeil.

— Réveillez-vous ! Réveillez-vous ! m'écriai-je. Je le secouai, mais il se contenta de murmurer et de se retourner : la fumée l'avait hébété. Il n'y avait pas un instant à perdre. Les draps s'enflammaient à leur tour. Je me précipitai vers sa cuvette et son broc ; par bonheur la première était large, le second était profond et l'un et l'autre étaient pleins d'eau. Je les soulevai, j'inondai le lit et son occupant, je revins en coup de vent dans ma chambre, j'en rapportai mon broc, j'aspergeai derechef le lit et, avec l'aide de Dieu, je parvins à éteindre les flammes qui allaient le dévorer.

Le sifflement du feu sous l'averse, le bruit que fit en se brisant le pot à eau que j'avais lâché aussitôt après l'avoir vidé et surtout le giclement de la douche que je lui avais généreusement administrée finirent par tirer M. Rochester de sa torpeur. Bien que l'obscurité fût revenue, je compris qu'il était réveillé, car je l'entendis fulminer d'étranges imprécations quand il s'aperçut qu'il était couché dans une mare d'eau.

— Y a-t-il une inondation ? s'écria-t-il.

— Non, Monsieur, répondis-je ; mais il y a eu un incendie ; levez-vous, je vous prie ; vous êtes trempé à présent, je vais vous chercher une bougie.

— Au nom de tous les lutins de la chrétienté, est-ce Jane Eyre qui est là ? demanda-t-il. Qu'avez-vous fait de moi, sorcière, magicienne ? Qui d'autre que vous y a-t-il dans la chambre ? Aviez-vous comploté de me noyer ?

— Je vais vous chercher une bougie, Monsieur ; et pour l'amour du Ciel, levez-vous. Il y a eu un complot assurément ; et vous ne sauriez découvrir trop tôt de qui et de quoi il s'agit.

— Bon ! Je suis levé maintenant ; mais c'est à vos risques et périls que vous iriez chercher une bougie tout de suite ; attendez deux minutes que je passe des vêtements secs, s'il y en a de secs ; oui, voici ma robe de chambre. Courez maintenant !

Je courus en effet ; je rapportai la bougie qui était restée dans le couloir. Il me la prit des mains, la leva et examina le lit, tout noirci et calciné, les draps trempés, le tapis inondé.

— Que s'est-il produit ? Et qui a fait cela ? me demanda-t-il.

Je lui rapportai brièvement ce qui s'était passé ; le rire étrange que j'avais entendu dans le couloir ; les pas qui étaient montés au troisième étage ; la fumée… l'odeur de brûlé qui m'avaient conduite à sa chambre ; la situation que j'y avais trouvée, et la façon dont je l'avais aspergé de toute l'eau qui m'était tombée sous la main.

Il m'écouta avec beaucoup de gravité ; son visage, au cours de mon récit, exprima plus de préoccupation que de surprise ; quand je me tus il resta un moment silencieux.

— Faut-il que j'appelle Mme Fairfax ? demandai-je.
— Mme Fairfax ? Non ; pourquoi diable voudriez-vous l'appeler ? Que peut-elle y faire ? Laissez-la dormir tranquille.
— En ce cas, je vais aller chercher Léa et réveiller John et sa femme.
— Pas du tout : vous allez simplement vous tenir tranquille. Si vous n'avez pas assez chaud, vous pouvez prendre ma cape qui est là-bas et vous envelopper dedans ; et asseyez-vous dans le fauteuil ; là... je vais vous installer. Maintenant posez les pieds sur le tabouret, pour les préserver de l'inondation. Je vais vous quitter pendant quelques minutes. Je vais prendre la bougie. Restez où vous êtes jusqu'à mon retour ; soyez muette comme une carpe. Il faut que je me rende au troisième étage. Rappelez-vous que vous ne devez ni bouger ni appeler qui que ce soit.

Il s'en fut ; je vis la lumière s'éloigner. Il parcourut tout doucement le couloir, ouvrit la porte de l'escalier en faisant le moins de bruit possible, la referma derrière lui, et la dernière lueur disparut. Je restai dans l'obscurité totale. Je tendis l'oreille, guettant le moindre bruit, mais n'entendis rien. Un très long moment s'écoula. Je commençai à me lasser : il faisait froid, malgré la cape ; et puis je ne voyais pas à quoi servait ma présence, puisque je ne devais pas donner l'alarme dans la maison. J'étais sur le point d'encourir le déplaisir de M. Rochester en désobéissant à ses ordres, quand la lumière recommença à luire faiblement sur les murs du couloir et j'entendis ses pieds nus avancer sur la natte. « J'espère que c'est bien lui, pensai-je, et non quelque chose de plus terrible. »

Il rentra, très pâle et préoccupé.

— J'ai tout éclairci, dit-il en posant la bougie sur le lavabo ; c'est bien ce que je pensais.

— Comment cela, Monsieur ?

Il ne répondit rien, mais resta les bras croisés, les yeux fixés sur le sol. Au bout de quelques minutes il me demanda sur un ton un peu bizarre :

— Je ne me rappelle pas si vous m'avez dit que vous aviez vu quelque chose en ouvrant la porte de votre chambre.

— Non, Monsieur, rien d'autre que la bougie posée par terre.

— Mais vous avez entendu un rire étrange ? Vous aviez déjà entendu ce rire, j'imagine, ou quelque chose d'approchant ?

— Oui, Monsieur ; il y a ici une femme du nom de Grace Poole, qui fait de la couture, et qui rit de la sorte. C'est une personne singulière.

— Exactement. Grace Poole... vous avez deviné. Elle est, comme vous le dites, singulière... extrêmement. Bon, je vais réfléchir à la question. Pour le moment, je suis content que vous soyez la seule personne, à part moi, à connaître les détails exacts de ce qui s'est produit cette nuit. Vous n'êtes pas une sotte commère : n'en parlez pas. Je trouverai une explication à cet état de choses (il montra du doigt son lit), et maintenant rentrez dans votre chambre. Je serai très bien sur le sofa de la bibliothèque pendant la fin de la nuit. Il est près de quatre heures ; dans deux heures les domestiques seront levés.

— En ce cas, bonsoir, Monsieur, dis-je en m'apprêtant à partir.

Il parut surpris, fort illogiquement, puisqu'il venait de me dire de m'en aller.

— Comment ! s'exclama-t-il, allez-vous me quitter tout de suite, et de cette manière ?

— Vous m'avez dit que je pouvais m'en aller, Monsieur.

— Mais non point sans prendre congé ; non point sans un ou deux mots de remerciement et de gratitude ; non point, en tout cas, de cette façon sèche et sommaire. Voyons, vous m'avez sauvé la vie... vous m'avez arraché à une mort horrible et torturante ! Et vous passez devant moi comme si nous étions des inconnus l'un pour l'autre ! Donnons-nous du moins une poignée de main.

Il me tendit la main ; je lui donnai la mienne ; il la prit d'abord dans l'une des siennes, puis dans les deux.

— Vous m'avez sauvé la vie ; je suis heureux d'avoir envers vous une dette aussi immense. Je ne saurais en dire davantage. Il n'est pas d'autre être au monde qui eût été supportable pour moi dans le rôle de créancier détenant une telle obligation ; mais vous... c'est différent... votre bienfait ne m'apparaît pas comme un fardeau, Jane.

Il s'interrompit : il me regarda longuement ; on pouvait presque lire les mots qui hésitaient sur ses lèvres... mais sa voix était paralysée.

— Encore une fois, Monsieur, bonsoir. Il n'y a dans cette affaire ni dette, ni bienfait, ni fardeau, ni obligation.

— Je savais, poursuivit-il, que vous me feriez du bien quelque jour, d'une manière ou d'une autre ; je l'ai lu dans vos yeux la première fois que je vous ai vue ; ce n'est pas pour rien que leur expression et leur sourire... (il s'interrompit de nouveau)... ce n'est pas pour rien (poursuivit-il avec précipitation) qu'ils m'ont tellement inondé le cœur de joie jusqu'au tréfonds. On parle de sympathies naturelles ; j'ai entendu parler de bons génies ; il y a des parcelles de vérité dans les fables les plus insensées. Ma chère protectrice, bonsoir !

Il y avait dans sa voix une énergie étrange, dans ses yeux un étrange feu.

— Je suis heureuse de m'être trouvée éveillée, dis-je.

Puis je fis mine de m'en aller.

— Comment, vous tenez donc à partir ?

— J'ai froid, Monsieur.

— Vous avez froid ? Oui... et vous êtes debout dans une flaque d'eau ! Partez donc, Jane, partez !

Mais il me tenait toujours la main et je ne parvenais pas à la dégager. Je m'avisai d'un expédient.

— Il me semble que j'entends Mme Fairfax remuer, Monsieur, dis-je.

— Bon, quittez-moi.

Il relâcha l'étreinte de ses doigts et je m'en fus.

Je regagnai ma couche, mais pas un instant il ne fut question de sommeil. Jusqu'au moment où le jour commença de poindre je fus ballottée sur une mer qui me soutenait, mais qui était agitée, où des flots d'inquiétude roulaient sous des vagues de joie. Il me semblait parfois que j'apercevais au-delà de ces eaux troublées un rivage aussi délectable que les montagnes de Beulah[1] ; et de temps à autre une bourrasque fraîchissante, éveillée par l'espérance, emportait vers l'ailleurs mon esprit triomphant ; mais je ne parvenais pas à l'atteindre, même en imagination : une brise en sens contraire soufflait de la terre et me repoussait sans cesse. La raison résistait au délire : le jugement mettait la passion en garde. Trop enfiévrée pour goûter le repos, je me levai à la première lueur de l'aube.

---

1. Dans *Le Voyage du pèlerin* de Bunyan (prêcheur et allégoriste anglais, 1628-1688), le pays de Beulah, l'une des ultimes étapes de l'itinéraire de Chrétien, est un lieu où le soleil brille nuit et jour et d'où l'on aperçoit la Cité Céleste.

CHAPITRE XVI

Je souhaitais et craignais tout à la fois de voir M. Rochester le jour qui suivit cette nuit sans sommeil : j'avais envie d'entendre à nouveau le son de sa voix, mais je redoutais de rencontrer son regard. Pendant la première partie de la matinée, je m'attendis d'un moment à l'autre à le voir arriver ; non qu'il eût pour habitude de pénétrer fréquemment dans la salle d'étude, mais il lui advenait tout de même d'y entrer pour quelques minutes et j'avais l'impression qu'il ne pouvait manquer d'y faire une visite ce jour-là.

Mais la matinée s'écoula exactement comme de coutume : il ne se produisit rien qui pût troubler le cours paisible des études d'Adèle ; si ce n'est que, peu après le petit déjeuner, j'entendis un certain remue-ménage aux environs de la chambre de M. Rochester, la voix de Mme Fairfax, celle de Léa et celle de la cuisinière (c'est-à-dire de la femme de John) et même les accents bourrus de John en personne. Des exclamations étaient lancées, telles que : « Quelle miséricorde que Monsieur n'ait pas été brûlé dans son lit ! » « Il est toujours dangereux de laisser une bougie allumée pendant la nuit. » « Quelle providence qu'il ait eu la présence d'esprit de penser à son pot à eau ! » « Cela m'étonne qu'il n'ait réveillé personne ! » « Il faut espérer qu'il n'aura pas pris froid en dormant sur le sofa de la bibliothèque », et ainsi de suite.

À de longues confabulations succéda un bruit de grand nettoyage et de remise en état ; et quand je passai devant la chambre en descendant dîner, je vis par la porte ouverte que l'ordre avait été complètement rétabli, sauf que le lit était débarrassé de ses tentures. Léa était juchée sur la banquette de la fenêtre pour frotter les vitres noircies par la fumée. J'allais m'adresser à elle, car je voulais savoir quelle explication avait été donnée de l'aventure ; mais en m'avançant je vis une deuxième personne dans la chambre, une femme assise sur une chaise auprès du lit et qui cousait des anneaux à des rideaux neufs. Cette femme n'était autre que Grace Poole.

Elle était là, l'air posé et taciturne comme d'habitude, avec sa robe brune toute raide, son tablier à carreaux, son foulard blanc et son bonnet. Elle était absorbée par son ouvrage, sur lequel toutes ses pensées semblaient se concentrer ; sur son front sévère et sur ses traits sans distinction ne se lisaient ni la pâleur ni l'affolement qu'on se fût attendu à voir marquer le visage d'une femme qui avait commis une tentative de meurtre et que sa victime désignée avait poursuivie la nuit précédente jusqu'en sa tanière et (telle était ma conviction) accusée du crime qu'elle avait voulu perpétrer. Je fus stupéfaite... abasourdie. Elle leva les yeux tandis que je la regardais encore : nul sursaut, nulle rougeur, nul surcroît de pâleur ne révélait quelque émotion, une conscience coupable, la crainte d'être percée à jour. Elle me dit « Bonjour, Mademoiselle » à sa façon habituelle, flegmatique et laconique ; puis, prenant un autre anneau et une autre longueur de ganse, elle poursuivit son travail.

« Je vais la mettre à l'épreuve, me dis-je ; une impénétrabilité aussi absolue est inconcevable. »

— Bonjour, Grace, lui dis-je. S'est-il passé quelque chose ici ? J'ai cru entendre tous les domestiques discuter ensemble il y a un moment.

— C'est seulement Monsieur qui lisait au lit hier soir ; il s'est endormi avec sa bougie allumée, et les rideaux ont pris feu ; mais heureusement il s'est réveillé avant que les couvertures ou le bois de lit se fussent enflammés et il a réussi à éteindre l'incendie avec l'eau de son broc de toilette.

— Comme c'est étrange ! dis-je d'une voix sourde.
Puis, la regardant fixement :

— M. Rochester n'a-t-il réveillé personne ? Personne ne l'a donc entendu bouger ?

Elle leva de nouveau les yeux sur moi ; et cette fois il y avait une lueur d'intelligence dans leur expression. Elle eut l'air de m'examiner avec méfiance ; puis elle me répondit :

— Les domestiques couchent si loin d'ici, comprenez-vous, Mademoiselle, qu'ils ne risquaient guère d'entendre. La chambre de Mme Fairfax et la vôtre sont les deux plus proches de celle de Monsieur ; mais Mme Fairfax dit qu'elle n'a rien entendu ; quand on commence à vieillir, on a souvent le sommeil lourd.

Elle s'arrêta, puis ajouta avec une sorte d'indifférence affectée, mais d'un ton tout de même appuyé et chargé de sens :

— Mais vous, Mademoiselle, vous êtes jeune ; j'imagine que vous devez avoir le sommeil léger ; peut-être auriez-vous entendu du bruit ?

— En effet, dis-je en baissant la voix pour que Léa, qui astiquait toujours ses carreaux, ne pût m'entendre, et j'ai d'abord cru que c'était Pilote ; mais Pilote ne sait pas rire ; or je suis certaine d'avoir entendu un rire, et un rire bien étrange.

Elle prit une nouvelle aiguillée de fil, en cira le bout soigneusement, enfila son aiguille d'une main ferme, puis déclara avec un calme parfait :

— Il n'est guère vraisemblable que Monsieur se soit mis à rire, à ce qu'il me semble, Mademoiselle, alors qu'il courait si grand danger ; vous avez dû rêver.

— Je n'ai pas rêvé, dis-je, non sans m'échauffer un peu, car son aplomb et son effronterie m'irritaient.

De nouveau elle me regarda, toujours du même œil inquisiteur et conscient.

— Avez-vous dit à Monsieur que vous aviez entendu un rire ? me demanda-t-elle.

— Je n'ai pas eu l'occasion de lui parler ce matin.

— N'avez-vous pas pensé à ouvrir votre porte pour regarder dans le couloir ? demanda-t-elle alors.

Elle avait l'air de me soumettre à un interrogatoire et d'essayer de m'arracher à mon insu des renseignements. L'idée me vint tout à coup que, si elle découvrait que je connaissais ou que je soupçonnais sa culpabilité, elle allait me jouer quelque tour malfaisant de sa façon ; je jugeai plus avisé de me tenir sur mes gardes.

— Au contraire, lui dis-je, j'ai verrouillé ma porte.

— Vous n'avez donc pas l'habitude de fermer votre porte au verrou tous les soirs avant de vous coucher ?

« La diablesse ! me dis-je. Elle veut savoir quelles sont mes habitudes, pour tramer ses desseins ! »

L'indignation l'emporta de nouveau sur la prudence et je lui répondis avec sévérité :

— Jusqu'à présent j'avais souvent négligé de tirer le verrou ; cela ne me paraissait pas nécessaire. Je ne me rendais pas compte qu'il y eût à redouter le moindre danger ou le moindre ennui au manoir de Thornfield ;

mais à l'avenir (et j'accentuai fortement ces mots) j'aurai grand soin de prendre toutes les précautions possibles avant d'oser me coucher.

— Ce sera plus raisonnable, me répondit-elle ; la région est aussi calme que n'importe quelle autre de ma connaissance, et je n'ai jamais entendu dire que le manoir ait été attaqué par des cambrioleurs depuis sa construction, encore qu'il y ait pour plusieurs centaines de livres d'argenterie dans l'argentier, comme tout le monde le sait. Et puis, voyez-vous, pour une si grande maison, il y a très peu de domestiques, parce que Monsieur n'a jamais beaucoup résidé ici : quand il vient, étant célibataire, il n'a pas besoin de beaucoup de service ; mais j'ai toujours pensé qu'il valait mieux pécher par excès de précaution ; on a tôt fait de fermer une porte à clef, et mieux vaut avoir un verrou tiré entre soi et tous les malheurs qui peuvent rôder alentour. Il y a bien des gens, Mademoiselle, qui sont partisans de se fier entièrement à la Providence ; moi, je dis que la Providence ne nous dispense pas de prendre des précautions, même si elle les bénit souvent quand on en use avec discernement.

Là s'acheva sa harangue, très longue pour elle, et prononcée avec toute la gravité d'une quakeresse[1].

J'étais encore plantée là, absolument estomaquée par ce qui me paraissait être un sang-froid miraculeux et une hypocrisie des plus insondables, quand la cuisinière entra.

— Madame Poole, dit-elle en s'adressant à Grace, le dîner des domestiques va bientôt être prêt ; allez-vous descendre ?

---

1. Quaker : membre de la Société religieuse des Amis, mouvement religieux fondé en Angleterre au XVIIe siècle par des dissidents de l'Église anglicane et de son courant puritain.

— Non ; mettez-moi simplement ma pinte de bière brune et un morceau de pudding sur un plateau, que je monterai moi-même.

— Prendrez-vous de la viande ?

— Un tout petit morceau, et une miette de fromage ; rien d'autre.

— Et le sagou[1] ?

— Ne vous en occupez pas pour le moment ; je descendrai avant le thé et je le ferai moi-même.

La cuisinière se tourna alors vers moi pour me dire que Mme Fairfax m'attendait ; je m'en allai donc.

C'est à peine si j'entendis les explications que me donna pendant le dîner Mme Fairfax sur l'incendie des rideaux, tant j'étais absorbée par mon effort cérébral pour démêler le caractère énigmatique de Grace Poole, et plus encore pour méditer sur le problème de sa situation à Thornfield, et déterminer pourquoi elle n'avait pas été mise en état d'arrestation le matin même, ou à tout le moins renvoyée par son maître. La nuit précédente, il s'était pratiquement déclaré convaincu de la culpabilité criminelle de cette fille ; quel mobile mystérieux le retenait de la mettre en accusation ?

Pourquoi, de surcroît, m'avait-il enjoint de garder le secret ? C'était étrange : cet homme de qualité, intrépide, vindicatif et hautain, paraissait être d'une façon ou d'une autre au pouvoir de l'une des plus insignifiantes de ses servantes ; à tel point que, même quand elle levait la main pour attenter à la vie de son maître, il n'osait pas lui reprocher ouvertement cette tentative, et moins encore l'en punir.

Si Grace avait été jeune et jolie, j'eusse été tentée de croire que des sentiments plus tendres que la pru-

---

[1]. Bouillie faite avec de la moelle de palmier.

dence ou la crainte influençaient M. Rochester en faveur de cette personne ; mais, étant donné qu'elle avait les traits durs et qu'elle n'avait plus aucune fraîcheur, cette idée ne pouvait être retenue.

« Et pourtant, songeai-je, elle a été jeune autrefois ; sa jeunesse a dû être contemporaine de celle de son maître : Mme Fairfax m'a dit un jour que Grace habite ici depuis bien des années. Je ne crois pas qu'elle ait jamais pu être belle ; mais, pour autant que je sache, il se peut qu'elle possède une originalité ou une force de caractère propres à compenser l'absence d'attraits physiques. M. Rochester est grand amateur de personnalités tranchées et excentriques : Grace est pour le moins excentrique. Et si quelque caprice ancien (quelque lubie fort concevable avec un naturel aussi changeant et aussi emporté que celui de M. Rochester) l'avait mis au pouvoir de cette fille, si bien qu'elle exercerait à présent sur les actions de son maître une influence secrète, résultant d'imprudences commises par lui-même, mais dont il ne pourrait plus se défaire et à laquelle il n'oserait passer outre ? »

Mais, quand j'en fus arrivée à ce point de mes conjectures, la silhouette trapue et sans relief de Mme Poole ainsi que son visage rébarbatif, sec et même grossier, apparurent si clairement aux yeux de mon imagination que je pensai :

« Non, c'est impossible ! Mon hypothèse ne peut être juste. Cependant (me souffla la voix secrète qui nous parle dans le fond de notre cœur), toi non plus, tu n'es pas belle, or il se peut que M. Rochester te considère avec faveur ; en tout cas, c'est l'impression que tu as souvent eue ; et cette nuit... rappelle-toi ses paroles, rappelle-toi son regard, rappelle-toi sa voix ! »

Je me rappelais fort bien tout cela : les propos, le coup d'œil, les accents parurent aussitôt revivre puissamment. J'étais alors dans la salle d'étude ; Adèle dessinait, je me penchais au-dessus d'elle pour guider son crayon. Elle leva les yeux avec un petit mouvement de surprise.

— *Qu'avez-vous, Mademoiselle ?* dit-elle ; *vos doigts tremblent comme la feuille, et vos joues sont rouges : mais rouges comme des cerises !*

— À force de me baisser, Adèle, le sang me vient à la tête !

Elle continua à dessiner et je continuai à réfléchir.

Je m'empressai de chasser de mon esprit l'idée détestable que j'avais conçue au sujet de Grace Poole : cette idée me dégoûtait. Je me comparai à elle et me rendis compte que nous étions différentes. Bessie Leaven avait dit que je faisais très grande dame ; et elle avait dit vrai… j'étais une dame. De plus, j'avais maintenant bien meilleure apparence que quand Bessie m'avait vue ; j'étais moins pâle et moins maigre ; j'avais plus de vie et d'animation, parce que j'avais de plus joyeuses espérances et des satisfactions plus vives.

« Le soir approche, me dis-je en regardant du côté de la fenêtre. Pas une fois de la journée je n'ai entendu la voix ni les pas de M. Rochester dans la maison ; mais assurément je le verrai avant la nuit ; ce matin, je redoutais cette rencontre ; à présent je la désire, parce que mon attente a été déçue si longtemps qu'elle se fait impatiente. »

Quand le crépuscule fut effectivement tombé et quand Adèle m'eut quittée pour aller jouer dans sa chambre avec Sophie, je désirais très ardemment la rencontre. Je tendais l'oreille dans l'espoir d'entendre la sonnette retentir au rez-de-chaussée ; je tendais l'oreille dans l'espoir d'entendre Léa monter, porteuse d'un message ; de temps à autre je croyais entendre le pas de M. Rochester lui-même, et je me tournais vers la porte, que je m'attendais à voir s'ouvrir pour lui livrer passage. La porte resta fermée ; rien d'autre n'entra que l'obscurité par la fenêtre. Mais il n'était pas trop tard ; souvent il me faisait appeler à sept ou huit heures, or il n'était pas encore six heures. Certes, je n'allais pas être entièrement déçue ce soir, alors que j'avais tant de choses à lui dire ! Je voulais remettre sur le tapis la question de Grace Poole et voir ce qu'il me répondrait ; je voulais lui demander sans ambages s'il croyait vraiment que ce fût elle l'auteur de l'abominable attentat de la nuit passée ; et dans l'affirmative, pourquoi il tenait secrète cette culpabilité. Peu m'importait que ma curiosité l'agaçât ; je n'étais pas sans connaître le plaisir de le tourmenter et de l'apaiser tour à tour ; c'était même une de mes principales satisfactions et un instinct sûr m'empêchait toujours d'aller trop loin ; jamais je ne me risquais à franchir les limites au-delà desquelles il se fût irrité ; mais il ne me déplaisait pas d'aller jusqu'à l'extrême limite pour mettre mon habileté à l'épreuve. Tout en observant minutieusement toutes les formes extérieures du respect, toutes les convenances propres à ma situation, je pouvais tout de même engager la discussion avec lui sans crainte ni contrainte gênante ; cet état de choses nous agréait à tous deux.

L'escalier finit par faire entendre un craquement sous un pas : Léa fit son apparition ; mais c'était seulement pour m'annoncer que le thé était prêt dans le salon de Mme Fairfax. C'est là que je me rendis, heureuse en tout cas de descendre au rez-de-chaussée, car cela, pensais-je, me rapprochait de la présence de M. Rochester.

— Vous devez avoir bien besoin de votre thé, me dit la brave femme quand je vins la retrouver ; vous avez si peu mangé au dîner. Je crains, poursuivit-elle, que vous ne soyez indisposée aujourd'hui ; vous avez l'air congestionnée et fiévreuse.

— Oh, je vais très bien ! Je ne me suis jamais sentie mieux portante.

— En ce cas il faut le montrer en faisant preuve d'un bon appétit ; voulez-vous emplir la théière pendant que je finis de tricoter cette aiguillée ?

Après avoir achevé cette besogne, elle se leva pour tirer le store, qu'elle avait laissé levé jusqu'alors, afin, j'imagine, de tirer le meilleur parti de la lumière du jour, encore que le crépuscule fût déjà en passe de se muer rapidement en obscurité complète.

— Il fait beau ce soir, dit-elle en jetant un coup d'œil à travers la vitre, mais il n'y a pas d'étoiles. Dans l'ensemble, M. Rochester a bénéficié d'un temps favorable pour son voyage.

— Son voyage !... M. Rochester est-il donc allé quelque part ? Je ne savais pas qu'il fût sorti.

— Oh, il est parti sitôt son déjeuner fini ! il est allé aux Verts-Prés ; c'est le domaine de M. Eshton, à dix milles au-delà de Millcote. Je crois qu'il y a tout un groupe rassemblé là-bas : Lord Ingram, Sir George Lynne, le colonel Dent, et d'autres encore.

— Croyez-vous qu'il rentrera ce soir ?

— Non... ni demain d'ailleurs ; je ne serais pas surprise qu'il y restât au moins une semaine ; quand ces gens distingués et élégants se trouvent réunis, ils sont entourés de tant de raffinement et de gaieté, si bien pourvus de tout ce qui peut leur faire plaisir et les divertir, qu'ils ne sont jamais pressés de se séparer. Et l'on recherche particulièrement les messieurs dans ce genre de circonstances ; M. Rochester a tant de talent et apporte tant d'animation en société qu'il est, je crois, universellement apprécié ; les dames l'aiment beaucoup, même si son aspect physique ne paraît guère propre à gagner leurs suffrages ; mais je suppose que ses dons et son savoir, et peut-être aussi sa fortune et sa naissance, compensent les petits défauts que peut présenter son apparence.

— Y a-t-il des dames aux Verts-Prés ?

— Il y a Mme Eshton et ses trois filles... qui sont assurément de fort élégantes jeunes personnes ; et il y a les Honorables demoiselles Blanche et Mary Ingram, qui sont des femmes superbes, je crois ; à vrai dire, j'ai vu Blanche, il y a six ou sept ans, quand c'était une jeune fille de dix-huit ans. Elle est venue ici pour un bal et une réception que donnait M. Rochester pour Noël. Il aurait fallu que vous vissiez la salle à manger ce jour-là... comme elle était richement décorée, comme elle était brillamment illuminée ! Je pense qu'il devait y avoir cinquante messieurs et dames réunis... tous membres des premières familles du comté ; et Mlle Ingram fut considérée comme la beauté du jour.

— Vous l'avez vue, me disiez-vous, madame Fairfax ; quel air avait-elle ?

— Oui, je l'ai vue. Les portes de la salle à manger restèrent grandes ouvertes ; et, comme c'était Noël, les domestiques furent autorisés à s'assembler dans le vestibule pour entendre certaines des dames chanter et jouer du piano. M. Rochester tint à me faire entrer et je m'assis dans un coin tranquille pour les regarder. Jamais je n'ai vu de spectacle plus splendide ; les dames étaient magnifiquement vêtues ; la plupart d'entre elles (ou du moins la plupart des jeunes) paraissaient belles ; mais Mlle Ingram était sans conteste la reine.

— Et quel air avait-elle ?

— Grande, la poitrine bien faite, les épaules tombantes ; le cou long et gracieux ; le teint olivâtre, basané, net ; le visage noble ; des yeux assez semblables à ceux de M. Rochester, grands et noirs, brillants comme les bijoux qu'elle portait. Avec cela elle avait une chevelure magnifique, d'un noir de jais et disposée de façon merveilleusement avenante ; une couronne de tresses fournies à l'arrière et par-devant les boucles les plus longues et les plus soyeuses que j'aie jamais vues. Elle avait une robe d'un blanc immaculé ; une écharpe couleur d'ambre était jetée par-dessus son épaule et en travers de la poitrine, puis, nouée à la ceinture, elle lui descendait au-dessous du genou en longues franges. Elle portait en outre une fleur, également couleur d'ambre, dans les cheveux ; ce qui faisait un agréable contraste avec la masse si noire de ses boucles.

— Elle fut grandement admirée, bien entendu ?

— Oui, certes ; et ce ne fut pas seulement pour sa beauté, mais aussi pour ses talents. Elle fut du nombre de celles qui chantèrent ; un monsieur l'accompagna au piano. M. Rochester et elle chantèrent un duo.

— M. Rochester ? Je ne savais pas qu'il chantât.

— Oh ! Il a une belle voix de basse et beaucoup de goût pour la musique.

— Et Mlle Ingram, quelle sorte de voix avait-elle ?

— Une voix très riche et très puissante ; elle chantait à ravir ; c'était un régal que de l'entendre ; et ensuite elle a joué du piano. Je ne me connais pas en musique, mais M. Rochester est grand connaisseur et je l'ai entendu dire qu'elle avait remarquablement bien joué.

— Et cette personne si belle et si accomplie n'est-elle donc pas encore mariée ?

— Apparemment non ; j'imagine que ni sa sœur ni elle n'ont de très grosses fortunes. Les biens de feu Lord Ingram étaient surtout constitués en majorat, et le fils aîné en a reçu la quasi-totalité.

— Mais je m'étonne qu'il ne se soit pas trouvé d'aristocrate ou de gentilhomme fortuné pour s'attacher à elle ; M. Rochester, par exemple. Il est riche, n'est-il pas vrai ?

— Oh oui. Mais, voyez-vous, il y a une différence d'âge considérable. M. Rochester a près de quarante ans ; elle n'en a que vingt-cinq.

— Et après ? Des écarts plus grands entre époux se rencontrent chaque jour.

— C'est vrai ; pourtant je ne vois guère M. Rochester concevoir une idée de ce genre. Mais vous ne mangez rien ; c'est à peine si vous avez avalé une seule bouchée depuis le début du thé.

— Non, j'ai trop grand-soif pour manger. Me permettez-vous de reprendre une tasse de thé ?

J'allais revenir encore une fois sur la probabilité d'une union entre M. Rochester et Blanche la belle ; mais Adèle entra et la conversation prit un autre cours.

Quand je me retrouvai seule, je passai en revue les renseignements que j'avais reçus ; je rentrai en moi-même, j'examinai les pensées et les émotions de mon cœur et, d'une main sévère, je m'efforçai de faire rentrer au bercail du bon sens celles qui s'étaient égarées dans les déserts infinis et inexplorés de l'imagination.

Traduite devant mon propre tribunal, la Mémoire ayant fourni sa déposition sur les espérances, les désirs, les sentiments que j'avais nourris depuis la nuit précédente... sur l'état d'esprit général auquel je m'étais abandonnée depuis près de quinze jours ; la Raison s'étant avancée pour faire, à la façon tranquille qui la caractérise, le récit simple et nu montrant que j'avais repoussé le réel et que je m'étais jetée goulûment sur l'idéal... je rendis mon jugement en décrétant :

Que Jane Eyre était la plus grande idiote qui eût jamais respiré les effluves de la vie et la plus fantastique imbécile qui se fût jamais rassasiée de mensonges délectables, qui eût jamais avalé un poison en le prenant pour du nectar.

« Toi, me dis-je, la favorite de M. Rochester ? Toi, douée du pouvoir de lui plaire ? Toi, importante à ses yeux de quelque manière que ce soit ? Allons ! Ta sottise m'écœure. Et tu as pris plaisir de temps à autre à ses marques d'attachement... marques équivoques accordées par un homme de qualité, un homme de haute naissance, un homme du monde, à une servante inexpérimentée. Comment as-tu eu cette audace ? Pauvre dupe stupide ! Le sens de ton propre intérêt ne suffisait-il pas à t'avertir ? Tu te répétais ce matin le bref dialogue de la nuit dernière ?... Cache-toi le visage et humilie-toi ! Il a dit quelques mots à la louange de tes yeux, n'est-ce pas ? Aveugle nigaude ! Écarte tes paupières embrumées et contemple toi-même ta maudite folie ! Aucune femme n'a rien à gagner à se laisser flatter par son supérieur, qui ne peut en aucune manière avoir l'intention de l'épouser ; et pour toutes les femmes c'est folie que de laisser un amour secret s'éveiller en elles : car, s'il n'est payé de retour et s'il reste inconnu, il ne peut que dévorer la vie qui l'a nourri ; s'il est découvert et rencontre un écho, il ne peut que conduire, à la façon des feux follets, vers d'inextricables bourbiers.

« Écoute donc, Jane Eyre, ta sentence : demain, tu vas placer ton miroir en face de toi et dessiner au pastel ton propre portrait, fidèlement, sans en atténuer un seul défaut, sans en omettre une seule ligne déplaisante, sans en adoucir une seule irrégularité désagréable ; puis tu inscriras pour légende : "Portrait d'une gouvernante, sans relations, sans fortune et sans beauté."

« Ensuite tu prendras un morceau d'ivoire poli (tu en as un tout prêt dans ta boîte à dessin) ; tu prendras ta palette, tu apprêteras tes couleurs les plus fraîches, les plus fines, les plus claires ; tu choisiras les plus délicats de tes pinceaux en petit-gris ; tu traceras avec soin le visage le plus ravissant que tu puisses imaginer ; tu le peindras de tes teintes les plus tendres et de tes nuances les plus délicates, selon la description que t'a faite Mme Fairfax de Blanche Ingram ; rappelle-toi les boucles noires, l'œil à l'orientale... Comment ! tu te remets à prendre M. Rochester pour modèle ! Attention ! Pas de pleurnicherie ! Pas de sentiment ! Pas de regrets ! Je ne tolérerai que la raison et la résolution. Rappelle-toi les traits augustes et pourtant harmonieux, le cou et le buste dignes d'une sculpture grecque ; que l'on voie clairement le bras rond et splendide, ainsi que la main délicate ; n'omets ni le diamant de la bague ni l'or du bracelet ; représente fidèlement la parure, dentelles aériennes et satin chatoyant, écharpe gracieuse et rose dorée. Tu appelleras ce portrait : "Blanche la parfaite, dame de qualité."

« À l'avenir, chaque fois qu'il t'adviendra de te figurer que M. Rochester a bonne opinion de toi, prends ces deux images et compare-les ; dis-toi : "M. Rochester pourrait probablement conquérir l'amour de cette noble demoiselle, s'il lui prenait fantaisie de s'y efforcer ; est-il probable qu'il aille gaspiller une seule pensée sérieuse au profit de cette plébéienne indigente et insignifiante ?"

« C'est ce que je vais faire », décidai-je.

Après avoir formé cette résolution, je me calmai et m'endormis.

Je tins parole. Il me suffit d'une heure ou deux pour tracer mon propre portrait au pastel ; en moins de quinze jours j'eus achevé une miniature sur ivoire représentant une Blanche Ingram imaginaire. Le visage paraissait assez charmant et, comparé à la tête réelle dessinée au pastel, le contraste était assez frappant pour satisfaire ma maîtrise de moi. Je tirai profit de cette tâche : elle m'occupa l'esprit et les mains et donna de la force et de la fixité aux impressions nouvelles que je voulais m'inscrire ineffaçablement dans le cœur.

Avant peu, j'eus lieu de me féliciter de la salubre discipline à laquelle j'avais ainsi forcé mes sentiments à se soumettre ; grâce à elle, je fus en mesure de faire face aux événements ultérieurs avec un calme convenable, alors que, s'ils m'avaient surprise à l'improviste, je n'eusse probablement pas été capable de garder ce calme, même extérieurement.

CHAPITRE XVII

Une semaine s'écoula sans nouvelles de M. Rochester ; dix jours, et il ne revenait toujours pas. Mme Fairfax me déclara qu'elle ne serait pas surprise s'il allait partir directement des Verts-Prés pour Londres et de là pour le Continent, pour ne plus se montrer à Thornfield d'une année entière ; il lui était assez fréquemment advenu de quitter la maison de façon tout aussi brusque et inopinée. En entendant ces propos, je commençais à éprouver une étrange sensation de froid et de faiblesse dans la région du cœur. Je me permettais bel et bien de ressentir une douloureuse déception ; mais je me ressaisis, je me souvins de mes résolutions, je rappelai aussitôt mes sensations à l'ordre ; et ce fut merveille de voir comme je surmontai cette bêtise passagère, comme je dissipai l'erreur que j'avais commise en supposant que les mouvements de M. Rochester étaient une question à laquelle j'eusse la moindre raison de porter un intérêt vital. Non point que je m'humiliasse par une servile idée d'infériorité ; au contraire, je me contentai de me dire :

« Tu n'as rien à voir avec le maître de Thornfield, à part recevoir le salaire qu'il t'accorde pour l'enseignement que tu donnes à sa protégée, et te montrer reconnaissante pour le traitement respectueux et généreux que tu es en droit d'attendre de lui si tu fais ton devoir. Sois assurée que c'est là le seul lien qu'il reconnaisse sérieusement de lui à toi ; ne va donc pas faire de lui l'objet de tes nobles sentiments, de tes extases, de tes transports, et ainsi de suite. Il n'est pas de la même classe que toi ; tiens-t'en à ta caste, et garde assez de sens de ta propre dignité pour ne pas aller gaspiller l'amour d'un cœur, d'une âme et d'une énergie intacts au profit d'un être qui n'en veut pas et ne fera que le mépriser. »

Je vaquai tranquillement aux occupations de mes journées ; pourtant, de temps à autre, de vagues pensées continuaient à me traverser l'esprit, concernant des raisons que je pouvais avoir de quitter Thornfield ; et je continuais à rédiger involontairement des annonces et à forger des hypothèses au sujet de nouvelles situations ; il ne me paraissait pas nécessaire de refréner de telles pensées ; je les laissais germer et porter leur fruit à leur guise.

Il y avait plus de quinze jours que M. Rochester était absent quand il se trouva dans le courrier une lettre pour Mme Fairfax.

— C'est une lettre de Monsieur, dit-elle en regardant l'adresse. J'imagine que maintenant nous allons savoir si nous devons, oui ou non, attendre son retour.

Puis, tandis qu'elle décachetait et lisait ce document, je continuai à prendre mon café (c'était pendant le petit déjeuner) : il était très chaud et j'attribuai à cette circonstance la rougeur flamboyante qui me monta soudain au visage. Quant à savoir pourquoi ma main tremblait, ou pourquoi je renversai sans le vouloir la moitié de ma tasse dans la soucoupe, je décidai de ne pas me poser la question.

— Eh bien, je me dis parfois que nous sommes trop tranquilles ; mais nous risquons d'être assez occupées maintenant, pendant un certain temps tout au moins, dit Mme Fairfax, qui tenait toujours le billet en face de ses lunettes.

Avant de me permettre de lui demander des explications, je rattachai les cordons du tablier d'Adèle qui s'étaient desserrés ; puis, l'ayant en outre reservie de pain et ayant rempli de lait sa timbale, je déclarai avec nonchalance :

— M. Rochester ne va sans doute pas rentrer prochainement, j'imagine ?

— Mais si, en vérité... dans trois jours, à ce qu'il dit, et ce sera donc jeudi prochain ; par-dessus le marché il ne rentre pas seul. Je ne sais combien de ces gens distingués qui sont aux Verts-Prés vont arriver avec lui, mais il me donne pour instructions de faire apprêter toutes les belles chambres ; et il faut nettoyer de fond en comble la bibliothèque et les salons ; et je dois faire venir de l'auberge du Roi George à Millcote et de partout où je pourrai en trouver des aides pour la cuisine ; ces dames amèneront leurs femmes de chambre et ces messieurs leurs valets, si bien que la maison va être pleine à craquer.

Aussi Mme Fairfax avala-t-elle son déjeuner et partit-elle en toute hâte pour entamer les opérations.

Ces trois journées furent, comme elle l'avait prédit, assez occupées. Je m'étais figuré que toutes les pièces du manoir étaient magnifiquement propres et ordonnées ; mais il se révéla que je m'étais trompée. On engagea trois auxiliaires ; et l'on se mit à récurer par ici, à brosser par là, à laver les peintures et à battre les tapis, à décrocher et à raccrocher les tableaux, à faire briller les miroirs et les lustres, à allumer du feu dans les chambres, à mettre à l'air draps et lits de plume devant les cheminées ; tout cela sur une échelle supérieure à tout ce que j'ai vu avant ou après cette époque.

Adèle perdit complètement la tête au beau milieu de tout cela ; les préparatifs faits pour la société et la perspective de voir arriver ces gens parurent la plonger dans le ravissement. Elle tint à faire passer en revue par Sophie ses *toilettes,* comme elle appelait ses robes, rajeunir celles qui étaient *passées,* aérer et arranger celles qui étaient neuves. Quant à elle, elle ne faisait plus que gambader dans les chambres du devant, sauter sur les lits, s'allonger sur les matelas ou sur les oreillers et les traversins empilés devant les énormes flambées qui grondaient dans les cheminées. De ses obligations scolaires elle fut dispensée ; car Mme Fairfax m'avait enrôlée à son service et je passais toute la journée dans la resserre, à aider (ou à gêner) l'intendante et la cuisinière ; j'apprenais à confectionner des crèmes, des tartes au citron, des pâtisseries à la française, à trousser des volailles et à garnir des plats à entremets.

Les visiteurs étaient attendus le jeudi après-midi, à temps pour dîner à six heures. Dans l'intervalle je n'eus pas le loisir de nourrir mes chimères ; et je crois que j'étais aussi affairée et aussi joyeuse que quiconque… à l'exception d'Adèle. Cependant, de temps à autre, ma gaieté recevait un coup d'arrêt ; et je me trouvais alors, malgré moi, renvoyée vers la région des doutes, des présages, des conjectures sinistres. C'était quand il m'advenait de voir la porte de l'escalier du troisième (que depuis quelque temps on tenait fermée à clef) s'ouvrir lentement pour livrer passage à Grace Poole, très correcte avec son bonnet, son tablier blanc et son foulard ; quand je la voyais passer silencieusement dans le couloir, son pas tranquille assourdi par ses chaussons de lisière ; quand je la voyais entrer un instant dans les chambres animées et mises sens dessus dessous, pour dire un simple mot, par exemple, à la femme de ménage sur la meilleure façon de faire briller une grille de foyer, ou de nettoyer une cheminée de marbre, ou de faire disparaître les taches d'un papier de tapisserie ; après quoi elle passait son chemin. Ainsi descendait-elle à la cuisine une fois par jour, prenait son repas, fumait une modeste petite pipe devant l'âtre, et repartait, emportant son pot de bière brune, afin de se réconforter en privé, dans sa haute et sombre retraite personnelle. Elle ne passait qu'une heure sur vingt-quatre en bas avec les autres domestiques : tout le reste de son temps s'écoulait dans une pièce du troisième étage, basse de plafond et lambrissée de chêne : c'est là qu'elle restait à coudre... solitaire comme une prisonnière dans son cachot.

Ce qu'il y avait de plus étrange, c'est que personne dans la maison, en dehors de moi, ne prêtait attention à ses habitudes, ou ne semblait s'en étonner : nul ne discutait de sa situation ou de ses activités ; nul ne prenait en pitié sa solitude ou sa mise à l'écart. À vrai dire, je surpris un jour un fragment de dialogue entre Léa et l'une des femmes de ménage, dialogue dont Grace avait fourni le sujet. Léa venait de dire quelque chose que je n'avais pas saisi et la femme de ménage déclara :

— Elle est bien payée, j'imagine ?

— Oui, dit Léa ; je voudrais bien l'être comme elle ; non que j'aie à me plaindre de mes gages... il n'y a aucune ladrerie[1] à Thornfield ; mais je ne touche pas le cinquième de ce que reçoit Mme Poole. Avec cela, elle fait des économies ; elle va tous les trimestres à la banque de Millcote. Je ne serais pas surprise qu'elle ait mis de côté assez d'argent pour pouvoir rester indépendante si elle voulait partir ; mais je suppose qu'elle s'est habituée à la maison ; et puis, elle n'a pas quarante ans,

---

1. Avarice sordide.

elle est encore assez forte et apte à n'importe quel travail. Il est trop tôt pour qu'elle se retire.

— C'est une personne capable, je pense, dit la femme de ménage.

— Oh !... elle s'y entend pour faire ce qu'elle a à faire... mieux que personne, répliqua Léa d'un air entendu ; et ce ne serait pas à la portée de tout le monde de prendre sa place, même avec tout l'argent qu'elle gagne.

— Cela, c'est bien vrai ! lui fut-il répondu. Je me demande si Monsieur...

La femme de ménage allait poursuivre ; mais à cet instant Léa se retourna et m'aperçut ; elle donna aussitôt un coup de coude à sa compagne.

— N'est-elle pas au courant ? entendis-je cette femme demander à mi-voix.

Léa hocha la tête et la conversation s'interrompit, bien entendu. Tout ce qu'elle m'avait appris se résumait à ceci : il y avait un mystère à Thornfield ; et de toute participation à ce mystère j'étais délibérément exclue.

Le jeudi arriva : tout le travail avait été achevé la veille au soir ; les tapis étaient reposés, les tentures des lits ornées de festons, des couvre-lits d'un blanc éblouissant mis en place, des tables de toilette apprêtées, les meubles astiqués, des fleurs amoncelées dans les vases ; chambres et salons avaient l'aspect le plus frais et le plus brillant que pussent leur donner des mains humaines. Le vestibule avait également subi un grand nettoyage ; la belle horloge sculptée, ainsi que les marches et la balustrade de l'escalier avaient été cirées jusqu'à devenir luisantes comme du verre ; dans la salle à manger le dressoir étincelait et resplendissait d'argenterie ; dans le salon et le boudoir, des vases de fleurs exotiques s'épanouissaient de tous côtés.

L'après-midi arriva : Mme Fairfax mit sa plus belle robe de satin noir, ses gants et sa montre en or ; car il lui incombait d'accueillir les visiteurs, de conduire les dames à leurs chambres, et ainsi de suite. Adèle, de son côté, tint à s'habiller, bien qu'à mon avis elle eût peu de chances d'être présentée à la compagnie, du moins ce jour-là. Toutefois, pour lui faire plaisir, je permis à Sophie de l'habiller de l'une de ses robes de mousseline amples et courtes. Quant à moi, je n'avais nul besoin d'introduire le moindre changement dans ma tenue ; je n'allais pas être appelée à quitter mon sanctuaire de la salle d'étude ; car elle était désormais devenue pour moi un vrai sanctuaire, « un très agréable refuge au temps de l'épreuve[1] ».

La journée de printemps avait été douce et sereine ; c'était une de ces journées qui, vers la fin de mars ou le début d'avril, répandent leur lumière sur le monde comme des avant-coureurs de l'été. Elle tirait à sa fin maintenant : mais la soirée restait chaude et je travaillais dans la salle d'étude avec la fenêtre ouverte.

— Il se fait tard, me dit Mme Fairfax, qui entra en coup de vent. Je suis contente d'avoir commandé le dîner une heure plus tard que ne me le disait M. Rochester ; car il est déjà six heures passées. J'ai envoyé John à la grille voir s'il y a quelque chose sur la route ; la vue s'étend très loin en direction de Millcote quand on est là-bas.

Elle gagna la fenêtre.

— Le voilà ! dit-elle. Alors, John, ajouta-t-elle en se penchant au-dehors, quoi de neuf ?

— Ils arrivent, Madame, lui fut-il répondu. Ils seront ici dans dix minutes.

---

1. Psaumes, 46, 2.

Adèle vola vers la fenêtre. Je la suivis, mais je pris soin de me placer de côté, en sorte que, cachée par le rideau, je pusse voir sans être vue.

Les dix minutes prédites par John semblèrent très longues, mais un bruit de roues finit par se faire entendre ; quatre cavaliers parurent au galop dans l'allée, suivis de deux voitures découvertes. Des voiles flottant au vent et des panaches ondulants emplissaient les véhicules ; quant aux cavaliers, deux d'entre eux étaient de fringants jeunes gens ; le troisième était M. Rochester, monté sur son cheval noir, Mesrour[1], précédé de Pilote qui bondissait devant lui ; à côté de M. Rochester il y avait une cavalière et tous deux se trouvaient en tête du groupe. L'amazone violette de la dame tombait presque jusqu'à terre et son voile flottait dans la brise comme une longue banderole ; mêlées à ses plis transparents, étincelant à travers eux, on voyait luire d'opulentes boucles d'un noir de jais.

— Mlle Ingram ! s'écria Mme Fairfax, qui s'empressa de descendre à son poste.

La cavalcade, suivant la courbe de l'allée, ne tarda pas à contourner l'angle de la maison et je la perdis de vue. Adèle demanda alors la permission de descendre ; mais je la pris sur mes genoux et lui donnai à entendre qu'elle ne devait sous aucun prétexte songer à se montrer devant ces dames, ni ce jour-là ni à aucun autre moment, sans y avoir été expressément invitée ; je lui expliquai que M. Rochester en serait fort courroucé, et ainsi de suite. « Ce furent des larmes bien naturelles qu'elle versa[2] » en entendant ces mots, mais, comme je commençais à prendre un air très sévère, elle consentit enfin à les essuyer.

---

1. Nom d'un calife dans *Les Mille et une nuits*.
2. Autre citation du *Paradis perdu*.

On entendait à présent dans le vestibule un joyeux remue-ménage ; les voix graves des messieurs se mêlaient harmonieusement aux accents argentins des dames et l'on reconnaissait de toutes les autres, sans qu'il l'élevât, la voix sonore du maître du manoir de Thornfield, qui accueillait sous son toit ses hôtes distingués des deux sexes. Puis des pas légers gravirent l'escalier ; on entendit un trottinement dans le couloir, et de petits rires joyeux, et des portes qui s'ouvraient et se refermaient, puis, pendant un moment, ce fut le silence.

— *Elles changent de toilette,* dit Adèle, qui, d'une oreille attentive, avait suivi tous ces mouvements.

Et de soupirer.

— *Chez maman,* dit-elle, *quand il y avait du monde, je le suivais partout au salon et à leurs chambres ; souvent je regardais les femmes de chambre coiffer et habiller les dames, et c'était si amusant ; comme cela, on apprend.*

— N'avez-vous pas faim, Adèle ?

— *Mais oui, Mademoiselle : voilà cinq ou six heures que nous n'avons pas mangé.*

— Eh bien, pendant que ces dames sont dans leurs chambres, je vais me risquer à descendre pour vous chercher quelque chose à manger.

Alors, émergeant avec précaution de mon asile, je gagnai un escalier de service qui menait directement à la cuisine. Tout, dans cette région, n'était que fièvre et agitation ; le potage et le poisson en étaient à la dernière phase de leur préparation et la cuisinière était rivée à ses creusets dans un état d'âme et de corps qui pouvait faire craindre la combustion spontanée. Dans la salle à manger des domestiques, deux cochers et trois valets de chambre étaient debout ou assis autour de la cheminée ; quant aux caméristes, je suppose qu'elles étaient montées avec leurs maîtresses ; les nouvelles servantes qu'on avait engagées à Millcote allaient et venaient avec agitation. Me faufilant à travers ce chaos, je finis par atteindre le garde-manger ; je m'y emparai d'un poulet froid, d'une petite miche de pain, de quelques tartes, d'une ou deux assiettes, et d'un couteau et d'une fourchette ; munie de ce butin je battis précipitamment en retraite. J'avais regagné le couloir et je venais de refermer derrière moi la porte de service, quand un soudain renforcement du bruit des voix m'avertit que les dames étaient sur le point de sortir de leurs chambres. Je ne pouvais atteindre la salle d'étude sans passer devant la porte de certaines d'entre elles et courir le risque d'être surprise avec ma cargaison de victuailles ; je m'immobilisai donc à l'extrémité du couloir où je me trouvais et qui, dépourvue de fenêtres, était obscure ; tout à fait obscure à présent, car le soleil était couché et le crépuscule s'épaississait.

Bientôt les chambres, l'une après l'autre, livrèrent passage à leurs belles occupantes ; chacune apparut d'un air gai et insouciant, cependant que les robes luisaient et chatoyaient dans la pénombre. Un moment elles se groupèrent à l'autre extrémité du couloir et conversèrent sur un ton de vivacité contenue et aimable ; puis elles descendirent l'escalier sans faire guère plus de bruit qu'une brume lumineuse roulant sur la pente d'une colline. Leur apparition collective m'avait laissé une impression d'élégance aristocratique telle que je n'en avais encore jamais éprouvé.

Je trouvai Adèle risquant un regard par la porte de la salle d'étude, qu'elle tenait entrebâillée.

— Oh, les belles dames ! s'écria-t-elle en anglais. Ah ! que j'aimerais aller les voir ! Croyez-vous que M. Rochester nous fera appeler bientôt, après le dîner ?

— Non, en vérité je ne le crois pas ; M. Rochester

a bien d'autres choses en tête. Ne vous occupez pas des dames pour ce soir ; peut-être les verrez-vous demain. Voici votre dîner.

Elle avait vraiment faim, si bien que le poulet et les tartes servirent à détourner momentanément son attention. Il était heureux que je me fusse emparée de ces approvisionnements, sans quoi Adèle, Sophie (à qui je portai une part de notre festin) et moi, nous eussions couru le risque de nous passer complètement de dîner ; tout le monde au rez-de-chaussée était trop occupé pour penser à nous. Il était neuf heures passées quand les entremets furent desservis ; et à dix heures les valets circulaient encore en courant avec des plateaux chargés de tasses à café. Je permis à Adèle de veiller beaucoup plus tard que de coutume ; car elle déclara qu'il lui était absolument impossible de s'endormir tant que les portes continuaient à s'ouvrir et à se refermer en bas, et les gens à aller et venir avec agitation. En outre, ajouta-t-elle, un message pourrait fort bien arriver de la part de M. Rochester une fois qu'elle serait déshabillée ; *et alors, quel dommage !*

Je lui racontai des histoires aussi longtemps qu'elle voulut bien m'écouter ; puis, pour changer, je l'emmenai dans le couloir. Le lustre du vestibule était à présent allumé et cela l'amusa de regarder par-dessus la rampe et de voir les domestiques passer et repasser. Quand la soirée fut assez avancée un bruit de musique monta du salon, où le piano avait été transporté ; je m'assis avec Adèle sur la première marche de l'escalier pour écouter. Bientôt une voix se mêla aux riches accents de l'instrument ; c'était une femme qui chantait, et elle avait une tonalité très mélodieuse. Une fois le solo terminé, un duo s'ensuivit, puis un chant à quatre voix ; un murmure de conversation joyeuse emplissait les intervalles. Je restai longtemps à écouter ; et je m'aperçus tout à coup que mes oreilles étaient entièrement absorbées par leur effort pour analyser et démêler les sons, en essayant de distinguer au milieu des accents confondus la voix de M. Rochester ; et, quand elles y furent parvenues, ce qui ne tarda pas, elles trouvèrent une occupation nouvelle en cherchant à traduire en paroles les airs que la distance rendait inarticulés.

L'horloge sonna onze heures. Je regardai Adèle, dont la tête s'appuyait contre mon épaule ; ses yeux s'appesantissaient ; je la pris donc dans mes bras pour la porter dans son lit. Il était près d'une heure quand messieurs et dames regagnèrent leurs chambres.

La journée du lendemain fut aussi belle que la précédente ; elle fut consacrée par la compagnie à une excursion dans quelque site des environs. Le départ eut lieu de bonne heure dans la matinée, à cheval pour les uns, en voiture pour les autres ; j'assistai tant au départ qu'au retour. Mlle Ingram, comme précédemment, fut la seule cavalière ; et, comme précédemment, M. Rochester galopait à côté d'elle, tous deux restant un peu à l'écart du groupe. J'attirai sur cette circonstance l'attention de Mme Fairfax, qui était à la fenêtre avec moi.

— Vous me disiez qu'il était peu probable qu'ils songeassent à se marier, dis-je, mais vous voyez que M. Rochester la préfère manifestement à toutes les autres femmes ?

— Oui, c'est possible ; sans doute l'admire-t-il.

— Et elle le lui rend, ajoutai-je ; voyez comme elle penche la tête vers lui : on dirait qu'ils ont un entretien confidentiel ; j'aimerais voir le visage de Mlle Ingram ; je ne l'ai pas encore aperçu.

— Vous la verrez ce soir, répondit Mme Fairfax. J'ai eu l'occasion de dire à M. Rochester combien Adèle souhaitait être présentée à ces dames ; il m'a dit : « Eh bien ! qu'elle vienne au salon après le dîner ; et vous prierez Mlle Eyre de l'accompagner. »

— Oui ; il a dit cela par pure politesse ; il est inutile que j'y aille, assurément, répondis-je.

— Ma foi, je lui ai fait remarquer que, comme vous n'aviez pas l'habitude du monde, cela vous ennuierait de paraître devant une aussi brillante compagnie, entièrement composée d'inconnus ; mais il m'a répliqué de son ton brusque : « Ne dites pas de bêtises ! Si elle proteste, dites-lui que j'y tiens ; si elle résiste encore, dites-lui que je viendrai la chercher en cas de rébellion. »

— Je ne lui donnerai pas cette peine, répondis-je. J'irai, s'il n'y a pas moyen de faire autrement ; mais cela ne me fait pas plaisir. Y serez-vous, madame Fairfax ?

— Non, je l'ai prié de m'excuser et il a accepté mes excuses. Je vais vous dire comment vous y prendre pour éviter l'embarras d'entrer en grande pompe, ce qui serait la partie la plus désagréable de l'affaire. Vous n'aurez qu'à entrer dans le salon quand il sera encore vide, avant que ces dames quittent la table du dîner ; choisissez un siège dans n'importe quel coin tranquille ; vous n'aurez pas besoin de rester longtemps après l'entrée des messieurs, à moins que vous n'y teniez ; veillez seulement à ce que M. Rochester voie que vous êtes là, puis éclipsez-vous... personne ne fera attention à vous.

— Croyez-vous que ces gens vont rester longtemps ?

— Peut-être deux ou trois semaines ; certainement pas davantage. Après les vacances de Pâques, il faudra que Sir George Lynn, récemment élu député de Millcote, aille à Londres pour siéger au Parlement ; j'imagine que M. Rochester l'accompagnera ; je suis déjà surprise qu'il ait fait un séjour si prolongé à Thornfield.

Ce fut avec quelque inquiétude que je vis approcher l'heure où je devais me rendre avec mon élève au salon. Adèle avait passé dans un état d'extase toute la journée, à partir du moment où elle avait appris qu'elle allait être présentée le soir aux grandes dames ; et c'est seulement quand Sophie commença à prendre les dispositions nécessaires à son habillage qu'elle devint raisonnable. Alors l'importance de cette opération la calma ; et lorsque enfin elle eut ses boucles disposées en grappes tombantes et bien lisses, sa robe de satin rose sur elle, sa longue ceinture nouée, ses mitaines de dentelle ajustées, elle eut l'air sérieuse comme un pape. Nul besoin de lui dire de ne pas mettre de désordre dans sa toilette ; une fois habillée, elle s'assit d'un air grave dans son petit fauteuil, non sans avoir au préalable pris soin de relever sa jupe de satin de peur de la chiffonner ; et elle m'assura qu'elle ne bougerait pas de là que je ne fusse prête. Il ne me fallut guère de temps : ma plus belle robe (la robe gris argent, achetée pour le mariage de Mlle Temple, et que je n'avais jamais portée depuis lors) fut bientôt passée, mes cheveux bientôt lissés, mon unique bijou (la perle montée en broche) bientôt mis en place. Nous descendîmes.

Heureusement, on pouvait accéder au salon sans passer par la salle où tout le monde était attablé. Nous trouvâmes la pièce vide ; un grand feu brûlait silencieusement dans la cheminée de marbre et des bougies brillaient dans leur étincelante solitude au milieu des fleurs raffinées qui ornaient les tables. Le rideau pourpre était tendu devant l'arcade ; si mince que fût la séparation formée par cette draperie entre nous et les personnes réunies dans la salle voisine, ces gens parlaient à voix si basse que nous ne distinguions rien de leur conversation sauf un murmure réconfortant.

Adèle, qui paraissait être encore sous l'influence d'un sentiment de grande solennité, s'assit sans mot dire sur le tabouret que je lui désignai. Je me retirai vers la banquette d'une fenêtre et, prenant un livre sur une table voisine, je m'efforçai de lire. Adèle apporta son tabouret à mes pieds ; au bout de quelques instants elle me toucha le genou.

— Qu'y a-t-il, Adèle ?

— *Est-ce que je ne puis pas prendre une seule de ces fleurs magnifiques, Mademoiselle ? Seulement pour compléter ma toilette.*

— Vous pensez bien trop à votre *toilette,* Adèle ; mais vous pouvez prendre une fleur.

Et je choisis une rose dans un vase et la fixai à sa ceinture. Elle poussa un soupir d'ineffable satisfaction, comme si la coupe de son bonheur était à présent débordante. Je détournai la tête pour dissimuler un sourire que je ne pus réprimer ; il y avait quelque chose de risible en même temps que d'affligeant dans la passion ardente et innée de cette petite Parisienne pour les affaires de vêtement.

C'est alors que le bruit léger d'un lever de table se fit entendre ; le rideau fut écarté de l'arcade, à travers laquelle apparut la salle à manger, avec son lustre allumé qui déversait des flots de clarté sur l'argenterie et le cristal d'un magnifique service à dessert couvrant une longue table ; un groupe de dames était debout dans l'ouverture ; elles entrèrent et le rideau retomba derrière elles.

Il n'y en avait que huit ; cependant, quand elles entrèrent toutes ensemble, elles me donnèrent d'une certaine manière l'impression d'être beaucoup plus nombreuses. Certaines étaient très grandes ; la plupart étaient vêtues de blanc ; et toutes avaient des atours d'une ampleur majestueuse qui paraissait agrandir leur silhouette comme une brume agrandit la lune. Je me levai et leur fis une révérence ; deux ou trois d'entre elles me répondirent d'un signe de tête ; les autres se contentèrent de me regarder fixement.

Elles se dispersèrent dans la pièce et, par la légèreté et l'élasticité de leurs mouvements, elles me firent penser à une volée d'oiseaux au plumage blanc. Certaines d'entre elles se jetèrent sur les sofas et les ottomanes, où elles s'allongèrent à demi ; d'autres se penchèrent sur les tables pour examiner les fleurs et les livres ; les autres s'assemblèrent en groupe autour de la cheminée ; toutes parlaient de cette voix mesurée mais claire qui paraissait leur être habituelle. J'appris leurs noms plus tard, mais je ferais aussi bien de les indiquer dès maintenant.

En premier lieu, il y avait Mme Eshton et deux de ses filles. Elle avait manifestement dû être belle femme et était encore bien conservée. De ses filles, l'aînée, Amy, était assez petite ; naïve et enfantine par les traits et l'attitude, avec quelque chose de piquant dans la silhouette ; sa robe de mousseline blanche et sa ceinture bleue lui allaient fort bien. La seconde, Louisa, était plus grande et plus élégamment tournée ; elle avait un très joli visage du genre que les Français nomment *minois chiffonné* ; ces deux sœurs avaient un teint de lis.

Lady Lynn était une ample et corpulente personne de quelque quarante ans, très droite, l'air très hautaine, richement vêtue d'une robe de satin à l'éclat moiré : ses cheveux noirs brillaient de vifs reflets à l'ombre d'un panache azuré et sous l'arc d'un diadème de pierres précieuses.

Mme Dent, la femme du colonel, faisait moins d'effet mais me sembla plus distinguée. Elle avait la taille mince, la figure pâle et douce, des cheveux blonds. Sa robe de satin noir, sa belle écharpe en dentelle d'importation, ses bijoux de perles me plurent davantage que la splendeur en arc-en-ciel de la dame aristocratique.

Mais les trois membres les plus remarquables du groupe (en partie, peut-être, à cause de leur plus haute taille) étaient la douairière Lady Ingram et ses filles, Blanche et Mary. Elles étaient toutes trois très grandes pour des femmes. La douairière pouvait avoir entre quarante et cinquante ans ; elle paraissait encore bien faite ; ses cheveux (du moins à la lumière des bougies) étaient encore noirs ; de même ses dents étaient encore apparemment en parfait état. La plupart des gens l'eussent décrite comme une femme splendide pour son âge : et c'est bien ce qu'elle était, sans nul doute, physiquement parlant ; mais d'autre part il y avait dans son attitude et sur son visage une expression de hauteur presque intolérable. Elle avait des traits de matrone romaine et un double menton qui disparaissait dans un cou fait comme un pilier : ces traits me semblèrent, non seulement gonflés et assombris, mais même burinés par l'orgueil ; quant au menton, la même influence le maintenait dans une position de rigidité presque surnaturelle. Elle avait en outre l'œil dur et cruel ; son regard me rappela celui de Mme Reed ; quand elle parlait, elle déclamait ses propos ; elle avait une voix grave, aux inflexions pompeuses, très dogmatique... bref, absolument insupportable. Une robe de velours pourpre et un turban fait d'un tissu indien brodé d'or lui conféraient (c'est du moins ce qu'elle devait s'imaginer) une dignité véritablement impériale.

Blanche et Mary étaient de stature comparable, droites et hautes comme des peupliers. Mary était trop mince pour sa taille, mais Blanche était moulée comme une Diane. Je la considérai, bien entendu, avec un intérêt particulier. En premier lieu, je voulais voir si son apparence s'accordait avec la description de Mme Fairfax ; en second lieu, si elle ressemblait le moins du monde au portrait imaginaire que j'avais peint d'elle en miniature ; et en troisième lieu – il faut bien l'avouer ! – si elle était de nature à satisfaire selon moi le goût de M. Rochester.

En ce qui concerne son physique, elle répondait, point pour point, à la fois à mon tableau et à la description de Mme Fairfax. Le buste noble, les épaules tombantes, le cou gracieux, les yeux sombres et les boucles noires, tout y était. Mais son visage ? Son visage ressemblait à celui de sa mère, dont il était une réplique en plus jeune et en moins buriné : elle avait le même front bas, les mêmes traits accusés, le même orgueil ; toutefois son orgueil n'était pas aussi taciturne. Elle riait sans cesse ; son rire était moqueur, de même que l'expression habituelle de ses lèvres arrondies et altières.

On dit que le génie est volontiers poseur : je ne saurais dire si Mlle Ingram était un génie, mais elle était poseuse, poseuse à un degré véritablement remarquable. Elle engagea une conversation sur la botanique avec l'aimable Mme Dent. Il se révéla que Mme Dent n'avait pas étudié cette science, encore que, comme elle le déclara, elle aimât les fleurs, « surtout les fleurs sauvages ». Mlle Ingram avait étudié la botanique et elle lui en débita le vocabulaire avec assurance. Je compris bientôt que, pour employer une expression populaire, « elle faisait marcher » Mme Dent ; c'est-à-dire qu'elle jouait de l'ignorance de cette dernière ; il y avait peut-être de l'adresse dans cette façon de procéder, mais assurément aucune bonté. Elle joua du piano : son jeu était brillant ; elle chanta : elle avait une belle voix ; elle dit quelques mots à sa mère en français, à part :

elle parlait bien cette langue, avec aisance et avec un accent correct.

Mary avait le visage moins dur et plus ouvert que Blanche ; avec cela, des traits plus doux et la peau sensiblement plus claire (Mlle Ingram était basanée comme une Espagnole), mais Mary manquait de vie ; son visage n'avait pas assez d'expression, ni ses yeux assez d'éclat ; elle n'avait rien à dire et, une fois qu'elle se fut assise, elle resta figée comme une statue dans sa niche. Ces sœurs étaient toutes deux vêtues de blanc immaculé.

Alors, me paraissait-il à présent vraisemblable que Mlle Ingram fût l'objet du choix de M. Rochester ? Je n'eusse su le dire, car je ne connaissais pas ses goûts en matière de beauté féminine. S'il aimait le genre majestueux, elle était le type même de la majesté ; et avec cela elle était animée et pleine de talent. La plupart des hommes l'eussent admirée, me semblait-il ; et de l'admiration de M. Rochester pour elle, je croyais avoir déjà recueilli la preuve : pour dissiper la dernière ombre de doute, il ne me restait plus qu'à les voir ensemble.

Il ne faut pas vous imaginer, lecteur, qu'Adèle soit restée tout ce temps assise immobile sur son tabouret, à mes pieds ; non, à l'entrée des dames, elle s'était levée, s'était avancée à leur rencontre, leur avait fait une révérence cérémonieuse et leur avait dit avec gravité :

— *Bonjour, Mesdames.*

Alors Mlle Ingram avait baissé les yeux vers elle d'un air moqueur et s'était écriée :

— Oh, quelle petite marionnette !

Lady Lynn avait déclaré :

— C'est la pupille de M. Rochester, j'imagine... la petite Française dont il nous parlait.

Mme Dent avait pris avec bonté la main d'Adèle et embrassé la petite. Amy et Louisa Eshton s'étaient exclamées à l'unisson :

— Quel amour d'enfant !

Elles l'avaient ensuite entraînée vers un sofa où elle était présentement campée entre elles deux, et bavardait alternativement en français et dans son mauvais anglais ; non contente de monopoliser l'attention des jeunes filles, elle retenait aussi celle de Mme Eshton et de Lady Lynn et se faisait gâter tout son saoul.

Enfin l'on apporte le café et l'on appelle ces messieurs. Je reste dans l'ombre... si tant est qu'il y ait de l'ombre dans cette pièce brillamment illuminée ; le rideau de la fenêtre me cache à demi. De nouveau l'arcade s'entrebâille ; ils arrivent. L'apparition collective des messieurs, comme celle des dames, est très imposante : ils sont tous vêtus de noir ; la plupart d'entre eux sont grands, certains sont jeunes. Henry et Frederic Lynn sont de fort fringants jeunes gaillards en vérité ; le colonel Dent a une belle allure martiale. M. Eshton, le juge de paix du district, est distingué ; il a les cheveux tout blancs, mais ses sourcils et ses favoris sont encore noirs, ce qui lui donne un peu l'aspect d'un *père noble de théâtre*. Lord Ingram, comme ses sœurs, est très grand ; comme elles également, il est beau ; mais il a en commun avec sa sœur Mary un air apathique et mou : il semble avoir les jambes plus longues qu'il n'a le sang vif ou le cerveau vigoureux.

Et où est M. Rochester ?

Il entre le dernier ; je ne regarde pas l'arcade, pourtant je le vois entrer. J'essaie de concentrer mon attention sur mes aiguilles à filet, sur les mailles de la bourse que je confectionne... je voudrais ne penser qu'à l'ouvrage que j'ai entre les mains, ne voir que les perles d'argent et les fils de soie posés sur mes genoux ; au lieu de quoi, j'aperçois distinctement la silhouette de M. Rochester et me rappelle irrésistiblement le moment où je l'ai vue pour la dernière fois ; c'était alors que je venais de lui rendre un service jugé par lui capital, alors que, me tenant la main, penché sur mon visage, il me regardait avec des yeux qui révélaient un cœur débordant et avide de s'épancher ; un cœur aux émotions duquel j'avais part. Comme j'étais devenue proche de lui à cet instant ! Que s'était-il produit dans l'intervalle, qui fût de nature à changer nos positions respectives ? Et pourtant, que nous étions éloignés à présent, à quel point nous étions détachés l'un de l'autre ! Détachés à tel point que je ne m'attendais pas à ce qu'il vînt me parler. Je ne fus donc pas surprise quand, sans me regarder, il alla s'asseoir de l'autre côté de la pièce et commença à converser avec plusieurs des dames.

À peine eus-je vu que son attention s'était fixée sur celles-ci et que je pouvais le contempler sans risque d'être observée que mes yeux furent attirés malgré moi vers son visage ; je n'exerçais plus aucun empire sur mes paupières ; elles se soulevaient d'elles-mêmes et mes prunelles se fixaient sur lui. Je le regardais, et j'éprouvais à le regarder un plaisir intense... un plaisir précieux et en même temps poignant ; de l'or pur, mais avec une pointe acérée de souffrance ; un plaisir comme en pourrait éprouver l'homme mourant de soif, qui sait que le puits vers lequel il s'est traîné est empoisonné, mais qui se penche pourtant et avale de grisantes gorgées d'eau.

Comme il est vrai que « la beauté réside dans le regard de qui la contemple ». Le visage sans éclat et olivâtre de mon maître, son front carré et massif, ses sourcils noirs et épais, ses traits marqués, sa bouche ferme et rébarbative, pleine de décision, d'énergie, de volonté, il n'y avait dans tout cela, d'après les règles, rien de beau ; mais ces traits possédaient pour moi plus que de la beauté : ils étaient empreints d'un intérêt, d'une influence qui me subjuguaient complètement, qui me privaient de tout pouvoir sur mes propres sentiments pour les livrer à mon maître. Je n'avais pas voulu l'aimer ; le lecteur sait quel rude effort j'avais fourni pour extirper de mon âme les germes d'amour que j'y avais décelés ; et voilà qu'à la première vision nouvelle que j'avais de lui, ces germes reprenaient vie spontanément, plus jeunes et vigoureux que jamais ! Il me forçait à l'aimer sans même me regarder.

Je le comparai à ses invités. Que valaient la grâce raffinée des Lynn, l'élégance langoureuse de Lord Ingram, ou même la distinction martiale du colonel Dent, à côté de l'air d'authenticité naturelle et de puissance véritable de mon maître ? Avec l'apparence ou l'expression des autres, je n'étais pas en sympathie ; certes, je pouvais concevoir que la plupart des observateurs les eussent décrits comme des hommes séduisants, beaux, imposants, alors qu'ils eussent décrété M. Rochester à la fois rude de traits et mélancolique d'aspect. Je voyais les autres sourire ou rire... ce n'était rien ; il y avait autant d'âme dans la lumière d'une bougie que dans leur sourire, autant de signification dans le tintement d'une clochette que dans leur rire. Je voyais sourire M. Rochester : ses traits austères s'adoucissaient ; son œil devenait à la fois brillant et tendre, son regard à la fois pénétrant et doux. À cet instant, il parlait à Louisa et Amy Eshton. Je m'étonnai de les voir accueillir avec calme ce regard qui me paraissait si scrutateur ; je m'attendais à les voir baisser les yeux et s'empourprer sous ce regard ; pourtant je fus heureuse de m'apercevoir qu'elles n'étaient en aucune manière émues. « Il n'est pas pour elles ce qu'il est pour moi, pensai-je, il n'est pas de leur race. Je crois qu'il est de la mienne... j'en suis même sûre... je me sens proche de lui... je comprends le langage de son visage et de ses gestes ; même si le rang et la fortune nous placent à une grande distance l'un de l'autre, j'ai dans le cerveau et dans le cœur, dans le sang et la sensibilité, quelque chose qui me rend mentalement identique à lui. Ai-je pu dire, il y a quelques jours, que mes relations avec lui se bornaient à recevoir de ses mains mon salaire ? Me suis-je interdit de penser à lui autrement que comme à mon trésorier-payeur ? Blasphème contre la nature ! Tous les sentiments bons, vrais et vigoureux que j'éprouve se concentrent d'instinct sur lui. Je sais qu'il faut que je dissimule mes émotions ; il faut que j'étouffe mes espérances ; il faut que je me souvienne qu'il ne peut guère se soucier de moi. Car quand je dis que je suis de sa race, je ne veux pas dire que j'ai comme lui la force d'influencer autrui, ou le charme qu'il faut pour séduire ; je veux simplement dire que j'ai en commun avec lui certains goûts et certains sentiments. Il faut donc que je me répète sans cesse que nous sommes à tout jamais séparés... et cependant, tant que je vivrai et que je penserai, je ne pourrais faire autrement que de l'aimer. »

On sert le café. Ces dames, depuis que les messieurs sont entrés, sont devenues gaies comme des pinsons ; la conversation se fait plus vive et plus animée. Le colonel Dent et M. Eshton discutent de politique ; leurs épouses les écoutent. Les deux orgueilleuses douairières, Lady Lynn et Lady Ingram, ont un entretien. Sir George (je m'aperçois que j'ai oublié de le décrire : c'est un très gros et très florissant hobereau) est debout devant leur sofa et mêle de temps à autre un mot à leur conversation. M. Frederic Lynn s'est installé à côté de Mary Ingram et lui montre les gravures d'un splendide volume ; elle regarde, sourit de temps en temps, mais apparemment ne parle guère. Le grand et flegmatique Lord Ingram est appuyé, les bras croisés, au dossier du fauteuil d'Amy Eshton qui est petite et vive ; elle lève les yeux vers lui et bavarde comme une pie ; elle le préfère à M. Rochester. Henry Lynn s'est emparé d'une ottomane aux pieds de Louisa ; Adèle partage ce siège avec lui ; il essaie de parler à Adèle en français et Louisa s'amuse des fautes qu'il commet. À qui Blanche va-t-elle tenir compagnie ? Elle est debout, toute seule, à côté de la table, gracieusement penchée sur un album. Elle a l'air d'attendre qu'on vienne la chercher ; mais elle ne veut pas attendre trop longtemps ; elle se choisit elle-même un compagnon.

M. Rochester, qui a quitté les demoiselles Eshton, est debout devant l'âtre, aussi solitaire que Blanche auprès de la table ; elle vient lui faire face, en se plantant de l'autre côté de la cheminée.

— Monsieur Rochester, je croyais que vous n'aimiez pas les enfants ?

— C'est exact.

— Alors, qu'est-ce qui vous a poussé à vous encombrer d'une petite poupée comme celle-ci ? (Elle montre Adèle du doigt.) Où l'avez-vous ramassée ?

— Je ne l'ai pas ramassée ; on me l'a laissée sur les bras.

— Vous auriez dû l'envoyer à l'école.

— Je n'en avais pas les moyens ; les écoles coûtent trop cher.

— Voyons, j'imagine que vous avez une gouvernante pour elle ; j'ai vu une personne avec elle il y a un instant... est-elle partie ? Ah non, elle est encore là, derrière le rideau de la fenêtre. Vous la payez, bien entendu ; il me semble que ce doit être aussi coûteux que l'école... ou même davantage ; car vous devez pourvoir en outre à l'entretien de l'élève et de la gouvernante.

Je craignis (ou devrais-je dire que je l'espérai ?) que cette allusion à ma personne ne fit regarder M. Rochester de mon côté ; aussi me renfonçai-je malgré moi encore plus profondément dans l'ombre ; mais il ne détourna pas un instant les yeux.

— Je n'ai pas réfléchi à la question, dit-il avec indifférence, en regardant droit devant lui.

— Non, vous autres hommes, vous ne réfléchissez jamais aux questions d'économie et de bon sens. Il faudrait que vous entendiez maman parler sur ce chapitre des gouvernantes ; Mary et moi, nous en avons eu, j'imagine, une bonne douzaine dans notre enfance ; la moitié étaient odieuses, les autres ridicules, et toutes encombrantes... n'est-il pas vrai, maman ?

— La chérie de sa mère m'a-t-elle parlé ?

La jeune personne ainsi annexée au domaine personnel de la douairière répéta sa question avec une explication.

— Ma bien-aimée, ne me parle pas de gouvernantes ; ce mot suffit à me rendre nerveuse. Leur incompétence et leurs caprices m'ont fait subir le martyre ; je rends grâces au Ciel de n'avoir plus affaire à elles désormais !

À cet instant, Mme Dent se pencha vers la pieuse dame et lui glissa un mot à l'oreille ; je suppose, d'après la réponse qu'elle obtint, qu'elle lui avait rappelé la présence dans la pièce d'un membre de la race maudite.

— *Tant pis !* dit la noble dame. J'espère que cela lui apprendra !

Puis, d'une voix plus basse, mais encore assez fort pour que je pusse l'entendre, elle ajouta :

— Je l'ai remarquée ; je suis très physionomiste et j'ai lu sur son visage tous les défauts de sa classe.

— Quels sont ces défauts, Madame ? demanda M. Rochester d'une voix forte.

— Je vous le dirai en privé, répondit-elle, en hochant son turban à trois reprises, d'un air profondément entendu.

— Mais alors ma curiosité aura perdu l'appétit ; c'est maintenant qu'elle est affamée.

— Demandez à Blanche ; elle est plus près de vous que moi.

— Oh, maman, ne lui dites pas de s'adresser à moi ! Je n'ai qu'un mot à dire de toute cette engeance ; elles sont assommantes. Non que j'aie eu beaucoup à souffrir à cause d'elles : j'avais grand soin de renverser la situation. Quels bons tours nous jouions, Théodore et moi, à nos Mlle Wilson, à nos Mme Grey, à nos *Madame* Joubert ! Mary a toujours été trop endormie pour entrer dans un complot avec enthousiasme. C'est avec Mme Joubert que nous nous amusions le mieux ; Mlle Wilson était une pauvre fille souffreteuse, pleurnicharde et mélancolique ; bref, elle était indigne qu'on se donnât du mal pour la vaincre ; et Mme Grey était grossière et insensible ; elle encaissait tous les coups sans s'en apercevoir. Mais la pauvre Mme Joubert ! Je la revois encore dans ses grandes fureurs, quand nous l'avions poussée à bout, en renversant notre thé, en émiettant nos tartines, en lançant nos livres au plafond, ou lorsque nous faisions un charivari en tapant avec la règle sur le bureau et avec le tisonnier sur le garde-feu. Théodore, te souviens-tu de cette joyeuse époque ?

— Si je m'en souviens ! Bien sûr, dit Lord Ingram de sa voix traînante ; et la pauvre vieille s'écriait en faisant deux grosses fautes de grammaire anglaise que nous étions de vilains enfants ; sur quoi nous lui adressions tout un sermon pour lui montrer qu'elle était présomptueuse de vouloir donner des leçons à de fins esprits comme nous, alors qu'elle était elle-même tellement ignorante.

— C'est vrai ; et tu te rappelles, Tedo, comme je t'ai aidé à poursuivre et à persécuter ton précepteur, ce M. Vining à la tête de papier mâché, la graine de pasteur, comme nous l'appelions. Mlle Wilson et lui avaient eu l'audace de tomber amoureux l'un de l'autre... ou du moins nous l'avons cru, Tedo et moi ; nous avons surpris certains tendres regards et certains sourires que nous avons interprétés comme des signes de *la belle passion* ; alors, je vous assure que le public n'a pas tardé à être mis au courant de notre découverte ; nous en avons fait une sorte de levier pour expulser de la maison nos poids morts. Ma chère maman ici présente, dès qu'elle eut vent de l'affaire, découvrit qu'elle était de nature immorale. N'est-il pas vrai, ma noble mère ?

— Assurément, mon trésor. Et j'ai eu parfaitement raison ; il y a mille et un motifs pour lesquels on ne doit pas un instant tolérer de liaisons entre gouvernantes et précepteurs dans les maisons qui se respectent : en premier lieu...

— Oh, pour l'amour du Ciel, maman ! Épargnez-nous-en l'énumération ! *Au reste,* nous les connaissons tous : danger de mauvais exemple aux yeux de l'innocence enfantine ; distractions et par conséquent négligence du devoir de la part des amoureux ; alliance et entente mutuelle ; assurance qui en résulte ; insolence qui s'ensuit ; mutinerie et bouleversement général. Me trompé-je, madame la baronne Ingram, d'Ingram Park ?

— Ma fleur de lis, tu ne te trompes jamais.

— Alors inutile d'en dire davantage ; changeons de sujet.

Amy Eshton, qui n'avait pas entendu ou n'avait pas accepté cette injonction, intervint alors en disant de sa voix douce et puérile :

— Louisa et moi nous taquinions aussi notre gouvernante ; mais c'était une si bonne personne qu'elle supportait n'importe quoi ; rien ne la mettait en colère. Elle ne s'irritait jamais contre nous ; n'est-ce pas, Louisa ?

— Jamais, en effet ; nous pouvions faire ce que nous voulions, piller son bureau et sa boîte à ouvrage, mettre ses tiroirs sens dessus dessous ; et elle était si bonne qu'elle nous donnait tout ce que nous demandions.

— Je suppose qu'à présent, dit Mlle Ingram en pinçant les lèvres d'un air sarcastique, nous allons entendre le résumé des Mémoires de toutes les gouvernantes de la création. Afin de détourner pareille calamité, je propose une nouvelle fois l'introduction d'un sujet différent. Monsieur Rochester, appuyez-vous ma proposition ?

— Madame, je vous soutiendrai sur ce point comme sur tous les autres.

— Alors, que m'incombe la charge de présenter ce sujet nouveau. Signor Eduardo, êtes-vous en voix ce soir ?

— Donna Bianca, si tel est votre bon plaisir, je le serai.

— En ce cas, signor, je vous intime l'ordre souverain de fourbir vos poumons et vos autres organes vocaux, car ils vont être requis au service de ma majesté.

— Qui ne voudrait être le Rizzio d'une Marie si divine ?

— La peste soit de Rizzio ! s'écria-t-elle, rejetant la tête en arrière avec toutes ses boucles, tandis qu'elle se dirigeait vers le piano. À mon avis, le violoneux David devait être un garçon passablement insipide ; je lui préfère le sombre Bothwell[1]. À mes yeux un homme n'est

---

1. Époux de Marie Stuart ; Rizzio avait été l'un des amants de la reine.

rien s'il n'est relevé de quelque piment diabolique ; l'histoire aura beau dire ce qu'elle voudra de James Hepburn, j'ai idée que ce devait être exactement le genre de héros malfaiteur, violent et farouche, auquel j'eusse consenti à faire don de ma main.

— Messieurs, vous entendez ! Alors, lequel d'entre vous ressemble le plus à Bothwell ? s'écria M. Rochester.

— À mon avis, la palme vous revient, répliqua le colonel Dent.

— Sur mon honneur, je vous suis fort obligé, lui fut-il rétorqué.

Mlle Ingram, qui s'était à présent installée au piano avec une grâce altière, en étalant sa robe neigeuse pour lui donner une ampleur royale, attaqua un brillant prélude, sans cesser de bavarder. Elle avait l'air d'être montée sur ses grands chevaux ce soir-là ; ses paroles aussi bien que son attitude paraissaient destinées à susciter non seulement l'admiration, mais aussi la stupeur de son auditoire ; elle avait manifestement résolu de produire l'impression d'un être vraiment très fougueux et très audacieux.

— Oh, que je suis écœurée par les jeunes gens d'aujourd'hui ! s'exclama-t-elle en frappant avec force le clavier. Les pauvres gringalets, incapables de s'avancer d'un pas au-delà de la grille du parc de papa, ou même d'aller jusque-là sans la permission et la protection de maman ! Ces êtres tellement absorbés par le souci de leurs mignons visages, de leurs blanches mains, de leurs pieds menus ; comme si un homme avait quelque chose à voir avec la beauté ! Comme si le charme n'était pas la prérogative exclusive des femmes, leur apanage et leur héritage légitime ! Je reconnais qu'une femme laide est une ombre au tableau gracieux de la création ; mais, quant à ces messieurs, qu'ils se préoccupent seulement de posséder force et courage ; que leur devise soit : « Chasse, tir, lutte ; le reste ne vaut pas un liard. » Telle serait ma formule, si j'étais un homme.

— Le jour où je me marierai, poursuivit-elle après un silence que personne ne rompit, je suis résolue à n'avoir point en mon mari un rival, mais un repoussoir. Je ne souffrirai nul concurrent auprès du trône ; j'exigerai un hommage exclusif ; sa dévotion ne devra pas se partager entre ma personne et celle qu'il verra dans son miroir. Monsieur Rochester, chantez à présent, je vais vous accompagner.

— Je suis tout obéissance, lui fut-il répondu.

— En ce cas, voici une chanson de corsaire. Sachez que je raffole des corsaires et pour ce motif, chantez *con spirito*.

— Un ordre tombé des lèvres de Mlle Ingram suffirait à donner de l'animation à un bol de lait étendu d'eau.

— Alors, prenez garde ; si vous ne parvenez à me satisfaire, je vous humilierai en vous montrant comme il faut s'y prendre pour réussir dans ce genre.

— C'est offrir une prime à l'incapacité ; à présent, je vais m'efforcer d'échouer.

— *Gardez-vous-en bien !* Si vos erreurs sont volontaires, j'inventerai un châtiment approprié.

— Mlle Ingram devrait être clémente, car elle possède le pouvoir d'infliger des châtiments intolérables pour les mortels.

— Comment ! Expliquez-vous ! lui ordonna la demoiselle.

— Excusez-moi, Mademoiselle ; il n'est point besoin d'explications ; votre propre intelligence doit vous avertir qu'un seul froncement de sourcil de votre part remplacerait avantageusement la peine capitale.

— Chantez ! dit-elle et, touchant de nouveau le piano, elle entama son accompagnement dans un style enjoué.

— Maintenant le moment est venu pour moi de m'éclipser, pensai-je.

Mais les accents qui ébranlèrent alors l'air m'arrêtèrent. Mme Fairfax m'avait dit que M. Rochester possédait une belle voix : c'était vrai... une voix de basse moelleuse et puissante, dans laquelle il faisait passer toute sa sensibilité et toute sa force ; une voix qui se frayait un chemin par l'oreille jusqu'au cœur et y faisait naître d'étranges sensations. J'attendis que la dernière de ces vibrations graves et amples se fût éteinte, que le flot de la conversation, un instant interrompu, eût recommencé à couler ; je quittai alors mon coin abrité et sortis par la porte de côté, qui était heureusement proche de moi. De là un étroit couloir conduisait dans le vestibule ; en le traversant, je m'aperçus que ma sandale était dénouée ; je m'arrêtai pour la rattacher et m'agenouillai pour ce faire sur le paillasson placé au pied de l'escalier. J'entendis s'ouvrir la porte de la salle à manger et j'en vis sortir un homme ; je me relevai précipitamment et me trouvai face à face avec lui : c'était M. Rochester.

— Comment allez-vous ? me demanda-t-il.

— Fort bien, Monsieur.

— Pourquoi n'êtes-vous pas venue me parler dans le salon ?

Je me dis que j'aurais pu retourner la question à celui qui me la posait ; mais je ne voulus pas prendre cette liberté. Je répondis :

— Je ne voulais pas vous déranger, car vous paraissiez occupé, Monsieur.

— Qu'avez-vous fait en mon absence ?

— Rien de spécial ; j'ai donné des leçons à Adèle comme d'habitude.

— Et vous êtes devenue beaucoup plus pâle qu'avant… je m'en suis aperçu du premier coup d'œil. Que se passe-t-il ?

— Rien du tout, Monsieur.

— Auriez-vous pris un peu froid la nuit où vous avez failli me noyer ?

— Pas le moins du monde.

— Rentrez au salon ; vous désertez trop tôt.

— Je suis fatiguée, Monsieur.

Il me considéra pendant une minute.

— Et un peu abattue, dit-il. À quel propos ? dites-le-moi.

— Rien… rien, Monsieur. Je ne suis pas abattue.

— Mais je vous assure que vous l'êtes ; vous êtes tellement abattue que quelques mots de plus vous feraient venir les larmes aux yeux… en vérité, elles y sont déjà, toutes luisantes et débordantes ; une perle s'est déjà échappée de vos cils et est tombée sur le dallage. Si j'en avais le temps, et si je n'avais une peur horrible de voir passer quelque bavard ou quelque sainte-nitouche de domestique, j'arriverais à savoir ce que signifie tout cela. Enfin, pour ce soir je vous excuse ; mais sachez bien que tant que mes invités seront là, je compte sur vous pour vous montrer au salon tous les soirs ; tel est mon désir ; ne l'oubliez pas. À présent partez et envoyez Sophie chercher Adèle. Bonsoir, ma…

Il s'interrompit, se mordit la lèvre et me quitta brusquement.

CHAPITRE XVIII

Ce fut une période de gaieté au manoir de Thornfield, et aussi une période d'animation ; comme elle fut différente des trois premiers mois de tranquillité, de monotonie et de solitude que j'avais passés sous ce toit ! Tous les sentiments de tristesse paraissaient à présent chassés de la maison, tous les souvenirs sinistres oubliés ; il y avait de la vie partout et du mouvement du matin au soir. On ne pouvait à présent parcourir le couloir, naguère tellement silencieux, ni pénétrer dans les chambres du devant, naguère si désertes, sans rencontrer quelque élégante soubrette ou quelque valet tiré à quatre épingles.

La cuisine, l'office, la salle des domestiques et le vestibule étaient tout aussi animés ; quant aux salons, ils ne restaient vides et silencieux que quand le ciel bleu et le soleil serein de cet aimable printemps invitaient leurs occupants à sortir dans le parc. Même quand le temps se fut gâté et qu'il se fut mis à pleuvoir pendant plusieurs jours de suite, les réjouissances n'en parurent nullement affectées : simplement, les divertissements d'intérieur se firent plus joyeux et plus variés, pour compenser l'interruption des jeux de plein air.

Je me demandais ce qu'on allait faire le premier soir où il fut proposé de changer d'amusements : on parlait de « jouer aux charades », mais dans mon ignorance je ne compris pas ce terme. Les domestiques furent appelés, les tables de la salle à manger déplacées, les lumières disposées d'une façon nouvelle, les chaises installées en demi-cercle en face de l'arcade. Tandis que M. Rochester et les autres messieurs dirigeaient ces opérations, les dames montaient et descendaient l'escalier en courant et sonnaient leurs femmes de chambre. Mme Fairfax fut convoquée pour donner des renseignements touchant les ressources de la maison en fait de châles, de robes, de draperies de toute sorte ; certaines armoires du troisième étage furent mises au pillage et leur contenu, sous forme de jupes de brocart et de vertugadins, de traînes de satin, de mantes noires et de bonnets de dentelle, et ainsi de suite, fut apporté à pleines brassées par les caméristes ; puis un choix fut fait et les objets retenus furent transportés dans le boudoir qui donnait sur le salon.

Cependant, M. Rochester avait de nouveau rassemblé les dames autour de lui et en choisissait un certain nombre pour constituer son équipe. « Mlle Ingram est avec moi, bien entendu », dit-il ; puis il désigna les deux demoiselles Eshton et Mme Dent. Il me regarda ; je me trouvais très près de lui, car je venais de refermer l'agrafe du bracelet de Mme Dent, qui s'était défaite.

— Voulez-vous jouer ? me demanda-t-il.

Je hochai la tête. Il n'insista pas, comme j'avais un peu craint qu'il ne le fît, et me permit de retourner tranquillement à ma place habituelle.

Ses acolytes et lui se retirèrent alors derrière le rideau : les membres de l'autre groupe, dirigé par le colonel Dent, prirent place sur les chaises disposées en croissant. L'un des messieurs, M. Eshton, remarquant ma présence, eut l'air de proposer que l'on me demandât de me joindre à eux ; mais Lady Ingram opposa instantanément son veto à cette idée.

— Non, l'entendis-je dire, elle a l'air trop bête pour ce genre de jeu.

Au bout de peu de temps, une clochette tinta et le rideau se leva. Sous l'arcade on vit la silhouette corpulente de Sir George Lynn, également choisi par M. Rochester, enveloppée d'un drap blanc ; devant lui, sur une table, était posé un gros livre ; et à côté de lui se tenait Amy Eshton, drapée dans la cape de M. Rochester et tenant un livre à la main. Quelqu'un qui restait invisible sonnait la cloche joyeusement : ensuite Adèle (qui avait insisté pour faire partie de l'équipe de son tuteur) s'avança en sautillant et répandit autour d'elle le contenu d'un panier de fleurs qu'elle portait au bras. Puis apparut la magnifique silhouette de Mlle Ingram, vêtue de blanc, avec un long voile sur la tête et une couronne de roses autour du front ; à son côté s'avançait M. Rochester et tous deux s'approchèrent ensemble de la table. Ils s'agenouillèrent, tandis que Mme Dent et Louisa Eshton, également vêtues de blanc, se postaient derrière eux. Il s'ensuivit une cérémonie, jouée sans paroles, où il était facile de reconnaître la pantomime d'un mariage. Lorsque ce fut terminé, le colonel Dent et ses compagnons se consultèrent à voix basse pendant deux minutes, puis le colonel s'écria :

— *Bride*[1].

M. Rochester s'inclina et le rideau tomba.

C'est seulement au bout d'un long moment qu'il se releva. Ce deuxième lever de rideau révéla une scène plus apprêtée que la première. Le salon, comme je l'ai

---

1. *Bride* signifie une « mariée ». C'est la première syllabe de la charade ; la deuxième syllabe est *well* (« puits »), et le « tout » est Bridewell, nom d'une ancienne prison de Londres.

déjà indiqué, était surélevé de deux marches au-dessus de la salle à manger ; sur la marche supérieure, à un ou deux mètres à l'intérieur de la pièce, on voyait un grand bassin de marbre, que j'identifiai comme un ornement de la serre (c'est là qu'il se trouvait habituellement, entouré de plantes exotiques et peuplé de poissons rouges, et c'est de là qu'on avait dû le transporter à grand-peine, en raison de ses dimensions et de son poids).

Assis sur le tapis, à côté du bassin, apparaissait M. Rochester, costumé à l'aide de châles, avec un turban sur la tête. Ses yeux noirs, son teint basané, ses traits orientaux convenaient admirablement à son déguisement ; il avait l'air d'être le type même de l'émir arabe ordonnateur ou victime du cordon meurtrier. Bientôt apparut aux regards Mlle Ingram. Elle était, elle aussi, vêtue dans le style oriental, avec une écharpe nouée autour de la taille en guise de ceinture, un foulard brodé attaché autour des tempes, ses bras nus élevant leur admirable modelé, l'un d'eux levé pour faire le geste de soutenir une cruche, posée en équilibre gracieux sur sa tête. Tant par la tournure de son corps et de ses traits que par son teint et son allure générale, elle évoquait l'idée de quelque princesse israélite au temps des patriarches ; tel était bien, sans nul doute, le personnage qu'elle était censée représenter.

Elle s'approcha du bassin, sur lequel elle se pencha comme pour emplir sa cruche, qu'elle éleva de nouveau au-dessus de sa tête. Le personnage assis près du puits eut l'air de l'aborder et de lui présenter une requête : « vite, elle abaissa sa cruche sur son bras et le fit boire »[1]. Alors, des plis de sa robe il tira une cassette, l'ouvrit et

---

1. Genèse, 24, 18.

exhiba des bracelets et des boucles d'oreilles magnifiques ; elle joua la stupeur et l'admiration ; il s'agenouilla et déposa le trésor aux pieds de la jeune fille, sur les traits de laquelle se peignirent incrédulité et ravissement ; l'inconnu lui passa les bracelets aux poignets et lui mit les anneaux aux oreilles. C'étaient Éléazar et Rébecca ; seuls les chameaux manquaient au tableau.

Derechef, les membres du groupe chargé de deviner tinrent conciliabule ; apparemment ils ne parvinrent pas à se mettre d'accord sur le mot ou la syllabe qu'illustrait cette scène. Le colonel Dent, leur porte-parole, demanda « le tableau de *mon tout* » ; sur quoi le rideau retomba.

À son troisième lever, une partie seulement du salon apparaissait aux regards, le reste étant caché par un écran tendu de quelque draperie grossière et sombre. Le bassin de marbre avait été enlevé ; à sa place se trouvaient une table de bois blanc et une chaise de cuisine ; ces objets apparaissaient à la lumière très faible d'une lanterne de corne, les bougies ayant toutes été éteintes.

Au milieu de ce décor sordide un homme était assis, ses poings serrés posés sur ses genoux et les yeux fixés sur le sol. J'identifiai M. Rochester, encore que le visage encrassé, les vêtements en désordre (son habit lui pendait au bras, comme s'il lui eût été presque complètement arraché du corps au cours d'une échauffourée), la physionomie rembrunie et hargneuse, les cheveux hérissés et ébouriffés, eussent pu suffire à le rendre méconnaissable. Quand il bougea, il y eut un bruit de chaînes ; à ses poignets, des fers étaient attachés.

— Bridewell ! s'écria le colonel Dent.

C'était la solution de la charade.

Lorsqu'un intervalle de temps suffisant pour permettre aux exécutants de reprendre leur costume ordinaire se fut écoulé, ils rentrèrent dans la salle à manger. M. Rochester escortait Mlle Ingram, qui le complimentait sur sa façon de jouer.

— Savez-vous, lui dit-elle, que, de vos trois rôles, c'est dans le dernier que je vous ai préféré ? Ah, si seulement vous aviez vécu quelques années plus tôt, quel galant bandit gentilhomme vous eussiez fait.

— Ne me reste-t-il plus de suie sur le visage ? demanda-t-il en le tournant vers elle.

— Hélas ! non ; et c'est grand dommage ! Rien ne pouvait être plus seyant à votre teint que ce fard de brigand.

— Ainsi un héros de grand chemin vous plairait ?

— Un héros des grands chemins d'Angleterre serait ce qu'il y a de mieux après un bandit italien, qui, à son tour, ne saurait être surpassé que par un pirate levantin.

— Enfin, quoi que je sois, rappelez-vous que vous êtes ma femme ; nous nous sommes mariés il y a une heure en présence de tous ces témoins.

Elle eut un petit rire et s'empourpra.

— Maintenant, Dent, poursuivit M. Rochester, c'est votre tour.

Puis, tandis que l'autre équipe se retirait, ses compagnons et lui occupèrent les sièges laissés libres.

Ingram se plaça à la droite de son chef ; les autres divinateurs prirent les chaises placées de part et d'autre d'elle et de lui. Désormais je n'observai plus les acteurs ; je n'attendis plus avec intérêt le lever du rideau ; mon attention fut absorbée par les spectateurs ; mes yeux, naguère rivés sur l'arcade, furent désormais irrésistiblement attirés par le demi-cercle des chaises. Je ne me souviens plus de la charade présentée par le colonel Dent et son équipe, du mot qu'ils choisirent, ni de la façon dont ils se tirèrent d'affaire ; mais je vois encore les consultations qui suivirent chaque scène ; je vois

M. Rochester se tourner vers Mlle Ingram et Mlle Ingram vers lui ; je la vois incliner la tête vers lui, au point que ses boucles de jais touchent presque l'épaule de mon maître et lui caressent la joue ; j'entends leur échange de propos à mi-voix ; je me rappelle les coups d'œil qu'ils se jettent l'un à l'autre ; une partie des sentiments suscités par ce spectacle me revient même à la mémoire en ce moment.

Je vous ai dit, lecteur, que j'avais appris à aimer M. Rochester ; il m'était impossible d'annuler cet amour à présent, simplement parce que je constatais que mon maître avait cessé de s'intéresser à moi, parce que je pouvais passer des heures en sa présence sans qu'il tournât une seule fois les yeux de mon côté, parce que je voyais toutes ses attentions monopolisées par une noble demoiselle, qui évitait dédaigneusement de me toucher, fût-ce du bord de son vêtement, en passant près de moi ; qui, s'il advenait que son regard sombre et impérieux tombât sur moi par hasard, le retirait instantanément comme si j'eusse été un objet trop insignifiant pour mériter d'être observé par elle. Je ne pouvais annuler mon amour parce que j'avais la certitude que mon maître allait bientôt épouser précisément cette personne, parce que je lisais chaque jour en elle la fière assurance des intentions de M. Rochester en ce qui la concernait, ou parce que j'étais témoin à chaque heure du jour de la cour qu'il lui faisait ; il adoptait certes un style nonchalant, préférant se faire poursuivre plutôt que de poursuivre lui-même, mais pourtant sa cour était fascinante dans sa nonchalance même et dans son orgueil même, irrésistible.

Il n'y avait rien dans ces circonstances qui fût de nature à refroidir ou à exclure l'amour, même s'il y avait là grandement de quoi susciter le désespoir. Et grandement aussi, allez-vous penser, lecteur, de quoi engendrer la jalousie, si du moins une femme placée dans ma situation pouvait se permettre d'être jalouse d'une femme placée dans celle de Mlle Ingram. Mais je n'étais pas jalouse, ou je ne l'étais que très rarement ; la nature des souffrances que j'endurais ne pouvait s'expliquer par ce mot. Mlle Ingram était un objet indigne de la jalousie : elle était trop inférieure pour susciter un tel sentiment. Excusez l'apparent paradoxe ; je dis bien ce que je veux dire. Elle était très brillante, mais elle n'était pas authentique ; elle avait une belle prestance et nombre de talents éclatants, mais son esprit était pauvre et son cœur naturellement sec ; rien ne fleurissait spontanément sur un pareil sol ; nul fruit n'en jaillissait aisément et naturellement pour enchanter par sa fraîcheur. Elle n'était pas bonne ; elle n'était pas originale ; elle répétait toujours des phrases sonores prises dans les livres ; jamais elle n'avançait, jamais elle ne concevait, une opinion qui lui fût personnelle. Elle prônait un ton de sentimentalité exaltée, mais elle était étrangère aux sensations de la sympathie et de la pitié ; la tendresse et la sincérité n'étaient point en elle. Trop souvent elle trahissait ces insuffisances par sa façon de donner exagérément libre cours à l'animosité méchante qu'elle avait conçue envers la petite Adèle : si cette dernière s'approchait d'elle accidentellement, elle la repoussait avec une épithète méprisante, et parfois la chassait de la pièce ; elle la traitait toujours avec froideur et acrimonie. D'autres yeux que les miens observaient ces manifestations du caractère de Mlle Ingram, les observaient avec assiduité, avec attention, avec pénétration. Oui, le futur époux, M. Rochester en personne, exerçait sur son élue une surveillance de tous les instants : et c'est de cette sagacité qu'il avait, de cette méfiance, de cette conscience claire et complète des défauts de sa belle, de cette absence manifeste de passion dans les sentiments qu'il nourrissait pour elle, que naissait ma souffrance incessante et cruelle.

Je voyais qu'il allait l'épouser, pour des raisons familiales, ou peut-être politiques, parce que le rang et les relations de Mlle Ingram lui convenaient ; je me rendais compte qu'il ne lui avait pas accordé son amour, car les mérites de Mlle Ingram n'étaient guère propres à gagner de sa part un tel trésor. Tel était le cœur du problème, le point par où mes nerfs étaient atteints et tourmentés, par où ma fièvre était entretenue et alimentée : Mlle Ingram était incapable de le charmer.

Si elle avait réussi à remporter la victoire du premier coup, s'il lui avait cédé, s'il avait sincèrement déposé son cœur aux pieds de Mlle Ingram, je me fusse voilé la face, je me fusse retournée du côté du mur, et, au sens figuré, je fusse morte pour eux. Si Mlle Ingram avait été une femme bonne et noble, douée de force, de ferveur, de bonté, de raison, j'eusse livré un unique combat pour la vie contre deux tigres, la jalousie et le désespoir ; après quoi, le cœur déchiré et ravagé, je l'eusse admirée, j'eusse reconnu ses mérites et je me fusse tenue coite pendant le reste de mes jours ; plus sa supériorité eût été absolue, plus profonde eût été mon admiration, et plus mon acquiescement eût été véritablement paisible. Mais, étant donné les circonstances, voir les efforts de Mlle Ingram pour séduire M. Rochester, assister à leur échec répété, sans qu'elle eût elle-même conscience de cet échec ; alors qu'elle se figurait vainement que chaque trait décoché atteignait l'objectif et qu'elle tirait sottement vanité de son succès, tandis que son orgueil et sa complaisance repoussaient de plus en plus loin l'objet qu'elle souhaitait attirer ; assister à tout cela, c'était être soumise à la fois à une incessante agitation et à une contrainte impitoyable.

C'est que, quand elle échouait, je voyais comment elle aurait pu réussir. Des flèches qui ricochaient continuellement sur la poitrine de M. Rochester et tombaient à ses pieds sans lui faire de mal auraient pu, je le savais, si elles avaient été lancées d'une main plus sûre, s'enfoncer profondément dans son cœur orgueilleux et faire apparaître l'amour dans son œil sévère et la tendresse sur son visage sardonique ; ou, mieux encore, sans aucune arme, une conquête silencieuse eût pu être opérée.

« Comment se fait-il qu'elle n'ait pas plus d'influence sur lui alors qu'elle a le privilège de l'approcher de si près ? me demandais-je. Assurément il est impossible qu'elle l'aime vraiment, ou du moins qu'elle l'aime d'une affection sincère ! Si c'était le cas, elle n'aurait pas besoin de fabriquer des sourires en telle profusion, de faire luire ses regards avec tant d'assiduité, de confectionner des attitudes si savantes, des grâces si innombrables. Il me semble qu'elle pourrait, rien qu'en restant tranquillement assise à côté de lui sans guère lui parler et en le regardant encore moins, pénétrer plus près de son cœur. J'ai vu sur le visage de M. Rochester une expression bien différente de celle qui le durcit à présent quand elle l'aborde avec tant de vivacité ; mais alors cette expression naissait spontanément : nuls procédés factices, nulles manœuvres calculées ne cherchaient à la provoquer ; on n'avait qu'à l'accepter, à répondre sans prétention à ce qu'il demandait, à s'adresser à lui quand il le fallait sans faire de grimaces, et alors l'expression s'accentuait, devenait de plus en plus aimable et plaisante, et l'on s'en trouvait réchauffée comme par un rayon de soleil réconfortant. Comment parviendra-t-elle à le satisfaire quand ils seront mariés ? Je ne crois pas qu'elle y parviendra ; pourtant ce ne serait pas impossible ; la femme de

M. Rochester pourrait être, je le crois sincèrement, la plus heureuse du monde. »

Je n'ai rien dit encore de défavorable au projet formé par M. Rochester de se marier pour des raisons d'intérêt et de relations. J'avais été surprise tout d'abord en découvrant que telle était son intention ; je l'avais considéré comme un homme incapable de se laisser influencer par des motifs aussi ordinaires dans le choix de sa femme ; mais plus je réfléchissais à la situation, à l'éducation, et ainsi de suite, des intéressés, moins je me reconnaissais le droit de les juger ou de les blâmer l'un ou l'autre parce qu'ils agissaient conformément à des idées et à des principes qui leur avaient été inculqués, sans nul doute, dès l'enfance. Tous les membres de leur classe acceptaient ces principes ; je supposais donc qu'ils avaient pour les adopter des raisons impénétrables pour moi. Il me semblait que, si j'avais été homme de qualité, comme lui, je n'eusse pas ouvert mon cœur à une femme que je n'eusse pu aimer ; mais les avantages résultant de ma solution pour le bonheur du mari lui-même étaient tellement évidents que j'étais convaincue qu'il devait exister des arguments totalement ignorés de moi et empêchant de généraliser cette solution, sans quoi j'étais sûre que le monde entier eût agi comme je souhaitais le faire.

Mais à d'autres égards, aussi bien que sur ce point, je devenais très indulgente envers mon maître ; j'oubliais tous ses défauts, que j'avais naguère surveillés d'un œil sévère. Auparavant je m'étais efforcée d'étudier tous les aspects de son caractère, d'en prendre le bon et le mauvais, et après avoir scrupuleusement pesé l'un et l'autre, de me faire une opinion équitable. À présent je ne voyais plus rien de mauvais. Les sarcasmes qui m'avaient rebutée, la rudesse qui m'avait surprise autrefois n'étaient plus pour moi que comme des condiments relevés dans un mets de choix ; leur présence était piquante, mais leur absence eût produit une impression d'insipidité relative. Quant à cet élément vague et indéfinissable, à cette expression (était-elle sinistre ou attristée, calculatrice ou mélancolique ?) qui apparaissait de temps à autre dans son regard à l'observateur attentif, puis s'effaçait de nouveau avant qu'on eût le temps de sonder l'étrange profondeur ainsi partiellement révélée ; cet aspect qui autrefois m'inspirait un mouvement de crainte et de recul, comme si en me promenant dans des montagnes d'aspect volcanique, j'eusse soudain senti frémir le sol et vu la terre s'ouvrir ; cet élément, je le voyais encore de loin en loin, mais si j'en avais le cœur palpitant, je n'en étais plus paralysée de crainte. Au lieu de souhaiter me dérober à cette vue, je n'aspirais qu'à la défier, à en percer le secret ; et Mlle Ingram me semblait heureuse, puisqu'un jour elle pourrait plonger à loisir son regard dans l'abîme, en explorer les mystères et en analyser la nature.

Cependant, tandis que je pensais seulement à mon maître et à sa future épouse, que je n'entendais que leurs propos, que je n'attachais d'importance qu'à leurs mouvements, les autres membres de la compagnie étaient absorbés par leurs intérêts et leurs plaisirs personnels et distincts. Les nobles dames Lynn et Ingram continuaient à engager de solennels entretiens, au cours desquels on voyait leurs deux turbans s'incliner l'un vers l'autre, ou leurs quatre mains se lever dans des gestes symétriques de surprise, de mystère ou d'horreur, selon le thème de leurs commérages, comme si nous avions sous les yeux deux marionnettes hypertrophiées.

La douce Mme Dent causait avec la bonne Mme Eshton ; l'une et l'autre m'accordaient parfois une parole courtoise ou un sourire. Sir George Lynn, le colonel

Dent et M. Eshton discutaient de politique, ou des affaires du comté, ou de questions judiciaires. Lord Ingram contait fleurette à Amy Eshton ; Louisa jouait du piano ou chantait avec l'un des jeunes MM. Lynn pour auditeur ou pour partenaire ; et Mary Ingram écoutait indolemment les propos galants de l'autre. Parfois tous, comme s'ils s'étaient donné le mot, interrompaient leur jeu de second plan pour observer et écouter les acteurs principaux ; car, après tout, M. Rochester et (parce qu'elle était en relations étroites avec lui) Mlle Ingram étaient la vie et l'âme de la compagnie. S'il s'absentait pour une heure du salon, un sensible engourdissement paraissait s'emparer de l'esprit de ses invités ; son retour ne manquait pas de donner un regain de vivacité à la conversation.

L'absence de son influence stimulante parut se faire particulièrement sentir un jour où il avait été appelé à Millcote pour affaires et risquait de ne pas rentrer avant une heure tardive. Le temps était humide cet après-midi-là ; une promenade projetée par la compagnie, pour visiter un camp de romanichels récemment installé sur un terrain communal de l'autre côté de Hay, fut en conséquence ajournée. Quelques-uns des messieurs s'en étaient allés aux écuries ; les plus jeunes, ainsi que les plus jeunes demoiselles, faisaient une partie dans la salle de billard. Les douairières Ingram et Lynn puisaient leur réconfort dans une tranquille partie de cartes. Blanche Ingram, après avoir repoussé avec une taciturnité dédaigneuse les efforts faits par Mme Dent et Mme Eshton pour engager la conversation avec elle, avait commencé par fredonner des airs et des chants sentimentaux, assise au piano, puis était allée chercher un roman dans la bibliothèque, s'était jetée sur un sofa avec une hautaine nonchalance et s'apprêtait à tromper le temps, grâce à la magie de la littérature d'imagination, pendant les longues heures de l'absence. La pièce et toute la maison étaient plongées dans le silence ; on entendait seulement, de temps à autre, descendre de l'étage supérieur les rires des joueurs de billard.

Le crépuscule était tout proche et l'horloge avait déjà sonné, annonçant que l'heure était venue de s'habiller pour le dîner, quand la petite Adèle, qui était agenouillée à côté de moi sur la banquette de la fenêtre du salon, s'écria soudain :

— *Voilà M. Rochester qui revient !*

Je me retournai et Mlle Ingram quitta précipitamment son sofa ; les autres personnes interrompirent aussi leurs occupations respectives et levèrent les yeux ; car au même instant on entendit un bruit de roues et le pas des chevaux qui faisaient gicler l'eau en frappant le gravier humide. Une chaise de poste approchait.

— Quelle idée l'a pris de revenir en pareil équipage ? demanda Mlle Ingram. Il montait bien Mesrour (c'était son cheval noir), n'est-ce pas, quand il est parti ? Et Pilote était avec lui... qu'a-t-il fait de ces animaux ?

En disant ces mots, elle approcha sa haute personne et ses amples vêtements de la fenêtre, tant et si bien que je fus obligée de me pencher en arrière presque au point de me rompre la colonne vertébrale ; dans son impatience elle ne remarqua pas tout d'abord ma présence, mais quand elle s'en aperçut, elle pinça les lèvres et gagna une autre fenêtre. La chaise de poste s'immobilisa ; le cocher sonna à la porte d'entrée et un monsieur mit pied à terre, vêtu d'un costume de voyage ; mais ce n'était pas M. Rochester ; c'était un homme de haute taille et d'allure élégante, un inconnu.

— Que c'est agaçant, s'écria Mlle Ingram. Assommante péronnelle ! (C'est Adèle qu'elle interpellait.)

Qui t'a postée devant la fenêtre pour répandre de fausses nouvelles ?

Et de me jeter un regard irrité, comme si j'étais en faute.

On entendit parlementer dans le vestibule ; bientôt le nouveau venu fit son entrée. Il salua Lady Ingram, pour marquer qu'il reconnaissait en elle la doyenne des dames présentes.

— Il semble que j'arrive à un moment inopportun, Madame, dit-il, alors que mon ami M. Rochester n'est pas chez lui ; mais je viens de faire un très long voyage et je crois que je puis me permettre, en vertu de nos relations anciennes et intimes, de m'installer ici en attendant son retour.

Il avait des manières courtoises ; son accent, quand il parla, me fit l'effet d'être un peu bizarre... non pas exactement étranger, mais non pas tout à fait anglais non plus ; il devait avoir à peu près le même âge que M. Rochester, entre trente et quarante ans ; il avait le teint singulièrement basané ; à tous autres égards, c'était un bel homme, surtout au premier abord. Quand on l'examinait de plus près, on décelait sur son visage quelque chose qui déplaisait, ou plutôt ne parvenait pas à plaire. Il avait des traits réguliers, mais trop mous ; l'œil grand et bien dessiné, mais la vie qui en émanait était une sorte de vie terne et vide... ou du moins telle fut mon impression.

Le premier coup de cloche du dîner dispersa toute la compagnie. C'est seulement après le repas que je revis le visiteur ; il paraissait désormais fort à son aise. Mais sa physionomie me plut encore moins qu'auparavant ; elle me fit l'effet de manquer à la fois de stabilité et d'animation. Son œil était sans cesse en mouvement, mais ce mouvement n'avait pas de sens, ce qui lui donnait un air étrange, comme je n'avais pas souvenir d'en avoir encore jamais vu. Pour un homme beau et assez aimable, il m'inspirait une extraordinaire répulsion : c'est qu'il n'y avait pas de force dans ce visage à la peau unie et à la forme ovale et pleine, pas de fermeté dans ce nez aquilin, dans cette bouche couleur de cerise : pas de pensée sur ce front bas et lisse ; pas d'autorité dans cet œil brun et terne.

Assise dans mon coin habituel, considérant le visiteur sur qui tombait en plein la lumière des girandoles de la cheminée (car il occupait un fauteuil qu'il avait tiré tout contre l'âtre et ne cessait de se pelotonner toujours plus près de la flamme, comme s'il avait froid), je le comparai à M. Rochester. Je crois (soit dit sans irrévérence) que le contraste n'aurait pas pu être plus grand entre un jars au plumage lisse et un faucon sauvage, entre un humble mouton et le chien au poil hérissé et à l'œil perçant qui le garde.

Il avait parlé de M. Rochester comme d'un vieil ami. Leur amitié avait dû être de curieuse sorte et fournir, en vérité, une frappante illustration au vieil adage qui veut que « les extrêmes se rencontrent ».

Deux ou trois des messieurs étaient assis à côté de lui et j'entendais de temps à autre des bribes de leur conversation à travers la pièce. Au début je ne pus comprendre grand-chose à ce que j'entendais ; car les propos de Louisa Eshton et de Mary Ingram, assises plus près de moi, mettaient la confusion dans les phrases fragmentaires qui parvenaient de loin en loin à mes oreilles. Ces demoiselles parlaient du nouveau venu ; toutes deux le disaient « bel homme ». Louisa déclara que c'était « une créature délicieuse » et qu'elle « l'adorait » ; et Mary cita « la jolie petite bouche et le nez ravissant » du personnage comme exemple du charme idéal selon elle.

— Et quel front aimable il a ! s'écria Louisa, tellement lisse, sans aucune de ces irrégularités ni aucun de ces froncements que je déteste tant ; et un œil et un sourire si placides !

À ce moment, à mon grand soulagement, M. Henry Lynn appela les demoiselles de l'autre côté de la pièce pour régler quelque détail touchant l'expédition ajournée au pré communal de Hay.

Je pus désormais concentrer mon attention sur le groupe assis au coin du feu et je ne tardai pas à comprendre que le nouveau venu s'appelait M. Mason ; puis j'appris qu'il venait d'arriver en Angleterre et qu'il venait d'un pays chaud, ce qui expliquait, sans nul doute, qu'il eût le visage si basané, et qu'il restât si près du feu et portât un pardessus dans la maison. Bientôt les mots Jamaïque, Kingston et Spanish Town indiquèrent que son lieu de résidence se trouvait aux Antilles ; et je ne fus pas peu surprise d'apprendre bientôt que c'était là qu'il avait vu pour la première fois M. Rochester et fait sa connaissance. Il parla du peu de goût de son ami pour les grosses chaleurs, les ouragans et la saison des pluies dans cette région. Je savais que M. Rochester avait voyagé ; Mme Fairfax me l'avait dit ; mais je pensais qu'il avait borné ses pérégrinations au continent européen ; jusqu'à ce jour je n'avais pas entendu dire un mot touchant des visites à de plus lointains rivages.

Je méditais sur ces faits quand un incident, passablement inattendu, vint rompre le fil de mes réflexions. M. Mason, qui avait frissonné quand quelqu'un s'était trouvé ouvrir une porte, demanda qu'on remît du charbon sur le feu, car si la braise abondante était encore rouge et brûlante, il n'y avait plus de flamme. Le valet qui apporta du charbon s'arrêta, au moment de ressortir, près du fauteuil de M. Eshton et lui dit à mi-voix quelques mots, dont je saisis seulement les expressions « vieille femme » et « vraiment assommante ».

— Dites-lui qu'on la mettra au pilori si elle ne déguerpit, répliqua le magistrat.

— Non... un instant ! s'écria le colonel Dent, l'interrompant. Ne la renvoyez pas, Eshton, nous pourrions tirer parti de cette affaire ; mieux vaut consulter ces dames.

Puis il poursuivit d'une voix plus forte :

— Mesdames, vous parliez de vous rendre au pré communal de Hay pour visiter le camp des romanichels ; Sam, ici présent, dit que l'une de leurs vieilles bonnes femmes mal fagotées est en ce moment dans la salle des domestiques, et insiste pour se faire présenter à « la haute », à qui elle voudrait dire la bonne aventure. Aimeriez-vous la voir ?

— Assurément, colonel, s'écria Lady Ingram, vous ne voudriez pas encourager une imposture aussi vulgaire ! Congédiez-la sans hésiter et sur-le-champ !

— Mais je ne peux pas la persuader de s'en aller, Madame, dit le valet ; et aucun autre domestique n'y arrive non plus ; Mme Fairfax est avec elle en ce moment et la supplie de partir ; mais elle s'est emparée d'une chaise au coin du feu et dit que rien ne l'en fera bouger jusqu'à ce qu'elle obtienne la permission de venir ici.

— Que veut-elle ? demanda Mme Eshton.

— « Dire la bonne aventure au beau monde », à ce qu'elle déclare, Madame, et elle jure qu'il le faut et qu'elle y tient.

— De quoi a-t-elle l'air ? demandèrent les demoiselles Eshton d'une même voix.

— C'est une vieille créature affreusement laide ; elle est presque aussi noire qu'une poêle à frire.

— Ma parole, c'est une vraie sorcière ! s'écria Frederic Lynn. Faisons-la venir, bien sûr.

— Naturellement, répliqua son frère ; ce serait mille fois dommage de laisser perdre une si bonne occasion de s'amuser.

— Mes chers enfants, à quoi pensez-vous ? s'exclama Mme Lynn.

— Je ne peux absolument pas donner mon accord à une entreprise aussi déraisonnable, ajouta la douairière Ingram à l'unisson.

— En vérité, maman, non seulement vous le pouvez, mais vous allez le faire, décréta la voix hautaine de Blanche, qui virevolta sur le tabouret de piano, où elle était restée assise en silence jusqu'à cet instant, apparemment occupée par l'examen de diverses partitions. Je suis curieuse de m'entendre prédire l'avenir ; par conséquent, Sam, faites avancer la mégère.

— Ma Blanche chérie ! rappelle-toi...

— C'est ce que je fais... je me rappelle tout ce que vous pourriez dire ; mais il faut que ma volonté se fasse... Sam, dépêchons-nous !

— Oui, oui, oui ! s'écrièrent tous les jeunes gens des deux sexes. Qu'elle vienne... ce sera extrêmement amusant !

Le valet hésitait encore.

— C'est qu'elle n'a vraiment pas l'air commode, dit-il.

— Allez ! lança Mlle Ingram.

Et le valet sortit.

L'agitation s'empara aussitôt de toute la compagnie : un feu roulant de railleries et de plaisanteries s'était déclenché quand Sam revint.

— Elle ne veut pas venir maintenant, dit-il. Elle dit qu'elle n'a pas pour mission de paraître devant « le commun des mortels » (c'est son expression). Il faut que je la fasse entrer dans une pièce, toute seule, et ensuite ceux qui voudront la consulter devront aller la voir un par un.

— Tu vois à présent, ma royale Blanche, commença Lady Ingram, comme elle abuse de la situation. Écoute nos conseils, mon angélique enfant… et…

— Faites-la entrer dans la bibliothèque, naturellement, fit l'angélique enfant, interrompant sa mère. Je n'ai pas non plus pour mission de l'écouter devant le commun des mortels : je veux l'avoir pour moi toute seule. Y a-t-il du feu dans la bibliothèque ?

— Oui, Mademoiselle… mais c'est qu'elle a l'air d'une vraie chaudronnière.

— Assez jacassé, nigaud ! Faites ce que je vous dis.

De nouveau Sam disparut ; le mystère, l'agitation, l'attente furent de nouveau à leur comble.

— Maintenant elle est prête, dit le valet quand il reparut. Elle voudrait savoir qui va lui rendre visite en premier.

— Je crois que je ferais mieux d'aller jeter un petit coup d'œil sur elle avant qu'une de ces dames s'y risque, dit le colonel Dent. Dites-lui, Sam, qu'un monsieur va venir.

Sam s'en fut et revint.

— Elle dit, Monsieur, qu'elle ne veut pas voir de messieurs : inutile qu'ils se donnent le mal d'aller jusqu'à elle ; ni d'ailleurs, ajouta-t-il en réprimant avec peine un petit gloussement, ni d'ailleurs de dames, sauf celles qui sont jeunes et célibataires.

— Ma parole, elle a bon goût ! s'écria Henry Lynn.

Mlle Ingram se leva d'un air solennel.

— J'irai la première, déclara-t-elle sur un ton qui eût pu convenir au chef d'un détachement d'enfants perdus, montant à l'assaut d'une brèche à la tête de ses hommes.

— Oh, ma bien-aimée ! oh, mon trésor ! arrête... réfléchis !

Tel fut le cri de la mère ; mais sa fille passa impétueusement près d'elle en gardant un silence imposant, franchit la porte que le colonel Dent tenait ouverte et nous l'entendîmes entrer dans la bibliothèque.

Un silence relatif s'ensuivit. Lady Ingram jugea que c'était *le cas* de se tordre les mains, et c'est donc ce qu'elle fit. Mlle Mary déclara que, pour sa part, elle avait l'impression qu'elle n'oserait jamais y aller. Amy et Louisa Eshton se mirent à glousser sous cape, mais prirent un air un peu effrayé.

Les minutes s'écoulèrent très lentement : on en compta quinze avant que la porte de la bibliothèque se rouvrît. Mlle Ingram revint vers nous par l'arcade.

Allait-elle éclater de rire ? Prendre la chose en plaisanterie ? Tous les regards rencontrèrent le sien avec une expression d'ardente curiosité et elle rencontra tous les regards avec une expression de froideur et d'hostilité dédaigneuse ; elle ne paraissait ni émue ni égayée ; elle gagna son siège d'un pas raide et s'y installa en silence.

— Alors, Blanche ? fit Lord Ingram.

— Qu'a-t-elle dit, ma sœur ? demanda Mary.

— Que pensez-vous d'elle ? Comment vous sentez-vous ? Est-ce une vraie diseuse de bonne aventure ? demandèrent les demoiselles Eshton.

— Allons, allons, bonnes gens, répliqua Mlle Ingram, ne m'accablez pas de questions. En vérité, vos facultés d'émerveillement et de crédulité sont faciles à mettre en branle ; à en juger par l'importance que vous accordez tous – y compris ma brave maman – à cette affaire, vous semblez tous croire que nous avons dans la maison une authentique sorcière, en liaison directe avec le malin. C'est une vaurienne de romanichel que j'ai vue ; elle a pratiqué de façon banale la science de la chiromancie et m'a dit ce que disent habituellement les gens de son espèce. Mon caprice est satisfait ; et maintenant je pense que M. Eshton fera bien de mettre cette carabosse au pilori demain matin comme il l'en a menacée.

Mlle Ingram prit un livre, se rejeta en arrière dans son fauteuil et ainsi coupa court à toute conversation. Je l'observai pendant près d'une demi-heure ; pendant tout ce temps elle ne tourna pas une seule fois sa page, et son visage devint d'instant en instant plus sombre, plus mécontent, plus révélateur d'une amère déception. Il était évident qu'elle n'avait rien entendu d'avantageux pour elle ; mais, à en juger par son accès prolongé d'humeur taciturne et sombre, il me sembla qu'elle attachait elle-même, malgré ses protestations d'indifférence, une importance excessive aux révélations, quelles qu'elles fussent, qui lui avaient été faites.

Cependant, Mary Ingram, Amy et Louisa Eshton déclarèrent qu'elles n'osaient y aller seules, mais qu'elles avaient toutes envie d'y aller. Des négociations furent engagées par l'intermédiaire de l'ambassadeur Sam ; et, après force allées et venues, qui durent, j'imagine, soumettre à une rude épreuve les mollets du susdit Sam, la permission fut à grand-peine extorquée à l'impitoyable sibylle : les trois demoiselles allaient lui rendre visite en corps constitué.

Leur visite ne fut pas aussi calme que l'avait été celle de Mlle Ingram : nous entendîmes des rires nerveux et de petits cris en provenance de la bibliothèque ; et au bout de quelque vingt minutes elles rouvrirent la porte en coup de vent et arrivèrent, traversant le vestibule au pas de course, comme si la crainte leur avait fait presque perdre la raison.

— Je suis sûre qu'il y a en elle quelque chose de louche ! s'écrièrent-elles d'un commun accord. Elle nous en a dit, de ces choses ! Elle sait tout sur notre compte !

Et de s'effondrer, hors d'haleine, dans les divers fauteuils que les messieurs s'étaient empressés d'avancer pour elles.

Priées instamment de s'expliquer davantage, elles déclarèrent que la vieille leur avait parlé de choses qu'elles avaient dites ou faites dans leur petite enfance ; qu'elle avait décrit des livres et des bibelots qu'elles avaient dans leur boudoir chez elles, souvenirs offerts par divers parents. Elles affirmèrent que la sorcière avait même deviné leurs pensées et qu'elle avait glissé à l'oreille de chacune d'entre elles le nom de la personne qu'elle aimait le plus au monde et lui avait appris l'objet de son plus cher désir.

Là-dessus les messieurs intervinrent pour demander instamment à être davantage éclairés sur ces deux derniers points, mais pour prix de leurs importunités n'obtinrent que des rougeurs, des exclamations, des tremblements et des rires étouffés. Cependant les matrones distribuaient des flacons de sels et agitaient des éventails, tout en renouvelant l'expression de leur regret que leur avertissement n'eût pas été entendu à temps ; les plus âgés des messieurs riaient, et les plus jeunes offraient leurs services aux belles en émoi.

Au milieu du tumulte, tandis que j'avais les yeux et les oreilles entièrement absorbés par le spectacle qui se déroulait devant moi, j'entendis un toussotement juste derrière moi ; je me retournai et je vis Sam.

— S'il vous plaît, Mademoiselle, la bohémienne déclare qu'il y a dans la salle une autre jeune femme célibataire qui n'est pas encore allée la voir ; elle jure qu'elle ne partira pas sans les avoir toutes vues. J'ai pensé que cela devait être vous ; cela ne peut être personne d'autre. Que dois-je lui dire ?

— Oh, je vais y aller, sans hésitation, répondis-je.

J'étais heureuse de cette occasion inespérée de satisfaire ma curiosité fort en éveil. Je sortis discrètement de la pièce, sans être observée par quiconque (car toute la compagnie ne formait qu'une masse groupée autour du craintif trio qui venait de rentrer) et je refermai la porte sans bruit derrière moi.

— Si vous voulez, Mademoiselle, dit Sam, je vous attendrai dans le vestibule ; si elle vous fait peur, vous n'aurez qu'à crier, et j'entrerai.

— Non, Sam, retournez à la cuisine ; je n'ai pas le moins du monde peur.

C'était vrai, mais j'étais très intéressée et surexcitée.

CHAPITRE X

La bibliothèque avait un air assez tranquille quand j'y entrai et la sibylle – si c'en était bien une – était assez douillettement installée dans un fauteuil au coin du feu. Elle était vêtue d'une pèlerine rouge et d'un chapeau noir, ou, plus précisément, d'un chapeau gitan à large bord, attaché à l'aide d'un mouchoir à carreaux qui lui passait sous le menton. Une bougie éteinte était posée sur la table ; la vieille était penchée au-dessus du feu et paraissait lire à la lueur de la flambée un passage d'un petit livre noir qui avait l'air d'un Livre de Prière ; elle se récitait les mots à voix basse à mesure qu'elle lisait, comme le font beaucoup de vieilles femmes ; elle ne s'interrompit pas dès mon arrivée : il semblait qu'elle désirât finir un paragraphe.

Je restai debout sur le devant du foyer et me chauffai les mains, qui s'étaient un peu refroidies, pendant que j'étais restée assise au salon loin de la cheminée. Jamais de ma vie je ne m'étais sentie plus calme ; à vrai dire il n'y avait rien d'inquiétant dans l'apparence de la bohémienne. Elle referma son livre et leva lentement les yeux ; le bord de son chapeau lui ombrageait en partie la figure, mais je pus voir, quand elle leva la tête, que cette figure était étrange. Elle avait l'air toute brune et noire ; des mèches rebelles émergeaient en désordre d'un bandeau blanc qui lui passait sous le menton et lui couvrait la moitié des joues, ou plutôt des mâchoires ; ses yeux me considérèrent bien en face, d'un regard hardi et sans détour.

— Alors, vous voulez donc vous faire dire la bonne aventure ? me demanda-t-elle, d'une voix aussi résolue que son regard, aussi rude que ses traits.

— Peu m'importe, ma mère, faites à votre guise ; mais je dois vous prévenir que je n'ai pas la foi.

— Je reconnais bien votre impudence à ces paroles ; je n'en attendais pas moins de votre part ; j'avais lu cela dans votre pas quand vous avez franchi le seuil.

— Vraiment ? Vous devez avoir l'oreille exercée.

— C'est vrai ; et j'ai aussi l'œil exercé et le cerveau exercé.

— Vous avez besoin de tout cela dans votre métier.

— Oui, surtout quand j'ai affaire à des clientes de votre espèce. Pourquoi ne tremblez-vous pas ?

— Je n'ai pas froid.

— Pourquoi ne pâlissez-vous pas ?

— Je ne suis pas malade.

— Pourquoi n'avez-vous pas recours à mon art ?

— Je ne suis pas sotte.

La vieille commère fit entendre un ricanement à l'abri de son chapeau et de son bandeau ; puis elle exhiba une petite pipe noire, l'alluma et se mit à fumer. Après s'être adonnée quelques instants à cette occupation sédative, elle se redressa, ôta la pipe de ses lèvres et, tout en regardant fixement le feu, me dit sur un ton très assuré :

— Vous avez froid ; vous êtes malade ; vous êtes sotte.

— Prouvez-le, rétorquai-je.

— C'est ce que je vais faire en peu de mots. Vous avez froid, parce que vous êtes seule : nul contact ne fait jaillir de vous le feu qui est en vous. Vous êtes malade, parce que le meilleur, le plus noble et le plus précieux des sentiments qui soient donnés à l'homme reste éloigné de vous. Vous êtes sotte parce que, quelle que soit l'étendue de vos souffrances, vous ne voulez pas faire signe à ce sentiment d'approcher, vous ne voulez pas bouger d'un pas pour aller le trouver là où il vous attend.

Elle porta de nouveau sa petite pipe noire à ses lèvres et se remit à fumer avec vigueur.

— Vous pourriez en dire autant à n'importe laquelle, ou presque, des personnes dont vous savez qu'elles mènent la vie d'une employée solitaire dans une grande maison.

— Je pourrais le dire à n'importe laquelle, ou presque, mais serait-ce vrai de n'importe laquelle, ou presque ?

— De celles qui sont dans la même situation que moi.

— Oui ; précisément, dans la même situation que vous ; mais trouvez-moi quelqu'un qui soit exactement dans la même position que vous.

— Il serait facile d'en trouver des milliers.

— Vous auriez de la peine à m'en trouver une seule. Vous ne le savez pas, mais votre situation est très particulière : vous êtes très proche du bonheur, il est même à votre portée. Tous les matériaux sont prêts ; il ne faut qu'un geste pour les assembler. Le hasard les a placés assez loin les uns des autres ; qu'ils se rapprochent seulement, et c'est la félicité qui en découle.

— Je ne comprends rien aux énigmes. Jamais de ma vie je n'ai été capable de trouver le mot d'une devinette.

— Si vous voulez que je vous parle plus clairement, montrez-moi la paume de votre main.

— Il faut sans doute que je vous donne de l'argent d'abord ?

— Bien entendu.

Je lui donnai un shilling ; elle le mit dans une vieille chaussette qu'elle tira de sa poche, puis, après l'avoir nouée et remise en place, elle m'ordonna de tendre la main. Elle pencha la tête au-dessus de ma paume et l'examina attentivement, sans y toucher.

— Elle est trop fine, dit-elle. Je ne peux rien tirer d'une main comme celle-là ; elle n'a pour ainsi dire pas de lignes ; d'ailleurs, que trouve-t-on sur une main ? Ce n'est pas là qu'est inscrite la destinée.

— Vous avez raison, dis-je.

— Non, poursuivit-elle, c'est sur le visage, sur le front, autour des yeux, dans les yeux eux-mêmes, dans les lignes de la bouche. Agenouillez-vous et levez la tête.

— Ah ! voilà que vous en arrivez aux choses sérieuses, dis-je en lui obéissant. Je vais bientôt commencer à avoir un peu de foi en vous.

Je m'agenouillai à moins de deux pas d'elle. Elle tisonna le feu, si bien qu'une vaguelette de flamme jaillit des braises ainsi secouées ; toutefois, dans sa position, la flamme ne faisait que jeter son visage dans une ombre plus profonde, alors qu'elle illuminait le mien.

— Je me demande dans quels sentiments vous êtes venue me voir ce soir, dit-elle, après m'avoir examinée un moment. Je me demande quelles pensées se sont agitées dans votre cœur pendant toutes les heures que vous avez passées dans ce salon avec toutes les personnes du beau monde apparaissant et disparaissant devant vous comme des silhouettes dans une lanterne magique, sans qu'il y eût entre ces gens et vous plus de communication ou de sympathie que s'il s'était agi véritablement de simples ombres d'êtres humains, et non de substance et de réalité.

— Je me sens fatiguée souvent, somnolente parfois, mais rarement triste.

— C'est que vous avez donc un espoir secret pour vous soutenir et vous glisser à l'oreille de flatteuses promesses d'avenir.

— Nullement. Le comble de mes espoirs serait d'économiser assez d'argent sur mon salaire pour fonder un jour une école dans une petite maison que je louerais moi-même.

— Maigre chère pour permettre à l'esprit de subsister ; mais, quand vous êtes sur votre banquette de fenêtre – vous voyez que je connais vos habitudes...

— Vous les avez apprises par les domestiques.

— Ah ! Vous vous croyez très fine. Enfin, vous avez peut-être raison ; à vrai dire, je suis en relations avec l'une d'elles, Mme Poole...

Je me relevai d'un bond en entendant ce nom.

— Vraiment ? Tiens, tiens, pensai-je ; il y a donc bien quelque chose de diabolique dans cette histoire après tout !

— Ne vous inquiétez pas, poursuivit l'étrange créature ; c'est une personne de tout repos que cette Mme Poole, discrète et paisible ; n'importe qui peut se fier à elle. Mais, comme je vous le disais : quand vous êtes sur votre banquette de fenêtre, ne pensez-vous à rien d'autre que votre future école ? Ne vous intéressez-vous point dans le présent à certaines des personnes qui occupent des sofas et des fauteuils sous vos yeux ? N'est-il pas de visage que vous étudiiez ? De silhouette dont vous suiviez les mouvements avec, pour le moins, de la curiosité ?

— J'ai plaisir à observer tous les visages et toutes les silhouettes.

— Mais n'en détachez-vous jamais des autres une seule... ou peut-être deux ?

— Fréquemment ; quand les gestes ou les regards d'un groupe ont l'air de raconter une histoire ; je m'amuse à les surveiller.

— Quel genre d'histoire aimez-vous le mieux entendre ?

— Oh, je n'ai guère le choix ! Elles roulent en général sur un thème unique : la cour que se font les gens ; elles promettent de s'achever par une catastrophe unique : le mariage.

— Et ce thème monotone vous plaît-il ?

— Franchement, je ne m'en soucie pas : cela ne me concerne en rien.

— En rien ? Quand une demoiselle, jeune, pleine de vie et de santé, charmante, possédant la beauté et les dons du rang et de la fortune, est là qui sourit sous les yeux d'un homme que vous...

— Que je... quoi donc ?

— Que vous connaissez... que vous estimez peut-être.

— Je ne connais pas les messieurs qui sont ici. C'est à peine si j'ai échangé une syllabe avec un seul d'entre eux ; pour ce qui est de l'estime que j'ai pour eux, j'en considère certains comme respectables, imposants et âgés, d'autres comme jeunes, fringants, beaux et animés ; mais assurément ils ont tous le droit d'accueillir les sourires de qui bon leur semble, sans que je me sente encline à considérer cette affaire comme ayant la moindre importance à mes yeux.

— Vous ne connaissez pas les messieurs qui sont ici ? Vous n'avez pas échangé une syllabe avec un seul d'entre eux ? Direz-vous que cette affirmation s'applique au maître de maison ?

— Il n'est pas ici.

— Judicieuse remarque ! Fort ingénieux faux-fuyant ! Il est parti pour Millcote ce matin et rentrera ici ce soir ou demain ; ce fait l'exclut-il du nombre de vos relations... ou le raye-t-il, pour ainsi dire, du nombre des vivants ?

— Non ; mais je ne comprends guère ce que M. Rochester a à voir avec le thème dont vous commenciez à parler.

— Je parlais des demoiselles qui sourient sous les yeux des messieurs ; or ces derniers temps, tant de sourires ont été décochés vers les yeux de M. Rochester qu'ils en débordent comme deux coupes qu'on eût trop remplies ; ne vous en êtes-vous jamais aperçue ?

— M. Rochester a le droit de jouir de la compagnie de ses invités.

— Son droit n'est pas en cause ; mais n'avez-vous jamais remarqué que, de toutes les histoires de mariage qui se racontent ici, M. Rochester a été l'heureux bénéficiaire des plus nourries et des plus persistantes ?

— L'empressement de l'auditeur rend plus prompte la langue de la narratrice.

C'est pour moi, plutôt que pour la bohémienne, que j'avais dit ces mots ; car l'étrangeté de ses propos, de sa voix, de son attitude m'avait d'ores et déjà enveloppée d'une sorte de rêve. J'entendais tomber de ses lèvres, l'une après l'autre, des phrases si inattendues que je me trouvais plongée dans un dédale de perplexités et me demandais quel esprit invisible s'était tenu depuis des semaines tout contre mon cœur pour en guetter les mouvements et en noter les pulsations.

— L'empressement de l'auditeur ! répéta-t-elle. Oui : M. Rochester a passé des heures entières à prêter l'oreille aux lèvres séduisantes qui prenaient tant de plaisir à leur besogne de communication ; et puis M. Rochester était si avide de recevoir, si reconnaissant pour le divertissement qui lui était offert : avez-vous observé cela ?

— Reconnaissant ! Je n'ai pas souvenir d'avoir décelé de gratitude sur son visage.

— Décelé ! Vous l'avez donc analysé. Alors, qu'avez-vous décelé, si ce n'est de la gratitude ? Je ne dis mot.

— Vous y avez vu l'amour, n'est-ce pas ? Et, portant votre regard vers l'avenir, vous l'avez vu marié et vous avez contemplé le bonheur de son épouse.

— Hmm ! Pas exactement. Votre sorcellerie est parfois quelque peu en défaut.

— Que diantre y avez-vous donc vu ?

— Peu importe ; je suis venue ici pour poser des questions et non pour faire des aveux. Est-il certain que M. Rochester va se marier ?

— Oui ; avec la belle Mlle Ingram.

— Prochainement ?

— Telle est bien la conclusion que justifieraient les apparences ; et, assurément – encore qu'avec une audace dont vous avez besoin qu'on vous corrige, vous paraissiez mettre la chose en doute –, ils formeront un couple suprêmement heureux. Il ne peut manquer d'aimer une personne aussi belle, aussi noble, aussi spirituelle, aussi parfaite ; et il est probable qu'elle l'aime aussi, ou du moins que, si elle n'aime pas la personne de M. Rochester, elle aime sa bourse. Je sais qu'elle tient la propriété Rochester pour un parti éminemment acceptable ; pourtant – Dieu me le pardonne ! –, je lui ai dit à ce propos il y a environ une heure quelque chose qui lui a fait prendre un air prodigieusement sérieux ; son visage s'est allongé d'une aune. Je conseillerais à son moricaud de prétendant de monter bonne garde ; si un rival se présentait, qui eût un état de fermages plus copieux et moins hypothéqué... son compte serait bon...

— Mais, ma mère, je ne suis pas venue apprendre l'avenir de M. Rochester ; c'est le mien que je voudrais connaître, or vous ne m'en avez rien dit.

— Votre avenir est encore incertain ; quand j'ai examiné votre visage, ses traits se contredisaient mutuellement. La fortune vous a dévolu une certaine portion de bonheur ; cela, je le sais. Je le savais avant même de venir ici ce soir. Elle l'a mise soigneusement de côté pour vous. Je l'ai vue faire. Il dépend de vous de tendre la main pour vous en saisir ; mais le ferez-vous ? C'est le problème que j'étudie. Agenouillez-vous de nouveau sur le tapis.

— Ne m'y tenez pas trop longtemps ; le feu me brûle le visage.

Je m'agenouillai. Elle ne se pencha pas vers moi, mais se contenta de me regarder fixement en se rejetant en arrière dans son fauteuil. Elle commença à marmonner :

— La flamme danse dans ses yeux ; les yeux brillent comme la rosée ; ils paraissent doux et pleins de sentiment ; ils sourient de mon baragouin ; ils sont sensibles : les impressions se succèdent sur leur sphère limpide ; quand ils cessent de sourire, ils sont tristes ; une lassitude inconsciente oppresse les paupières : c'est signe de mélancolie engendrée par la solitude. Ils se détournent de moi ; ils ne veulent pas subir plus longtemps mon examen ; ils ont l'air de nier par un regard moqueur la vérité des découvertes que j'ai déjà faites, de rejeter les accusations de sensibilité aussi bien que de chagrin ; mais leur orgueil et leur réserve ne font que me confirmer dans mon opinion. Les yeux sont un élément favorable.

« Quant à la bouche, elle prend parfois plaisir à rire ; elle est portée à communiquer toutes les pensées du cerveau, mais j'imagine qu'elle préférerait garder le silence sur la majorité des émotions du cœur. Mobiles et flexibles, ces lèvres n'ont jamais été destinées à rester serrées dans le silence éternel de la solitude ; c'est une bouche faite pour parler beaucoup et sourire souvent et avoir une affection humaine pour son interlocuteur. Ce trait-là est encore favorable.

« Je ne vois d'hostile à une issue favorable que le front, car ce front fait mine de déclarer : "Je puis vivre seule, si le respect de ma dignité et les circonstances l'exigent de moi. Je n'ai pas besoin de vendre mon âme pour acheter le bonheur. Je possède un trésor intérieur et inné, qui pourrait me maintenir en vie quand bien même tous les plaisirs extérieurs me seraient refusés, ou ne me seraient offerts qu'à un prix trop élevé pour mes moyens." Ce front ajoute encore : "La raison est fermement installée et tient les rênes ; elle ne laissera pas les sentiments s'emporter et l'entraîner à toute allure vers de terribles abîmes. Les passions auront beau se déchaîner avec fureur, en vraies païennes qu'elles sont ; les désirs auront beau concevoir toutes sortes de vaines pensées ; le jugement aura cependant toujours le dernier mot dans toutes les discussions et la voix prépondérante dans toutes les décisions. Des vents impétueux, l'ébranlement des tremblements de terre, le feu passeront peut-être près de moi ; mais je suivrai les indications de cette petite voix silencieuse qui interprète les injonctions de la conscience."

« Bien parlé, front ; tes déclarations seront respectées. J'ai tiré mes plans – et je les estime justifiés – et, ce faisant, j'ai tenu compte des exigences de la conscience et des conseils de la raison. Je sais combien la jeunesse aurait tôt fait de se faner et la fraîcheur de s'évanouir, si, dans la coupe offerte du bonheur, on décelait, ne fût-ce qu'un infime fond de honte, qu'un infime soupçon de remords ; or je ne veux pas de sacrifices, de chagrins, ni de destructions... tel n'est pas mon goût. Je veux faire croître et non flétrir, conquérir la gratitude et non arracher des larmes de sang, ni même des larmes d'eau salée ; il faut que ma moisson soit faite de sourires, de termes d'affection, de tendres... En voilà assez ! Il me semble que je délire dans une extase délicieuse. J'aimerais prolonger cet instant *ad infinitum* ; mais je ne l'ose. Jusqu'ici j'ai exercé sur moi-même une maîtrise absolue. J'ai agi comme je m'étais juré intérieurement de le faire ; en poursuivant, je risquerais d'être soumis à une épreuve dépassant mes forces. Relevez-vous, mademoiselle Eyre, et partez ; "finie la comédie".

Où étais-je ? Étais-je éveillée ou endormie ? Avais-je rêvé ? Rêvais-je encore ? La voix de la vieille femme avait changé : ses accents, ses gestes, tout en elle me paraissait aussi familier que mon propre visage aperçu dans un miroir, que les propos tenus par ma propre langue. Je me levai, mais ne partis point. Je regardai ; je tisonnai le feu et regardai de nouveau ; mais elle rabattit son chapeau, resserra le bandeau autour de son visage et me fit de nouveau signe de partir. La flamme illumina la main qu'elle tendait ; mise en éveil désormais, et à l'affût de découvertes possibles, je remarquai aussitôt cette main. Elle ne ressemblait pas plus que la mienne aux membres flétris des vieillards ; c'était une main rondelette et souple, aux doigts lisses et aux contours symétriques ; une grosse bague brillait au petit doigt et, en me penchant en avant, je la regardai et vis une pierre que j'avais déjà vue cent fois. De nouveau je regardai le visage, qui ne se détournait plus de moi : au contraire, le chapeau était ôté, le bandeau repoussé, la tête avancée.

— Alors, Jane, me reconnaissez-vous ? demanda la voix familière.

— Si seulement vous enleviez cette pèlerine rouge, Monsieur, alors je…

— Mais c'est que les cordons sont noués… aidez-moi.

— Brisez-les, Monsieur.

— Bon, voilà… « Adieu, vêtements d'emprunt ! »

Et M. Rochester émergea de son déguisement.

— Voyons, Monsieur, quelle étrange idée !

— Mais bien exécutée, n'est-ce pas ? Qu'en dites-vous ?

— Auprès de ces dames vous avez dû faire merveille.

— Mais pas auprès de vous ?

— Avec moi vous n'avez pas joué le rôle d'une bohémienne.

— Quel rôle ai-je joué ? Le mien ?

— Non, un rôle inexplicable. Bref, je crois que vous avez essayé de me faire parler, ou de me faire tomber dans un panneau ; vous avez dit des bêtises pour me faire dire des bêtises. Ce n'était guère honnête, Monsieur.

— Me le pardonnez-vous, Jane ?

— Je ne puis vous répondre avant d'y avoir bien réfléchi. Si, à la réflexion, je m'aperçois que je ne me suis laissée aller à aucune absurdité grave, j'essaierai de vous pardonner ; mais ce n'était pas bien.

— Oh, vous avez été très correcte… très attentive, très sensée.

Je réfléchis et il me sembla qu'en gros c'était vrai. Ce fut un réconfort ; mais, en vérité, je m'étais tenue sur mes gardes presque dès le début de l'entretien. J'avais bien soupçonné qu'il y avait là un élément de mascarade. Je savais que les bohémiennes et les diseuses de bonne aventure ne s'exprimaient pas comme l'avait fait cette prétendue vieille ; en outre j'avais remarqué sa voix d'emprunt, son vif désir de cacher ses traits. Mais mon esprit s'était attaché à la pensée de Grace Poole, énigme vivante, mystère des mystères ou que je tenais pour tel. Pas un instant je n'avais songé à M. Rochester.

— Alors, me dit-il, quel est le sujet de votre méditation ? Que signifie ce sourire grave ?

— La surprise et la satisfaction de soi, Monsieur. J'ai votre permission de me retirer maintenant, je suppose ?

— Non, restez un instant et dites-moi ce que font les gens là-bas dans le salon.

— Ils discutent à propos de la bohémienne, j'imagine.

— Asseyez-vous !... Je veux savoir ce qu'ils ont dit de moi.

— Mieux vaut que je ne reste pas longtemps, Monsieur ; il doit être près d'onze heures... Oh ! saviez-vous, Monsieur, qu'un nouveau visiteur est arrivé ici depuis votre départ ce matin ?

— Un nouveau venu ! Non ; qui cela peut-il être ? Je n'attendais personne ; est-il reparti ?

— Non ; il a dit qu'il vous connaissait depuis longtemps et qu'il pouvait se permettre de s'installer ici en attendant votre retour.

— Diantre, c'est de l'audace ! A-t-il dit son nom ?

— Il s'appelle Mason, Monsieur, et il vient des Antilles ; de Spanish Town en Jamaïque, je crois.

M. Rochester était debout à côté de moi ; il m'avait pris la main, comme pour me conduire à un siège. Tandis que je lui parlais, sa main se referma sur mon poignet en une étreinte convulsive ; le sourire qu'il avait sur les lèvres se figea ; un spasme parut lui couper le souffle.

— Mason ! Les Antilles ! dit-il du ton dont parlerait un automate pour débiter les mots qu'il aurait été monté pour prononcer ; Mason ! Les Antilles ! répéta-t-il ; et il reproduisit trois fois ces syllabes, en devenant, dans les intervalles de silence, plus blanc qu'un linge ; il avait à peine l'air de savoir ce qu'il faisait.

— Avez-vous un malaise, Monsieur ? demandai-je.

— Jane, je viens de recevoir un coup... je viens de recevoir un coup, Jane !

Il chancela.

— Oh, Monsieur, appuyez-vous sur moi.

— Jane, vous m'avez déjà offert le soutien de votre épaule une fois ; prêtez-le-moi maintenant.

— Oui, Monsieur, oui ; et celui de mon bras aussi.

Il s'assit et me fit asseoir à côté de lui. Prenant ma main entre les deux siennes, il se mit à la frotter, tout en me considérant d'un regard troublé et attristé.

— Ma petite amie ! dit-il, je voudrais être dans une île paisible avec vous seule ; je voudrais que l'inquiétude, le danger et de hideux souvenirs s'éloignassent de moi.

— Puis-je vous aider, Monsieur ?... Je donnerais ma vie pour vous servir.

— Jane, s'il est besoin d'aide, c'est à vous que j'en demanderai ; je vous le promets.

— Merci, Monsieur. Dites-moi que faire... j'essaierai tout au moins de le faire.

— Allez maintenant, Jane, me chercher un verre de vin dans la salle à manger ; mes amis doivent être en train d'y souper ; et vous me direz si Mason est avec eux et ce qu'il fait.

J'y allai. Je trouvai toute la compagnie qui soupait dans la salle à manger, comme me l'avait annoncé M. Rochester ; les gens n'étaient pas attablés ; le souper avait été disposé sur un buffet ; chacun s'était servi à sa guise et l'on se tenait debout çà et là par petits groupes, assiette et verre à la main. Chacun paraissait très en verve ; rires et conversations animées fusaient de toutes parts. M. Mason était debout près de la cheminée, causant avec le colonel et Mme Dent, et semblait aussi gai que quiconque. J'emplis un verre de vin (je vis Mlle Ingram me regarder avec sévérité à ce moment-là ; elle pensa sans doute que j'outrepassais mes droits) et je revins dans la bibliothèque.

L'extrême pâleur de M. Rochester avait disparu et il avait de nouveau son air ferme et grave. Il me prit le verre des mains.

— À votre santé, esprit dispensateur ! me dit-il. Il avala le contenu, puis me rendit le verre.

— Que font-ils, Jane ?

— Ils rient et bavardent, Monsieur.

— N'ont-ils point des airs graves et mystérieux, comme s'ils avaient appris quelque chose d'étrange ?

— Pas du tout ; ils débordent de plaisanteries et de gaieté.

— Et Mason ?

— Il riait aussi.

— Si tous ces gens venaient en corps constitué me cracher au visage, que feriez-vous, Jane ?

— Je les chasserais de la pièce, si je le pouvais, Monsieur.

Il esquissa un sourire.

— Mais si j'allais les trouver et qu'ils se contentent de me regarder avec froideur, d'échanger des murmures sarcastiques, et de s'éloigner ensuite de moi l'un après l'autre, que feriez-vous alors ? Iriez-vous avec eux ?

— Je ne le crois vraiment pas, Monsieur ; j'aurais plus de plaisir à demeurer avec vous.

— Pour me réconforter ?

— Oui, Monsieur, pour vous réconforter de mon mieux.

— Et s'ils vous frappaient d'ostracisme pour vous punir de votre fidélité à mon égard ?

— Il est probable que je ne m'apercevrais même pas de leur ostracisme ; et si je m'en apercevais, je ne m'en soucierais pas le moins du monde.

— Ainsi vous pourriez braver la réprobation par amitié pour moi ?

— Je pourrais la braver par amitié pour quiconque mériterait ma fidélité, comme c'est, j'en suis sûre, votre cas.

— Retournez maintenant dans la salle ; avancez-vous discrètement jusqu'à Mason et glissez-lui à l'oreille que M. Rochester est arrivé et voudrait lui parler ; faites-le entrer ici, puis vous me quitterez.

— Oui, Monsieur.

J'exécutai son ordre. Tous les invités me toisèrent du regard quand je passai parmi eux. J'allai droit à M. Mason, lui transmis le message et le précédai hors de la salle ; je le fis entrer dans la bibliothèque, puis je montai au premier.

Vers une heure tardive, alors que j'étais couchée depuis quelque temps, je reconnus la voix de M. Rochester et je l'entendis dire :

— Par ici, Mason ; c'est là que vous couchez.

Il parlait sur un ton joyeux ; la gaieté de ses accents me soulagea le cœur. Je ne tardai pas à m'endormir.

CHAPITRE XX

J'avais oublié de tirer mon rideau comme je le faisais habituellement, et aussi de baisser le store de ma fenêtre. En conséquence, quand la lune, qui était pleine et brillante (car la nuit était belle), atteignit dans sa course le point du ciel situé en face de ma fenêtre et me contempla à travers les vitres nues, son regard lumineux me tira de mon sommeil. Réveillée au cœur de la nuit, j'ouvris les yeux sur ce disque, d'un blanc argent, clair comme le cristal. Il était beau, mais trop imposant : je me soulevai à demi et tendis le bras pour tirer mon rideau.

Juste Ciel, quel cri !

La nuit, son silence, son repos furent déchirés du haut en bas par un bruit sauvage, aigu, perçant, qui traversa de part en part le manoir de Thornfield.

Mon pouls cessa de battre ; mon cœur s'arrêta ; mon bras tendu fut comme paralysé. Le cri s'éteignit et ne fut pas renouvelé. À vrai dire, l'être, quel qu'il fût, qui avait poussé ce hurlement épouvantable ne pouvait pas le répéter de sitôt ; le condor le plus sauvage des Andes n'aurait pu lui-même lancer deux fois de suite pareille clameur du fond du nuage enveloppant son repaire. L'être qui avait émis un tel appel avait besoin de se reposer avant de pouvoir reproduire son effort.

Le cri venait du troisième étage ; car c'est au-dessus de moi qu'il était passé. Et c'est au-dessus de moi... oui, dans la pièce située exactement au-dessus de mon plafond... que j'entendis alors une lutte, une lutte acharnée, à en juger par le bruit ; une voix à demi étouffée cria à trois reprises, coup sur coup :

— Au secours ! Au secours ! Au secours !

— Personne ne va-t-il venir ? cria encore la voix.

Puis, tandis que se poursuivait le bruit de corps à corps et de piétinement désordonné, je distinguai à travers le plâtre et les lattes les mots :

— Rochester ! Rochester ! Pour l'amour du Ciel, venez !

La porte d'une chambre s'ouvrit : quelqu'un courut, se précipita, dans le couloir. Un pas martela le sol au-dessus de moi, il y eut une chute ; puis le silence se fit.

J'avais enfilé des vêtements, bien que l'horreur me fît trembler de la tête aux pieds ; je sortis de ma chambre. Tous les dormeurs étaient éveillés : des exclamations, des murmures de terreur s'entendaient dans toutes les chambres ; l'une après l'autre, les portes s'ouvraient ; un par un, les visiteurs venaient voir ce qui se passait ; le couloir s'emplissait. Les dames aussi bien que les messieurs avaient délaissé leur couche ; et de toutes parts on entendait des questions confuses :

« Oh ! qu'y a-t-il ? » « Qui est blessé ? » « Qu'est-il arrivé ? » « De la lumière ! » « Est-ce un incendie ? » « Y a-t-il des voleurs ? » « Où fuir ? » Sans la lune, tout le monde eût été plongé dans l'obscurité complète. On courait de côté et d'autre ; on se groupait ; il y avait des gens qui sanglotaient, d'autres qui trébuchaient ; la confusion était inextricable.

— Où diantre est Rochester ? s'écria le colonel Dent. Je ne le trouve pas dans son lit.

— Me voici ! Me voici ! lui répondit une voix forte. Calmez-vous tous ; j'arrive.

Et la porte s'ouvrit au bout du couloir. M. Rochester s'avança, une bougie à la main ; il redescendait de l'étage supérieur. L'une des femmes courut aussitôt vers lui et lui saisit le bras ; c'était Mlle Ingram.

— Quel épouvantable incident vient de se produire ? demanda-t-elle. Parlez ! que nous sachions le pire tout de suite.

— Alors ne me faites pas tomber à terre et ne m'étranglez pas, répliqua-t-il.

En effet, les demoiselles Eshton s'accrochaient déjà à lui ; et les deux douairières, vêtues d'amples robes de chambre blanches, fonçaient sur lui comme des navires toutes voiles dehors.

— Tout va bien !... Tout va bien ! cria-t-il. Ce n'est qu'une répétition de *Beaucoup de bruit pour rien*. Mesdames, écartez-vous, sans quoi je vais devenir dangereux.

Et c'est vrai qu'il paraissait dangereux : ses yeux lançaient des étincelles. S'étant calmé au prix d'un effort, il ajouta :

— Une domestique a eu un cauchemar. C'est une personne nerveuse et émotive ; elle a sans doute interprété son rêve comme une apparition, ou quelque chose de ce genre ; la peur lui a fait prendre une crise de nerfs. Alors, il faut maintenant que je vous voie tous regagner vos chambres, car, tant que le calme ne sera pas revenu dans la maison, il ne sera pas possible de s'occuper de cette fille. Messieurs, ayez la bonté de donner le bon exemple aux dames. Mademoiselle Ingram, je suis sûr que vous n'allez pas manquer de vous montrer capable de vaincre ces vaines terreurs. Amy et Louisa, rentrez au nid, comme deux gentilles colombes que vous êtes. Mesdames (ceci à l'adresse des douairières), vous allez prendre froid, c'est sûr et certain, si vous restez un instant de plus dans ce couloir glacial.

Et c'est ainsi qu'à force d'user tour à tour de la persuasion et de l'autorité, il parvint à obtenir que chacun se retrouvât enfermé dans son lieu de sommeil individuel. Je n'attendis pas qu'il m'ordonnât de regagner le mien, mais battis en retraite sans me faire remarquer, de même que je l'avais quitté sans me faire remarquer.

Ce ne fut pas, toutefois, pour me recoucher ; au contraire, je commençai à m'habiller avec soin. Le bruit que j'avais entendu après le cri, les mots qui avaient été prononcés n'avaient probablement été entendus que par moi, car ils émanaient de la chambre située au-dessus de la mienne, mais ils me donnaient la certitude que ce n'était pas le rêve d'une domestique qui avait ainsi répandu la terreur dans toute la maison et que l'explication fournie par M. Rochester était seulement une invention forgée pour rassurer ses invités. Une fois habillée, je restai longtemps assise à la fenêtre, regardant au-dehors le parc silencieux et les prés argentés, et attendant je ne savais trop quoi. Il me semblait qu'un événement ne pouvait manquer de suivre le cri étrange, la lutte et l'appel.

Non ; la tranquillité revenait ; tous les murmures et tous les mouvements cessèrent progressivement et au bout d'une heure environ le manoir de Thornfield était redevenu silencieux comme un désert. Il semblait que le sommeil et la nuit eussent recommencé à régner. Cependant la lune déclinait ; elle allait se coucher. Peu désireuse de veiller dans le froid et les ténèbres, je me dis que j'allais m'étendre sur mon lit, tout habillée. Je quittai la fenêtre et traversai le tapis sans guère de bruit ;

au moment où je me baissais pour ôter mes chaussures, une main prudente frappa discrètement à ma porte.

— A-t-on besoin de moi ? demandai-je.

— Êtes-vous levée ? demanda la voix que je m'attendais à entendre, c'est-à-dire celle de mon maître.

— Oui, Monsieur.

— Et habillée ?

— Oui.

— Alors, sortez, tout doucement.

J'obéis. M. Rochester était dans le couloir et tenait une bougie.

— J'ai besoin de vous, dit-il. Venez par ici ; ne vous pressez pas et ne faites pas de bruit.

Mes pantoufles étaient minces ; je pouvais marcher sur la natte du parquet aussi légèrement qu'un chat. À pas feutrés, mon maître parcourut le couloir et gravit l'escalier, puis il s'immobilisa dans le corridor sombre et bas de plafond du funeste troisième étage ; je l'avais suivi et j'étais à côté de lui.

— Avez-vous une éponge dans votre chambre ? demanda-t-il tout bas.

— Oui, Monsieur.

— Avez-vous des sels... des sels à respirer ?

— Oui.

— Retournez les chercher.

Je revins sur mes pas, pris l'éponge sur mon lavabo et les sels dans mon tiroir, puis je refis une nouvelle fois le trajet. M. Rochester attendait toujours ; il tenait une clef à la main ; il s'approcha de l'une des petites portes noires et mit sa clef dans la serrure ; puis il fit une pause et m'adressa de nouveau la parole.

— La vue du sang ne vous indispose-t-elle pas ?

— Je ne crois pas ; je n'ai encore jamais été mise à l'épreuve.

Je me sentis tressaillir en lui répondant, mais ce n'était ni de froid ni de faiblesse.

— Donnez-moi simplement la main, dit-il ; nous ne pouvons pas nous permettre de risquer un évanouissement.

Je mis ma main dans la sienne.

— Elle n'est ni froide ni tremblante, déclara-t-il.

Il tourna la clef dans la serrure et ouvrit la porte.

Je vis une pièce que je me rappelais avoir déjà vue le jour où Mme Fairfax m'avait fait visiter la maison ; elle avait des murs recouverts de tapisserie, mais une partie de cette tapisserie était à présent relevée et révélait la présence d'une porte qui était restée cachée la première fois. Cette porte était ouverte ; la pièce sur laquelle elle donnait était éclairée ; j'en entendis sortir une sorte de grognement et de grincement de dents, à peu près comme s'il y avait là un chien furieux. M. Rochester posa sa bougie, me dit d'attendre une minute et pénétra dans la deuxième pièce. Un hurlement de rire salua son entrée ; ce fut un rire bruyant tout d'abord, mais qui se termina par le démoniaque *ha ! ha !* de Grace Poole en personne. C'était donc bien elle qui était là. M. Rochester prit certaines dispositions sans mot dire, mais j'entendis une voix grave lui adresser la parole ; il reparut et referma la porte derrière lui.

— Par ici, Jane ! dit-il.

Je contournai alors le grand lit qui, avec ses rideaux tirés, dissimulait une partie considérable de la pièce. Une chaise longue se trouvait à la tête du lit ; un homme y était installé, entièrement vêtu, à l'exception de son habit ; il était immobile et avait la tête rejetée en arrière et les yeux clos. M. Rochester approcha de lui sa bougie ; dans ce visage pâle et apparemment inanimé je reconnus le nouveau venu. Mason ! Je vis aussi que tout un côté et une manche de sa chemise étaient pour ainsi dire imbibés de sang.

— Tenez-moi la bougie, me dit M. Rochester.

Je la lui pris des mains ; il alla chercher une cuvette d'eau au lavabo.

— Tenez-moi cela, me dit-il.

J'obéis. Il prit l'éponge, la trempa dans l'eau et humecta le visage cadavérique ; il me demanda ma bouteille de sels et la porta aux narines du blessé. M. Mason ouvrit bientôt les yeux et gémit. M. Rochester défit la chemise du blessé, dont l'épaule et le bras étaient bandés ; il épongea le sang qui dégouttait rapidement.

— Suis-je en grand danger ? murmura M. Mason.

— Bah ! Non... ce n'est qu'une égratignure. Ne vous laissez pas abattre ainsi, mon bon ; du courage ! Je vais maintenant aller moi-même vous chercher un chirurgien ; on pourra vous transporter avant l'aube, j'espère. Jane ! poursuivit-il.

— Monsieur ?

— Il va falloir que je vous laisse dans cette pièce avec ce monsieur, pendant une heure ou peut-être deux : vous épongerez le sang comme je l'ai fait quand il recommencera à couler ; si le blessé s'affaiblit, vous porterez à ses lèvres le verre d'eau qui est sur ce meuble et vous lui ferez respirer vos sels. Vous ne lui parlerez sous aucun prétexte... et puis... quant à vous, Richard, ce serait au péril de votre vie que vous parleriez à Jane ; vous n'avez qu'à ouvrir les lèvres, à vous agiter... et je ne répondrai pas des conséquences.

De nouveau le pauvre homme gémit ; il avait l'air de ne pas oser faire un geste ; la crainte, crainte de la mort ou d'autre chose, paraissait presque le paralyser. M. Rochester me mit entre les mains l'éponge déjà ensanglantée et je commençai à m'en servir comme il l'avait fait.

Il me regarda faire pendant une seconde, puis, après m'avoir dit : « Rappelez-vous !... pas de conversation ! » il sortit de la pièce. J'éprouvai une étrange sensation quand la clef grinça dans la serrure et quand le bruit de ses pas qui s'éloignaient cessa de se faire entendre.

Ainsi donc, j'étais là, au troisième étage, enfermée dans l'une de ses cellules mystérieuses, environnée par la nuit, ayant sous les yeux et entre les mains un être pâle et sanglant, à peine séparée par une porte unique d'une criminelle... oui, c'était cela qui était épouvantable ; tout le reste, je pouvais le supporter, mais je frémissais à la pensée que Grace Poole pouvait faire irruption dans la pièce où j'étais.

Il me fallait cependant rester à mon poste. Il me fallait surveiller ce visage sinistre, ces lèvres bleuies et immobiles auxquelles il était interdit de se desserrer, ces yeux tantôt fermés, tantôt ouverts, qui tantôt se promenaient à travers la chambre, tantôt se fixaient sur moi, et qui étaient sans cesse embués d'un voile d'horreur. Il me fallait tremper la main sans cesse dans la cuvette d'eau déjà rougie et éponger le sang qui perlait. Il me fallait voir la lumière de la bougie que personne ne mouchait pâlir à côté de moi, les ombres s'épaissir sur la tapisserie antique et ouvragée qui m'entourait et devenir noires sous les tentures du vaste et vénérable lit, ou trembloter bizarrement sur les portes du grand cabinet que j'avais en face de moi : le devant de ce meuble, divisé en douze panneaux, portait, sculptées dans le bois sombre, les têtes des douze apôtres, chacune entourée de son panneau séparé comme d'un cadre ; tandis qu'au-dessus d'eux, au sommet, se dressaient un crucifix d'ébène et un Christ en agonie.

Selon que l'obscurité mouvante et la lueur chancelante venaient flotter ici ou luire là, c'était tantôt le médecin barbu, Luc, qui inclinait la tête, tantôt les longs cheveux de saint Jean qui ondulaient ; ou encore le visage diabolique de Judas qui surgissait du panneau, paraissait prendre vie et menacer de révéler le traître suprême (Satan en personne) sous les traits de son subordonné.

Au milieu de tout cela, il me fallait écouter en même temps que regarder, guetter les mouvements de la bête sauvage ou du démon enfermé dans sa tanière à côté de moi. Mais depuis la visite de M. Rochester cet être semblait subjugué : de toute la nuit je n'entendis que trois bruits, très espacés ; un grincement aigu, une brève reprise du bruit de grognement canin, et un sourd gémissement humain.

Avec cela, mes propres pensées me tourmentaient. Quel était donc ce crime qui vivait incarné dans cette maison isolée, et ne pouvait être ni chassé ni vaincu par le maître de céans ? Quel était ce mystère, qui se déchaînait, tantôt sous forme de feu, tantôt sous forme de sang, au cœur même de la nuit ? Quelle était cette créature, qui, masquée sous les traits et le corps d'une femme ordinaire, émettait la voix, tantôt d'un démon moqueur, tantôt d'un oiseau de proie en quête de charogne ?

Et cet homme sur lequel je me penchais, cet inconnu insignifiant et paisible, comment s'était-il trouvé mêlé à ce tissu d'horreurs ? Pourquoi la furie s'était-elle jetée sur lui ? Quel mobile lui avait fait rechercher cette partie de la maison à une heure insolite, alors qu'il aurait dû être endormi dans son lit ? J'avais entendu M. Rochester lui assigner une chambre à l'étage inférieur... quelle force l'avait attiré ici ? Et pourquoi maintenant était-il si résigné à la violence et à la perfidie qu'il avait subies ? Pourquoi se soumettait-il si tranquillement à la dissimulation que lui imposait M. Rochester ? Et surtout pourquoi M. Rochester imposait-il cette dissimulation ? Son hôte avait été assailli, un hideux complot avait été précédemment ourdi contre sa propre vie ; et voilà que ces deux tentatives, il les étouffait sous le secret et voulait les faire sombrer dans l'oubli ! Enfin, je voyais que M. Mason était soumis à M. Rochester, que la volonté impétueuse de celui-ci exerçait un empire absolu sur l'inertie de celui-là ; les quelques paroles échangées entre eux m'en donnaient l'assurance. Il était manifeste que dans leurs relations antérieures, le tempérament passif de l'un s'était laissé influencer habituellement par l'active énergie de l'autre. Alors, d'où avait pu venir le désarroi de M. Rochester quand il avait appris l'arrivée de M. Mason ? Pourquoi le simple nom de cet individu docile (qu'un seul mot à présent suffisait à faire obéir comme un enfant) l'avait-il frappé, quelques heures plus tôt, comme la foudre pourrait frapper un chêne ?

Ah ! Je ne pouvais oublier son regard et sa pâleur quand il m'avait dit à mi-voix : « Jane, je viens de recevoir un coup... je viens de recevoir un coup, Jane ! » Je ne pouvais oublier combien tremblant était le bras qu'il avait appuyé à mon épaule ; or ce ne pouvait être une vétille qui avait ainsi fait fléchir l'énergie résolue et fait frissonner le corps robuste de Fairfax Rochester.

« Quand va-t-il revenir ? Quand va-t-il revenir ? » m'écriai-je intérieurement, tandis que la nuit se traînait interminablement, tandis que mon malade ensanglanté faiblissait, gémissait et sombrait ; mais ni le jour ni les secours n'arrivaient. À mainte et mainte reprise, j'avais porté aux lèvres blêmes de Mason le verre d'eau ; à mainte et mainte reprise, je lui avais présenté les sels réconfortants ; mes efforts paraissaient vains ; la souffrance du corps, ou celle de l'esprit, ou la perte de sang, ou les trois réunies, faisaient s'amenuiser ses forces à vive allure. Il gémissait tellement, et paraissait tellement faible, tellement affolé, tellement égaré que je craignis qu'il ne fût mourant ; et je n'avais même pas le droit de lui adresser la parole.

La bougie, qui avait fini par s'user complètement, s'éteignit ; quand elle cessa de luire, j'aperçus des rais de lumière grisâtre qui bordaient les rideaux de la fenêtre : c'était donc que l'aurore approchait. Bientôt j'entendis Pilote aboyer en bas, au fond de sa niche lointaine, dans la cour : l'espoir renaquit. Il n'était d'ailleurs pas injustifié : cinq minutes plus tard, le grincement de la clef et le mouvement de la serrure m'avertirent que j'allais être relevée de ma veille. Elle n'avait pu durer plus de deux heures ; mais mainte semaine de ma vie m'a paru moins longue.

M. Rochester entra, et avec lui le chirurgien qu'il était allé chercher.

— Et maintenant, Carter, ne nous endormons pas, dit-il à ce dernier ; je ne vous donne qu'une demi-heure pour nettoyer la plaie, assujettir les pansements, faire descendre notre malade et tout ce qui s'ensuit.

— Mais est-il en état d'être transporté, Monsieur ?

— Sans aucun doute ; il n'a rien de grave ; il est nerveux et il faut lui remonter le moral. Allons, au travail.

M. Rochester écarta l'épais rideau de la fenêtre et releva le store de toile écrue, pour faire entrer le plus de jour possible ; je fus alors surprise et réconfortée de voir combien l'aurore avait progressé et quelles traînées roses commençaient à égayer l'orient. Puis il s'approcha de Mason, que le chirurgien avait déjà pris en main.

— Alors, mon bon, comment vous sentez-vous ? demanda-t-il.

— Elle m'a réglé mon compte, j'en ai peur, lui fut-il répondu d'une voix faible.

— Pas le moins du monde !... du courage ! D'ici à

quinze jours vous ne vous en ressentirez absolument plus ; vous avez perdu un peu de sang, voilà tout... Carter, donnez-lui l'assurance qu'il n'est pas en danger.

— C'est une chose que je puis faire en conscience, dit Carter, qui avait déjà ôté les pansements ; je regrette seulement de n'avoir pu être là plus tôt ; il aurait perdu moins de sang... mais que vois-je ? La chair de l'épaule est déchiquetée, et non pas simplement entaillée. Cette blessure n'est pas l'œuvre d'un couteau ; il y a des traces de dents à cet endroit !

— Elle m'a mordu, murmura Mason. Elle m'a harcelé comme une tigresse, quand Rochester lui a arraché son couteau.

— Vous n'auriez pas dû vous laisser faire ; vous auriez dû la prendre tout de suite à bras-le-corps, dit M. Rochester.

— Mais que vouliez-vous faire en pareilles circonstances ? répliqua Mason. Oh, c'était affreux ! ajouta-t-il avec un frisson. Et puis je ne m'y attendais pas ; elle avait l'air si calme au début.

— Je vous avais prévenu, lui répondit son ami ; je vous avais dit : soyez sur vos gardes quand vous vous approcherez d'elle. D'ailleurs, vous auriez pu attendre demain et m'avoir avec vous ; c'était pure folie que de chercher cet entretien pendant la nuit, et seul.

— J'ai cru que je pouvais faire du bien.

— Vous avez cru ! Vous avez cru ! Oui, je perds patience en entendant des choses pareilles ; enfin, vous avez été puni de n'avoir pas suivi mes conseils ; et vous risquez d'en pâtir encore suffisamment ; je n'en dirai donc pas davantage. Carter... pressons ! pressons ! Le soleil va bientôt se lever, et il faut que notre homme soit parti avant.

— Tout de suite, Monsieur ; je viens de finir le pansement de l'épaule. Il faut que j'examine l'autre blessure, celle du bras : elle a joué des dents par ici également, je crois.

— Elle m'a sucé le sang ; elle m'a dit qu'elle allait me vider le cœur, dit Mason.

Je vis frémir M. Rochester : une expression particulièrement accentuée de dégoût, d'horreur et de haine, lui déforma le visage presque au point de le défigurer ; mais il se contenta de dire :

— Allons, taisez-vous, Richard, et ne vous souciez pas du charabia qu'elle débite ; ne le répétez pas.

— Je voudrais bien pouvoir l'oublier, répondit l'autre.

— Vous l'oublierez quand vous aurez quitté l'Angleterre ; une fois de retour à Spanish Town, vous pourrez penser à elle comme à quelqu'un de mort et d'enterré... ou plutôt vous n'aurez pas besoin de penser à elle du tout.

— Impossible d'oublier cette nuit !

— Ce n'est pas impossible ; un peu d'énergie, mon ami. Vous vous croyiez mort comme un hareng saur il y a deux heures, et maintenant vous êtes plein de vie et de faconde. Allons !... Carter en a fini avec vous, ou presque ; je vais vous rendre présentable en un tournemain. Jane (il se tourna vers moi pour la première fois depuis son retour), prenez cette clef ; descendez à ma chambre et allez droit à mon cabinet de toilette ; ouvrez le tiroir du haut de l'armoire et prenez-y une chemise et un foulard propres : rapportez-les ici ; et ne traînez pas.

Je partis, je gagnai la réserve indiquée, trouvai les articles demandés et les rapportai.

— Maintenant, me dit-il, passez de l'autre côté du lit, pendant que je procède à sa toilette ; mais ne sortez pas d'ici ; on peut avoir encore besoin de vous.

Je me retirai selon ses instructions.

— Est-ce que quelqu'un était levé en bas quand vous êtes descendue, Jane ? me demanda bientôt M. Rochester.

— Non, Monsieur ; tout était très calme.

— On va vous expédier en douceur, Dick ; et cela vaudra mieux, aussi bien pour vous que pour la malheureuse qui est enfermée là. Il y a longtemps que je me débats pour éviter des révélations publiques, et je serais désolé qu'elles finissent par se produire. Là, Carter, aidez-le à enfiler son gilet. Où avez-vous laissé votre cape fourrée ? Je sais bien que vous ne pouvez pas faire un voyage d'un mille sans elle, dans le froid de notre maudit climat. Dans votre chambre ?... Jane, descendez en courant à la chambre de M. Mason... à côté de la mienne... et vous rapporterez une cape que vous y trouverez.

De nouveau je m'en fus et revins en courant, portant une immense pèlerine doublée et bordée de fourrure.

— Maintenant j'ai une autre mission pour vous, dit mon infatigable maître ; il faut que vous retourniez à ma chambre. Quelle miséricorde que vous soyez chaussée de velours, Jane !... une messagère en sabots n'aurait jamais fait notre affaire dans les circonstances présentes. Il va falloir que vous ouvriez le tiroir du milieu de ma table de toilette et que vous y preniez une petite fiole et un petit verre que vous y verrez... vite !

Je fis l'aller et retour en coup de vent et rapportai les objets demandés.

— Fort bien ! Et maintenant, docteur, je vais me permettre d'administrer moi-même un médicament, sous ma propre responsabilité. C'est un cordial qui m'a été donné à Rome, par un charlatan italien... un gaillard que vous auriez fait déguerpir à coups de pied, Carter. Ce n'est pas une chose à utiliser sans discrimination, mais cela peut servir dans certaines circonstances ; maintenant, par exemple. Jane, un peu d'eau.

Il me tendit le verre minuscule, que j'emplis à demi à l'aide de la carafe du lavabo.

— Cela suffit ; humectez maintenant le bec de la fiole.

Je lui obéis ; il compta douze gouttes d'un liquide violacé et présenta le mélange à Mason.

— Buvez, Richard ; cela va vous donner, pour une heure ou deux, ce cœur au ventre dont vous manquez.

— Mais cela va-t-il me faire du mal... est-ce échauffant ?

— Buvez ! buvez ! buvez !

M. Mason s'exécuta, puisqu'il était manifestement inutile de résister. Il était maintenant habillé ; il paraissait encore pâle, mais n'était plus ni sanglant ni sale. M. Rochester lui permit de rester assis trois minutes après qu'il eut avalé ce liquide ; puis il le prit par le bras.

— Maintenant, je suis sûr que vous pouvez vous mettre sur vos jambes, dit-il ; essayez.

Le blessé se leva.

— Carter, prenez-le sous l'autre aisselle. Un peu de courage, Richard ; avancez franchement... voilà !

— C'est vrai que je me sens mieux, déclara M. Mason.

— J'en suis sûr. Maintenant, Jane, vous allez partir en avant sur la pointe des pieds, gagner l'escalier de service, déverrouiller la porte de l'entrée de service, et dire au cocher de la chaise de poste que vous verrez dans la cour, ou de l'autre côté de la grille – car je lui ai demandé de ne pas venir ferrailler avec ses grandes roues sur le dallage de la cour–, qu'il se tienne prêt : nous arrivons ; et puis, Jane, si vous voyez bouger quelqu'un, venez au pied de l'escalier et toussotez.

Il était maintenant cinq heures et demie et le soleil était sur le point de se lever ; mais je trouvai la cuisine encore plongée dans l'obscurité et le silence. La porte de l'entrée de service était fermée ; je l'ouvris en faisant le moins de bruit possible ; la cour était complètement déserte, mais les grilles étaient ouvertes en grand, et il y avait une chaise de poste, tout attelée et avec le cocher sur son siège, stationnée à l'extérieur. Je m'approchai du cocher et lui annonçai que ces messieurs allaient arriver ; il inclina la tête ; puis je regardai soigneusement autour de moi en tendant l'oreille. La paix du petit matin engourdissait toute chose ; les rideaux étaient encore tirés devant les fenêtres des chambres des domestiques ; seuls de petits oiseaux gazouillaient dans les arbres du verger couverts d'une blême floraison et dont les branches retombaient comme de blanches guirlandes par-dessus le mur qui bornait un côté de la cour ; les chevaux de trait frappaient du pied de temps à autre à l'intérieur de leurs écuries ; tout le reste était silencieux.

Les trois messieurs firent alors leur apparition. Mason, soutenu par M. Rochester et le chirurgien, semblait marcher avec assez d'aisance ; ils l'aidèrent à monter dans la voiture, où Carter le suivit.

— Prenez soin de lui, dit M. Rochester à ce dernier, et gardez-le chez vous jusqu'à ce qu'il soit tout à fait remis : d'ici à un jour ou deux j'irai faire un tour de votre côté pour voir s'il est en bonne voie. Richard, comment vous sentez-vous ?

— L'air frais me fait revivre, Fairfax.

— Laissez la glace baissée de ce côté-ci, Carter ; il n'y a pas de vent ; adieu, Dick.

— Fairfax...

— Oui, qu'y a-t-il ?

— Qu'on prenne bien soin d'elle ; qu'on la traite aussi tendrement que possible ; qu'on la...

Il s'interrompit et fondit en larmes.

— Je fais de mon mieux, comme je l'ai déjà fait et comme je continuerai à le faire, répondit l'autre, qui ferma la portière.

La voiture s'éloigna.

— Et pourtant, plût au Ciel que tout cela fût fini une fois pour toutes ! ajouta M. Rochester, tout en refermant et en barrant les lourdes grilles de la cour.

Cela fait, il se dirigea d'un pas lent et d'un air préoccupé vers une porte pratiquée dans le mur qui longeait le verger. Quant à moi, supposant qu'il n'avait plus besoin de moi, je m'apprêtais à rentrer dans la maison ; toutefois, de nouveau, je l'entendis appeler : « Jane ! » Il avait ouvert la porte devant laquelle il restait planté en m'attendant.

— Venez un instant là où nous trouverons de la fraîcheur, me dit-il. Cette maison n'est qu'un cachot ; n'est-ce pas votre impression ?

— Elle me fait l'effet d'une splendide demeure, Monsieur.

— C'est que le prestige de la nouveauté la dissimule à vos yeux, répondit-il ; et vous la voyez à travers un voile enchanté ; vous ne vous apercevez pas que la dorure est de la vase et les draperies de soie des toiles d'araignée ; que le marbre n'est que de la vile ardoise et le bois ciré fait de simples copeaux de rebut ou d'écorce rugueuse. Mais ici (il montrait du doigt l'enclos feuillu où nous avions pénétré), tout est réel, parfumé, pur.

Il fit quelques pas dans une allée bordée d'un côté de buis, de pommiers, de poiriers et de cerisiers, et de l'autre d'une plate-bande pleine de toutes sortes de fleurs rustiques, giroflées, œillets de poète, primevères, pensées, mêlées à des aurores et à des aubépines et à diverses herbes odorantes. Toutes ces plantes avaient à ce moment-là la fraîcheur que peut seule donner une série de giboulées et d'éclaircies d'avril, précédant un admirable matin de printemps ; le soleil venait d'apparaître dans le ciel pommelé à l'est et sa lumière embrasait les arbres fruitiers à la couronne couverte de rosée et tombait sur les paisibles allées du verger.

— Jane, voulez-vous une fleur ?

Il cueillit une rose à demi épanouie, la première d'un rosier et me l'offrit.

— Merci, Monsieur.

— Aimez-vous ce lever de soleil, Jane ? Ce ciel, avec ses nuages hauts et clairs, qui ne manqueront pas de se dissiper quand viendra la chaleur du jour... Cette atmosphère paisible et embaumée ?

— Oui, je l'aime beaucoup.

— Vous avez passé une étrange nuit, Jane.

— Oui, Monsieur.

— Et elle vous a fait pâlir... Avez-vous eu peur quand je vous ai laissée seule avec Mason ?

— J'avais peur que quelqu'un ne sortît de la deuxième pièce.

— Mais j'en avais refermé la porte... j'en avais la clef dans ma poche ; j'eusse été un berger bien négligent si j'avais laissé un agneau... mon agneau préféré... si près de la tanière du loup, sans protection ; vous étiez en sûreté.

— Grace Poole va-t-elle continuer à habiter ici, Monsieur ?

— Mais oui ! Ne vous mettez pas martel en tête à son sujet... chassez-la de vos pensées.

— Pourtant il me semble que votre vie restera quelque peu menacée tant que Grace Poole sera ici.

— Ne vous inquiétez pas... je serai sur mes gardes.

— Le danger que vous redoutiez hier soir a-t-il disparu à présent, Monsieur ?

— Je ne puis m'en porter garant tant que Mason n'a pas quitté l'Angleterre ; ni même ensuite. Vivre, pour moi, Jane, c'est être sur la croûte d'un cratère qui peut se fissurer et cracher le feu d'un jour à l'autre.

— Mais M. Mason a l'air d'un homme facile à mener. Votre influence sur lui, Monsieur, est manifestement puissante ; jamais il ne vous mettra au défi, ni ne vous fera tort volontairement.

— Oh non ! Mason ne me défiera pas ; et il ne me fera pas tort en connaissance de cause... mais, sans le vouloir, il pourrait en un instant, d'un seul mot imprudent, me priver, sinon de la vie, du moins du bonheur à tout jamais.

— Dites-lui d'être prudent, Monsieur ; faites-lui comprendre ce que vous redoutez et montrez-lui comment détourner le péril.

Il eut un rire sardonique, me prit brusquement la main, puis la rejeta tout aussi brusquement loin de lui.

— Si je pouvais faire cela, nigaude, où serait le danger ? Annihilé à l'instant même. Depuis que je connais Mason, je n'ai jamais eu besoin de faire autre chose que lui dire : « Faites ceci » pour que la chose fût faite. Mais je ne puis lui donner d'ordres dans le cas présent ; je ne puis lui dire : « Prenez garde de me nuire, Richard », car il est impérieusement nécessaire que je le tienne dans l'ignorance du fait qu'il lui est possible de me nuire. Voilà que vous avez l'air intriguée ; mais je vais vous intriguer encore davantage : vous êtes bien ma jeune amie, n'est-ce pas ?

— J'ai plaisir à vous rendre service, Monsieur, et à vous obéir en tout ce qui est convenable.

— Exactement ; je le vois. Je lis une satisfaction sincère dans votre démarche et votre mine, dans votre regard et sur vos traits, quand vous m'aidez et me faites plaisir... quand vous travaillez pour moi et avec moi, dans tout ce qui est, comme vous le dites à votre façon caractéristique, « convenable » ; car si je vous ordonnais de faire quelque chose que vous jugeriez inconvenant, c'en serait fini des courses légères, de l'empressement efficace, des regards vifs et du teint animé. Mon amie en ce cas se tournerait vers moi, digne et pâle, et me dirait : "Non, Monsieur, c'est impossible ; je ne puis faire cela, car ce n'est pas convenable" ; elle deviendrait immuable comme un astre éternel. Eh bien, vous aussi vous avez de l'influence sur moi et vous pouvez me nuire ; mais je n'ose vous montrer sur quel point je suis vulnérable, de peur que, pour fidèle et amicale que vous soyez, vous ne me transperciez sur-le-champ.

— Si vous n'avez pas lieu de redouter M. Mason plus que moi, Monsieur, vous n'êtes guère en danger.

— Dieu veuille qu'il en soit ainsi. Voici une charmille, Jane ; asseyez-vous.

Cette charmille était une niche pratiquée dans le mur et tapissée de lierre ; elle contenait un siège rustique. M. Rochester s'y installa, mais en me laissant de la place ; cependant je restai debout devant lui.

— Asseyez-vous, dit-il ; ce banc est assez long pour deux. Vous n'hésitez pas à prendre place à mon côté, tout de même ? Serait-ce inconvenant, Jane ?

Je lui répondis en prenant place sur le banc ; refuser eût été, me semblait-il, malavisé.

— Maintenant, petite amie, tandis que le soleil boit la rosée… tandis que toutes les fleurs de ce vieux jardin s'éveillent et s'épanouissent, que les oiseaux vont chercher dans le champ de blé le repas de leurs petits et que les abeilles matinales font leur première besogne… je vais vous soumettre un cas dans lequel il faudra que vous vous efforciez de vous imaginer que vous vous trouviez vous-même ; mais tout d'abord, regardez-moi et dites-moi que vous êtes en paix et que vous ne craignez pas que je ne pèche en vous retenant, ni de pécher vous-même en restant ici.

— Non, Monsieur ; je ne suis pas inquiète.

— Fort bien, Jane ; alors, appelez votre imagination à votre aide ; supposez que vous ne soyez plus une jeune fille bien élevée et disciplinée, mais un garçon indocile gâté sans arrêt depuis l'enfance ; figurez-vous que vous êtes dans un pays étranger et lointain ; considérez que vous y commettez une erreur capitale, dont peu importent la nature et les motifs, mais dont les conséquences doivent vous poursuivre votre vie durant et empoisonner toute votre existence. Notez bien que je n'ai pas dit : un crime ; je ne parle pas d'effusion de sang ou de tout autre acte coupable qui pourrait exposer son auteur aux rigueurs de la loi ; le mot que j'ai employé est bien : erreur. Le résultat de ce que vous avez fait vous devient peu à peu absolument intolérable ; vous prenez des mesures pour obtenir le soulagement ; ce sont des mesures insolites, mais qui ne sont ni illégales ni coupables. Cependant vous êtes malheureux ; car l'espoir vous a abandonné au bord même de la vie ; le soleil de midi pour vous est assombri par une éclipse, dont vous savez qu'elle ne le quittera plus jusqu'à l'heure de son coucher. Des souvenirs cruels et vils sont devenus le seul aliment de votre mémoire : vous errez de-ci de-là, cherchant le repos dans l'exil et le bonheur dans le plaisir – je veux dire dans le plaisir brut et sensuel... propre à hébéter l'intelligence et à flétrir les sentiments. Le cœur las, l'âme desséchée, vous rentrez chez vous après des années de bannissement volontaire ; vous faites une nouvelle connaissance... peu importe où et comment ; vous trouvez chez cette nouvelle venue nombre des qualités solides et lumineuses que vous cherchiez depuis vingt ans et n'aviez encore jamais rencontrées ; ces qualités sont toutes fraîches et saines, sans tache ni souillure. Une telle compagnie vous fait revivre et vous régénère ; vous sentez revenir de meilleurs jours... des désirs plus nobles, des sentiments plus purs ; vous souhaitez recommencer votre vie, et passer ce qu'il vous reste de jours d'une façon plus digne d'un être immortel. Pour atteindre cette fin, avez-vous le droit de sauter par-dessus un obstacle imposé par la coutume, un simple empêchement conventionnel que votre conscience ne ratifie ni votre jugement n'approuve ?

Il se tut pour attendre ma réponse ; et que pouvais-je dire ? Ah, si quelque esprit bienfaisant avait pu me souffler une réponse judicieuse et satisfaisante ! Vaine aspiration ! Le vent d'ouest murmurait dans le lierre autour de moi ; mais son bruissement ne transmettait en rien la douce parole d'Ariel[1] ; les oiseaux chantaient dans le haut des arbres ; mais leur chant, pour mélodieux qu'il fût, restait inarticulé.

M. Rochester formula de nouveau sa question :

— L'homme errant et pécheur, mais à présent avide de repos et repentant, a-t-il le droit de braver l'opinion du monde, afin de s'attacher à tout jamais cette personne douce, gracieuse et charmante, en assurant ainsi la paix de son propre esprit et la régénération de sa vie ?

— Monsieur, répondis-je, le repos du vagabond et le repentir du pécheur ne devraient jamais dépendre d'une autre créature. Hommes et femmes meurent ; la sagesse des philosophes et la vertu des chrétiens subissent des défaillances ; si quelqu'un que vous connaissez a souffert et s'est trompé, que cet homme porte son

---

1. Cf. *La Tempête* de Shakespeare : Ariel, l'esprit aérien, en est l'un des personnages.

regard plus haut que son prochain pour trouver la force de s'amender et le soutien qui lui permettra de guérir.

— Mais l'instrument... l'instrument ! Dieu, qui accomplit cette œuvre, en désigne l'instrument. Moi-même – je vous le dis sans parabole –, j'ai été un homme mondain, dissolu, turbulent ; et je crois que j'ai trouvé l'instrument de ma guérison en...

Il s'interrompit : les oiseaux continuèrent à gazouiller, les feuilles à bruire légèrement. Je m'étonnais presque qu'ils n'arrêtassent point leur chant et leur murmure pour saisir la révélation suspendue : mais il leur aurait fallu attendre bon nombre de minutes... tant le silence se prolongea. Je finis par lever les yeux vers mon si lent interlocuteur : il me regardait avec une attention passionnée.

— Ma petite amie, dit-il, sur un ton tout différent, cependant que son expression changeait aussi, perdant toute sa douceur et sa gravité pour devenir rude et sarcastique, vous avez remarqué mon tendre penchant pour Mlle Ingram ; ne croyez-vous pas que si je l'épousais, elle me régénérerait furieusement ?

Il se leva instantanément, s'en fut tout au bout de l'allée et revint en fredonnant une chanson.

— Jane, Jane, dit-il en s'arrêtant devant moi, que vos veilles vous ont fait pâlir ; ne me maudissez-vous pas d'avoir troublé votre sommeil ?

— Vous maudire ? Oh, non, Monsieur.

— Serrez-moi la main pour me confirmer cette parole. Que vos doigts sont froids ! Ils étaient plus chauds la nuit dernière quand je les ai touchés sur le seuil de la chambre mystérieuse. Jane, quand veillerez-vous de nouveau avec moi ?

— Chaque fois que je pourrai être utile, Monsieur.

— Par exemple, la nuit d'avant mon mariage je suis sûr que je ne pourrai pas dormir. Voulez-vous me promettre de veiller avec moi pour me tenir compagnie ? Je pourrai vous parler de ma belle, car maintenant vous l'avez vue et vous la connaissez.

— Oui, Monsieur.

— Une forte femme ! Quelle force, Jane ; grande, brune, et bien bâtie, avec des cheveux tout pareils à ceux que devaient avoir les dames de Carthage. Bonté divine ! Voilà Dent et Lynn aux écuries ! Rentrez en faisant le tour par le bosquet et la petite porte à claire-voie.

Tandis que je partais d'un côté, il s'en fut de l'autre et je l'entendis qui disait dans la cour, gaiement :

— Mason vous a tous devancés ce matin ; il est parti avant l'aube ; je me suis levé à quatre heures pour lui dire au revoir.

CHAPITRE XXI

Les pressentiments sont d'étranges choses, de même que les sympathies et les présages ; les trois réunis constituent un seul et même mystère dont l'humanité n'a pas encore trouvé la clef. Jamais de ma vie je ne me suis moquée des pressentiments, car j'en ai moi-même éprouvé d'étranges. Il existe, je crois, des sympathies dont le mécanisme déroute l'intelligence humaine (par exemple entre des parents très éloignés, séparés depuis longtemps, complètement détachés l'un de l'autre, mais qui reconnaissent, malgré leur désaffection, la source unique à laquelle remonte l'origine de chacun). Quant aux présages, pour autant que nous le sachions, ils ne sont peut-être que la manifestation d'une sympathie entre la nature et l'homme.

Quand j'étais toute petite, âgée de six ans seulement, j'entendis un soir Bessie Leaven raconter à Marthe Abbot qu'elle avait rêvé d'un petit enfant et que rêver d'enfants était un sûr présage de malheur, soit pour soi-même soit pour sa famille. Ce propos aurait pu me sortir de la mémoire avec le temps s'il ne s'était produit aussitôt après une circonstance qui avait servi à l'y inscrire de façon indélébile. Le lendemain Bessie fut rappelée chez elle, où sa petite sœur était sur son lit de mort.

Depuis quelque temps j'avais souvent évoqué le propos et l'incident en question ; car au cours de la semaine précédente il n'était guère de nuit qui fût passée au-dessus de ma couche sans apporter avec elle le rêve d'un enfant, que tantôt je berçais dans mes bras, tantôt je faisais sauter sur mes genoux, tantôt je regardais jouer avec des pâquerettes sur une pelouse ou tremper les mains dans un cours d'eau. Cet enfant geignait une nuit et riait la suivante ; tantôt il se blottissait tout contre moi, tantôt il me fuyait ; mais quels que fussent l'humeur manifestée et l'aspect présenté par l'apparition, elle ne manqua pas, pendant sept nuits de suite, de venir me retrouver à l'instant même où je pénétrais au pays du sommeil.

Cette répétition d'une seule idée, cette étrange persistance d'une seule image ne me plut guère ; et je devenais nerveuse quand approchait l'heure du coucher, le moment de la vision. C'est de la compagnie de ce spectre enfantin que je venais d'être tirée en cette nuit de lune où j'avais entendu le cri ; or, c'est dans l'après-midi du jour suivant que je fus appelée à descendre par un message m'annonçant que quelqu'un me demandait dans le petit salon de Mme Fairfax. Je m'y rendis et j'y trouvai un homme qui m'attendait et qui avait l'air d'un domestique de bonne famille ; il était en grand deuil et le chapeau qu'il tenait à la main était entouré d'un crêpe.

— J'imagine que vous avez du mal à me reconnaître, Mademoiselle, dit-il en se levant à mon entrée, mais je m'appelle Leaven ; j'étais chez Mme Reed comme cocher, quand vous habitiez à Gateshead, il y a huit ou neuf ans de cela, et j'y suis toujours.

— Ah ! Robert ! Comment allez-vous ? Je me souviens très bien de vous ; vous me faisiez quelquefois faire un tour sur le poney bai de Mlle Georgiana. Et comment va Bessie ? Vous êtes bien le mari de Bessie, n'est-ce pas ?

— Oui, Mademoiselle ; ma femme est très bien portante, je vous remercie : elle m'a donné encore un petit il y a à peu près deux mois – cela nous en fait trois maintenant – et la mère et l'enfant sont très prospères.

— Et comment vont les habitants du manoir, Robert ?

— Je regrette de ne pouvoir vous donner de meilleures nouvelles d'eux, Mademoiselle ; ils ne vont pas bien du tout en ce moment... ils ont de grands malheurs.

— J'espère que personne n'est mort, dis-je avec un coup d'œil sur ses vêtements noirs.

Il baissa lui-même les yeux sur le crêpe de son chapeau et répondit :

— M. John est mort, il y a eu hier huit jours, dans son appartement de Londres.

— M. John ?

— Oui.

— Et comment sa mère supporte-t-elle ce malheur ?

— Ma foi, voyez-vous, mademoiselle Eyre, ce n'est pas un malheur ordinaire ; M. John a mené une vie désordonnée ; depuis trois ans il avait adopté des mœurs étranges et sa mort a été affreuse.

— J'avais appris par Bessie qu'il ne réussissait pas très bien.

— Pas très bien ! Il n'aurait pas pu réussir plus mal : il s'est ruiné la santé et la fortune en compagnie de la lie de l'humanité, hommes et femmes. Il s'est endetté et fait mettre en prison ; sa mère l'en a tiré deux fois, mais dès qu'il était libre il retournait à la même compagnie et aux mêmes habitudes qu'avant. Il n'avait pas la tête très solide ; les coquins avec qui il vivait l'ont berné d'une façon inimaginable. Il est venu à Gateshead il y a à peu près trois semaines et il voulait que Madame lui abandonne tout ce qu'elle a. Madame a refusé : il y a longtemps que ses ressources ont été réduites par les fredaines de son fils ; alors il s'en est retourné, et la première nouvelle qu'on a eue de lui, c'est qu'il était mort. Dieu sait comment ! On parle de suicide.

Je restais silencieuse ; ces nouvelles étaient épouvantables. Robert Leaven reprit :

— Madame n'était pas en bonne santé elle-même depuis quelque temps ; elle avait beaucoup grossi, mais elle n'avait pas la force en conséquence ; et puis les pertes d'argent et la crainte de la pauvreté l'ébranlaient complètement. La nouvelle de la mort de M. John et de la façon dont elle s'était produite est arrivée trop brutalement, ce qui a provoqué une attaque. Elle est restée trois jours sans parler ; mais mardi dernier elle avait l'air d'aller un peu mieux ; elle semblait vouloir dire quelque chose et ne cessait de faire des signes à ma femme et de marmonner. Mais c'est seulement hier matin que Bessie a compris que Madame prononçait votre nom et elle a fini par distinguer les mots suivants : « Amenez-moi Jane… allez chercher Jane ; je voudrais lui parler. » Bessie n'est pas sûre que Madame soit dans son bon sens, ni qu'elle pense ce qu'elle dit ; mais elle en a parlé à Mlle Reed et à Mlle Georgiana et leur a conseillé de vous faire appeler. Ces demoiselles ont d'abord voulu attendre, mais leur mère est devenue tellement agitée et a tant de fois répété « Jane, Jane » qu'elles ont fini par y consentir. J'ai quitté Gateshead hier ; et si vous pouvez être prête, Mademoiselle, j'aimerais vous ramener avec moi de bonne heure demain matin.

— Oui, Robert, je serai prête ; il me semble que c'est mon devoir d'y aller.

— C'est aussi mon avis, Mademoiselle. Bessie m'a dit qu'elle était sûre que vous n'alliez pas refuser ; mais je suppose qu'il faut que vous demandiez un congé avant de pouvoir partir.

— Oui, et c'est ce que je vais faire sur-le-champ.

Puis, après l'avoir conduit à la salle des domestiques et l'avoir recommandé aux bons soins de la femme de John et à l'attention de John lui-même, je me mis en quête de M. Rochester.

Il n'était dans aucune des pièces du rez-de-chaussée, ni dans la cour, ni aux écuries, ni dans le parc. Je demandai à Mme Fairfax si elle l'avait vu... oui : elle croyait qu'il jouait au billard avec Mlle Ingram. Je m'empressai de gagner la salle de billard : on y entendait le choc des boules et le bourdonnement des conversations ; M. Rochester, Mlle Ingram, Mlle Eshton et leurs admirateurs étaient tous absorbés par leur partie. Il fallait un certain courage pour interrompre un amusement aussi intéressant ; toutefois, ma mission n'était pas de celles qu'on peut remettre à plus tard ; je m'approchai donc de mon maître, qui était debout à côté de Mlle Ingram. Elle se retourna quand je m'approchai et me regarda avec hauteur ; ses yeux eurent l'air de poser la question : « Que peut bien vouloir cette vile créature à présent ? » et quand je dis à mi-voix : « Monsieur Rochester ! » elle fit un geste comme si elle avait envie de me congédier. Je me souviens très bien de son apparence à cet instant : elle était très gracieuse et imposante ; elle portait une petite robe en crêpe de Chine bleu ciel, et un foulard de mousseline azurée était entortillé dans ses cheveux. Elle venait de se donner complètement à l'animation du jeu et l'orgueil irrité ne ternit pas l'expression de ses traits hautains.

— Cette personne veut-elle vous parler ? demanda-t-elle à M. Rochester.

Alors M. Rochester se retourna pour voir qui était « cette personne » ; il fit une curieuse grimace (qui était bien une de ses manifestations bizarres et équivoques), posa sa queue et me suivit hors de la salle.

— Alors, Jane ? dit-il, en s'adossant à la porte de la salle d'étude qu'il avait refermée derrière lui.

— S'il vous plaît, Monsieur, je voudrais avoir l'autorisation de m'absenter pour une semaine ou deux.

— Pour quoi faire... pour aller où ?

— Pour voir une dame malade qui m'a fait appeler.

— Quelle dame malade ? Où habite-t-elle ?

— À Gateshead, dans le comté de ***.

— Le comté de *** ? Mais c'est à cent milles d'ici ! Qui peut bien être cette femme qui fait appeler des gens à venir la voir de si loin ?

— Elle s'appelle Reed, Monsieur... c'est Mme Reed.

— Reed de Gateshead ? Il y avait un Reed de Gateshead qui était magistrat.

— C'est sa veuve, Monsieur.

— Et qu'avez-vous à voir avec elle ? Comment la connaissez-vous ?

— M. Reed était mon oncle... le frère de ma mère.

— Qu'est-ce que c'est que cette histoire ! Vous ne m'en aviez jamais parlé ; vous m'aviez toujours dit que vous n'aviez pas de parents.

— Je n'en ai pas qui me reconnaissent pour telle, Monsieur ; M. Reed est mort et sa femme m'a chassée de chez elle.

— Pourquoi ?

— Parce que j'étais pauvre, que j'étais une charge et qu'elle me détestait.

— Mais Reed a laissé des enfants ? Vous devez avoir des cousins ? Sir George Lynn parlait justement hier d'un Reed de Gateshead qui, à ses dires, était l'un des plus parfaits coquins de Londres ; et Ingram citait une certaine Georgiana Reed, également de Gateshead, qui avait été très admirée pour sa beauté à Londres, il y a une ou deux saisons.

— John Reed est mort, lui aussi, Monsieur ; il s'est ruiné, il a presque ruiné sa famille, et l'on suppose qu'il s'est donné la mort. Cette nouvelle a tellement ébranlé sa mère qu'elle en a eu une attaque d'apoplexie.

— Alors, quel bien pouvez-vous lui faire ? Ce n'est pas sérieux, Jane ! Jamais je n'aurais l'idée de filer à cent milles d'ici pour aller voir une vieille femme qui sera peut-être morte avant votre arrivée ; d'ailleurs, vous avez dit vous-même qu'elle vous avait chassée de chez elle.

— Oui, Monsieur, mais il y a longtemps de cela, et sa situation était très différente à l'époque ; je n'aurais pas bonne conscience si je ne tenais pas compte de son désir à présent.

— Combien de temps resterez-vous ?

— Le moins longtemps possible, Monsieur.

— Promettez-moi de ne rester qu'une semaine...

— Mieux vaut que je ne fasse pas de promesse ; je risquerais de ne pas pouvoir la tenir.

— En tout cas, vous reviendrez ; vous ne vous laisserez convaincre sous aucun prétexte de vous établir définitivement chez elle ?

— Oh, non ! Je reviendrai certainement si tout va bien.

— Et qui vous accompagne ? Vous n'allez pas faire un voyage de cent milles toute seule.

— Non, Monsieur, elle m'a envoyé son cocher.

— Est-ce quelqu'un à qui on puisse faire confiance ?

— Oui, Monsieur, il y a dix ans qu'il est dans la famille.

M. Rochester réfléchit.

— Quand voulez-vous partir ?

— De bonne heure demain matin, Monsieur.

— Eh bien, il vous faut de l'argent ; vous ne pouvez voyager sans argent, et je suis sûr que vous n'en avez pas beaucoup ; je ne vous ai encore versé aucun salaire. À quelle somme se montent vos possessions terrestres, Jane ? me demanda-t-il avec un sourire.

Je tirai mon porte-monnaie ; c'était un objet assez plat.

— Cinq shillings, Monsieur.

Il me prit le porte-monnaie, versa mon trésor dans la paume de sa main et se mit à rire sous cape en le regardant, comme si cette minceur l'amusait. Bientôt il tira de sa poche son portefeuille.

— Tenez, dit-il en me tendant un billet.

C'était un billet de cinquante livres ; or il ne m'en devait que quinze. Je lui déclarai que je n'avais pas de monnaie.

— Je n'ai pas besoin de monnaie ; vous le savez bien. Recevez vos gages.

Je refusai d'accepter plus que mon dû. Il commença par prendre un air mécontent ; puis, comme s'il se souvenait de quelque chose, il dit :

— Bon, bon ! Mieux vaut ne pas vous donner la somme entière tout de suite ; peut-être resteriez-vous absente trois mois si vous aviez cinquante livres. En voici dix ; n'est-ce pas largement suffisant ?

— Si, Monsieur ; mais à présent vous m'en devez cinq.

— En ce cas vous reviendrez les chercher ; je serai votre banquier à concurrence de quarante livres.

— Monsieur Rochester, je devrais profiter de cette occasion pour vous parler d'une autre affaire.

— Une autre affaire ? Vous m'intriguez.

— Vous m'avez pour ainsi dire annoncé, Monsieur, que vous allez prochainement vous marier.

— Oui ; et après ?

— En ce cas, Monsieur, il faudra qu'Adèle aille dans une école ; je suis sûre que vous en comprendrez la nécessité.

— Pour qu'elle ne se trouve pas dans les jambes de ma chère épouse, sans quoi cette dernière risquerait de la piétiner de façon un peu trop accentuée ? Votre suggestion est assez sensée ; sans nul doute, comme vous le dites, il faudra qu'Adèle aille dans une école ; quant à vous, bien entendu, il faudra que vous vous en alliez sur-le-champ, au... au diable ?

— J'espère que non, Monsieur ; mais il faudra que je cherche une nouvelle situation quelque part.

— Pour sûr ! s'écria-t-il d'une voix retentissante et avec une grimace qui étaient à la fois fantastiques et ridicules.

Il me considéra pendant plusieurs minutes.

— Ainsi, la vieille Mme Reed, ou Mlles ses filles vont être par vous sollicitées de vous chercher une place, j'imagine.

— Non, Monsieur ; l'état de mes relations avec ma famille n'est pas de nature à me permettre de demander des faveurs... mais je mettrai une annonce.

— Vous escaladerez plutôt les pyramides d'Égypte ! grommela-t-il. C'est à vos risques et périls que vous mettriez une annonce ! Je regrette de ne pas vous avoir offert seulement un souverain au lieu de dix livres. Rendez-moi neuf livres, Jane ; j'en ai besoin.

— Et moi aussi, répliquai-je en mettant mes mains et mon porte-monnaie derrière mon dos. Pour rien au monde je ne pourrais me passer de cet argent.

— Petite avaricieuse ! dit-il, qui me refuse une faveur pécuniaire ! Donnez-moi cinq livres, Jane.

— Non, Monsieur ; ni cinq shillings ni même cinq pence.

— Laissez-moi seulement jeter un coup d'œil sur cet argent.

— Non, Monsieur ; vous n'êtes pas digne de confiance.

— Jane !

— Monsieur ?

— Faites-moi une promesse.

— Je vous ferai, Monsieur, toutes les promesses que je croirai avoir des chances de tenir.

— C'est de ne pas mettre d'annonce, et de me confier cette recherche d'une situation. Je vous en trouverai une en temps voulu.

— Je serai très heureuse de le promettre, Monsieur, si, de votre côté, vous voulez bien promettre qu'Adèle et moi, nous serons toutes deux en sûreté hors de la maison, avant qu'y pénètre votre épouse.

— Fort bien ! fort bien ! Je vous en donne ma parole. Vous partez donc demain ?

— Oui, Monsieur, de bonne heure.

— Descendrez-vous au salon après le dîner ?

— Non, Monsieur, car il faut que je m'apprête pour le voyage.

— En ce cas, vous et moi, nous n'avons qu'à nous dire au revoir pour un certain temps.

— Je le crois, Monsieur.

— Et comment fait-on pour accomplir ce cérémonial de la séparation, Jane ? Apprenez-le-moi ; je ne suis pas très au courant.

— On dit « Adieu », ou toute autre formule qu'on préfère.

— Alors, dites-le.

— Adieu, monsieur Rochester, pour le moment.

— Que faut-il que je dise ?

— La même chose si vous le voulez, Monsieur.

— Adieu, mademoiselle Eyre, pour le moment ; est-ce tout ?

— Oui.

— Je trouve cela mesquin, sec, inamical. J'aimerais autre chose : un petit rite supplémentaire. Si nous échangions une poignée de main, par exemple ; mais non... cela ne me satisferait pas non plus. Donc vous ne voulez pas faire plus que me dire « Adieu », Jane ?

— Cela suffit, Monsieur ; on peut exprimer autant de sentiment en un mot qu'en cent, si c'est un mot venu du cœur.

— Cela se peut ; mais c'est un mot froid et nu... « Adieu. »

« Combien de temps va-t-il rester adossé à cette porte ? me demandai-je ; je voudrais commencer à faire mes bagages. »

La cloche du dîner retentit et il disparut brusquement sans ajouter une syllabe ; je ne le revis plus de la journée, et je fus partie avant son lever le lendemain matin.

J'atteignis le pavillon de garde de Gateshead vers cinq heures de l'après-midi le 1er mai ; j'y entrai avant de monter au manoir. Ce pavillon était un endroit fort propre et bien tenu ; les fenêtres décoratives étaient garnies de petits rideaux blancs ; le parquet était immaculé ; la grille et la garniture du foyer étaient merveilleusement astiquées et le feu était clair. Bessie était assise devant l'âtre, donnant le sein à son dernier-né, tandis que Robert et sa sœur jouaient tranquillement dans un coin.

— Bonté divine !... Je savais bien que vous viendriez ! s'écria Mme Leaven à mon entrée.

— Oui, Bessie, dis-je après l'avoir embrassée ; et je pense que je n'arrive pas trop tard. Comment va Mme Reed ?... Elle vit encore, j'espère ?

— Oui, elle vit encore ; elle est même plus calme

et plus raisonnable qu'il y a quelques jours. Le docteur dit qu'elle peut encore traîner une semaine ou deux ; mais il ne croit pas qu'elle s'en remettra pour de bon.

— A-t-elle prononcé mon nom récemment ?

— Elle parlait de vous ce matin encore et souhaitait votre arrivée ; mais elle dort en ce moment, ou du moins dormait il y a dix minutes quand j'étais au manoir. Elle reste en général plongée tout l'après-midi dans une sorte de léthargie et se réveille vers six ou sept heures. Voulez-vous vous reposer ici pendant une heure, Mademoiselle, après quoi je monterai avec vous ?

Robert entra à ce moment et Bessie déposa son enfant endormi dans le berceau pour aller souhaiter la bienvenue au père ; après quoi elle insista pour me faire ôter mon chapeau et prendre le thé, car, disait-elle, j'avais l'air pâle et fatiguée ; je fus heureuse d'accepter son hospitalité ; et je me laissai débarrasser de mon manteau de voyage tout aussi passivement que j'avais laissé Bessie me déshabiller quand j'étais enfant.

Les vieux souvenirs me revinrent en foule quand je la vis s'affairer, garnir le plateau à thé de sa plus belle porcelaine, couper des tartines, faire griller de la brioche, non sans donner de temps à autre au petit Robert ou à la petite Jane une tape ou une chiquenaude, exactement comme elle l'avait fait pour moi jadis. Car Bessie avait gardé sa vivacité d'humeur en même temps que sa légèreté et sa bonne mine.

Quand le thé fut prêt, j'allais m'approcher de la table ; mais, toujours sur son ton péremptoire d'autrefois, elle m'invita à rester assise. Il fallait, disait-elle, que je fusse servie au coin du feu ; elle plaça donc devant moi un petit guéridon avec ma tasse et une assiette de rôties, exactement comme elle me fournissait jadis, sur une chaise de la chambre d'enfant, une friandise dérobée en cachette ; je lui souris et lui obéis comme autrefois.

Elle voulut savoir si j'étais heureuse au manoir de Thornfield et quel genre de personne en était la maîtresse ; quand je lui eus révélé qu'il n'y avait qu'un maître, elle me demanda s'il était gentil et s'il me plaisait. Je lui répondis que c'était un homme assez laid, mais très distingué, qu'il me traitait avec bonté et que j'étais contente de mon sort. Puis j'en vins à décrire la compagnie élégante qui séjournait depuis quelque temps dans la maison ; à ces détails Bessie prêta une oreille intéressée, car ils étaient exactement du genre dont elle raffolait.

Une heure eut tôt fait de s'écouler au milieu de telles conversations ; Bessie me restitua mon chapeau et tout le reste, puis, escortée par elle, je quittai le pavillon pour aller au manoir. C'est aussi escortée d'elle que, près de neuf ans plus tôt, j'avais descendu l'allée que je montais à présent. Par un matin âpre, sombre et brumeux de janvier, j'avais quitté un toit hostile avec un cœur amer et désespéré, avec le sentiment d'être une proscrite et presque une réprouvée, pour gagner le glacial refuge de Lowood, cette terre si lointaine, inexplorée. Le même toit hostile se dressait à présent de nouveau devant moi : mon avenir était encore incertain ; et j'avais encore le cœur endolori. J'avais encore l'impression d'être une vagabonde à la surface de la terre ; mais j'éprouvais une confiance plus ferme en moi et en mes propres ressources, et une crainte moins écrasante de la tyrannie. En outre, la plaie jadis béante des torts subis par moi s'était complètement cicatrisée, et la flamme du ressentiment s'était éteinte.

— Vous allez entrer d'abord dans le petit salon, me dit Bessie en traversant devant moi le vestibule ; ces demoiselles doivent y être.

Un instant plus tard j'étais dans la pièce en question. Il y avait là tous les meubles avec l'aspect exact qu'ils avaient eu le matin où j'avais été pour la première fois présentée à M. Brocklehurst ; le petit tapis sur lequel il s'était planté couvrait toujours le devint de l'âtre. Jetant un coup d'œil sur la bibliothèque, je crus distinguer les deux volumes des *Oiseaux britanniques* de Bewick occupant toujours leur place d'autrefois au troisième rayon, et les *Voyages de Gulliver* et les *Mille et Une Nuits* rangés juste au-dessus. Les objets inanimés étaient inchangés ; mais les êtres vivants s'étaient transformés au point d'être méconnaissables.

Deux jeunes femmes apparurent à mes yeux ; l'une était très grande, presque aussi grande que Mlle Ingram, et très mince aussi, avec un visage olivâtre et la mine austère. Il y avait dans son apparence quelque chose d'ascétique qui était accru par l'extrême simplicité d'une robe à jupe droite en drap noir, un col de toile amidonné, des cheveux tirés en arrière, et pour tout bijou, un collier fait de perles d'ébène et d'un crucifix, qui eût pu servir à une religieuse. Je fus convaincue que c'était Eliza, mais je trouvais peu de ressemblance entre la personne qu'elle était autrefois et ce visage aminci et sans couleur.

L'autre était assurément Georgiana, mais non point la Georgiana que je me rappelais, la fillette mince et gracieuse de ses onze ans. Celle-ci était une demoiselle épanouie et fort rondelette, belle comme une poupée de cire, aux traits réguliers et bien dessinés, aux yeux bleus et langoureux, aux cheveux blonds et bouclés. Sa robe était également de teinte noire ; mais elle était d'une coupe si différente de celle de sa sœur, tellement plus ample et mieux ajustée, qu'elle paraissait aussi élégante que celle de sa sœur avait l'air puritaine.

Chacune des deux sœurs avait un trait de sa mère, mais un seul : l'aînée, mince et pâle, avait le regard granitique de Mme Reed ; la cadette, épanouie et rebondie, avait le même dessin de la mâchoire et du menton que sa mère, un peu adouci, peut-être, mais donnant tout de même une indéfinissable dureté à son visage pourtant si sensuel et charnu.

Ces deux demoiselles, quand je m'avançai, se levèrent pour m'accueillir et s'adressèrent toutes deux à moi en m'appelant « Mademoiselle Eyre ». La salutation d'Eliza fut prononcée d'une voix sèche et cassante, sans sourire ; puis elle se rassit, fixa son regard sur le feu et parut m'oublier. Georgiana ajouta à son « Comment allez-vous ? » plusieurs formules banales sur mon voyage, le temps qu'il faisait, et ainsi de suite, formules prononcées d'un ton un peu traînant, et accompagnées de divers regards jetés à la dérobée et qui m'expertisèrent sous toutes les coutures, tantôt fouillant les replis de ma pelisse brune en mérinos, tantôt s'attardant sur l'ornementation toute simple de mon chapeau rustique. Les jeunes personnes ont une façon remarquable de vous faire comprendre qu'elles vous tiennent pour « un numéro » sans aller jusqu'à prononcer vraiment ces mots. Un certain dédain dans le regard, une certaine froideur dans les manières, une certaine nonchalance dans la voix expriment pleinement leur sentiment sur ce point, sans qu'elles aient à se compromettre par une grossièreté déclarée de parole ou de geste.

Toutefois un sarcasme, qu'il fût caché ou à découvert, n'avait plus sur moi le pouvoir qu'il possédait autrefois ; assise entre mes cousines, je fus surprise de voir comme je me sentais à l'aise malgré l'indifférence absolue de l'une et les attentions à demi ironiques de l'autre ; Eliza ne m'humiliait pas plus que Georgiana ne m'irritait. Le fait est que j'avais d'autres sujets de méditation ; depuis quelques mois s'étaient développés en moi des sentiments tellement plus puissants que tous ceux qu'elles pouvaient faire naître, avaient été suscités des souffrances et des plaisirs tellement plus aigus et perçants qu'il n'était en leur pouvoir de m'en infliger ou de m'en octroyer, que leurs grands airs ne m'affectèrent ni en bien ni en mal.

— Comment va Mme Reed ? demandai-je bientôt en regardant avec calme Georgiana qui jugea bon de se rebiffer quand je m'adressai ainsi directement à elle, comme si c'était là une liberté inattendue que je prenais.

— Mme Reed ? Ah ! vous voulez parler de maman ; elle va extrêmement mal ; je ne crois pas que vous puissiez la voir ce soir.

— Si vous vouliez bien, répondis-je, monter simplement lui dire que je suis arrivée, je vous en serais très obligée.

Georgiana eut une sorte de sursaut et ouvrit tout grands ses yeux bleus et effarés.

— Je sais qu'elle avait un pressant désir de me voir, ajoutai-je, et je ne voudrais pas retarder plus longtemps qu'il n'est strictement nécessaire l'accomplissement de ce vœu.

— Maman n'aime pas qu'on la dérange le soir, déclara Eliza.

Je ne tardai pas à me lever, pour ôter, sans en être priée, mon chapeau et mes gants, et à annoncer que j'allais donc simplement trouver Bessie (je me doutais qu'elle devait être à la cuisine) et lui demander de voir si Mme Reed était, oui ou non, disposée à me recevoir le soir même. Je m'en fus, je trouvai Bessie et je l'envoyai accomplir cette mission, puis je me mis en devoir de prendre d'autres mesures. Jusqu'à ce jour mon habitude avait été de fuir l'arrogance d'autrui ; accueillie comme je venais de l'être, j'eusse un an plus tôt résolu de quitter Gateshead dès le lendemain matin ; à présent, il me fut tout à coup révélé que c'eût été là une attitude stupide. J'avais fait un voyage de cent milles pour voir ma tante et mon devoir était de rester auprès d'elle jusqu'à ce qu'elle fût guérie... ou morte ; quant à l'orgueil et à la sottise de ses filles, il me suffisait de n'y point prêter attention pour m'en rendre indépendante. Je m'adressai donc à l'intendante, à qui je demandai de m'indiquer une chambre, en lui annonçant que j'allais probablement séjourner une semaine ou deux dans la maison ; je fis transporter ma malle dans ma chambre et l'y suivis en personne ; je rencontrai Bessie sur le palier.

— Madame est réveillée, me dit-elle ; je lui ai dit que vous êtes ici ; allons voir si elle va vous reconnaître.

Je n'avais pas besoin qu'on me montrât le chemin de cette chambre bien connue, où j'avais si souvent été convoquée jadis pour y être châtiée ou réprimandée. Je m'y rendis en hâte, suivie de Bessie ; j'ouvris la porte sans bruit ; une lampe voilée était posée sur la table, car il commençait à faire nuit. Il y avait là, comme autrefois, le grand lit à colonnes avec ses tentures ambrées ; et la table de toilette, le fauteuil et le tabouret devant lequel j'avais cent fois été condamnée à m'agenouiller pour implorer le pardon de fautes que je n'avais pas commises. Je jetai un coup d'œil vers certain coin proche de ce meuble, m'attendant presque à y voir la mince silhouette d'une badine jadis redoutée qui s'y cachait alors, prête à en jaillir à la première occasion comme un diablotin pour venir cingler mes mains tremblantes ou ma nuque crispée. Je m'approchai du lit ; j'en tirai les rideaux et me penchai sur la haute pile d'oreillers.

Je me souvenais fort bien du visage de Mme Reed, dont je cherchai avidement l'image familière. Il est heureux que le temps assouvisse les aspirations de la vengeance et fasse taire les élans de la fureur et de l'aversion. C'est dans l'acrimonie et la haine que j'avais quitté cette femme, et voilà que je revenais vers elle sans autre émotion qu'une sorte de compassion pour ses grandes souffrances et un puissant désir d'oublier et de pardonner tous les torts, d'opérer une réconciliation, de tendre la main de la concorde.

C'était bien le visage familier qui était là, sévère et implacable comme toujours, avec cet œil bien à elle que rien ne pouvait attendrir, et ce front assez haut, impérieux et despotique. Que de fois il s'était incliné vers moi avec une expression de menace et de haine ! Et comme le souvenir des terreurs et des chagrins de mon enfance redevint vivant en moi quand à cet instant j'en reconnus les contours rigoureux ! Cependant je me penchai pour l'embrasser ; elle me regarda.

— Est-ce Jane Eyre qui est ici ? demanda-t-elle.

— Oui, tante Reed. Comment allez-vous, ma chère tante ?

J'avais jadis fait le serment de ne plus jamais l'appeler « ma tante » ; il me sembla que je ne commettais pas de péché en oubliant et en enfreignant ce serment à présent. Mes doigts s'étaient refermés sur sa main, qui était posée sur le drap ; si elle avait serré la mienne avec bonté, j'eusse éprouvé à cet instant un plaisir sincère. Mais les natures impassibles ne sont pas si vite attendries, ni les antipathies naturelles si aisément extirpées. Mme Reed retira sa main et, tournant la tête comme pour s'éloigner de moi, elle déclara que la soirée était tiède. Ensuite elle me regarda d'un air si glacial que je compris tout de suite que son opinion sur moi, son sentiment à mon égard n'avaient pas changé et ne pouvaient pas changer. Je compris en voyant son œil dur, impénétrable à la tendresse, inaccessible aux larmes, qu'elle avait résolu de me considérer comme méchante jusqu'au bout, parce que le fait de me considérer comme bonne ne lui eût procuré aucun plaisir généreux, mais seulement un sentiment d'humiliation.

Je ressentis de la peine, puis je ressentis du courroux ; puis je fus envahie par la résolution de vaincre cette femme, de la dominer en dépit de son naturel aussi bien que de sa volonté. Les larmes m'étaient montées aux yeux, tout comme dans mon enfance ; je leur ordonnai de retourner à leur source. J'approchai une chaise de la tête du lit ; je m'assis et me penchai sur l'oreiller.

— Vous m'avez fait appeler, dis-je ; me voici ; mon intention est de rester ici jusqu'au moment où je verrai comment évolue votre maladie.

— Oui, bien sûr ! Avez-vous vu mes filles ?
— Oui.
— Alors, dites-leur que je veux que vous restiez jusqu'à ce que j'aie pu parler avec vous de certaines questions qui me préoccupent ; ce soir il est trop tard et j'ai du mal à me les rappeler. Mais il y avait quelque chose que je voulais vous dire... voyons...

Le regard vague, la voix changée me montrèrent les ravages qui s'étaient opérés dans cette constitution naguère vigoureuse. En se retournant avec agitation, elle tira les couvertures pour s'en envelopper ; mon coude, posé sur un coin de l'édredon, le retenait ; elle se mit aussitôt en colère.

— Redressez-vous ! dit-elle, n'immobilisez pas mes couvertures pour m'ennuyer. Êtes-vous Jane Eyre ?
— Je suis Jane Eyre.
— Cette petite m'a donné plus d'ennuis que quiconque ne pourrait le croire. Quel fardeau à garder sur les bras, et que de contrariétés elle m'a causées jour après jour, heure après heure, avec son tempérament incompréhensible et ses soudaines crises de colère et sa façon continuelle et anormale d'observer nos faits et gestes ! Je vous assure qu'elle m'a parlé une fois comme une

folle ou comme un démon... aucun enfant n'a jamais tenu des propos ou pris des airs comme les siens ; j'ai été contente de l'éloigner de la maison. Qu'a-t-on fait d'elle à Lowood ? L'épidémie y a éclaté et beaucoup des élèves sont mortes. Mais elle n'est pas morte, elle, même si je l'ai prétendu... je regrette qu'elle ne soit pas morte !

— Étrange regret, madame Reed ; pourquoi la haïssez-vous à ce point ?

— J'ai toujours détesté sa mère ; car c'était l'unique sœur de mon mari, qui lui était très attaché ; il s'est opposé au désaveu de la famille quand elle a contracté ce mariage déshonorant ; et quand la mort de cette femme a été annoncée, il a pleuré comme un nigaud. Il a tenu à faire venir le nouveau-né ici, alors que je le suppliais de faire plutôt mettre l'enfant en nourrice en payant pour assurer sa subsistance. Je l'ai haïe la première fois que j'ai posé les yeux sur elle... cette créature chétive, pleurnicharde, malingre ! Elle gémissait toute la nuit dans son berceau... au lieu de crier à pleins poumons comme tous les autres enfants, elle ne faisait que se plaindre et geindre. Reed a eu pitié d'elle ; il la prenait dans ses bras et s'intéressait à elle comme si elle avait été à lui, et même plus qu'il ne s'était jamais intéressé à ses propres enfants au même âge. Il essayait de rendre mes enfants bienveillants envers la petite pauvresse ; mes chéris n'ont pas pu s'y résoudre et il se mettait en colère contre eux quand ils manifestaient leur animosité. Au cours de sa dernière maladie, il la faisait continuellement amener à son chevet ; et une heure seulement avant sa mort, il m'a fait prêter serment de garder cette créature. J'aurais eu tout autant d'envie de me charger d'un gamin indigent sorti de l'hospice ; mais mon mari était faible, naturellement faible. John ne ressemble pas du tout à son père ; John est comme moi et comme mes frères... c'est un vrai Gibson. Oh, je voudrais qu'il cesse de me tourmenter avec ses demandes d'argent ! Je n'ai plus d'argent à lui donner ; nous nous appauvrissons. Il va falloir que je congédie la moitié des domestiques et que je condamne une partie de la maison, ou que je la loue. Jamais je ne m'y résignerai... mais comment nous en tirerons-nous ? Les deux tiers de mes revenus passent à payer l'intérêt des hypothèques. John est épouvantablement joueur, et il perd toujours... le pauvre petit : il est entouré de gredins ; John est tombé très bas... il a une mine effrayante... j'ai honte de lui quand je le vois.

Elle s'agitait beaucoup.

— Je crois que je ferais mieux de la quitter maintenant, dis-je à Bessie, qui était debout de l'autre côté du lit.

— Vous avez peut-être raison, Mademoiselle ; mais elle parle souvent comme cela le soir... le matin elle est plus calme.

Je me levai.

— Un instant ! s'écria Mme Reed, il y a encore une chose que je voulais dire. Il me menace... il me menace sans cesse de sa propre mort ou de la mienne ; et il m'arrive de rêver que je le vois, étendu, avec une grande plaie à la gorge, ou avec un visage tuméfié et noirci. Je suis dans une bien mauvaise passe ; j'ai de terribles ennuis. Que faire ? Où trouver cet argent ?

Bessie tenta alors de la convaincre de prendre une potion sédative ; elle y parvint non sans difficulté. Peu de temps après, Mme Reed se calma un peu et sombra dans un état d'assoupissement. Je la quittai alors.

Il se passa plus de dix jours avant que je m'entretinsse de nouveau avec elle. Elle resta pendant tout ce temps dans un état de délire ou de léthargie ; et le docteur interdit tout ce qui risquait de lui causer une agitation pénible. Dans l'intervalle, je m'entends tant bien que mal avec Georgiana et Eliza. Elles furent vraiment très froides au début. Eliza passait la moitié de la journée à coudre, à lire ou à écrire, sans presque adresser un seul mot soit à sa sœur, soit à moi. Georgiana jacassait pendant des heures de suite, débitant des niaiseries à l'adresse de son canari sans me prêter la moindre attention. Mais j'avais résolu de montrer que je n'étais pas à court d'occupations ni de divertissements ; j'avais apporté mes affaires de dessin, qui m'offraient les unes et les autres.

Pourvue d'une boîte de crayons et de quelques feuilles de papier, je prenais un siège à l'écart de mes cousines, près de la fenêtre, et je m'occupais à tracer des vignettes de fantaisie, représentant n'importe laquelle des scènes qui se trouvaient passagèrement formées par le kaléidoscope sans cesse changeant de mon imagination ; une vision de la mer entre deux rochers ; la lune à son lever, dont le disque était traversé par un navire ; un bouquet de roseaux et d'iris des marais, d'où émergeait la tête d'une naïade, couronnée de fleurs de lotus ; un elfe assis dans le nid d'un moineau, sous une guirlande de fleurs d'aubépine.

Un matin je me mis à dessiner un visage, sans me demander ni savoir quel genre de visage cela allait être. Je pris un crayon noir à mine tendre, j'en écrasai la pointe et je me mis à l'ouvrage. J'eus tôt fait de tracer sur le papier un front large et proéminent ainsi qu'un bas de figure carré, dont les contours me plurent ; mes doigts se mirent en devoir de les emplir de traits. Il fallait tracer des sourcils horizontaux et accentués sous ce front ; il s'ensuivait, tout naturellement, un nez bien dessiné à l'arête droite et aux narines amples, puis une bouche d'aspect mobile et point trop étroite ; ensuite, un menton énergique avec une fente très marquée au milieu ; bien sûr, des favoris noirs étaient nécessaires, et des cheveux de jais, formant de petites touffes sur les tempes et ondulés au-dessus du front. Les yeux, maintenant ; je les avais gardés pour la fin, car c'est eux qui avaient besoin du travail le plus attentif. Je les fis grands, bien dessinés, les cils longs et sombres ; les pupilles grandes et brillantes. « Bien ! me dis-je, en contemplant l'effet d'ensemble, mais ce n'est pas tout à fait cela ; ils manquent un peu de force et d'énergie. »

J'accentuai donc les ombres, afin que les parties claires pussent luire d'un plus vif éclat ; une ou deux touches heureuses m'assurèrent le succès. Voilà que j'avais sous les yeux le visage d'un ami ; que m'importait alors que ces deux jeunes personnes me tournassent le dos ? Je regardais le portrait ; je faisais un sourire à cette vivante ressemblance ; j'étais absorbée et j'étais heureuse.

— Est-ce le portrait de quelqu'un que vous connaissez ? me demanda Eliza, qui s'était approchée de moi à mon insu.

Je répondis que c'était seulement une tête imaginaire et m'empressai de la cacher sous d'autres feuilles. Bien entendu j'avais menti, c'était en fait une représentation très fidèle de M. Rochester ; mais que lui importait, à elle, ou à tout autre que moi ? Georgiana s'avança à son tour pour regarder. Les autres dessins lui plurent fort, mais elle qualifia celui-là d'« affreux bonhomme ». Elles parurent toutes deux surprises de mon habileté. Je leur offris de faire leur portrait ; et chacune à son tour posa pour un profil au crayon. Puis Georgiana m'apporta son album, pour lequel je lui promis une aquarelle, ce qui la mit aussitôt de bonne humeur. Elle me proposa une promenade dans le parc. Il n'y avait pas deux heures que nous étions sorties, quand nous nous trouvâmes plongées dans une conversation confidentielle ; elle m'avait fait l'honneur de me décrire la brillante saison qu'elle avait passée à Londres deux ans plus tôt, l'admiration qu'elle y avait suscitée, les égards qu'elle avait reçus ; et je bénéficiai même d'allusions à la conquête aristocratique qu'elle avait faite. Au cours de l'après-midi et de la soirée ces allusions s'amplifièrent ; diverses tendres conversations me furent relatées, diverses scènes sentimentales décrites ; bref, un volume tiré d'un roman sur la vie mondaine fut improvisé par elle à mon profit. Ces communications se renouvelèrent jour après jour ; elles roulaient toujours sur le même thème ; sa personne, ses amours, ses malheurs. Il était étrange qu'elle ne parlât jamais ni de la maladie de sa mère, ni de la mort de son frère, ni des sombres perspectives d'avenir de la famille. Elle semblait avoir l'esprit entièrement meublé du souvenir de ses plaisirs passés et d'aspirations à de futures dissipations. Elle passait environ cinq minutes par jour dans la chambre de sa mère malade, et c'était tout.

Eliza continuait à être peu loquace ; elle n'avait manifestement pas le temps de parler. Je n'ai jamais vu de personne plus occupée qu'elle ; pourtant il était difficile de dire ce qu'elle faisait, ou, plus exactement, de découvrir le moindre résultat de son activité. Elle avait un réveil pour l'appeler à se lever de bonne heure. Je ne sais comment elle s'occupait avant le petit déjeuner, mais à partir de ce repas elle divisait son temps en parties régulières et chaque heure correspondait à une tâche déterminée. Trois fois par jour elle se plongeait dans un petit livre, dont je découvris en l'examinant que c'était un Livre de Prière commune[1]. Je lui demandai un jour quel était le grand attrait de ce volume, et

---

1. Livre de prière de l'Église d'Angleterre.

elle me répondit que c'était « la Rubrique »[1]. Trois heures étaient consacrées à piquer au fil d'or la bordure d'une nappe carrée de couleur pourpre, presque assez grande pour servir de tapis. En réponse à mes questions touchant l'usage de cet objet, elle m'apprit que c'était une nappe d'autel pour une église neuve récemment édifiée près de Gateshead. Deux heures étaient données à son journal intime ; deux à travailler, toute seule, au potager ; une à la mise en ordre de ses comptes. Elle paraissait n'avoir besoin d'aucune compagnie ni d'aucune conversation. Je crois qu'elle était heureuse à sa manière et que son train-train la contentait ; rien ne l'ennuyait autant que de voir survenir un incident qui la forçât à en modifier la régularité mécanique.

Elle me déclara un soir où elle était plus encline que d'habitude à se montrer communicative que la conduite de John et la ruine qui menaçait la famille avaient été pour elle la source d'un profond chagrin ; mais qu'à présent son siège était fait et sa résolution prise. Elle avait eu soin de protéger sa fortune personnelle ; aussi, quand sa mère serait morte (or, me déclara-t-elle tranquillement, il était fort improbable qu'elle guérît ou qu'elle traînât longtemps) elle mettrait à exécution un projet depuis longtemps caressé, en cherchant une retraite où des habitudes de ponctualité fussent définitivement préservées des interruptions et en plaçant d'infranchissables barrières entre elle-même et un monde frivole. Je lui demandai alors si Georgiana l'accompagnerait.

Bien sûr que non. Georgiana et elle n'avaient rien en commun, n'avaient jamais rien eu de commun. Pour rien au monde elle ne voulait s'encombrer de la com-

---

1. Section du Livre de Prière commune relative à la liturgie.

pagnie de sa sœur. Georgiana suivrait la voie de son choix ; quant à elle, Eliza, elle suivrait la sienne.

Georgiana, quand elle ne s'épanchait pas auprès de moi, passait la plus grande partie de son temps allongée sur un sofa, à se plaindre de la tristesse de la maison et à exprimer à mainte et mainte reprise le souhait que sa tante Gibson lui envoyât une invitation à Londres. Ce serait tellement mieux, disait-elle, si elle pouvait s'éloigner tout simplement pour un mois ou deux, « jusqu'à ce que tout fût fini ». Je ne lui demandai pas ce qu'elle entendait par « tout » et « fini », mais je suppose qu'elle voulait parler du décès attendu de sa mère et du sombre cortège des rites funèbres. Eliza ne prêtait en général pas plus d'attention à l'indolence et aux jérémiades de sa sœur que si cet être plaintif et nonchalant n'avait pas existé auprès d'elle. Toutefois, un jour, au moment de ranger son livre de comptes et d'étaler sa broderie, elle la tança soudain en ces termes :

— Georgiana, il est certain que nul animal plus vain ou plus absurde que toi n'a jamais pu encombrer la terre de sa présence. Tu n'avais pas le droit de naître ; car tu ne tires aucun parti de la vie. Au lieu de vivre pour toi-même, en toi-même et avec toi-même, comme le doit faire tout être raisonnable, tu ne cherches qu'à accrocher ta faiblesse à la force d'une autre personne ; si tu ne trouves ni homme ni femme qui accepte de se charger d'un être aussi gras, aussi débile, aussi bouffi, aussi inutile que toi, tu t'écries qu'on te maltraite, qu'on te néglige et qu'on te rend malheureuse. En outre, il faut pour toi que l'existence soit une suite ininterrompue de changements et de mouvements, sans quoi le monde est un cachot ; il faut qu'on t'admire, il faut qu'on te courtise, il faut qu'on te flatte, il te faut de la musique et des bals et de la compagnie, sans quoi tu te languis, sans quoi tu dépéris. N'es-tu pas assez sensée pour concevoir un système qui te rende indépendante de toutes les volontés et de tous les efforts autres que les tiens ? Prends une journée ; divise-la en plusieurs parties ; à chaque partie assigne une tâche définie ; ne laisse inemployée aucune période isolée d'une heure, ou d'un quart d'heure, ou même de dix ou de cinq minutes ; inclus-les toutes ; fais chaque chose à son tour avec méthode, avec une régularité rigoureuse. La journée s'achèvera avant que tu aies vraiment pris conscience qu'elle a commencé ; et tu ne seras redevable à personne du soin de t'aider à te défaire d'un seul moment inoccupé ; tu n'auras eu à rechercher la compagnie, la conversation, la sympathie, l'indulgence de personne ; bref tu auras vécu comme doit le faire un être indépendant. Suis mon conseil ; c'est le premier et le dernier que je t'offrirai ; ainsi tu n'auras besoin ni de moi ni de personne d'autre, quoi qu'il arrive. Mais si tu le négliges, si tu continues comme par le passé à réclamer, à gémir et à paresser, tu n'auras qu'à endurer les conséquences de ta stupidité, quelque odieuses et intolérables qu'elles puissent être. Je te parle clairement ; écoute-moi ; car je ne répéterai plus jamais ce que je vais te dire, mais j'agirai résolument en conséquence. Après la mort de ma mère, je me lave les mains de toi ; à partir du jour où son cercueil sera transporté dans le caveau de l'église de Gateshead, nous serons, toi et moi, aussi séparées que si nous ne nous étions jamais connues. Ne va pas croire que, parce que le hasard nous a fait naître des mêmes parents, je te permettrai de m'enchaîner, fût-ce par la plus ténue des obligations ; je peux te dire une chose, c'est que, si toute l'humanité à l'exception de nous deux était emportée, si nous restions toutes les deux seules sur la terre, je te laisserais dans le vieux monde et m'en irais dans le nouveau.

Elle se tut.

— Tu aurais pu t'épargner la peine de prononcer cette diatribe, répondit Georgiana. Tout le monde sait que tu es la créature la plus égoïste et la plus insensible qui soit au monde ; pour ma part, je connais ta haineuse méchanceté à mon égard, dont j'ai déjà eu un échantillon avec le tour que tu m'as joué dans l'affaire de Lord Edwin Vere : tu n'as pu supporter de me voir monter au-dessus de toi, recevoir un titre, être accueillie dans des milieux où tu n'oserais pas te montrer, et c'est pourquoi tu as joué un rôle d'espion et de mouchard et anéanti mes espérances à tout jamais.

Georgiana tira son mouchoir et passa l'heure suivante à se moucher, tandis qu'Eliza restait froide, impassible, assidûment occupée.

Il y a des gens qui ne font guère de cas des sentiments sincères et généreux ; mais voilà que l'absence de tels sentiments rendait l'une de ces deux natures insupportablement pointue, et l'autre méprisablement fade. La sensibilité sans le jugement n'est en vérité qu'une potion bien insipide ; mais le jugement qui n'est pas tempéré par la sensibilité est une substance trop amère et trop rugueuse pour pouvoir être avalée par un gosier humain.

Par un après-midi de pluie et de vent, Georgiana s'était endormie sur le sofa en lisant un roman ; Eliza était allée assister à un office en l'honneur de la fête d'un saint dans l'église neuve, car en fait de religion elle était d'un formalisme rigide ; nulle intempérie ne la retenait jamais d'accomplir avec exactitude ce qu'elle considérait comme ses devoirs liturgiques ; qu'il fît beau ou mauvais, elle allait à l'église trois fois tous les dimanches, et en semaine chaque fois qu'il y avait des réunions de prière.

Je m'avisai de monter voir comment se portait l'agonisante, dont on ne s'occupait guère là-haut ; les domestiques elles-mêmes ne lui accordaient qu'une attention intermittente ; l'infirmière à gages, qu'on surveillait fort peu, quittait discrètement la chambre chaque fois qu'elle le pouvait. Bessie était fidèle ; mais elle avait à s'occuper de ses propres enfants et ne pouvait venir au manoir que de temps à autre. Je trouvai la chambre de la malade désertée, comme je m'y étais attendue ; pas trace d'infirmière ; la malade étendue, immobile, apparemment en léthargie ; son visage livide enfoncé dans les oreillers ; le feu qui se mourait dans l'âtre. Je le regarnis de charbon, remis en place les draps et les couvertures, considérai un instant celle qui ne pouvait plus me considérer à présent, puis je me dirigeai vers la fenêtre.

Une forte pluie venait frapper les vitres et le vent soufflait en tempête.

« Il y a ici, pensai-je, quelqu'un qui échappera bientôt à la lutte des éléments terrestres. Où s'envolera cet esprit qui lutte actuellement pour quitter son habitation humaine quand il sera enfin libéré ? »

En méditant sur ce grand mystère, je pensai à Helen Burns, je me rappelai ses dernières paroles, sa foi, sa doctrine sur l'égalité des âmes désincarnées. J'écoutais encore en pensée sa voix toujours présente à ma mémoire, j'évoquais encore sa pâleur et son air de spiritualité, son visage émacié et son regard sublime, le jour où, paisiblement étendue sur son lit de mort, elle me confiait à voix basse son ardent désir de retourner dans le sein de son divin Père, quand une faible voix murmura sur le lit derrière moi :

— Qui est là ?

Je savais que Mme Reed n'avait pas prononcé un mot depuis plusieurs jours ; reprenait-elle vie ? Je m'avançai vers elle.

— C'est moi, tante Reed.
— Qui, moi ? me répondit-elle. Qui êtes-vous ? (Elle me regardait avec surprise et une sorte d'inquiétude, mais cependant sans égarement.) Vous m'êtes complètement inconnue... Où est Bessie ?
— Elle est au pavillon, ma tante.
— Ma tante ! répéta-t-elle. Qui m'appelle ma tante ? Vous n'êtes pas une Gibson ; pourtant je vous reconnais... ce visage, ce front, ces yeux me sont tout à fait familiers ; vous ressemblez à... ma parole, vous ressemblez à Jane Eyre.

Je ne dis mot ; je craignais de lui causer un choc en proclamant mon identité.

— Mais, dit-elle, je crains que ce ne soit une erreur, et que mes pensées ne me dupent. J'avais le désir de voir Jane Eyre, alors je crois trouver une ressemblance où il n'en existe pas ; d'ailleurs, en huit ans elle a dû changer.

Je lui donnai alors avec douceur l'assurance que j'étais bien celle qu'elle supposait, celle qu'elle désirait voir en moi ; puis, m'apercevant qu'elle me comprenait, et qu'elle avait toute sa raison, je lui expliquai comment Bessie avait envoyé son mari me chercher à Thornfield.

— Je suis très malade, je le sais, dit-elle bientôt. J'ai essayé de me retourner il y a quelques minutes et je me suis aperçue que je ne pouvais plus remuer ni bras ni jambes. Mieux vaut que je me soulage l'esprit avant de mourir ; ce à quoi nous pensons bien peu quand nous sommes en bonne santé nous accable en un moment comme celui que je traverse à présent. L'infirmière est-elle ici ? Ou n'y a-t-il personne d'autre que vous dans la pièce ?

Je lui donnai l'assurance que nous étions seules.

— Alors, je vous ai fait tort en deux circonstances que je regrette à présent. La première fois, ce fut en ne tenant pas la promesse que j'avais faite à mon mari de vous élever comme mes propres enfants ; la deuxième… (Elle s'interrompit.) Après tout, c'est peut-être sans grande importance, murmura-t-elle à part elle, et puis, je vais peut-être guérir ; ce serait trop pénible de m'humilier ainsi devant elle.

Elle fit un effort pour changer de position, sans y parvenir ; son visage se transforma ; elle parut éprouver une sensation intérieure… peut-être signe précurseur de l'agonie.

— Enfin, il faut que j'aille jusqu'au bout. J'ai l'éternité devant moi : mieux vaut que je parle à Jane. Allez chercher mon nécessaire de voyage, ouvrez-le et prenez-y une lettre que vous y trouverez.

J'exécutai ses ordres.

— Lisez la lettre, dit-elle.

La lettre était courte, et rédigée en ces termes :

« Madame,
Auriez-vous la bonté de m'envoyer l'adresse de ma nièce Jane Eyre et de me donner de ses nouvelles. J'ai l'intention de lui écrire prochainement pour la prier de venir me retrouver à Madère. La Providence a béni mes efforts pour m'assurer des moyens d'existence ; n'ayant ni femme ni enfants, je voudrais adopter Jane Eyre durant ma vie et lui léguer à ma mort tout ce que je posséderai alors.
Veuillez agréer, Madame, etc., etc.,
John Eyre, Madère. »

Cette lettre datait de trois ans.

— Pourquoi n'en ai-je jamais entendu parler ? demandai-je.

— Parce que je vous détestais de façon trop implacable et absolue pour me prêter jamais à une tentative pour vous assurer la prospérité. Je n'avais jamais pu oublier votre conduite envers moi, Jane, la fureur avec laquelle vous vous étiez un jour révoltée contre moi ; le ton sur lequel vous m'aviez déclaré que vous me haïssiez plus que quiconque au monde ; la voix et le regard fort peu enfantins avec lesquels vous aviez affirmé que ma seule pensée vous écœurait et que je vous avais traitée avec une inqualifiable cruauté. Je n'ai jamais pu oublier les sensations que j'avais moi-même éprouvées quand vous vous étiez ainsi dressée soudain pour cracher tout le venin de votre esprit ; j'avais ressenti de la crainte comme si un animal que j'avais frappé ou repoussé avait levé vers moi des yeux humains et m'avait maudite d'une voix humaine... Apportez-moi de l'eau ! Oh, dépêchez-vous !

— Chère madame Reed, lui dis-je, tout en lui offrant la boisson demandée, ne pensez plus à tout cela, que cela s'efface de votre esprit. Pardonnez-moi mes paroles coléreuses ; je n'étais qu'une enfant à cette époque ; huit ou neuf années ont passé depuis ce jour.

Elle ne prêta aucune attention à ce que je disais ; mais quand elle eut trempé les lèvres dans l'eau et repris haleine, elle poursuivit en ces termes :

— Je vous dis que je n'ai pas pu l'oublier ; mais je me suis vengée ; l'idée que vous pouviez être adoptée par votre oncle et placée dans une situation d'aisance et de bien-être, cette idée m'était intolérable. J'ai écrit à cet homme ; je lui ai dit que j'étais désolée de le décevoir, mais que Jane Eyre était morte ; qu'elle était morte de la fièvre typhoïde à Lowood. Et maintenant, agissez à votre guise ; écrivez pour contredire mes affirmations, pour dénoncer mes mensonges, dès que vous le voudrez. Je crois que vous êtes née pour être mon tourment ; ma dernière heure est torturée par le souvenir d'un acte que, sans vous, je n'eusse jamais été tentée de commettre.

— Si vous pouviez vous laisser convaincre de n'y plus penser, ma tante, et de me considérer avec bonté et dans un esprit de pardon...

— Vous avez un tempérament très méchant, dit-elle, un tempérament qui, aujourd'hui encore, m'échappe ; comment avez-vous pu pendant neuf ans rester patiente et soumise en présence de n'importe quel traitement, puis, dans la dixième année, vous déchaîner au paroxysme de la fureur et de la violence ? Je ne le comprendrai jamais.

— Mon tempérament n'est pas si méchant que vous le pensez. Je suis emportée, mais non vindicative. Maintes fois, étant petite, j'aurais été heureuse de vous aimer si vous m'aviez laissée faire ; et à présent j'éprouve un ardent désir de me réconcilier avec vous ; embrassez-moi, ma tante.

J'approchai ma joue de ses lèvres ; elle refusa le contact. Elle dit que je l'écrasais en me penchant au-dessus de son lit et réclama encore de l'eau. Quand je l'aidai à se recoucher (car je l'avais soulevée et soutenue sur mon bras pendant qu'elle buvait) je posai ma main sur la sienne, qui était moite et glaciale : ses doigts affaiblis se dérobèrent et ses yeux embrumés fuirent mon regard.

— En ce cas, finis-je par dire, aimez-moi ou haïssez-moi, à votre guise ; vous avez mon pardon entier et sans restriction ; demandez à présent celui de Dieu et soyez en paix.

Pauvre femme souffrante ! Il était trop tard à présent pour qu'elle fît l'effort de modifier le tour habituel de son esprit ; vivante, elle m'avait toujours haïe ; mourante, il fallait qu'elle me haït encore.

L'infirmière entra alors, suivie de Bessie. Je restai encore une demi-heure, dans l'espoir d'apercevoir un geste d'apaisement ; mais elle n'en fit aucun. Elle sombrait rapidement dans l'hébétude ; son esprit ne se ranima plus ; elle mourut cette nuit-là à minuit. Je n'étais pas présente pour lui fermer les yeux, non plus qu'aucune de ses filles. On vint nous avertir le lendemain matin que tout était fini. La toilette funèbre était déjà faite. Eliza et moi, nous allâmes la voir ; Georgiana, qui avait éclaté en sanglots bruyants, dit qu'elle n'osait y aller. Nous trouvâmes le corps naguère robuste et actif de Sara Reed étendu, rigide et immobile ; son œil d'airain était recouvert d'une paupière froide ; son front et ses traits énergiques portaient encore l'empreinte de son âme inexorable. Ce corps fut pour moi un objet étrange et solennel. Je le considérai avec tristesse et douleur ; il ne m'inspirait aucun sentiment de douceur, de tendresse, de pitié, d'espoir, de respect, mais seulement une souffrance lancinante à la pensée, non point de mon deuil, mais des malheurs de cette femme, et un désarroi sombre et sans larmes devant l'épouvante de la mort sous une telle forme.

Eliza considéra sa mère avec calme. Au bout de quelques minutes de silence, elle déclara :

— Avec la constitution qu'elle avait elle aurait dû vivre très vieille. Sa vie a été abrégée par les soucis.

À cet instant un spasme lui contracta momentanément les lèvres ; quand ce fut fini elle se détourna et sortit de la chambre ; et je fis de même. Ni l'une ni l'autre de nous n'avaient versé une seule larme.

CHAPITRE XXII

M. Rochester ne m'avait accordé qu'une semaine de congé ; pourtant un mois s'écoula avant que je quittasse Gateshead. J'aurais voulu en repartir aussitôt après l'enterrement, mais Georgiana me supplia de rester jusqu'à ce qu'elle pût s'en aller à Londres, où elle venait enfin d'être invitée par son oncle, M. Gibson, venu présider à l'inhumation de sa sœur et régler les affaires de famille. Georgiana me déclara qu'elle redoutait de rester seule avec Eliza, qui ne lui accordait ni sympathie dans sa tristesse, ni soutien au milieu de ses craintes, ni aide pour ses préparatifs ; je supportai donc tant bien que mal ses futiles gémissements et ses lamentations égoïstes et, de mon mieux, je fis pour elle des travaux de couture et j'empaquetai ses robes. Il est vrai que, tandis que je travaillais, elle paressait ; et je me disais à part moi : « Si nous étions destinées, vous et moi, ma cousine, à vivre ensemble de façon permanente, nous établirions nos relations sur un tout autre pied. Je ne m'installerais pas aussi docilement dans le rôle de celle qui accepte tout ; je vous assignerais votre part de travail et je vous contraindrais de l'accomplir, sous peine de le voir rester inachevé ; j'exigerais en outre que vous gardiez pour vous certaines de vos plaintes langoureuses et à demi insincères. C'est seulement parce que nos relations se trouvent être fort passagères et surviennent à un moment particulièrement triste que je consens de la sorte à leur donner en ce qui me concerne un caractère de patience et de complaisance. »

Enfin j'assistai au départ de Georgiana ; mais alors ce fut le tour d'Eliza de me prier de rester encore une semaine. Ses projets, me dit-elle, exigeaient tout son temps et toute son attention ; elle était sur le point de partir pour quelque destination inconnue ; toute la journée elle demeurait dans sa chambre, la porte verrouillée de l'intérieur, à emplir des malles, à vider des tiroirs, à brûler des papiers, sans entrer en communication avec quiconque. Elle me demanda de m'occuper de la maison, de recevoir les visiteurs, de répondre aux lettres de condoléances.

Un matin, elle m'annonça qu'elle me rendait ma liberté ; et elle ajouta :

— Je vous suis obligée de vos services appréciables et de votre conduite discrète ! Il y a une certaine différence entre vivre avec une personne de votre espèce et vivre avec Georgiana ; vous jouez votre rôle dans la vie sans être à charge à personne. Demain, poursuivit-elle, je vais me mettre en route pour le Continent. Je vais résider dans une maison religieuse près de Lille... ce que vous appelleriez un couvent ; j'y serai tranquille et j'y vivrai en paix. Je me consacrerai pendant un certain temps à l'examen des dogmes de l'Église catholique et à l'étude attentive du fonctionnement de cette institution ; si je découvre, comme j'en ai un peu le pressentiment, que c'est la plus propre à assurer l'accomplissement de toute chose dans l'ordre et la dignité, j'embrasserai les croyances de Rome et il est probable que je prendrai le voile.

Je n'exprimai aucune surprise à l'annonce de cette

résolution et ne fis aucun effort pour en détourner ma cousine. « Cette vocation vous conviendra à la perfection, pensai-je ; et grand bien vous fasse ! »

Quand nous nous quittâmes elle me dit :

— Adieu, cousine Jane Eyre ; mes bons vœux vous accompagnent ; vous avez du bon sens.

Je lui répondis alors :

— Vous ne manquez pas de bon sens, cousine Eliza ; mais celui que vous avez va se trouver d'ici à un an, j'imagine, emmuré vivant dans un couvent de France. Toutefois, ce n'est pas mon affaire, et du moment que cela fait la vôtre... je ne m'en mets guère en peine.

— Vous avez raison, me dit-elle.

Et sur ces mots nous allâmes chacune notre chemin. Puisque je n'aurai pas l'occasion de reparler d'elle ni de sa sœur, autant indiquer dès maintenant que Georgiana fit un beau mariage avec un galant fortuné et quelque peu défraîchi, et qu'Eliza prit en effet le voile et est aujourd'hui supérieure du couvent où elle avait passé le temps de son noviciat et auquel elle a fait don de sa fortune.

Je ne savais pas ce qu'éprouvent les gens quand ils rentrent chez eux après une absence, longue ou brève ; c'est une émotion que je n'avais jamais ressentie. J'avais su ce que c'était que de rentrer à Gateshead, enfant, après une longue promenade, et de me faire gronder parce que j'avais l'air transie ou triste ; et plus tard j'avais su ce que c'était que de rentrer de l'église à Lowood, avide de trouver un repas abondant et un bon feu, mais sans pouvoir obtenir l'un ou l'autre. Ces deux formes de retour étaient également peu agréables ou désirables : nul aimant ne m'attirait vers un point déterminé, en augmentant la puissance de son attrait à mesure que je m'approchais. Du retour à Thornfield il me restait à faire l'épreuve.

Mon voyage me parut ennuyeux... très ennuyeux : cinquante milles un jour, une nuit à l'hôtel, cinquante milles le lendemain. Pendant les douze premières heures je songeai à Mme Reed dans ses derniers instants, je revis son visage déformé et livide, j'entendis sa voix étrangement métamorphosée. Je méditai sur la journée de l'enterrement, sur le cercueil, le corbillard, le noir cortège des fermiers et des domestiques (petit était le nombre des parents), le caveau béant, l'église silencieuse, l'office solennel. Puis je pensai à Eliza et à Georgiana ; je vis l'une dans une salle de bal, point de mire des regards, l'autre, habitante d'une cellule dans un monastère ; et j'analysai longuement les traits distinctifs de leurs deux personnes et de leurs deux caractères. L'arrivée au soir dans la grande ville de *** dispersa ces pensées la nuit leur donna un tour différent ; quand je m'étendis sur mon lit de voyageuse je renonçai à la rétrospective pour me tourner vers l'avenir.

Je rentrais à Thornfield ; mais combien de temps allais-je y rester ? Peu de temps ; de cela, du moins, j'étais sûre. J'avais eu des nouvelles de Mme Fairfax au cours de mon absence ; les invités du manoir s'étaient dispersés ; M. Rochester était parti pour Londres trois semaines plus tôt, mais son retour était désormais attendu dans les quinze jours. Mme Fairfax conjecturait qu'il était allé prendre des dispositions en vue de son mariage, car il avait parlé d'acheter une voiture neuve ; elle disait que l'idée de ce mariage avec Mlle Ingram continuait à lui paraître étrange ; mais, d'après ce qu'en disait tout le monde et ce qu'elle avait vu par elle-même, elle ne pouvait plus douter que l'événement ne dût avoir lieu prochainement. « Vous seriez étrangement incrédule si vous continuiez à en douter, commentai-je en mon for intérieur. Moi je n'en doute pas. »

Une question s'ensuivait : « Où faudra-t-il que j'aille ? » Je rêvai de Mlle Ingram toute la nuit ; et, sur le matin, dans un rêve très précis, je la vis qui refermait contre moi la grille de Thornfield et me montrait du doigt une autre route, cependant que M. Rochester assistait à la scène les bras croisés, en nous adressant un sourire sarcastique, à toutes deux à la fois, semblait-il.

Je n'avais pas averti Mme Fairfax du jour exact de mon retour ; car je ne voulais pas être attendue à Millcote par une voiture ni une carriole. Je me proposais de faire le trajet à pied, toute seule, tranquillement ; et c'est fort tranquillement que, après avoir confié ma malle aux soins du palefrenier, je m'échappai de l'auberge du Roi George, vers six heures de l'après-midi d'un jour de juin, pour prendre la vieille route de Thornfield qui passait presque entièrement à travers champs et n'était guère fréquentée à l'époque.

La soirée n'était ni éclatante ni splendide, mais le temps était beau et doux ; les faneurs étaient à l'ouvrage tout le long du chemin ; et le ciel, s'il était loin d'être sans nuages, était tout de même assez prometteur pour l'avenir ; le bleu (là où le bleu se montrait) était tendre et uni, et les couches de nuages hautes et minces. À l'ouest, en outre, on sentait la chaleur ; nulle lueur noyée de pluie ne rafraîchissait le couchant ; il semblait qu'un feu eût été allumé, qu'un autel brûlât derrière son rideau de vapeur marbrée, par les ouvertures duquel resplendissait une rougeur dorée.

Je me sentis contente de voir la route se raccourcir sous mes pas ; si contente que je m'arrêtai un moment pour me demander ce que signifiait cette joie et pour rappeler à ma raison que ce n'était pas chez moi que je rentrais, ni dans un lieu de repos permanent, ou dans un lieu où de chers amis guettaient mon retour et attendaient mon arrivée. « Certes, me dis-je, Mme Fairfax va te souhaiter la bienvenue d'un calme sourire ; et la petite Adèle va battre des mains et sauter de joie en te voyant ; mais tu sais fort bien que tu penses à quelqu'un d'autre qu'elles et que ce quelqu'un ne pense pas à toi. »

Mais qu'y a-t-il de plus impétueux que la jeunesse ? De plus aveugle que l'inexpérience ? Celles-ci m'affirmaient que ce serait déjà un plaisir suffisant d'avoir le privilège de regarder à nouveau M. Rochester, qu'il me regardât ou non ; elles ajoutèrent :

« Hâte-toi ! hâte-toi ! Sois avec lui tant que tu le peux encore ; mais dans quelques jours, dans quelques semaines au plus, tu seras séparée de lui pour toujours ! »

Alors je dus étouffer une douleur naissante, créature difforme que je ne pus me résoudre à reconnaître et à nourrir, puis je poursuivis ma route en hâte.

On fait les foins dans les prés de Thornfield également ; ou plus exactement les journaliers quittent leur travail et rentrent chez eux, le râteau sur l'épaule, maintenant, à l'heure où j'arrive. Je n'ai plus qu'un ou deux champs à longer, puis je traverserai la route et j'atteindrai la grille. Comme les haies sont pleines de roses ! Mais je n'ai pas le temps d'en cueillir, car j'ai hâte d'être à la maison. Je suis passée près d'un grand églantier qui lance ses branches feuillues et fleuries en travers du chemin ; j'aperçois l'étroit échalier[1] aux degrés de pierre ; et j'aperçois... M. Rochester qui est assis là, un livre et un crayon à la main, et qui écrit.

---

1. Peut être un escalier pour franchir une haie, ou une clôture.

Eh bien, ce n'est pas un fantôme ; pourtant tous les nerfs que j'ai dans le corps sont détraqués ; pendant un instant j'échappe à mon propre contrôle. Qu'est-ce que cela signifie ? Je n'aurais pas cru que je tremblerais de la sorte quand je le verrais, ni que je perdrais en sa présence la force de parler ou de bouger. Je reviendrai dès que je pourrai remuer ; inutile de me comporter comme une parfaite nigaude. Je connais un autre chemin pour gagner la maison. Peu importe que j'en connaisse un ou vingt ; car il m'a vue.

— Holà ! s'écrie-t-il ; et de ranger son livre et son crayon. Vous voilà ! Avancez, s'il vous plaît.

Je suppose que je m'avance en effet, mais je ne sais de quelle manière, car j'ai à peine conscience de mes mouvements et je ne me soucie que de paraître calme et surtout de commander aux muscles agités de mon visage (car je sens qu'ils ont l'insolence de se révolter contre ma volonté, et qu'ils s'efforcent d'exprimer ce que j'avais résolu de cacher). Mais j'ai une voilette… je la baisse ; je pourrai peut-être tout de même m'arranger pour me conduire avec un sang-froid convenable.

— Ainsi, c'est donc Jane Eyre ? Arrivez-vous de Millcote, et à pied ? Oui… c'est bien dans vos manières : vous ne pouvez pas faire appeler une voiture, pour arriver à grand fracas par les rues et les routes, comme le commun des mortels, au lieu de vous faufiler jusqu'au voisinage de chez nous en même temps que le crépuscule, exactement comme si vous étiez une ombre ou un rêve. Que diable êtes-vous devenue depuis un mois ?

— J'étais auprès de ma tante, Monsieur, de ma tante qui est morte.

— Réponse bien janesque ! Les saints anges me gardent ! Elle vient de l'autre monde… du séjour des gens qui sont morts ; et elle vient me le dire tout net quand elle me rencontre ici tout seul à la tombée de la nuit ! Si je l'osais, je vous toucherais, pour voir si vous êtes ombre ou substance, sorcière ! Mais je me risquerais plus volontiers à mettre la main sur un feu follet bleu dans un marais. Polissonne ! Polissonne ! ajouta-t-il. Elle est restée éloignée de moi pendant un mois entier, et elle m'a complètement oublié, j'en jurerais.

Je savais bien que j'allais avoir plaisir à retrouver mon maître, même si ce plaisir était gâté par la crainte que M. Rochester ne dût dans si peu de temps cesser d'être mon maître et par la certitude que je n'étais rien pour lui ; mais il y avait toujours en M. Rochester (c'était du moins mon impression) une si riche faculté de répandre le bonheur que goûter, ne fût-ce que les miettes qu'il éparpillait pour des oiseaux de mon espèce, lointains et étrangers, c'était déjà festoyer joyeusement. Ses derniers mots me furent un baume ; ils donnaient à entendre qu'il ne lui était pas tout à fait indifférent que je l'oubliasse ou non. Et il avait parlé de Thornfield comme de l'endroit où j'étais chez moi... plût au ciel que j'y fusse vraiment chez moi !

Il ne quitta pas l'échalier et je n'avais guère envie de le prier de me laisser passer. Je lui demandai bientôt s'il n'était pas allé à Londres.

— Si. Je suppose que vous l'avez découvert par votre don de double vue.

— C'est Mme Fairfax qui me l'a dit dans une lettre.

— Et vous a-t-elle appris ce que j'y allais faire ?

— Oh, oui, Monsieur ! Tout le monde connaissait l'objet de votre voyage.

— Il faudra que vous voyiez la voiture, Jane, et que vous me disiez si vous ne trouvez pas qu'elle conviendra à merveille à Mme Rochester, et si ma femme n'aura pas l'air de la reine Boadicée[1] quand elle se prélassera sur ces coussins violets. Je regrette, Jane, de n'être pas physiquement plus doué pour lui servir de pendant. Dites-moi donc, magicienne que vous êtes, si vous ne pourriez me donner un charme, ou un philtre, ou quelque chose de ce genre, pour faire de moi un bel homme ?

— Il y faudrait plus que de la sorcellerie, Monsieur.

Mais, en pensée, j'ajoutai : « Un œil aimant est le seul charme nécessaire ; pour un tel œil vous êtes bien assez beau ; ou plutôt votre rudesse possède un pouvoir supérieur à celui de la beauté. »

M. Rochester avait parfois lu mes pensées inexprimées avec une pénétration incompréhensible pour moi ; dans le cas présent il ne prêta aucune attention à la brusquerie de ma réponse verbale ; mais il m'adressa un certain sourire qui lui était tout à fait personnel et dont il ne se servait qu'en de rares circonstances. Il semblait le trouver trop bon pour la vie courante ; c'était un vrai soleil des sentiments… et il le répandit alors sur moi.

— Passez, Janette, me dit-il en s'effaçant pour me laisser franchir l'échalier ; allez à la maison et reposez sous le toit d'un ami vos petits pieds fatigués par ce voyage.

Tout ce qu'il me restait désormais à faire, c'était de lui obéir en silence ; je n'avais nul besoin de poursuivre l'entretien. Je franchis l'échalier sans mot dire dans l'intention de le quitter calmement. Mais un élan s'empara de moi, une force me fit retourner. Et je dis, ou quelque chose qui était en moi dit pour moi, et malgré moi :

---

1. Reine britannique qui, en 60 de notre ère, suscita la révolte contre l'occupation romaine.

— Merci, monsieur Rochester, de votre grande bonté. Je suis étrangement heureuse de me retrouver avec vous ; car l'endroit où vous êtes, quel qu'il soit, est celui où je suis chez moi, le seul où je sois chez moi.

Je marchai ensuite si vite que M. Rochester lui-même eût été bien en peine de me rattraper s'il avait essayé de le faire. La petite Adèle fut presque folle de joie quand elle me vit. Mme Fairfax m'accueillit à sa façon habituelle, simple et amicale. Léa me fit un sourire et Sophie elle-même me souhaita le *bonsoir* avec allégresse. C'était fort agréable ; il n'est pas de plus grand bonheur que d'être aimé par son prochain et de sentir qu'on contribue par sa présence à la satisfaction d'autrui.

Ce soir-là, je fermai résolument les yeux du côté de l'avenir ; je me bouchai les oreilles pour ne pas entendre la voix qui m'avertissait sans cesse de la séparation prochaine et des chagrins imminents. Quand le thé fut fini, quand Mme Fairfax eut pris son tricot, quand je me fus assise sur un siège bas auprès d'elle, quand Adèle, agenouillée sur le tapis, fut venue se blottir contre moi et qu'un sentiment d'affection mutuelle sembla nous entourer d'un cercle de paix dorée, j'élevai une prière silencieuse pour demander que nous pussions n'être pas séparées trop tôt ni envoyées trop loin les unes des autres ; mais quand, alors que nous étions installées de la sorte, M. Rochester entra à l'improviste et, nous regardant, parut prendre plaisir à la contemplation d'un groupe aussi harmonieux, quand il déclara qu'il pensait que Mme Fairfax était heureuse maintenant qu'elle avait retrouvé sa fille adoptive, quand il ajouta qu'il voyait qu'Adèle était *prête à croquer sa petite maman anglaise,* alors je me risquai presque à espérer que, même après son mariage, il nous ferait demeurer ensemble quelque part à l'abri de sa protection, sans nous exiler tout à fait du soleil de sa présence.

Deux semaines de calme incertain suivirent mon retour au manoir de Thornfield. On ne soufflait mot du mariage de Monsieur, et je ne voyais se dérouler aucun préparatif en vue d'un tel événement. Presque chaque jour je demandais à Mme Fairfax si elle avait enfin entendu dire qu'une décision fût prise ; sa réponse était toujours négative. Une fois, me dit-elle, elle avait bel et bien posé à M. Rochester la question de la date à laquelle il comptait ramener sa jeune femme chez lui ; mais il ne lui avait répondu que d'une plaisanterie et d'un de ses regards étranges, si bien qu'elle ne savait que penser.

Un fait me surprit particulièrement : c'est qu'il n'y avait pas d'allées et venues, pas de visites à Ingram Park. Certes, ce domaine se trouvait à vingt milles de Thornfield, aux confins d'un autre comté ; mais qu'était-ce que cette distance pour un amoureux fervent ? Pour un cavalier aussi entraîné et aussi infatigable que M. Rochester, il n'y avait pas plus d'une matinée de route. Je commençai à nourrir des espoirs que je n'avais pas le droit de concevoir, à penser que les fiançailles étaient rompues ; que la rumeur publique s'était trompée, que l'un ou l'autre des intéressés ou les deux avaient changé d'avis. Je regardais le visage de mon maître pour voir s'il était triste ou courroucé ; mais je n'avais pas souvenir d'un moment où il eût été si uniformément exempt de nuages ou de sentiments hostiles. Si, aux heures que nous passions avec lui, mon élève et moi, je manquais d'animation et sombrais dans un inévitable abattement, il devenait même gai. Jamais il ne m'avait plus fréquemment invitée à venir le voir ; jamais il n'avait été plus aimable avec moi quand j'y allais... et, hélas ! jamais je ne l'avais tant aimé.

CHAPITRE XXIII

Un splendide début d'été brilla sur l'Angleterre ; des ciels aussi purs, des soleils aussi radieux que ceux dont on vit alors une longue suite visitent rarement, même un par un, notre terre ceinte de flots. C'était comme si un groupe de journées italiennes était venu du sud, ainsi qu'un vol de glorieux oiseaux migrateurs, et s'était arrêté pour se reposer sur les falaises d'Albion. Les foins étaient tous rentrés ; les prés autour de Thornfield étaient verts et ras ; les routes blanches et durcies par la chaleur ; les arbres avaient les couleurs sombres de la force de leur âge ; haies et bois, aux feuillages épanouis et aux teintes riches, formaient un plaisant contraste avec la couleur ensoleillée des prés dégagés qui les séparaient.

La veille de la Saint-Jean, Adèle, fatiguée d'avoir cueilli des fraises sauvages sur le chemin de Hay pendant la moitié du jour, s'était couchée en même temps que le soleil. J'étais restée près d'elle jusqu'à ce qu'elle s'endormît et, en la quittant, j'avais gagné le jardin.

L'heure la plus agréable des vingt-quatre était arrivée ; « le jour avait épuisé ses flammes ardentes », et la rosée rafraîchissait la plaine haletante et les sommets brûlés. Là où le soleil s'était couché dans sa splendeur toute simple, sans recourir à la pompe des nuages, s'étendait une pourpre solennelle, embrasée en un point, sur une crête, par la lueur d'un joyau rouge et d'une fournaise de feu, puis étalée à perte de vue, en teintes de plus en plus tendres, sur la moitié du ciel. L'est avait aussi son charme, avec son bleu fin et profond, et sa propre pierre précieuse plus modeste, une étoile qui montait, solitaire ; il allait bientôt pouvoir s'enorgueillir de la lune ; mais elle était encore au-dessous de l'horizon.

Je fis quelques pas sur le trottoir de la maison ; mais une odeur subtile et familière, celle d'un cigare, s'échappait d'une fenêtre ; je vis que celle de la bibliothèque était ouverte de quelques pouces ; je savais qu'on pouvait me voir de cette pièce ; je m'écartai donc et gagnai le verger. Il n'y avait pas dans le parc de coin plus abrité et plus paradisiaque ; un très haut mur le séparait de la cour d'un côté ; de l'autre une allée de hêtres formait un écran entre lui et la pelouse. Au fond se trouvait un saut-de-loup, seule séparation entre le verger et les champs déserts ; à ce saut-de-loup menait une allée sinueuse, bordée de lauriers et qui s'achevait par un marronnier géant, dont la base était entourée d'un banc. Là, on pouvait se promener sans être vu. Tandis que tombait une rosée si suave, que régnait un tel silence, que s'épaississait un tel crépuscule, j'eus l'impression que j'aimerais hanter indéfiniment cette ombre ; mais alors que je parcourais les parterres de fleurs et de fruits dans le haut de l'enclos, attirée de ce côté par la lumière que la lune (elle commençait à se lever) projetait sur ce coin plus dégagé, mes pas furent arrêtés... non point par un bruit, ni par une vision, mais encore une fois par l'avertissement d'une senteur.

Il y a longtemps que l'aubépine et l'aurore, le jasmin, l'œillet et la rose ont fait monter le sacrifice de leur encens vespéral ; cette nouvelle senteur ne provient ni d'un arbuste ni d'une fleur ; c'est (je la reconnais bien), c'est le cigare de M. Rochester. Je regarde autour de moi et je tends l'oreille. Je vois des arbres chargés de fruits mûrissants. J'entends un rossignol qui chante dans un bois à un demi-mille de moi ; nulle silhouette en mouvement ne se montre et on n'entend approcher nul pas ; mais ce parfum devient plus fort ; il faut que je prenne la fuite. Je me dirige vers la porte à claire-voie qui donne sur le bosquet et je vois entrer M. Rochester. Je m'esquive en entrant dans la niche tapissée de lierre ; M. Rochester ne va pas rester longtemps ; il retournera bientôt d'où il est venu et, si je me tiens coite, il ne me verra pas.

Mais non… l'heure du soir a autant de charme, ce jardin antique autant d'attrait pour lui que pour moi, et voilà qu'il prolonge sa promenade, tantôt soulevant les branches des groseilliers à maquereau pour examiner les fruits, gros comme des prunes, dont ils sont chargés, tantôt cueillant une cerise contre le mur, tantôt se penchant sur un bouquet de fleurs, soit pour en humer le parfum, soit pour admirer sur leurs pétales des perles de rosée. Une grosse phalène passe près de moi en bourdonnant ; elle se pose sur une plante, aux pieds de M. Rochester, qui la voit et se penche pour l'examiner.

« Maintenant il me tourne le dos, pensai-je, et de plus il est occupé ; peut-être, si je marche tout doucement, pourrai-je m'éclipser sans me faire remarquer. »

Je marchai sur une bordure de gazon, afin que le craquement du gravier cailouteux ne risquât pas de me trahir. M. Rochester était debout au milieu des parterres à quelque quatre ou cinq pieds de l'endroit où je devais passer ; la phalène retenait apparemment son attention. « Je vais très bien m'en tirer », songeai-je. Au moment où je traversais l'ombre de M. Rochester, étirée sur le jardin par la lune encore basse, il dit d'une voix tranquille, sans se retourner :

— Jane, venez donc voir ce gaillard.

Je n'avais pas fait de bruit : il n'avait pas d'yeux derrière la tête ; son ombre était-elle donc sensible ? Je commençai par sursauter, puis je m'approchai de lui.

— Regardez ses ailes, me dit-il ; il me fait un peu penser aux insectes des Antilles ; on voit rarement en Angleterre des noctambules aussi gros et aussi bariolés ; voilà qu'il s'est envolé.

La phalène s'éloignait au hasard. De mon côté, je battais gauchement en retraite ; mais M. Rochester me suivit et, quand nous atteignîmes la porte à claire-voie, il me dit :

— Revenez sur vos pas ; par une nuit si délicieuse ce serait une honte de rester dans la maison ; et assurément personne ne peut avoir envie de se mettre au lit quand le soleil qui se couche va ainsi à la rencontre de la lune qui se lève !

Au nombre de mes imperfections figure celle-ci : si ma langue est parfois assez prompte à la riposte, il y a des moments où elle me fait cruellement défaut pour ce qui est d'inventer une excuse ; et ces défaillances se produisent toujours à un moment critique, quand j'aurais particulièrement besoin d'un mot aisé ou d'un prétexte plausible pour me tirer d'un embarras pénible. Il ne me plaisait pas de me promener seule avec M. Rochester à pareille heure dans le verger obscur ; mais je ne pus trouver de raison à alléguer pour le quitter. Je le suivis d'un pas traînant, l'esprit activement occupé par la recherche d'un moyen de me dégager ; mais M. Rochester lui-même paraissait si calme et en même temps si sérieux que je commençais à avoir honte de la confusion que j'avais éprouvée ; le mal, si tant est qu'il y eût un mal présent ou futur, paraissait n'exister qu'en moi ; l'esprit de M. Rochester était inconscient et paisible.

— Jane, reprit-il au moment où nous entrions dans l'allée des lauriers et commencions à descendre à pas lents vers le saut-de-loup et le marronnier, Thornfield est un endroit agréable l'été, n'est-ce pas ?

— Oui, Monsieur.

— Vous avez dû vous attacher quelque peu à cette maison... vous qui avez le goût des beautés naturelles et l'organe de la fidélité passablement développé.

— Je suis attachée à la maison, c'est vrai.

— Et puis, sans que j'arrive à comprendre comment cela se fait, je vois que vous avez contracté un certain degré d'affection pour cette petite nigaude d'Adèle, et même pour l'honnête dame Fairfax.

— Oui, Monsieur ; chacune à sa manière, je les aime toutes les deux.

— Et vous regretteriez de les quitter ?

— Oui.

— Dommage ! fit-il, puis il soupira et se tut.

« C'est toujours comme cela que les choses se passent dans la vie, poursuivit-il bientôt ; à peine vous êtes-vous installée dans un gîte agréable qu'une voix vous ordonne de vous relever et de reprendre la route, car le temps du repos est fini.

— Va-t-il falloir que je reprenne la route ? demandai-je. Faut-il que je quitte Thornfield ?

— Je crois qu'il le faut, Jane. Je le regrette, Janette, mais je crois qu'en vérité il le faut.

C'était un rude coup ; mais je ne me laissai pas abattre.

— Eh bien, Monsieur, le jour où l'ordre de route viendra, je serai prête.

— Il est venu déjà... il faut que je vous le donne ce soir.

— Ainsi donc, vous allez vraiment vous marier, Monsieur ?

— Exactement, précisément ; avec votre perspicacité habituelle, vous avez mis le doigt en plein dessus.

— Bientôt, Monsieur ?

— Très bientôt, ma... je veux dire : mademoiselle Eyre ; et vous vous rappellerez, Jane, que, la première fois que la rumeur publique ou moi, nous vous avons clairement donné à entendre que mon intention était de placer mon cou de célibataire endurci dans le nœud coulant consacré, d'entrer dans la sainte condition du mariage... bref, de prendre sur mon sein Mlle Ingram – il y a de quoi en avoir plein les bras ; mais là n'est pas la question... on ne saurait avoir en trop grande abondance un objet aussi supérieurement excellent que ma toute belle Blanche ; donc, comme je le disais... écoutez-moi, Jane ! Ce n'est pas pour chercher d'autres papillons que vous tournez la tête, j'espère. Ce n'était là qu'une coccinelle, ma petite, "regagnant son logis à tire-d'aile". Je voulais vous rappeler que c'est vous qui m'avez dit la première, avec ce discernement que je vénère en vous... avec cette lucidité, cette prudence et cette humilité qui conviennent à votre situation de responsabilité et de dépendance tout à la fois... c'est vous qui m'avez dit qu'au cas où j'épouserais Mlle Ingram, vous feriez mieux, Adèle et vous, de décamper sur-le-champ. Je ne relève pas l'espèce d'insulte au caractère de ma bien-aimée que contenait cette observation ; d'ailleurs, une fois que vous serez loin, Janette, j'essaierai de l'oublier ; je ne tiendrai compte que de sa sagacité : elle est si grande que j'en ai fait ma règle de conduite. Il faut qu'Adèle aille dans une école ; quant à vous, mademoiselle Eyre, il faut que vous trouviez une autre situation.

— Oui, Monsieur, je vais immédiatement mettre une annonce et pour le moment, je suppose que...

J'allais dire : « Je suppose que je puis rester ici, jusqu'à ce que je trouve un autre refuge où me rendre. » Mais je m'interrompis, comprenant qu'il serait trop risqué de me lancer dans une longue phrase, car ma voix ne m'obéissait plus tout à fait.

— D'ici à un mois environ, j'espère être marié, poursuivit M. Rochester ; et d'ici là, je vous chercherai moi-même un emploi et un asile.

— Merci, Monsieur ; je suis désolée de vous donner...

— Oh, inutile de vous excuser ! Je considère que, quand une employée fait son devoir aussi bien que vous avez fait le vôtre, elle a une sorte de droit à l'aide modeste que peut lui accorder sans trop de peine son employeur ; d'ailleurs, par l'intermédiaire de ma future belle-mère, j'ai déjà entendu parler d'une place qui, je crois, vous conviendra ; il s'agit d'entreprendre l'éducation des cinq filles de Mme Dionysius O'Gall, de Bitternut Lodge, comté de Connaught, en Irlande. Je crois que l'Irlande vous plaira ; on dit que les gens y ont très bon cœur.

— C'est très loin, Monsieur.

— Peu importe... une fille aussi raisonnable que vous ne va pas avoir peur de la traversée ni de la distance.

— De la traversée, non, mais de la distance, oui ; et puis la mer sera une barrière...

— Qui vous séparera de quoi, Jane ?

— De l'Angleterre et de Thornfield ; et...

— Eh bien ?

— De vous, Monsieur.

J'avais dit cela presque involontairement, et c'est sans y être davantage autorisées par ma libre volonté que mes larmes se mirent à jaillir. Toutefois, je ne pleurai pas assez fort pour être entendue ; j'évitai de sangloter. La pensée de Mme O'Gall de Bitternut Lodge me glaçait le cœur ; il était glacé plus encore par la pensée de toute l'eau salée et de toute l'écume destinées, semblait-il, à surgir entre moi et ce maître au côté duquel je me promenais alors ; glacé par-dessus tout par le rappel de l'océan encore plus vaste (l'océan de la fortune, du rang, des conventions) qui s'interposait entre moi et l'objet de mon amour naturel et invincible.

— C'est bien loin, répétai-je.

— Oui, certes ; et quand vous serez arrivée au manoir de Bitternut Lodge, Connaught, Irlande, je ne vous reverrai plus jamais, Jane ; c'est moralement sûr. Je ne vais jamais en Irlande, car personnellement je ne raffole pas de ce pays. Nous avons été bons amis, Jane, n'est-ce pas ?

— Oui, Monsieur.

— Et quand des amis sont à la veille de se séparer, ils aiment passer en étroit contact le peu de temps qui leur reste. Allons ! Nous allons parler calmement du voyage et de la séparation pendant une petite demi-heure, tandis que les étoiles entameront leur existence lumineuse là-haut dans le ciel ; voici le marronnier ; voici le banc qui s'accroche à ses vieilles racines. Venez, nous allons nous y asseoir paisiblement ce soir, même si nous sommes destinés à ne plus jamais nous y asseoir ensemble.

Il me fit asseoir sur le banc, puis s'y mit à son tour.

— Nous sommes très loin de l'Irlande, Janette, et je suis désolé d'envoyer ma petite amie faire un si pénible voyage ; mais si je ne trouve rien de mieux, comment faire autrement ? M'êtes-vous apparentée d'une façon quelconque, Jane, croyez-vous ?

Je ne pouvais plus me risquer à répondre de quelque manière que ce fût : mon cœur était comme figé.

— C'est que, dit-il, j'éprouve parfois un sentiment étrange en ce qui vous concerne... surtout quand vous êtes proche de moi, comme en ce moment ; tout se passe comme si j'avais, quelque part sous les côtes, à gauche, un cordon attaché de façon solide et inextricable à un cordon analogue situé dans la zone correspondante de votre petit corps. Et si cette impétueuse mer d'Irlande, et quelque deux cents milles de terre, devaient nous séparer brutalement, je crains que ce cordon de communication ne s'en trouve brisé ; or, je suis inquiet à l'idée que je me mettrais à saigner intérieurement. Quant à vous... vous m'oublieriez.

— Cela, Monsieur, jamais ; vous savez bien...

Impossible de poursuivre.

— Jane, entendez-vous le rossignol chanter dans le bois ? Écoutez !

En l'écoutant, je sanglotai convulsivement ; car je ne pouvais plus réprimer ce que j'endurais ; j'étais obligée de céder et j'étais secouée de la tête aux pieds par une détresse poignante. Quand je parlai enfin, ce fut seulement pour exprimer avec emportement le regret d'avoir vu le jour, ou d'avoir été conduite à Thornfield.

— Parce que vous regrettez d'en partir ?

La violence de mon émotion, suscitée en moi par le chagrin et l'amour, exigeait de prendre le dessus, se débattait pour l'emporter sans partage, affirmait son droit de dominer, de vaincre, de vivre, de croître, et de régner enfin, oui... et de parler.

— Je suis peinée de quitter Thornfield ; j'aime Thornfield ; je l'aime, parce que j'y ai mené une vie pleine et délicieuse, pour un temps tout au moins. Je n'ai pas été piétinée. Je n'ai pas été pétrifiée. Je n'ai pas été ensevelie avec des esprits inférieurs et exclue de tout éclair de communion avec ce qu'il y a de lumineux, d'énergique et de haut. J'ai conversé, face à face, avec quelqu'un que je révère et qui m'enchante... avec un esprit original, vigoureux, puissant. Je vous ai connu, monsieur Rochester ; et je suis frappée de terreur et de souffrance en comprenant qu'il faut absolument que je m'arrache à vous pour toujours. Je vois la nécessité de ce départ ; mais c'est pour moi comme de contempler la nécessité de la mort.

— Où en voyez-vous la nécessité ? me demanda-t-il soudain.

— Où ? C'est vous, Monsieur, qui me l'avez mise sous les yeux.

— Sous quelle forme ?

— Sous celle de Mlle Ingram ; cette femme noble et belle... votre épouse.

— Mon épouse ! Quelle épouse ? Je n'ai pas d'épouse !

— Mais vous allez en avoir une.

— Oui... c'est vrai !... c'est vrai ! (Il serrait les dents.)

— Alors, il faut que je parte... vous l'avez dit vous-même.

— Non ; il faut que vous restiez ! Je le jure... et ce serment sera tenu.

— Je vous dis qu'il faut que je parte ! rétorquai-je, emportée par une sorte de colère. Croyez-vous que je puisse rester pour n'être plus rien pour vous ? Croyez-vous que je ne sois qu'un automate ? Une machine dépourvue de sentiments ? Croyez-vous que je puisse supporter de me voir ôter des lèvres mon morceau de pain et de voir vider ma coupe de l'unique goutte d'eau vivante qu'elle contenait ? Croyez-vous, parce que je suis pauvre, insignifiante, laide et menue, que je sois sans âme et sans cœur ? Vous vous trompez ! J'ai autant d'âme que vous... et largement autant de cœur ! Et si Dieu m'avait fait don d'un peu de beauté et de beaucoup de richesse, je me serais arrangée pour qu'il vous fût tout aussi dur de me quitter qu'il m'est aujourd'hui pénible de vous quitter. Je ne vous parle pas en ce moment par le truchement de la coutume, des conventions, ni même de la chair mortelle ; c'est mon esprit qui s'adresse au vôtre, exactement comme si nous étions tous deux passés par la tombe et si nous nous tenions tous deux debout aux pieds de Dieu, en égaux... comme nous le sommes !

— Comme nous le sommes ! répéta M. Rochester..., comme ceci, ajouta-t-il en me serrant dans ses bras, en m'attirant contre sa poitrine et en pressant ses lèvres contre mes lèvres. Comme ceci, Jane !

— Oui, comme ceci, Monsieur, répliquai-je, et pourtant non, pas comme ceci ; car vous êtes un homme marié... ou c'est tout comme, uni à quelqu'un qui vous est inférieur... quelqu'un avec qui vous n'êtes nullement en sympathie... quelqu'un que je ne crois pas que vous aimiez vraiment ; car je vous ai vu et entendu la persifler. Je dédaignerais une telle union, moi ; je vous suis donc supérieure... laissez-moi partir !

— Pour aller où, Jane ? En Irlande ?

— Oui... en Irlande. J'ai dit ce que j'avais à dire, et maintenant je puis aller n'importe où.

— Jane, tenez-vous tranquille ; ne vous débattez pas ainsi, comme un petit oiseau affolé qui déchire son propre plumage dans ses efforts frénétiques.

— Je ne suis pas un oiseau et nul filet ne me retient prisonnière ; je suis un être humain libre, doué d'une volonté indépendante, dont j'use à présent pour vous quitter.

Un nouvel effort me rendit ma liberté, et je me dressai devant lui.

— C'est donc votre volonté qui décidera de votre destin, dit-il. Je vous offre mon cœur, ma main, une part de tout ce que je possède.

— Vous jouez une farce, dont je me contente de rire.

— Je vous demande de passer votre vie à mes côtés... d'être ma moitié et ma plus chère compagne sur cette terre.

— Pour ce rôle vous avez déjà fait votre choix et il faut vous y tenir.

— Jane, calmez-vous quelques instants ; vous êtes surexcitée ; je vais me calmer aussi.

Un souffle de vent arriva vers nous par l'allée de lauriers, fit trembler les branches du marronnier ; il s'éloigna... s'éloigna... à une distance indéterminée... il disparut. Le chant du rossignol était désormais la seule voix de cette heure ; en l'écoutant je me remis à pleurer. M. Rochester restait immobile et me regardait d'un air tendre et grave. Un long moment s'écoula avant qu'il reprît la parole ; il finit par dire :

— Venez à côté de moi, Jane, que nous nous expliquions, que nous nous comprenions.

— Jamais plus je ne viendrai à côté de vous ; je m'en suis arrachée maintenant et je ne puis y retourner.

— Mais, Jane, je vous invite en tant qu'épouse ; c'est vous seule que j'ai l'intention d'épouser.

Je restai silencieuse, je croyais qu'il se moquait de moi.

— Venez, Jane... venez ici.

— Votre fiancée se dresse entre nous.

Il se leva et m'atteignit d'un seul pas.

— Ma fiancée est ici, dit-il en me serrant de nouveau contre lui, parce que c'est ici qu'est mon égale et ma semblable. Jane, voulez-vous m'épouser ?

Je ne répondais toujours pas et je me débattais toujours pour échapper à son étreinte ; car j'étais encore incrédule.

— Doutez-vous de moi, Jane ?
— Complètement.
— N'avez-vous point foi en moi ?
— Pas le moins du monde.
— Suis-je donc un menteur à vos yeux ? demanda-t-il avec emportement. Petite sceptique, il faut que vous vous laissiez convaincre. Que vaut mon amour pour Mlle Ingram ? Rien du tout, et vous le savez bien. Que vaut son amour pour moi ? Rien du tout, et j'ai pris la peine de le prouver ; je me suis arrangé pour que parvienne à ses oreilles le bruit que ma fortune n'était pas le tiers de ce qu'on pensait, après quoi je me suis présenté pour voir le résultat ; j'ai rencontré la froideur, aussi bien de sa part que de celle de sa mère. Je ne voudrais pas... je ne pourrais pas... épouser Mlle Ingram. C'est vous... vous étrange et presque irréelle créature... c'est vous que j'aime comme ma propre chair. Vous, toute pauvre et insignifiante, menue et laide que vous êtes ; je vous supplie de m'accepter pour époux.

— Comment ! Moi ! m'écriai-je, commençant, à cause de sa ferveur et surtout de sa discourtoisie, à attacher foi à sa sincérité, moi qui n'ai pas un ami au monde en dehors de vous – si vous êtes vraiment mon ami –, ni un shilling en dehors de ce que vous m'avez donné !

— Vous, Jane, je veux que vous soyez à moi... toute à moi. Voulez-vous être mienne ? Dites oui, bien vite.

— Monsieur Rochester, laissez-moi regarder votre visage ; tournez-vous vers la lumière de la lune.

— Pourquoi ?

— Parce que je veux étudier votre physionomie... allons, tournez-vous !

— Là ! Vous allez la trouver à peine plus lisible qu'une page froissée et déchirée. Lisez, lisez toujours ; mais hâtez-vous, car je souffre.

Il avait le visage très agité et très empourpré, ses traits étaient animés de puissantes contractions et dans ses yeux passaient d'étranges lueurs.

— Ah, Jane, vous me torturez ! s'exclama-t-il. Avec votre regard pénétrant et en même temps fidèle et généreux, vous me torturez !

— Comment cela se peut-il ? Si vous êtes sincère, si votre offre est réelle, je ne puis avoir d'autres sentiments que la gratitude et le dévouement, et ces sentiments-là ne torturent pas.

— De la gratitude ! s'écria-t-il ; et il ajouta d'un air égaré : Jane, acceptez-moi promptement. Dites-moi : Édouard – oui, appelez-moi par mon nom –, Édouard… je veux vous épouser.

— Parlez-vous sérieusement ? M'aimez-vous vraiment ? Souhaitez-vous sincèrement que je sois votre femme ?

— Oui ; et si un serment est nécessaire pour vous convaincre, je le jure.

— En ce cas, Monsieur, je veux vous épouser.

— Dites : Édouard… ma petite femme !

— Cher Édouard !

— Venez à moi, venez à moi maintenant tout à fait, dit-il. Et il ajouta, de sa voix la plus grave, en me parlant à l'oreille, sa joue posée contre la mienne : Faites mon bonheur, et je ferai le vôtre.

« Dieu me pardonne ! reprit-il au bout d'un instant ; et que l'homme ne se mêle pas de mes affaires ; je la tiens et je ne la lâcherai pas.

— Il n'y a personne qui puisse se mêler de vos affaires, Monsieur. Je n'ai pas de parents qui risquent d'intervenir.

— Non… et c'est bien ce qu'il y a de mieux, dit-il.

Si j'avais eu moins d'amour pour lui, son accent et son air d'exultation m'eussent paru sauvages ; mais, assise à côté de lui, arrachée au cauchemar de la séparation, appelée au paradis de l'union, je ne pensais plus qu'à la félicité qu'il m'était donné de boire à flots si abondants. À mainte et mainte reprise il me demanda : « Êtes-vous heureuse, Jane ? » À mainte et mainte reprise je lui répondis : « Oui. » Après quoi il murmura :

— Ce sera une compensation… ce sera une compensation. Ne l'ai-je point trouvée dans la solitude, le froid et le dénuement ? Ne vais-je point la protéger, la chérir et la réconforter ? N'y a-t-il point d'amour dans mon cœur et de fermeté dans mes résolutions ? Ce sera une expiation devant le tribunal de Dieu. Je sais que mon Créateur approuve ce que je fais. Quant au jugement du monde… je m'en lave les mains. Quant à l'opinion de l'homme, je la défie.

Mais qu'était-il arrivé à la nuit ? La lune n'était pas encore couchée et déjà nous étions entièrement plongés dans l'ombre ; je voyais à peine le visage de mon maître, proche de lui comme je l'étais. Et de quoi souffrait le marronnier pour se tordre et geindre de la sorte, tandis que le vent rugissait dans l'allée de lauriers et passait impétueusement au-dessus de nous ?

— Il faut que nous rentrions, dit M. Rochester ; le temps change. J'aurais pu rester ici avec toi jusqu'au matin, Jane.

« Et moi avec vous », pensai-je.

Je l'eusse dit, peut-être, si une étincelle blanchâtre et fulgurante n'avait surgi d'un nuage que je regardais, et s'il n'y avait eu un crépitement, un craquement, un grondement tout proche ; alors je ne pensai qu'à cacher mes yeux éblouis contre l'épaule de M. Rochester.

La pluie tomba avec violence. M. Rochester me fit remonter en courant l'allée, traverser le parc, entrer dans la maison ; mais nous étions trempés avant d'en franchir le seuil. Il m'ôtait mon châle dans le vestibule et faisait tomber l'eau de mes cheveux défaits, quand Mme Fairfax sortit de son petit salon. Je ne la remarquai pas tout d'abord et M. Rochester non plus. La lampe était allumée. L'horloge marquait minuit.

— Dépêchez-vous d'enlever vos vêtements mouillés, dit-il ; mais, avant de partir, bonsoir... bonsoir, chérie.

Il m'embrassa plusieurs fois. Quand je levai les yeux en quittant ses bras, la veuve était là, pâle, grave, stupéfaite. Je me contentai de lui faire un sourire et je montai précipitamment. « Il sera bien temps de m'expliquer une autre fois », pensai-je. Pourtant, en arrivant dans ma chambre, je fus peinée de penser qu'elle allait, fût-ce momentanément, interpréter de travers ce qu'elle avait vu. Mais la joie ne tarda pas à effacer tous les autres sentiments ; et le vent eut beau souffler fort, le tonnerre gronder de sa voix proche et grave, les éclairs lancer leurs lueurs farouches et rapprochées, la pluie diluvienne tomber pendant un orage d'une durée de deux heures, je n'éprouvai aucune crainte et ne me sentis guère impressionnée. M. Rochester vint trois fois jusqu'à ma porte au cours de l'orage pour me demander si j'étais tranquille et sans inquiétude ; il y avait là un réconfort, un pouvoir à toute épreuve.

Avant que je me levasse le lendemain, la petite Adèle arriva en courant dans ma chambre pour me dire que le grand marronnier, au fond du verger, avait été frappé par la foudre et fendu en deux parties dont l'une s'était effondrée.

CHAPITRE XXIV

En me levant et en m'habillant, je repensai à ce qui s'était produit et je me demandai si c'était un rêve. Je ne pouvais être certaine de la réalité des faits avant d'avoir revu M. Rochester, avant de l'avoir entendu répéter ses paroles d'amour et de promesse.

Tandis que je me coiffais, je me regardai dans la glace et je me rendis compte que j'avais cessé d'être laide ; l'espoir se lisait dans l'aspect de mon visage, la vie dans son teint ; mes yeux avaient l'air d'avoir contemplé la fontaine de la jouissance et d'avoir emprunté quelques rayons à ses flots lumineux. Souvent j'avais répugné à regarder mon maître, parce que je craignais que mon regard ne lui déplût ; mais à présent j'étais sûre que je pouvais lever les yeux vers lui, sans risquer de voir leur expression refroidir son affection. Je pris dans mon tiroir une robe d'été simple, mais propre et légère ; il me sembla qu'elle m'allait mieux qu'aucun autre vêtement ne m'était jamais allé, car je n'en avais jamais porté aucun dans un état de pareille félicité.

Je ne fus pas surprise, quand je descendis en courant dans le vestibule, de voir qu'un brillant matin de juin avait succédé à l'orage de la nuit, ni de sentir, par la porte vitrée qui était ouverte, le souffle d'une brise fraîche et odorante. La nature devait être en liesse alors que j'étais si heureuse. Une mendiante avec son petit garçon (deux êtres pâles et déguenillés) arrivait dans l'avenue et je courus à leur rencontre pour leur donner tout l'argent que je me trouvais avoir dans ma bourse, soit trois ou quatre shillings ; vertueux ou non, ces gens devaient prendre part à ma jubilation. Les corbeaux croassaient, de plus joyeux oiseaux chantaient, mais rien n'était aussi gai ni aussi mélodieux que mon cœur en liesse.

Mme Fairfax me surprit en passant la tête à la fenêtre d'un air attristé et en me disant sur un ton de gravité :

— Mademoiselle Eyre, voulez-vous venir déjeuner ?

Pendant ce repas, elle resta froide et silencieuse ; mais je ne pouvais la détromper sur-le-champ. Je devais attendre que mon maître donnât des explications ; il fallait qu'elle attendît aussi. Je mangeai comme je pus, puis je m'empressai de monter. Je trouvai Adèle qui sortait de la salle d'étude.

— Où allez-vous ? C'est l'heure des leçons.
— M. Rochester me renvoie à ma chambre.
— Où est-il ?
— Là.

Elle montrait du doigt la pièce qu'elle venait de quitter ; j'y entrai et j'y trouvai M. Rochester.

— Venez me dire bonjour, fit-il.

Je m'avançai joyeusement ; et ce jour-là, ce ne fut pas simplement une parole froide, ni même une poignée de main que je reçus, mais une étreinte et un baiser. Cela me parut naturel ; il semblait délicieux d'être tant aimée et tant choyée par lui.

— Jane, vous avez l'air épanouie, souriante, et jolie, me dit-il, oui, vraiment jolie ce matin. Est-ce bien là mon petit elfe pâle ? Est-ce là ma graine de moutarde[1] ? Cette petite fille au visage ensoleillé, aux joues creusées de fossettes, aux lèvres roses, aux cheveux châtains lisses et satinés, aux yeux bruns et radieux ?

(J'avais les yeux verts, lecteur ; mais il faut lui pardonner son erreur ; pour lui mes yeux venaient d'être teints à neuf, j'imagine.)

— C'est bien Jane Eyre, Monsieur.

— Et bientôt Jane Rochester, ajouta-t-il ; dans quatre semaines, Janette ; pas un jour de plus. M'entendez-vous ?

Je l'entendais, et je n'arrivais pas à saisir complètement cette idée ; j'en avais le vertige. Le sentiment dont j'étais parcourue à cette annonce était un peu trop puissant pour s'accorder à la joie ; c'était comme un choc et un étourdissement ; c'était, je crois, presque de la crainte.

— Vous rougissez, et maintenant vous êtes blême, Jane, pourquoi cela ?

— Parce que vous m'avez donné un nom nouveau... Jane Rochester ; et cela paraît tellement étrange.

— Oui, Mme Rochester, dit-il ; la jeune Mme Rochester... la petite épouse de Fairfax Rochester.

— Cela ne se pourra jamais, Monsieur ; cela ne rend pas un son vraisemblable. Les êtres humains ne goûtent jamais un bonheur parfait en ce monde. Je ne suis pas née pour connaître un destin différent de celui du reste de l'espèce ; imaginer qu'un tel sort puisse m'échoir, c'est un conte de fées, c'est un rêve éveillé.

— Que je puis et veux réaliser. Je vais commencer aujourd'hui. Ce matin, j'ai écrit à mon banquier de Londres de m'envoyer certains bijoux dont il a la garde,

---

1. Cf. *Songe d'une nuit d'été* de Shakespeare.

objets de famille appartenant aux dames de Thornfield. D'ici à un jour ou deux j'espère les déverser sur vos genoux ; car vous recevrez tous les privilèges et tous les égards que j'accorderais à la fille d'un grand du royaume si j'étais sur le point de l'épouser.

— Oh ! Monsieur... pas de bijoux ! Je n'ai pas de plaisir à en entendre parler. Des bijoux pour Jane Eyre, cela paraît anormal et bizarre ; je préférerais m'en passer.

— Je mettrai moi-même le collier de diamant à votre cou et le diadème sur votre front... auquel il siéra très bien ; car la nature, du moins, a marqué ce front du sceau de la noblesse, Jane ; et j'attacherai à vos jolis poignets les bracelets, et je couvrirai de bagues vos doigts de fée.

— Non, non, Monsieur ! Ayez d'autres pensées, parlez d'autres sujets et sur un autre ton. Ne vous adressez pas à moi comme si j'étais une beauté ; je ne suis que votre gouvernante, laide et austère comme une quakeresse.

— Vous êtes une beauté à mes yeux, une beauté qui comble le désir de mon cœur... délicate et aérienne.

— Chétive et insignifiante, voulez-vous dire. Vous rêvez, Monsieur... ou vous moquez-vous ? Pour l'amour du Ciel, n'ironisez pas !

— Je forcerai d'ailleurs le monde à vous reconnaître pour une beauté, poursuivit-il, tandis que je me sentais de plus en plus mal à l'aise en voyant le ton qu'il adoptait, parce que je me rendais compte que, s'il ne s'abusait pas, c'est qu'il cherchait à m'abuser. Je parerai ma Jane de satin et de dentelle et elle aura des roses dans les cheveux ; et je couvrirai d'un voile sans prix la tête que j'aime plus que tout.

— Mais alors vous ne me reconnaîtrez plus, Monsieur ; et je ne serai plus votre Jane Eyre, mais un singe sous le manteau d'Arlequin, un geai paré des plumes du paon. J'aimerais tout autant vous voir, vous, monsieur Rochester, déguisé à l'aide d'accessoires de théâtre que de me voir vêtue en dame de la cour ; et je ne vous dis pas que vous êtes beau, Monsieur, bien que je vous aime très tendrement ; bien trop tendrement pour vous flatter. Ne me flattez pas.

Toutefois, il poursuivit son développement sans prendre garde à mes protestations :

— Aujourd'hui même je vais vous emmener en voiture à Millcote, et il faudra que vous vous choisissiez des robes. Je vous ai dit que nous allions nous marier dans quatre semaines. Le mariage se fera sans bruit, dans l'église qui est là, en bas, tout près d'ici puis je vous enlèverai aussitôt pour vous conduire à Londres. Après un court séjour dans cette ville je transporterai mon trésor dans des régions plus proches du soleil, les vignobles de France et les plaines d'Italie ; elle verra tout ce qu'il y a de fameux dans l'histoire du passé et la chronique des temps modernes ; elle goûtera également à la vie des cités ; elle apprendra à s'estimer elle-même par une exacte comparaison avec autrui.

— Vais-je voyager ?... Et avec vous, Monsieur ?

— Vous allez séjourner à Paris, Rome et Naples ; à Florence, Venise et Vienne ; tout le territoire où j'ai vagabondé sera parcouru de nouveau par vous ; partout où j'ai planté mon sabot se posera votre pied de sylphide. Il y a dix ans, je fonçais à travers l'Europe, à demi fou, avec pour compagnons le dégoût, la haine et la fureur ; à présent je vais la revoir, guéri et purifié, avec un véritable ange pour me réconforter.

Je lui ris au nez quand il dit ces mots.

— Je ne suis pas un ange, déclarai-je ; et je n'en serai pas un avant ma mort : je ne serai que moi-même. Monsieur Rochester, vous ne devez attendre ni exiger de moi quoi que ce soit de céleste... car vous ne l'obtiendriez pas, non plus que je ne l'obtiendrais de vous ; mais je ne l'espère aucunement.

— Qu'espérez-vous de moi ?

— Que pendant quelque temps vous serez peut-être tel que vous êtes maintenant... pendant très peu de temps ; puis vous vous refroidirez ; puis vous deviendrez capricieux ; puis vous deviendrez sévère, et j'aurai beaucoup de mal à vous satisfaire ; mais une fois que vous vous serez habitué à moi, peut-être aurez-vous un regain d'affection pour moi... je dis bien d'affection, non pas d'amour. Je suppose que l'effervescence de votre amour sera finie dans six mois tout au plus. J'ai remarqué que, dans les livres écrits par des hommes, on assigne ce terme comme extrême limite à la durée des ardeurs d'un époux. Pourtant, au bout du compte, en tant qu'amie et que compagne, j'espère que je n'inspirerai jamais de complète répugnance à mon cher maître.

— De répugnance ! Un regain d'affection ! Je crois bien que j'aurai un regain d'affection, et même plusieurs ; et je vous ferai avouer que ce n'est pas seulement de l'affection, mais de l'amour que j'aurai pour vous... un amour vrai, fervent, constant.

— N'êtes-vous point cependant changeant, Monsieur ?

— Avec les femmes qui ne me plaisent que par leur visage, je suis le diable incarné quand je m'aperçois qu'elles n'ont ni âme ni cœur, quand elles me découvrent une perspective de platitude, de banalité, ou même de sottise, de grossièreté et de mauvais caractère ; mais envers l'œil clair et la langue éloquente, envers l'âme de feu et le caractère qui plie mais ne rompt pas, le caractère à la fois souple et ferme, docile et cohérent, je suis à tout jamais tendre et fidèle.

— Avez-vous jamais rencontré un tel caractère, Monsieur ? Avez-vous jamais aimé un tel être ?

— Je l'aime en ce moment.

— Mais avant moi, si du moins j'approche en quoi que ce soit de votre exigeant idéal ?

— Jamais je n'ai rencontré votre pareille. Jane, vous me plaisez et vous me dominez... vous avez l'air de vous soumettre et j'aime l'impression de docilité que vous donnez ; et tandis que j'enroule autour de mon doigt l'écheveau doux et soyeux, il me fait éprouver un frisson qui me parcourt le bras et me va jusqu'au cœur. Je suis subjugué... vaincu ; or, cette soumission m'est plus douce que je ne saurais le dire ; et la défaite que je subis possède un enchantement plus fort que tous les triomphes que je pourrais remporter. Pourquoi souriez-vous, Jane ? Que signifie ce tour inexplicable et mystérieux de votre physionomie ?

— Je pensais, Monsieur – excusez cette idée ; elle est involontaire –, je pensais à Hercule et à Samson et à leurs séductrices...

— Je n'en doute pas, petite ensorceleuse.

— Chut, Monsieur ! Vous ne parlez pas de façon très sensée pour le moment, non plus que ces messieurs n'agirent de façon très sensée. Toutefois, s'ils s'étaient mariés, ils auraient sans nul doute compensé par leur sévérité de maris leur faiblesse de prétendants ; comme vous le ferez aussi, je le crains. Je me demande comment vous me répondrez dans un an d'ici, si je vous demande une faveur qu'il ne sied ni à votre commodité ni à votre bon plaisir de m'accorder.

— Demandez-moi quelque chose maintenant, Janette... une toute petite chose ; j'ai envie d'être supplié...

— Eh bien, Monsieur, à votre guise ; ma demande est toute prête.

— Parlez ! Mais si vous levez les yeux et si vous souriez avec une pareille expression, je vais jurer de vous céder avant de savoir de quoi il s'agit, et j'aurai l'air d'un sot.

— Point du tout, Monsieur ; je vous demande simplement ceci : ne faites pas venir vos bijoux et ne me couronnez pas de roses ; vous feriez aussi bien de mettre une bordure en dentelle d'or à ce mouchoir ordinaire que vous avez là.

— Je ferais aussi bien de « dorer l'or pur ». Je le sais : votre requête vous est donc accordée... jusqu'à nouvel ordre. Je vais annuler l'ordre que j'ai dépêché à mon banquier. Mais vous ne m'avez encore rien demandé ; vous m'avez prié de retirer un cadeau ; faites une nouvelle tentative.

— Alors, Monsieur, ayez la bonté de satisfaire ma curiosité, qui est fort intriguée su un point.

Il parut inquiet.

— Comment ? Comment ? dit-il précipitamment. La curiosité est une dangereuse demanderesse ; il est heureux que je n'aie point fait serment d'accorder toutes vos requêtes...

— Mais il ne peut y avoir aucun danger à satisfaire la mienne, Monsieur.

— Formulez-la, Jane, mais je regrette qu'au lieu d'une simple question sur ce qui est peut-être un secret, vous ne m'ayez pas plutôt demandé la moitié de mes biens.

— Voyons, roi Assuérus[1] ! Quel besoin ai-je de la moitié de vos biens ? Me prenez-vous pour un usurier

---

1. Le roi Assuérus (485 à 465 avant l'ère courante), petit-fils de Cyrus, après avoir répudié son épouse Vashti, choisit pour nouvelle reine la belle Esther. Mais Esther n'avait pas révélé au roi qu'elle était juive, sur les conseils de son oncle Mordékhaï.

juif, qui cherche à faire de bons placements fonciers ? Je préférerais de beaucoup être complètement dans votre confidence. Vous n'allez pas m'exclure de votre confidence si vous m'accueillez dans votre cœur.

— Je vous livrerai bien volontiers toutes les confidences qui en valent la peine, Jane ; mais, pour l'amour du Ciel, ne souhaitez pas vous charger d'un fardeau inutile ! N'aspirez pas à avaler un poison... ne vous transformez pas en Ève pure et simple entre mes mains !

— Pourquoi pas, Monsieur ? Vous venez de me dire combien vous aimiez être vaincu, et combien il vous était agréable de vous laisser persuader par autrui. Ne croyez-vous pas que je devrais profiter de cet aveu, et me mettre à vous cajoler et à vous implorer, ou même, en cas de besoin, à pleurer et à bouder, à seule fin de mettre mon pouvoir à l'épreuve ?

— Je vous défie de faire une telle expérience. Livrez-vous à des empiètements, abusez de la situation, et tout est fini.

— Vraiment, Monsieur ? Vous avez tôt fait d'abandonner la partie. Que vous avez l'air sévère en ce moment ! Vos sourcils sont devenus gros comme mon doigt et votre front ressemble à ce que j'ai vu un jour décrit, dans un poème fort extraordinaire, comme « un grenier empli de tonnerre bleu ». C'est l'air que vous aurez quand nous serons mariés, Monsieur, j'imagine ?

— Si vous devez avoir quand nous serons mariés l'air que vous avez maintenant, j'aurai pour ma part tôt fait, en qualité de chrétien, de renoncer à l'idée de m'unir à un pur et simple lutin ou à une salamandre. Mais qu'aviez-vous à me demander, créature, vite ?

— Voilà que vous n'êtes même plus poli ; mais je préfère de beaucoup la grossièreté à la flatterie. J'aime mieux être une créature qu'un ange. Voici ce que j'ai à vous demander. Pourquoi vous êtes-vous donné tant de mal pour me faire croire que vous vouliez épouser Mlle Ingram ?

— C'est tout ! Ce n'est rien de pire, Dieu soit loué !

À présent ses sourcils froncés s'aplanirent ; il baissa les yeux, il me sourit, il me caressa les cheveux, comme s'il était tout heureux de voir un danger écarté.

— Je crois pouvoir vous avouer, poursuivit-il, même au risque de vous indigner un brin, Jane... et j'ai vu comme vous prenez feu quand vous vous indignez. Vous étiez incandescente dans la fraîcheur du clair de lune hier soir, quand vous vous êtes révoltée contre le destin, et quand vous avez proclamé que vous étiez mon égale par le rang. À propos, Janette, c'est vous qui m'avez fait une déclaration d'amour.

— Bien sûr que c'est moi. Mais ne nous égarons pas, je vous prie, Monsieur... Mlle Ingram ?

— Eh bien, j'ai feint de faire la cour à Mlle Ingram parce que je voulais vous rendre aussi follement amoureuse de moi que je l'étais de vous ; or je savais que la jalousie serait le meilleur allié que je pusse appeler à mon aide pour arriver à cette fin.

— Parfait ! Maintenant vous êtes minuscule... pas plus gros que le bout de mon petit doigt. Ce fut une honte infâme et un déshonneur scandaleux d'agir de la sorte. N'avez-vous point pris en considération les sentiments de Mlle Ingram, Monsieur ?

— Ses sentiments se réduisent à un seul : l'orgueil ; et cet orgueil a besoin d'être humilié. Avez-vous été jalouse, Jane ?

— Peu vous importe, monsieur Rochester ; il n'est nullement intéressant pour vous de le savoir. Répondez-moi sincèrement une fois encore. Croyez-vous que Mlle Ingram ne va pas souffrir de votre malhonnête coquetterie ? Ne va-t-elle pas se sentir abandonnée et désertée ?

— Impossible !... puisque je vous dis qu'au contraire c'est elle qui m'a abandonné ; l'idée de mon insolvabilité a refroidi, ou plus exactement éteint sa flamme en un instant.

— Vous avez l'esprit bizarrement fait et tortueux, monsieur Rochester. Je crains que vous n'ayez sur certains points des principes moraux excentriques.

— Mes principes n'ont jamais été formés, Jane ; peut-être, faute d'attention, ont-ils poussé un peu de travers.

— Une fois encore, parlons sérieusement : puis-je goûter le bonheur immense qui m'a été accordé, sans redouter que quelqu'un d'autre ne souffre la douleur cruelle que j'endurais moi-même il y a peu de temps ?

— Vous le pouvez, ma chère petite ; il n'est personne d'autre au monde qui ait pour moi le même amour que vous... car je couvre mon âme, Jane, de ce baume précieux qu'est ma croyance en votre affection.

Je baisai la main qui était posée sur mon épaule. J'aimais beaucoup M. Rochester, plus que je ne pouvais me risquer à le dire, plus que les mots n'avaient le pouvoir de l'exprimer.

— Demandez-moi encore quelque chose, dit-il bientôt ; c'est ma joie que d'être imploré et de céder.

De nouveau ma requête était toute prête :

— Faites part de vos intentions à Mme Fairfax, Monsieur ; elle m'a vue avec vous la nuit dernière dans le vestibule et elle en a été choquée. Donnez-lui des explications avant que je la revoie. Je souffre d'être mal jugée par une aussi bonne personne.

— Allez dans votre chambre mettre votre chapeau, répliqua-t-il. Je veux que vous veniez avec moi à Millcote ce matin ; et, pendant que vous vous préparez pour la promenade, je vais éclairer l'entendement de la digne femme. A-t-elle donc cru, Janette, que vous aviez troqué le monde contre l'amour, et que vous pensiez avoir fait une bonne affaire ?

— Je crois qu'elle a pensé que j'avais oublié mon rang et le vôtre, Monsieur.

— Votre rang ! votre rang ! Votre rang est dans mon cœur, et à cent coudées au-dessus de ceux qui voudraient vous insulter, aujourd'hui ou plus tard... Allez !

Je fus vite habillée ; et, quand j'entendis M. Rochester sortir du petit salon de Mme Fairfax, j'y descendis précipitamment. La digne femme avait fait sa lecture matinale d'un passage de l'Écriture sainte, la leçon du jour ; sa Bible était ouverte devant elle et ses lunettes posées sur le livre. Cette occupation, interrompue par la déclaration de M. Rochester, paraissait présentement oubliée ; ses yeux, fixés sur le mur nu qu'elle avait en face d'elle, exprimaient la surprise d'un esprit paisible agité par des nouvelles insolites. En me voyant, elle se ressaisit, fit une sorte d'effort pour sourire et formula quelques mots de félicitations ; mais le sourire expira sur ses lèvres, et la phrase resta inachevée. Elle rangea ses lunettes, referma sa Bible, écarta sa chaise de la table.

— Je suis tellement stupéfaite, commença-t-elle, que je ne sais trop que vous dire, mademoiselle Eyre. Je n'ai sûrement pas rêvé, tout de même ? Parfois je m'endors à moitié quand je reste seule et je me figure des choses qui ne sont jamais arrivées. Il m'a semblé plus d'une fois, dans cette somnolence, que mon cher mari, mort il y a quinze ans, entrait et s'asseyait à côté de moi, et que je l'entendais même m'appeler par mon nom, Alice, comme autrefois. Alors, pouvez-vous me dire s'il est réellement vrai que M. Rochester vous ait demandé de l'épouser ? Ne vous moquez pas de moi. Mais j'ai bel et bien cru le voir entrer ici il y a cinq minutes et me dire que dans un mois vous seriez sa femme.

— Il m'a dit la même chose, à moi aussi, répondis-je.

— Vraiment ! Le croyez-vous ? Avez-vous accepté ?
— Oui.

Elle me regarda d'un air égaré.

— Jamais je n'aurais cru cela. C'est un homme orgueilleux ; les Rochester ont toujours été orgueilleux ; et son père, en tout cas, aimait l'argent. Lui-même a toujours été considéré comme prudent. Il a vraiment l'intention de vous épouser ?

— C'est ce qu'il m'a dit.

Elle m'examina de la tête aux pieds ; et je lus dans son regard que son examen ne lui avait fait découvrir dans ma personne nul charme assez puissant pour lui donner le mot de l'énigme.

— Cela me dépasse ! poursuivit-elle ; mais sans nul doute c'est vrai puisque vous le dites. Les conséquences seront-elles heureuses ? Je n'en sais rien ; je n'en ai vraiment pas la moindre idée. L'égalité de situation et de fortune est souvent à recommander dans ce genre de circonstances ; et puis, il y a vingt ans de différence entre vous. Il pourrait presque être votre père.

— Non, madame Fairfax, ce n'est pas vrai ! m'écriai-je, agacée ; il n'a rien de commun avec mon père ! Nul, en nous voyant ensemble, n'imaginerait un instant une chose pareille. M. Rochester a l'air aussi jeune et il est aussi jeune que bien des hommes de vingt-cinq ans.

— Est-ce vraiment par amour qu'il va vous épouser ? demanda-t-elle.

Je fus tellement blessée par sa froideur et son scepticisme que les larmes me montèrent aux yeux.

— Je suis désolée de vous faire de la peine, poursuivit la veuve ; mais vous êtes si jeune, vous connaissez si peu les hommes, que je voulais vous mettre en garde. Un vieux proverbe dit que « tout ce qui brille n'est pas or » ; et dans votre affaire, il se révélera, j'en ai bien peur, qu'il y a quelque chose de différent de ce que nous imaginons, vous et moi.

— Pourquoi ?... Suis-je un monstre ? dis-je. Est-il impossible que M. Rochester ait pour moi une affection sincère ?

— Non ; vous n'êtes pas si mal faite ; et vous avez beaucoup embelli ces derniers temps ; et j'imagine que M. Rochester vous aime bien. J'ai toujours remarqué qu'il avait pour vous une sorte de faible. Il y a même eu des moments où, dans votre intérêt, je me suis un peu alarmée de cette préférence marquée, et où j'aurais voulu vous mettre en garde ; mais je n'avais pas envie d'évoquer, fût-ce la possibilité d'une faute. Je savais qu'une telle idée vous heurterait, vous offenserait même peut-être ; d'ailleurs vous étiez si avisée, si parfaitement prudente et raisonnable que j'espérais qu'on pouvait vous faire confiance pour veiller à votre sauvegarde. Hier soir, je ne saurais vous dire combien j'ai souffert quand j'ai cherché dans toute la maison et que je n'ai pu vous trouver nulle part, ni Monsieur non plus ; et quand ensuite, à minuit, je vous ai vue rentrer avec lui...

— Bon, n'y pensons plus maintenant, fis-je, l'interrompant avec impatience ; il suffit que tout se soit arrangé.

— J'espère que tout s'arrangera au bout du compte, dit-elle ; mais croyez-m'en, vous ne sauriez être trop prudente. Essayez de tenir M. Rochester à distance ; méfiez-vous de vous-même autant que de lui. Les beaux messieurs de son espèce n'ont pas l'habitude d'épouser leurs gouvernantes.

Je commençais à me mettre vraiment en colère ; heureusement Adèle entra en courant.

— Je veux venir... je veux venir aussi à Millcote ! s'écria-t-elle. M. Rochester refuse : pourtant il y a beaucoup de place dans la nouvelle voiture. Demandez-lui de me laisser venir, Mademoiselle.

— Bien volontiers, Adèle.

Et je m'empressai de partir avec elle, heureuse d'échapper à ma lugubre conseillère. La voiture était prête ; on l'amenait sur le devant de la maison et mon maître arpentait le trottoir, suivi dans son va-et-vient par Pilote.

— Adèle peut nous accompagner, n'est-ce pas, Monsieur ?

— Je lui ai dit que non. Je ne veux pas de moutards ! Je ne veux que vous.

— Laissez-la donc venir, monsieur Rochester, je vous en prie ; cela vaudra mieux.

— Mieux ! Pas du tout ; elle ne sera qu'une gêne.

Il y avait quelque chose de tout à fait péremptoire, tant dans son air que dans son ton. J'étais sous le coup des avertissements et des doutes de Mme Fairfax, qui m'avaient jeté un froid ; un élément d'irréalité et d'incertitude avait envahi mes espérances. Je perdis presque le sentiment de posséder un pouvoir sur lui. J'allais lui obéir, machinalement, sans protester davantage ; mais, au moment de me faire monter dans la voiture, il regarda mon visage.

— Qu'y a-t-il ? demanda-t-il ; tout le soleil a disparu. Souhaitez-vous réellement que la petite vienne ? Cela vous ennuiera-t-il que nous la laissions ici ?

— Je préférerais de beaucoup qu'elle vînt, Monsieur.

— Alors, va chercher ton chapeau, et reviens comme l'éclair ! cria-t-il à Adèle.

Elle lui obéit du plus vite qu'elle put.

— Après tout, une seule matinée d'interruption n'aura pas grande importance, dit-il, puisque j'ai l'intention de vous accaparer bientôt, avec vos pensées, votre conversation et votre compagnie, pour la vie entière.

Adèle, une fois hissée dans la voiture, commença par m'embrasser afin de m'exprimer sa gratitude pour mon intercession ; elle fut instantanément plantée dans un coin, de l'autre côté de M. Rochester. Elle tendit alors le cou pour couler des regards vers l'endroit où je me trouvais ; un voisin aussi austère que mon maître était trop intimidant ; dans l'humeur incertaine où il était présentement, elle n'oserait ni lui glisser la moindre remarque ni lui demander le moindre renseignement.

— Qu'elle vienne avec moi, demandai-je ; elle va peut-être vous déranger, Monsieur ; il y a beaucoup de place de mon côté.

Il me la passa comme il l'eût fait d'un chien de salon.

— Je l'enverrai tout de même à l'école, dit-il, mais en souriant désormais.

Adèle l'entendit et demanda si elle devait aller à l'école *sans Mademoiselle.*

— Oui, répondit-il, absolument, *sans Mademoiselle* ; car je vais emmener Mademoiselle dans la lune, et j'y chercherai une grotte dans une des vallées blanches au pied des volcans, et Mademoiselle y vivra avec moi, et moi seul.

— Elle n'aura rien à manger ; vous la ferez mourir de faim, déclara Adèle.

— Je ramasserai de la manne[1] pour elle matin et soir ; les plaines et les pentes de la lune sont blanches de manne, Adèle.

---

1. La manne était la nourriture des Hébreux dans le désert, d'après l'Ancien Testament.

— Elle aura envie de se réchauffer ; comment trouvera-t-elle du feu ?

— Il sort du feu des montagnes de la lune ; quand elle aura froid, je la transporterai au sommet d'un pic et je la poserai au bord d'un cratère.

— *Oh, qu'elle y sera mal – peu confortable !* Et ses vêtements, ils vont s'user ; comment pourra-t-elle en avoir de nouveaux ?

M. Rochester fit mine d'être embarrassé.

— Hum ! fit-il. Que ferais-tu à ma place, Adèle ? Torture-toi la cervelle pour trouver un expédient. Que dirais-tu d'un nuage blanc ou rose en guise de robe ? Et on pourrait toujours tailler une assez jolie écharpe dans un arc-en-ciel.

— Mademoiselle est bien mieux où elle est, conclut Adèle après quelques instants de réflexion ; d'ailleurs, elle se lasserait de vivre avec vous seul dans la lune. Si j'étais Mademoiselle, jamais je ne consentirais à partir avec vous.

— Elle y a déjà consenti ; elle m'a donné sa parole.

— Mais vous ne pourrez pas l'y emmener ; il n'y a pas de route pour aller dans la lune ; il n'y a que l'air ; et vous ne savez voler ni l'un ni l'autre.

— Adèle, regarde ce champ.

Nous avions maintenant franchi la grille de Thornfield, et nous roulions légèrement vers Millcote sur la route égale, où la poussière avait été rabattue par l'orage, et où les haies basses et les hauts arbres, de part et d'autre, luisaient, verdoyants et rafraîchis par la pluie.

— Dans ce champ, Adèle, je me promenais tard un soir, il y a environ quinze jours de cela ; c'était le soir du jour où tu m'avais aidé à faire les foins dans les prés du verger ; et comme j'étais fatigué d'avoir rassemblé les andains[1], je me suis assis pour me reposer sur un échalier ; là, j'ai tiré de ma poche un petit carnet et un crayon et j'ai commencé à inscrire l'histoire d'un malheur qui m'est arrivé il y a longtemps et le souhait de jours heureux pour l'avenir. J'écrivais très vite, bien que la lumière du jour disparût de ma feuille, quand un être survint sur le chemin et s'arrêta à quelques pas de moi. Je levai les yeux. C'était un petit être à la tête couverte d'un voile de filandres. Je lui fis signe d'approcher ; il fut bientôt contre mon genou. Je ne lui dis rien, il ne me dit rien, en paroles ; mais je lus ses yeux, et il lut les miens ; et notre conversation silencieuse fut à peu près la suivante : c'était une fée, arrivée tout droit du Pays des Elfes, et qui avait pour mission de me rendre heureux ; je devais quitter en sa compagnie le monde ordinaire pour gagner un endroit solitaire, tel que la lune, par exemple – et elle fit un signe de tête vers la pointe du croissant qui montait au-dessus de la côte de Hay – ; elle me parla de la grotte d'albâtre et du vallon d'argent où nous pourrions vivre. Je répondis que j'aimerais bien y aller ; mais je lui rappelai, comme tu l'as fait pour moi, que je n'avais pas d'ailes pour voler. "Oh, répondit la fée, qu'à cela ne tienne ! Voici un talisman qui supprimera toutes les difficultés." Et elle me tendit un joli anneau d'or. "Mettez-le, m'a-t-elle dit, au quatrième doigt de ma main gauche, et je serai à vous, et vous serez à moi ; et nous quitterons la terre et nous ferons notre propre paradis là-haut." Elle a fait un nouveau signe de tête vers la lune. Cet anneau, Adèle, il est dans la poche de mon

---

1. L'andain est une bande continue de fourrage laissée sur le sol après le passage d'une faucheuse ou d'une andaineuse lors de l'andainage. Cependant le terme s'applique à différents types de produits étalés sur le champ.

pantalon, sous forme d'une pièce d'un souverain ; mais j'ai l'intention de le retransformer bientôt en anneau.

— Et qu'est-ce que Mademoiselle a à voir avec cela ? Peu importe la fée : vous m'avez dit que c'était Mademoiselle que vous alliez emmener dans la lune ?

— Mademoiselle est une fée, dit-il, sur un ton confidentiel et mystérieux.

Là-dessus je conseillai à Adèle de ne pas prendre au sérieux ce badinage ; de son côté elle montra qu'elle possédait un fond de scepticisme bien français ; elle qualifia M. Rochester de *vrai menteur* et l'assura qu'elle ne faisait aucun cas de son *conte de fées,* et que *du reste, il n'y avait pas de fées, et quand même il y en aurait,* elle était sûre qu'elles ne lui apparaîtraient pas à lui, ne lui donneraient jamais d'anneau et n'offriraient jamais d'aller vivre avec lui dans la lune.

L'heure passée à Millcote me fut quelque peu pénible. M. Rochester m'obligea à rendre visite à certain magasin de soieries ; j'y reçus l'ordre de choisir une demi-douzaine de robes. Je détestais cette occupation et demandai la permission de la différer ; non, il fallait aller jusqu'au bout sur-le-champ. À force de supplications émises sous forme de chuchotements énergiques, je réduisis le nombre de six à deux ; mais ces deux robes, il jura qu'il allait les choisir lui-même. C'est avec anxiété que je vis son œil se promener sur les rayons les plus colorés ; il fixa son choix sur une belle soie de la plus éclatante teinte d'améthyste et sur un superbe satin rose. Je lui déclarai, en une nouvelle série de chuchotements, qu'il ferait tout aussi bien de m'acheter sans retard une robe d'or et un chapeau d'argent : je ne me risquerais assurément jamais à porter les vêtements de son choix. Au prix de difficultés infinies, car il était obstiné comme une mule, je le convainquis d'y renoncer au profit d'un honnête satin noir et d'une soie gris perle. Il déclara qu'il s'en contenterait pour le moment, mais qu'il ne renonçait pas à me voir étincelante comme un parterre de fleurs.

Je fus heureuse de l'extraire de ce magasin de soieries, puis d'une bijouterie : plus il faisait d'achats pour moi, plus ma joue s'enflammait sous l'effet de l'irritation et de l'humiliation. Au moment où nous regagnions la voiture, et où je me laissais retomber sur le siège, fiévreuse et harassée, je me rappelai ce que j'avais complètement oublié dans la précipitation des événements, tant sombres que joyeux ; la lettre de mon oncle John Eyre à Mme Reed, son intention de m'adopter et de faire de moi son héritière. « Ce serait en vérité, pensai-je, un soulagement d'avoir des ressources personnelles, si menues fussent-elles ; jamais je ne pourrai supporter d'être habillée comme une poupée par M. Rochester ou de rester immobile comme une nouvelle Danaé tandis qu'une pluie d'or tomberait quotidiennement autour de moi. Je vais écrire à Madère dès que je serai rentrée et dire à mon oncle John que je suis sur le point de me marier, et avec qui ; si seulement j'avais l'espoir d'apporter un jour à M. Rochester un surcroît de fortune, je me résignerais plus facilement à être entretenue par lui pour le moment. » Et, quelque peu réconfortée par cette idée (que je ne manquai pas de mettre à exécution le jour même), je me risquai derechef à rencontrer le regard de mon maître amoureux, qui recherchait le mien avec une extrême obstination, alors que je détournais à la fois la tête et les yeux. Il me sourit ; il me sembla que ce sourire était celui qu'un sultan eût pu, dans un moment de tendre félicité, poser sur l'esclave enrichie par son or et ses pierreries : je broyai fort énergiquement sa main qui pourchassait sans cesse la mienne et la lui rendis, rougie par cette étreinte furieuse.

— Vous n'avez pas lieu de me regarder ainsi, dis-je ; sinon je ne porterai rien d'autre que mes vieilles robes de Lowood jusqu'à la fin de l'histoire. Je mettrai ce guiguan lilas pour mon mariage ; vous pourrez vous faire une robe de chambre avec la soie gris perle et une interminable série de gilets avec le satin noir.

Il éclata de rire et se frotta les mains.

— Oh, n'est-ce pas merveilleux de la voir et de l'entendre ? N'est-elle pas originale ? N'est-elle pas piquante ? Je n'échangerais pas cette unique petite demoiselle anglaise contre tout le sérail du Grand Turc au complet, avec les yeux de gazelle, les formes de houris et tout ce qui s'ensuit.

Cette allusion orientale me cingla de nouveau.

— Pas une seconde, dis-je, je ne vous tiendrai lieu de sérail ; ne me considérez donc point sous ce jour. Si vous avez du goût pour ce genre de plaisirs, allez-vous-en sans délai, Monsieur, vers les bazars de Stamboul et investissez en vastes achats d'esclaves une partie de ces disponibilités que vous semblez ne pas savoir comment dépenser ici de façon satisfaisante.

— Et que ferez-vous, Janette, pendant que je marchanderai ces quelques tonnes de chair et cet assortiment d'yeux noirs ?

— Je me préparerai à partir comme missionnaire pour aller prêcher la liberté à celles qui sont asservies, aux habitantes de votre harem, entre autres. Je m'en ferai ouvrir l'entrée et j'y susciterai la rébellion ; et vous avez beau être pacha à trois queues, Monsieur, vous vous trouverez en quelques secondes enchaîné entre nos mains, et pour ma part, je ne consentirai point à rompre vos liens avant que vous ayez signé une charte, la plus libérale qu'ait jamais conférée un despote.

— Je consentirai à être à votre merci, Jane.

— Je n'aurais point de merci, monsieur Rochester, si vous m'en imploriez avec un pareil regard. Tant que vous auriez un tel air, je serais certaine que, quelle que fût la charte accordée par vous sous la contrainte, votre premier geste, une fois libéré, serait d'en violer les clauses.

— Voyons, Jane, que vous faut-il ? Vous allez, je le crains fort, me forcer à subir une deuxième cérémonie nuptiale en privé, outre celle que nous accomplirons à l'autel. Vous allez exiger, je le vois, des conditions spéciales... quelles vont-elles être ?

— Je ne veux qu'une conscience tranquille, Monsieur ; je ne veux pas être accablée par des obligations accumulées. Vous rappelez-vous ce que vous m'avez dit au sujet de Céline Varens ? Des diamants et des cachemires que vous lui donniez. Je ne veux pas être votre Céline Varens anglaise. Je continuerai à exercer les fonctions de gouvernante d'Adèle ; par ce moyen je gagnerai mon vivre et mon couvert et trente livres par an de surcroît. J'entretiendrai ma garde-robe à l'aide de cet argent et vous ne me donnerez rien d'autre que...

— Alors, rien d'autre que quoi ?

— Que votre estime ; ainsi, si je vous donne la mienne en retour, nous serons quittes sur ce point.

— Ma foi, pour ce qui est de l'aplomb, de l'impudence congénitale et de l'orgueil inné et sans mélange, vous n'avez pas votre pareille, dit-il.

Nous approchions alors de Thornfield.

— Vous plaira-t-il de dîner avec moi aujourd'hui ? me demanda-t-il au moment où nous franchissions la grille.

— Non merci, Monsieur.

— Et pourquoi ce « non merci », si j'ai le droit de vous le demander ?

— Je n'ai jamais dîné avec vous, Monsieur ; et je ne vois pas de raison de le faire à présent, tant que...

— Tant que quoi ? Vous prenez plaisir aux phrases inachevées.

— Tant que je peux faire autrement.

— Est-ce parce que vous croyez que je mange comme un ogre ou un vampire que vous redoutez d'être la compagne de mon repas ?

— Je n'ai pas fait d'hypothèses sur ce point, Monsieur ; mais je désire continuer à agir comme d'habitude pendant un mois encore.

— Vous allez abandonner tout de suite les servitudes de votre métier de gouvernante.

— En vérité, Monsieur, avec votre permission, je n'en ferai rien. Je continuerai simplement à m'en acquitter comme d'habitude. J'éviterai de vous rencontrer toute la journée comme j'ai eu coutume de le faire ; vous pourrez me faire appeler le soir, quand vous vous sentirez enclin à me voir, et je viendrai alors ; mais non point à d'autres moments.

— J'ai besoin de fumer, Jane, ou de priser pour me réconforter après tout cela, *pour me donner une contenance,* comme dirait Adèle ; malheureusement, je n'ai ni mon étui à cigares ni ma tabatière sur moi. Mais écoutez-moi... parlons bas. Vous en faites à votre tête pour le moment, petit tyran, mais mon tour viendra bientôt ; et une fois que je me serai vraiment emparé de vous, une fois que je vous tiendrai pour de bon, vous verrez si, pour parler au figuré, je ne vous attacherai pas au bout d'une chaîne comme celle-ci (il toucha celle de sa montre). Oui, ma jolie petite, je vous porterai contre mon cœur, de peur de laisser échapper mon joyau.

Il dit ces mots en m'aidant à descendre de voiture ; puis, tandis qu'ensuite il prenait Adèle dans ses bras pour la poser à terre, je rentrai dans la maison et me retirai sans dommage au premier.

À l'heure dite, le soir, il m'appela à comparaître devant lui. J'avais prévu un moyen de l'occuper ; car j'étais résolue à ne pas passer tout mon temps à converser en tête à tête. Je me souvenais qu'il avait une belle voix ; je savais qu'il aimait chanter... comme c'est généralement le cas des bons chanteurs. Je n'étais pas moi-même douée pour le chant, ni, de l'avis de mon maître exigeant, pour la musique instrumentale ; mais j'avais grand plaisir à écouter quand l'exécution était de qualité. À peine le crépuscule, heure romantique, eut-il commencé à étendre derrière la fenêtre sa bannière bleue étoilée, que je me levai, ouvris le piano et suppliai M. Rochester, pour l'amour du Ciel, de m'accorder une chanson. Il déclara que j'étais une petite sorcière capricieuse et qu'il préférerait chanter à un autre moment, mais je proclamai qu'aucun autre moment ne vaudrait le moment présent.

— Aimez-vous ma voix ? me demanda-t-il.

— Beaucoup, dis-je.

Je ne tenais pas à fournir un aliment à sa vanité si chatouilleuse ; mais pour une fois, pour des raisons de commodité, j'étais tout de même prête à la flatter et à l'aviver.

— En ce cas, Jane, il faut que vous jouiez l'accompagnement.

— Bien, Monsieur, je vais essayer.

J'essayai en effet, mais je fus bientôt chassée du tabouret et traitée de « petite massacreuse ». Une fois qu'il m'eut poussée de côté sans cérémonie (c'était précisément ce que je souhaitais), il usurpa ma place et se mit en devoir de s'accompagner lui-même, car il savait jouer aussi bien que chanter. Je m'empressai de gagner l'embrasure de la fenêtre ; alors, tandis qu'assise dans mon coin je regardais au-dehors les arbres immobiles et la pelouse dans l'ombre, fut chanté sur un air mélodieux, d'une voix riche, le poème suivant :

L'amour le plus ardent que nul cœur eût jamais
Senti en son sein s'enflammer
Coulait dans mes vaisseaux et se faisait connaître
En envahissant tout mon être.

Chaque jour sa venue était mon espérance
Son départ était ma souffrance,
Le hasard qui parfois rendait son pas plus lent
Glaçait dans mes veines le sang.

Indicible bonheur dont toujours je rêvais,
Être aimé comme je l'aimais ;
J'implorais, appelant l'heureuse destinée,
Supplique aveugle et passionnée.

Mais l'espace était tel qu'un abîme sans fin
Qui séparait nos deux chemins,
Un immense océan, une mer dangereuse,
À la verte surface houleuse,

Quelque vaste désert ou forêt inquiétante
Que seul l'affreux bandit fréquente :
Car la Force et le Droit, le Malheur, courroucés
Entre nos esprits se dressaient.

Je défiai les dangers, méprisai les barrières,
Dis aux présages : « En arrière ! »
Malgré tous les avis, menaces et tourments,
J'allai de l'avant hardiment.

Devant moi l'arc-en-ciel, prompt comme la lumière ;
Je le suivais, d'une aile légère ;
Car je voyais briller de son éclat vermeil
L'enfant de pluie et de soleil.

Sans cesse lumineux sur un triste nuage
Rayonne un doux, joyeux visage ;
Si le désastre est proche, imminent, dense et noir,
Tant pis ! Je ne veux pas le voir.

Je ne veux pas savoir, en cet instant heureux,
Si ce qu'a fui mon pas fougueux,
Va venir proclamer, volant à tire-d'aile,
La vengeance la plus cruelle.

Tant pis ! Si le dédain altier doit me frapper,
Le Droit, du prochain me couper,
Et la Force acharnée, à l'hostile grimace,
Jurer un courroux qui ne passe.

Mon amour a placé, avec sa noble foi,
Sa main menue entre mes doigts,
Et juré que les liens d'un mariage sacré
Vont nous unir et resserrer.

Un baiser a scellé de mon amour l'accord :
À moi pour la vie... et la mort ;
Enfin j'accède à la félicité suprême :
Je suis aimé ainsi que j'aime !

Il se leva et s'avança vers moi ; je vis qu'il avait le visage tout enflammé, que son grand œil de faucon étincelait, que la tendresse et la passion se peignaient sur tous ses traits. Je tremblai un instant... puis je me ressaisis. Des scènes d'attendrissement, des démonstrations hardies, il ne m'en fallait à aucun prix ; or j'étais menacée des unes et des autres ; il fallait apprêter une arme défensive ; j'aiguisai ma langue ; au moment où il m'atteignit, je lui demandai sur un ton pointu :

— Qui allez-vous épouser à présent ?

— Étrange question, de la part de ma bien-aimée Jane.

— En vérité ! Je la tiens pour fort naturelle et nécessaire : n'avez-vous pas parlé de votre future épouse comme étant à vous dans la mort ? Que signifie une idée aussi païenne ? Pour moi, je n'ai nullement l'intention de mourir avec vous... vous pouvez en être sûr.

— Oh, tout ce que je désire ardemment, tout ce que je demande avec ferveur, c'est que vous viviez avec moi ! La mort n'est pas faite pour les êtres de votre espèce.

— Que si : j'ai le droit de mourir quand mon heure sera venue, tout comme vous ; mais j'attendrai cette heure, et ne me laisserai conduire en hâte sur un suttee[1].

— Voulez-vous me pardonner mon idée égoïste et me donner par un baiser de réconciliation la preuve de ce pardon ?

— Non ; je préférerais en être dispensée.

Là-dessus je m'entendis interpeller sous le nom de « petite créature cruelle » ; il ajouta :

— N'importe quelle autre femme eût été attendrie jusqu'à la moelle des os en entendant chanter pareil poème à sa louange.

Je l'assurai que j'étais naturellement dure... dure comme pierre, et qu'il aurait mainte occasion de s'en apercevoir ; et qu'en outre j'avais résolu de lui laisser voir diverses aspérités de mon caractère avant la fin

1. Bûcher funéraire.

des quatre semaines à venir, afin qu'il sût exactement pendant qu'il était encore temps de le rompre quel était le marché qu'il avait conclu.

— Voulez-vous vous calmer et dire des choses raisonnables ?

— Je veux bien me calmer si cela vous fait plaisir ; mais pour ce qui est de dire des choses raisonnables, je me flatte de le faire en ce moment même.

Il protesta, grommela, se récria. « Fort bien, pensai-je ; vous pouvez enrager et vous agiter tout votre saoul ; mais je suis sûre que l'attitude que j'adopte avec vous est la meilleure. Je vous aime plus que je ne saurais le dire ; mais je ne veux pas sombrer dans le verbiage sentimental ; et, qui pis est, avec l'aiguillon de mes reparties, je vous tiendrai éloigné du bord de l'abîme ; et de surcroît, avec l'aide de cette pointe, je préserverai entre vous et moi la distance qui est la plus propre à conduire à notre véritable avantage commun. »

De fil en aiguille, je suscitai en lui une irritation considérable ; puis, lorsqu'il se fut retiré, très courroucé, au fin fond de la pièce, je me levai et, après avoir dit : « Je vous souhaite une bonne nuit, Monsieur » du ton respectueux qui m'était naturel et habituel, je m'esquivai par la porte de côté et m'en fus.

Je continuai, pendant toute la période de probation, à pratiquer le système ainsi inauguré ; et ce fut avec un plein succès. Certes, M. Rochester était entretenu dans une humeur assez chagrine et maussade ; mais dans l'ensemble je voyais qu'il était admirablement diverti et qu'une soumission moutonnière ou une sensibilité de tourterelle, si elles eussent favorisé davantage son despotisme, eussent moins plu à sa raison, moins bien satisfait son bon sens et même été moins à son goût.

En présence de tiers j'étais, comme autrefois, déférente et silencieuse, toute autre attitude étant injustifiée ; c'était seulement au cours de nos entretiens vespéraux que je le contrecarrais et le tourmentais de la sorte. Il continuait à me faire appeler ponctuellement à l'instant même où l'horloge sonnait sept heures ; mais quand je comparaissais devant lui désormais, il n'avait plus sur les lèvres de termes aussi suaves que « mon amour » ou « ma chérie » ; les mots les plus élogieux qu'il eût à mon service étaient « agaçante poupée », « lutin malfaisant », « gnome », « enfant de fées », etc. En guise de caresses, aussi, j'obtenais désormais des grimaces ; au lieu de m'étreindre la main, il me pinçait le bras ; au lieu de me baiser la joue, il me tirait brutalement l'oreille. C'était parfait ; pour le moment je préférais nettement ces faveurs austères à des démonstrations plus tendres. Mme Fairfax, je le voyais, m'approuvait ; son inquiétude à mon endroit avait disparu ; j'étais donc certaine de bien agir. Cependant M. Rochester proclamait que je l'épuisais, qu'il ne resterait de lui que la peau et les os, et me menaçait d'exercer une vengeance épouvantable pour ma conduite présente à un moment désormais imminent. Je riais sous cape de ses menaces. « J'arrive assez bien à vous refréner en ce moment, pensai-je, et je ne doute pas d'être capable d'y parvenir encore plus tard ; si un expédient perd son efficacité, il faudra en concevoir un autre. »

Malgré tout, ma tâche n'était pas facile ; souvent j'aurais bien préféré lui faire plaisir au lieu de le tourmenter. Mon futur époux devenait pour moi tout l'univers ; et plus que l'univers terrestre, presque mon espoir d'au-delà. Il se dressait entre moi et toutes mes pensées religieuses, comme une éclipse s'interpose entre l'homme et le grand soleil. À cette époque, une créature m'empêchait de voir Dieu, car de cette créature j'avais fait une idole.

CHAPITRE XXV

Le mois des fiançailles s'était écoulé ; on en dénombrait les toutes dernières heures. Il n'y avait plus moyen de reculer le jour qui s'avançait... le jour du mariage ; et tous les préparatifs de sa venue étaient achevés. Moi, du moins, je n'avais plus rien à faire ; mes malles étaient là, emplies, fermées à clef, cordées, alignées le long du mur de ma petite chambre ; le lendemain à la même heure, elles seraient déjà loin sur la route de Londres ; et moi de même ($D.V.$[1])... ou plutôt, non pas moi, mais une certaine Jane Rochester, personne que je ne connaissais pas encore. Il restait à clouer les cartons portant l'adresse : quatre petits carrés rangés dans le tiroir. M. Rochester avait lui-même inscrit sur chacun d'eux l'indication : « Madame Rochester, Hôtel***, Londres » ; mais je ne pouvais me résoudre à les apposer ou à les faire apposer. Mme Rochester ! Elle n'existait pas : elle ne naîtrait pas avant le lendemain, peu après huit heures du matin ; et je voulais attendre d'être sûre qu'elle était venue au monde vivante avant de lui attribuer toutes ces possessions. Il suffisait que dans le placard, là-bas, en face de ma table

1. *Deo volente* : « Si Dieu le veut ».

de toilette, des vêtements qui étaient censés être à elle eussent délogé ma robe de Lowood en lainage noir et mon chapeau de paille ; car ce n'était pas à moi qu'appartenait ce costume nuptial, cette robe couleur de perle et ce voile vaporeux accroché au portemanteau usurpé. Je refermai le placard pour cacher les vêtements étranges et fantomatiques qu'il contenait et qui, à cette heure du soir (il était neuf heures) émettaient assurément une lueur fort spectrale dans l'ombre de ma chambre.

— Je vais te laisser seul, rêve blanc, dis-je, car je me sens fiévreuse ; j'entends souffler le vent ; je vais sortir et m'en pénétrer.

Ce n'était pas seulement la bousculade des préparatifs qui m'avait rendue fiévreuse ; ce n'était pas seulement l'attente d'un grand changement, de la vie nouvelle qui allait commencer le lendemain ; certes, l'une et l'autre de ces circonstances avaient contribué à produire en moi cette humeur agitée et surexcitée qui me poussait à sortir précipitamment, à une heure si tardive, dans le parc assombri ; mais un troisième motif avait plus d'influence qu'elles sur mon esprit.

J'avais dans le cœur une pensée étrange et inquiète. Il s'était passé quelque chose que je ne comprenais pas ; personne d'autre que moi n'avait connaissance de l'événement ou n'y avait assisté ; il s'était produit pendant la nuit précédente. Cette nuit-là M. Rochester avait été absent de chez lui ; il n'était d'ailleurs pas encore rentré ; il avait été appelé pour affaire dans un petit domaine composé de deux ou trois fermes qu'il possédait à trente milles de Thornfield, pour une affaire qu'il était obligé de régler en personne avant de quitter l'Angleterre comme il le projetait. J'attendais à présent son retour, impatiente de me soulager l'esprit et d'obtenir de lui la solution de l'énigme qui m'intriguait.

Attendez son arrivée, lecteur ; alors, quand je lui révélerai mon secret, vous aurez part à la confidence.

Je gagnai le verger, réduite à y chercher refuge par le vent puissant qui avait soufflé tout le jour du plein sud, sans toutefois apporter une seule goutte de pluie. Au lieu de s'apaiser à la tombée de la nuit, il paraissait accroître sa fureur et augmenter son tumulte ; les arbres se penchaient régulièrement dans une seule direction, sans jamais se retourner en sens inverse et sans rejeter leurs branches en arrière plus d'une fois par heure, tant était continue la pression qui inclinait leurs têtes branchues vers le nord ; et les nuages filaient d'un pôle à l'autre, en rapide succession, masse après masse ; de toute cette journée de juillet, on n'avait pas aperçu le moindre coin de ciel bleu.

Ce ne fut pas sans un certain plaisir sauvage que je courus sous le vent, livrant l'inquiétude de mon esprit à l'immense torrent d'air qui grondait dans l'espace. Après avoir descendu l'allée de lauriers, je me trouvai en face de la carcasse du marronnier ; elle se dressait, noire et fendue ; le tronc, coupé en deux par le milieu, béait sinistrement. Les deux moitiés ainsi séparées n'étaient pas détachées l'une de l'autre, car la base solide du tronc et les fortes racines les maintenaient unies au-dessous du sol ; pourtant leur vitalité commune était anéantie : la sève ne pouvait plus circuler en elles ; les grandes branches de part et d'autre étaient mortes et les tempêtes de l'hiver suivant ne pourraient manquer de jeter à terre au moins l'une des deux moitiés ; toutefois, pour le moment, on pouvait dire qu'elles ne formaient qu'un seul arbre, une ruine, mais une ruine complète.

— Vous avez bien fait de vous cramponner l'un à l'autre, dis-je, comme si ces éclats géants étaient des êtres vivants et pouvaient m'entendre. Il me semble que, si meurtris que vous soyez, si noircis et calcinés, il doit exister encore en vous un certain sentiment de vie, né de cet attachement aux racines fidèles et honnêtes ; jamais plus vous n'aurez de feuilles vertes, jamais plus vous ne verrez les oiseaux faire leurs nids et chanter leurs idylles dans vos branches ; le temps du plaisir et de l'amour est fini pour vous ; mais vous n'êtes pas dans la désolation ; chacun de vous a un compagnon qui peut lui témoigner de la sympathie dans sa déchéance.

Tandis que je levais les yeux vers eux, la lune apparut fugitivement dans la partie du ciel qui emplissait la fissure ; le disque de la lune était rouge sang et presque caché ; elle eut l'air de me jeter un seul regard affolé et lugubre, avant de s'ensevelir à nouveau, instantanément, dans l'épaisse masse des nuages en déroute. Le vent se tut une seconde autour de Thornfield ; mais dans le lointain sur les bois et les eaux passa un gémissement sauvage et mélancolique ; il était bien triste à entendre et je me sauvai de nouveau en courant.

Je m'en fus çà et là au hasard dans le verger, en ramassant les pommes dont l'herbe était jonchée autour de la racine des arbres ; puis je m'occupai à séparer celles qui étaient mûres de celles qui ne l'étaient pas ; je transportai les premières dans la maison et les rangeai dans la resserre. Ensuite je me rendis dans la bibliothèque pour m'assurer que le feu était allumé, car, bien que nous fussions en été, je savais que par une soirée aussi sombre, M. Rochester aimerait voir l'âtre éclairé quand il rentrerait : oui, le feu avait été allumé quelque temps auparavant et brûlait convenablement. Je plaçai le fauteuil de mon maître au coin de la cheminée ; je poussai la table près du fauteuil ; je baissai le rideau et je fis apporter les bougies, prêtes à être allumées.

Plus agitée que jamais, une fois que j'eus fini de prendre ces dispositions, je fus incapable de rester assise, ou même de demeurer dans la maison ; une petite pendule située dans la pièce et la grande horloge du vestibule sonnèrent dix heures avec ensemble.

— Comme il se fait tard ! dis-je. Je vais courir à la grille ; la lune brille par intervalles ; je pourrai voir assez loin sur la route. Il arrive peut-être en ce moment et en allant à sa rencontre je m'épargnerai quelques minutes d'attente incertaine.

Le vent rugissait très haut dans les arbres qui enserraient la grille ; mais la route, aussi loin que je pouvais la voir, à droite comme à gauche, était toute silencieuse et déserte ; sauf quand l'ombre des nuages la traversait de temps à autre à un moment où la lune se montrait, cette route n'était qu'une ligne longue et blême, où nul point en mouvement ne mettait de variété.

Une larme puérile m'obscurcit la vue tandis que je regardais, une larme de déception et d'impatience ; honteuse, je m'essuyai les yeux. Je m'attardai ; la lune s'enferma complètement dans sa chambre et tira hermétiquement autour d'elle son rideau de nuages épais ; la nuit devint sombre ; une pluie battante survint, portée par la bourrasque.

— Je voudrais le voir arriver ! Je voudrais le voir arriver ! m'écriai-je, en proie à de mélancoliques pressentiments.

J'avais attendu son arrivée avant le thé ; à présent il faisait nuit ; par quoi pouvait-il être retenu ? Un accident était-il survenu ? L'événement de la nuit précédente me revint encore à l'esprit. Je l'interprétai comme l'avertissement d'un désastre. Je craignis que mes espérances ne fussent trop lumineuses pour se réaliser ; or, j'avais goûté tant de joie ces derniers temps que je me figurai que ma fortune avait dépassé le moment de son apogée et devait entrer maintenant sur son déclin.

« Ma foi, je ne peux pas retourner à la maison, pensai-je ; je ne peux pas rester au coin du feu, pendant que M. Rochester est dehors par ce temps inclément ; mieux vaut me fatiguer le corps que m'user le cœur ; je vais m'avancer à sa rencontre. »

Je partis ; je marchai d'un pas vif, mais je n'allai pas loin ; avant que j'eusse parcouru un quart de mille, j'entendis le martèlement des sabots d'un cheval ; un cavalier arrivait au grand galop ; un chien courait à ses côtés. Adieu, funestes pressentiments ! C'était lui : il était là, monté sur Mesrour et suivi par Pilote. Il me vit, car la lune s'était ouvert un champ bleuté dans le ciel, où elle promenait sa lueur humide ; M. Rochester ôta son chapeau et l'agita autour de sa tête. Je courus à sa rencontre.

— Holà ! s'écria-t-il, tout en me tendant la main et en se penchant sur sa selle, vous ne pouvez vous passer de moi, c'est bien évident. Mettez le pied sur la pointe de ma botte ; donnez-moi les deux mains, et en selle !

Je lui obéis ; la joie me rendait agile ; d'un bond je fus devant lui. En guise de bienvenue je reçus un baiser ardent et des expressions de triomphe vaniteux, que j'avalai de mon mieux. Il s'interrompit au beau milieu de son exultation pour me demander :

— Mais y a-t-il quelque chose qui n'aille pas, Janette, pour que vous veniez à ma rencontre à pareille heure ? S'est-il passé quelque chose de fâcheux ?

— Non, mais j'avais l'impression que vous n'arriveriez jamais. Je ne pouvais supporter de vous attendre dans la maison, surtout avec cette pluie et ce vent.

— Cette pluie et ce vent, en vérité ! Mais oui, vous êtes ruisselante comme une sirène ; enveloppez-vous de ma cape ; mais j'ai l'impression que vous êtes fiévreuse, Jane ; vous avez la joue et la main brûlantes. Je vous demande, encore une fois, s'il y a quelque chose qui n'aille pas.

— Rien maintenant ; je ne suis ni inquiète ni malheureuse.

— Avez-vous donc été l'un et l'autre ?

— Un peu ; mais je vous dirai tout dans un moment, Monsieur ; et je suis sûre que vous vous contenterez de vous moquer de moi pour ma peine.

— Je me moquerai de vous de tout cœur une fois que la journée de demain sera passée ; jusqu'à ce moment je n'ose pas ; je ne suis pas assez sûr de tenir ma récompense. Est-ce bien vous qui, depuis un mois, étiez fuyante comme une anguille et épineuse comme une églantine ? Je ne pouvais poser un doigt nulle part sans me piquer ; or maintenant j'ai l'impression d'avoir pris dans mes bras une brebis égarée. C'est pour retrouver votre berger, Jane, que vous vous êtes risquée hors de la bergerie ?

— J'avais besoin de vous ; mais ne vous en vantez pas. Nous voici arrivés à Thornfield ; maintenant laissez-moi descendre.

Il me déposa sur le trottoir. Tandis que John prenait le cheval et que M. Rochester me suivait dans le vestibule, il me dit de me dépêcher de mettre des vêtements secs et de venir le retrouver dans la bibliothèque ; et il m'arrêta, au moment où je me dirigeais vers l'escalier, pour m'arracher la promesse de ne pas tarder ; je ne tardai pas en effet ; au bout de cinq minutes je le rejoignis. Je le trouvai attablé devant son souper.

— Prenez un siège et tenez-moi compagnie, Jane ; à la grâce de Dieu, c'est l'avant-dernier repas que vous prendrez au manoir de Thornfield pour longtemps.

Je m'assis à côté de lui, mais lui dis que je ne pouvais rien manger.

— Est-ce parce que vous avez un voyage en perspective, Jane ? Est-ce la pensée d'aller à Londres qui vous ôte l'appétit ?

— Je ne vois pas clair dans mes perspectives d'avenir ce soir, Monsieur ; et je ne sais guère quelles pensées m'occupent l'esprit. Tout ici-bas me paraît irréel.

— Sauf moi : je suis assez substantiel... touchez-moi.

— Vous, Monsieur, vous êtes le plus fantomatique des objets ; vous n'êtes pas autre chose qu'un rêve.

Il tendit la main en riant.

— Est-ce un rêve, cela ? demanda-t-il en plaçant cette main tout contre mes yeux.

Il avait la main replète, musclée et vigoureuse, au bout d'un bras long et fort.

— Oui ; même si je puis la toucher, elle n'est qu'un rêve, dis-je en l'écartant de mon visage. Monsieur, avez-vous fini de souper ?

— Oui, Jane.

Je sonnai et fis emporter le plateau. Quand nous fûmes de nouveau seuls, je secouai le feu, puis je pris un siège bas contre le genou de mon maître.

— Il est près de minuit, dis-je.

— Oui ; mais rappelez-vous, Jane, que vous aviez promis de veiller avec moi la nuit d'avant mon mariage.

— C'est vrai ; et je vais tenir ma promesse, au moins pendant une heure ou deux ; je n'ai pas envie de me coucher.

— Toutes vos dispositions sont-elles prises ?

— Oui, Monsieur, toutes.

— Et de mon côté également, répondit-il, j'ai tout réglé ; nous quitterons donc Thornfield demain, moins d'une demi-heure après notre retour de l'église.

— Fort bien, Monsieur.

— Avec quel sourire extraordinaire vous avez prononcé ces mots « Fort bien », Jane ! Quelle brillante rougeur vous avez sur les deux joues ! Et de quel étrange éclat luisent vos yeux ! Êtes-vous bien portante ?

— Je le crois.

— Vous le croyez ! Que se passe-t-il ? Dites-moi comment vous vous sentez.

— Je n'en suis pas capable, Monsieur ; il n'y a pas de mots pour vous dire ce que je ressens. Je voudrais que l'heure présente pût ne jamais finir : qui sait de quelle destinée la suivante peut être chargée ?

— C'est de l'hypocondrie, Jane. Vous avez été surexcitée ou surmenée.

— Et vous, Monsieur, vous sentez-vous calme et heureux ?

— Calme ? Non ; mais heureux... jusqu'au tréfonds du cœur.

Je levai les yeux vers lui pour lire sur son visage les signes de la félicité ; ce visage était ardent et empourpré.

— Faites-moi vos confidences, Jane, dit-il ; soulagez-vous l'esprit de tous les poids qui l'accablent en m'en faisant part. Que redoutez-vous ? Que je me révèle ne pas être un bon mari ?

— Nulle pensée n'est plus éloignée de mon esprit.

— Craignez-vous le monde nouveau où vous allez entrer, la vie nouvelle où vous allez pénétrer ?

— Non.

— Vous m'intriguez, Jane ; votre regard et votre ton d'assurance attristée me déconcertent et me peinent. Il me faut une explication.

— En ce cas, Monsieur, écoutez. Vous étiez absent la nuit dernière.

— C'est vrai ; je le sais bien ; et vous avez fait allusion il y a un moment à quelque chose qui s'était produit en mon absence ; ce n'est probablement rien de grave, mais, bref, cela vous a troublée. Apprenez-moi ce que c'est. Mme Fairfax aurait-elle dit quelque chose ? Auriez-vous surpris une conversation entre les domestiques ? Le sentiment très vif que vous avez de votre dignité personnelle aurait-il été blessé ?

— Non, Monsieur...

Minuit sonna... j'attendis que la pendule eût achevé son carillon argentin et que l'horloge eût lancé le dernier de ses douze coups rauques et vibrants, puis je poursuivis :

— Toute la journée d'hier je fus très occupée et très heureuse au milieu de mon agitation incessante ; car je ne suis pas, comme vous semblez le croire, troublée par la crainte lancinante du monde nouveau et ainsi de suite ; je considère comme une chose merveilleuse l'espoir de vivre avec vous, parce que je vous aime. Non, Monsieur, pas de caresses pour le moment... laissez-moi parler sans m'interrompre. Hier, je faisais confiance à la Providence et je croyais que les événements conspiraient à votre bonheur et au mien ; la journée était belle, vous vous en souvenez peut-être, et le calme de l'air et du ciel interdisait toute inquiétude touchant votre sécurité ou votre agrément pendant votre voyage. Je me promenai un moment sur le trottoir après le thé, en pensant à vous ; et je vous contemplais en imagination si proche de moi que c'est à peine si je souffrais de votre absence physique. Je pensais à la vie qui m'attendait... à votre vie à vous, Monsieur... existence plus vaste et plus stimulante que la mienne ; la différence entre les deux étant égale à celle qui sépare les profondeurs de la mer vers laquelle coule le ruisseau du mince filet qui habite le lit étroit de ce cours d'eau lui-même. Je me demande pourquoi les moralistes appellent notre monde un désert lugubre ; pour moi il était épanoui comme une rose. Au crépuscule, l'air devint froid et le ciel nuageux ; je rentrai. Sophie m'appela au premier pour me montrer ma robe de mariée qu'on venait d'apporter ; et dans le carton, sous la robe, je trouvai votre cadeau, ce voile qu'avec une prodigalité princière vous aviez fait venir de Londres, ayant résolu, sans doute, puisque je refusais tous les bijoux, de me contraindre par la ruse à accepter quelque chose d'aussi onéreux. Je souris en le dépliant et je me représentai comment j'allais vous taquiner au sujet de vos goûts aristocratiques et de vos efforts pour dissimuler votre plébéienne épouse sous les attributs d'une pairesse. Je songeais à la façon dont j'allais vous apporter le carré de blonde sans broderies que j'avais apprêté pour en couvrir ma tête roturière et vous demander s'il n'était pas suffisant pour une femme incapable d'offrir à son mari fortune, beauté ou relations. Je voyais clairement la tête que vous alliez prendre ; j'entendais d'avance vos impétueuses répliques républicaines, et votre façon hautaine de proclamer que vous n'aviez nul besoin d'accroître votre richesse ni de rehausser votre rang en épousant une bourse ou un titre.

— Comme vous savez lire en moi, petite sorcière ! fit M. Rochester, intervenant alors ; mais qu'avez-vous trouvé dans le voile outre ses broderies ? Y avez-vous trouvé un poison ou un poignard pour prendre à présent un air si tragique ?

— Non, non, Monsieur ; à part la délicatesse du tissu, je n'y trouvai rien d'autre que l'orgueil de Fairfax Rochester ; et cela n'était pas pour m'effrayer, car je suis accoutumée à la vue de ce démon. Mais, Monsieur, quand tomba la nuit, le vent se leva ; il souffla hier soir, non point comme il souffle à présent, non point déchaîné et puissant, mais avec « un bruit morne et gémissant », qui était bien plus inquiétant. Je regrettai que vous ne fussiez pas à la maison. J'entrai dans cette pièce et la vue du fauteuil vide et de l'âtre sans feu me fit frissonner. Il me fallut quelque temps après m'être couchée pour pouvoir m'endormir, car une sensation de surexcitation anxieuse me tourmentait. La bourrasque, qui continuait à se renforcer, semblait couvrir à mon oreille un bruit plus sourd et plus lugubre ; je n'eusse su dire au début s'il venait de la maison ou de l'extérieur, mais il se reproduisait à chaque accalmie, confus et pourtant mélancolique ; finalement je me rendis compte que ce devait être un chien qui aboyait dans le lointain. Je fus contente quand il se tut. Quand je m'endormis, je poursuivis dans mes rêves l'idée d'une nuit sombre et venteuse. Je continuai aussi à souhaiter d'être avec vous et j'éprouvai le sentiment étrange et désolant d'une barrière qui nous séparait. Pendant tout mon premier sommeil, je suivis les sinuosités d'une route inconnue ; j'étais environnée par l'obscurité totale, assaillie par la pluie, accablée par la charge d'un tout petit enfant, créature très menue, trop jeune et trop faible pour marcher, qui frissonnait entre mes bras glacés et gémissait pitoyablement à mon oreille. Il me semblait, Monsieur, que vous étiez sur la route à une grande distance en avant de moi ; j'employais toute mon énergie à tenter de vous rattraper et je faisais effort sur effort pour prononcer votre nom et vous implorer de vous arrêter, mais mes mouvements étaient paralysés et ma voix s'éteignait toujours sans avoir articulé un seul mot, tandis que vous, je m'en rendais compte, vous vous trouviez d'instant en instant plus éloigné.

— Et ce sont ces rêves qui vous assombrissent en ce moment, Jane, où je suis proche de vous ! Petite victime de vos nerfs ! Oubliez les visions de malheur et ne pensez plus qu'à la réalité du bonheur ! Vous dites que vous m'aimez, Janette ; oui, je ne vais pas oublier cela ; et vous ne pouvez pas le nier. Ces mots-là, du moins, ne se sont pas éteints sur vos lèvres sans avoir été articulés. Je les ai entendus, prononcés clairement et tendrement, de façon un rien trop solennelle, peut-être, mais avec une douceur toute musicale : « Je considère comme une chose merveilleuse l'espoir de vivre avec vous, Édouard, parce que je vous aime. » M'aimez-vous vraiment, Jane ? Redites-le.

— Vraiment, Monsieur... je vous aime de tout mon cœur.

— Ma foi, dit-il au bout de quelques minutes de silence, c'est étrange ; mais cette phrase m'a pénétré le cœur de façon douloureuse. Pourquoi ? Je crois que c'est parce que vous l'avez dite avec une énergie si ardente, presque religieuse, et parce que le regard que vous levez vers moi en ce moment est l'expression même d'une foi, d'une sincérité et d'un dévouement sublimes : cela me donne trop l'impression d'avoir un esprit auprès de moi. Prenez un de ces airs méchants, Jane, que vous savez si bien prendre ; forgez un de vos sourires étranges, farouches, provocants ; dites-moi que vous me détestez, taquinez-moi, tourmentez-moi ; faites-moi n'importe quoi plutôt que de m'émouvoir ; je préférerais être irrité plutôt qu'attristé.

— Je vous taquinerai et vous tourmenterai tant que vous le voudrez une fois que j'aurai fini mon récit ; mais écoutez-moi jusqu'au bout.

— Je croyais, Jane, que vous m'aviez tout dit. Je croyais avoir découvert la source de votre mélancolie dans un rêve.

Je hochai la tête.

— Comment ! Y a-t-il autre chose ? Mais je ne veux pas croire que ce soit quelque chose d'important. Je vous avertis à l'avance de mon incrédulité. Allez-y.

L'inquiétude révélée par son air, l'impatience un peu craintive de ses manières me surprirent ; mais je poursuivis.

— Je fis un autre rêve, Monsieur ; je rêvai que le manoir de Thornfield était une ruine sinistre, et servait de retraite aux chauves-souris et aux hiboux. Il me semblait que de toute l'imposante façade rien ne restait qu'une carcasse de mur, très haute et d'aspect très fragile. Je me promenais au clair de lune dans l'enclos envahi d'herbe qu'entourait ce mur ; tantôt je trébuchais sur un âtre de marbre, tantôt sur un morceau détaché d'une corniche. Enveloppée d'un châle, je transportais toujours le petit enfant inconnu ; je ne pouvais le déposer nulle part, si las que fussent mes bras ; même si son poids retardait ma marche, j'étais obligée de continuer à le tenir. J'entendis le galop d'un cheval loin sur la route ; j'étais sûre que c'était vous et que vous partiez pour plusieurs années vers un pays lointain. J'escaladai le mur étroit avec une hâte frénétique et dangereuse, avide de jeter un bref regard sur vous du haut du mur ; les pierres se détachaient sous mes pieds, les branches de lierre que j'empoignais cédaient, l'enfant se cramponnait à mon cou, terrorisé, et m'étranglait presque ; finalement j'atteignis le sommet. Je vous vis, simple point sur la piste blanche, diminuant d'instant en instant. La rafale soufflait si fort que je ne pouvais rester debout. Je m'assis sur l'étroit rebord ; je berçai sur mes genoux l'enfant épouvanté ; je vous vis tourner un angle de la route ; je me penchai en avant pour jeter un dernier regard ; le mur s'effondrait ; je fus ébranlée ; l'enfant me glissa des genoux, je perdis l'équilibre, je tombai et me réveillai.

— C'est tout, Jane, cette fois ?

— C'est toute la préface, Monsieur ; mais le récit est encore à venir. Quand je m'éveillai, une lueur m'éblouit les yeux ; je pensai : Ah ! c'est la lumière du jour ! Mais je me trompais : ce n'était que la lumière d'une bougie. Je me figurai que Sophie était entrée. Il y avait de la lumière sur la table de toilette ; la porte du placard, où, avant de me coucher, j'avais pendu ma robe et mon voile de mariée, était ouverte ; j'y entendis un bruissement. Je demandai : « Sophie, que faites-vous ? » Personne ne me répondit, mais une silhouette sortit du placard, prit la bougie, la souleva bien haut et examina les vêtements accrochés au portemanteau. « Sophie ! Sophie ! » m'écriai-je de nouveau ; tout resta encore silencieux. Je m'étais dressée sur mon lit et je me penchai en avant ; la surprise d'abord, puis l'affolement m'envahirent ; puis le sang se glaça dans mes veines. Monsieur Rochester, ce n'était pas Sophie, ce n'était pas Léa, ce n'était pas Mme Fairfax, ce n'était pas – j'en eus, et j'en ai encore, la conviction –, ce n'était pas même cette étrange personne qu'est Grace Poole.

— Ce devait être l'une d'elles, dit mon maître, m'interrompant.

— Non, Monsieur, je vous donne l'assurance solennelle du contraire. La forme qui se tenait devant moi n'était jamais auparavant tombée sous mes yeux dans l'enceinte du manoir de Thornfield ; sa stature et sa silhouette étaient nouvelles pour moi.

— Décrivez-les, Jane.

— Il me sembla, Monsieur, que c'était une grande et forte femme, dont les cheveux noirs et épais lui pendaient dans le dos. Je ne sais quel vêtement elle avait sur elle : c'était quelque chose de blanc et de droit, mais je ne saurais dire si c'était une robe, un drap ou un linceul.

— Vîtes-vous son visage ?

— Pas au début. Mais bientôt elle décrocha mon voile, le souleva, le considéra longuement, puis le jeta sur sa tête et se tourna vers la glace. À cet instant, je vis très distinctement le reflet de ce visage et de ses traits sur le sombre miroir ovale.

— Quel air avaient-ils ?

— Un air effrayant et épouvantable à mes yeux... ah, Monsieur, je n'ai jamais vu de visage pareil ! C'était une figure aux couleurs anormales... c'était une figure de sauvage. Je voudrais pouvoir oublier la façon dont roulaient les yeux rouges et l'horrible enflure noirâtre des traits !

— Les fantômes sont pâles habituellement, Jane.

— Celui-ci, Monsieur, était violacé ; les lèvres étaient boursouflées et sombres ; le front ravagé ; les sourcils noirs levés très haut au-dessus des yeux injectés de sang. Dois-je vous dire à quoi elle m'a fait penser ?

— Si vous voulez.

— À l'horrible spectre allemand, au vampire.

— Ah !... Et qu'a-t-elle fait ?

— Elle a ôté mon voile de sa tête hagarde, Monsieur, l'a déchiré en deux et, après avoir jeté les deux morceaux à terre, les a foulés aux pieds.

— Et ensuite ?

— Elle a tiré le rideau de la fenêtre et regardé au-dehors ; peut-être a-t-elle vu que l'aube était proche, car elle a pris la bougie et battu en retraite vers la porte. Exactement à mon chevet la silhouette s'est immobilisée ; ses yeux flamboyants se sont fixés sur moi... elle a brandi sa bougie tout contre mon visage et l'a éteinte sous mes yeux. Je me suis rendu compte que son visage sinistre continuait à luire au-dessus du mien, et j'ai perdu conscience. Pour la deuxième fois de ma vie... oui, ce fut seulement la deuxième fois... je me suis évanouie de terreur.

— Qui était avec vous quand vous avez repris conscience ?

— Personne d'autre, Monsieur, que le grand jour. Je me suis levée, je me suis inondé d'eau la tête et la figure, j'ai bu une grande gorgée, j'ai constaté que, quoique affaiblie je n'étais pas malade, et j'ai résolu de ne faire part de cette vision à nul autre que vous. Maintenant, Monsieur, dites-moi qui était cette femme et ce qu'elle faisait.

— C'était la créature d'un cerveau surexcité ; il est certain qu'il faudra que je prenne soin de vous, mon trésor ; des nerfs comme les vôtres ne sont pas faits pour subir de rudes traitements.

— Monsieur, soyez-en sûr, mes nerfs n'étaient pas en cause ; la chose était réelle ; l'événement s'est véritablement produit.

— Et vos rêves antérieurs, étaient-ils réels aussi ? Le manoir de Thornfield est-il en ruine ? Suis-je séparé de vous par d'insurmontables obstacles ? Est-ce que je vous quitte sans une larme, sans un baiser, sans un mot ?

— Pas encore.

— Est-ce que je suis sur le point de le faire ? Voyons, le jour a déjà commencé qui doit nous lier indissolublement l'un à l'autre ; et une fois que nous serons unis, vos terreurs mentales ne se reproduiront pas, je vous le garantis.

— Mes terreurs mentales, Monsieur ! Je voudrais pouvoir croire qu'il ne s'agit que de cela ; je le voudrais plus que jamais maintenant, puisque vous êtes vous-même incapable de m'expliquer le mystère de cette épouvantable visiteuse.

— Si j'en suis incapable, Jane, c'est qu'elle a dû être irréelle.

— Mais, Monsieur, quand je me suis fait cette réflexion en me levant ce matin, quand j'ai promené mon regard autour de ma chambre pour puiser courage et réconfort dans l'aspect joyeux de tous les objets familiers en plein jour, là… sur le tapis… j'ai vu quelque chose qui a infligé un démenti catégorique à mon hypothèse : le voile, déchiré du haut en bas en deux morceaux !

Je me rendis compte que M. Rochester sursautait et frissonnait ; il me serra précipitamment dans ses bras.

— Dieu merci ! s'écria-t-il, si quelque être malfaisant s'est vraiment approché de vous la nuit dernière, c'est seulement le voile qui a été endommagé. Quand on pense à ce qui aurait pu arriver.

Il avait le souffle haletant et me serrait si fort contre lui que je pouvais à peine respirer. Au bout de quelques minutes de silence, il reprit d'une voix rassurante :

— Et maintenant, Janette, je vais tout vous expliquer. Il y a eu un mélange de rêve et de réalité. À n'en pas douter, une femme est vraiment entrée dans votre chambre ; et cette femme était, elle ne peut pas ne pas avoir été… Grace Poole. Vous la qualifiez vous-même d'étrange créature : d'après ce que vous savez d'elle, vous avez lieu de l'appeler ainsi : que m'a-t-elle fait à moi ? Qu'a-t-elle fait à Mason ? Étant dans un état intermédiaire entre le sommeil et la veille, vous avez remarqué son entrée et ses gestes ; mais étant fiévreuse et presque délirante, vous lui avez attribué une apparence fantomatique différente de la sienne : les longs cheveux en désordre, le visage violacé et boursouflé, la taille gigantesque, autant d'inventions de votre imagination ; autant de conséquences du cauchemar ; le geste de déchirer méchamment le voile fut réel ; et il ne me surprend pas de sa part. Je vois que vous avez envie de me demander pourquoi je garde une pareille femme dans ma maison ; quand il se sera écoulé un an et un jour depuis notre mariage, je vous le dirai ; mais pas à présent. Êtes-vous satisfaite, Jane ? Acceptez-vous ma solution du mystère ?

Je réfléchis et en vérité il me parut que c'était la seule possible ; satisfaite, je ne l'étais pas, mais pour lui faire plaisir j'essayai d'en avoir l'air ; pourtant je me sentais assurément soulagée et lui répondis donc avec un sourire de contentement. Puis, comme il était beaucoup plus d'une heure, je m'apprêtai à le quitter.

— Sophie ne couche-t-elle pas avec Adèle dans la chambre d'enfant ? me demanda-t-il quand j'allumai ma bougie.

— Si, Monsieur.

— Or il y a assez de place pour vous dans le petit lit d'Adèle. Il faut que vous le partagiez avec elle cette nuit, Jane ; il n'est pas surprenant que l'incident que vous m'avez raconté vous ait rendue nerveuse et je préférerais que vous ne couchiez pas seule ; promettez-moi d'aller dans la chambre d'enfant.

— Je serai très heureuse de le faire, Monsieur.

— Et vous fermerez soigneusement la porte à clef de l'intérieur. Éveillez Sophie quand vous monterez, sous prétexte de la prier de vous avertir de bonne heure demain matin ; car il faut que vous soyez habillée et que vous ayez terminé votre déjeuner avant huit heures. Et maintenant, fini les sombres pensées, chassez l'ennui morose, Janette. N'entendez-vous pas comme le vent s'est réduit à de doux murmures ? La pluie ne bat plus les vitres ; voyez un peu (il souleva le rideau), la nuit est belle !

C'était vrai. La moitié du ciel était pure et dégagée ; les nuages, qui fuyaient à présent sous le vent (lequel s'était orienté à l'ouest), filaient vers l'est en longues colonnes argentées. La lune brillait d'un éclat paisible.

— Alors, dit M. Rochester, interrogeant mes yeux du regard, comment se sent ma Janette maintenant ?

— La nuit est sereine, Monsieur ; et je le suis aussi.

— Vous ne rêverez donc plus de séparation et de chagrin cette nuit, mais d'amour heureux et d'union dans la félicité.

Cette prédiction ne s'accomplit qu'à demi ; je ne rêvai point en effet de chagrin, mais pas davantage de joie, car je ne dormis pas un instant. La petite Adèle entre mes bras, je contemplai le sommeil de l'enfance, si tranquille, si exempt de passion, si innocent, et j'attendis la venue du jour ; toute ma vie était en éveil et en mouvement dans mon corps ; et dès que le soleil se leva je me levai aussi. Je me rappelle qu'Adèle se cramponna à moi au moment où je la quittais ; je me rappelle que je l'embrassai en détachant de mon cou ses petites mains et que je pleurai sur elle avec une étrange émotion ; je la quittai parce que je craignais que mes sanglots ne troublassent son sommeil encore profond. Elle m'apparaissait comme l'emblème de ma vie passée ; quant à l'homme que je devais maintenant m'apprêter à aller retrouver, il était le symbole redoutable, mais adoré, de mes jours futurs et inconnaissables.

CHAPITRE XXVI

Sophie vint à sept heures pour m'habiller ; il lui fallut vraiment fort longtemps pour s'acquitter de sa tâche ; si longtemps que M. Rochester, impatienté, j'imagine, par mon retard, fit demander pourquoi je n'arrivais pas. Sophie était justement occupée à m'attacher sur la tête à l'aide d'une broche le voile qui était finalement le carré de blonde ordinaire ; je me dérobai précipitamment à ses mains dès que je le pus.

— Arrêtez ! me cria-t-elle en français. Regardez-vous dans la glace ; vous n'y avez pas jeté un seul coup d'œil.

Je me retournai donc sur le seuil ; je vis une silhouette en robe et voile, ressemblant si peu à ma personne habituelle qu'elle m'apparut presque comme l'image d'une inconnue. « Jane ! » appela une voix et je m'empressai de descendre. Je fus accueillie au pied de l'escalier par M. Rochester.

— Traînarde ! me dit-il, j'ai le cerveau qui brûle d'impatience et vous tardez interminablement !

Il m'emmena dans la salle à manger, m'examina attentivement des pieds à la tête, me décréta « belle comme un lis, non seulement orgueil de sa vie, mais satisfaction de son regard », puis me déclara qu'il allait m'accorder à peu près dix minutes pour prendre un semblant de déjeuner et sonna. Un des domestiques qu'il avait récemment engagés, un valet de pied, répondit à son appel.

— John apprête-t-il la voiture ?
— Oui, Monsieur.
— A-t-on descendu les bagages ?
— On les descend en ce moment, Monsieur.
— Allez à l'église ; voyez si M. Wood (c'était le desservant) et le clerc de paroisse y sont ; vous reviendrez me le dire.

L'église, le lecteur ne l'ignore pas, se trouvait juste après la grille du parc ; le valet fut bientôt de retour.

— M. Wood est dans la sacristie, Monsieur, et met son surplis.
— Et la voiture ?
— On attelle les chevaux.
— Nous n'en aurons pas besoin pour aller à l'église ; mais il faut qu'elle soit prête à l'instant même où nous rentrerons, avec toutes les malles et autres bagages en place et arrimés, et le cocher sur son siège.
— Oui, Monsieur.
— Jane, êtes-vous prête ?

Je me levai. Il n'y avait pas de garçons et de demoiselles d'honneur, pas de famille à attendre et à former en cortège ; personne d'autre que M. Rochester et moi. Mme Fairfax était dans le vestibule quand nous y passâmes. J'aurais bien voulu lui dire un mot, mais ma main était tenue dans une étreinte de fer ; j'étais entraînée à une allure que j'avais peine à suivre ; et il suffisait de regarder le visage de M. Rochester pour comprendre qu'aucune seconde de retard ne serait tolérée pour un motif quelconque. Je me demande s'il y eut jamais un autre marié qui eut le même air que lui, qui fut aussi concentré sur son dessein, aussi farouchement résolu ;

ou qui, sous un front aussi inflexible, montra jamais des yeux aussi flamboyants et étincelants.

Je ne sais s'il faisait beau ou mauvais ce jour-là ; en descendant l'allée, je ne regardai ni le ciel ni la terre ; mon cœur tenait compagnie à mes yeux et comme eux semblait avoir émigré vers le corps de M. Rochester. Je désirais voir l'objet invisible sur lequel, tandis que nous cheminions, il semblait fixer un regard farouche et hostile. Je désirais connaître les pensées à la force desquelles il semblait faire front et résister.

À la grille du cimetière il s'arrêta ; il découvrit que j'étais hors d'haleine.

— Mon amour me rend-il cruel ? demanda-t-il. Attendez un instant ; appuyez-vous sur moi, Jane.

Ensuite je me rappelle l'image de la vieille et grise maison de Dieu qui se dressait calmement devant moi, d'un freux tournoyant autour du clocher, d'un ciel matinal rougeoyant dans le lointain. Je me rappelle assez bien aussi les monticules verdoyants des tombes ; et je n'ai pas oublié non plus deux silhouettes d'inconnus qui se promenaient parmi ces petites éminences en lisant les inscriptions gravées sur les rares pierres tombales envahies de mousse. Je les remarquai parce que, quand ils nous virent, ils disparurent derrière l'église et je ne doutai pas qu'ils n'eussent l'intention d'y entrer par la porte du bas-côté et d'assister à la cérémonie. Par M. Rochester ils ne furent pas aperçus ; il regardait fixement mon visage, dont le sang, j'imagine, avait momentanément disparu ; car je sentais que j'avais le front moite, les joues et les lèvres pâles. Quand je me ressaisis, ce qui ne tarda pas, il s'avança doucement avec moi dans l'allée menant au porche.

Nous entrâmes dans le temple humble et tranquille ; le prêtre, en surplis blanc, avec le clerc à côté de lui, attendait devant le modeste autel. Tout était silencieux ; seules deux ombres remuaient dans un coin éloigné. Ma conjecture s'était confirmée ; les inconnus étaient entrés discrètement avant nous et se tenaient maintenant, nous tournant le dos, près du caveau des Rochester, contemplant à travers la grille l'antique tombe en marbre souillée par le temps, où un ange agenouillé gardait les restes de Damer de Rochester, tué à Marston Moor[1], au cours de la guerre civile, et d'Élisabeth son épouse.

Nous avions pris place devant la grille du sanctuaire. Entendant un pas furtif derrière moi, je jetai un coup d'œil par-dessus mon épaule : l'un des inconnus, qui n'était visiblement pas un homme du peuple, s'avançait dans la chapelle. L'office commença. L'explication des buts du mariage fut donnée ; puis l'officiant fit un pas en avant, et s'inclinant légèrement vers M. Rochester, poursuivit :

— Je vous ordonne et vous enjoins à tous deux – puisque vous aurez à en répondre au jour terrible du Jugement, quand seront révélés les secrets de tous les cœurs –, si l'un de vous a connaissance d'un empêchement par lequel vous ne puissiez légalement contracter mariage, de l'avouer maintenant ; car vous devez être assurés que tous ceux qui s'unissent autrement que ne le permet la Parole de Dieu ne sont pas unis par Dieu, et que leur mariage n'est pas légitime.

Il marqua un silence, selon la coutume. Quand le silence qui suit cette phrase est-il jamais rompu par une réponse ? Moins d'une fois par siècle sans doute. Et l'officiant, qui n'avait pas levé les yeux de son livre et n'avait retenu son souffle qu'un instant, allait poursui-

---

1. Bataille de la guerre civile, et victoire de Cromwell sur les monarchistes.

vre : il avait déjà tendu la main vers M. Rochester, tandis que ses lèvres s'écartaient pour demander : « Veux-tu prendre cette femme pour légitime épouse ? » quand une voix proche et distincte dit :

— Ce mariage ne peut avoir lieu ; je proclame l'existence d'un empêchement.

Le prêtre leva les yeux vers celui qui avait parlé et resta muet ; le clerc fit de même ; M. Rochester oscilla légèrement, comme si un tremblement de terre s'était déclenché sous ses pieds ; il raffermit sa position, puis, sans détourner la tête ni les yeux, il dit :

— Poursuivez.

Un profond silence se fit quand il prononça ce mot d'une voix grave mais sourde. Bientôt M. Wood dit :

— Je ne puis poursuivre sans avoir posé quelques questions sur la déclaration qui vient d'être faite, ni sans avoir eu la preuve de sa véracité ou de sa fausseté.

— La cérémonie est complètement annulée, ajouta la voix, derrière nous. Je suis en mesure de fournir la preuve de mon allégation ; il existe à ce mariage un empêchement insurmontable.

M. Rochester l'entendit, mais n'y prit garde ; il resta obstiné, rigide, sans faire d'autre geste que celui de s'emparer de ma main. Que son étreinte était brûlante et forte ! Comme son front pâle, ferme et massif ressemblait en cet instant à un bloc de marbre ! Que ses yeux brillaient, encore vigilants, mais inquiets sous leur vigilance !

M. Wood parut embarrassé.

— Quelle est la nature de l'empêchement ? demanda-t-il. Il y a peut-être moyen de le surmonter, de le faire disparaître par des explications.

— Il y a peu de chances, lui fut-il répondu. Je l'ai déclaré insurmontable et je parlais en connaissance de cause.

Celui qui avait parlé s'avança et s'appuya à la grille. Il poursuivit, articulant chaque mot distinctement, calmement, fermement, mais sans élever la voix :

— Il consiste simplement en l'existence d'un mariage antérieur. M. Rochester a une femme actuellement vivante.

Mes nerfs vibrèrent en entendant ces mots dits d'une voix sourde comme ils n'avaient jamais vibré en entendant le tonnerre ; mon sang en ressentit la subtile violence comme il n'avait jamais ressenti le gel ou le feu ; mais je restai maîtresse de moi et ne courais aucun risque d'évanouissement. Je regardai M. Rochester ; je le contraignis de me regarder. Tout son visage était de roc livide ; son œil était à la fois étincelle et silex. Il ne niait rien ; il semblait vouloir défier toute chose. Sans parler, sans sourire, sans même paraître reconnaître en moi un être humain, il se contenta de m'entourer la taille de son bras et de me river à son côté.

— Qui êtes-vous ? demanda-t-il à l'intrus.

— Je m'appelle Briggs, et je suis avoué, rue*** à Londres.

— Ainsi vous voudriez m'imposer une épouse ?

— Je voudrais vous rappeler l'existence de Mme Rochester, Monsieur, existence reconnue par la loi, sinon par vous.

— Faites-moi la faveur de me donner quelques renseignements sur elle ; son nom, son origine familiale, son lieu de résidence.

— Certainement.

M. Briggs prit calmement un papier dans sa poche et lut d'une sorte de voix nasillarde et professionnelle :

— « J'affirme et je puis prouver que le 20 octobre de l'année... (date remontant à quinze ans), Édouard Fairfax Rochester, de Thornfield, dans le comté de *** et du manoir de Ferndean, dans le comté de *** en Angleterre, a épousé ma sœur, Berthe Antoinette Mason, fille de Jonas Mason, négociant, et d'Antoinette Mason, sa femme, créole, à l'église de*** à Spanish Town, Jamaïque. L'acte de mariage se trouve sur le registre de cette église, et j'en ai actuellement une copie en ma possession. Signé : Richard Mason. »

— Ce document, s'il est authentique, prouve peut-être que je me suis marié, mais il ne prouve pas que la femme ainsi désignée comme mon épouse soit encore vivante.

— Elle était vivante il y a trois mois, répliqua l'homme de loi.

— Comment le savez-vous ?

— J'ai un témoin de ce fait, un témoin dont personne, pas même vous, Monsieur, ne contestera le témoignage.

— Faites-le comparaître, ou allez-vous-en au diable.

— Je commencerai par le faire comparaître... car il est ici même. Monsieur Mason, ayez la bonté de vous avancer.

M. Rochester, en entendant ce nom, serra les dents ; il éprouva en même temps une sorte de puissant frisson convulsif ; proche de lui comme je l'étais, je ressentis le mouvement spasmodique de fureur ou de désespoir qui le parcourut des pieds à la tête. Le second des inconnus, qui était jusqu'à cet instant resté à l'arrière-plan, s'approcha alors ; un visage pâle se montra par-dessus l'épaule de l'avoué... oui, c'était Mason en personne. M. Rochester se retourna et lui jeta un regard courroucé. Il avait l'œil noir, comme je l'ai souvent dit ; mais il y avait à présent dans ses ténèbres une lueur fauve et même sanglante ; et son visage s'empourpra... ses joues olivâtres et son front livide étaient devenus rouges comme si cette rougeur montait de son cœur en feu ; puis il bougea, il leva son bras puissant... il aurait pu frapper Mason, le jeter sur le dallage, lui couper le souffle une fois pour toutes d'un coup impitoyable... mais Mason se déroba et s'écria d'une voix faible :

— Grand Dieu !

Le mépris refroidit M. Rochester, dont la colère s'éteignit comme si quelque fléau l'avait soudain desséchée ; il se contenta de demander :

— Qu'avez-vous à dire, vous ?

Une réponse impossible à saisir s'échappa des lèvres blêmes de Mason.

— Si vous êtes incapable de répondre distinctement, c'est que le diable s'en mêle. Je vous demande, encore une fois, ce que vous avez à dire, vous !

— Monsieur... monsieur, fit le prêtre, l'interrompant, n'oubliez pas que vous êtes dans un lieu sacré.

Puis, s'adressant à Mason, il lui demanda avec douceur :

— Savez-vous, Monsieur, si, oui ou non, la femme de M. Rochester est encore vivante ?

— Du courage, ajouta l'homme de loi, parlez net.

— Elle est en ce moment au manoir de Thornfield, dit Mason sur un ton plus articulé. Je l'y ai vue en avril dernier. Je suis son frère.

— Au manoir de Thornfield ! s'exclama le prêtre. C'est impossible ! Je suis un vieil habitant de la région, Monsieur, et je n'ai jamais entendu parler d'une Mme Rochester au manoir de Thornfield.

Je vis un sourire sinistre déformer les lèvres de M. Rochester, qui grommela :

— Non, morbleu ! J'ai pris soin que personne n'en entendît parler... ou du moins n'entendît parler d'elle sous ce nom.

Il réfléchit, tint conseil en lui-même pendant dix minutes ; il prit sa résolution et la proclama.

— En voilà assez ! Toute la vérité va jaillir d'un seul coup, comme une balle sortant d'un canon. Wood, fermez votre livre et ôtez votre surplis ; John Green (il s'adressait au clerc de paroisse), sortez de l'église. Il n'y aura pas de mariage aujourd'hui.

L'homme lui obéit.

M. Rochester continua, sur un ton téméraire et provocant :

— La bigamie, c'est un mot hideux ! Et pourtant, j'avais bien l'intention de devenir bigame ; mais le destin a déjoué mes manœuvres, ou la Providence contrecarré mes desseins... c'est peut-être la seconde hypothèse qui est la bonne. Je ne vaux guère mieux qu'un démon en ce moment ; et, comme mon pasteur pourrait me le dire, je mérite sans doute les plus sévères jugements de Dieu, y compris le feu qui ne s'éteint pas et le ver qui ne meurt pas. Messieurs, mes projets sont anéantis !... Ce que disent cet avoué et son client est vrai : je me suis marié et la femme qu'on m'a fait épouser vit encore ! Vous dites, Wood, que vous n'avez jamais entendu parler d'une Mme Rochester dans la maison là-bas ; mais j'imagine que vous avez plus d'une fois prêté l'oreille à des commérages touchant la mystérieuse folle qu'on y gardait sous étroite surveillance. Certains ont dû vous glisser que c'était ma demi-sœur illégitime ; d'autres, une ancienne maîtresse. Je vous informe à présent que c'est ma femme, que j'ai épousée il y a quinze ans : elle a nom Berthe Mason ; c'est la sœur de ce personnage énergique qui à présent, par le tremblement de son corps et la pâleur de ses joues, vous montre quel cœur intrépide un homme peut avoir. Du courage, Dick... n'aie pas peur de moi !... j'aurais presque autant envie de porter la main sur une femme que sur toi. Berthe Mason est folle ; elle venait d'une famille de fous, d'idiots et de maniaques depuis trois générations ! Sa mère, la Créole, était à la fois une folle et une ivrognesse !… comme je le découvris une fois que j'eus épousé la fille ; car jusqu'alors on avait gardé le silence sur les petits secrets de famille. Berthe, en enfant soumise, suivit l'exemple de sa mère sur l'un et l'autre point. J'ai eu une charmante compagne, pure, sage, modeste : vous pouvez imaginer l'homme heureux que j'étais. J'ai connu des scènes enchanteresses ! Ah ! mon expérience a été céleste, mais vous ne pouvez vous en faire une idée ! Enfin, je ne vous dois pas d'autres explications. Briggs, Wood, Mason, je vous invite tous à venir chez moi rendre visite à la patiente de Mme Poole, c'est-à-dire à ma femme ! Vous verrez quelle sorte de créature on m'a fait épouser en me dupant et vous jugerez si, oui ou non, j'avais le droit de rompre ce contrat, et de rechercher la sympathie d'un être pour le moins humain. Cette jeune fille, poursuivit-il en me regardant, n'en savait pas plus long que vous, Wood, sur ce répugnant secret ; elle croyait que tout était honnête et légal et n'a pas songé un instant qu'elle allait être prise au piège d'un simulacre d'union avec un misérable abusé, déjà lié à une compagne perverse, folle et hébétée ! Venez, tous, suivez-moi.

En me tenant toujours fermement, il sortit de l'église : les trois messieurs nous emboîtèrent le pas. Devant la porte d'entrée du manoir nous trouvâmes la voiture.

— Rangez-la dans la remise, John, dit M. Rochester d'un ton froid ; on n'en aura pas besoin aujourd'hui.

À notre entrée Mme Fairfax, Adèle, Sophie, Léa s'avancèrent à notre rencontre pour nous saluer.

— Demi-tour à droite… marche… tout le monde sans exception ! s'écria le maître ; rengainez vos félicitations ! Qui veut les entendre ? Pas moi !... Elles ont quinze ans de retard !

Il passa outre et monta l'escalier en me tenant toujours la main et en faisant toujours signe aux messieurs de le suivre, ce qu'ils firent. Nous arrivâmes au premier, nous parcourûmes le couloir, nous gagnâmes le troisième étage ; la porte noire et basse, ouverte par le passe-partout de M. Rochester, nous donna accès à la chambre tapissée, avec son grand lit et son bahut ornementé.

— Vous connaissez cet endroit, Mason, dit notre guide ; c'est ici qu'elle vous a mordu et blessé.

Il souleva la tenture du mur et découvrit la deuxième porte, qu'il ouvrit à son tour. Dans une chambre sans fenêtre brûlait un feu protégé par un garde-feu haut et robuste ; suspendue au plafond par une chaîne, était allumée une lampe. Grace Poole était penchée sur le feu, et faisait apparemment cuire quelque chose dans une casserole. Dans l'ombre épaisse, à l'autre bout de la pièce, une silhouette courait de long en large. Il était impossible à première vue de dire ce que c'était, ou si c'était une bête ou un être humain ; cette forme semblait se déplacer à quatre pattes ; elle avait des mouvements brusques et poussait des grognements comme une étrange bête sauvage ; mais elle était recouverte de vêtements et une masse de cheveux noirs, qui commençaient à grisonner, hirsutes comme une crinière, lui cachait la tête et le visage.

— Bonjour, madame Poole, dit M. Rochester. Comment vous portez-vous ? Et comment se porte votre protégée aujourd'hui ?

— Cela ne va pas trop mal, Monsieur, je vous remercie, répondit Grace, tout en posant soigneusement sa bouillie brûlante sur le côté du foyer ; on est un peu hargneuse, mais pas déchaînée.

Une clameur féroce parut infliger un démenti à ce rapport favorable ; la hyène habillée en femme se releva et se dressa de tout son haut sur ses pattes de derrière.

— Ah ! Monsieur, elle vous a vu ! s'écria Grace ; mieux vaudrait que vous ne restiez pas.

— Quelques instants seulement, Grace ; il faut m'accorder quelques instants.

— En ce cas, Monsieur, prenez garde !... Pour l'amour du Ciel, prenez garde !

La démente hurla ; elle écarta de son visage des mèches hirsutes et considéra ses visiteurs d'un air hagard. Je reconnus clairement ce visage violacé et ces traits boursouflés. Mme Poole s'avança.

— Ne vous mettez pas sur son passage, dit M. Rochester tout en la poussant de côté ; elle n'a pas de couteau sur elle, j'imagine ; et puis, je suis sur mes gardes.

— On ne sait jamais ce qu'elle a sur elle, Monsieur, tant elle est rusée ; il faudrait un discernement surhumain pour déjouer toutes ses malices.

— Nous ferions mieux de partir, souffla Mason.

— Va-t'en au diable ! lui conseilla son beau-frère.

— 'tention ! s'écria Grace.

Les trois messieurs battirent en retraite avec ensemble. M. Rochester me jeta derrière lui ; la folle bondit et lui empoigna la gorge furieusement tout en lui plantant ses dents dans la joue ; ils se battirent. C'était une forte femme, d'une taille presque égale à celle de son mari, et corpulente de surcroît ; elle fit preuve de force virile dans ce combat... plus d'une fois elle faillit l'étrangler, tout athlétique qu'il était. Il aurait pu lui régler son compte d'un seul coup bien asséné ; mais il ne voulait pas la frapper ; il voulait seulement lutter corps à corps. Il finit par maîtriser les bras de la créature et les ligota derrière son dos à l'aide d'une corde que lui donna Grace Poole ; avec une autre corde, qu'il avait à portée de la main, il attacha la folle à une chaise. Cette opération s'accomplit au milieu des hurlements les plus sauvages et des soubresauts les plus convulsifs. M. Rochester se tourna ensuite vers les spectateurs ; il les considéra avec un sourire à la fois amer et désolé.

— Telle est ma femme, dit-il. Telle est l'unique étreinte conjugale que je sois jamais destiné à connaître... telles sont les cajoleries qui doivent être le réconfort de mes moments de loisir ! Et voici ce que je voulais avoir (il posa la main sur mon épaule), cette jeune fille qui reste si grave et si calme à la bouche de l'enfer, qui contemple avec sang-froid les cabrioles d'un démon. Je la voulais tout simplement à titre de changement après ce ragoût si relevé. Wood et Briggs, voyez la différence ! Comparez ces yeux clairs aux globes injectés de sang que vous voyez là-bas... comparez ce visage à ce masque, cette silhouette à cette masse informe ; ensuite vous me jugerez, prêtre de l'Évangile et serviteur de la loi, en vous souvenant que vous serez jugés du même jugement dont vous aurez vous-mêmes jugé autrui[1] ! Allez-vous-en maintenant. Il faut que je mette mon trésor sous clef.

Nous nous retirâmes tous. M. Rochester resta un instant après nous, pour donner encore quelques instructions à Grace Poole. L'avoué s'adressa à moi tandis que nous descendions l'escalier.

— Pour vous, Mademoiselle, dit-il, vous êtes exempte de tout reproche ; votre oncle sera heureux de l'apprendre, si du moins il est encore vivant, quand M. Mason rentrera à Madère.

---

1. Matthieu, 7, 2.

— Mon oncle ! Comment ? Le connaissez-vous ?
— M. Mason le connaît. M. Eyre est correspondant de sa maison à Funchal[1] depuis quelques années. Quand votre oncle a reçu votre lettre lui annonçant l'union envisagée entre M. Rochester et vous, M. Mason, qui s'était arrêté à Madère pour refaire ses forces sur le chemin du retour vers la Jamaïque, se trouvait avec lui. M. Eyre lui a parlé de cette nouvelle ; car il savait que mon client ici présent connaissait quelqu'un du nom de Rochester. M. Mason, stupéfait et atterré comme vous l'imaginez aisément, lui révéla la situation réelle. Votre oncle, je suis au regret de vous l'apprendre, est actuellement alité, et, compte tenu de la nature de son mal – c'est une consomption – et du degré qu'il a atteint, il est peu probable qu'il s'en relève jamais. Il n'a donc pas pu s'empresser de venir lui-même en Angleterre pour vous arracher au piège où vous étiez tombée, mais il a imploré M. Mason de prendre sans perdre un instant les mesures nécessaires pour s'opposer à ce pseudo-mariage. Il lui a conseillé de me demander mon assistance. J'ai fait diligence et je suis heureux de n'être pas arrivé trop tard, comme vous devez être heureuse vous-même, sans nul doute. Si je n'étais moralement certain que votre oncle sera mort avant que vous arriviez à Madère, je vous conseillerais d'y accompagner M. Mason à son retour ; mais, étant donné la situation, je crois que vous feriez mieux de rester en Angleterre jusqu'à ce que vous ayez, directement ou par personne interposée, d'autres nouvelles de M. Eyre. Avons-nous autre chose à faire avant de partir d'ici ? demanda-t-il à M. Mason.

1. Capitale de l'île de Madère.

— Non, non, partons, lui fut-il répondu anxieusement.

Et, sans attendre d'avoir pris congé de M. Rochester, ils sortirent par la porte du vestibule. L'ecclésiastique resta pour échanger quelques phrases, d'admonestation ou de reproche, avec son orgueilleux paroissien ; ce devoir une fois accompli, il partit à son tour.

Je l'entendis s'en aller alors que je me tenais à la porte entrouverte de ma propre chambre, où je m'étais déjà retirée. Lorsque la maison se fut vidée, je m'enfermai, je poussai le verrou pour ne laisser entrer personne, et je me mis en devoir... non pas de pleurer ou de me lamenter, car j'étais encore trop calme pour cela, mais d'ôter machinalement la robe de mariée et de la remplacer par la robe de lainage que j'avais portée la veille en pensant que c'était pour la dernière fois. Puis je m'assis ; je me sentais faible et fatiguée. Je posai les bras sur la table et ma tête tomba sur mes bras. Et c'est alors que je réfléchis ; jusqu'à ce moment je m'étais contentée d'entendre, de voir, de marcher, de suivre partout où j'étais menée ou entraînée, de voir se dérouler une succession précipitée d'événements, surgir une suite de révélations ; mais à présent, je réfléchis.

La matinée avait été assez calme, du moins à l'exception du bref incident de la folle ; ce qui s'était passé à l'église n'avait pas fait de bruit ; il n'y avait eu ni explosion de colère, ni altercation sonore, ni défi ou provocation, ni larmes ni sanglots ; quelques mots avaient été prononcés, une objection opposée au mariage sur un ton calme ; quelques questions brèves et graves posées par M. Rochester ; des réponses, des explications, des preuves avaient été fournies ; une reconnaissance sans détour de la vérité avait été proclamée par mon maître ; puis la preuve vivante avait été offerte aux regards ; les intrus étaient partis et tout était fini.

J'étais dans ma chambre personnelle comme d'habitude : toute seule, sans changement manifeste ; rien ne m'avait frappée, ni endommagée ni mutilée. Mais où était la Jane Eyre d'hier ? Où était sa vie ? Où était son avenir ?

Jane Eyre, qui avait été une femme ardente dans l'expectative, presque une mariée, était redevenue une jeune fille froide et solitaire ; sa vie était sans couleur ; son avenir était désolé. Une gelée de Noël était survenue en plein été ; une neigeuse tempête de décembre s'était déchaînée sur le mois de juin ; la glace recouvrait les pommes mûres, les rafales anéantissaient les roses épanouies ; sur le foin des prés, sur le blé des champs reposait un linceul de gel ; des allées, qui la veille au soir étaient richement fleuries, étaient aujourd'hui devenues impraticables sous la couche de neige vierge ; les bois, qui douze heures plus tôt agitaient leurs branches feuillues et odorantes comme bosquets des tropiques, s'étendaient à présent, dévastés, déserts, blancs comme forêts de pins dans l'hivernale Norvège. Mes espoirs étaient tous morts, frappés d'un fléau subtil tel que celui qui, en une nuit, tomba sur tous les premiers-nés de la terre d'Égypte. Je contemplais mes désirs chéris, hier si florissants et lumineux ; ils étaient étendus, cadavres roides, glacés, livides, à qui rien ne pourrait jamais rendre vie. Je contemplais mon amour : ce sentiment qui appartenait à mon maître et qu'il avait créé ; il frissonnait dans mon cœur, comme un enfant malade dans un berceau trop froid : la souffrance et l'angoisse s'étaient emparées de lui ; il ne pouvait plus se réfugier dans les bras de M. Rochester et se réchauffer contre sa poitrine. Ah, jamais plus il ne pourrait se tourner vers lui ; car la foi était anéantie, la confiance était détruite ! M. Rochester n'était plus pour moi ce qu'il avait été ; car il n'était pas tel que je l'avais cru. Je me refusais à le tenir pour vicieux ; je me refusais à dire qu'il m'avait trahie ; mais l'attribut de sincérité immaculée ne s'attachait plus à l'idée que j'avais de lui, de sa présence, donc, il me fallait partir ; de ce fait j'avais pleine conscience. Quand... comment... pour aller où, je ne le discernais pas encore ; mais il allait lui-même, sans nul doute, vouloir m'éloigner de Thornfield. Il semblait impossible qu'il eût pour moi une affection réelle ; il ne s'était agi que d'une passion fugitive ; comme elle était contrecarrée, il n'allait plus vouloir de moi. Je craindrais même de me trouver sur son chemin désormais ; ma vue devait lui être odieuse. Ah, que j'avais eu les yeux aveugles ! Que ma conduite avait été faible !

J'avais les yeux abrités et fermés ; des ténèbres vertigineuses semblaient danser autour de moi et la réflexion me venait en un flot tout aussi sombre et confus. Dans un état d'abandon, de mollesse, de renonciation à l'effort, il semblait que je me fusse allongée sur le lit desséché d'un grand fleuve ; j'entendais une inondation se déclencher dans de lointaines montagnes et je sentais approcher le torrent : mais je n'avais pas la volonté de me relever, ni la force de fuir. Je restais étendue, faible, aspirant à mourir. Une seule idée palpitait encore de vie en moi... c'était la pensée de Dieu ; elle donna naissance à une prière inarticulée, dont les paroles allaient et venaient au hasard dans mon esprit enténébré, comme quelque chose que j'aurais dû murmurer, mais que je ne trouvais pas l'énergie d'exprimer :

— Ne sois point loin de moi, car le malheur est proche ; il n'est personne qui puisse m'aider.

Il était proche, en effet ; et, comme je n'avais fait monter vers le Ciel nulle pétition pour le détourner, comme je n'avais ni joint les mains, ni plié le genou, ni remué les lèvres, il arriva ; avec toute sa lourde violence le torrent se déversa sur moi. Toute la conscience de ma vie abandonnée, de mon amour perdu, de mon espoir anéanti, de ma foi frappée de mort, se posa dans toute sa puissance au-dessus de moi en une seule masse sinistre. Cette heure d'amertume ne saurait être décrite ; en vérité « les flots envahirent mon âme ; je sombrai dans un bourbier profond ; je perdis pied ; j'entrai dans des eaux profondes ; les flots me recouvrirent[1] ».

1. Psaumes, 69, 1-2.

CHAPITRE XXVII

À un certain moment de l'après-midi je levai la tête et en promenant mon regard autour de moi, en voyant que le soleil à l'occident inscrivait sur le mur le signe doré de son déclin, je demandai :

— Que dois-je faire ?

Mais la réponse fournie par mon esprit (« Quitter Thornfield sur-le-champ ») fut si prompte et si redoutable que je me bouchai les oreilles. Je déclarai que je ne pouvais supporter une telle sentence pour le moment.

— Ne pas être la femme d'Édouard Rochester, c'est le moindre de mes maux, arguai-je ; m'être éveillée des rêves les plus lumineux en m'apercevant qu'ils étaient entièrement vides et vains, c'est là une horreur que je pourrais supporter et surmonter ; mais devoir le quitter résolument, instantanément, entièrement, c'est intolérable. Je n'en suis pas capable.

Alors pourtant, une voix intérieure m'affirma que j'en étais capable et me prédit que j'allais le faire. Je me débattis contre ma propre résolution ; j'avais envie d'être faible afin de pouvoir éviter la redoutable crise de souffrance nouvelle que je voyais apprêtée pour moi ; et la Conscience, muée en despote, tenait la Passion à la gorge, lui déclarait d'un ton sarcastique qu'elle n'avait encore fait que tremper le bout de ses petits pieds mignons dans le bourbier, et jurait que de son bras de fer elle allait la précipiter dans d'insondables profondeurs de tourments.

— En ce cas, que l'on m'arrache d'ici ! m'écriai-je. Que quelqu'un d'autre me vienne en aide !

« Non ; vous vous extirperez vous-même d'ici ; personne ne vous aidera ; vous vous arracherez vous-même l'œil droit, vous vous couperez vous-même la main droite ; c'est votre cœur qui sera la victime et c'est vous le prêtre qui le transpercerez. »

Je me levai soudain, frappée de terreur par la solitude que hantait un juge aussi implacable, par le silence qu'emplissait une voix aussi imposante. La tête me tourna quand je me mis debout. Je me rendis compte que j'étais malade d'agitation et d'inanition ; je n'avais rien mangé ni bu de toute la journée, car je n'avais pas déjeuné le matin. Puis, avec une étrange et soudaine émotion, je réfléchis que, pendant tout le temps que j'avais passé enfermée là-haut, nul message n'avait été envoyé pour prendre de mes nouvelles ou pour m'inviter à descendre ; la petite Adèle elle-même n'avait pas frappé à ma porte ; Mme Fairfax elle-même n'avait pas cherché à me voir.

— Les amis oublient toujours ceux que la fortune abandonne, murmurai-je, tout en tirant le verrou et en commençant à sortir.

Je trébuchai sur un obstacle ; j'étais encore étourdie, j'avais la vue brouillée et les jambes faibles. Je n'avais pas encore eu le temps de me remettre. Je tombai, mais non pas sur le sol ; un bras tendu m'arrêta et je levai les yeux : j'étais soutenue par M. Rochester qui était assis sur une chaise placée en travers du seuil de ma chambre.

— Enfin vous sortez, dit-il. Ma foi, il y a longtemps que je vous attends en tendant l'oreille ; mais je n'ai entendu ni le moindre mouvement ni le moindre sanglot ; si ce silence de mort avait duré cinq minutes de plus, j'aurais forcé la serrure comme un cambrioleur. Ainsi vous me fuyez ? Vous vous enfermez pour vous attrister toute seule ! J'eusse préféré que vous vinssiez m'accabler de reproches véhéments. Vous êtes passionnée ; je m'attendais à une sorte de scène. J'étais prêt à subir l'averse brûlante des larmes ; seulement je voulais qu'elles fussent répandues sur ma poitrine ; et voilà qu'un parquet insensible les a reçues, ou votre mouchoir inondé. Mais je me trompe : vous n'avez pas pleuré du tout ! Je vois une joue blême et un œil éteint, mais nulle trace de larmes. Je suppose donc que c'est votre cœur qui a pleuré des larmes de sang !

« Alors, Jane, pas un mot de reproche ? Rien d'amer ou de cuisant ? Rien qui puisse meurtrir les sentiments ou cingler les passions ? Vous restez tranquillement là où je vous ai installée et vous me regardez d'un air las et passif.

« Jane, je n'ai jamais eu l'intention de vous blesser de la sorte. Si l'homme qui ne possédait qu'une seule petite brebis, aussi chère à son cœur qu'une fille, qui mangeait son pain et buvait dans sa coupe et reposait sur ses genoux, l'avait par suite d'une erreur fait massacrer à l'abattoir, il ne pourrait regretter sa sanglante maladresse plus que je ne regrette à présent la mienne. Me pardonnerez-vous jamais ?

Lecteur, je lui pardonnai instantanément et sur-le-champ. Il y avait dans son regard un si profond repentir, dans le ton de sa voix une pitié si sincère, dans son attitude une énergie si virile ; et surtout, il y avait dans toute son expression et toute son apparence un amour tellement inchangé que je lui pardonnai tout ; mais non point en paroles, non point extérieurement ; seulement dans le secret de mon cœur.

— Vous savez que je suis un scélérat, Jane ? me demanda-t-il bientôt d'un ton mélancolique (en s'étonnant, j'imagine, de ma taciturnité et de ma docilité persistantes, qui résultaient plutôt de ma faiblesse que de ma volonté).

— Oui, Monsieur.

— Alors, dites-le-moi avec rondeur et vivacité... sans m'épargner.

— Je n'en suis pas capable ; je suis lasse et souffrante. Je voudrais de l'eau.

Il poussa une sorte de soupir qui le fit frissonner, puis il me prit dans ses bras et me transporta au rez-de-chaussée. Je ne sus pas du tout d'abord dans quelle pièce il m'avait emportée ; tout était confus à mes yeux embués ; bientôt je sentis la chaleur revigorante d'un feu ; car, bien que ce fût l'été, j'étais devenue froide comme glace dans ma chambre. Il porta du vin à mes lèvres ; j'en pris une gorgée et me sentis revivre ; puis je mangeai quelque chose qu'il m'offrit et ne tardai pas à redevenir moi-même. J'étais dans la bibliothèque, assise dans son fauteuil ; il était tout près de moi. « Si je pouvais quitter cette vie maintenant, sans trop de vives douleurs, ce serait la meilleure solution pour moi, pensai-je, car alors je n'aurais pas à faire l'effort de rompre les fibres de mon cœur pour les séparer de celles de M. Rochester auxquelles elles sont mêlées. Il faut que je le quitte, semble-t-il. Je ne veux pas le quitter... je ne peux pas le quitter. »

— Comment vous sentez-vous maintenant, Jane ?

— Bien mieux, Monsieur ; je serai bientôt remise.

— Reprenez une gorgée de vin, Jane.

Je lui obéis ; puis il posa le verre sur la table et se plaça devant moi et me considéra attentivement. Soudain il se détourna, avec une exclamation inarticulée, pleine d'une émotion passionnée et indéfinissable ; il traversa la pièce d'un pas rapide et revint ; il se pencha vers moi comme pour m'embrasser ; mais je me rappelai que les caresses étaient désormais interdites. Je détournai la tête et repoussai la sienne.

— Quoi ? Qu'est-ce que cela signifie ? s'écria-t-il précipitamment. Ah, je sais ! Vous ne voulez pas embrasser l'époux de Berthe Mason ! Vous considérez que mes bras sont déjà garnis et que mes étreintes appartiennent à une autre ?

— En tout cas je n'y ai ni place ni titre, Monsieur.

— Pourquoi cela, Jane ? Je vais vous épargner la peine de parler longuement en répondant à votre place ; parce que j'ai déjà une femme, allez-vous dire... ai-je bien deviné ?

— Oui.

— Si vous le pensez, vous devez avoir une curieuse opinion de moi ; vous devez me tenir pour un débauché calculateur, pour un coquin de bas étage qui a feint un amour désintéressé afin de vous attirer dans un piège délibérément tendu, et vous dépouiller de votre honneur en vous privant de votre dignité. Qu'avez-vous à répondre ? Rien, je le vois : en premier lieu, vous êtes encore faible et vous avez déjà assez de mal à entretenir votre respiration ; en second lieu vous ne pouvez pas encore vous habituer à m'accuser et à m'insulter ; d'ailleurs les vannes de vos larmes sont ouvertes et elles jailliraient si vous parliez trop ; et vous n'avez aucun désir de protester, de tancer, de faire une scène ; vous vous demandez comment agir... car vous considérez les paroles comme absolument inutiles. Je vous connais. Je suis sur mes gardes.

— Monsieur, je ne désire pas agir contre vous, dis-je.

Le tremblement de ma voix m'avertit que mieux valait abréger ma phrase.

— Non pas dans le sens que vous donnez vous-même à ce mot, mais selon moi vous vous attachez à me détruire. Vous avez pratiquement déclaré que je suis un homme marié, et en tant que tel vous allez me fuir, vous allez éviter de vous trouver sur mon chemin ; il y a un instant vous avez déjà refusé de m'embrasser. Vous avez l'intention de devenir pour moi absolument étrangère ; de vivre sous ce toit uniquement à titre de gouvernante d'Adèle ; si jamais je vous dis un mot affectueux, si jamais un sentiment affectueux vous pousse de nouveau vers moi, vous direz : « Cet homme a bien failli faire de moi sa maîtresse ; il faut que je sois de glace et de roc avec lui » ; et de glace et de roc vous serez en conséquence.

Je m'éclaircis la voix et l'affermis avant de lui répondre :

— Tout a changé autour de moi, Monsieur ; il faut donc que je change aussi... aucun doute n'est permis à cet égard ; et pour éviter les fluctuations des sentiments et d'incessants combats contre les souvenirs et les évocations, il n'y a qu'un moyen : il faut qu'Adèle ait une nouvelle gouvernante, Monsieur.

— Oh, Adèle va aller dans une école... j'ai déjà décidé cela ; et je n'ai pas l'intention de vous tourmenter par les horribles évocations et souvenirs de Thornfield, cet endroit maudit, cette tente d'Achan[1], ce caveau insolent, qui expose à la lumière du vaste ciel l'épouvante de la mort vivante, cet enfer de pierre exigu, avec son unique démon réel, pire qu'une légion de ceux que nous pouvons imaginer. Jane, vous ne resterez pas ici, et moi non plus. J'ai eu grand tort de vous amener jamais à Thornfield, tout en sachant de

1. *Josué*, 7, 19-26.

quelle façon cette maison était hantée. Avant même de vous avoir vue, j'avais ordonné qu'on vous dissimulât tout ce qui aurait pu révéler la malédiction de l'endroit ; c'était tout simplement parce que je craignais qu'Adèle n'eût jamais une gouvernante qui acceptât de rester, si elle savait avec quelle pensionnaire elle était logée ; et mes dispositions ne me permettaient pas de transporter la démente ailleurs, bien que je possède une vieille maison, le manoir de Ferndean, encore plus retirée et cachée que celle-ci, où j'aurais pu l'abriter sans guère de risques, si ma conscience n'avait été retenue de prendre une telle décision par la situation malsaine de Ferndean au cœur d'une forêt. Il est probable que ces murailles humides m'eussent vite soulagé de mon fardeau ; mais à chaque scélérat son vice ; le mien n'est pas un penchant pour l'assassinat indirect, même des êtres que je hais le plus.

« Toutefois, vous dissimuler le voisinage de la folle, c'était un peu comme couvrir un enfant d'un manteau et le déposer auprès d'un upas[1] ; la proximité de cette diablesse est empoisonnée et l'a toujours été. Mais je vais fermer le manoir de Thornfield ; je vais condamner la porte d'entrée et les fenêtres du rez-de-chaussée ; je donnerais deux cents livres par an à Mme Poole pour vivre ici avec « ma femme », puisque c'est le nom que vous donnez à cette horrible sorcière ; Grace ferait beaucoup pour de l'argent ; et elle aura son fils, le gardien de l'asile de Grimsby, pour lui tenir compagnie et lui prêter main-forte dans les crises les plus violentes quand "ma femme" sera poussée par son démon familier à incendier les gens dans leur lit la nuit, à les poignarder, à les mordre jusqu'à l'os, et ainsi de suite...

---

1. Arbre de Java, qui contient un poison mortel.

— Monsieur, dis-je, l'interrompant, vous êtes inexorable envers cette malheureuse ; vous parlez d'elle avec haine, avec une antipathie vindicative ; c'est cruel... ce n'est pas par sa faute qu'elle est folle.

— Jane, ma petite chérie – c'est ainsi que je vous appellerai, parce que c'est ce que vous êtes –, vous ne savez pas de quoi vous parlez ; vous vous méprenez de nouveau sur mon compte ; ce n'est pas parce qu'elle est folle que je la hais. Si vous étiez folle, croyez-vous que je vous haïrais ?

— En vérité, Monsieur, oui, je le crois.

— Alors vous vous trompez, vous ne savez rien sur mon compte ni sur la sorte d'amour dont je suis capable. Tous les atomes de votre chair me sont aussi précieux que la mienne ; dans la souffrance et la maladie elle me resterait précieuse. Votre esprit est mon trésor et, s'il était abîmé, il serait encore mon trésor ; si vous déliriez, ce seraient mes bras, et non point une camisole de force, qui vous enserreraient... votre étreinte, même dans la fureur, aurait du charme pour moi ; si vous vous lanciez contre moi aussi sauvagement que l'a fait ce matin cette autre femme, je vous accueillerais par des embrassements inspirés tout autant par l'affection que par le désir de vous réprimer. Je ne me détournerais pas de vous avec dégoût comme je l'ai fait d'elle ; dans vos moments de tranquillité vous n'auriez d'autre garde ou d'autre infirmier que moi ; et je pourrais rester penché sur vous avec une inlassable tendresse, même si vous ne m'accordiez pas un sourire en retour, sans me lasser de plonger mon regard dans vos yeux, quand bien même ne s'y lirait plus la moindre lueur de reconnaissance envers moi... Mais à quoi bon poursuivre cette ligne de réflexion ? Je parlais de vous éloigner de Thornfield. Tout est prêt, vous le savez, pour un prompt départ ; vous partirez demain. Je ne vous demande que de supporter une nuit de plus sous ce toit, Jane, et ensuite adieu pour toujours à ces misères et à ces terreurs ! J'ai un endroit où je puis me rendre et qui sera un sanctuaire efficace contre les souvenirs haïssables, contre les intrusions importunes... et même contre le mensonge et la calomnie.

— Alors emmenez-y Adèle avec vous, Monsieur, fis-je, l'interrompant ; elle sera pour vous une compagne.

— Que voulez-vous dire, Jane ? Je vous ai dit que j'allais envoyer Adèle à l'école ; quel besoin ai-je d'avoir pour compagne une enfant, qui de surcroît n'est pas la mienne mais la bâtarde d'une danseuse française ? Pourquoi m'importunez-vous à son sujet ? Oui, je vous le demande, pourquoi m'assignez-vous Adèle pour compagne ?

— Vous parliez de retraite, Monsieur ; or la retraite et la solitude sont mornes, trop mornes pour vous.

— La solitude ! La solitude ! répéta-t-il avec irritation. Je vois qu'il faut que j'en vienne aux explications. Je ne sais quelle expression mystérieuse se forme sur votre visage. Vous allez vous-même partager ma solitude. Comprenez-vous ?

Je hochai la tête ; dans l'état de surexcitation où il commençait à se trouver, il me fallait un certain courage pour risquer même cette manifestation silencieuse de désaccord. Il s'était promené de long en large dans la pièce à pas pressés, et il s'immobilisa, comme s'il avait soudain pris racine en un endroit. Il me regarda longuement et fixement ; je détournai les yeux de lui, je les posai sur le feu et j'essayai d'adopter et de préserver une attitude calme et tranquille.

— Arrivons-en à la faille du caractère de Jane, finit-il par dire, sur un ton moins agité que je ne m'y étais attendue, à en juger d'après son regard. La bobine de soie s'est dévidée assez uniment jusqu'à présent ; mais j'ai toujours su qu'il surviendrait un nœud et un embrouillamini : les voici ! Attendons-nous aux vexations, à l'exaspération, aux ennuis sans fin ! Juste Ciel ! J'ai envie d'exercer une partie de la force de Samson pour rompre cet enchevêtrement comme de l'étoupe !

Il reprit sa marche, mais s'arrêta bientôt de nouveau, et cette fois ce fut exactement en face de moi.

— Jane ! Voulez-vous entendre raison ? (il se penchait et approchait ses lèvres de mon oreille) ; car, si vous vous y refusez, je vais recourir à la violence.

Sa voix était rauque ; il avait l'air d'un homme qui est sur le point de rompre un lien intolérable et de plonger à corps perdu dans une licence insensée. Je vis qu'un instant plus tard, si un nouvel accès de frénésie le prenait, j'allais perdre toute possibilité d'agir sur lui. L'instant présent, la seconde qui passait, était tout le temps dont je disposais pour le dominer et le refréner : un mouvement de répulsion, de fuite, de crainte, eût scellé mon destin… et aussi le sien. Mais je n'avais pas peur, pas le moins du monde. Je ressentais une puissance intérieure, l'impression de posséder une influence, qui me soutenait. Cette crise était périlleuse, mais non sans un certain charme, analogue à celui qu'éprouve peut-être l'Indien quand il glisse sur le rapide dans sa pirogue. Je me saisis de son poing fermé dont je desserrai les doigts contorsionnés, et je lui dis d'une voix apaisante :

— Asseyez-vous ; je veux bien causer avec vous aussi longtemps qu'il vous plaira et écouter tout ce que vous avez à dire, de raisonnable ou de déraisonnable.

Il s'assit ; mais il n'eut pas tout de suite la permission de parler. Il y avait quelque temps que je luttais contre mes larmes ; je m'étais donné beaucoup de mal pour les retenir, parce que je savais qu'il lui déplairait de me voir pleurer. À présent, toutefois, je jugeai bon de les laisser couler aussi librement et aussi longtemps qu'elles le voulaient. Si ce déluge l'ennuyait, tant mieux. Je me laissai donc aller et pleurai de tout cœur.

Bientôt je l'entendis qui me suppliait avec ferveur de me calmer. Je lui dis que c'était impossible tant qu'il était si courroucé.

— Mais je ne suis pas en colère, Jane ; c'est seulement que je vous aime trop et que vous aviez durci votre pâle petite figure d'une expression si résolue et si glaciale que je n'ai pu le supporter. Chut, maintenant ; essuyez-vous les yeux.

Sa voix adoucie annonçait qu'il s'était dominé ; aussi me calmai-je à mon tour. Alors il fit une tentative pour appuyer la tête sur mon épaule, mais je ne voulus pas le lui permettre. Ensuite il essaya de m'attirer contre lui : non.

— Jane ! Jane ! dit-il, sur un ton de tristesse si amère qu'il fit vibrer à l'unisson tous les nerfs de mon corps ; vous ne m'aimez donc pas ! C'était seulement mon rang, et la situation de ma femme, à quoi vous étiez attachée ! Maintenant que vous ne m'estimez plus qualifié pour être votre mari, vous vous dérobez à mon contact comme si j'étais un crapaud ou un singe.

Ces paroles me meurtrirent ; pourtant que pouvais-je faire ou dire ? J'aurais probablement dû ne rien faire ni dire du tout ; mais j'étais tellement torturée par un sentiment de remords d'avoir ainsi blessé sa sensibilité que je ne pus résister au désir de verser du baume sur la plaie que j'avais moi-même infligée.

— Je vous aime en vérité, dis-je, plus que jamais ; mais je ne dois ni manifester ce sentiment ni m'y laisser aller et c'est la dernière fois que je dois l'exprimer.

— La dernière fois, Jane ! Comment ! Croyez-vous que vous pourrez vivre avec moi et me voir quotidiennement et pourtant, si vous m'aimez encore, rester toujours froide et distante ?

— Non, Monsieur ; de cela je suis certaine que je serais incapable ; c'est pourquoi je vois qu'il n'y a qu'une seule solution ; mais vous serez furieux si j'en fais mention.

— Oh, faites-en mention ! Si je tempête, vous avez l'art de pleurer.

— Monsieur Rochester, il faut que je vous quitte.

— Pour combien de temps, Jane ? Pour quelques minutes, afin de vous repeigner, car vous êtes un peu décoiffée, et de passer de l'eau sur votre visage, qui a l'air enfiévré ?

— Il faut que je quitte Adèle et Thornfield. Il faut que, partie loin de vous, pour la vie entière, j'entame une existence nouvelle parmi des visages et des décors inconnus.

— Bien sûr ; je vous ai dit que c'est ce que vous allez faire. Je laisse de côté cette folie de vouloir être partie loin de moi. Vous voulez dire qu'il faut que vous deveniez une partie de moi-même. Quant à cette existence nouvelle, c'est entendu ; vous allez tout de même être ma femme ; je ne suis pas marié. Vous serez Mme Rochester ; en fait comme en titre je vous resterai fidèle à vous seule tant que vous vivrez l'un et l'autre. Vous irez dans une maison que je possède dans le sud de la France, une villa blanchie à la chaux sur les rives de la Méditerranée. Vous y mènerez une vie heureuse, protégée, parfaitement innocente. Ne craignez pas que je veuille vous induire en erreur, faire de vous ma maîtresse. Pourquoi avez-vous hoché la tête ? Jane, il faut que vous soyez raisonnable, sans quoi en vérité je vais redevenir véhément.

Sa voix et sa main tremblaient ; ses épaisses narines se dilataient ; son œil étincelait ; pourtant j'osai parler.

— Monsieur, votre femme est vivante : c'est un fait que vous avez vous-même reconnu ce matin. Si je vivais avec vous suivant votre désir, en ce cas je serais votre maîtresse ; dire le contraire, c'est proférer un sophisme... et un mensonge.

— Jane, je n'ai pas bon caractère... vous l'oubliez ; je ne suis pas patient ; je ne suis pas calme et impassible. Par pitié pour moi et pour vous-même, mettez un doigt sur mon pouls, sentez comme il bat et... prenez garde !

Il releva le bas de sa manche et me tendit le poignet ; le sang disparaissait de sa joue et de ses lèvres, qui devenaient livides ; je fus torturée de toutes les manières possibles. Lui infliger, par une résistance qu'il abhorrait, un tel paroxysme d'agitation était cruel ; lui céder était hors de question. Je fis ce que font d'instinct les êtres humains quand ils se trouvent réduits à la toute dernière extrémité : j'appelai au secours un être supérieur à l'homme ; les mots « Dieu me vienne en aide » jaillirent involontairement de mes lèvres.

— Je suis un sot ! s'écria soudain M. Rochester. Je ne cesse de lui répéter que je ne suis pas marié et je ne lui explique pas pourquoi. J'oublie qu'elle ne sait rien du caractère de cette femme, ni des circonstances qui ont entouré mon infernale union avec elle. Oh, je suis certain que Jane sera du même avis que moi quand elle saura tout ce que je sais ! Mettez seulement votre main dans la mienne – pour que je puisse avoir le témoignage du toucher en plus de celui de la vue pour me prouver que vous êtes près de moi – et en quelques mots je vais vous montrer le véritable aspect de la situation. Pouvez-vous m'écouter ?

— Oui, Monsieur ; pendant des heures, si vous le voulez.

— Je ne vous demande que des minutes. Jane, avez-vous jamais entendu dire, avez-vous jamais appris que je n'étais pas le fils aîné de mes parents, que j'ai eu jadis un frère plus âgé que moi ?

— Je me rappelle que Mme Fairfax me l'a dit un jour.

— Et avez-vous jamais entendu dire que mon père était un homme avare et cupide ?

— C'est à peu près ce que j'avais cru comprendre.

— Eh bien, Jane, étant ainsi disposé, il avait résolu de garder ses biens d'un seul tenant ; il ne pouvait supporter l'idée de partager son domaine en me laissant un honorable héritage ; tout, avait-il décidé, devait aller à mon frère Roland. Cependant il pouvait tout aussi mal supporter l'idée qu'un de ses fils fût pauvre. Il fallait que ma fortune fût faite par un riche mariage. Il me chercha de bonne heure une compagne. M. Mason, planteur et négociant aux Antilles, était de ses relations depuis longtemps. Il avait l'assurance que les biens de ce dernier étaient solides et considérables ; il posa des questions. Il découvrit que M. Mason avait un fils et une fille ; et il apprit de lui qu'il avait le moyen et l'intention de donner à sa fille une fortune de trente mille livres ; c'en était assez.

« Quand je quittai l'université, on me dépêcha à la Jamaïque, pour y épouser une femme qu'on avait d'avance courtisée de ma part. Mon père ne me dit mot de son argent ; mais il me dit que Mlle Mason était l'orgueil de Spanish Town pour sa beauté. Ce n'était pas inexact. Je trouvai en elle une belle femme, dans le style de Blanche Ingram : grande, brune, majestueuse. Sa famille souhaitait m'attirer, parce que j'étais de bonne race ; c'était aussi l'attitude de la fille. On me la montra à des réceptions, splendidement habillée. Je la vis rarement seule et j'eus fort peu de conversations particulières avec elle. Elle me flatta et déploya généreusement ses charmes et ses talents pour mon plaisir. Tous les hommes de mon entourage semblaient l'admirer et m'envier. Je fus ébloui et stimulé ; comme j'étais ignorant, naïf, inexpérimenté, je crus l'aimer. Il n'est pas de sottise si épaisse que les rivalités stupides de la société, ainsi que les appétits, la témérité, l'aveuglement de la jeunesse, ne puissent pousser un homme à se dépêcher de la commettre. Sa famille m'encouragea ; des rivaux me piquèrent au jeu ; elle m'aguicha ; un mariage fut conclu presque avant que j'eusse le temps de réfléchir. Oh, je perds tout respect pour moi-même quand je songe à cet acte ! Un mépris intérieur m'accable et me torture. Jamais je ne l'ai aimée, jamais je ne l'ai estimée et je ne la connaissais même pas. Je n'avais pas l'assurance qu'une seule vertu existât dans sa nature ; je n'avais observé ni pudeur, ni bienveillance, ni franchise, ni raffinement dans son esprit ni dans ses manières... et pourtant je l'épousai ! niais, grossier, abject, aveugle que j'étais ! J'eusse commis une faute moins grave en la... mais je ne dois pas oublier à qui je parle.

« Je n'avais jamais vu ma belle-mère ; j'avais cru comprendre qu'elle était morte. Une fois la lune de miel terminée, j'appris mon erreur : elle n'était que folle et enfermée dans un asile d'aliénés. Il y avait aussi un frère cadet, qui était muet et complètement idiot. L'aîné, que vous avez vu – et que je ne puis haïr, alors que j'abhorre tous ceux de cette race, parce qu'il y a dans son esprit débile quelques grains d'affection, manifestée par l'intérêt persistant qu'il porte à son infortunée sœur et aussi par un attachement de chien fidèle qu'il eut jadis envers moi –, sera probablement quelque jour dans le même état. Mon père et mon frère Roland étaient au courant de tout cela ; mais ils ne pensèrent qu'aux trente mille livres et entrèrent dans le complot contre moi.

« C'étaient là d'infâmes découvertes ; mais, mis à part la perfidie de la dissimulation, je n'en eusse pas fait l'objet de reproches envers ma femme, même quand je m'aperçus que sa nature était entièrement étrangère à la mienne, que ses goûts m'étaient odieux, que son tour d'esprit était vulgaire, bas, étroit et singulièrement incapable de se laisser conduire à de plus hautes pensées, de se laisser ouvrir à de plus vastes perspectives, même quand je m'aperçus que je ne pouvais passer sans gêne avec elle une seule soirée, ni une heure quelconque du jour, qu'une conversation amicale ne pouvait se poursuivre entre nous, parce que tous les sujets que j'abordais recevaient aussitôt d'elle une déformation à la fois grossière et banale, à la fois perverse et stupide, même quand je compris que je n'aurais jamais une maison tranquille et ordonnée, parce que aucune domestique ne pourrait supporter les incessantes explosions de son caractère violent et déraisonnable ou les vexations de ses ordres absurdes, contradictoires et exigeants… même à ce moment-là je me contins ; j'évitai de récriminer, je coupai court à mes protestations, j'essayai de ravaler en secret mon repentir et mon dégoût ; je réprimai la profonde antipathie que je ressentais.

« Jane, je ne veux pas vous infliger d'abominables détails ; quelques mots énergiques suffiront à exprimer ce que j'ai à dire. Je vécus avec la femme qui est là-haut pendant quatre ans ; avant la fin de ce laps de temps elle me soumit à une très rude épreuve ; son caractère s'accentua et se développa avec une effrayante rapidité ; ses vices surgirent avec promptitude et poussèrent avec exubérance ; ils étaient si puissants que seule la cruauté eût pu les refréner ; or je me refusais à recourir à la cruauté. À son intelligence de pygmée elle joignait de gigantesques appétits ! Combien redoutables furent les malédictions que m'imposèrent ces appétits ! Berthe Mason, digne fille d'une mère infâme, m'entraîna dans toutes les souffrances hideuses et dégradantes qui ne peuvent manquer d'être le lot d'un homme lié à une femme dépourvue à la fois de tempérance et de chasteté.

« Mon frère était mort sur ces entrefaites et au bout des quatre années mon père mourut à son tour. J'étais assez riche à présent, et pourtant réduit à une effroyable indigence : le naturel le plus grossier, le plus impur, le plus dépravé que j'eusse jamais vu était associé au mien et considéré par la loi et par la société comme une partie de moi-même. Or, je ne pouvais m'en défaire par aucune procédure légale ; car les docteurs découvrirent alors que "ma femme" était folle ; ses excès avaient prématurément développé en elle les germes de la démence. Jane, mon récit vous déplaît ; vous avez l'air un peu écœurée... faut-il que j'en remette la fin à un autre jour ?

— Non, Monsieur ; finissez maintenant ; j'ai pitié de vous... j'ai vraiment pitié de vous.

— La pitié, Jane, de la part de certaines personnes est une sorte de tribut néfaste et insultant, qu'on a le droit de repousser et de renvoyer au visage de celui qui vous l'offre ; mais c'est là une sorte de pitié naturelle aux cœurs insensibles et égoïstes ; c'est une souffrance hybride et intéressée qu'on éprouve en entendant décrire des maux et à laquelle se mêle un mépris ignorant pour ceux qui les ont endurés. Mais telle n'est pas votre pitié, Jane ; tel n'est pas le sentiment dont tout votre visage est empreint en cet instant, dont vos yeux sont presque débordants maintenant, dont votre cœur se gonfle, dont votre main tremble dans la mienne. Votre pitié, ma chérie, est la mère meurtrie de l'amour ; ses souffrances sont précisément les douleurs natales de la divine passion. Je l'accepte, Jane ; que sa fille vienne au monde sans entraves... mes bras sont prêts à l'accueillir.

— Poursuivez maintenant, Monsieur ; qu'avez-vous fait quand vous avez appris qu'elle était folle ?

— Jane, je me suis trouvé au bord du désespoir ; un reste de respect humain fut tout ce qui s'interposa entre cet abîme et moi. Aux yeux du monde, j'étais sans nul doute couvert d'opprobre et de déshonneur ; mais je résolus de rester net à mes propres yeux, et jusqu'au bout je repoussai la contagion de ses crimes et je brisai tous les liens entre ses défauts d'esprit et moi. Cependant, le monde associait aux siens mon nom et ma personne ; je continuais à la voir et à l'entendre chaque jour ; un relent de son haleine – pouah ! – se mêlait à l'air que je respirais ; en outre, je me rappelais que j'avais naguère été son époux... ce souvenir m'était dès lors et me reste aujourd'hui indiciblement odieux ; de plus, je savais que tant qu'elle vivrait je ne pourrais jamais être le mari d'une autre, d'une meilleure femme ; or, bien qu'elle soit de cinq ans mon aînée – sa famille et son père m'avaient menti même sur ce point–, elle risquait de vivre aussi longtemps que moi, car elle avait le corps aussi robuste qu'elle avait l'esprit infirme. Ainsi, à l'âge de vingt-six ans, étais-je sans espoir.

« Une nuit, j'avais été réveillé par ses hurlements – depuis que les hommes de l'art l'avaient déclarée folle, elle était, bien entendu, enfermée ; c'était une de ces nuits de feu comme il y en a aux Antilles, une de ces nuits qui précèdent souvent les ouragans dans ces régions. Incapable de dormir dans mon lit, je me levai et j'ouvris la fenêtre. L'air ressemblait à un fleuve de soufre ; nulle part je ne pus trouver de fraîcheur. Des moustiques entrèrent en bourdonnant et poursuivirent une ronde morose autour de la chambre ; la mer, que j'entendais de la maison, grondait sourdement comme un tremblement de terre, des nuages noirs s'amoncelaient au-dessus d'elle ; la lune se couchait dans les flots, large et rouge, comme un boulet de canon embrasé ; elle jeta son dernier regard sanglant sur un monde que faisait frissonner le ferment de la tempête. Je fus physiquement influencé par cette atmosphère et ce spectacle et j'avais les oreilles emplies par les malédictions que hurlait encore la démente et auxquelles elle mêlait de temps à autre mon nom sur un ton de haine démoniaque et dans un langage épouvantable ! Nulle prostituée de profession n'eut jamais un vocabulaire plus ignoble que le sien ; bien que deux pièces nous séparassent, j'entendais chaque mot ; les minces cloisons de la maison antillaise n'opposaient qu'un faible obstacle à ses cris de bête.

« Cette vie, finis-je par dire, est un enfer ; c'est bien là l'air, ce sont bien là les bruits de l'abîme sans fond ! J'ai le droit de m'en évader si je le puis. Les souffrances de la condition mortelle me quitteront avec cette chair pesante qui entrave à présent mon âme. De l'éternité brûlante du fanatique je n'ai nulle crainte ; il n'est pas d'état futur qui puisse être pire que le présent... il faut que je m'en arrache et que je retourne auprès de Dieu !

« Tout en disant ces mots je m'étais agenouillé pour ouvrir la serrure d'une malle contenant une paire de pistolets chargés : je voulais me donner la mort. Je ne nourris cette intention qu'un instant ; car, comme je n'étais pas fou, la crise de désespoir extrême et sans mélange qui avait donné naissance à ce désir et à ce dessein de suicide ne dura qu'une seconde.

« Un vent frais venu d'Europe soufflait sur l'océan et faisait irruption par la fenêtre ouverte ; la tempête se déchaîna, fit rage, tonna, flamboya, et l'air devint pur. Tandis que je me promenais sous les orangers ruisselants de mon jardin noyé et parmi les grenades et les ananas dégouttants d'eau, tandis que l'aube splendide des tropiques s'allumait autour de moi, je raisonnai de la sorte, Jane... écoutez-moi bien maintenant, car ce fut une authentique Sagesse qui me consola en cette heure et me montra le droit chemin que j'avais à suivre.

« L'aimable vent d'Europe murmurait encore dans les feuillages rafraîchis et l'Atlantique grondait avec une glorieuse liberté ; mon cœur, desséché et brûlé depuis longtemps, se gonfla à ce bruit et s'emplit de sang vivant, mon être aspira au renouveau, mon âme eut soif d'une gorgée d'eau pure. Je vis renaître l'espoir et je sentis que la régénération était possible. À travers un arceau de fleurs au fond de mon jardin je contemplai la mer, plus bleue que le ciel ; le Vieux Monde était au-delà ; de claires perspectives s'ouvrirent en ces termes :

« "Va, me dit l'Espérance, et vis de nouveau en Europe, là-bas nul ne sait quel nom souillé tu portes, ni quel immonde fardeau t'est attaché. Tu peux emmener la démente en Angleterre ; enferme-la à Thornfield sous bonne garde et avec les précautions nécessaires ; puis va-t'en voyager dans le pays de ton choix pour y former le lien nouveau que tu voudras. Cette femme, qui a tant abusé de ta patience, tant sali ton nom, tant outragé ton honneur, tant ravagé ta jeunesse, n'est pas ton épouse et tu n'es pas son mari. Veille à ce qu'elle reçoive les soins exigés par son état et tu auras fait tout ce que Dieu et l'humanité demandent de toi. Que son identité et ses liens avec toi soient ensevelis dans l'oubli ; tu n'es tenu d'en faire part à nul être vivant. Place-la en sécurité ; assure son bien-être : protège par le secret sa dégradation et quitte-la."

« J'agis en exacte conformité avec cette suggestion. Mon père et mon frère n'avaient pas fait connaître mon mariage à leurs relations ; en effet, dès la première lettre que je leur avais écrite pour leur apprendre mon union, ayant déjà commencé à éprouver un extrême dégoût de ses conséquences et, étant donné le caractère et la constitution de la famille, voyant un avenir hideux s'ouvrir devant moi, j'avais ajouté une pressante injonction de la tenir secrète, et la conduite infâme de l'épouse que m'avait choisie mon père fut bientôt de nature à le faire rougir de la reconnaître pour sa bru. Loin de désirer donner de la publicité à cette alliance, il devint aussi anxieux que moi de la dissimuler.

« Je la transportai donc en Angleterre ; avec un pareil monstre à bord, la traversée fut pour moi atroce. Je fus heureux de l'amener enfin à Thornfield et de la voir installée en sûreté dans cette chambre du troisième étage, dont elle a, depuis dix ans maintenant, transformé le réduit secret en tanière de bête sauvage, en caverne de gnome. J'eus de la peine à lui trouver une gardienne, car il fallait en choisir une sur la fidélité de laquelle on pût compter ; en effet ses divagations n'allaient pas manquer de trahir mon secret ; en outre, elle avait des intervalles de lucidité, de plusieurs jours ou parfois de plusieurs semaines, qu'elle passait à m'insulter. Finalement j'engageai Grace Poole à l'asile de Grimsby. Elle et le médecin Carter – qui pansa les plaies de Mason la nuit où il fut blessé à coups de couteau et à coups de dents – sont les deux seuls êtres que j'aie jamais mis dans ma confidence. Mme Fairfax a pu en vérité se douter de quelque chose, mais elle n'a pu acquérir aucune certitude quant à la réalité. Grace s'est montrée dans l'ensemble bonne gardienne ; mais en partie par suite d'une faiblesse personnelle dont il semble que rien ne puisse la guérir et qui tient à sa profession harassante, sa vigilance a été plus d'une fois endormie et déjouée. La démente est à la fois rusée et méchante ; elle n'a jamais manqué de tirer parti des défaillances passagères de sa surveillante ; une fois ce fut pour dissimuler le couteau avec lequel elle a assailli son frère et deux fois pour s'emparer de la clef de sa cellule et en sortir pendant la nuit. Au cours de la première de ces sorties, elle a perpétré sa tentative pour me brûler vif dans mon lit ; au cours de la seconde elle vous a rendu sa terrifiante visite. Je rends grâces à la Providence qui veillait sur vous d'avoir permis que la folle dépensât cette nuit-là sa fureur sur vos vêtements nuptiaux qui ont peut-être éveillé en elle le vague souvenir du temps de son propre mariage ; mais je ne puis supporter de réfléchir à ce qui aurait pu se produire. Quand je pense à l'être qui m'a sauté à la gorge ce matin, penchant son visage violacé au-dessus du nid de ma colombe, mon sang se fige...

— Alors, Monsieur, demandai-je, tandis qu'il se taisait, que fîtes-vous quand vous l'eûtes installée ici ? Où allâtes-vous ?

— Ce que je fis, Jane ? Je me transformai en feu follet. Où j'allai ? Je me livrai à des divagations aussi désordonnées que celles de l'esprit du printemps. Je gagnai le Continent et j'en sillonnai tous les pays. Mon désir arrêté était de chercher et de trouver une femme bonne et intelligente que je pusse aimer, qui fît contraste avec la furie que j'avais laissée à Thornfield...

— Mais vous ne pouviez vous marier, Monsieur.

— J'avais décidé, je m'étais convaincu que je le pouvais et que je le devais. Mon intention à l'origine n'était pas de tromper comme je vous ai trompée. Je voulais raconter clairement mon histoire et faire ouvertement mes propositions ; et il me paraissait si parfaitement raisonnable d'être tenu pour libre d'aimer et de me faire aimer que je n'ai pas un instant douté de pouvoir trouver une femme qui voulût bien et qui sût comprendre mon cas et m'accepter malgré la malédiction dont j'étais accablé.

— Eh bien, Monsieur ?

— Quand vous êtes curieuse, Jane, vous me faites toujours sourire. Vous ouvrez les yeux comme un oiseau impatient et vous faites de temps en temps un petit geste agité, comme si les réponses verbales ne coulaient pas assez vite à votre gré et comme si vous vouliez lire les tablettes du cœur. Mais avant que je poursuive, dites-moi ce que vous entendez par votre « Eh bien, Monsieur ? » C'est une petite formule que vous employez très fréquemment et qui à maintes reprises m'a entraîné, de proche en proche, à vous parler interminablement ; je ne sais trop pourquoi.

— Je veux dire : Et après ? Comment vous y êtes-vous pris ? Qu'est-il advenu de votre décision ?

— Précisément ! Et que voudriez-vous savoir à présent ?

— Si vous avez trouvé une personne qui vous plût ; si vous lui avez demandé de vous épouser ; et ce qu'elle a dit.

— Je peux vous dire si j'ai trouvé une personne qui me plût et si je lui ai demandé de m'épouser ; mais ce qu'elle m'a répondu n'est pas encore pour le moment inscrit sur le livre du Destin. Pendant dix longues années j'errai de-ci, de-là, vivant tantôt dans une capitale, tantôt dans une autre ; parfois à Saint-Pétersbourg, plus souvent à Paris, de temps à autre à Rome, à Naples ou à Florence. Ayant de l'argent en abondance et pour passeport un nom respectable, je pouvais choisir la société que je voulais ; aucun cercle ne m'était fermé. Je cherchai la femme correspondant à mon idéal parmi les *ladies* d'Angleterre, les *comtesses* de France, les *signora* d'Italie, les *Gräffinen* d'Allemagne. Je ne pus la trouver. Parfois, l'espace d'un instant, je croyais saisir un regard, entendre un accent, apercevoir une silhouette, qui annonçaient la réalisation de mon rêve ; mais j'étais vite détrompé. Vous ne devez pas supposer que je désirais la perfection, soit de l'esprit, soit du corps. Tout ce que je demandais, c'était un être à ma convenance, qui fût aux antipodes de la Créole ; mais je le demandais en vain. Parmi toutes ces femmes, je n'en trouvai pas une à qui j'eusse demandé de m'épouser, même si j'avais été on ne peut plus libre, car j'avais été sérieusement mis en garde contre les périls, l'horreur, la laideur des unions mal assorties. La déception me rendit imprudent. Je goûtai à la dissipation… jamais à la débauche. Je haïssais, et je hais encore, la débauche. Elle était l'attribut de ma Messaline antillaise ; un dégoût invétéré de ses pratiques et de sa personne me refréna considérablement, même dans le plaisir. Toute satisfaction qui confinait au désordre semblait me rapprocher d'elle et de ses vices ; aussi m'en abstenais-je.

« Cependant j'étais incapable de vivre seul ; j'eus donc recours à la compagnie de maîtresses. La première que je choisis fut Céline Varens – encore un de ces gestes qui font qu'on se méprise quand on se les rappelle ! Vous savez déjà ce qu'elle était et comment se termina ma liaison avec elle. Deux femmes lui succédèrent : une Italienne, Giacinta, et une Allemande, Clara ; l'une et l'autre considérées comme exceptionnellement belles. Mais que m'importait leur beauté au bout de quelques semaines ? Giacinta était violente et sans scrupules : je me lassai d'elle en trois mois. Clara était honnête et calme, mais pesante, irréfléchie, insensible, fort peu à mon goût. Je fus heureux de lui donner une somme suffisante pour qu'elle pût s'établir dans un commerce avantageux et de me débarrasser ainsi d'elle sans éclats. Mais, Jane, je vois à votre expression que vous ne vous faites pas de moi une idée très favorable en ce moment. Vous me considérez comme un coquin endurci et immoral, n'est-il pas vrai ?

— Assurément, Monsieur, vous me plaisez moins qu'à certains autres moments. Ne vous semblait-il pas le moins du monde coupable de vivre de la sorte, tantôt avec une maîtresse, tantôt avec une autre ? Vous en parlez comme si c'était la chose la plus normale du monde.

— C'est ce que c'était pour moi ; mais je ne m'y complaisais pas. C'était une existence d'un genre sordide ; jamais je ne voudrais y retomber. Engager une maîtresse est ce qu'il y a de pire, après l'achat d'une esclave ; l'une et l'autre sont souvent par nature et toujours par position des inférieures ; or, vivre en familiarité avec des inférieurs est avilissant. Je déteste à présent le souvenir du temps que je passai avec Céline, Giacinta et Clara.

Je sentis qu'il disait vrai ; et je tirai de ces paroles la sûre conclusion que si j'allais m'oublier et oublier tous les enseignements qu'on m'eût jamais inculqués, au point de prendre, sous n'importe quel prétexte, avec n'importe quelle justification et en raison de n'importe quelle tentation, la succession de ces pauvres filles, il en viendrait un jour à me considérer avec le même sentiment qui à présent dans son esprit souillait leur mémoire. Je n'exprimai pas ouvertement cette conviction ; il me suffisait de l'avoir ressentie. Je la fis pénétrer dans mon cœur, afin qu'elle y demeurât pour me servir de secours à l'heure de l'épreuve.

— Alors, Jane, pourquoi ne me dites-vous plus : « Eh bien, Monsieur ? » Je n'ai pas fini. Vous avez l'air grave. Vous me désapprouvez toujours, à ce que je vois. Mais venons-en au fait. En janvier dernier, débarrassé de toutes mes maîtresses, l'esprit porté à l'âpreté et à l'amertume, engendrées par une vie oisive, vagabonde et solitaire, rongé par les déceptions, enclin à me montrer acerbe envers tous les hommes et particulièrement envers toute la gent féminine – car j'en venais à tenir l'idée d'une femme intelligente, fidèle et aimante pour un rêve pur et simple –, rappelé par mes affaires, je rentrai en Angleterre.

« Par un glacial après-midi d'hiver, j'arrivai en vue du manoir de Thornfield. Lieu abhorré ! Je n'y espérais ni paix ni plaisir. Sur un échalier, dans le chemin de Hay, je vis une petite silhouette assise tranquillement, toute seule. Je passai devant elle aussi négligemment que je le fis pour le saule étêté qui était en face d'elle ; je n'eus aucun pressentiment de ce qu'elle allait être pour moi ; aucun avertissement intérieur ne me dit que l'arbitre de mon existence, mon génie pour le bien et pour le mal, m'attendait là sous cette humble apparence. Je ne le compris pas encore quand, après l'accident de Mesrour, elle s'avança et m'offrit son aide d'un air grave. Créature enfantine et menue ! Il semblait qu'une linotte fût venue en sautillant jusqu'à mes pieds et m'eût proposé de m'emporter sur son aile minuscule. Je me montrai bourru ; mais l'être ne voulut pas s'en aller ; il resta auprès de moi avec une étrange persévérance, me regardant et me parlant avec une sorte d'autorité. Il fallait que je fusse secouru, et secouru par cette main ; et, de fait, je le fus.

« Dès que je me fus appuyé sur cette frêle épaule, quelque chose d'inconnu, une sève nouvelle, une sensation neuve, se glissa en moi. Il était heureux que j'eusse appris que cet elfe allait revenir vers moi, qu'il était attaché à ma maison là-bas dans le vallon... sans quoi je n'eusse pu la sentir se dérober à ma main et la voir disparaître derrière la haie aux contours indécis, sans éprouver de singuliers regrets. Je vous entendis rentrer ce soir-là, Jane ; mais vous ne vous êtes probablement pas rendu compte que je pensais à vous ou que je vous guettais. Le lendemain je vous ai observée – sans me faire voir moi-même – pendant une demi-heure, alors que vous jouiez avec Adèle dans le couloir. Il neigeait ce jour-là, je m'en souviens, et vous ne pouviez sortir de la maison. J'étais dans ma chambre, dont la porte était entrebâillée, si bien que je pouvais à la fois entendre et observer. Adèle retint un moment votre attention extérieure ; pourtant j'avais l'impression que vos pensées étaient ailleurs ; mais vous étiez très patiente avec elle, ma petite Jane ; vous lui avez parlé et vous l'avez divertie un bon moment. Quand elle a fini par vous quitter, vous vous êtes aussitôt laissée aller à une profonde rêverie ; vous vous êtes mise à arpenter lentement le couloir. De temps à autre, en passant devant une fenêtre, vous jetiez un coup d'œil au-dehors sur la neige qui tombait dru ; vous écoutiez les sanglots du vent, puis vous recommenciez à marcher doucement et à rêver. Je crois que vos rêves éveillés n'étaient pas sombres ; on lisait de temps à autre dans votre œil une lueur de plaisir, dans votre attitude une agréable agitation, qui ne trahissaient point de réflexions amères, ni atrabilaires ou hypocondriaques ; votre aspect révélait plutôt les aimables rêveries de la jeunesse quand son esprit suit d'une aile empressée l'envol de l'Espoir qui monte toujours plus haut vers un ciel idéal. La voix de Mme Fairfax, parlant à une domestique dans le vestibule, vous réveilla ; quelle curieuse façon vous eûtes, Janette, de sourire pour vous-même et de vous-même ! Il y avait beaucoup de bon sens dans votre sourire, qui était fort sagace et semblait traiter à la légère vos propres préoccupations. Il avait l'air de dire : "Ces nobles visions, c'est très joli, mais je ne dois pas oublier qu'elles sont absolument irréelles. C'est dans le cerveau que j'ai un ciel rose et un éden vert et fleuri ; mais autour de moi, je m'en rends parfaitement compte, s'étend à mes pieds le terrain ardu que je dois parcourir et s'assemblent les noires tempêtes que je dois affronter." Vous êtes descendue en courant et vous avez demandé à Mme Fairfax de vous donner de l'occupation ; je crois qu'il s'est agi de mettre à jour les comptes hebdomadaires de la maison, ou de quelque chose de ce genre. Je me suis irrité contre vous parce que vous disparaissiez de ma vue.

« J'ai attendu le soir avec impatience, pour pouvoir vous faire comparaître en ma présence. Je me doutais que votre caractère allait être pour moi insolite et parfaitement nouveau ; j'avais le désir de le fouiller plus avant et de le mieux connaître. Vous êtes entrée dans le salon avec un regard et un air à la fois timides et indépendants ; vous étiez bizarrement habillée… à peu près comme vous l'êtes en ce moment. Je vous ai fait parler. Avant peu j'ai découvert que vous étiez pleine de contrastes surprenants. Votre vêtement et vos manières étaient sous la dépendance des usages ; vous aviez souvent l'air inquiète, tout à fait comme une personne raffinée par nature, mais qui n'a absolument aucune habitude de la société et redoute fort de se faire remarquer à son détriment par quelque impair ou quelque maladresse ; cependant, quand on vous adressait la parole, vous leviez vers votre interlocuteur un œil perçant, hardi et étincelant ; dans chacun de vos regards on lisait la pénétration et la force ; quand vous étiez harcelée de questions pressantes, vous trouviez des réponses promptes et nettes. Très vite vous avez paru vous habituer à moi ; je crois que vous avez senti l'existence d'une sympathie entre votre sinistre bougon de maître et vous, Jane ; car ce fut merveille de voir combien promptement une sorte d'aisance aimable se substitua à l'inquiétude dans vos manières ; j'avais beau grogner, vous ne montriez ni surprise, ni crainte, ni agacement, ni déplaisir en présence de mon humeur morose ; vous m'observiez et de temps à autre vous me souriiez avec une grâce simple et pourtant sagace que je ne saurais décrire. Je fus à la fois satisfait et encouragé par ce que je voyais ; ce que j'avais déjà vu me plaisait et j'avais envie d'en voir davantage. Pourtant, pendant un long moment je vous traitai de façon distante et ne recherchai que rarement votre compagnie. Je me conduisais en épicurien de l'intellect et m'efforçais de prolonger le plaisir de faire connaissance avec cet être neuf et piquant ; en outre je fus un moment poursuivi par la crainte obsédante de voir cette fleur, si je la maniais trop rudement, perdre son éclat et ne plus avoir le charme précieux de la fraîcheur. Je ne savais pas encore qu'il ne s'agissait pas d'une fleur éphémère, mais plutôt de l'image radieuse d'une fleur, sculptée dans quelque impérissable pierre précieuse. De surcroît, je voulais voir si vous alliez me poursuivre au cas où je vous fuirais, mais vous n'en fîtes rien ; vous restiez dans la salle d'étude, immobile comme votre bureau ou votre chevalet ; si je vous rencontrais par hasard, vous passiez votre chemin aussi rapidement et en m'accordant aussi peu de signes de reconnaissance que vous le permettait le respect. Votre expression habituelle à cette époque, Jane, était un air pensif ; non point mélancolique, car vous n'aviez rien de maladif ; mais sans entrain, car vous n'aviez guère d'espoir et aucun plaisir dans le présent. Je me demandais ce que vous pensiez de moi, ou même si vous pensiez jamais à moi ; pour en avoir le cœur net, je recommençai à vous prêter attention. Il y avait quelque chose de joyeux dans votre regard et d'épanoui dans votre attitude quand nous étions en conversation ; je vis que vous aviez le cœur sociable ; c'était le silence de la salle d'étude, c'était la monotonie de votre vie, qui vous attristaient. Je m'octroyai le plaisir d'être bon envers vous ; la bonté ne tarda pas à faire naître l'émotion ; votre visage prit une expression plus tendre, votre voix devint plus douce ; j'avais plaisir à entendre prononcer mon nom par vos lèvres sur un ton de gratitude et de bonheur. J'appréciais la moindre rencontre accidentelle avec vous, Jane, à cette époque ; il y avait dans vos manières une étrange hésitation ; vous me regardiez avec une légère inquiétude, avec l'ombre d'un doute ; vous ne saviez trop quel pouvait être mon caprice, si j'allais jouer au maître et me montrer sévère ou à l'ami et me montrer bienveillant. Je vous étais trop attaché désormais pour feindre souvent la première de ces lubies ; et quand je vous tendais cordialement la main, votre jeune visage pensif s'illuminait d'un tel éclat et d'un tel bonheur que j'avais souvent bien du mal à éviter de vous serrer sur-le-champ contre mon cœur.

— Ne parlez plus de cette époque, Monsieur, fis-je, l'interrompant et essuyant furtivement quelques larmes.

Ses paroles me torturaient, car je savais ce que je devais faire – et faire bientôt ; or tous ces souvenirs et toutes ces révélations de ses sentiments ne faisaient que me rendre la tâche plus difficile.

— Non, Jane, répliqua-t-il ; quel besoin y a-t-il de s'appesantir sur le passé, alors que le présent est tellement plus assuré et l'avenir tellement plus lumineux ?

Je frémis en entendant cette affirmation aberrante.

— Vous voyez maintenant quelle est la situation… n'est-ce pas ? poursuivit-il. Après une jeunesse et un début d'âge adulte passés pour moitié dans une indicible souffrance, pour moitié dans une lugubre solitude, j'ai pour la première fois trouvé quelqu'un que je puis aimer vraiment… je vous ai trouvée, vous. Vous êtes ma sympathie… le meilleur de moi-même… mon bon ange. Je vous suis lié par un attachement puissant. Je vous considère comme bonne, intelligente, adorable ; une passion solennelle et fervente est née dans mon cœur ; elle tend vers vous, elle vous attire vers le centre et la source de ma vie, elle vous enveloppe de mon existence et, s'embrasant de flammes pures et puissantes, elle nous fond, vous et moi, en un seul être.

« C'est parce que j'éprouvais, parce que je savais tout cela, que j'ai résolu de vous épouser. Me dire que j'avais déjà une femme serait un vain sarcasme : vous savez maintenant que j'avais seulement un hideux démon. J'ai eu tort d'essayer de vous tromper ; mais je craignais l'obstination qui fait partie de votre caractère. Je craignais les préjugés inculqués de bonne heure ; je voulais vous tenir de façon certaine avant de me risquer aux confidences. C'était lâcheté : j'aurais dû faire appel à votre noblesse et à votre magnanimité dès le début, comme je le fais maintenant, vous révéler clairement ma vie de souffrance, vous décrire ma faim et ma soif d'une existence plus haute et plus digne, vous montrer non point ma résolution – le mot est trop faible –, mais mon penchant irrésistible à aimer fidèlement et bien si je suis aimé fidèlement et bien en retour. Ensuite j'aurais dû vous demander d'accepter ma promesse de fidélité et de me donner la vôtre. Jane... donnez-la-moi maintenant.

Un silence.

— Pourquoi vous taisez-vous, Jane ?

Je traversais une épreuve ; une main de fer et de feu me prenait aux entrailles. Moment terrible, fait de lutte, de ténèbres, de brûlure ! Nul des êtres humains qui ont jamais vécu n'a pu souhaiter être aimé plus que je n'étais aimée ; et j'avais une véritable adoration pour celui qui m'aimait de la sorte ; or il me fallait renoncer à mon idole et à son amour. Un seul mot terrible résumait tout mon intolérable devoir : « Pars ! »

— Jane, comprenez-vous ce que je vous demande ? Simplement cette promesse : « Je veux être à vous, monsieur Rochester. »

— Monsieur Rochester, je ne veux pas être à vous.

Encore un long silence.

— Jane, reprit-il, avec une douceur qui m'accabla de chagrin et me pétrifia de crainte et de terreur (car cette voix calme était comme le halètement du lion qui se dresse), Jane, avez-vous l'intention d'aller votre chemin dans le monde en me laissant en suivre un autre ?

— Oui.

— Jane (il se pencha vers moi et me serra dans ses bras), en avez-vous encore l'intention maintenant ?

— Oui.

— Et maintenant (en m'embrassant délicatement le front et la joue) ?

— Oui, dis-je en me dégageant rapidement et complètement de mes entraves.

— Oh, Jane, c'est cruel ! C'est... c'est coupable. Il ne serait pas coupable de m'aimer.

— Il le serait de vous obéir.

Une expression d'égarement lui fit lever les sourcils et se répandit sur son visage ; il se mit debout, mais se contint encore. Je posai la main sur le dossier d'un fauteuil pour me soutenir ; je tremblais, j'avais peur, mais j'étais résolue.

— Un instant, Jane. Jetez un seul regard sur ma vie horrible une fois que vous serez partie. Tout bonheur me sera arraché en même temps que vous. Que me restera-t-il alors ? En fait de femme je n'ai que la démente qui est là-haut. Vous pourriez tout aussi bien me renvoyer à un cadavre de notre cimetière. Que vais-je faire, Jane ? De quel côté me tournerai-je pour trouver une compagnie et un peu d'espoir ?

— Faites comme moi ; mettez votre confiance en Dieu et en vous-même. Croyez au Ciel. Ayez l'espoir que nous nous y retrouverons.

— Vous ne voulez donc pas céder ?

— Non.

— Vous me condamnez donc à vivre comme un misérable et à mourir maudit ?

Il élevait la voix.

— Je vous conseille de vivre sans péché et je vous souhaite de mourir en paix.

— Alors vous m'arrachez l'amour et l'innocence ? Vous me renvoyez à la volupté en guise de passion... au vice en guise d'occupation ?

— Monsieur Rochester, je ne vous assigne pas davantage un tel destin que je ne m'y raccroche moi-même. Nous sommes nés pour lutter et souffrir, vous comme moi ; faites-le. Vous m'oublierez plus tôt que je ne vous oublierai.

— Vous m'accusez de mensonge par de telles paroles. Je vous ai déclaré que je ne pourrais pas changer ; et vous venez me dire en face que je changerai bientôt. Quelle déformation de votre jugement, quelle perversité de votre pensée, révèle votre conduite ! Vaut-il mieux réduire son prochain au désespoir que d'enfreindre une simple loi humaine, alors que la transgression ne nuirait à aucun homme ? Car vous n'avez pas de parents ni de relations que vous ayez lieu de craindre d'offenser en vivant avec moi.

C'était vrai ; aussi, tandis qu'il parlait ma conscience et ma raison elles-mêmes me trahirent-elles en m'accusant de crime si je lui résistais. Elles parlaient presque aussi fort que le sentiment ; et ce dernier poussait des clameurs déchaînées. « Oh, cède donc ! disait-il. Pense à sa souffrance ; pense au danger qu'il court ; pense à l'état où il sera quand il restera seul ; rappelle-toi son naturel impétueux ; songe à l'insouciance qui résulte du désespoir... apaise-le, sauve-le, aime-le ; dis-lui que tu l'aimes et que tu veux être à lui. Est-il au monde quelqu'un qui se soucie de toi ? Ou à qui tes actions risquent de nuire ? »

Toujours indomptable vint la réponse : « Moi, je me soucie de moi-même. Plus je suis solitaire, plus je suis dépourvue d'amis et de défenseurs, plus je me dois de respect. J'observerai la loi donnée par Dieu et sanctionnée par l'homme. Je serai fidèle aux principes acceptés par moi lorsque j'étais dans mon bon sens, et non folle comme je le suis maintenant. Lois et principes ne sont pas faits pour les époques où il n'existe pas de tentations ; ils sont faits pour des moments comme celui-ci, où le corps et l'âme se soulèvent et se rebellent contre leur rigueur ; ils sont impitoyables ; mais ils resteront inviolés. Si je pouvais les enfreindre pour ma convenance personnelle, quelle en serait la valeur ? Ils ont une valeur ; c'est ce que j'ai toujours cru ; et si je n'arrive pas à le croire maintenant, c'est parce que je suis folle... complètement folle, avec les veines en feu et le cœur battant si vite que je puis en compter les pulsations. Les opinions préconçues, les résolutions a priori, voilà tout ce qu'il me reste en cet instant pour me soutenir ; mon siège est fait. »

Il l'était. M. Rochester, qui lisait mon visage, vit ce qu'il en était. Sa fureur fut portée à son paroxysme ; il fallait qu'il y cédât un instant, quelles que fussent les conséquences ; il traversa l'espace qui nous séparait, il me prit le bras et me saisit par la taille. Il eut l'air de me dévorer de son regard flamboyant ; physiquement, je me sentais à cet instant impuissante comme le brin de paille exposé à l'appel d'air et au rougeoiement d'une fournaise ; mentalement, je restais maîtresse de mon âme, donc assurée d'être sauvée finalement. L'âme a heureusement un interprète (qui, pour être souvent inconscient, n'en est pas moins fidèle) qui est le regard. Mon regard rencontra le sien ; et tandis que mes yeux se posaient sur son visage farouche je poussai un soupir involontaire : son étreinte me meurtrissait et mes forces dont j'avais abusé étaient presque épuisées.

— Jamais, dit-il tout en grinçant des dents, jamais il n'y eut d'être à la fois si frêle et si indomptable. J'ai l'impression de n'avoir qu'un roseau entre les mains ! (Et de me secouer de toute la force de sa poigne.) Je pourrais la courber entre le pouce et l'index ; mais à quoi me servirait-il de la courber, de la déchiqueter, de l'écraser ? Voyez cet œil ; voyez l'être résolu, sauvage, libre qui me regarde par cet œil et me défie, avec plus que du courage, avec une sorte de triomphe austère. Quoi que je fasse à sa cage, je ne puis l'atteindre, cette belle et sauvage créature ! Que je démantèle, que je brise sa mince prison, mes violences n'aboutiront qu'à libérer la captive. De la maison je pourrais me rendre maître ; mais l'habitante se sauverait au ciel avant que je pusse me targuer de posséder sa demeure d'argile. Or c'est toi, esprit, avec ta volonté et ton énergie, avec ta vertu et ta pureté, que je veux, et non pas seulement ta fragile coquille. Par tes propres moyens tu pourrais venir d'un vol léger te blottir contre mon cœur, si tu le voulais ; saisie contre ton gré, tu échapperas à mon étreinte comme une essence... tu t'évanouiras avant que j'aie eu le temps de respirer ton parfum. Oh, viens, Jane, viens !

En disant ces mots, il desserra son étreinte sur moi et se contenta de me regarder. Il était bien plus dur de résister à ce regard qu'à son effort frénétique ; toutefois, il aurait fallu être stupide pour succomber à présent.

J'avais affronté et vaincu sa fureur ; il fallait que je me dérobasse à son chagrin ; je me retirai vers la porte.

— Vous partez, Jane ?
— Je pars, Monsieur.
— Vous allez me quitter ?
— Oui.
— Vous ne voulez pas venir ? Vous ne voulez pas être mon réconfort et mon salut ? La profondeur de mon amour, le paroxysme de ma douleur, la véhémence de mes supplications, tout cela n'est rien pour vous ?

Que sa voix était indiciblement pathétique ! Qu'il était dur de répéter avec fermeté :

— Je m'en vais.
— Jane !
— Monsieur Rochester !

— Retirez-vous donc... j'y consens ; mais rappelez-vous que vous me laissez ici dans les tourments. Montez à votre chambre ; réfléchissez à tout ce que je vous ai dit et puis, Jane, jetez un regard sur mes souffrances... pensez à moi.

Il se détourna ; il se jeta à plat ventre sur le sofa.

— Ah, Jane ! Mon espérance, mon amour, ma vie !

Tels furent les mots qui jaillirent douloureusement de ses lèvres. Puis vint un sanglot grave et puissant. J'avais déjà gagné la porte ; mais, sachez-le, lecteur ; je revins sur mes pas... je revins aussi résolument que j'avais battu en retraite. Je m'agenouillai à côté de lui ; je soulevai sa tête du coussin pour la tourner vers moi ; je lui baisai la joue ; je caressai ses cheveux avec ma main.

— Dieu vous bénisse, mon cher maître ! dis-je. Dieu vous garde de subir ou de commettre le mal, Dieu vous guide et vous soutienne, Dieu vous récompense de vos bontés passées envers moi !

— L'amour de ma petite Jane eût été ma plus belle

récompense, répondit-il ; sans cet amour, j'ai le cœur brisé. Mais Jane va m'accorder son amour ; oui... avec noblesse et générosité.

D'un coup le sang lui monta au visage ; dans ses yeux flamboyèrent des éclairs ; d'un bond il se dressa ; il tendit les deux bras ; mais je me dérobai à son étreinte et sortis aussitôt de la pièce.

— Adieu ! s'écria mon cœur au moment où je quittais M. Rochester.

Et le désespoir ajouta :

— Adieu pour toujours !

Cette nuit-là je n'avais pas un instant envisagé que j'allais dormir ; mais le sommeil m'envahit dès que je me fus allongée dans mon lit. Je fus transportée en pensée vers les décors de mon enfance : je rêvai que j'étais dans la chambre rouge de Gateshead, que la nuit était noire et que j'avais l'esprit habité d'étranges craintes. La lueur qui, longtemps auparavant, m'avait fait tomber en syncope, évoquée dans cette vision, parut gravir silencieusement le mur et s'immobiliser, tremblotante, au milieu du plafond obscurci. Je levai la tête pour la regarder ; le toit se transforma en nuages, hauts et indécis, la lueur ressemblait à celle que la lune communique à des vapeurs qu'elle est sur le point de disperser. Je la regardai venir, je la regardai avec la plus étrange curiosité, comme si ma sentence allait être inscrite d'un mot sur son disque. Elle apparut soudain comme jamais lune n'avait jailli d'un nuage ; une main commença par pénétrer à travers les noires draperies et les écarta d'un geste ; puis ce ne fut pas la lune, mais une forme humaine qui brilla dans l'azur, inclinant vers la terre un front radieux. Elle me contempla très longuement. Elle parla à mon esprit ; sa voix était à une distance infinie, et pourtant si proche que le murmure en parvenait à mon cœur.

— Ma fille, fuis la tentation.
— Ma mère, je vais le faire.

C'est ce que je répondis après m'être éveillée de cette rêverie semblable à une léthargie. Il faisait encore nuit, mais les nuits de juillet sont courtes ; l'aurore vient peu après minuit. « Je ne risque pas de m'y prendre trop tôt pour commencer la tâche que je dois accomplir », pensai-je. Je me levai ; j'étais habillée, car je n'avais ôté que mes chaussures. Je savais où trouver dans mes tiroirs un peu de linge, un médaillon, une bague. En cherchant ces objets, je tombai sur un collier de perles que M. Rochester m'avait contrainte d'accepter quelques jours plus tôt. Je le laissai ; il n'était pas à moi ; il était à la mariée imaginaire qui s'était évanouie dans les airs. Du reste je fis un paquet ; quant à ma bourse, qui contenait vingt shillings (tout ce que je possédais), je la mis dans ma poche ; je nouai les cordons de mon chapeau de paille, j'épinglai mon châle, je pris mon paquet et mes chaussons, que je ne voulais pas encore mettre, et je me glissai hors de ma chambre.

— Adieu, bonne madame Fairfax ! murmurai-je en passant sans bruit devant sa porte. Adieu, mon Adèle chérie ! dis-je, avec un coup d'œil en direction de la chambre d'enfant.

Il ne pouvait être question un instant d'y entrer pour embrasser Adèle. L'oreille que je voulais tromper était fine ; et je n'étais nullement sûre qu'elle ne fût pas présentement à l'écoute.

J'aurais voulu passer sans m'arrêter devant la chambre de M. Rochester ; mais, comme mon cœur cessa momentanément de battre sur son seuil, mes pieds furent bien obligés de s'immobiliser aussi. Le sommeil n'habitait pas cette chambre, dont l'occupant allait et venait avec agitation d'un mur à l'autre ; et à plusieurs reprises, tandis que j'écoutais, il soupira. Il y avait un paradis... un paradis temporaire... pour moi dans cette chambre si je le voulais ; je n'avais qu'à y entrer et dire : « Monsieur Rochester, je veux vous aimer et vivre avec vous jusqu'à la mort » pour qu'une fontaine de délices jaillît de mes lèvres. Je ne fus pas sans y penser.

Ce maître généreux, incapable de dormir à cet instant, attendait le jour avec impatience. Il allait me faire appeler au matin : je serais partie. Il allait me faire rechercher : en vain. Il allait se sentir abandonné, voir son amour rejeté ; il allait souffrir, être peut-être poussé au désespoir. À cela non plus je ne fus pas sans penser. Ma main s'avança vers la serrure ; je la rappelai en arrière et repris ma marche silencieuse.

C'est bien tristement que je descendis au rez-de-chaussée ; je savais ce que j'avais à faire et je le faisais machinalement. Je pris dans la cuisine la clef de la porte latérale ; je pris aussi une petite bouteille d'huile et une plume ; je huilai la clef et la serrure. Je pris un peu d'eau, je pris un peu de pain ; car j'allais peut-être avoir à faire une longue marche ; or il ne fallait pas que mes forces, cruellement ébranlées ces derniers temps, m'abandonnassent. Tout cela, je le fis sans le moindre bruit. J'ouvris la porte, je sortis, je la refermai tout doucement. Une aurore indécise luisait faiblement dans la cour. Les grandes grilles étaient fermées à clef ; mais un portillon pratiqué dans l'une d'elles n'était fermé que par un loquet. C'est par là que je partis ; je refermai également ce portillon ; et voilà que j'étais sortie de Thornfield.

À un mille de distance, après les champs, passait une route qui s'étendait dans la direction opposée à celle de Millcote ; c'était une route que je n'avais jamais empruntée, mais que j'avais souvent remarquée en me demandant où elle conduisait ; et c'est de ce côté que je portai mes pas. Je ne devais désormais me permettre aucune réflexion, ni jeter aucun regard en arrière, ni même en avant. Je ne devais accorder la moindre pensée ni au passé ni à l'avenir. Le premier était une page d'un charme si céleste, d'une tristesse si mortelle, qu'en lire une seule ligne eût fait fondre mon courage et brisé mon énergie. Le second était une effrayante table rase, un peu comme le monde après la fin du déluge.

Je longeai des champs, des haies, des sentiers jusqu'après le lever du soleil. Je crois que ce fut un splendide matin d'été ; je sais que mes chaussures, que j'avais mises en quittant la maison, ne tardèrent pas à être humides de rosée. Mais je ne regardais ni le soleil levant, ni le ciel souriant, ni la nature qui s'éveillait. Celui à qui l'on fait traverser un joli décor pour le conduire à l'échafaud ne pense pas aux fleurs qui sourient sur sa route, mais au billot et au fil de la hache, à la rupture des os et des veines, à la tombe béante au bout du chemin ; je ne pensais donc qu'à ma fuite lugubre et à mes tribulations de sans-logis ; et de quel cœur torturé je pensais à ce que je quittais ! Je ne pouvais m'en empêcher. Je pensais à lui en ce moment, dans sa chambre, guettant le lever du soleil, espérant que j'allais bientôt venir lui dire que je resterais avec lui et que je serais à lui. J'avais envie d'être à lui ; je désirais ardemment revenir ; il n'était pas trop tard. Je pouvais encore lui épargner la cruelle douleur de la séparation. Ma fuite, j'en étais sûre, n'était pas encore découverte. Je pouvais revenir en arrière et être son réconfort et son orgueil, l'arracher à la misère, peut-être à la destruction. Ah, cette crainte de le voir s'abandonner... ce qui serait bien pire que d'être abandonné par moi... comme cette crainte me harcelait ! C'était une pointe de flèche barbelée que j'avais dans la poitrine ; elle me déchirait quand j'essayais de l'extraire ; elle me faisait défaillir quand le souvenir l'enfonçait plus profondément. Les oiseaux commencèrent à chanter dans les taillis et les fourrés ; les oiseaux étaient fidèles à leurs compagnons, les oiseaux étaient des emblèmes de l'amour. Et qu'étais-je, moi ? Au milieu de la douleur de mon cœur et de la farouche résistance de mes principes moraux je me détestais. Je ne tirais aucune consolation de ma propre approbation ; aucune non plus du sentiment de ma propre dignité. J'avais meurtri, blessé, quitté mon maître. J'étais haïssable à mes propres yeux. Cependant je ne pouvais retourner en arrière, fût-ce d'un seul pas. Dieu devait me conduire en avant. Quant à ma propre volonté et à ma propre conscience, le chagrin passionné avait écrasé l'une et étouffé l'autre. Je pleurais passionnément tout en poursuivant ma marche solitaire ; j'allais vite, très vite, comme une personne en délire. Une faiblesse, d'abord interne, gagna mes membres, s'empara de moi et je tombai ; je restai étendue sur le sol plusieurs minutes, la tête appuyée sur le gazon humide. J'éprouvai quelque crainte (ou quelque espoir) de mourir à cet endroit ; mais bientôt je me soulevai pour me traîner sur les mains et les genoux, puis je me remis sur mes jambes, aussi ardemment résolue que jamais à atteindre la route.

Quand j'y parvins, je fus obligée de m'asseoir pour me reposer au pied d'une haie ; et tandis que j'y étais assise j'entendis un bruit de roues et vis approcher une diligence. Je me remis debout et je levai la main ; elle s'arrêta. Je demandai où elle allait ; le cocher cita une ville très éloignée et où j'étais sûre que M. Rochester n'avait pas de relations. Je demandai pour quelle somme il accepterait de m'y conduire ; il me dit : pour trente shillings ; je répondis que je n'en avais que vingt ; bon, dit-il, on tâchera de s'en contenter. En outre, il m'autorisa à monter à l'intérieur, puisque la voiture était vide ; j'y entrai, j'y fus enfermée ; et la diligence s'ébranla.

Aimable lecteur, puissiez-vous ne jamais éprouver ce que j'éprouvai alors ! Puissent vos yeux ne jamais verser de larmes aussi torrentielles, aussi brûlantes, aussi déchirantes que celles qui coulèrent à flots des miens.

Puissiez-vous ne jamais en appeler au Ciel par des prières aussi désespérées et aussi torturées que celles qui s'échappèrent de mes lèvres en cette heure ; puissiez-vous en effet ne jamais, comme moi, redouter d'être un instrument de malheur envers l'objet de votre amour absolu.

CHAPITRE XXVIII

Deux jours ont passé. Nous sommes un soir d'été ; le cocher m'a déposée dans un endroit appelé Whitcross ; il ne pouvait pas m'emmener plus loin pour la somme que je lui avais donnée ; or je ne possédais pas un shilling de plus au monde. La diligence s'est éloignée déjà d'un bon mille ; je suis seule. À cet instant je m'aperçois que j'ai oublié de reprendre mon paquet dans la poche intérieure de la diligence, où je l'avais placé pour qu'il fût en sécurité ; il y est donc resté et il faudra bien qu'il y reste ; et maintenant je suis absolument sans ressources.

Whitcross n'est pas une ville, ni même un hameau ; ce n'est qu'une colonne de pierre dressée au point de rencontre de quatre routes ; elle est peinte en blanc, à la chaux, afin, j'imagine, d'être plus visible de loin dans l'obscurité. Quatre bras se détachent de son sommet ; la plus proche des villes indiquées par ces panneaux se trouve, selon l'inscription, à une distance de dix milles ; la plus éloignée, à plus de vingt milles. Grâce aux noms de ces villes, j'apprends dans quel comté j'ai débarqué ; c'est un comté du nord des Midlands, couvert de landes sombres et bordé de montagnes, comme je puis le constater. Il y a de vastes landes derrière moi et de part et d'autre de moi ; il y a des ondulations montagneuses dans le lointain, au-delà de la profonde vallée que j'ai à mes pieds. La population doit être clairsemée par ici ; je ne vois point de passants sur ces routes ; elles s'étendent à l'est, à l'ouest, au nord et au sud, blanches, larges, solitaires ; elles sont toutes taillées dans la lande et la bruyère pousse, drue et exubérante, jusqu'au rebord même de leurs chaussées. Pourtant un voyageur risque de survenir ; or je ne veux être vue présentement par aucun œil ; des inconnus se demanderaient ce que je fais à m'attarder ici auprès du poteau indicateur, manifestement sans but et hésitante. Je pourrais être interrogée ; je ne saurais fournir de réponses qui ne semblent incroyables et n'éveillent les soupçons. Nul lien ne me relie en ce moment à la société des humains, nulle séduction ou nulle espérance ne m'appelle auprès de mes semblables, nul de ceux qui me verraient n'aurait pour moi une pensée généreuse ou une intention amicale. Je n'ai plus d'autre parent que la Nature, notre mère universelle ; je vais gagner son sein et y chercher le repos.

Je m'engageai droit dans la bruyère ; je suivis un creux que je voyais sillonner profondément la pente brune de la lande ; je marchais avec difficulté dans cette sombre végétation qui m'arrivait aux genoux ; j'épousais les sinuosités du sillon et, quand je finis par trouver un rocher de granit, noir de mousse, dans un recoin caché, je m'assis sous son ombre. J'étais environnée par de hauts escarpements de lande ; le rocher me protégeait la tête ; le ciel était au-dessus du rocher. Il se passa un certain temps avant que je me sentisse tranquille même en cet endroit ; j'éprouvais la vague crainte que des bêtes en liberté ne fussent proches, ou qu'un chasseur ou un braconnier ne pussent me découvrir. Si un souffle de vent balayait la lande désolée, je levais les yeux, redoutant que ce ne fût l'approche rapide d'un taureau ; si un pluvier sifflait, je me figurais que c'était un homme. Mais, quand je m'aperçus que mes appréhensions n'étaient pas fondées, calmée par le profond silence qui se mit à régner quand le soir sur son déclin fit place à la nuit tombante, je repris confiance. Jusqu'alors je n'avais pas pensé ; je m'étais contentée d'écouter, d'observer, de craindre ; à présent je retrouvai la faculté de réfléchir.

Que devais-je faire ? Où aller ? Ô questions intolérables, alors que je ne pouvais rien faire ni aller nulle part, alors qu'un long trajet devait être parcouru par mes jambes lasses et tremblantes avant que je pusse atteindre une habitation humaine, alors qu'il me fallait supplier la froide charité avant de pouvoir obtenir un logis, vaincre par mon insistance les hésitations de la sympathie, essuyer de trop certaines rebuffades, avant que mon récit pût se faire écouter ou un seul de mes besoins trouver un soulagement.

Je touchai la bruyère ; elle était sèche et encore tiédie par la chaleur du jour d'été. Je regardai le ciel ; il était pur ; une étoile scintillait aimablement juste au-dessus du rebord de mon fossé. La rosée tombait, mais avec une douceur propice ; nulle brise ne murmurait. La Nature me parut bienveillante et généreuse ; il me sembla qu'elle m'aimait, toute proscrite que j'étais ; et moi, qui de la part de l'homme ne pouvais attendre que méfiance, rejet, insulte, je m'attachai à elle avec une filiale tendresse. Pour cette nuit-là, tout au moins, j'allais jouir de son hospitalité, puisque j'étais son enfant ; ma mère m'accueillerait sans me demander d'argent ou de rémunération. J'avais encore un croûton, reste du petit pain que j'avais acheté dans une ville que nous avions traversée à midi, grâce à un penny retrouvé par hasard et qui était ma dernière pièce de monnaie. Je vis des myrtilles mûres qui luisaient çà et là, comme des perles de jais, dans la bruyère ; j'en cueillis une poignée et je les mangeai avec mon pain. La faim qui auparavant me tenaillait fut, sinon satisfaite, du moins calmée par ce repas d'ermite. Je fis ma prière vespérale au terme du repas, puis je fis choix de ma couche.

Près du rocher la bruyère était très profonde ; quand je m'allongeai, mes pieds y disparurent ; comme elle s'élevait de part et d'autre de moi, elle laissait fort peu d'espace à l'air nocturne pour s'infiltrer. Je pliai mon châle en deux et l'étendis sur moi en manière d'édredon ; un petit monticule moussu me tint lieu d'oreiller. Logée de la sorte, je n'eus pas froid, du moins au commencement de la nuit.

Mon repos aurait pu être passablement heureux, s'il n'avait été entrecoupé par les souffrances de mon cœur. Ce cœur se plaignait de ses blessures béantes, de son hémorragie interne, de ses fibres rompues. Il tremblait pour M. Rochester et pour son destin ; il se lamentait sur lui avec une douloureuse pitié ; il l'appelait d'une incessante aspiration ; et, impuissant comme un oiseau aux deux ailes brisées, il agitait encore ses moignons meurtris en de vains efforts pour le rejoindre.

Épuisée par ces pensées torturantes, je me mis à genoux. La nuit était venue et ses planètes s'étaient levées ; la nuit était calme et tranquille, trop sereine pour accepter la compagnie de la crainte. Nous savons que Dieu est partout ; mais assurément nous ressentons sa présence plus que jamais quand ses œuvres s'étalent devant nous sur la plus grandiose échelle ; et c'est dans le ciel sans nuages de la nuit, où les mondes qu'il a créés poursuivent leurs silencieuses révolutions, que nous lisons le plus clairement son infinitude, sa toute-puissance, son omniprésence. Je m'étais mise à genoux afin de prier pour M. Rochester. En levant mes yeux obscurcis de larmes, je vis l'imposante Voie lactée. En me souvenant de ce qu'elle était, des innombrables systèmes qui balayaient l'espace comme une délicate traînée de lumière, j'éprouvai la puissance et la force de Dieu. Je m'assurai de son pouvoir efficace de sauver ce qu'il a lui-même créé ; je me convainquis que la terre ne pouvait pas périr ; non plus qu'une seule des âmes qu'elle abrite précieusement. Ma prière se mua en action de grâces : la source de vie était aussi le Salut des esprits. M. Rochester était sauvé : il était à Dieu et par Dieu serait protégé. Je me blottis de nouveau contre le sein de la colline ; avant peu j'oubliai dans le sommeil mes chagrins.

Mais le lendemain, le Besoin, pâle et nu, vint vers moi. Longtemps après que les petits oiseaux eurent quitté leur nid ; longtemps après que les abeilles furent venues, dans l'aimable enfance du jour, recueillir le miel de bruyère alors que la rosée n'avait pas encore séché, lorsque les longues ombres du matin se raccourcissaient et que le soleil emplissait la terre et le ciel, je me levai et je promenai mon regard autour de moi.

Quelle journée tranquille, chaude, magnifique ! Quel désert doré que cette lande étendue ! Du soleil partout. J'aurais voulu pouvoir vivre sur cette lande et de cette lande. Je vis un lézard courir sur le rocher ; je vis une abeille s'affairer parmi les myrtilles sucrées. À cet instant j'aurais bien aimé devenir abeille ou lézard, afin de pouvoir trouver en cet endroit nourriture appropriée et abri permanent. Mais j'étais un être humain et j'avais les besoins d'un être humain ; il m'était impossible de m'attarder en un endroit où rien ne pouvait les satisfaire. Je me levai ; je me retournai vers le lit que j'avais quitté. Dépourvue d'espoir pour l'avenir, je ne regrettais qu'une chose : que mon Créateur n'eût point cette nuit-là jugé bon de rappeler mon âme pendant mon sommeil ; et que ce corps las, dispensé par la mort de lutter plus longtemps contre le destin, ne pût se contenter désormais de pourrir tranquillement et de se mêler en paix au sol de ce désert. Cependant la vie était encore en ma possession, avec toutes ses exigences, toutes ses souffrances, toutes ses responsabilités. Le fardeau devait être porté, les besoins satisfaits, les souffrances endurées, la responsabilité exercée. Je me mis en route.

Une fois que j'eus regagné Whitcross, je suivis une route qui s'éloignait du soleil, haut et brûlant à présent. Je n'avais pas assez de volonté pour fixer mon choix en vertu d'un quelconque autre argument. Je marchai longtemps, puis, alors que je pensais que j'en avais sans doute assez fait et que je pouvais en conscience céder à la fatigue qui m'accablait presque, interrompre cette action forcenée et, assise sur une pierre que je voyais à proximité, me soumettre passivement à l'apathie qui me paralysait le cœur et les jambes, j'entendis tinter une cloche... la cloche d'une église.

Je me tournai dans la direction d'où venait ce bruit et là, parmi les collines romantiques dont, depuis une heure, j'avais cessé d'observer l'apparence et les transformations, je vis un hameau et un clocher. Toute la vallée à ma droite était pleine de pâturages, de champs de blé et de bois ; un ruisseau étincelant courait en zigzag parmi les diverses nuances de vert, le grain mûrissant, les arbres sombres des bois, les prés clairs et ensoleillés. Rappelée à la route que j'avais devant moi par un grondement de roues, je vis une charrette lourdement chargée qui peinait dans la côte, suivie de près par deux vaches et un vacher. La vie et le labeur des hommes étaient proches. Il fallait poursuivre la lutte, m'efforcer de survivre et me mettre au travail comme les autres.

Vers deux heures de l'après-midi j'entrai au village. Au bout de son unique rue se trouvait une petite boutique avec quelques pains dans la vitrine. Je convoitai l'un de ces pains. Nantie de ce réconfort, j'arriverais peut-être à retrouver une certaine énergie ; sans cela, il me serait difficile d'aller plus loin. Le désir d'avoir de la force et de la vigueur me revint dès que je me retrouvai au milieu de mes semblables. Il m'apparut qu'il serait avilissant de m'évanouir sur la chaussée d'un hameau. N'avais-je sur moi rien que je pusse offrir en échange d'un de ces petits pains ? Je réfléchis. J'avais un petit foulard de soie noué autour du cou ; j'avais mes gants. Je ne savais guère comment les gens s'y prennent quand ils sont au comble du dénuement. Je ne savais si l'un ou l'autre de ces objets serait accepté ; il était probable qu'ils ne le seraient pas ; mais il me fallait essayer.

J'entrai dans la boutique ; une femme s'y trouvait. En voyant une personne convenablement habillée, qu'elle prit pour une personne de qualité, elle s'avança avec courtoisie. « Que puis-je faire pour votre service ? » Je fus prise de honte ; ma langue refusa d'articuler la requête que j'avais préparée. Je n'osai offrir ni mes gants assez usés ni mon foulard fripé ; en outre, je me rendis compte que ce serait absurde. Je demandai simplement la permission de m'asseoir parce que j'étais fatiguée. Déçue de ne pas trouver en moi la cliente espérée, elle accéda à ma demande avec froideur. Elle me montra du doigt un siège, où je me laissai tomber. J'avais grande envie de pleurer ; mais comprenant à quel point une telle manifestation serait déplacée, je m'en abstins. Bientôt je lui demandai :

— Y a-t-il dans ce village une couturière ou une femme qui fasse des travaux d'aiguille ordinaires ?

— Oui ; deux ou trois ; bien assez pour l'ouvrage qu'il y a à faire.

Je réfléchis. J'étais au pied du mur. Je me trouvais face à face avec la Nécessité. J'étais dans la situation d'une personne sans ressources, sans amis, sans argent. Il fallait faire quelque chose. Quoi ? Il fallait s'adresser quelque part. Où ?

— Connaissez-vous un endroit dans le voisinage où l'on aurait besoin d'une domestique ?

— Non ; je ne sais pas.

— Quelle est la principale activité par ici ? Que font la plupart des gens ?

— Il y en a qui sont journaliers dans les fermes ; pas mal travaillent dans l'usine d'aiguilles de M. Oliver et à la fonderie.

— M. Oliver emploie-t-il des femmes ?

— Non ; c'est un travail d'homme.

— Et que font les femmes ?

— J'sais pas, me fut-il répondu. Y en a qui font une chose, d'autres une autre. Quand on est pauvre, faut bien qu'on s'arrange comme on peut.

Elle semblait se lasser de mes questions ; à vrai dire, quel droit avais-je de l'importuner ? Une ou deux voisines entrèrent ; on avait visiblement besoin de ma chaise. Je pris congé.

Je suivis la rue, en regardant au passage toutes les maisons à droite et à gauche ; mais je ne pus découvrir aucun prétexte, discerner aucune invitation qui me permissent d'entrer dans l'une d'elles. J'errai tout autour du hameau pendant une bonne heure, en m'en éloignant parfois un peu pour y revenir ensuite. Épuisée, souffrant grandement désormais du manque de nourriture, je m'engageai dans un chemin latéral et m'assis au pied de la haie. Mais au bout de quelques minutes seulement je me remis sur mes jambes et recommençai à chercher quelque chose... une ressource, ou du moins quelqu'un qui pût m'en indiquer une. Il y avait une jolie petite maison au bout du chemin, avec un jardin par-devant, qui était merveilleusement bien tenu et plein de fleurs éclatantes. Je m'y arrêtai. Quelle raison avais-je de m'approcher de cette porte blanche ou d'en toucher le marteau étincelant ? En quoi pouvait-il être intéressant pour les habitants de cette demeure de me venir en aide ? Pourtant je m'approchai et je frappai. Une jeune femme à l'air doux et proprement vêtue ouvrit la porte. De la voix qu'on pouvait attendre d'une personne au cœur désespéré et au corps affaibli, d'une voix misérablement sourde et tremblante, je demandai si on avait besoin d'une domestique dans cette maison.

— Non, dit-elle ; nous n'employons pas de domestique.

— Pouvez-vous me dire où je pourrais trouver un emploi quelconque ? poursuivis-je. Je suis d'une autre région et je ne connais personne ici. J'ai besoin de travail ; peu importe lequel.

Mais ce n'était pas son affaire de réfléchir à ma place ou de me chercher du travail ; d'ailleurs, à ses yeux, combien suspects devaient paraître mon caractère, ma situation, mon histoire. Elle hocha la tête, elle me dit qu'elle regrettait de ne pouvoir me donner de renseignements, puis la porte blanche se referma, avec beaucoup de douceur et de civilité, mais en m'excluant de la maison. Si la porte était restée ouverte un instant de plus, je crois que j'aurais mendié un morceau de pain ; car j'étais tombée bien bas.

Je ne pus supporter de rentrer dans ce sordide village, où, d'ailleurs, je ne voyais aucun espoir de secours. J'aurais eu envie plutôt de m'éloigner en direction d'un bois que j'apercevais à peu de distance et qui, avec son ombre épaisse, paraissait offrir un abri attirant ; mais j'étais si écœurée, si faible, si tenaillée par les appétits naturels, que l'instinct me fit continuer à rôder autour des demeures où il y avait des chances de trouver à manger. La solitude n'aurait pas été une vraie solitude, ni le repos un vrai repos, tant que la faim, ce vautour me plantait dans le flanc son bec et ses serres.

Je m'approchai des maisons ; je les quittai, puis je revins sur mes pas, puis je m'éloignai à nouveau, toujours chassée par le sentiment de n'avoir aucun titre à présenter une requête, aucun droit d'espérer qu'on s'intéressât à mon destin solitaire. Cependant, l'après-midi s'avançait, tandis que j'errais ainsi çà et là comme un chien égaré et famélique. En traversant un champ, je vis devant moi le clocher de l'église ; je m'empressai d'aller de ce côté. Près du cimetière, au milieu d'un jardin, se dressait une maison petite mais de bonne construction, qui, à n'en pas douter, devait être le presbytère. Je me souvins que les nouveaux venus, arrivant dans un endroit où ils n'ont pas de relations et désirant du travail, s'adressent parfois au desservant de la paroisse pour se présenter et demander un appui. C'est la fonction d'un pasteur que d'aider (au moins de ses conseils) ceux qui souhaitent s'aider eux-mêmes. Il me sembla que j'avais quelque droit à venir chercher un soutien à cet endroit. Je repris donc courage et rassemblai les faibles restes de mon énergie pour avancer d'un pas plus vif. J'atteignis cette maison et frappai à la porte de la cuisine. Une vieille femme ouvrit et je lui demandai :

— Est-ce bien le presbytère ?
— Oui.
— M. le pasteur est-il là ?
— Non.
— Va-t-il rentrer bientôt ?
— Non ; il est absent en ce moment.
— Est-il loin d'ici ?
— Pas tellement loin... quelque chose comme trois milles. Il a été appelé à s'absenter par la mort soudaine

de son père ; il est à Marsh End en ce moment et va très probablement y rester encore une quinzaine.

— Y a-t-il une dame dans la maison ?

— Non ; y a que moi, et je suis l'intendante.

À cette intendante, lecteur, je ne pouvais songer à demander un secours pour soulager les besoins qui me minaient ; je n'étais pas encore capable de mendier ; aussi repris-je de nouveau ma marche traînante.

Une fois de plus j'ôtai mon foulard... une fois de plus je pensai aux pains de la petite boutique. Ah, si j'avais seulement un croûton ! Seulement une bouchée pour atténuer la torture de la famine ! D'instinct je me dirigeai de nouveau vers le village ; je retrouvai la boutique ; j'y entrai ; et bien qu'il y eût là d'autres personnes que la marchande, je me risquai à demander :

— Voulez-vous me donner un petit pain en échange de ce foulard ?

Elle me regarda avec une évidente méfiance.

— Non ; je ne fais jamais d'affaires sur ce pied-là.

Presque désespérée, je demandai un demi-pain ; elle refusa de nouveau.

— Est-ce que je sais où vous avez eu ce foulard ? dit-elle.

— Accepteriez-vous mes gants ?

— Non ! Que voulez-vous que j'en fasse ?

Lecteur, il n'est pas agréable de s'appesantir sur ces détails. Il y a des gens qui disent qu'on peut prendre plaisir à se reporter en pensée à des incidents douloureux du passé ; mais aujourd'hui encore je puis à peine supporter de passer en revue les moments que j'évoque : l'humiliation morale, mêlée à la souffrance physique, forme des souvenirs trop pénibles pour que je m'y attache jamais avec complaisance. Je ne blâmais aucune des personnes qui me repoussaient. Je me rendis compte que c'était à quoi il fallait s'attendre et qu'on n'y pouvait rien ; une mendiante ordinaire est souvent l'objet de soupçons ; une mendiante bien habillée l'est inévitablement. Assurément, ce que je demandais, c'était du travail ; mais de qui était-ce le rôle de me procurer du travail ? Sûrement pas des gens qui me voyaient ce jour-là pour la première fois et ne savaient rien sur mon caractère. Quant à la femme qui refusa d'accepter mon foulard contre son pain, ma foi, elle avait raison, si mon offre lui paraissait inquiétante ou l'échange désavantageux. Je dois maintenant abréger. Je suis écœurée par ce sujet.

Peu avant la tombée de la nuit je passai devant une ferme à la porte de laquelle le fermier était installé pour manger son souper composé de pain et de fromage. Je m'arrêtai et lui dis :

— Voulez-vous me donner un morceau de pain ? Car j'ai grand-faim.

Il me jeta un regard de surprise ; mais, sans mot dire, il coupa une épaisse tranche de son pain et me la donna. J'imagine qu'il ne vit pas en moi une mendiante, mais plutôt une dame un peu excentrique, attirée par son pain bis. Dès que je ne fus plus en vue de sa maison, je m'assis et mangeai ce pain.

Je ne pouvais espérer trouver un asile sous un toit ; j'en cherchai donc un dans le bois dont j'ai déjà parlé. Mais je passai une nuit affreuse et mon repos fut entrecoupé ; le sol était humide, l'air était froid ; en outre, des intrus passèrent près de moi plus d'une fois, et il me fallut à plusieurs reprises changer de coin ; je ne bénéficiais d'aucun sentiment de sécurité ou de tranquillité. Vers le matin il se mit à pleuvoir ; la journée du lendemain fut pluvieuse sans interruption. Ne me demandez pas, lecteur, de vous donner un récit détaillé de cette journée ; comme la veille, je cherchai du travail ; comme la veille, je fus repoussée ; comme la veille, j'eus faim ; une seule fois je pus manger quelque chose. À la porte d'une chaumière une petite fille s'apprêtait à jeter dans l'auge d'un cochon un plat de bouillie d'avoine refroidie.

— Veux-tu me donner cela ? demandai-je.

Elle ouvrit de grands yeux.

— Maman ! s'écria-t-elle, il y a une femme qui veut que je lui donne la bouillie.

— Ma foi, ma petite, répondit une voix de l'intérieur, donne-la-lui si c'est une mendiante. Le cochon n'en a pas besoin.

La fillette vida entre mes mains la bouillie coagulée, que je dévorai avidement.

Tandis que l'humide crépuscule s'épaississait, je m'arrêtai sur une piste cavalière solitaire que je suivais depuis une bonne heure.

« Mes forces défaillent complètement, monologuai-je. Je me rends compte que je ne puis aller beaucoup plus loin. Vais-je être de nouveau sans abri cette nuit ? Alors que la pluie tombe de la sorte, faut-il que je repose ma tête sur le sol froid et détrempé ? Je crains de ne pouvoir faire autrement ; car, qui m'accueillerait ? Mais cela va être vraiment terrible, avec cette sensation de faim, de faiblesse, de froid, et ce sentiment de désolation... d'anéantissement total de l'espérance. Toutefois, selon toute vraisemblance, je devrais mourir avant le matin. Et pourquoi ne puis-je me résigner à la perspective de la mort ? Pourquoi lutté-je pour préserver une vie sans valeur ? Parce que je sais, ou parce que je crois, que M. Rochester est vivant ; et puis, mourir de dénuement et de froid est un destin auquel la nature ne peut se soumettre passivement. Ah, Providence ! Soutenez-moi encore un peu ! Aidez-moi !... Guidez-moi ! »

Mes yeux embués se promenèrent sur le paysage obscur et embrumé. Je vis que mes pas m'avaient entraînée loin du village, qui était devenu complètement invisible. Les cultures qui l'entouraient avaient elles-mêmes disparu. Par des chemins de traverse et des sentiers détournés, j'étais revenue aux abords de la lande ; à présent, seuls quelques champs, presque aussi sauvages et improductifs que la bruyère sur laquelle ils avaient été imparfaitement conquis, s'étendaient entre la sombre colline et moi.

« Eh bien, j'aimerais mieux mourir là-bas que dans une rue ou sur une route fréquentée, pensai-je. Il vaut bien mieux que les corneilles et les corbeaux – s'il y a des corbeaux dans cette région – viennent arracher ma chair de mes os que d'être emprisonnée dans un cercueil fourni par l'asile ou de moisir dans une tombe d'indigent. »

Je me dirigeai donc vers la colline. J'y parvins. Il ne me restait plus qu'à trouver un creux où je pusse m'étendre et me sentir, sinon en sûreté, du moins cachée. Mais toute la surface de la lande paraissait plate. On n'y voyait d'autres variations que celles des teintes : elle était verte là où les joncs et la mousse recouvraient un sol marécageux ; noire là où une terre sèche ne portait que de la bruyère. Bien qu'il commençât à faire très sombre, je distinguais encore ces différences, mais seulement comme des alternances du clair au foncé, car les couleurs s'étaient évanouies avec la lumière du jour.

Mon œil continua à errer sur cette sinistre pente et à suivre le rebord de la lande, qui se perdait dans les paysages les plus sauvages, quand en un point obscur, perdu au loin parmi les marécages et les crêtes, jaillit une lumière. Ma première pensée fut que c'était un feu follet et je m'attendis à la voir disparaître bientôt.

Cependant elle continua à brûler d'un éclat soutenu, sans avancer ni reculer. Serait-ce donc un feu de joie qu'on viendrait d'allumer ? me demandai-je. Je l'observai pour voir si elle allait s'étendre ; mais non ; non plus qu'elle ne diminuait, elle ne grandissait. C'est peut-être une bougie dans une maison, supposai-je alors ; mais en ce cas, jamais je ne pourrai l'atteindre. Elle est bien trop éloignée ; d'ailleurs, quand bien même elle serait à trois pieds de moi, à quoi bon ? Je n'aurais qu'à frapper à cette porte pour me la voir aussitôt refermer au nez.

Et je me laissai tomber à terre là où j'étais et me cachai le visage contre le sol. Je restai un moment immobile ; le vent de la nuit passa sur la colline et sur moi et s'en alla mourir en gémissant au loin ; la pluie tombait dru et me trempa de nouveau jusqu'à l'os. Si seulement j'avais pu être pétrifiée par ce froid implacable, connaître l'heureux engourdissement de la mort, la pluie aurait pu continuer à me frapper ; je ne l'eusse pas sentie ; mais ma chair encore vivante frémit à ce contact glacial. Je ne tardai pas à me relever.

La lumière était toujours là, qui brillait faiblement, mais régulièrement, dans la pluie. J'essayai de me remettre en marche ; je traînai lentement mes jambes épuisées dans cette direction. La lumière me fit traverser obliquement la pente, puis une large fondrière, qui eût été impraticable en hiver et qui même à présent, en plein cœur de l'été, était détrempée et incertaine. À cet endroit je tombai deux fois ; mais chaque fois je me relevai et je battis le rappel de mes facultés. Cette lumière était mon ultime espoir ; il fallait que je l'atteignisse.

Après avoir traversé le marécage, je vis une traînée blanchâtre sur la lande. Je m'en approchai ; c'était une route, ou une piste, qui menait droit à la lumière ;

celle-ci luisait à présent du haut d'une sorte de monticule, au milieu d'un bouquet d'arbres, de sapins, me sembla-t-il, d'après l'idée que, dans les ténèbres, je pus me faire de l'aspect de leur silhouette et de leur feuillage. Mon étoile disparut tandis que je m'en approchais ; un obstacle s'était interposé entre elle et moi. Je tendis la main pour reconnaître la masse sombre que j'avais devant moi ; j'identifiai les pierres rugueuses d'un mur bas, surmonté d'une sorte de palissade et doublé à l'intérieur d'une haie haute et épineuse. Je poursuivis mon exploration tâtonnante. De nouveau un objet blanchâtre apparut devant moi ; c'était une porte, ou plutôt un portillon qui pivota sur ses gonds quand je le touchai. De part et d'autre se dressaient des buissons noirs, de houx ou d'ifs.

Lorsque j'eus franchi la porte et dépassé les buissons, la silhouette d'une maison se révéla à mes regards, sombre, basse et assez allongée ; mais la lumière qui m'avait guidée ne brillait plus nulle part. Tout était ténèbres. Les habitants étaient-ils allés se coucher ? J'eus lieu de le craindre. En cherchant la porte, je contournai un angle ; et voilà que l'aimable rayon jaillissait de nouveau des vitres en losange d'une toute petite fenêtre treillissée, placée à un pied au-dessus du sol et rendue encore plus menue par la croissance d'un lierre ou de quelque autre plante grimpante, dont les feuilles recouvraient d'une épaisse végétation la partie du mur de la maison où était pratiquée cette fenêtre. L'ouverture était tellement étroite et si bien abritée que rideaux et volets avaient été jugés superflus ; aussi, quand je me baissai pour écarter la branchette chargée de feuillage qui la traversait, vis-je tout l'intérieur. Je vis clairement une salle au sol sablé et méticuleusement propre, un dressoir en noyer, portant plusieurs rangées de plats d'étain où se reflétaient la rougeur et l'éclat d'un brillant feu de tourbe. Je vis une horloge, une table en bois blanc, quelques sièges. La bougie, dont les rayons m'avaient servi de fanal, était posée sur la table ; et à sa lumière une femme d'un certain âge, d'aspect un peu rude, mais scrupuleusement propre, comme tout ce qui l'entourait, tricotait un bas.

Je ne jetai sur ces objets qu'un coup d'œil rapide, car il ne s'y trouvait rien qui sortît de l'ordinaire. Un groupe composé d'êtres plus intéressants apparaissait auprès de l'âtre, tranquillement installés dans la pâle rougeur et dans la chaude paix qui en émanaient. Deux gracieuses jeunes femmes, d'une distinction parfaite, étaient assises, l'une dans un fauteuil à bascule bas, l'autre sur un tabouret encore plus bas ; toutes deux portaient le grand deuil et étaient habillées de crêpe et de bombasin ; ces vêtements sombres rehaussaient singulièrement l'extrême blancheur de leur cou et de leur visage ; un grand et vieux chien d'arrêt avait posé sa tête massive sur les genoux de l'une des jeunes filles tandis qu'un chat noir se pelotonnait sur le giron de l'autre.

Quel étrange endroit que cette humble cuisine pour de telles occupantes ! Qui étaient-elles ? Elles ne pouvaient être les filles de la personne âgée assise près de la table ; car celle-ci avait l'air d'une paysanne, tandis que les autres n'étaient que délicatesse et culture. Nulle part je n'avais vu de visages ressemblant aux leurs ; pourtant, en les contemplant, j'eus l'impression de connaître familièrement chacun de leurs traits. Je ne saurais prétendre qu'elles étaient belles : elles étaient trop pâles et trop graves pour mériter ce titre ; penchées chacune sur son livre, elles avaient un air pensif jusqu'à l'austérité. Un pupitre placé entre elles deux portait une deuxième bougie ainsi que deux gros volumes auxquels elles se reportaient fréquemment pour les comparer, semblait-il, aux livres plus petits qu'elles avaient entre les mains, comme on le fait quand on consulte un dictionnaire pour s'aider dans un travail de traduction. Cette scène était aussi silencieuse que si les personnages avaient été des ombres et la pièce éclairée par le feu un tableau ; le silence était si profond que j'entendais les cendres tomber de la grille de l'âtre et l'horloge faire son tic-tac dans un coin sombre ; il me sembla même distinguer le cliquetis des aiguilles à tricoter de la femme âgée. C'est pourquoi, quand une voix finit par rompre cet étrange mutisme, elle me fut assez clairement perceptible.

— Écoute, Diana, dit l'une des deux étudiantes attentives, Franz et le vieux Daniel sont ensemble une nuit, et Franz raconte un rêve dont il vient de s'éveiller terrifié… écoute !

Puis d'une voix sourde, elle lut un texte dont pas un seul mot ne me fut intelligible ; car il était écrit en une langue inconnue ; ce n'était ni du français ni du latin. Je n'aurais su dire si c'était du grec ou de l'allemand.

— C'est fort, dit-elle quand elle eut fini ; cela me ravit.

L'autre jeune fille, qui avait levé la tête pour écouter sa sœur, répéta, tout en contemplant le feu, une ligne du texte qui venait d'être lu. Plus tard, je devais apprendre à connaître cette langue et ce livre ; je vais donc citer cette ligne ; mais, quand je l'entendis pour la première fois, ce ne fut pour moi que comme un coup frappé sur l'airain sonnant, cela n'évoquait aucune signification :

— *Da trat hervor Einer, anzusehen wie die Sternen Nacht.* Bravo ! Bravo ! s'écria-t-elle, tandis que ses yeux sombres et profonds étincelaient. Ces mots te mettent dignement sous les yeux l'image d'un archange obscur et puissant ! Cette ligne vaut mieux que cent pages de galimatias. *Ich wäge die Gedanken in der Schale meines Zornes und die Werke mit dem Gewichte meines Grimms*[1]. J'aime cela !

Toutes deux se turent à nouveau.

— Y a-t-il un pays où on cause comme ça ? demanda la vieille femme, qui leva les yeux de son tricot.

— Oui, Hannah, un pays beaucoup plus grand que l'Angleterre, où l'on parle uniquement de cette manière.

— Eh ben, pour sûr je m'demande comment ils peuvent se comprendre les uns les autres ; alors, si une de vous s'en allait là-bas, vous pourriez savoir ce qu'ils diraient, j'imagine ?

— Nous pourrions probablement savoir une partie de ce qu'ils diraient, mais non point tout... car nous ne sommes pas aussi savantes que vous nous croyez, Hannah. Nous ne parlons pas l'allemand et nous ne le lisons qu'en nous aidant d'un dictionnaire.

— À quoi ça vous sert-il ?

— Nous avons l'intention d'enseigner cette langue un jour, ou d'en enseigner du moins les rudiments, comme on dit ; ainsi gagnerons-nous plus d'argent qu'à présent.

— C'est ben possible ; mais faut arrêter d'étudier ; vous en avez assez fait pour ce soir.

— Je crois que vous avez raison ; en tout cas je suis fatiguée ; et toi, Mary ?

— Mortellement ; somme toute, c'est une rude besogne que de s'acharner sur une langue étrangère sans autre maître qu'un lexique.

---

[1]. Friedrich von Schiller (1759-1805) est un poète et écrivain allemand, il publie *Les brigands* en 1781, acte 5, scène 1 : « Alors apparut un homme qui ressemblait à la nuit étoilée... Je pèse les pensées dans la balance de mon courroux et les œuvres avec le poids de ma fureur. »

— Oui, surtout pour une langue comme ce *Deutsch* rébarbatif et magnifique. Je me demande quand Saint-John va rentrer.

— Il ne va sûrement pas tarder maintenant ; il est juste dix heures (elle consulta une petite montre en or qu'elle tira de sa ceinture). Il pleut à verse. Hannah, voulez-vous avoir la bonté de jeter un coup d'œil sur le feu dans le salon ?

La femme se leva ; elle ouvrit une porte, par laquelle je vis confusément un couloir ; bientôt je l'entendis tisonner un feu dans une pièce plus éloignée ; au bout de quelques instants elle revint.

— Ah, mes enfants ! dit-elle, cela me fait vraiment de la peine d'aller dans c'te pièce-là à présent ; elle a l'air tellement solitaire avec le fauteuil vide et poussé dans un coin.

Elle s'essuya les yeux avec son tablier ; les deux jeunes filles, qui auparavant avaient l'air grave, devinrent alors tristes.

— Mais il est dans un monde meilleur, poursuivit Hannah ; il ne faut pas regretter qu'il ne soit plus ici. Et puis, personne ne pourrait avoir une mort plus paisible que la sienne n'a été.

— Vous nous disiez qu'il n'a pas du tout parlé de nous ? dit l'une des demoiselles.

— Il en a pas eu le temps, ma petite ; il a été parti en moins d'une minute, votre papa. Il avait été un brin souffrant, comme qui dirait, la veille, mais ce n'était rien de grave ; et quand M. Saint-John lui a demandé s'il voulait qu'on fasse appeler l'une de vous, votre papa lui a bel et bien ri au nez. Le lendemain – c'est-à-dire il y a quinze jours de ça –, il a recommencé à avoir un peu de lourdeur dans la tête, et il s'est endormi, et il ne s'est jamais réveillé ; il était presque roide quand votre frère l'a trouvé en entrant dans la chambre. Ah, mes petites ! C'est la fin de la vieille souche, parce que M. Saint-John et vous, vous êtes, comme qui dirait, d'une autre sorte que ceux qui s'en sont allés ; quoique votre mère, elle ait été assez dans votre genre, et presque aussi savante que vous. C'était tout votre portrait à vous, Mary ; Diana ressemble plus à votre père.

Je trouvais les deux jeunes filles si semblables que je me demandai où la vieille domestique (car à présent j'étais convaincue que telle était la situation de cette femme) voyait la différence. Toutes deux avaient le teint clair et la taille fine ; toutes deux avaient le visage respirant la distinction et l'intelligence. Certes, l'une avait les cheveux un rien plus foncés que l'autre et il y avait une certaine différence dans leur façon de se coiffer ; les cheveux brun clair de Mary étaient séparés par une raie et formés en nattes appliquées ; les tresses plus foncées de Diana lui couvraient le cou de boucles épaisses. L'horloge sonna dix heures.

— Je suis sûre que vous allez avoir envie de souper, déclara Hannah ; et M. Saint-John aussi quand il rentrera.

Elle se mit alors en devoir de préparer le repas. Les demoiselles se levèrent ; elles avaient l'air de s'apprêter à se retirer au salon. Jusqu'à cet instant, j'avais été tellement occupée à les observer, leur aspect et leur conversation avaient éveillé en moi un intérêt si puissant, que j'avais presque oublié ma propre situation misérable ; à présent elle me revint à l'esprit. Et elle me parut plus désolante, plus désespérée que jamais, par contraste. De plus, comme il paraissait impossible d'émouvoir en ma faveur les habitants de cette maison, de les faire croire à la réalité de mes besoins et de mes malheurs ; de les induire à m'accorder un peu de repos après mes tribulations ! Tandis que je cherchais à tâtons la porte, puis que j'y frappais avec hésitation, je me rendis compte que cette dernière idée était une pure chimère. Ce fut Hannah qui m'ouvrit.

— Que voulez-vous ? me demanda-t-elle sur un ton de surprise en me dévisageant à la lumière de la bougie qu'elle tenait.

— Pourrais-je parler à vos maîtresses ? demandai-je.

— Vous feriez mieux de me dire de quoi vous voulez leur parler. D'où venez-vous ?

— Je ne suis pas de la région.

— Qu'avez-vous à faire ici à pareille heure ?

— J'ai besoin d'un abri pour la nuit dans un appentis ou n'importe où, et d'un morceau de pain à manger.

La défiance, qui était exactement le sentiment que je redoutais, apparut sur les traits de Hannah.

— Je vais vous donner un morceau de pain, dit-elle, après un moment de silence ; mais nous ne pouvons pas accueillir de vagabonds dans la maison. Ce n'est pas convenable.

— Laissez-moi parler à vos maîtresses, je vous en prie.

— Non, je m'y refuse. Que peuvent-elles faire pour vous ? Vous ne devriez pas vagabonder à une heure pareille ; cela fait très mauvais effet.

— Mais où irai-je si vous me chassez ? Que ferai-je ?

— Oh, je suis sûre que vous savez où aller et que faire. Veillez à ne pas faire de mal, un point, c'est tout. Voici un penny ; partez maintenant...

— Ce n'est pas un penny qui me nourrira ; et je n'ai pas la force d'aller plus loin. Ne refermez pas la porte, oh, non, pour l'amour du Ciel !

— Il le faut ; le vent fait entrer la pluie dans la maison...

— Prévenez ces demoiselles. Laissez-moi les voir...

— Je m'y refuse. Vous n'êtes pas comme il faut, sans quoi vous ne feriez pas tant de bruit. Éloignez-vous.

— Mais je serai réduite à mourir si l'on me repousse.

— Pensez-vous ! Je crains que vous n'ayez de vilains projets en tête, pour venir rôder autour des maisons à une pareille heure de la nuit. Si vous avez dans les parages des compagnons, cambrioleurs ou autres, vous pouvez leur dire que nous ne sommes pas seules dans la maison ; nous avons un monsieur avec nous, et des chiens, et des fusils.

Là-dessus l'honnête mais inflexible servante referma vivement la porte et la verrouilla de l'intérieur.

C'était le comble. Une douleur d'une violence extrême, une torture d'authentique désespoir, me déchira et me gonfla le cœur. Épuisée, oui, je l'étais ; je n'aurais pu bouger d'un seul pas. Je m'effondrai sur le seuil trempé ; je gémis... je me tordis les mains... je pleurai sous l'effet d'une souffrance extrême. Ah, ce spectre de la mort ! Ah, cette dernière heure, approchant avec tant d'horreur ! Hélas, quel isolement... quelle exclusion du milieu de mes semblables ! Ce n'était pas seulement l'ancre de l'espoir, c'était la base même du courage qui avait disparu... pour un instant du moins ; mais je ne tardai pas à m'efforcer de la reconquérir.

— Je ne puis faire autrement que de mourir, dis-je, or je crois en Dieu. Essayons d'attendre en silence l'accomplissement de sa volonté.

Ces mots ne m'avaient pas seulement traversé l'esprit : je les avais prononcés ; puis, repoussant dans le fond de mon cœur toute ma détresse, je fis effort pour la contraindre à y rester, muette et immobile.

— Tous les hommes doivent mourir, dit une voix

toute proche de moi, mais tous ne sont pas condamnés à connaître une fin lente et prématurée, comme le serait la vôtre si vous périssez ici de misère.

— Qu'est-ce ou qui est-ce qui parle ? demandai-je, terrifiée par ce bruit inattendu et incapable désormais de puiser dans un incident quelconque l'espoir d'un secours.

Une silhouette était proche... mais la nuit de poix et ma vision affaiblie m'empêchèrent de distinguer quelle était cette silhouette. Le nouveau venu frappa à la porte un coup sonore et prolongé.

— Est-ce vous, monsieur Saint-John ? cria Hannah.

— Oui, oui, dépêchez-vous d'ouvrir.

— Ma foi, que vous devez être mouillé et que vous devez avoir froid par une nuit si épouvantable ! Entrez... vos sœurs s'inquiètent fort à votre sujet, et je crois qu'il y a des gens dangereux dans les parages. Il est venu une mendiante... ma parole, elle n'est pas encore partie !... elle s'est couchée par terre. Levez-vous ! Fi donc ! Éloignez-vous, vous dis-je !

— Chut, Hannah ! J'ai un mot à dire à cette femme. Vous avez fait votre devoir en la renvoyant, permettez-moi maintenant de faire le mien en l'accueillant. J'étais tout à côté et je vous ai écoutées toutes deux. Je crois que cette affaire n'est pas ordinaire... Il faut à tout le moins que je l'étudie. Jeune femme, levez-vous et entrez devant moi dans la maison.

Non sans difficulté je m'exécutai. Bientôt je me trouvai dans cette cuisine propre et claire... devant l'âtre même... tremblante et mal à l'aise, car j'avais conscience de paraître au plus haut point effrayante, égarée, battue par la tempête. Les deux demoiselles, leur frère, M. Saint-John, la vieille domestique, tout le monde me dévisageait.

— Saint-John, qui est-ce ? entendis-je quelqu'un demander.

— Je ne sais pas ; je l'ai trouvée devant la porte, fut-il répondu.

— C'est vrai qu'elle a l'air blême, dit Hannah.

— Comme plâtre, ou comme la mort, répliqua une voix ; elle va tomber ; faites-la asseoir.

De fait, la tête me tournait ; je m'effondrai, mais une chaise m'accueillit. Je n'avais pas perdu conscience, bien que je fusse momentanément hors d'état de parler.

— Peut-être se remettrait-elle si on lui donnait un peu d'eau. Hannah, allez en chercher. Mais elle est complètement épuisée. Qu'elle est émaciée, et qu'elle est exsangue !

— Un vrai spectre !

— Est-elle malade, ou seulement affamée ?

— Affamée, je crois. Hannah, est-ce du lait qu'il y a ici ? Donnez-le-moi, ainsi qu'un morceau de pain.

Diana (que je reconnus aux longues boucles que je vis tomber entre le feu et moi quand elle se pencha au-dessus de moi) prit une bouchée de pain, la trempa dans le lait et la porta à mes lèvres. Son visage était proche du mien ; j'y lus de la pitié et je sentis que sa respiration précipitée exprimait de la sympathie. En outre, la même émotion apaisante fut traduite par ses simples paroles :

— Essayez de manger.

— Oui, essayez, répéta Mary avec douceur.

Et la main de Mary m'ôta mon chapeau détrempé et me souleva la tête. Je goûtai à ce que l'on m'offrait ; faiblement tout d'abord, bientôt avec empressement.

— Pas trop pour commencer... modérez-la, dit le frère. Elle en a eu assez.

Et il enleva la tasse de lait et l'assiette où était le pain.

— Encore un peu, Saint-John... vois comme ses yeux sont avides.

— Rien de plus pour le moment, ma sœur. Voyons si elle est capable de parler maintenant... demande-lui son nom.

Je me rendis compte que je pouvais parler et je répondis :

— Je m'appelle Jane Elliott.

Toujours aussi désireuse d'éviter d'être découverte, j'avais résolu d'adopter un pseudonyme.

— Et où habitez-vous ? Où sont vos amis ?

Je me tus.

— Pouvons-nous faire appeler quelqu'un que vous connaissiez ?

Je hochai la tête.

— Quels renseignements pouvez-vous nous donner sur votre propre compte ?

Je ne sais comment cela se faisait, mais, depuis l'instant où j'avais franchi le seuil de cette maison et où j'avais été mise en face de ses propriétaires, je ne me sentais plus proscrite, vagabonde et rejetée par le vaste monde. J'eus l'audace de me dépouiller de mon masque de mendiante, de reprendre mes manières et mon caractère naturels. Je recommençai à savoir qui j'étais ; aussi, quand M. Saint-John me demanda des renseignements (que j'étais momentanément bien trop faible pour lui fournir), lui dis-je après un court silence :

— Monsieur, je ne puis vous donner aucun détail ce soir.

— Mais alors, me dit-il, qu'espérez-vous me voir faire pour vous ?

— Rien, répondis-je.

Je n'avais pas la force de faire de plus longues réponses. Diana prit la parole :

— Voulez-vous dire, demanda-t-elle, que nous vous

avons à présent donné toute l'aide dont vous ayez besoin ? Et que nous pouvons vous renvoyer sur la lande et dans cette nuit pluvieuse ?

Je la regardai. Elle avait, pensai-je, un visage remarquable, pétri à la fois de force et de bonté. Je pris soudain courage. Répondant par un sourire à son regard de compassion, je lui dis :

— Je veux m'en remettre à vous. Si j'étais un chien égaré et abandonné, je sais que vous ne me chasseriez pas loin de votre foyer cette nuit ; à plus forte raison n'ai-je vraiment aucune crainte pour moi. Faites de moi et pour moi ce que vous voudrez ; mais dispensez-moi de parler beaucoup... j'ai le souffle court et je me sens oppressée quand je parle.

Tous trois me considérèrent et tous trois gardèrent le silence.

— Hannah, finit par dire M. Saint-John, laissez-la assise ici pour le moment, sans lui poser de questions ; dans dix minutes, donnez-lui ce qu'il reste de lait et de pain. Mary et Diana, allons dans le salon pour discuter de cette question.

Ils se retirèrent. Bientôt une des demoiselles revint... je ne sais laquelle. Une sorte d'engourdissement agréable m'envahit tandis que je restais assise auprès de ce feu réconfortant. À mi-voix elle donna certaines instructions à Hannah. Avant peu, avec l'aide de la domestique, je parvins à monter un escalier ; on m'ôta mes vêtements trempés ; bientôt un lit chaud et sec m'accueillit. Je rendis grâces à Dieu... je ressentis au milieu de mon indicible épuisement un fervent élan de joyeuse gratitude... et je m'endormis.

CHAPITRE XXIX

Le souvenir des quelque trois jours et des quelque trois nuits qui suivirent ces faits est très vague dans mon esprit. Je me rappelle certaines sensations que j'éprouvai au cours de ce laps de temps ; mais je ne me rappelle pas avoir conçu beaucoup de pensées ni avoir accompli aucune action. Je savais que j'étais dans une petite pièce et sur un lit étroit. Dans ce lit je semblais avoir pris racine ; j'y restais étendue, immobile comme une pierre ; en m'en arrachant on m'eût comme tuée. Je ne remarquais pas l'écoulement du temps, le passage du matin à midi, ou de midi au soir. J'observais toute entrée dans ma chambre ou toute sortie d'une personne ; je savais même de qui il s'agissait ; je comprenais ce qu'on disait quand la personne qui parlait se tenait près de moi ; mais je ne pouvais répondre ; remuer les lèvres ou bouger les bras m'était également impossible. Les visites les plus fréquentes étaient celles de la domestique, Hannah. Sa venue me troublait. J'avais le sentiment qu'elle regrettait ma présence, qu'elle ne me comprenait pas et ne comprenait pas ma situation, qu'elle était prévenue contre moi. Diana et Mary faisaient leur apparition dans ma chambre une ou deux fois par jour. À mon chevet, elles échangeaient à mi-voix des propos de ce genre :

— Il est heureux que nous l'ayons accueillie.

— Oui ; on l'aurait certainement trouvée morte devant la porte au matin, si on l'avait laissée dehors toute la nuit. Je me demande ce qu'elle a eu à endurer.

— D'étranges épreuves, j'imagine... la pauvre vagabonde, pâle et émaciée !

— J'ai l'impression, d'après sa façon de parler, que ce n'est pas une personne sans éducation ; elle avait un accent d'une parfaite pureté ; d'ailleurs les vêtements qu'elle a ôtés, s'ils étaient trempés et éclaboussés de boue, n'étaient guère usés et étaient de belle qualité.

— Elle a une figure originale ; elle a beau être hâve et décharnée, elle me plaît assez ; en bonne santé et animée, j'imagine qu'elle aurait une physionomie agréable.

Pas une fois au cours de leurs dialogues je n'entendis la moindre syllabe de regret à l'idée de l'hospitalité qu'elles m'avaient accordée, ni de méfiance ou d'aversion à mon égard. J'en fus réconfortée.

M. Saint-John ne vint qu'une fois ; il me regarda et dit que mon état de léthargie résultait simplement d'une réaction à la suite de fatigues excessives et prolongées. Il décréta qu'il était inutile de faire venir un docteur ; la nature, assura-t-il, se tirerait parfaitement d'affaire, si on la laissait agir. Il déclara que j'avais dû subir d'une façon ou d'une autre une hypertension nerveuse totale et que tout mon organisme devait rester plongé quelque temps dans la torpeur. Je n'étais pas malade. Il supposait que ma guérison allait être assez rapide une fois qu'elle aurait commencé. Ces opinions, il les proféra en peu de mots, d'une voix calme et grave ; puis il ajouta, après un silence, sur le ton d'un homme peu habitué à s'épancher en longs commentaires :

— Physionomie assez inhabituelle, et qui ne révèle assurément aucune vulgarité ni aucune déchéance.

— Tout au contraire, répondit Diana. À vrai dire, Saint-John, j'ai le cœur assez attendri par cette pauvre petite âme. Je voudrais que nous ayons le moyen de lui venir en aide de façon permanente.

— Ce n'est guère probable, lui fut-il répliqué. Tu verras que c'est une jeune fille qui a eu un différend avec sa famille et qui vraisemblablement a quitté cette famille étourdiment. Nous arriverons peut-être à l'y faire retourner, si elle ne se montre pas obstinée ; mais je distingue sur son visage des lignes de force qui me font douter de sa docilité.

Il resta quelques minutes à me considérer, puis il ajouta :

— Elle a l'air raisonnable, mais n'est pas belle du tout.

— Elle est si malade, Saint-John.

— Malade ou bien portante, elle serait toujours laide. La grâce et l'harmonie qui font la beauté sont complètement absentes de ses traits.

Le troisième jour j'allai mieux ; le quatrième je pus parler, remuer, me dresser sur mon lit, me retourner. Hannah m'avait apporté un peu de gruau et des rôties, vers l'heure du dîner, me sembla-t-il. J'avais mangé avec appétit ; ces aliments étaient bons ; ils avaient perdu ce goût de fièvre qui avait jusqu'alors empoisonné tout ce que j'avalais. Quand elle me quitta, je me sentis relativement forte et revigorée ; peu après, une satiété de repos et le désir d'agir m'animèrent. Je voulus me lever ; mais de quoi pouvais-je me vêtir ? Seulement de mes habits humides et bourbeux, que je portais quand j'avais dormi à même le sol et quand j'étais tombée dans le marécage. J'avais honte de paraître ainsi vêtue devant mes bienfaiteurs. Cette humiliation me fut épargnée.

Sur une chaise au chevet du lit se trouvaient toutes mes affaires personnelles, propres et sèches. Ma robe de soie noire était accrochée au mur. Les traces de la fondrière en avaient disparu ; les faux plis laissés par l'humidité avaient été effacés : elle était tout à fait convenable. Mes chaussures et mes bas avaient également été nettoyés et rendus présentables. J'avais dans la chambre de quoi me laver, ainsi qu'un peigne et une brosse pour me lisser les cheveux. Au terme d'une pénible opération et en m'interrompant toutes les cinq minutes, je parvins à m'habiller. Mes vêtements flottaient autour de moi, car j'avais beaucoup maigri ; mais je dissimulai ces insuffisances sous un châle, puis, ayant enfin retrouvé un aspect propre et respectable, ne conservant pas le moindre grain de la saleté, pas la moindre trace du désordre que je détestais tant et dont j'avais l'impression qu'ils m'avilissaient tant, je descendis lentement un escalier de pierre en m'aidant de la rampe, je gagnai un couloir bas et étroit et je trouvai bientôt le chemin de la cuisine.

Elle était pleine d'une odeur de pain frais et de la chaleur d'un feu généreux. Hannah boulangeait. On n'ignore pas que les préjugés sont particulièrement difficiles à extirper d'un cœur dont le sol n'a jamais été ameubli ni fertilisé par l'éducation ; ils y poussent, solides comme la mauvaise herbe dans les cailloux. Hannah s'était montrée froide et rigide, en vérité, au début ; depuis peu elle avait commencé à se détendre légèrement ; quand elle me vit entrer, propre et bien habillée, elle alla jusqu'à sourire.

— Tiens, vous êtes levée ! dit-elle. C'est donc que cela va mieux. Vous pouvez vous asseoir dans mon fauteuil devant la cheminée, si vous voulez.

Elle me montrait du doigt le fauteuil à bascule ; je m'y installai. Elle s'affaira de-ci, de-là, tout en m'examinant de temps à autre du coin de l'œil. En se tournant vers moi, au moment où elle allait tirer du four quelques pains, elle me demanda à brûle-pourpoint :

— Aviez-vous déjà mendié avant de venir ici ?

Je fus un instant indignée ; mais je me rappelai qu'il n'était pas question de me mettre en colère et que d'ailleurs je lui étais apparue comme une mendiante ; je lui répondis donc calmement, mais non sans marquer une certaine sévérité :

— Vous vous trompez en me prenant pour une mendiante. Je ne suis pas une mendiante, pas plus que vous-même ou que vos jeunes maîtresses.

Au bout d'un moment de silence elle reprit :

— J'y comprends rien ; vous avez l'air de ne pas avoir de maison ni de galette, il me semble !

— Ce n'est pas le manque de maison ou de galette (je suppose que vous voulez dire d'argent) qui suffit pour faire de quelqu'un une mendiante au sens que vous donnez à ce mot.

— Avez-vous étudié dans les livres ? me demanda-t-elle bientôt.

— Oui, beaucoup.

— Mais vous n'avez jamais été en pension ?

— J'ai été huit ans en pension.

Elle ouvrit de grands yeux.

— Alors comment cela se fait-il que vous ne puissiez pas gagner votre vie ?

— Je la gagnais ; et j'espère bien que je recommencerai. Qu'allez-vous faire de ces groseilles à maquereau ? demandai-je, quand elle prit dans un placard un panier de ces fruits.

— C'est pour faire des tartes.

— Donnez-les-moi, que je les épluche.

— Non ; je ne veux pas que vous fassiez rien du tout.

— Mais il faut bien que je fasse quelque chose. Donnez-les-moi.

Elle y consentit ; elle m'apporta même un torchon propre à étaler sur ma robe, afin, me dit-elle, de ne pas risquer que je la « cochonne ».

— Vous n'avez pas été habituée à faire du travail de domestique ; cela se voit à vos mains, déclara-t-elle. Peut-être bien que vous étiez couturière ?

— Non, vous vous trompez. D'ailleurs peu importe ce que j'étais ; ne vous mettez pas plus longtemps martel en tête à mon sujet ; dites-moi plutôt le nom de la maison où nous sommes.

— Y a des gens qui l'appellent Marsh End et d'autres qui disent Moor House.

— Et le monsieur qui habite ici s'appelle-t-il M. Saint-John ?

— Non ; il n'habite pas ici ; il ne fait qu'un petit séjour. Quand il est chez lui, c'est dans sa paroisse de Morton.

— Est-ce le village situé à quelques milles d'ici ?

— Tout juste.

— Et que fait-il ?

— Il est pasteur.

Je me rappelai ce que m'avait répondu la vieille intendante du presbytère quand j'avais demandé à voir le desservant.

— Nous sommes donc dans la maison où résidait son père ?

— Tout juste ; le vieux M. Rivers habitait ici, comme son père, et son grand-père, et son « arrière »-grand-père, avant lui.

— Ainsi, ce monsieur s'appelle M. Saint-John Rivers ?

— Oui ; Saint-John, c'est comme qui dirait son nom de baptême.

— Et ses sœurs s'appellent Diana et Mary Rivers ?
— Oui.
— Leur père est mort ?
— Mort il y a trois semaines, d'une attaque.
— Ils n'ont plus leur mère ?
— Madame est morte depuis bien des années.
— Y a-t-il longtemps que vous êtes dans la famille ?
— Cela fait trente ans que je vis ici. Je les ai soignés tous les trois dans leur enfance.
— Cela prouve que vous avez dû être une servante honnête et fidèle. Je vous rends volontiers cette justice, bien que vous ayez eu la discourtoisie de me traiter de mendiante.

De nouveau elle me considéra d'un regard effaré.

— Je crois, dit-elle, que je m'étais complètement trompée sur votre compte ; mais il y a tant de fourbes dans le monde qu'il faut me le pardonner.
— Et bien que vous ayez voulu, poursuivis-je sur un ton assez sévère, me chasser de la maison par une nuit où vous n'en auriez pas refusé l'entrée à un chien.
— C'est vrai que c'était un peu dur ; mais que voulez-vous ? J'ai pensé plutôt aux « nenfants » qu'à moi : les pauvres petites ! Elles n'ont pour ainsi dire que moi pour veiller sur elles. Faut bien que je sois un peu méfiante.

Je gardai le silence, avec un air grave, pendant plusieurs minutes.

— Faut pas me juger trop durement, reprit-elle.
— Mais si, je vous juge durement, dis-je ; et je vais vous expliquer pourquoi : ce n'est pas tellement parce que vous avez refusé de me donner asile ou parce que vous m'avez considérée comme un imposteur ; mais il y a un instant vous avez trouvé le moyen de me reprocher de ne pas avoir de « galette » ni de maison. Certains des êtres les plus vertueux qui aient jamais vécu

étaient tout aussi dépourvus que moi ; si vous êtes chrétienne, vous ne devez pas considérer la pauvreté comme un crime.

— C'est vrai que je ne devrais pas, dit-elle ; M. Saint-John me le dit, lui aussi ; et je vois que j'avais tort... mais l'idée que je me fais de vous à présent est complètement différente d'avant. Vous avez l'air d'une petite créature tout ce qu'il y a de convenable.

— C'est bon... je vous pardonne maintenant. Serrons-nous la main.

Elle mit sa main calleuse et couverte de farine dans la mienne ; un nouveau sourire, encore plus cordial, illumina son rude visage et à compter de cet instant nous fûmes amies.

Hannah était manifestement bavarde. Tandis que j'épluchais les fruits et qu'elle faisait la pâte à tarte, elle se mit en devoir de me donner maints détails sur feu son maître et sa maîtresse, ainsi que sur les « nenfants », comme elle appelait les jeunes gens.

Le vieux Rivers, me dit-elle, était quelqu'un d'assez simple, mais homme de qualité, et membre de l'une des plus anciennes familles qu'on pût trouver. Marsh End avait appartenu aux Rivers depuis sa construction ; or la maison avait, m'affirma-t-elle, « plus de deux cents ans d'âge, même si elle n'a l'air que d'une petite bicoque de rien du tout, comparée au magnifique manoir de M. Oliver, là-bas, dans le val de Morton ». Pourtant elle se souvenait du père de Bill Oliver, ouvrier à la fabrique d'aiguilles, alors que les Rivers étaient déjà gens de qualité au bon vieux temps des Henri[1], comme n'importe qui pouvait le constater en consultant les registres à la sacristie de l'église de Morton. Certes,

---

1. Henri VII (1484-1509) et Henri VIII (1509-1547), rois d'Angleterre de la dynastie des Tudor.

reconnaissait-elle, son vieux maître avait été comme tout le monde, sans rien de très extraordinaire ; il raffolait de la chasse, de la culture et tout ce qui s'ensuit. La maîtresse était différente. C'était une grande liseuse, qui étudiait beaucoup ; et les « p'tiots » tenaient d'elle. Il n'y avait jamais eu, et il n'y avait encore personne qui leur ressemblât dans la région ; ils avaient eu le goût de l'étude, tous les trois, presque aussitôt qu'ils avaient su parler ; et ils avaient toujours été « d'un genre à part ». M. Saint-John, en grandissant, avait tenu à aller à l'Université et à entrer dans les ordres ; quant aux filles, dès qu'elles avaient quitté l'école, elles avaient voulu chercher des places de gouvernantes ; en effet, avaient-elles dit à Hannah, leur père, quelques années auparavant, avait perdu une grosse somme d'argent par la faillite d'un homme en qui il avait eu confiance ; il n'était plus assez riche à présent pour leur constituer de dots ; il fallait donc qu'elles gagnassent leur vie. Elles n'avaient guère vécu chez elles depuis longtemps et n'y étaient revenues récemment que pour y rester quelques semaines à l'occasion de la mort de leur père ; pourtant elles aimaient énormément Marsh End et Morton et toutes les landes et les collines environnantes. Elles étaient allées à Londres et dans beaucoup d'autres villes magnifiques ; mais elles disaient toujours que rien ne valait la maison natale ; avec cela, elles s'entendaient si bien... jamais de disputes ni de « chamâilleries ». Hannah ne savait pas s'il existait au monde de famille aussi unie.

Ayant achevé mon travail d'épluchage des groseilles à maquereau, je demandai où étaient à ce moment les deux jeunes filles et leur frère.

— Ils sont allés faire une promenade à pied du côté de Morton ; mais ils seront rentrés d'ici une demi-heure pour le thé.

Ils revinrent dans les délais que leur avait assignés Hannah et entrèrent par la porte de la cuisine. M. Saint-John, quand il me vit, se contenta de s'incliner et passa son chemin ; les jeunes filles s'arrêtèrent ; Mary, en quelques mots, exprima gentiment et calmement le plaisir qu'elle éprouvait à me voir assez bien portante pour pouvoir descendre ; Diana me prit la main et me dit avec un hochement de tête :

— Vous auriez dû attendre ma permission pour descendre. Vous avez l'air encore bien pâle... et si maigre ! Pauvre petite ! Pauvre enfant !

La voix de Diana me paraissait semblable au roucoulement d'une tourterelle. Elle possédait des yeux dont j'avais un vif plaisir à rencontrer le regard. Son visage tout entier me paraissait empreint de charme. La physionomie de Mary était également intelligente et ses traits également jolis ; mais son expression était plus réservée et ses manières, quoique douces, plus distantes. Diana vous regardait et vous parlait avec une certaine autorité ; elle avait manifestement de la volonté. J'étais portée par nature à céder avec plaisir à une autorité aussi fondée que la sienne et à m'incliner, chaque fois que ma conscience et le sens de ma dignité me le permettaient, devant une volonté agissante.

— Et puis, qu'avez-vous à faire ici ? poursuivit-elle. Ce n'est pas votre place. Nous nous tenons parfois à la cuisine, Mary et moi, parce que, quand nous sommes chez nous, nous aimons nous sentir libres et même nous accorder quelques licences... mais vous êtes une invitée et il faut que vous alliez au salon.

— Je me trouve fort bien ici.

— Pas du tout, avec Hannah qui s'agite autour de vous et qui vous couvre de farine.

— D'ailleurs le feu est trop vif pour vous, fit Mary, intervenant alors.

— Certes, ajouta sa sœur. Allons, il faut être obéissante.

Et, me tenant toujours par la main, elle me fit lever et me conduisit dans l'autre pièce.

— Asseyez-vous là, me dit-elle en m'installant sur le sofa, pendant que nous ôtons nos affaires et que nous préparons le thé ; c'est encore un privilège dont nous bénéficions, dans notre petite maison de la lande, que de préparer nous-mêmes nos repas quand nous en avons envie, ou quand Hannah fait le pain, ou qu'elle brasse, lave ou repasse.

Elle referma la porte, me laissant en tête à tête avec M. Saint-John, qui était assis en face de moi, un livre ou un journal à la main. J'examinai d'abord le salon, puis son occupant.

Le salon était assez petit, très simplement meublé, et cependant confortable, parce que propre et bien tenu. Les sièges à l'ancienne mode brillaient, la table de noyer était un vrai miroir. Quelques portraits étranges et anciens d'hommes et de femmes de jadis décoraient les murs peints ; une armoire à portes vitrées contenait des livres et un service de porcelaine ancienne. Il n'y avait pas d'ornements superflus dans la pièce, pas un seul meuble moderne, à l'exception de deux boîtes à ouvrage et d'une écritoire de dame en bois de rose, posée sur une petite table ; tout, y compris le tapis et les rideaux, paraissait à la fois assez usé et très bien entretenu.

M. Saint-John, aussi immobile que n'importe lequel des sombres tableaux accrochés au mur, gardant les yeux fixés sur la page qu'il lisait et les lèvres hermétiquement closes, était assez facile à examiner. La tâche n'aurait pu être plus facile s'il avait été statue au lieu d'homme. Il était jeune (vingt-huit à trente ans, peut-être), grand et mince ; son visage arrêtait le regard ; il ressemblait à un visage grec, aux contours très purs ; le nez était parfaitement droit et classique, la bouche et le menton tout à fait athéniens. Il est vraiment rare qu'un visage anglais approche autant que le sien des modèles antiques. Il avait bien lieu d'être un peu heurté par l'irrégularité de mes traits, tant les siens étaient harmonieux. Ses yeux étaient grands et bleus, pourvus de cils bruns ; son front haut, pâle comme l'ivoire, était en partie traversé par quelques mèches blondes négligées.

C'est là un portrait plein de douceur, n'est-il pas vrai, lecteur ? Pourtant l'être qu'il décrit ne donnait guère l'impression de posséder un naturel doux, docile, sensible, ni même placide. Il avait beau rester calme à ce moment, il y avait dans ses narines, sa bouche, son front, quelque chose qui, pour une observatrice comme moi, indiquait des éléments intérieurs d'agitation, ou de dureté, ou encore de ferveur. Il ne m'adressa pas un seul mot ni même un seul regard jusqu'au retour de ses sœurs ; Diana, au cours des allées et venues qu'elle fit pour préparer le thé, m'apporta un petit gâteau qu'on venait de faire cuire dans le haut du four.

— Mangez-le tout de suite, me dit-elle ; vous devez avoir faim. Hannah dit que vous n'avez rien mangé d'autre qu'un peu de gruau depuis le petit déjeuner.

Je ne refusai pas, car mon appétit était éveillé et vif. M. Rivers referma alors son livre, s'approcha de la table et, tout en s'asseyant, fixa droit sur moi ses yeux bleus de tableau vivant. Il y avait à présent dans son regard une absence de cérémonie et de détours, une fixité pénétrante et résolue qui montrèrent bien que c'était par intention et non par timidité qu'il s'était jusqu'à cet instant détourné de la nouvelle venue.

— Vous avez grand-faim, dit-il.
— Oui, Monsieur.

C'est ma façon, ce fut toujours ma façon, instinctivement, de répondre aux gens concis par la concision, aux propos sans détour par la franchise.

— Il est heureux pour vous qu'une fièvre lente vous ait contrainte de jeûner depuis trois jours ; il eût été dangereux de céder tout de suite aux sollicitations de votre appétit. Maintenant vous pouvez manger, mais non sans modération.

— J'espère que je ne mangerai pas longtemps à vos dépens, Monsieur, répliquai-je de façon bien abrupte et inélégante.

— En effet, dit-il avec froideur ; dès que vous nous aurez indiqué la résidence de votre famille, nous pourrons lui écrire et vous pourrez être renvoyée chez vous.

— C'est là, je dois vous le dire franchement, une chose qu'il m'est impossible de faire, car je suis absolument dépourvue de foyer et de famille.

Mes trois compagnons me regardèrent, mais non point avec méfiance ; je sentis que leur regard n'exprimait pas de suspicion, mais bien plutôt de la curiosité. Je parle surtout des demoiselles. Les yeux de Saint-John, s'ils étaient assez clairs au sens littéral du mot, étaient au sens figuré difficiles à pénétrer. Il semblait qu'il s'en servît plutôt comme instruments pour fouiller la pensée d'autrui que comme moyens de révéler la sienne ; or, cette alliance d'acuité et de réserve était infiniment mieux faite pour m'embarrasser que pour m'encourager.

— Voulez-vous dire, demanda-t-il, que vous êtes complètement dépourvue de famille ?

— Oui. Aucun lien ne me rattache à nul être vivant ; je n'ai pas le moindre titre à être accueillie sous un toit nulle part en Angleterre.

— Situation fort singulière à votre âge !

À ce moment je vis son regard se porter sur mes mains, qui étaient jointes sur la table devant moi. Je me demandai ce qu'il y cherchait ; ses paroles ne tardèrent pas à m'éclairer sur ce point.

— Ne vous êtes-vous jamais mariée ? Êtes-vous célibataire ?

Diana se mit à rire.

— Voyons, Saint-John, elle ne peut avoir plus de dix-sept ou dix-huit ans.

— J'en ai près de dix-neuf ; mais je ne suis pas mariée. Non.

Je sentis une rougeur brûlante me monter au visage ; car de cruels et bouleversants souvenirs avaient été éveillés par cette allusion au mariage. Tout le monde vit mon embarras et mon émotion. Diana et Mary me soulagèrent en détournant les yeux de mon visage empourpré ; mais leur frère plus froid et plus rigoureux continua à me considérer, jusqu'au moment où l'agitation qu'il avait suscitée donna naissance à des larmes en plus de la rougeur.

— Où résidiez-vous en dernier lieu ? demanda-t-il alors.

— Tu es trop curieux, Saint-John, murmura Mary à mi-voix.

Mais son frère se pencha au-dessus de la table et, d'un nouveau regard ferme et perçant, exigea une réponse.

— Le nom de l'endroit où j'habitais et celui de la personne chez qui j'habitais sont mon secret, répondis-je succinctement.

— Et à mon avis vous avez le droit, si vous le voulez, de ne révéler ce secret ni à Saint-John ni à aucun autre questionneur, fit observer Diana.

— Pourtant si je ne sais rien de vous ni de votre

passé, je ne puis vous aider, dit-il. Or vous avez besoin d'aide, n'est-il pas vrai ?

— J'en ai besoin et je cherche à l'obtenir, Monsieur, dans les limites que voici : je souhaite qu'un véritable philanthrope veuille bien me procurer le moyen de trouver un travail que je sois capable de faire et dont la rémunération subvienne à mes besoins, dussent-ils être réduits au strict nécessaire.

— Je ne sais si je suis un véritable philanthrope ; pourtant je suis disposé à vous aider dans toute la mesure de mes moyens à accomplir un dessein aussi honnête. Dites-moi donc d'abord à quel travail vous avez été habituée et quel travail vous êtes capable de faire.

J'avais alors fini de boire mon thé. J'étais puissamment réconfortée par ce breuvage ; autant qu'eût pu l'être un géant par du vin ; le thé donnait un regain de vigueur à mes nerfs détraqués et me permettait de m'adresser avec fermeté à ce jeune juge pénétrant.

— Monsieur Rivers, dis-je en me tournant vers lui et en le regardant, comme il me regardait, ouvertement et sans timidité, vous m'avez rendu, vos sœurs et vous, un grand service, le plus grand que puisse rendre à ses semblables un être humain : vous m'avez sauvée, par votre généreuse hospitalité, de la mort. Votre accueil secourable vous donne droit sans réserve à ma gratitude, ainsi que, jusqu'à un certain point, à mes confidences. Je vais vous en dire, sur le passé de la vagabonde que vous avez hébergée, autant que je puis vous en dire sans compromettre la paix de mon esprit, ma sécurité morale et physique, non plus que celle d'autres êtres.

« Je suis orpheline et fille de pasteur. Mes parents sont morts avant que je pusse les connaître. J'ai été élevée dans la dépendance ; j'ai reçu mon éducation dans une institution de charité. Je vais même vous dire le nom de l'établissement où j'ai passé six ans comme élève et deux comme professeur : c'est l'orphelinat de Lowood, dans le comté de*** ; sans doute en avez-vous entendu parler, monsieur Rivers ? Le Révérend Père Brocklehurst en est trésorier.

— J'ai entendu parler de Brocklehurst et j'ai visité cette école.

— J'ai quitté Lowood il y a près d'un an pour devenir gouvernante particulière. J'ai trouvé une bonne situation, où j'étais heureuse. C'est de là que j'ai été obligée de partir quatre jours avant d'arriver ici. Je ne puis ni ne dois vous expliquer la raison de ce départ ; ce serait inutile et dangereux et cela vous paraîtrait invraisemblable. Je n'ai encouru aucun blâme ; je suis aussi exempte de toute culpabilité que n'importe lequel de vous trois. Malheureuse je suis et je dois rester encore quelque temps ; car la catastrophe qui m'a chassée d'une maison où j'avais trouvé un paradis a été de nature étrange et terrible. Je ne me suis attachée qu'à deux préoccupations en organisant mon départ : la rapidité et le secret ; pour ne pas les compromettre, il m'a fallu laisser derrière moi tout ce que je possédais à l'exception d'un petit paquet ; et, dans ma hâte et l'agitation de mon esprit, j'ai oublié de retirer ce paquet de la diligence qui m'a amenée à Whitcross. Je suis donc arrivée en ces parages dans un complet dénuement. J'ai passé deux nuits à la belle étoile, j'ai erré pendant deux jours sans franchir le seuil d'une maison ; deux fois seulement, pendant tout ce laps de temps, j'ai mangé quelque chose ; et c'est alors que la faim, l'épuisement, le désespoir m'avaient presque réduite à la toute dernière extrémité que vous, monsieur Rivers, m'avez interdit de périr de misère à votre porte et m'avez recueillie à l'abri de votre toit. Je sais tout ce qu'ont fait pour moi vos sœurs depuis lors car je n'étais pas inconsciente pendant ma torpeur apparente et j'ai envers leur compassion spontanée, authentique, cordiale, une dette aussi grande qu'envers votre charité évangélique.

— Ne la fais pas parler davantage pour le moment, Saint-John, dit Diana quand je me tus ; elle n'est manifestement pas encore en état de supporter l'émotion. Venez maintenant vous asseoir sur le sofa, mademoiselle Elliott.

J'eus un petit sursaut involontaire en entendant mon pseudonyme ; j'avais oublié mon nouveau nom. M. Rivers, à qui rien ne semblait échapper, s'en rendit compte aussitôt.

— Vous nous avez bien dit que vous vous appeliez Jane Elliott ? déclara-t-il.

— Oui, je vous l'ai dit ; et c'est le nom dont je juge opportun de me faire appeler à présent ; mais ce n'est pas mon vrai nom et, quand je l'entends, il me fait un curieux effet.

— Vous ne voulez pas donner votre vrai nom ?

— Non ; je ne redoute rien tant que d'être découverte ; et j'évite toutes les révélations qui pourraient m'y exposer.

— Vous avez parfaitement raison, j'en suis sûre, dit Diana. Maintenant, je t'en prie, frère, laisse-la tranquille un moment.

Mais, après avoir réfléchi quelques instants, Saint-John reprit avec tout autant de sang-froid et de clairvoyance qu'auparavant :

— Vous aimeriez ne pas continuer longtemps à dépendre de notre hospitalité... vous voudriez, je le vois bien, vous dispenser le plus tôt possible de la compassion de mes sœurs et surtout de ma charité (je ne suis nullement insensible à la distinction que vous avez marquée, mais je ne m'en formalise pas, car elle est juste) ; vous désirez devenir indépendante de nous ?

— Oui ; je vous l'ai déjà dit. Montrez-moi comment m'y prendre pour travailler, ou pour chercher du travail ; c'est tout ce que je vous demande maintenant ; ensuite vous me laisserez partir, même si c'est pour aller dans la plus humble des chaumières ; mais jusqu'à ce moment-là, permettez-moi de rester ici ; je redoute une nouvelle expérience des horreurs de la misère des sans-abri.

— Bien sûr vous allez rester ici, dit Diana en posant sa blanche main sur ma tête.

— Bien sûr, répéta Mary, sur le ton de calme sincérité qui semblait lui être naturel.

— Mes sœurs, vous le voyez, ont plaisir à vous garder ici, dit M. Saint-John, de même qu'elles auraient plaisir à garder et à choyer un oiseau à demi mort de froid que le vent d'hiver aurait pu chasser dans la maison par leur fenêtre ouverte. Pour moi, je suis plus enclin à vous mettre en mesure de gagner votre vie et c'est ce que je vais m'efforcer de faire ; mais notez bien que mon champ d'action est limité. Je ne suis que le desservant d'une pauvre paroisse rurale ; mon aide ne pourra être que de l'ordre le plus modeste. Et si vous êtes portée à mépriser le jour des faibles commencements[1], cherchez un secours plus efficace que celui que je peux vous offrir.

— Elle t'a déjà dit qu'elle est disposée à faire tout ce qu'elle peut faire d'honnête, répondit Diana de ma part ; et tu sais bien, Saint-John, qu'elle n'a pas le choix des gens qui l'aideront ; elle est bien obligée de se contenter de bourrus de ton espèce.

---

1. Zacharie, 4, 10.

— Je serai couturière ; je ferai des travaux d'aiguille ordinaires ; je serai domestique, ou garde-malade, si je ne puis faire mieux, répondis-je.

— Bon, dit Saint-John d'un ton très froid. Si telles sont vos dispositions, je vous promets de vous aider à mon heure et à ma manière.

Il reprit le livre qui l'avait occupé avant le thé. Je ne tardai pas à me retirer, car mes forces ne me permettaient pas encore de parler ou de veiller plus longtemps que je ne l'avais fait.

CHAPITRE XXX

Plus je connaissais les habitants de Moor House, plus je les aimais. Au bout de quelques jours je me trouvai suffisamment remise pour pouvoir rester levée toute la journée et faire une promenade de temps à autre. Je pus me joindre à Diana et Mary dans toutes leurs occupations, converser avec elles autant qu'elles le voulaient et les aider dans tous les domaines et dans toutes les circonstances où elles me le permettaient. Ce commerce me procurait un plaisir vivifiant et était d'un genre inconnu de moi jusqu'alors : le plaisir qui naît d'une parfaite communauté de goûts, de sentiments, de principes.

J'aimais lire ce qu'elles aimaient lire ; ce qui leur plaisait me ravissait ; ce qu'elles approuvaient était pour moi objet de vénération. Elles aimaient leur maison isolée. À mon tour, dans cette construction grise, petite et antique, avec son toit bas, ses fenêtres à losanges, ses murs délabrés, son avenue de sapins âgés, tous penchés par la force des vents de montagne, son jardin, assombri par l'if et le houx, et où seules pouvaient pousser les plus robustes espèces de fleurs, dans tout cela je trouvai un charme à la fois puissant et durable. Elles étaient attachées aux landes violettes qui s'étendaient à l'arrière et autour de leur demeure, au vallon encaissé où descendait la sente cavalière qui partait de leur porte et qui serpentait d'abord entre deux talus couverts de fougères, puis parmi quelques-uns des plus sauvages petits pâturages qui aient jamais bordé une sauvage étendue de bruyère et assuré la subsistance d'un troupeau de moutons gris des landes, avec leurs petits agneaux à tête frisée, à tout ce décor, disais-je, elles étaient attachées par un sentiment de tendresse absolument chaleureuse. Je comprenais ce sentiment et j'en partageais à la fois la force et la sincérité. Je voyais toute la séduction de l'endroit. J'étais sensible au caractère sacré de sa solitude ; mes yeux se repaissaient des contours de ces ondulations et de ces courbures ; ainsi que des teintes étranges que donnaient aux crêtes et aux vallons la mousse, les campanules, le gazon semé de fleurs, la brillante fougère et les rochers de granit patinés. Ces détails étaient pour moi exactement ce qu'ils étaient pour elles : autant de sources pures et précieuses de plaisir. Les fortes rafales et les douces brises, le mauvais temps comme le temps splendide, le lever comme le coucher du soleil, le clair de lune comme les nuits au ciel nuageux exerçaient sur moi dans cette région le même attrait que sur elles, et enveloppaient mes facultés du même charme qui enchantait les leurs.

À l'intérieur nous nous entendions tout aussi bien. Elles étaient toutes deux plus instruites et plus cultivées que moi ; mais je suivais avec ardeur la voie du savoir qu'elles avaient parcourue avant moi. Je dévorais les livres qu'elles me prêtaient ; ensuite c'était une satisfaction entière que de discuter avec elles le soir de ce que j'avais lu dans la journée. Nos pensées se répondaient ; nos opinions se rencontraient ; bref, nous étions en parfait accord.

S'il y avait dans notre trio un chef et un guide, c'était Diana. Physiquement, elle me surpassait de beaucoup : elle était belle, elle était vigoureuse. Dans son entrain il y avait une surabondance de vie et une richesse de sève qui suscitaient mon émerveillement tout en restant pour moi incompréhensibles. Je pouvais bien parler un moment quand commençait la soirée, mais dès que le premier élan de vivacité et d'aisance était passé, il ne me restait plus qu'à m'asseoir sur un tabouret aux pieds de Diana, à appuyer ma tête contre son genou et à écouter tour à tour Mary et elle développer pleinement le sujet que je n'avais fait qu'effleurer. Diana m'offrit de m'apprendre l'allemand. J'eus plaisir à apprendre avec elle ; je vis que le rôle de professeur lui plaisait et lui convenait ; celui d'élève ne me plaisait et ne me convenait pas moins. Nos natures se complétaient harmonieusement ; une affection réciproque, de l'espèce la plus puissante, en résulta. Elles découvrirent que je savais dessiner ; leurs crayons et leurs boîtes de peinture furent immédiatement à ma disposition. Mon habileté, plus grande que la leur sur cet unique point, les surprit et les enchanta. Mary passa des heures entières à me regarder faire ; puis elle voulut prendre des leçons et je trouvai en elle une élève docile, intelligente et appliquée. Comme nous étions ainsi occupées et que nous nous divertissions mutuellement, les jours passaient comme des heures et les semaines comme des jours.

Quant à M. Saint-John, l'intimité qui s'était développée de façon si naturelle et rapide entre ses sœurs et moi ne s'étendit pas à lui. Une des raisons de la distance qui subsistait encore entre nous était le fait qu'il se trouvait assez rarement à la maison ; une part considérable de son temps semblait être consacrée à visiter les malades et les pauvres parmi la population disséminée de sa paroisse.

Nulle intempérie ne semblait le retenir d'entreprendre ces excursions pastorales ; qu'il plût ou qu'il fît beau, une fois ses heures d'étude matinale terminées, il prenait son chapeau et, suivi de Carlo, le vieux chien d'arrêt de son père, il partait pour sa mission d'amour ou de devoir... je ne sais trop sous quel jour il la considérait. Parfois, quand le temps était très défavorable, ses sœurs protestaient. Il disait alors, avec un sourire étrange, plus grave que gai :

— Mais si je laissais un souffle de vent ou quelques gouttes de pluie me détourner de ces simples besognes, cette indolence serait-elle une bonne façon de me préparer à l'avenir auquel je me destine ?

La réponse habituelle de Diana et de Mary à cette question était un soupir, suivi de quelques minutes de méditation apparemment attristée.

Mais outre ses fréquentes absences, il y avait un autre obstacle à l'amitié avec lui : il paraissait avoir un naturel réservé, pensif et même sombre. Zélé dans l'exercice de son ministère, irréprochable dans sa vie et ses habitudes, il ne paraissait pourtant pas jouir de cette sérénité mentale et de ce contentement intérieur qui devraient être la récompense de tout chrétien sincère et de tout philanthrope agissant. Souvent, le soir, quand il était assis devant la fenêtre, avec sa table et ses papiers devant lui, il cessait de lire et d'écrire, se prenait le menton dans la main et s'abandonnait à je ne sais quelle suite de réflexions ; mais on voyait aux fréquents éclairs de ses yeux et à la dilatation intermittente de ses prunelles que ces réflexions étaient troublantes et agitées.

Je crois en outre que la nature n'était pas pour lui le même réservoir de plaisirs que pour ses sœurs. Il exprima une fois, et une fois seulement en ma présence, une nette conscience du charme austère des collines et une affection innée pour les quatre murs noirs et vénérables qu'il considérait comme son foyer ; mais il entrait plus de tristesse que de plaisir dans le ton et les paroles par lesquels ce sentiment se manifesta ; jamais il n'avait l'air de parcourir la lande pour en goûter le silence apaisant, jamais il ne recherchait, ou ne prenait le temps d'apprécier, les mille plaisirs tranquilles qu'elle pouvait offrir.

Comme il n'était pas communicatif, un certain temps s'écoula avant que j'eusse l'occasion de prendre la mesure de son esprit. Je me fis pour la première fois une idée de son calibre quand je l'entendis prêcher dans son église de Morton. Je voudrais pouvoir décrire ce sermon ; mais c'est au-dessus de mes forces. Je ne puis pas même traduire fidèlement l'effet qu'il fit sur moi.

Il commença calmement (et, à vrai dire, en ce qui concerne le débit et le ton de la voix, il resta calme jusqu'au bout) ; bientôt une ferveur ardemment ressentie, mais refrénée avec rigueur, s'exprima par de clairs accents et inspira un langage vigoureux. Cette ferveur devint une force, comprimée, condensée, dominée. Le cœur était bouleversé, l'esprit confondu, par la puissance du prédicateur ; ni le cœur ni l'esprit n'étaient attendris. D'un bout à l'autre du sermon régna une étrange amertume, une absence de douceur consolatrice ; fréquentes furent les allusions sévères aux doctrines calvinistes (élection, prédestination, réprobation) ; et chaque mention de ces sujets retentissait comme une sentence rendue au Jugement dernier. Quand il eut fini, au lieu de me sentir meilleure, apaisée, éclairée par son discours, j'éprouvai une indicible tristesse ; car il me semblait (je ne sais s'il en était ainsi pour les autres) que l'éloquence que je venais d'écouter avait jailli de profondeurs où reposait une trouble lie de déceptions, traversée d'inquiétants courants de désirs inassouvis et d'aspirations lancinantes. J'étais convaincue que Saint-John Rivers (pour pure que fût sa vie, pour consciencieux et zélé qu'il fût) n'avait pas encore trouvé cette paix de Dieu qui surpasse toute intelligence[1] : il ne l'avait pas plus trouvée, me semblait-il, que je ne l'avais fait moi-même, avec le regret caché et torturant de mon idole brisée et de mon paradis perdu, regret auquel j'ai évité de faire allusion depuis quelque temps, mais dont j'étais possédée et qui exerçait sur moi une impitoyable tyrannie.

Cependant, un mois s'était écoulé. Diana et Mary allaient bientôt quitter Moor House pour retourner vers la vie et le cadre fort différents qui les attendaient, en leur qualité de gouvernantes dans une grande et élégante ville du sud de l'Angleterre, où chacune d'elles avait une situation dans une famille dont les membres riches et hautains les considéraient seulement comme d'humbles servantes, et ne connaissaient ni ne cherchaient à connaître un seul de leurs éminents mérites naturels, n'appréciant d'ailleurs leurs talents acquis que comme ils appréciaient l'habileté d'une cuisinière ou le bon goût d'une femme de chambre. M. Saint-John ne m'avait encore soufflé mot de l'emploi qu'il avait promis de m'obtenir ; pourtant il devenait urgent que j'eusse un métier, quel qu'il fût. Un matin, restée seule avec lui pour quelques minutes dans le salon, je m'enhardis au point de m'approcher de l'embrasure de fenêtre à laquelle sa table, sa chaise et son pupitre conféraient le caractère de bureau, et j'allais parler, bien que ne sachant trop en quels termes formuler ma demande (car il est toujours difficile de rompre la glace

1. Philippiens, 4, 7.

de réserve qui fige la surface d'une nature comme la sienne), quand il m'épargna cette peine en étant le premier à engager le dialogue.

Il leva les yeux quand je m'approchai :

— Avez-vous une question à me poser ? demanda-t-il.

— Oui ; je voudrais savoir si vous avez entendu parler d'un travail pour lequel je puisse proposer mes services.

— J'ai trouvé, ou plus exactement inventé, quelque chose pour vous il y a trois semaines ; mais comme vous paraissiez à la fois heureuse et utile ici, comme mes sœurs s'étaient manifestement attachées à vous et que votre compagnie leur procurait un plaisir exceptionnel, j'ai jugé inopportun de mettre fin au réconfort que vous vous procuriez mutuellement avant que l'approche de leur départ de Marsh End ne rendît le vôtre nécessaire.

— Or elles vont partir dans trois jours, dis-je.

— Oui ; et quand elles partiront, je retournerai au presbytère de Morton ; Hannah m'y accompagnera ; et notre vieille maison sera fermée.

J'attendis quelques instants, car je m'attendais à le voir poursuivre le sujet qu'il avait abordé ; mais il semblait qu'il se fût engagé sur une autre ligne de réflexion ; son attitude montrait que sa pensée s'était détachée de moi et de mes affaires. Je fus obligée de le rappeler à un thème qui était inévitablement pour moi l'objet d'un intérêt ardent et inquiet.

— Quel est l'emploi que vous aviez en vue, monsieur Rivers ? J'espère que ce retard n'aura pas accru la difficulté de l'obtenir.

— Oh, non, puisque c'est un emploi qu'il ne dépend que de moi d'offrir, que de vous d'accepter.

Il se tut de nouveau ; il semblait qu'il lui répugnât

de poursuivre. Je m'impatientai : un ou deux gestes agités, un regard avide et exigeant rivé sur son visage lui exprimèrent ce sentiment aussi efficacement qu'eussent pu le faire des mots, et à moindres frais.

— Vous ne devriez pas être si pressée de l'apprendre, dit-il ; il faut que je vous dise franchement que je n'ai rien d'enviable ou d'avantageux à proposer. Avant que je m'explique, rappelez-vous, s'il vous plaît, mon avertissement, formulé clairement, que, si je vous venais en aide, ce serait seulement comme l'aveugle viendrait en aide au paralytique. Je suis pauvre ; en effet, je vois qu'une fois que j'aurai payé les dettes de mon père, tout ce qu'il me restera en fait de patrimoine sera cette demeure croulante, la rangée de sapins rabougris qu'il y a par-derrière et ce lopin de lande, avec ses ifs et ses houx par-devant. Je suis obscur : le nom de Rivers est ancien ; mais des trois seuls descendants de cette race deux gagnent le pain de la servitude chez des étrangers, et le troisième se considère comme exilé de son pays natal, non seulement pour la vie, mais aussi dans la mort. Oui, et il s'estime, il est tenu de s'estimer, honoré par ce destin, et n'aspire qu'au jour où la rupture des liens charnels sera la croix posée sur ses épaules, et où le chef de cette Église militante, dont il est l'un des plus humbles parmi les membres, lui lancera l'ordre : « Lève-toi et me suis ! »

Saint-John dit ces mots, comme il prononçait ses sermons, d'une voix calme et grave ; sa joue ne s'empourpra pas, mais il y eut une lumière étincelante dans son regard. Il reprit :

— Et puisque je suis pauvre et obscur moi-même, je ne puis vous offrir qu'un service de pauvreté et d'obscurité. Il se peut que vous le jugiez même dégradant... car je vois à présent que vous avez pris des habitudes que le monde appelle raffinées ; vos goûts vous portent vers l'idéal, et vous avez vécu dans une société à tout le moins instruite ; mais je considère qu'aucun service n'est dégradant s'il peut améliorer notre espèce. J'affirme que, plus aride et inculte est le sol où le laboureur chrétien se voit assigner sa tâche de défrichement, plus maigre la récompense que lui rapporte son labeur, plus grand en est l'honneur. En de telles circonstances, c'est le destin du pionnier qu'il connaît ; or les premiers pionniers de l'Évangile furent les apôtres, et leur capitaine était Jésus, le Rédempteur, en personne.

— Alors ? demandai-je lorsqu'il se tut de nouveau, poursuivez.

Il me regarda avant de poursuivre ; il parut même lire mon visage à loisir, comme si tous les traits et toutes les lignes de ce visage étaient des caractères inscrits sur une page. Les conclusions qu'il tira de cet examen furent partiellement exprimées par les remarques suivantes.

— Je crois que vous allez accepter le poste que je vous offre, dit-il, et que vous l'occuperez un certain temps ; non pas définitivement, toutefois, non plus que je ne pourrais garder définitivement ma situation étroite et paralysante, cette situation tranquille et cachée de desservant d'une paroisse anglaise de campagne ; car il y a dans votre nature un mélange aussi funeste à la tranquillité que dans la mienne, encore qu'il soit d'une espèce différente.

— Expliquez-vous, je vous en prie, dis-je d'un ton pressant quand il s'interrompit une fois encore.

— C'est ce que je vais faire : et vous allez voir combien ma proposition est pauvre, banale, étriquée. Je ne resterai pas longtemps à Morton, maintenant que mon père est mort et que je suis mon propre maître. Je quitterai probablement la région d'ici à un an ; mais tant que j'y serai, je veux me dépenser sans réserve pour y apporter des améliorations. Quand je suis arrivé à Morton il y a deux ans, le village n'avait pas d'école ; les enfants des pauvres étaient privés de toute chance de s'instruire. J'ai fondé une école de garçons ; je veux à présent en ouvrir une seconde pour les filles. J'ai loué un local à cet effet, auquel est attachée une petite maison de deux pièces pour loger la maîtresse. Son salaire sera de trente livres par an ; sa maison est déjà meublée, très simplement, mais convenablement, grâce à la bonté d'une personne, Mlle Oliver, qui est la fille unique du seul homme riche de ma paroisse, M. Oliver, propriétaire d'une fabrique d'aiguilles et d'une fonderie dans la vallée. Cette personne subvient aussi à l'éducation et à l'habillement d'une orpheline de l'asile, à condition qu'elle aide la maîtresse dans tous ceux des labeurs exigés par sa maison personnelle et par l'école que sa tâche d'enseignement ne lui permettra pas, faute de temps, d'accomplir elle-même. Voulez-vous être cette maîtresse d'école ?

Il me posa la question avec une sorte de précipitation ; il paraissait s'attendre un peu à un rejet indigné, ou tout au moins dédaigneux, de son offre ; comme il ne connaissait pas toutes mes pensées et tous mes sentiments (dont il devinait une partie), il ne savait pas sous quel jour cette destinée allait m'apparaître. En vérité c'était une vie humble, mais d'autre part c'était une vie abritée et j'avais besoin d'un asile sûr ; c'était une vie laborieuse, mais d'autre part, comparée à celle d'une gouvernante dans une maison riche, elle était indépendante, or la crainte de la servitude chez des inconnus m'entrait dans l'âme comme un fer rouge ; cette vie n'était pas vile, ni indigne ni moralement dégradante. Ma décision était prise.

— Je vous remercie de cette proposition, monsieur Rivers, et je l'accepte de tout cœur.

— Mais me comprenez-vous bien ? demanda-t-il. C'est une école de village ; vos élèves ne seront que de pauvres filles, de petites paysannes, tout au plus les enfants des fermiers. Le tricot, la couture, la lecture, le calcul, voilà tout ce que vous aurez à leur enseigner. Que ferez-vous de vos talents ? Et de la plus grande partie de votre esprit, de vos sentiments, de vos goûts ?

— Je la mettrai de côté pour le jour où j'en aurai besoin. Elle se gardera.

— Vous savez donc à quoi vous vous engagez ?
— Oui.

Il eut alors un sourire ; non point un sourire triste ou amer, mais un sourire de contentement réel et de satisfaction profonde.

— Et quand commencerez-vous à exercer vos fonctions ?

— Je me rendrai demain dans ma maison et j'ouvrirai l'école, si vous le voulez bien, la semaine prochaine.

— Fort bien ; c'est entendu.

Il se leva et traversa la pièce. Puis il s'immobilisa et me regarda de nouveau. Il hocha la tête.

— Qu'est-ce qui suscite votre désapprobation, monsieur Rivers ? demandai-je.

— Vous ne resterez pas longtemps à Morton ; non, non !

— Pourquoi ? Qu'est-ce qui vous faire dire cela ?
— Je le lis dans votre regard ; il n'est pas de ceux qui promettent une vie au cours uni.

— Je ne suis pas ambitieuse.

Au mot « ambitieuse » il sursauta. Puis il reprit :

— Non. Qu'est-ce qui vous fait penser à l'ambition ? Qui est ambitieux ? Je sais bien que je le suis ; mais comment vous en êtes-vous aperçue ?

— C'est de moi que je parlais.

— Eh bien, si vous n'êtes pas ambitieuse, vous êtes... Il s'interrompit.
— Quoi ?
— J'allais dire : passionnée ; mais peut-être vous fussiez-vous méprise sur ce mot et vous eût-il déplu. Je veux dire que les affections et les sympathies humaines exercent sur vous un empire très puissant. Je suis sûr que vous ne vous contenterez pas longtemps de passer vos loisirs dans la solitude et de consacrer vos heures de travail à un labeur monotone et qui n'a absolument rien de stimulant ; non plus que je ne pourrai me contenter, ajouta-t-il avec force, de rester ici, enfoncé dans un bourbier, enserré par les montagnes, en un lieu où ma nature, celle que Dieu m'a donnée, est contrecarrée, où mes facultés, qui m'ont été accordées par le Ciel, sont paralysées et rendues inopérantes. Vous voyez à présent comme je me contredis, moi qui préconisais l'acceptation satisfaite du plus humble destin, moi qui justifiais la vocation de ceux-là mêmes qui coupent le bois et puisent l'eau, si c'est au service de Dieu... moi, qui ai été ordonné ministre de Dieu, je délire presque, tant je suis tourmenté. Enfin, il faut bien trouver un moyen de concilier penchants et principes.

Il sortit de la pièce. En une petite heure j'en avais plus appris sur son compte qu'au cours de tout le mois précédent ; cependant il m'intriguait encore.

Diana et Mary Rivers devinrent de plus en plus tristes et silencieuses à mesure qu'approchait le jour où elles devaient quitter leur frère et leur foyer. Elles essayaient toutes deux de ne pas changer d'attitude ; mais le chagrin contre lequel elles devaient lutter n'était pas de ceux qu'on puisse entièrement vaincre ou dissimuler. Diana me donna à entendre que cette séparation allait être différente de toutes celles qu'elles avaient connues jusqu'alors. En ce qui concernait Saint-John, ce serait probablement une séparation pour plusieurs années, et peut-être pour la vie entière.

— Il va tout sacrifier aux résolutions qu'il a prises depuis longtemps, dit-elle ; tout : l'affection naturelle et même des sentiments encore plus puissants. Saint-John a l'air tranquille, Jane, mais il cache une fièvre dans ses entrailles. Vous le prendriez pour un homme doux, mais sur certains points il est inexorable comme la mort ; et ce qu'il y a de pire, c'est que ma conscience ne me permet guère de le détourner de sa décision rigoureuse ; assurément, je ne saurais un seul instant l'en blâmer. Elle est bonne, elle est noble, elle est chrétienne ; pourtant elle me fend le cœur !

Et les larmes jaillirent de ses beaux yeux. Mary pencha la tête tout contre son ouvrage.

— Nous n'avons déjà plus de père, murmura-t-elle ; bientôt nous n'aurons plus de maison ni de frère.

À cet instant survint un petit incident, qui semblait avoir été voulu par le destin pour confirmer l'adage selon lequel « un malheur n'arrive jamais seul » et pour ajouter à leur détresse la vexation d'un supplice de Tantale. Saint-John passa devant la fenêtre en lisant une lettre. Il entra.

— Notre oncle John est mort, dit-il.

Les deux sœurs parurent émues, mais non point bouleversées ni atterrées ; la nouvelle semblait à leurs yeux plus sensationnelle qu'affligeante.

— Mort ? répéta Diana.
— Oui.

Elle fixa sur le visage de son frère un regard pénétrant.

— Et alors ? demanda-t-elle d'une voix sourde.
— Et alors, Di ? répliqua-t-il, sans que ses traits perdissent leur immobilité de marbre. Alors ? Eh bien… rien. Lis plutôt.

Il jeta la lettre sur les genoux de sa sœur. Elle la parcourut, puis la passa à Mary. Mary la lut en silence et la rendit à son frère. Tous trois se regardèrent, et tous trois sourirent... d'un sourire assez mélancolique et pensif.

— Ainsi soit-il ! finit par dire Diana. Nous n'en mourrons pas.

— En tout cas, cela ne rend pas notre situation pire qu'avant, déclara Mary.

— Seulement, cela nous force à nous représenter assez clairement ce qui aurait pu se passer, dit M. Rivers, et cela forme un contraste un peu trop criant avec ce qui se passe réellement.

Il replia la lettre, la mit sous clef dans son bureau et ressortit.

Pendant plusieurs minutes personne ne dit mot. Puis Diana se tourna vers moi.

— Jane, vous devez être surprise par nous et tous nos mystères, dit-elle ; vous devez trouver que nous avons le cœur bien dur pour n'être pas plus émus par la mort d'un parent aussi proche qu'un oncle ; mais nous ne l'avions jamais vu ni connu. C'était le frère de ma mère. Mon père s'était disputé avec lui il y a fort longtemps. C'est sur son conseil que mon père avait risqué la plus grande partie de sa fortune dans la spéculation qui l'a ruiné. Il y eut entre eux un échange de récriminations ; ils se quittèrent dans la colère et ne se réconcilièrent jamais. Mon oncle s'engagea ensuite dans des entreprises plus prospères ; il se révèle qu'il a constitué une fortune de vingt mille livres. Il ne s'est jamais marié et n'avait pas de famille proche en dehors de nous et d'une autre personne, qui ne lui était pas plus étroitement apparentée que nous. Mon père avait toujours nourri l'idée que notre oncle se rachèterait de son erreur en nous léguant tous ses biens ; cette lettre nous apprend qu'il a tout laissé jusqu'au dernier penny à l'autre personne, à l'exception de trente guinées, que devront se partager Saint-John, Diana et Mary Rivers, pour s'acheter chacun une bague en souvenir. Il avait le droit, bien entendu, de faire comme bon lui semblait ; pourtant on ne peut s'empêcher de se sentir passagèrement abattu en recevant une telle nouvelle. Mary et moi, nous nous serions tenues pour riches avec mille livres chacune ; et pour Saint-John une telle somme eût été inappréciable, en raison du bien qu'elle lui eût permis de faire.

Une fois ces explications données, la conversation changea de sujet, et il n'y fut plus fait allusion ni par M. Rivers ni par ses sœurs. Le lendemain je quittai Marsh End pour Morton. Le jour suivant, Diana et Mary partirent pour la lointaine ville de B***. Au bout d'une semaine M. Rivers et Hannah gagnèrent le presbytère ; et c'est ainsi que la chère vieille maison se trouva abandonnée.

CHAPITRE XXXI

Ma maison personnelle, donc (quand enfin j'ai une maison à moi), n'est qu'une maisonnette ; une petite pièce aux murs blanchis à la chaux et au sol sablé, contenant quatre chaises peintes et une table, une horloge, un placard, avec deux ou trois assiettes et plats et un petit service en faïence de Delft. Au premier, une chambre de même taille que la cuisine, avec un lit et une commode en bois blanc ; la commode est petite, mais trop grande pour que ma modeste garde-robe l'emplisse, encore que la générosité de mes chères et bonnes amies l'ait accrue en me donnant une petite réserve d'articles indispensables.

C'est le soir. Je viens de congédier, avec une orange pour gages, la petite orpheline qui me tient lieu de servante. Je suis assise, toute seule, devant ma cheminée. Ce matin l'école du village a été ouverte. J'ai eu vingt élèves. Trois seulement d'entre elles savent lire ; aucune ne sait écrire ni compter. Plusieurs tricotent et quelques-unes cousent un peu. Elles parlent avec l'accent le plus prononcé de la région. Pour le moment, nous avons un peu de difficulté, elles et moi, à nous comprendre. Certaines sont sans manières, dures, indisciplinées, en même temps qu'ignares ; mais d'autres sont dociles, veulent apprendre et manifestent des dispositions qui me plaisent. Je ne dois pas oublier que ces petites paysannes mal fagotées valent autant, par la chair et le sang, que les rejetons de la plus noble généalogie, et que les germes naturels de l'excellence, du raffinement, de l'intelligence, des bons sentiments, ont autant de chance d'exister dans leur cœur que dans celui des filles les mieux nées. Mon devoir sera de développer de tels germes ; je ne manquerai pas de trouver un certain bonheur dans l'accomplissement de cette fonction. Je n'attends pas de la vie que j'ai devant moi beaucoup de plaisir ; pourtant, sans nul doute, si je discipline mon esprit et si j'exerce convenablement mes facultés, elle devrait m'en procurer une dose suffisante pour me permettre de subsister au jour le jour.

Ai-je été très allègre, calme, satisfaite, pendant les heures que j'ai passées ce matin et cet après-midi là-bas, dans la salle de classe, humble et nue ? Pour ne pas essayer de m'aveugler, je dois répondre : non, je me suis sentie désolée au plus haut point. Je me suis même sentie (oui, idiote que je suis) avilie. Je me suis demandé si je n'avais pas pris une décision qui m'abaissait au lieu de m'élever dans l'échelle sociale. J'ai eu la faiblesse d'être atterrée par l'ignorance, la pauvreté, la grossièreté révélées par tout ce que je voyais et tout ce que j'entendais autour de moi. Mais il ne faut pas que je m'en veuille trop ou que je me méprise trop à cause de ces sentiments ; je sais qu'ils sont coupables ; c'est déjà un avantage très net ; je m'efforcerai de les surmonter. Demain, je pense que je les vaincrai déjà en partie ; dans quelques semaines, peut-être en serai-je venue complètement à bout. D'ici quelques mois, il n'est pas impossible que le bonheur d'observer chez mes élèves progrès et améliorations fasse succéder la satisfaction au dégoût.

En attendant j'ai une question à me poser. Qu'est-ce qui vaut le mieux ? Avoir cédé à la tentation, prêté l'oreille à la passion, n'avoir fourni aucun effort, aucune résistance, m'être laissée tomber dans le piège soyeux, m'être endormie sur les fleurs qui le recouvraient et réveillée dans un pays méridional, au milieu du luxe d'une villa de plaisir ; avoir vécu désormais en France, en qualité de maîtresse de M. Rochester, rendue follement heureuse la moitié du temps par son amour... car il m'aurait aimée... oh oui, il m'aurait vraiment aimée pendant un bon moment. Il m'aimait bel et bien... personne jamais ne m'aimera de la sorte. Jamais plus je ne connaîtrai le précieux hommage rendu à la beauté, à la jeunesse, à la grâce, car jamais aux yeux de personne d'autre je ne paraîtrai posséder ces charmes. Il m'était attaché et il était fier de moi... c'est ce que nul homme en dehors de lui ne sera jamais. Mais où vais-je m'égarer ? Que dis-je, et surtout qu'éprouvé-je ? Vaut-il mieux, demandé-je, être esclave dans un paradis illusoire à Marseille, enfiévrée de trompeuse félicité un instant, suffoquée à l'instant suivant par les larmes les plus amères du remords et de la honte, ou être maîtresse d'école dans un village, libre et honnête, dans un coin aéré et montagneux d'une région saine au cœur de l'Angleterre ?

Oui ; je me rends compte maintenant que j'ai eu raison de rester fidèle aux principes et à la loi, et de dédaigner et de refouler les élans insensés d'un instant de frénésie. Dieu m'a aidée à faire un bon choix ; je remercie sa Providence de m'avoir ainsi guidée !

Une fois que j'eus conduit ma méditation vespérale jusqu'à ce point, je me levai, je gagnai ma porte et je contemplai le coucher de soleil de cette journée de moisson, et les champs paisibles situés devant ma maisonnette, car celle-ci, de même que l'école, était à un demi-mille du village. Les oiseaux lançaient leurs derniers chants :

L'air était tiède, la rosée embaumée[1].

Tandis que je regardais ce paysage, il me sembla que j'étais heureuse et je fus surprise de m'apercevoir bientôt que je pleurais... et pourquoi ? À cause du destin qui m'avait coupée de tout contact avec mon maître ; à cause de celui que je ne devais plus revoir ; à cause du chagrin sans espoir et de la fureur fatale qui risquaient peut-être, en cet instant même, de le détourner du droit chemin et de l'entraîner trop loin pour laisser subsister une chance de l'y voir revenir en fin de compte. À cette pensée, je détournai la tête du ciel ravissant de cette soirée et du vallon solitaire de Morton... je l'appelle solitaire, car dans la courbe du vallon qu'on voyait de chez moi n'apparaissaient d'autres constructions que l'église et le presbytère, à demi cachées dans les arbres, et, tout au fond, le toit du manoir du Vallon, où habitaient le riche M. Oliver et sa fille. Je me cachai les yeux et j'appuyai la tête contre l'encadrement en pierre de ma porte ; mais bientôt un petit bruit, près du portillon qui séparait mon minuscule jardin du pré environnant, me fit lever les yeux. Un chien (c'était le vieux Carlo, le chien d'arrêt de M. Rivers, comme je m'en rendis compte aussitôt) poussait cette porte avec sa gueule, et Saint-John lui-même était appuyé à la barrière, les bras croisés, les sourcils froncés, le regard (grave et presque mécontent) fixé sur moi. Je lui demandai d'entrer.

— Non, je ne puis rester ; je vous ai simplement apporté un petit paquet que mes sœurs ont laissé pour

---

[1]. Walter Scott (1771-1832), poète et écrivain écossais, *Le Lai du dernier ménestrel* (1805).

vous. Je crois qu'il contient une boîte de peinture, des crayons et du papier.

Je m'avançai pour prendre le paquet ; ce cadeau était le bienvenu. M. Rivers examina mon visage, me sembla-t-il, avec sévérité, tandis que je m'approchais ; sans nul doute les traces de larmes y étaient fort visibles.

— Avez-vous trouvé votre première journée de travail plus dure que vous ne vous y attendiez ? me demanda-t-il.

— Oh, non ! Au contraire, je crois qu'au bout d'un certain temps je m'entendrai fort bien avec mes élèves.

— Mais peut-être votre logement, votre maisonnette, votre mobilier ont-ils déçu votre attente ? Ils sont en vérité assez sommaires ; mais...

Je l'interrompis :

— Ma maison est propre et étanche ; mon mobilier est suffisant et convenable. Tout ce que je vois m'inspire la gratitude et non la mélancolie. Je ne suis pas tout à fait assez sotte ni assez sensuelle pour regretter l'absence de tapis, de sofa, d'argenterie ; d'ailleurs, il y a cinq semaines je n'avais rien, j'étais sans abri, mendiante, vagabonde ; à présent j'ai des relations, un foyer, un métier. Je m'émerveille de la bonté de Dieu, de la générosité de mes amis, de la splendeur de mon sort. Je ne me morfonds point.

— Mais la solitude vous paraît accablante ? Cette petite maison qui est là derrière vous est sombre et vide.

— C'est à peine si j'ai eu le temps de goûter un sentiment de tranquillité ; j'ai donc moins encore eu celui de souffrir d'un sentiment d'isolement.

— Fort bien ; j'espère que vous éprouvez vraiment le contentement que vous exprimez ; en tout cas, votre bon sens vous dira qu'il est encore trop tôt pour vous laisser aller aux craintes et aux hésitations de la femme de Loth[1]. Bien entendu, j'ignore ce que vous avez quitté avant que je vous visse ; mais je vous conseille de résister fermement à toutes les tentations qui vous inclineraient à regarder en arrière ; poursuivez avec constance votre carrière actuelle, au moins pendant quelques mois.

— C'est ce que j'ai l'intention de faire, répondis-je.

Saint-John poursuivit :

— Il est dur de maîtriser l'action de nos penchants et de détourner le cours de la nature ; mais la chose est faisable, je le sais par expérience. Dieu nous a donné, dans une certaine mesure, la force de façonner notre propre destin ; et quand notre énergie paraît exiger un aliment qu'elle ne peut obtenir, quand notre volonté s'efforce d'atteindre un chemin que nous ne pouvons suivre, nous n'avons lieu ni de nous laisser mourir d'inanition ni de rester immobiles dans notre désespoir ; nous n'avons qu'à rechercher pour notre esprit une autre nourriture, aussi forte que le fruit défendu qu'elle aspirait à goûter, et peut-être plus pure ; ou bien à nous frayer, pour nos pieds aventureux, une route aussi directe et aussi large que celle que la Fortune a barrée contre nous, même si cette nouvelle route est plus ardue que l'autre.

« Il y a un an j'étais moi-même profondément malheureux, parce qu'il me semblait que j'avais commis une erreur en entrant dans les ordres ; les tâches monotones du clergé me faisaient éprouver une lassitude mortelle. Je brûlais de connaître la vie plus active du

---

1. Loth est un patriarche de la Bible et du Coran. Il doit fuir sa ville de Sodome à cause de son peuple aux mœurs sexuelles débridées. Dans sa fuite, la femme de Loth se retourne pour voir sa cité une dernière fois avant sa destruction malgré l'avertissement des anges à ne pas le faire. Elle se voit alors changée en statue de sel. Cette histoire évoque les blocs salins aux formes étranges des bords de la mer Morte.

monde, les labeurs plus stimulants d'une carrière littéraire, le destin d'un artiste, d'un auteur, d'un orateur, de n'importe qui plutôt que d'un prêtre ; oui, sous mon surplis de vicaire battait le cœur d'un politicien, d'un soldat, d'un adorateur de la gloire, d'un amateur de renommée, d'un chercheur de puissance. Je réfléchis ; ma vie était si misérable qu'il me fallait en changer ou mourir. Après une période de ténèbres et de lutte, la lumière jaillit et le réconfort vint soudain ; ma vie étriquée s'épanouit tout à coup pour devenir une plaine sans limites ; mes facultés entendirent descendre du Ciel un appel à se dresser, à rassembler toutes leurs forces, à ouvrir leurs ailes et à prendre leur vol vers d'incalculables hauteurs. Dieu avait un message pour moi ; le porter au loin, le transmettre dignement, exigeait habileté et force, éloquence et courage, toutes les plus hautes vertus du soldat, de l'homme d'État et de l'orateur : car toutes ces qualités sont réunies chez un bon missionnaire.

« C'est donc missionnaire que je résolus d'être. À partir de cet instant mon état d'esprit changea ; mes chaînes se défirent et tombèrent de toutes mes facultés, en ne laissant subsister de l'esclavage que l'irritante meurtrissure, que seul le temps pourra guérir. Il est vrai que mon père s'opposa à ma décision ; mais depuis sa mort je n'ai plus à lutter contre un seul obstacle légitime ; une fois que certaines affaires seront réglées, qu'un successeur aura été trouvé pour Morton, qu'un ou deux embarras sentimentaux auront été surmontés ou tranchés (ultime combat contre la faiblesse humaine, duquel je sais que je sortirai vainqueur, car j'ai fait le serment d'en sortir vainqueur), je quitterai l'Europe pour l'Orient.

Il avait parlé de cette voix douce et pourtant énergique qui était bien à lui ; quand il eut fini de parler, il regarda, non pas moi, mais le soleil couchant que je regardais aussi. Nous tournions tous deux le dos au chemin qui traversait le champ pour atteindre ma porte. Nous n'avions point entendu de pas sur ce sentier envahi d'herbe ; l'eau qui coulait dans le vallon était le seul bruit apaisant qu'on entendît à cet instant et dans cet endroit ; aussi eûmes-nous lieu de sursauter quand une voix joyeuse, mélodieuse comme une clochette d'argent, s'exclama :

— Bonsoir, monsieur Rivers. Et bonsoir, mon vieux Carlo. Votre chien est plus prompt que vous, Monsieur, à reconnaître ses amis ; il a dressé l'oreille et remué la queue dès que je suis arrivée à l'autre bout du champ, alors que vous me tournez encore le dos.

C'était vrai. Bien que M. Rivers eût sursauté en entendant la première de ces notes musicales, comme si un coup de tonnerre avait fait éclater un nuage au-dessus de sa tête, il restait encore, à la fin de la phrase, dans l'attitude même où la visiteuse l'avait surpris : les bras posés sur la barrière, la tête vers l'ouest. Il finit par se retourner, avec une lenteur étudiée. Une apparition, me sembla-t-il, avait surgi à ses côtés. À moins de trois pieds de lui on voyait une silhouette tout de blanc vêtue, une silhouette juvénile et gracieuse, aux formes rondes et pourtant jolies ; quand, après s'être penchée pour caresser Carlo, elle leva la tête et rejeta en arrière son long voile, on vit s'épanouir sous le regard de M. Rivers un visage d'une parfaite beauté. Parfaite beauté est un terme très fort ; mais je ne veux ni le rétracter ni l'atténuer : les traits les plus agréables qu'ait jamais façonnés le climat tempéré d'Albion[1], les teintes de rose et de lis les plus pures que ses vents

---

1. Ancien nom de la Grande-Bretagne.

humides et ses cieux vaporeux aient jamais fait naître et protégées justifiaient, en ce cas, l'emploi de l'expression. Aucun charme n'y manquait et l'on ne discernait pas un seul défaut ; la jeune fille avait des traits réguliers et délicats ; la forme et la couleur de ses yeux ressemblaient à ce qu'on voit sur de jolis tableaux : ils étaient grands, sombres, arrondis ; elle avait ces cils longs et ombreux qui entourent de beaux yeux d'une si douce fascination ; elle avait ces sourcils bien dessinés qui donnent tant de clarté ; ce front blanc et lisse, qui ajoute tant de paix aux beautés plus vives d'un teint éclatant ; des joues ovales, fraîches et lisses ; ses lèvres, de surcroît, étaient rouges, saines, joliment formées ; son menton était petit et creusé d'une fossette ; elle avait en outre pour ornement des tresses épaisses et magnifiques... bref, tous les avantages qui, réunis, constituent la beauté idéale lui appartenaient sans réserve. Je m'émerveillai en regardant cette belle créature ; je l'admirai de tout cœur. Assurément Dame Nature était d'humeur partiale quand elle l'avait façonnée ; et, oubliant la ration de dons qu'elle distribue habituellement en parcimonieuse marâtre, elle avait accordé ses bienfaits à une enfant favorite avec la libéralité d'une aïeule.

Que pensait Saint-John Rivers de cet ange terrestre ? Je me posai naturellement cette question quand je le vis se retourner pour la regarder ; et, tout aussi naturellement, je cherchai sur son visage la réponse à ma question. Il avait déjà détourné les yeux de la fée et regardait une humble touffe de pâquerettes qui poussait près du portillon.

— La soirée est délicieuse, mais il est bien tard pour sortir toute seule, dit-il, tout en écrasant d'un coup de pied la tête neigeuse des fleurs déjà refermées.

— Oh, je ne suis rentrée de S*** (elle cita une grande ville située à une vingtaine de milles) que cet après-midi. Papa m'a dit que vous aviez ouvert votre école et que la maîtresse était arrivée ; alors j'ai mis mon chapeau après le thé et je suis accourue par la vallée pour la voir ; est-ce elle ? demanda-t-elle en me montrant du doigt.

— Oui, dit Saint-John.

— Croyez-vous que vous allez aimer Morton ? me demanda-t-elle, avec une simplicité naïve et sans détour dans le ton et la manière, qui n'était pas désagréable, quoique puérile.

— Je l'espère. J'ai bien des raisons de le croire.

— Avez-vous trouvé vos élèves aussi attentives que vous vous y attendiez ?

— Absolument.

— Aimez-vous votre maison ?

— Beaucoup.

— L'ai-je meublée agréablement ?

— Très agréablement, en vérité.

— Et ai-je fait choix d'une bonne compagne pour vous en la personne d'Alice Wood ?

— Oui, certes. Elle est docile et empressée.

« Ainsi donc, me dis-je, c'est Mlle Oliver, l'héritière ; favorisée, semble-t-il, par les dons de la fortune en même temps que par ceux de la nature ! Quelle heureuse conjonction de planètes a présidé à sa naissance, je me le demande ! »

— Je viendrai parfois vous aider à faire la classe, ajouta-t-elle. Ce sera pour moi un changement de venir de temps à autre vous rendre visite ; or j'aime le changement. Monsieur Rivers, je me suis follement amusée pendant mon séjour à S***. Hier soir, ou plus exactement ce matin, j'ai dansé jusqu'à deux heures. Le

***ième régiment y est cantonné depuis les émeutes[1] ; les officiers sont les plus charmants messieurs du monde ; ils font honte à tous nos jeunes affûteurs de couteaux et à tous nos marchands de ciseaux.

J'eus l'impression que la lèvre inférieure de M. Saint-John s'avançait et que sa lèvre supérieure se retroussait un instant. En tout cas sa bouche parut fort pincée, et tout le bas de son visage exceptionnellement sévère et contracté, quand la jeune fille lui donna en riant ces nouvelles. De plus il détacha son regard des pâquerettes et le leva vers elle. Ce fut un regard sérieux, scrutateur, chargé de sens. Elle y répondit par un nouveau rire ; or le rire était très seyant à sa jeunesse, à ses joues roses, à ses fossettes, à ses yeux brillants.

Tandis qu'il restait muet et grave, elle se remit à caresser Carlo.

— Le pauvre Carlo m'aime bien, dit-elle. Lui, en tout cas, il n'est pas sévère et distant avec ses amis ; s'il savait parler, il ne resterait pas silencieux.

Tandis qu'elle flattait la tête du chien, en se penchant avec une grâce naturelle devant le jeune et austère maître de l'animal, je vis une lueur monter au visage de ce maître. Je vis son œil solennel s'animer d'un feu soudain et scintiller sous l'effet d'une irrésistible émotion. Empourpré et embrasé de la sorte, il paraissait presque aussi bel homme qu'elle était jolie femme. Sa poitrine se souleva une fois, comme si son noble cœur, las des contraintes tyranniques, s'était gonflé, malgré sa volonté, et avait eu un sursaut énergique pour gagner sa liberté. Mais M. Rivers le maîtrisa, je crois, comme un cavalier résolu maîtrise un cheval qui se cabre. Il

---

1. Révoltes ouvrières contre les industries du textile et de la mécanisation des techniques de fabrication (1812).

ne répondit ni par un mot ni par un geste aux aimables avances qui lui étaient faites.

— Papa dit que vous ne venez plus jamais chez nous, poursuivit Mlle Oliver en levant les yeux. On ne vous voit plus au manoir du Vallon. Papa est seul ce soir et un peu souffrant ; voulez-vous me raccompagner et lui rendre visite ?

— Ce n'est pas une heure convenable pour déranger M. Oliver, répondit Saint-John.

— Ce n'est pas une heure convenable ! Mais je vous assure que si. C'est précisément l'heure où papa a le plus grand besoin de compagnie, une fois que l'usine est fermée et qu'il n'a plus d'affaires pour l'occuper. Alors, venez donc, monsieur Rivers. Pourquoi êtes-vous tellement timide et tellement sombre ?

Elle meubla le vide créé dans la conversation par le silence de son interlocuteur en répondant elle-même :

— J'oubliais ! s'exclama-t-elle, en hochant sa belle tête bouclée, comme indignée contre elle-même. Je suis tellement sotte et étourdie ! Excusez-moi, je vous prie. L'excellente raison que vous avez d'être peu enclin à vous associer à mon babil m'était sortie de l'esprit. Diana et Mary vous ont quitté ; votre maison de Marsh End est fermée, et vous êtes très solitaire. Je vous assure que vous me faites pitié. Venez donc voir papa.

— Pas ce soir, mademoiselle Rosemonde, pas ce soir.

M. Saint-John parlait presque comme un automate ; lui seul aurait pu dire quel effort lui coûtait un pareil refus.

— Ma foi, si vous êtes tellement têtu, je vais vous quitter, car je n'ose rester plus longtemps ; la rosée commence à tomber. Bonsoir !

Elle tendit la main. Il la toucha du bout des doigts.

— Bonsoir ! répondit-il, d'une voix sourde et creuse comme un écho.

Elle s'éloigna, puis revint presque aussitôt.

— Êtes-vous bien portant ? demanda-t-elle.

Elle avait bien lieu de poser la question. Le visage de Saint-John était aussi blanc que la robe de la jeune fille.

— Très bien portant, articula-t-il.

Puis il s'inclina et quitta la barrière. Elle s'en fut de son côté et lui du sien. En traversant le champ de son pas léger de fée, elle se retourna deux fois pour le regarder ; lui, qui avançait à grandes enjambées énergiques, ne se retourna pas une seule fois.

Ce spectacle des souffrances et du sacrifice d'un autre être détacha mes pensées d'une méditation trop exclusive sur mon propre cas. Diana Rivers avait déclaré son frère « inexorable comme la mort ». Elle n'avait pas exagéré.

CHAPITRE XXXII

Je poursuivis ma tâche à l'école du village avec autant de diligence et de fidélité que je le pus. Ce fut vraiment très dur au début. Il fallut du temps, malgré tous mes efforts, pour que je parvinsse à comprendre mes élèves et leur nature. N'ayant reçu absolument aucune instruction, leurs facultés étant complètement engourdies, elles me parurent d'une bêtise désespérante et, à première vue, d'une bêtise uniforme ; mais je ne tardai pas à m'apercevoir que je me trompais. Il y avait des différences entre elles tout comme entre les gens instruits ; et quand j'arrivai à les connaître, cette différence s'accentua rapidement. Une fois apaisée la stupeur que leur inspirèrent ma personne, ma façon de parler, mes exigences et mes manières, je vis plusieurs de ces paysannes lourdaudes et niaises se transformer en filles à l'intelligence assez vive. Beaucoup se montrèrent complaisantes et même aimables ; je découvris parmi elles maints exemples de politesse naturelle et de sens inné de la dignité personnelle, en même temps que de ressources excellentes, qui suscitèrent à la fois ma bienveillance et mon admiration. Ces filles prirent bientôt plaisir à faire leur travail convenablement, à soigner leur mise, à apprendre régulièrement leurs leçons, à acquérir des manières calmes et ordonnées.

La rapidité de leurs progrès fut même dans certains cas surprenante et m'inspira une fierté honnête et heureuse ; en outre, je commençai à m'attacher personnellement à certaines des meilleures élèves, qui s'attachèrent aussi à moi. J'avais dans ma classe plusieurs filles de fermiers, qui étaient presque des jeunes femmes. Ces dernières savaient déjà lire, écrire et coudre ; je leur enseignai donc des rudiments de grammaire, de géographie, d'histoire, ainsi que les travaux d'aiguille les plus fins. Je trouvai parmi elles des caractères estimables, des filles avides de s'instruire et prêtes à s'améliorer, avec lesquelles je passai le soir bien des heures agréables chez elles. En ce cas leurs parents (le fermier et sa femme) me comblaient d'attentions. J'avais plaisir à accepter leurs simples bontés et à les en remercier par des égards, par un respect scrupuleux de leurs sentiments, auxquels ils n'étaient peut-être pas toujours habitués et qui étaient pour eux à la fois charmants et profitables ; en effet, mon attitude, tout en les rehaussant à leurs propres yeux, leur inspirait le désir de mériter le traitement déférent dont ils bénéficiaient.

Je me rendis compte que je devenais populaire dans le voisinage. Chaque fois que je sortais, j'entendais de tous côtés de cordiales salutations et j'étais accueillie par des sourires amicaux. Vivre au milieu de la considération générale, même si c'est seulement celle des travailleurs, c'est « être assise au soleil, dans le calme et la douceur », et des sentiments de sérénité intérieure s'épanouissent et fleurissent sous de tels rayons. À cette époque de ma vie, mon cœur se gonflait beaucoup plus souvent de gratitude qu'il n'était accablé de découragement ; et pourtant, lecteur, pour ne rien vous cacher, au milieu de cette existence calme et utile, après une journée passée à faire un travail honorable au milieu de mes élèves et une soirée employée à dessiner ou à lire dans une solitude heureuse, je me lançais la nuit dans d'étranges rêves, dans des rêves multicolores, agités, meublés d'idéal, d'émotion, de tempêtes ; des rêves où au milieu d'événements insolites et peuplés d'aventures, de risques bouleversants et de hasards romantiques, je rencontrais encore à mainte et mainte reprise M. Rochester, toujours en quelque moment intensément critique ; alors le sentiment d'être entre ses bras, d'entendre sa voix, de rencontrer son regard, de toucher sa main et sa joue, de l'aimer, d'être aimée de lui, l'espoir de passer ma vie entière à ses côtés renaissaient, avec toute leur force et leur ferveur d'antan. Alors je m'éveillais. Alors je me rappelais où j'étais et quelle était ma situation. Alors je me dressais sur mon lit sans rideaux, tremblante et frissonnante ; alors la nuit sombre et silencieuse était témoin de mon désespoir convulsif et entendait le déchaînement de ma passion. Dès neuf heures le lendemain matin j'ouvrais ponctuellement l'école, calme, apaisée, prête à accomplir méthodiquement les tâches de la journée.

Rosemonde Oliver tint parole en venant me rendre visite. Son passage à l'école se situait en général au cours de la promenade à cheval qu'elle faisait le matin. Elle arrivait jusqu'à la porte de l'école au petit trot de son poney, suivie d'un domestique en livrée, également à cheval. On ne saurait guère imaginer spectacle plus ravissant que l'apparition de la jeune fille avec sa redingote violette et sa casquette d'amazone en velours noir posée gracieusement au-dessus des longues boucles qui lui caressaient la joue et flottaient sur ses épaules ; c'est ainsi qu'elle entrait dans notre rustique bâtisse et parcourait d'un pas léger les rangs des petites villageoises éblouies. Elle venait généralement à l'heure où M. Rivers était occupé à donner sa leçon de catéchisme quotidienne. C'est bien cruellement, je le crains, que l'œil de cette visiteuse transperçait le cœur du jeune pasteur. Une sorte d'instinct semblait l'avertir de l'entrée de Mˡˡᵉ Oliver, même quand il ne la voyait pas ; et, quand son regard était tourné dans une direction tout à fait opposée à celle de la porte, si la visiteuse y faisait son apparition, la joue de M. Rivers s'enflammait et ses traits d'aspect marmoréen, tout en refusant de se détendre, subissaient un changement indescriptible et, dans leur tranquillité même, se mettaient à exprimer une ferveur contenue, plus fortement que n'eussent pu l'indiquer des muscles crispés ou des regards soudain décochés.

Naturellement, elle avait conscience de son pouvoir ; d'ailleurs, M. Rivers ne le lui cachait pas, parce qu'il ne pouvait pas le lui cacher. Malgré son stoïcisme chrétien, quand elle s'avançait vers lui pour lui adresser la parole, en le regardant en face avec un sourire gai, encourageant et même affectueux, les mains de M. Rivers tremblaient et son œil s'allumait. Il avait l'air de dire, par son regard triste et résolu, ce qu'il ne disait pas avec ses lèvres : « Je vous aime et je sais que vous avez un faible pour moi. Ce n'est pas faute d'espoir de réussir que je reste muet. Si je vous offrais mon cœur, je crois que vous l'accepteriez. Mais ce cœur a déjà été déposé sur un autel sacré ; le bûcher est déjà disposé autour de cet autel. Mon cœur ne sera bientôt plus qu'un sacrifice consommé. »

Alors elle faisait la moue comme un enfant déçu ; un nuage pensif atténuait sa vivacité éclatante ; elle retirait précipitamment sa main de celle de M. Rivers et se détournait avec un mouvement d'humeur d'un personnage qui ressemblait tellement à un héros et à un martyr tout à la fois. Saint-John, sans nul doute, eût donné le monde entier pour la suivre, la rappeler, la retenir, quand elle le quittait de la sorte ; mais il ne voulait pas sacrifier une seule chance de salut, ni abandonner, pour tout l'élysée de cet amour, un seul espoir de connaître le vrai, l'éternel Paradis. En outre, il ne pouvait enfermer tout ce qu'il y avait en sa nature... l'aventurier, l'ambitieux, le poète, le prêtre, dans les limites d'une unique passion. Il ne pouvait pas, il ne voulait pas, renoncer en faveur des salons et de la paix du manoir du Vallon, au champ immense de sa lutte missionnaire. C'est ce que j'appris par lui-même au cours d'une incursion que, malgré sa réserve, j'eus l'audace de faire un jour parmi ses pensées intimes.

Mlle Oliver m'honorait déjà de fréquentes visites chez moi. J'avais appris à connaître à fond son caractère, qui était sans mystère et sans déguisement. Elle était coquette, sans être insensible, et exigeante, sans être bassement égoïste. Elle avait été traitée avec indulgence depuis sa naissance, mais n'était pas absolument gâtée. Elle était emportée, mais aimable ; vaniteuse (elle ne pouvait faire autrement, alors que chaque regard jeté sur le miroir lui révélait une telle profusion de charme), mais non affectée ; généreuse ; gaie, vive et irréfléchie. Bref, elle était charmante, même pour une observatrice de sang-froid et de son propre sexe, comme moi ; mais elle n'inspirait pas un intérêt profond ni un respect absolu. Son esprit était d'un genre tout différent, par exemple, de celui des sœurs de Saint-John. Pourtant, je l'aimais à peu près comme j'avais aimé mon élève Adèle ; seulement, une enfant sur laquelle nous avons veillé et que nous avons instruite suscite une affection plus profonde que nous n'en pouvons accorder à une relation adulte également séduisante.

Un aimable caprice la portait vers moi. Elle disait que je ressemblais à M. Rivers, à cela près qu'assurément, convenait-elle, j'étais dix fois moins belle que lui ; certes, j'étais une petite personne assez gentille et pimpante ; mais lui était un ange. Toutefois, j'étais bonne, intelligente, calme et ferme, comme lui. J'étais un *lusus naturae*[1], déclarait-elle, en tant que maîtresse d'école villageoise ; elle était sûre que l'histoire de mon passé, si on la connaissait, ferait un roman délicieux.

Un soir où, avec son attitude habituelle d'affairement puéril et de curiosité irréfléchie mais non déplaisante, elle fouillait le placard et le tiroir de la table de ma petite cuisine, elle découvrit d'abord deux livres français, un volume de Schiller, une grammaire et un dictionnaire allemands, puis mes affaires de dessin et quelques esquisses ; parmi celles-ci une tête au crayon d'une petite fille angéliquement jolie qui était une de mes élèves, et plusieurs paysages d'après nature, exécutés dans le vallon de Morton et les landes avoisinantes. Elle fut d'abord pétrifiée de surprise, puis électrisée de plaisir.

— Est-ce vous qui avez fait ces tableaux ? Savez-vous le français et l'allemand ? Quel trésor... quelle merveille vous êtes ! Vous dessinez mieux que mon professeur, dans la meilleure école de S***. Voudriez-vous dessiner mon portrait, pour montrer à papa ?

— Avec plaisir, répondis-je.

Et j'éprouvai un frémissement de plaisir artistique à la pensée de reproduire un modèle aussi parfait et aussi radieux. Elle portait ce jour-là une robe de soie bleu foncé et elle avait les bras et le cou découverts ; elle avait pour unique ornement ses cheveux châtains, qui ondulaient sur ses épaules avec toute la grâce désordonnée des boucles naturelles. Je pris une feuille de carton fin. Je dessinai les contours avec soin. Je me promettais le plaisir de colorier le portrait ; mais, comme il se

---

1. Jeu de la nature.

faisait déjà tard, je lui dis qu'il lui faudrait revenir poser un autre jour.

Elle parla de moi en de tels termes à son père que M. Oliver en personne l'accompagna le lendemain soir ; c'était un homme de haute taille, aux traits massifs, d'âge mûr, aux cheveux gris, à côté duquel sa ravissante fille avait l'air d'une fleur éclatante auprès d'une tourelle vénérable. M. Oliver semblait être un personnage taciturne et peut-être orgueilleux ; mais il fut très aimable avec moi. L'esquisse du portrait de Rosemonde lui plut fort ; il me dit qu'il fallait que j'en fisse un tableau achevé. Il insista en outre pour que je vinsse passer la soirée du lendemain au manoir du Vallon.

J'y allai. Je vis une grande et belle résidence, offrant des preuves abondantes de la richesse de son propriétaire. Rosemonde se montra pleine d'entrain et de gaieté pendant toute la durée de ma visite. Son père fut affable ; quand il engagea la conversation avec moi après le thé, il exprima avec force son approbation du travail que j'avais fait à l'école de Morton, et ajouta que sa seule crainte, d'après ce qu'il voyait et entendait dire, c'était que la place ne fût pas assez bonne pour moi et que je la quittasse bientôt pour une situation plus appropriée.

— En vérité, s'écria Rosemonde, elle est assez intelligente pour être gouvernante dans une famille noble, papa.

Je songeai que je préférais de beaucoup être où j'étais que dans la plus noble famille du pays. M. Oliver parla de M. Rivers, de la famille Rivers, avec beaucoup de respect. Il me dit que le nom était très ancien dans la région, que les ancêtres de cette maison avaient été riches, que tout Morton leur avait jadis appartenu ; qu'aujourd'hui encore il estimait que le représentant de cette maison pourrait, s'il le voulait, contracter une alliance avec les meilleures familles. Il trouvait regrettable qu'un jeune homme de valeur et de talent eût formé le dessein de partir comme missionnaire ; c'était un véritable gaspillage d'une existence précieuse. Il se révélait donc que M. Oliver n'opposerait aucun obstacle à une union entre sa fille et Saint-John. M. Oliver considérait manifestement la naissance, le nom ancien et la profession sacrée du jeune pasteur comme suffisants pour compenser son manque de fortune.

Nous étions le 5 novembre, jour de congé[1]. Ma petite domestique, après m'avoir aidée à nettoyer ma maison, était partie, fort satisfaite du penny que je lui avais donné pour rétribuer ses services. Autour de moi tout était immaculé et brillant : le parquet bien frotté, la grille de l'âtre astiquée, les chaises cirées. J'avais moi-même fait toilette et j'avais désormais mon après-midi devant moi que je pouvais employer à ma guise.

La traduction de quelques pages d'allemand m'occupa pendant une heure ; puis je pris ma palette et mes crayons et m'attachai à une occupation plus apaisante, parce que plus facile : achever la miniature représentant Rosemonde Oliver. La tête était déjà finie ; il ne me restait plus que le fond à teinter et les draperies à estomper ; j'avais aussi une touche de carmin à ajouter aux lèvres vermeilles, une ou deux boucles discrètes çà et là dans les cheveux, une nuance plus foncée dans l'ombre des cils sous la paupière azurée. J'étais absorbée par l'exécution de ces détails minutieux, quand, après avoir frappé un coup bref, Saint-John Rivers ouvrit ma porte et entra.

— Je suis venu voir comment vous passez votre jour de congé, me dit-il. Non point dans la songerie,

---

1. Jour anniversaire de l'échec du « Complot des Poudres ».

j'espère ? Non ? C'est bien ; tant que vous dessinerez, vous ne vous sentirez pas solitaire. Vous voyez que je me méfie encore de vous ; et pourtant vous avez montré jusqu'ici une constance merveilleuse. Je vous ai apporté un livre pour vous réconforter le soir.

Il posa sur la table un ouvrage récent ; c'était un poème, une de ces œuvres authentiques si souvent accordées au public heureux de cette époque, âge d'or de la littérature moderne. Hélas ! Les lecteurs d'aujourd'hui sont moins favorisés. Mais, courage ! Je ne veux point m'attarder à des reproches ou à des récriminations. Je sais que la poésie n'est pas morte, ni le génie perdu, et que Mammon[1] n'a point étendu son empire sur l'une ou sur l'autre, au point de les enchaîner ou de les occire ; l'une et l'autre réaffirmeront quelque jour leur existence, leur présence, leur liberté et leur force. Anges puissants, réfugiés aux cieux ! Ils sourient quand les âmes viles se réjouissent, quand les âmes faibles s'affligent, de leur disparition. La poésie détruite ! Le génie exilé ! Non ! Non, Médiocrité ; ne permets pas à l'envie de te souffler pareille pensée. Non ; non seulement ils sont vivants, mais ils règnent et nous rachètent ; et si leur influence divine ne s'étendait partout, tu serais en enfer... dans l'enfer de ta propre petitesse.

Tandis que je parcourais avidement les pages éclatantes de *Marmion*[2] (car c'était *Marmion* qu'il m'avait apporté), Saint-John se pencha pour examiner mon dessin. Sa haute silhouette se redressa soudain en sursaut ; il ne dit mot. Je levai les yeux vers lui ; il se déroba à mon regard. Je connaissais bien ses pensées et je lisais

---

1. Mammon personnifie la richesse, l'argent, dans les écrits bibliques.
2. Poème de Walter Scott (1808).

clairement dans son cœur ; à cet instant je me sentais plus calme et plus assurée que lui ; j'avais donc momentanément l'avantage sur lui et je conçus le désir de lui faire un peu de bien, si je le pouvais.

« Avec toute sa fermeté et sa maîtrise de soi, pensais-je, il se fait la vie trop dure ; il refoule tous ses sentiments et toutes ses émotions ; il n'exprime, n'avoue, ne communique rien. Je suis sûre que cela lui ferait du bien de parler un peu de cette chère Rosemonde, qu'il estime ne pas devoir épouser. Je vais le faire parler. »

Je dis tout d'abord :

— Prenez un siège, monsieur Rivers.

Mais il me répondit, comme il le faisait toujours, qu'il n'avait pas le temps de rester.

« Fort bien, répliquai-je mentalement, ne vous asseyez pas si bon vous semble ; mais j'ai décidé que vous ne partiriez pas de sitôt ; la solitude est au moins aussi mauvaise pour vous que pour moi. Je vais voir si je n'arrive pas à découvrir le ressort secret de vos confidences, et à trouver dans votre poitrine de marbre une ouverture par laquelle je puisse faire pénétrer une goutte du baume de la sympathie. »

— Ce portrait est-il ressemblant ? demandai-je à brûle-pourpoint.

— Ressemblant ! Ressemblant à quoi ? Je ne l'ai pas regardé de près.

— Si, monsieur Rivers.

Ma soudaine et étrange brusquerie le fit sursauter de nouveau ; il me regarda avec stupeur.

« Oh, ce n'est rien encore, murmurai-je en mon for intérieur. Je n'ai pas l'intention de me laisser arrêter par un peu de raideur de votre part ; je suis prête à aller très loin. »

Puis je poursuivis à haute voix :

— Vous avez observé le portrait de très près et très

distinctement ; mais je ne vois pas d'inconvénient à ce que vous le regardiez de nouveau.

Aussi me levai-je et le lui mis-je entre les mains.

— C'est un tableau bien exécuté, dit-il ; les couleurs sont douces et claires, le dessin gracieux et précis.

— Oui, oui ; je le sais bien. Mais la ressemblance ? À qui ressemble-t-il ?

Il surmonta une certaine hésitation et répondit :

— À Mlle Oliver, j'imagine.

— Naturellement. Alors, Monsieur, pour vous récompenser de votre judicieuse conjecture, je veux bien vous promettre de peindre pour vous une copie exacte et fidèle de ce même tableau, à condition que vous reconnaissiez qu'un tel présent vous serait agréable. Je n'ai pas envie de gaspiller mon temps et ma peine pour vous offrir quelque chose que vous estimeriez sans valeur.

Il continua à contempler le tableau ; plus il le regardait, plus il le tenait fermement, et plus il avait l'air de le convoiter.

— Il est vraiment ressemblant ! murmura-t-il ; l'œil est admirablement traité ; la couleur, l'expression, la lumière sont parfaites. Il sourit !

— Cela serait-il pour vous un réconfort, ou au contraire une blessure, d'avoir un tableau identique ? Dites-le-moi ! Quand vous serez à Madagascar, ou au Cap, ou aux Indes, serait-ce une consolation d'avoir en votre possession pareil souvenir, ou bien sa vue évoquerait-elle des pensées propres à vous affaiblir et à vous tourmenter ?

Il leva alors furtivement les yeux ; il me regarda, indécis, troublé ; il examina de nouveau le tableau.

— Que cela me ferait plaisir de l'avoir, c'est certain ; quant à savoir si ce serait judicieux et avisé, c'est une autre question.

Depuis que j'avais acquis la conviction que Rosemonde lui était réellement attachée et que M. Oliver ne risquait pas de s'opposer au mariage, ayant moi-même des vues moins nobles que Saint-John, j'étais dans le fond de mon cœur fort encline à préconiser leur union. Il me semblait que, s'il devenait possesseur de la grosse fortune de M. Oliver, il pourrait s'en servir pour faire autant de bien que s'il s'en allait laisser son génie s'étioler et ses forces dépérir sous le soleil des tropiques. Telle étant ma conviction, je lui répondis alors :

— Autant que je sache, il serait plus avisé et plus judicieux que vous décidiez de vous emparer sur-le-champ de l'original.

Il s'était assis depuis un moment ; il avait posé le portrait sur la table devant lui et, le front appuyé sur ses deux mains, restait tendrement penché sur cette image. Je me rendis compte qu'il n'était ni irrité ni choqué par mon audace. Je vis même que le fait de s'entendre ainsi franchement interpeller sur un sujet qu'il avait estimé inabordable, de l'entendre ainsi traiter librement, commençait à lui apparaître comme un plaisir nouveau, comme un soulagement inespéré. Les gens réservés éprouvent souvent en réalité un besoin plus grand que les gens expansifs de discuter franchement de leurs sentiments et de leurs chagrins. Le stoïque à l'air le plus austère est un être humain, après tout ; « plonger » avec hardiesse et bienveillance dans « la mer silencieuse » de leur âme, c'est souvent leur conférer le plus grand des bienfaits.

— Elle a de l'affection pour vous, j'en suis sûre, dis-je, debout derrière sa chaise, et son père a du respect pour vous. En outre, c'est une jeune fille charmante... un peu irréfléchie, mais n'avez-vous pas assez de réflexion pour elle en même temps que pour vous ? Vous devriez l'épouser.

— Est-il vrai qu'elle ait de l'affection pour moi ?
— Assurément ; plus que pour quiconque d'autre. Elle parle de vous continuellement ; il n'est pas de sujet qui lui plaise davantage ou qu'elle aborde plus souvent.
— C'est très agréable à entendre, dit-il, très ; continuez pendant un quart d'heure encore.

Et il tira bel et bien sa montre de son gousset et la posa sur la table pour mesurer ce laps de temps.

— Mais à quoi bon continuer, demandai-je, alors que vous êtes sans doute en train de préparer un coup de massue pour me contredire ou de forger une nouvelle chaîne pour mieux tenir votre cœur en captivité ?
— N'ayez point de si cruelles pensées. Imaginez-vous que je m'abandonne et m'attendrisse, ce qui est la vérité : l'amour humain jaillit dans mon esprit, comme une fontaine toute nouvelle, et inonde d'un flot délicieux tout le champ que j'ai si soigneusement et à si grand-peine défriché, que j'ai si diligemment ensemencé des graines de mes bonnes intentions et de mes projets d'abnégation. Voici que ce champ est envahi par une inondation grisante, que les jeunes pousses sont submergées, qu'un poison délicieux les pourrit ; à présent je me vois étendu sur une ottomane dans le salon du manoir du Vallon aux pieds de mon épouse Rosemonde Oliver ; elle me parle de sa voix mélodieuse, elle abaisse sur moi le regard de ces yeux que votre main habile a si bien copiés, elle me sourit de ses lèvres de corail. Elle est à moi... je suis à elle... la vie présente et le monde qui passent me suffisent. Chut ! Ne dites rien... j'ai le cœur plein de joie, les sens en extase, laissez passer en silence le temps que j'ai fixé.

Je me pliai à son caprice ; la montre continua à faire entendre son tic-tac ; Saint-John avait le souffle court et rapide ; je restais muette. Au milieu de ce silence le quart d'heure eut tôt fait de s'écouler ; Saint-John remit sa montre en place, reposa le portrait, se leva et se planta devant l'âtre.

— Voilà, dit-il ; ce bref instant a été consacré au délire et à l'illusion. J'ai reposé ma tête sur le sein de la tentation, j'ai mis volontairement ma nuque sous son joug fleuri et j'ai trempé les lèvres dans sa coupe. Mais cet oreiller me brûlait ; il y a un aspic dans sa guirlande ; son vin a une saveur d'amertume ; ses promesses sont creuses, ses offres trompeuses ; je vois et je sais tout cela.

Je le regardai avec surprise.

— Il est étrange, poursuivit-il, que tout en aimant Rosemonde Oliver à la folie, avec toute l'intensité, en fait, d'une première passion dont l'objet est délicieusement beau, gracieux et séduisant, j'éprouve en même temps la certitude calme et lucide qu'elle ne serait pas pour moi une bonne épouse, qu'elle n'est pas une partenaire à ma mesure, que je m'en apercevrais moins d'un an après le mariage, et qu'à douze mois de félicité succéderait une vie entière de regrets. Cela, je le sais.

— C'est étrange, en effet, ne pus-je m'empêcher de m'exclamer.

— Tandis qu'une partie de mon être, reprit-il, est vivement sensible à ses charmes, une autre partie est tout aussi profondément frappée par ses défauts ; ils sont de nature à interdire toute sympathie avec ce à quoi je pourrais aspirer, toute coopération à ce que je pourrais entreprendre. Rosemonde victime, Rosemonde ouvrière, Rosemonde femme-apôtre ? Rosemonde compagne de missionnaire ? Non !

— Mais vous n'êtes pas obligé d'être missionnaire. Vous pourriez renoncer à ce projet.

— Renoncer ? Quoi ! À ma vocation ! À mon grandiose ouvrage ? À la fondation que je poserais sur terre de ma demeure céleste ? À mon espoir de faire partie du petit nombre de ceux qui ont fondu toutes leurs ambitions en une seule : la glorieuse ambition d'améliorer leur race, de porter le savoir aux royaumes de l'ignorance, de substituer la paix à la guerre, la liberté à l'esclavage, la religion à la superstition, l'espoir du ciel à la crainte de l'enfer ? Faut-il que je renonce à tout cela ? À ce qui m'est plus cher que le sang de mes veines ? C'est l'unique objet de ma contemplation, c'est le sens de ma vie.

Au bout d'un très long silence, je dis :

— Et Mlle Oliver ? Sa déception et son chagrin ne vous affectent-ils pas ?

— Mlle Oliver est sans cesse environnée de prétendants et de flatteurs ; en moins d'un mois, mon image s'effacera de son cœur. Elle m'oubliera et épousera probablement un homme qui la rendra bien plus heureuse que je ne l'eusse fait.

— Vous en parlez assez calmement ; mais ce conflit vous meurtrit. Vous en dépérissez.

— Non. Si je maigris un peu, c'est par anxiété pour mon avenir, encore indécis, pour mon départ, sans cesse ajourné. Ce matin encore, j'ai reçu la nouvelle que le successeur, dont j'attends l'arrivée depuis si longtemps, ne pourra être prêt à me remplacer d'ici à trois mois ; et ces trois mois risquent fort d'en devenir six.

— Vous tremblez et vous vous empourprez quand Mlle Oliver entre dans la salle de classe.

De nouveau la même expression de surprise passa sur son visage. Il ne s'était pas imaginé qu'une femme oserait parler de la sorte à un homme. Quant à moi, je me sentais à mon aise dans ce genre de conversation. Jamais je n'ai su, dans mes relations avec des esprits énergiques, lucides et raffinés, qu'ils fussent masculins ou féminins, m'arrêter en chemin avant d'avoir passé les bornes de la réserve conventionnelle, franchi le seuil des confidences et conquis une place dans l'intimité même du cœur.

— Vous êtes vraiment originale, dit-il, et point timide. Il y a de la hardiesse dans votre esprit, en même temps que de la pénétration dans votre regard ; mais permettez-moi de vous assurer que vous vous méprenez en partie sur mon émotion. Vous la croyez plus profonde ou plus puissante qu'elle n'est. Vous m'attribuez une plus forte dose de sympathie que je ne le mérite. Quand je rougis ou que je tremble devant Mlle Oliver, je ne me prends pas en pitié, je méprise cette faiblesse. Je sais qu'elle est basse, que c'est une simple fièvre de la chair, non point, je l'affirme, une convulsion de l'âme. L'âme, elle, est aussi ferme qu'un roc, immuablement fixé dans les profondeurs d'une mer agitée. Voyez-moi tel que je suis : un homme froid et dur.

Je souris avec incrédulité.

— Vous avez emporté d'assaut mes confidences, poursuivit-il ; elles sont donc à votre disposition. Je suis tout simplement, dans mon état d'origine, une fois dépouillé de cette robe purifiée par le sang dont le christianisme recouvre la difformité humaine, un homme froid, dur et ambitieux. Seule, parmi tous les sentiments, l'affection familiale exerce sur moi un empire permanent. C'est la raison, et non le sentiment, qui me sert de guide ; mon ambition est sans limites ; insatiable mon désir de m'élever, de faire mieux que les autres. Je respecte l'endurance, la persévérance, l'activité, le talent ; parce que ce sont les moyens par lesquels les hommes atteignent de grands objectifs et s'élèvent à des situations éminentes. Si j'observe votre carrière avec intérêt, c'est parce que je vous tiens pour un exemple de femme diligente, méthodique, énergique ; non parce que j'éprouve une profonde compassion pour ce que vous avez enduré, ou ce que vous subissez encore.

— Vous voudriez vous faire passer pour un simple philosophe païen, dis-je.

— Non. Il y a entre moi et les philosophes déistes la différence que voici : je suis croyant, et je crois à l'Évangile. Vous vous êtes trompée d'épithète. Je suis un philosophe, non point païen, mais chrétien, disciple de la secte de Jésus. Étant son disciple, j'adopte ses doctrines pures, miséricordieuses, bienfaisantes. Je les prêche ; j'ai juré de les répandre. La religion, après m'avoir conquis dans ma jeunesse, a cultivé mes qualités naturelles de la façon suivante : à partir du germe minuscule de l'affection familiale, elle a développé l'arbre immense de la philanthropie. À partir de la racine sauvage et sèche de la rectitude humaine, elle a fait naître un sens convenable de la justice divine. De l'ambition de conquérir puissance et renommée pour ma chétive personne, elle a fait l'ambition de répandre le Royaume de mon Maître, de remporter des victoires pour l'étendard de la Croix. Voilà ce que la religion a fait pour moi, en tirant le meilleur parti possible des matériaux primitifs, en émondant et en guidant la nature. Mais elle n'a pu déraciner la nature elle-même, qui ne sera pas déracinée avant le jour où « ce mortel se vêtira d'immortalité ».

Ayant dit ces mots, il prit son chapeau, qui était posé sur la table à côté de ma palette. Une fois encore il regarda le portrait.

— C'est vrai qu'elle est adorable, murmura-t-il. Elle porte bien son nom de « Rose du Monde », en vérité !

— Alors, ne puis-je peindre semblable portrait pour vous ?

— *Cui bono*[1] ? Non.

---

1. À quoi bon ?

Il couvrit le portrait de la feuille de papier mince sur laquelle j'avais coutume de poser la main pendant que je peignais, pour empêcher le carton de se salir. Ce qu'il vit soudain sur cette feuille blanche, il me fut impossible de le dire ; mais quelque chose avait attiré son regard. Il s'empara brusquement de la feuille ; il en regarda le bord ; puis il me décocha un regard indiciblement étrange et tout à fait incompréhensible ; un regard qui paraissait embrasser et noter tous les détails de ma silhouette, de mon visage et de ma tenue, car il parcourut tout cela, avec la promptitude et la pénétration de l'éclair. Ses lèvres se desserrèrent comme s'il allait parler ; mais il arrêta la phrase qui allait venir, quelle qu'elle fût.

— Que se passe-t-il ? demandai-je.

— Absolument rien, me fut-il répondu.

Quand il remit le papier en place, je le vis qui en déchirait adroitement une mince bande près du bord. Elle disparut dans son gant ; puis, avec un salut rapide et un « au revoir » sommaire, il s'en fut.

— Ma, parole ! m'écriai-je, en me servant d'une expression du pays, ça, c'est le bouquet, tout de même ! À mon tour, j'examinai attentivement le papier ; mais je n'y vis rien d'autre que quelques taches sombres de peinture là où j'avais essayé les couleurs de mon pinceau. Je méditai une minute ou deux sur ce mystère ; mais, voyant qu'il était insoluble, et certaine qu'il ne pouvait guère avoir d'importance, je le chassai de mes pensées et ne tardai pas à l'oublier.

CHAPITRE XXXIII

Quand M. Saint-John s'en alla, il commençait à neiger ; la tourmente continua toute la nuit. Le lendemain un vent âpre apporta de nouvelles chutes aveuglantes ; au crépuscule la vallée était complètement enneigée et presque impraticable. J'avais fermé mon volet, placé une natte contre la porte pour empêcher le vent de faire entrer la neige par-dessous, ranimé mon feu ; après être restée près d'une heure immobile devant l'âtre à écouter la fureur assourdie de la tempête, j'allumai une bougie, je pris *Marmion* et je commençai à lire :

Le jour s'achevait sur les pentes crénelées de Norham,
Et sur les cours de la belle Tweed large et profonde,
Et sur les monts solitaires des Cheviot ;
Tours massives, donjon imposant,
Murs latéraux qui les encerclent,
Brillaient d'un éclat jaunâtre...

J'eus tôt fait d'oublier la tempête dans cette musique.
J'entendis du bruit ; je crus que le vent avait secoué la porte. Non : c'était Saint-John Rivers qui, soulevant le loquet, échappant à l'ouragan glacial et aux ténèbres mugissantes, entrait et se présentait devant moi ; la cape qui recouvrait sa haute silhouette était blanche comme

un glacier. Je fus presque consternée, tant je m'étais peu attendue à voir ce soir-là arriver par la vallée enneigée un visiteur quelconque.

— Y a-t-il de mauvaises nouvelles ? demandai-je. S'est-il passé quelque chose ?

— Non. Que vous êtes prompte à vous alarmer ! me répondit-il, tout en ôtant sa cape qu'il accrocha derrière la porte, contre laquelle il repoussa calmement la natte déplacée par son entrée.

Il frappa du pied par terre pour faire tomber la neige de ses chaussures.

— Je vais souiller la pureté de votre parquet, me dit-il, mais il faudra m'en excuser pour cette fois. Puis il s'approcha du feu.

— J'ai eu bien de la peine à parvenir jusqu'ici, je vous assure, déclara-t-il en se chauffant les mains au-dessus de la flamme. À un moment, j'ai eu de la neige jusqu'à la ceinture ; heureusement qu'elle est encore toute molle.

— Mais pourquoi êtes-vous venu ? ne pus-je m'empêcher de demander.

— Ce n'est pas une question bien hospitalière à poser à un visiteur ; mais, puisque vous me le demandez, je vous répondrai que c'est simplement pour avoir un brin de conversation avec vous ; je me suis lassé de mes livres muets et de ma maison vide. En outre, depuis hier, j'éprouve l'agitation d'un homme à qui l'on a raconté la moitié d'une histoire et qui est impatient d'en entendre la suite.

Il s'assit. Je me souvins de sa singulière conduite de la veille et je commençai vraiment à craindre qu'il n'eût l'esprit un peu dérangé. Toutefois, s'il était fou, sa folie était d'un genre très calme et tranquille ; jamais je n'avais vu les beaux traits de son visage ressembler autant à du marbre ciselé qu'en cet instant précis où il écarta de son front ses cheveux mouillés par la neige et laissa la lueur du feu briller librement sur ses tempes pâles et ses joues non moins pâles, où je fus affligée de voir les marques creusées par les soucis ou le chagrin et qu'on y lisait désormais si clairement. J'attendis, pensant qu'il allait tout au moins dire quelque chose de compréhensible pour moi ; mais il avait déjà levé la main vers son menton et posé un doigt sur ses lèvres ; il réfléchissait. Je fus frappée de voir que sa main paraissait amaigrie comme son visage. Un élan de pitié, peut-être inopportune, m'envahit le cœur ; dans mon émotion, je me laissai aller à dire :

— Je regrette que Diana ou Mary ne puisse venir habiter chez vous ; il est trop triste que vous restiez complètement seul ; et vous jouez avec votre santé.

— Pas du tout, dit-il ; je prends soin de moi-même quand c'est nécessaire. Je suis bien portant en ce moment. Que voyez-vous en moi qui vous inquiète ?

Il avait dit cela avec une indifférence insouciante et distraite, montrant bien que ma sollicitude était, à son avis du moins, parfaitement superflue. Je fus réduite au silence.

Il continuait à faire aller son doigt le long de sa lèvre supérieure, et ses yeux restaient fixés rêveusement sur la grille rougeoyante de l'âtre. Estimant impérieusement nécessaire de dire quelque chose, je lui demandai bientôt s'il n'avait pas l'impression qu'un courant d'air froid arrivait sous la porte derrière lui.

— Non, non ! répliqua-t-il d'un ton sec et un peu impatient.

« Bon, pensai-je, si vous ne voulez pas parler, vous pouvez vous taire ; je vais vous laisser tranquille à présent et retourner à mon livre. »

Je mouchai donc ma bougie et repris la lecture de *Marmion*. M. Rivers ne tarda pas à faire un mouvement ; mon regard fut instantanément attiré par ses gestes ; il se contenta de prendre un portefeuille en maroquin, et d'en extraire une lettre, qu'il lut en silence, replia, remit en place ; puis il sombra de nouveau dans sa méditation. Il était vain d'essayer de lire avec un être aussi impénétrable installé à demeure devant moi ; mais je ne pouvais non plus, dans mon impatience, consentir à rester muette ; il pourrait me rabrouer s'il le voulait, mais je tenais à parler.

— Avez-vous eu des nouvelles de Diana et de Mary récemment ?

— Pas depuis la lettre que je vous ai montrée il y a une semaine.

— Il ne s'est pas produit de changement dans vos propres dispositions ? Vous n'allez pas être appelé à quitter l'Angleterre plus tôt que vous ne l'escomptiez ?

— Je crains bien que non ; ce n'est pas moi qui aurais une chance pareille.

Rembarrée jusqu'alors, je changeai de terrain d'attaque. Je m'avisai de parler de l'école et de mes élèves.

— La maman de Mary Garret va mieux et Mary est rentrée en classe ce matin ; et je vais avoir quatre nouvelles élèves la semaine prochaine, venant du clos de la Fonderie ; elles seraient venues aujourd'hui, sans la neige.

— Vraiment !

— M. Oliver paie pour deux d'entre elles.

— Tiens !

— Il a l'intention d'offrir une fête pour toute l'école à Noël.

— Je le sais.

— Est-ce sur votre suggestion ?

— Non.

— Alors, sur celle de qui ?

— Sur celle de sa fille, je crois.

— C'est bien d'elle ; elle est si bonne.
— Oui.

De nouveau tomba le voile d'un silence ; l'horloge sonna huit coups et M. Rivers retrouva alors son animation ; il décroisa les jambes, se redressa sur sa chaise et se tourna vers moi.

— Laissez votre livre un instant et venez un peu plus près du feu, dit-il.

Étonnée, et n'en finissant pas de m'étonner, je m'exécutai.

— Il y a une demi-heure, poursuivit-il, je vous ai parlé de mon impatience d'entendre la suite d'un récit ; à la réflexion, je me rends compte que nous nous en tirerons mieux si c'est moi qui assume le rôle de narrateur et si je fais de vous une auditrice. Avant de commencer, la loyauté exige que je vous avertisse que l'histoire va paraître un peu banale à vos oreilles ; mais les détails rebattus retrouvent souvent une certaine fraîcheur en passant par de nouvelles lèvres. Au demeurant, ordinaire ou originale, l'histoire est courte.

« Il y a vingt ans, un vicaire pauvre – peu importe son nom pour le moment – tomba amoureux de la fille d'un homme riche ; elle lui rendit son amour et l'épousa, contre l'avis de toute sa famille qui, par conséquent, la désavoua aussitôt après le mariage. Avant que deux années eussent passé, les deux imprudents étaient morts et reposaient tous deux côte à côte sous une même pierre. – J'ai vu leur tombeau ; il faisait partie du dallage d'un immense cimetière qui entoure la sombre et noirâtre cathédrale d'une immense ville industrielle du comté de ***. – Ils laissèrent une fille qui, dès sa naissance, fut recueillie sur le sein de la Charité... un sein aussi froid que celui de l'amas de neige dans lequel j'ai failli rester planté ce soir. La Charité transporta le petit être isolé au foyer de sa riche famille maternelle ; elle fut élevée par une tante appelée – j'en viens aux noms à présent – Mme Reed de Gateshead. Vous sursautez... avez-vous entendu du bruit ? J'imagine que c'est seulement un chat qui se promène sur les poutres de la salle de classe voisine ; c'était une grange avant que je la fisse réparer et transformer ; or les granges sont souvent infestées de rats... Poursuivons. Mme Reed garda l'orpheline dix ans ; la petite fut-elle ou non heureuse chez elle, je ne puis le dire, car je n'en ai jamais été informé ; mais à l'expiration de cette période elle envoya l'enfant dans un endroit que vous connaissez, et qui n'est autre que l'école de Lowood, où vous avez si longtemps résidé vous-même. Il semble que la carrière de cette petite fille à l'école ait été honorable ; d'élève, elle devint professeur, comme vous... en vérité, je suis frappé par un certain parallélisme entre son histoire et la vôtre. Elle quitta l'école pour devenir gouvernante ; là encore, il y a une analogie entre vos destins ; elle entreprit l'éducation de la pupille d'un certain M. Rochester.

— Monsieur Rivers ! fis-je, l'interrompant.

— Je devine quels sont vos sentiments, dit-il, mais contenez-les un moment ; j'ai presque fini : écoutez-moi jusqu'au bout. Sur le caractère de M. Rochester je ne sais rien, en dehors du seul fait qu'il prétendit offrir à cette jeune fille un mariage honorable, et qu'au pied même de l'autel elle découvrit qu'il avait une femme encore vivante, quoique folle. Ce que furent la conduite et les propositions ultérieures de cet homme est affaire de simple conjecture ; mais quand fut connu un événement qui exigeait qu'on se renseignât sur cette gouvernante, on découvrit qu'elle était partie et que personne ne savait quand, où, ni comment. Elle avait quitté le manoir de Thornfield nuitamment ; toutes les recherches entreprises pour retrouver sa trace avaient été vaines ;

la campagne environnante avait été fouillée de fond en comble ; on n'avait pu recueillir le moindre fragment de renseignement concernant la jeune fille. Or il est devenu important et urgent qu'on la retrouve ; des annonces ont été publiées dans tous les journaux ; j'ai moi-même reçu une lettre d'un certain M. Briggs, homme de loi, qui m'apprend tous les détails dont je viens de vous faire part. N'est-ce pas une curieuse histoire ?

— Dites-moi simplement une chose, répondis-je, et puisque vous en savez si long, vous êtes sûrement en mesure de me la dire : et M. Rochester ? Comment va-t-il, où est-il, que fait-il, est-il bien portant ?

— J'ignore tout ce qui a trait à M. Rochester ; la lettre ne fait pas une seule fois mention de lui, sauf quand elle relate la tentative frauduleuse et illégale dont j'ai parlé. Vous feriez mieux de me demander le nom de la gouvernante, ou la nature de l'événement qui exige son apparition.

— Personne n'est donc allé au manoir de Thornfield ? Personne n'a vu M. Rochester ?

— Je pense que non.

— Mais on lui a écrit ?

— Bien sûr.

— Et qu'a-t-il dit ? Qui a ses lettres ?

— M. Briggs me donne à entendre que la réponse à sa démarche n'est pas venue de M. Rochester, mais d'une dame ; elle était signée « Alice Fairfax ».

Je me sentis déroutée et effrayée ; ainsi mes pires craintes s'étaient sans doute réalisées ; selon toute probabilité M. Rochester avait quitté l'Angleterre et s'était précipité avec l'insouciance du désespoir vers l'un de ses anciens repaires du Continent. Quel narcotique pour endormir ses cruelles souffrances... quelle proie pour assouvir ses violentes passions, y avait-il cherchés ? Je n'osais répondre à cette question. Ah, mon pauvre maître, qui aviez naguère été presque mon époux, que j'avais souvent appelé « cher Édouard » !

— Ce devait être un homme de peu, déclara M. Rivers.

— Vous ne le connaissez pas... ne prononcez donc pas de jugement sur lui, dis-je avec emportement.

— Fort bien, répondit-il calmement ; d'ailleurs j'ai l'esprit occupé par d'autres pensées que la sienne ; il faut que je finisse mon histoire. Puisque vous ne voulez pas me demander le nom de la gouvernante, il faut que je vous le dise spontanément. Attendez ! Je l'ai ici... il est toujours plus satisfaisant de voir les faits importants par écrit, dûment couchés en noir et blanc.

Alors le portefeuille fut de nouveau lentement exhibé, ouvert, fouillé ; de l'un de ses compartiments fut extraite une méchante bande de papier, déchirée à la diable : à sa texture et à ses taches d'outremer, de laque et de vermillon, je reconnus le bord arraché à la feuille recouvrant mon portrait. M. Rivers se leva et me plaça ce papier sous les yeux ; je lus alors, tracés à l'encre de Chine, de mon écriture, les mots : « JANE EYRE », œuvre sans doute d'un instant d'inattention.

— Briggs dans sa lettre parlait d'une Jane Eyre, dit-il ; les annonces réclamaient une Jane Eyre ; je connaissais une Jane Elliott. J'avoue que je me doutais de quelque chose, mais c'est seulement hier après-midi que mes soupçons se transformèrent soudain en certitude. Vous avouez votre nom et renoncez à votre pseudonyme ?

— Oui... oui ; mais où est M. Briggs ? Il est peut-être mieux renseigné que vous sur M. Rochester.

— Briggs est à Londres. Je doute qu'il ait des informations quelconques sur M. Rochester ; ce n'est pas à M. Rochester qu'il s'intéresse. Mais vous oubliez l'essentiel pour vous attacher à des bagatelles ; vous ne me demandez pas pourquoi M. Briggs vous recherchait, ce qu'il vous voulait.

— Eh bien, que me voulait-il ?

— Simplement vous dire que votre oncle, M. Eyre de Madère, est mort ; qu'il vous a légué toute sa fortune, et que vous êtes riche désormais ; c'est tout ; il n'y a rien d'autre.

— Moi !... riche ?

— Oui, vous, riche... une vraie héritière.

Le silence s'ensuivit.

— Il faudra fournir la preuve de votre identité, bien entendu, reprit bientôt Saint-John, ce qui n'offrira aucune difficulté ; puis vous pourrez entrer immédiatement en jouissance. Votre fortune est placée en rentes sur l'État ; Briggs a le testament et tous les documents nécessaires.

Quelle carte inattendue je venais de retourner ! C'est une belle chose, lecteur, que d'être élevée en un instant de l'indigence à la richesse... une très belle chose ; mais ce n'est pas une situation qu'on puisse comprendre, ni par conséquent apprécier, tout d'un coup. En outre, il y a d'autres accidents dans la vie qui sont plus exaltants et plus délectables : celui-là est solide, il appartient au monde tangible et n'a rien d'idéal ; tout ce qui s'y rattache est concret et sérieux, et il en est de même de nos réactions. On ne saute pas, on ne bondit pas, on ne pousse pas de cris de joie en apprenant qu'on a reçu une fortune ; on commence à envisager ses responsabilités et à songer à ses affaires ; sur des fondations d'inébranlable satisfaction s'élèvent certains graves soucis, si bien que nous nous contenons et savourons notre joie avec un visage solennel.

De plus les mots « héritage » et « legs » vont de pair avec les mots « mort » et « enterrement ». J'avais appris que mon oncle était mort, mon unique parent ; depuis que j'avais été mise au courant de son existence, j'avais caressé l'espoir de le voir un jour ; je savais à présent que je ne le verrais jamais. Enfin son argent n'allait qu'à moi seule ; non point à moi en même temps qu'à une famille épanouie, mais à ma personne isolée. C'était sans nul doute un bien magnifique ; et l'indépendance allait être merveilleuse... oui, à cela j'étais sensible... cette pensée-là me rendit le cœur débordant.

— Enfin votre front s'éclaircit, dit M. Rivers. Je croyais que la Méduse vous avait jeté un regard et que vous vous transformiez en pierre. Peut-être allez-vous maintenant me demander combien vous possédez.

— Combien possédé-je ?

— Oh, une bagatelle ! Rien d'intéressant, bien sûr... je crois qu'on parle de vingt mille livres ; mais qu'est-ce que vingt mille livres ?

— Vingt mille livres !

C'était encore un coup de massue, car j'avais compté sur quatre ou cinq mille livres. Cette nouvelle me coupa bel et bien le souffle pendant un instant ; M. Saint-John, que je n'avais encore jamais entendu rire, se mit alors à rire.

— Ma foi, me dit-il, si vous aviez commis un meurtre, et si je vous avais annoncé que votre crime était découvert, vous ne pourriez guère paraître plus effarée.

— C'est une grosse somme... ne croyez-vous pas qu'il y a une erreur ?

— Absolument aucune erreur.

— Peut-être avez-vous mal lu les chiffres... il s'agit peut-être de deux mille !

— La somme est indiquée en toutes lettres, et non en chiffres... c'est bien vingt mille.

De nouveau, j'eus un peu l'impression que doit éprouver un personnage aux facultés gastronomiques simplement moyennes qui s'attable tout seul devant un festin apprêté pour cent convives. M. Rivers se leva alors et mit sa cape.

— Si le temps n'était si abominable ce soir, dit-il, je vous enverrais Hannah pour vous tenir compagnie ; vous avez l'air trop effroyablement malheureuse pour rester seule. Mais cette pauvre Hannah ne pourrait pas enjamber comme moi les monceaux de neige ; elle n'a pas les jambes tout à fait assez longues ; il faut donc bien que je vous laisse à vos chagrins. Bonsoir.

Il soulevait le loquet ; une pensée me vint soudain à l'esprit.

— Attendez une minute ! m'écriai-je.
— Quoi ?
— Je voudrais bien savoir pourquoi M. Briggs vous a écrit à mon sujet, ou comment il vous connaît et comment il a pu s'imaginer que vous, qui vivez dans un coin si isolé, vous auriez les moyens d'aider à me retrouver.

— Oh ! Je suis ecclésiastique, dit-il ; et l'on s'adresse souvent aux membres du clergé pour des questions bizarres.

De nouveau le loquet fut secoué.

— Non ; cela ne me convainc pas ! m'exclamai-je.

En vérité, il y avait dans cette réponse sommaire et réservée quelque chose qui, au lieu d'apaiser ma curiosité, la piquait plus que jamais.

— C'est une affaire très étrange, ajoutai-je ; il faut que j'en sache plus long là-dessus.

— Une autre fois.
— Non ; ce soir ! Ce soir !

Et, tandis qu'il s'éloignait de la porte, je me plantai entre elle et lui. Il eut l'air un peu embarrassé.

— Vous ne partirez assurément pas avant de m'avoir tout dit, déclarai-je.

— J'aimerais mieux attendre un peu.
— Je le veux !... Il le faut !
— Je préférerais que vous fussiez informée par Diana ou par Mary.

Naturellement ces objections portèrent mon impatience à son comble ; il fallait que ma curiosité fût satisfaite, et cela sur-le-champ ; c'est ce que je dis à M. Rivers.

— Mais je vous ai appris que je suis un homme dur, dit-il, et malaisé à convaincre.
— Et moi, je suis une femme dure, à qui il est impossible de faire lâcher prise.
— En outre, poursuivit-il, je suis froid ; je ne me laisse gagner par la ferveur de personne.
— Tandis que je suis brûlante ; or le feu fait fondre la glace. Ma flambée a déjà fait fondre toute la neige de votre cape ; du même coup, elle a inondé mon parquet qui ressemble maintenant à une rue piétinée. Si vraiment vous espérez vous faire pardonner un jour, monsieur Rivers, le grave crime et délit d'avoir sali une cuisine sablée, dites-moi ce que je désire savoir.
— Eh bien, dit-il, je cède donc ; sinon à votre empressement, du moins à votre persévérance, de même que la pierre se laisse user par les gouttes qui tombent sans cesse sur elle. D'ailleurs, il faut bien que vous sachiez un jour... pourquoi pas maintenant ? Vous vous appelez bien Jane Eyre ?
— Bien sûr ; nous nous sommes déjà mis d'accord là-dessus.
— Vous ne savez peut-être pas que je porte le même nom que vous ?... que j'ai été baptisé sous le nom de Saint-John Eyre Rivers ?
— Non, en vérité ! Je me rappelle à présent avoir vu la lettre E comprise parmi vos initiales inscrites sur des livres que vous m'avez prêtés à diverses reprises ;

mais je n'ai jamais demandé quel nom elle représentait. Mais alors ? Tout de même…

Je m'interrompis ; je n'osais m'aventurer à accueillir, et moins encore à exprimer, la pensée qui m'envahit soudain, qui prit corps, qui, au bout d'une seconde, se dressa comme une probabilité forte et solide. Les circonstances s'engrenèrent, s'ajustèrent, se mirent brusquement en ordre ; la chaîne qui était restée jusqu'à cet instant posée dans un coin, simple masse informe de maillons, s'était étirée, toute droite, chacun de ses anneaux était parfait, la liaison était complète. Je sus d'instinct ce qu'il en était avant même que Saint-John eût dit un mot de plus ; mais je ne puis espérer que le lecteur ait la même perception intuitive ; il faut donc que je répète les explications de mon visiteur.

— Le nom de jeune fille de ma mère était Eyre ; elle avait deux frères ; l'un, membre du clergé, épousa Jane Reed de Gateshead ; l'autre était John Eyre, négociant, récemment décédé à Funchal, Madère. M. Briggs, étant l'homme de loi de M. Eyre, nous a écrit au mois d'août dernier, pour nous informer de la mort de notre oncle et nous dire que ce dernier avait légué sa fortune à la fille orpheline de son frère l'ecclésiastique, sans tenir compte de nous, en raison d'une dispute qu'il n'avait jamais pardonnée entre mon père et lui. M. Briggs nous a écrit de nouveau il y a quelques semaines, pour nous faire savoir que l'héritière avait disparu et nous demander si nous savions quelque chose à son sujet. Un nom accidentellement inscrit sur un bout de papier m'a permis de la retrouver. Vous savez le reste.

De nouveau il allait partir, mais je m'adossai à la porte.

— Laissez-moi donc parler, dis-je ; donnez-moi seulement un instant pour reprendre haleine et réfléchir.

Je me tus ; il resta immobile devant moi, le chapeau à la main, l'air assez calme. Je repris :

— Votre mère était la sœur de mon père ?

— Oui.

— C'était par conséquent ma tante ?

Il s'inclina.

— Mon oncle John était aussi votre oncle John ? Vous êtes, Diana, Mary et vous, les enfants de sa sœur, de même que je suis l'enfant de son frère ?

— Incontestablement.

— Vous êtes donc tous trois mes cousins ; la moitié de notre sang, aux uns et aux autres, coule de la même source ?

— Nous sommes cousins ; oui.

Je le regardai longuement. Il me semblait que j'avais trouvé un frère ; un frère dont je pouvais être fière et que je pouvais aimer ; et deux sœurs dont les qualités étaient telles que, ne les connaissant encore que comme des étrangères, j'avais ressenti pour elles une affection et une admiration authentiques. Les deux jeunes filles que j'avais contemplées avec un mélange si douloureux d'intérêt et de désespoir, agenouillée sur le sol humide et plongeant mon regard par la fenêtre basse à croisillons de la cuisine de Moor House, ces deux jeunes filles étaient mes proches parentes ; quant au majestueux jeune homme qui m'avait trouvée, presque mourante, sur le pas de sa porte, il m'était apparenté par le sang. Splendide découverte pour une malheureuse solitaire ! C'était là une vraie richesse ! Une richesse pour le cœur ! Une mine d'affection pure et réconfortante ! C'était là une bénédiction lumineuse, vive et exaltante... bien différente des dons pesants de l'or ; ces derniers étaient beaux et à leur manière bienvenus, mais leur poids les rendait accablants. Je battis alors des mains dans ma joie soudaine... mon pouls se mit à bondir, mes veines à tressaillir.

— Oh, que je suis heureuse !... Que je suis heureuse ! m'exclamai-je.

Saint-John fit un sourire.

— N'avais-je pas raison de vous dire que vous perdiez de vue l'essentiel pour vous attacher à des bagatelles ? me demanda-t-il. Vous êtes restée grave quand je vous ai dit que vous aviez une fortune ; et maintenant, pour une affaire sans importance, vous êtes surexcitée.

— Que voulez-vous donc dire ? Elle est peut-être sans importance pour vous ; vous avez des sœurs et vous vous souciez peu d'une cousine ; mais moi, je n'avais personne ; or voici que trois parents (ou deux, si vous préférez n'être pas du nombre) naissent, déjà adultes, dans mon univers. Je vous le répète, je suis heureuse !

Je me mis à faire de grands pas dans la pièce ; je m'arrêtai, presque suffoquée par les pensées qui surgissaient trop vite pour que j'eusse le temps de les accueillir, de les comprendre, de les ordonner ; c'étaient des pensées touchant ce qui pourrait, ce qui devrait, ce qui allait se produire, et cela avant peu. Je regardai le mur nu ; il me fit l'effet d'un ciel peuplé d'étoiles montantes, dont chacune illuminait pour moi un projet ou une joie. À ceux qui m'avaient sauvé la vie, et que, jusqu'à cet instant, j'avais aimés d'une affection stérile, j'allais désormais pouvoir faire du bien. Ils étaient sous le joug... je pouvais les libérer ; ils étaient disséminés... je pouvais les rassembler ; l'indépendance, l'aisance, qui étaient à moi, pouvaient être à eux aussi. N'étions-nous point quatre ? Vingt mille livres partagées également, cela ferait cinq mille pour chacun, et c'était amplement suffisant ; justice serait faite, le bonheur de tous assuré. Désormais la richesse ne me pesait plus ; elle n'était plus à présent un simple legs d'argent ; c'était un héritage de vie, d'espoir, de bonheur.

Je ne saurais dire quel air j'avais tandis que ces idées prenaient d'assaut mon esprit ; mais je m'aperçus bientôt que M. Rivers avait mis une chaise derrière moi et qu'il essayait avec douceur de m'y faire asseoir. Il m'invita en outre à me calmer ; je rejetai avec dédain l'accusation implicite d'impuissance et d'égarement, je repoussai la main de M. Rivers et je recommençai à aller de long en large.

— Écrivez dès demain à Diana et à Mary, déclarai-je, et dites-leur de rentrer immédiatement. Diana m'avait dit qu'elles se tiendraient pour riches avec mille livres, donc avec cinq mille elles seront très à l'aise.

— Dites-moi où je puis vous trouver un verre d'eau, répondit Saint-John ; il faut vraiment que vous fassiez un effort pour apaiser votre émotion.

— Balivernes ! Mais vous, quel genre d'effet va vous produire l'héritage ? Va-t-il vous faire rester en Angleterre, vous pousser à épouser Mlle Oliver et à vous établir comme un mortel ordinaire ?

— Vous divaguez ; votre esprit s'embrouille. Je vous ai annoncé trop brutalement la nouvelle ; elle vous a surexcitée au-delà de vos forces.

— Monsieur Rivers ! Vous me faites complètement perdre patience ; je suis assez raisonnable ; c'est vous qui vous méprenez, ou plutôt qui feignez de vous méprendre.

— Peut-être, si vous vous expliquiez un peu plus clairement, vous comprendrais-je mieux.

— Que je m'explique ! Mais qu'y a-t-il à expliquer ? Vous ne pouvez manquer de voir que vingt mille livres, la somme en question, partagée également entre le neveu et les trois nièces de notre oncle, en donneront cinq mille pour chacun ? Ce que je veux, c'est que vous écriviez à vos sœurs pour leur dire quelle fortune leur est échue.

— Vous est échue à vous, voulez-vous dire.

— Je vous ai fait connaître ma façon de voir les choses ; je suis incapable de les voir autrement. Je ne suis pas brutalement égoïste, aveuglément injuste, ni diaboliquement ingrate. En outre, je suis résolue à avoir un foyer et une famille. J'aime Moor House et je veux vivre à Moor House ; j'aime Diana et Mary et je veux m'attacher pour la vie entière à Diana et à Mary. Avoir cinq mille livres me plairait et me ferait du bien ; en avoir vingt mille me tourmenterait et m'accablerait ; d'ailleurs ces vingt mille livres ne pourraient jamais être à moi en toute justice, même si elles le peuvent légalement. Ce que je vous abandonne est donc ce qui est pour moi absolument superflu. Qu'il n'y ait pas d'opposition, pas de discussion à ce sujet ; mettons-nous d'accord entre nous et tranchons cette question tout de suite.

— Ce serait suivre un premier mouvement ; il faut que vous preniez plusieurs jours pour réfléchir à une affaire de ce genre, sans quoi votre parole ne pourra être tenue pour valable.

— Oh ! Si vous ne mettez en doute que ma sincérité, je suis tranquille ; vous voyez où est la justice dans cette affaire ?

— Je vois en effet une certaine forme de justice ; mais elle est contraire à tous les précédents. D'ailleurs, la fortune entière est à vous de plein droit ; mon oncle l'a acquise par son travail personnel ; il était libre de la léguer à qui bon lui semblait ; c'est à vous qu'il l'a léguée. En somme, la justice vous autorise à la conserver ; vous pouvez en toute bonne conscience la considérer comme étant à vous sans réserve.

— Pour moi, dis-je, c'est une question de sentiments tout autant que de conscience ; il faut que je donne satisfaction à mes sentiments ; j'ai trop rarement eu l'occasion de le faire. Quand bien même vous iriez discuter, protester, me harceler pendant une année, je ne saurais renoncer au plaisir exquis que j'ai entrevu, celui de rembourser en partie une immense obligation, et de gagner des amitiés pour la vie entière.

— C'est ce que vous pensez en ce moment, répliqua Saint-John, parce que vous ne savez ce que c'est que de posséder la fortune, ni par conséquent ce que c'est que d'en jouir ; vous ne pouvez vous faire une idée de l'importance que vous conféreraient vingt mille livres, de la place qu'elles vous permettraient de prendre dans la société, des possibilités qu'elles vous ouvriraient ; vous ne pouvez...

— Et vous, dis-je en l'interrompant, vous ne pouvez absolument pas imaginer le désir d'amour fraternel que j'éprouve. Je n'ai jamais eu de foyer. Je n'ai jamais eu de frère ni de sœurs ; je veux en avoir, j'exige d'en avoir maintenant ; vous ne répugnez pas à m'accueillir et à me reconnaître, n'est-ce pas ?

— Jane, je serai votre frère... mes sœurs seront vos sœurs sans demander pareil sacrifice de vos justes droits.

— Mon frère ? Oui, à une distance de mille lieues ! Mes sœurs ? Oui, peinant chez des étrangers ! Moi, opulente, comblée d'un or que je n'ai pas gagné et que je ne mérite pas ! Vous, sans ressources ! Fameuse égalité et fameuse fraternité ! Union étroite ! Attachement fort intime !

— Mais, Jane, vos aspirations aux liens de famille et au bonheur domestique peuvent se réaliser autrement que par les voies que vous envisagez ; vous pouvez vous marier.

— Balivernes, encore une fois ! Me marier ! Je ne veux pas me marier et je ne me marierai jamais.

— C'est trop dire ; des affirmations aussi imprudentes sont la preuve de la surexcitation dont vous êtes la proie.

— Ce n'est pas trop dire : je sais ce que je ressens et combien la seule pensée du mariage répugne à mes goûts. Personne ne voudrait de moi par amour ; or je ne veux pas être considérée comme une simple opération financière. De plus je ne veux pas d'un étranger, froid, lointain, différent de moi ; je veux mes semblables : ceux avec qui je me sens en pleine sympathie. Dites-moi encore que vous voulez être mon frère ; quand vous avez prononcé ces mots je me suis sentie satisfaite et heureuse ; répétez-les, si vous pouvez les répéter sincèrement.

— Je crois que je le puis. Je sais que j'ai toujours aimé mes sœurs ; et je sais sur quoi se fonde mon affection pour elles : sur mon respect pour leur mérite, sur mon admiration pour leurs talents. Vous avez, vous aussi, des principes et de l'intelligence ; vos goûts et vos habitudes ressemblent à ceux de Diana et de Mary ; votre présence m'est toujours agréable ; depuis quelque temps déjà je trouve dans la conversation avec vous un réconfort salutaire. Je sens que je puis aisément et naturellement vous faire une place dans mon cœur, en tant que ma troisième et ma plus jeune sœur.

— Merci : cela me contente pour ce soir. Maintenant il vaut mieux que vous partiez ; car si vous restiez plus longtemps, vous risqueriez de m'irriter à nouveau par quelque scrupule ou quelque preuve de méfiance.

— Et l'école, mademoiselle Eyre ? Il va falloir la fermer maintenant, j'imagine ?

— Non. Je garderai mon poste jusqu'à ce que vous trouviez une remplaçante.

Il me fit un sourire d'approbation ; nous nous serrâmes la main et il prit congé.

Inutile de rapporter en détail le combat que je dus encore livrer et les arguments dont je me servis pour faire régler à mon gré l'affaire de l'héritage. Ma tâche fut très rude ; mais, comme ma résolution était rigoureuse, comme mes cousins finirent par voir que ma décision de faire un juste partage de la fortune était vraiment et irrévocablement prise ; comme ils étaient probablement dans le fond de leur cœur conscients de l'équité de ce projet, et comme, en outre, ils devaient se rendre compte instinctivement qu'à ma place ils eussent agi exactement comme je souhaitais le faire, ils finirent par céder, ou du moins par consentir à soumettre l'affaire à un arbitrage. Les juges choisis furent M. Oliver et un homme de loi compétent : tous deux se rangèrent à mon avis ; j'obtins gain de cause. L'acte de mutation fut établi : Saint-John, Diana, Mary et moi, nous entrâmes chacun en possession d'une honnête aisance.

CHAPITRE XXXIV

Il fallut attendre presque Noël avant que tout fût réglé ; l'époque des réjouissances générales était proche. Je fermai alors l'école de Morton, en n'oubliant pas pour ma part d'agrémenter un peu le moment de la séparation. La bonne fortune ouvre merveilleusement la main en même temps que le cœur ; donner un peu lorsque nous avons beaucoup reçu, c'est accorder libre cours à un débordement inusité des sensations. Depuis longtemps je me rendais compte avec plaisir que nombre de mes rustiques élèves m'aimaient bien ; quand nous nous quittâmes, cette impression se confirma ; elles me manifestèrent leur affection de façon claire et forte. Profonde fut ma satisfaction en m'apercevant que j'avais véritablement trouvé place dans leur cœur sans détour ; je leur promis qu'à l'avenir il ne se passerait pas de semaine où je ne vinsse leur rendre visite et leur donner une heure d'enseignement à l'école.

M. Rivers arriva au moment où, après avoir regardé passer devant moi les élèves qui sortaient, une par une, et qui étaient maintenant au nombre de soixante, j'avais refermé la porte et me tenais, la clef à la main, pour échanger quelques mots d'adieu tout particulier avec cinq ou six de mes meilleures élèves ; c'étaient des jeunes filles convenables, respectables, modestes, informées, comme on peut en trouver dans les rangs de la paysannerie britannique. Et ce n'est pas peu dire ; car, tout compte fait, la paysannerie britannique est la plus instruite, la mieux élevée, la plus digne qu'il y ait en Europe ; depuis cette époque, j'ai vu des *paysannes* de France et des *Bauerinnen* d'Allemagne ; les meilleures d'entre elles m'ont paru ignorantes, grossières et hébétées en comparaison de mes élèves de Morton.

— Vous estimez-vous récompensée d'une saison d'efforts ? me demanda M. Rivers quand elles furent parties. Le sentiment d'avoir fait sans nul doute quelque bien en votre temps et autour de vous ne vous est-il pas agréable ?

— Assurément.

— Et vous n'avez peiné que quelques mois ! Une vie consacrée à la tâche de régénération de l'espèce ne serait-elle pas bien employée ?

— Si, dis-je ; mais je ne pourrais pas continuer indéfiniment de la sorte ; je veux profiter de mes propres facultés et non pas simplement cultiver celles d'autrui. Il faut que j'en profite maintenant ; ne ramenez pas mes pensées ni mon corps vers l'école ; j'en suis sortie et je suis prête à me mettre complètement en vacances.

Il prit un air grave.

— Comment ! Quelle impatience manifestez-vous là soudain ? Qu'allez-vous faire ?

— Je vais être active ; aussi active que possible. Mais d'abord il faut que je vous demande de rendre sa liberté à Hannah et de trouver quelqu'un d'autre pour vous servir.

— Avez-vous besoin d'elle ?

— Oui ; pour m'accompagner à Moor House. Diana et Mary seront rentrées dans une semaine et je veux que tout soit en ordre avant leur arrivée.

— Je comprends. Je croyais que vous vous disposiez

à disparaître pour faire je ne sais quelle excursion. J'aime mieux cela : Hannah va vous accompagner.

— Dites-lui donc d'être prête pour demain ; voici la clef de l'école ; je vous donnerai demain matin celle de ma maison.

Il prit la clef.

— Vous me l'abandonnez avec beaucoup d'allégresse, dit-il. Je comprends mal votre légèreté d'humeur, parce que j'ignore par quelle activité vous envisagez de remplacer celle à laquelle vous renoncez. Quel but, quel dessein, quelle ambition avez-vous désormais dans la vie ?

— Mon premier but va être de procéder au *grand nettoyage* – comprenez-vous toute la force de cette expression ? –, de procéder au *grand nettoyage* de Moor House, de la cave au grenier ; mon deuxième sera d'enduire la maison de cire et d'huile, et de la frotter avec une infinité de chiffons, jusqu'à ce qu'elle en soit toute luisante ; mon troisième, de disposer tous les sièges, toutes les tables, tous les lits, tous les tapis, avec une précision mathématique, après quoi il ne s'en faudra pas de beaucoup que je ne vous ruine en charbon et en tourbe pour entretenir de bons feux dans toutes les pièces ; et finalement, les deux jours précédant celui où sont attendues vos sœurs seront consacrés par Hannah et moi à battre des œufs, à trier des raisins secs, à râper des épices, à confectionner des gâteaux de Noël, à hacher les ingrédients que nous mettrons dans nos tartelettes, à célébrer divers autres rites culinaires, sur une échelle dont les mots ne peuvent donner qu'une idée imparfaite à quelqu'un de non initié comme vous. Bref, mon dessein est de tout apprêter de façon absolument parfaite pour Diana et Mary avant jeudi prochain ; et mon ambition est de leur offrir un accueil idéal à leur arrivée.

Saint-John fit un pâle sourire ; mais il n'était pas encore satisfait.

— Tout cela est bel et bon pour le moment, dit-il ; mais pour parler sérieusement, j'espère qu'une fois le premier débordement de vivacité passé, vous regarderez un peu plus haut que les charmes domestiques et les joies du foyer.

— C'est ce qu'il y a de meilleur au monde ! m'écriai-je, l'interrompant.

— Non, Jane, non, notre monde n'est pas un lieu de jouissance ; n'essayez pas de le rendre tel ; ce n'est pas non plus un lieu de repos ; ne devenez pas nonchalante.

— J'ai l'intention au contraire de m'activer.

— Jane, je veux bien vous excuser pour le moment ; je vous accorde un délai de grâce de deux mois pour goûter pleinement votre situation nouvelle, et pour vous abandonner aux charmes de cette parenté récemment découverte ; mais ensuite j'espère que vous commencerez à regarder au-delà de Moor House et de Morton, et de la société fraternelle, et de la tranquillité égoïste et du confort sensuel de l'aisance civilisée. J'espère qu'alors votre énergie recommencera à vous troubler par son intensité.

Je le regardai avec surprise.

— Saint-John, dis-je, je crois qu'il faut que vous soyez presque pervers pour parler ainsi. Je suis prête à être contente comme une reine, et vous essayez de m'aiguillonner pour que je recommence à m'agiter ! À quelle fin ?

— Afin de tirer parti des talents que Dieu a confiés à votre garde et dont Il ne manquera pas de vous demander quelque jour un compte rigoureux. Jane, je vais vous observer attentivement et anxieusement. Je vous en avertis. Essayez donc de modérer l'ardeur disproportionnée avec laquelle vous vous jetez dans les plaisirs ordinaires de la maison. Ne vous attachez pas si tenacement aux liens de la chair ; gardez votre constance et votre ardeur pour une cause plus appropriée ; abstenez-vous de les gaspiller au bénéfice d'objets banaux et éphémères. M'entendez-vous, Jane ?

— Oui ; exactement comme si vous parliez hébreu. J'ai le sentiment d'avoir des raisons appropriées d'être heureuse et je tiens à l'être. Au revoir !

À Moor House, je fus vraiment heureuse et je travaillai dur ; Hannah de même ; elle fut enchantée de voir comme je pouvais être gaie dans tout le remue-ménage d'une maison mise sens dessus dessous, comme je pouvais brosser, épousseter, nettoyer, cuisiner. Et en vérité, après un ou deux jours de « confusion sur confusion », ce fut un bonheur que de faire progressivement surgir l'ordre du chaos que nous avions nous-mêmes créé. J'avais au préalable fait un voyage à S*** pour acheter quelques meubles nouveaux ; mes cousines m'avaient donné *carte blanche* pour opérer toutes les transformations que je voudrais, et une somme avait été mise de côté à cet effet. Le salon et les chambres d'usage courant restèrent à peu près inchangés ; car je savais que Diana et Mary prendraient plus de plaisir à revoir les vieilles tables, les vieux sièges, les vieux lits familiers, qu'à contempler les innovations les plus élégantes. Il fallait toutefois un élément de nouveauté pour conférer à leur retour le piquant que je souhaitais lui donner. De beaux tapis et rideaux neufs de couleur sombre, la mise en place de quelques ornements anciens de porcelaine et de bronze choisis avec soin, de nouvelles housses, de nouvelles glaces et de nouvelles garnitures sur les tables de toilette firent l'affaire : les pièces prirent un air de fraîcheur sans excès d'éclat. Un petit salon et une chambre inoccupés furent par moi complètement remeublés d'acajou ancien et de tapisserie rouge sombre ; je fis poser de la toile dans le couloir et des tapis dans l'escalier. Quand tout fut fini, il me sembla que l'intérieur de Moor House offrait un modèle de confort discret et pimpant, aussi parfait en son genre que l'image de désolation hivernale et de tristesse désertique présentée en cette saison par l'extérieur.

L'important jeudi arriva enfin. Mes cousins étaient attendus vers la tombée de la nuit et avant le crépuscule le feu fut allumé au premier et au rez-de-chaussée ; la cuisine était dans un ordre parfait ; Hannah et moi, nous étions habillées et tout était prêt.

Saint-John arriva le premier. Je l'avais supplié de ne pas mettre les pieds dans la maison avant que tout fût en place ; d'ailleurs, la simple idée du remue-ménage, à la fois sordide et banal, qui se déroulait dans ces murs suffisait à le terrifier assez pour qu'il restât à distance. Il me trouva dans la cuisine, où je surveillais la cuisson de certains gâteaux, qui étaient alors au four, pour le thé. Il s'approcha de l'âtre et me demanda si je n'en avais pas enfin assez de mes besognes de bonne à tout faire. Je lui répondis en l'invitant à m'accompagner pour passer l'inspection du résultat de mes travaux. Non sans difficulté, je le persuadai de faire le tour complet de la maison. Il se contenta de jeter un coup d'œil par chacune des portes que je lui ouvris ; une fois qu'il fut monté et redescendu, il me dit que j'avais dû me donner beaucoup de mal et de peine pour effectuer des transformations aussi considérables en si peu de temps ; mais il ne prononça pas une syllabe indiquant qu'il prît plaisir à voir l'aspect amélioré de sa demeure.

Ce silence me découragea. Je me dis que les transformations avaient peut-être troublé certains vieux souvenirs auxquels il était attaché. Je lui demandai, sans nul doute sur un ton assez penaud, si tel était le cas.

— Pas du tout ; j'ai au contraire remarqué que vous

avez scrupuleusement respecté tous nos souvenirs ; je crains même que vous n'ayez accordé à cette question plus d'attention qu'elle n'en mérite. Combien de minutes, par exemple, avez-vous consacrées à étudier l'ordonnance de la pièce où nous nous trouvons en ce moment ? À ce propos...

Et il me demanda si je pouvais lui dire où se trouvait certain livre. Je lui montrai ce volume sur le rayon ; il le prit et, se retirant dans son embrasure de fenêtre habituelle, il commença à le lire.

Or, lecteur, cela ne me plut pas. Saint-John était un homme droit ; mais je commençai à me rendre compte qu'il avait dit vrai quand il m'avait déclaré qu'il était dur et froid. Les agréments et les douceurs de la vie n'avaient pas d'attraits pour lui ; ses joies paisibles pas de charme. Il ne vivait littéralement que dans l'aspiration ; certes, il aspirait à des choses bonnes et grandes ; mais avec cela il ne voulait jamais se reposer, ni approuver que d'autres se reposassent autour de lui. En regardant son front altier, immobile et pâle comme une pierre blanche, en regardant ses beaux traits figés par l'attention, je compris tout à coup qu'il lui serait bien difficile d'être un bon mari, que ce serait une rude épreuve que d'être sa femme. Je saisis, comme par inspiration, la nature de son amour pour Mlle Oliver ; je tombai d'accord avec lui pour penser que c'était seulement un amour des sens. Je compris qu'il se méprisât en raison de l'influence troublante que cet amour exerçait sur lui, qu'il souhaitât étouffer et détruire ce sentiment, qu'il doutât de le voir jamais aboutir définitivement au bonheur de l'un ou de l'autre des deux partenaires. Je vis qu'il était du matériau dans lequel la nature taille ses héros, qu'ils soient païens ou chrétiens, ses législateurs, ses hommes d'État, ses conquérants ; rempart solide sur lequel peuvent s'appuyer de grands intérêts ; mais, au coin du feu, trop souvent pilier froid et encombrant, sombre et inadapté.

« Ce salon n'est pas son domaine, pensai-je. La crête de l'Himalaya, la brousse du pays cafre, ou même le marécage pestilentiel de la côte de Guinée lui conviendraient mieux. Il a bien raison de se dérober au calme de la vie familiale ; ce n'est pas son élément ; ses facultés y restent stagnantes, elles ne peuvent se développer ou y apparaître à leur avantage. C'est dans les scènes de lutte et de péril, là où le courage s'affirme, où l'énergie s'exerce, où l'endurance est mise à l'épreuve, qu'il pourra parler et agir, en chef et en supérieur. Mais devant cet âtre un enfant joyeux aurait l'avantage sur lui. Il fait bien de choisir une carrière missionnaire... je le vois maintenant. »

— Elles arrivent ! Elles arrivent ! s'écria Hannah en ouvrant toute grande la porte du salon. Au même instant Carlo aboya joyeusement. Je courus au-dehors. Il faisait nuit déjà ; mais on entendit un bruit de roues. Hannah eut tôt fait d'allumer une lanterne. Le véhicule s'était arrêté devant le portillon ; le cocher ouvrit la portière ; une silhouette familière, puis une deuxième mirent pied à terre. Une minute plus tard j'avais la tête sous leurs chapeaux, en contact d'abord avec la douce joue de Mary, puis avec les cheveux flottants de Diana. Elles riaient, elles m'embrassaient, elles caressaient Carlo, qui était presque fou de plaisir ; elles me demandèrent avec empressement si tout allait bien ; rassurées par ma réponse affirmative, elles se dépêchèrent d'entrer dans la maison.

Elles étaient tout engourdies par leur long trajet cahotant pour venir de Whitcross, et transies par l'air glacial de la nuit ; mais leurs aimables physionomies s'épanouirent devant la joyeuse flambée. Tandis que le cocher et Hannah apportaient les malles, elles demandèrent Saint-John. À cet instant il sortit du salon. Elles se jetèrent toutes deux à son cou. Il donna à chacune d'elles un calme baiser, leur dit d'une voix grave quelques mots de bienvenue, resta un instant à les écouter, puis, déclarant qu'il pensait qu'elles viendraient bientôt le rejoindre au salon, il s'y retira comme en un lieu de refuge.

J'avais allumé leurs bougies pour monter au premier, mais Diana devait d'abord donner ses instructions pour l'accueil du cocher ; cela fait, elles me suivirent toutes les deux. Elles furent ravies par le rajeunissement et la décoration de leurs chambres, par les rideaux nouveaux, les tapis neufs, les vases de porcelaine aux teintes éclatantes ; elles exprimèrent leur satisfaction sans parcimonie. J'eus le plaisir de sentir que mes dispositions correspondaient exactement à leurs désirs et que ce que j'avais fait ajoutait un charme puissant à la joie de leur retour au foyer.

Ce fut une plaisante soirée. Mes cousines, pleines de gaieté, furent si éloquentes dans leurs récits et leurs commentaires que le flot de leurs paroles cacha la taciturnité de Saint-John ; celui-ci était sincèrement heureux de revoir ses sœurs, mais il ne pouvait accorder sa sympathie à leur fervente exaltation ni aux débordements de leur joie. L'événement du jour, c'est-à-dire le retour de Diana et de Mary, lui faisait plaisir ; mais les manifestations qui accompagnaient cet événement, le tumulte joyeux, l'allégresse bavarde de l'accueil l'ennuyaient ; je vis qu'il aspirait au calme du lendemain. Les plaisirs de la soirée battaient leur plein, environ une heure après le thé, quand un coup fut frappé à la porte. Hannah entra pour annoncer qu'un pauvre gars était venu, à cette heure impossible, chercher M. Rivers pour aller voir sa mère, qui était en train de s'éteindre.

— Où habite-t-elle, Hannah ?

— Tout là-bas à la butte de Whitcross, à près de quatre milles d'ici ; et il y a rien que de la lande et de la mousse tout le long du chemin.

— Dites-lui que j'y vais.

— Je vous assure, Monsieur, qu'il vaudrait mieux pas. Il n'y a pas de trajet plus dangereux à faire après la tombée de la nuit ; il n'y a pas la moindre piste à travers le marécage. Et puis, il fait un temps très âpre… le vent le plus mordant que vous ayez jamais senti. Vous devriez plutôt faire dire que vous irez demain matin, Monsieur.

Mais Saint-John était déjà dans le couloir et mettait sa cape ; puis, sans une objection, sans un murmure, il partit. Il était déjà neuf heures ; il ne rentra qu'à minuit, passablement transi et fatigué, mais l'air plus heureux qu'à son départ. Il avait accompli un acte par devoir ; il avait fourni un effort ; il avait éprouvé son propre pouvoir d'agir et de se priver ; il était donc plus content de lui.

L'ensemble de la semaine suivante, je le crains, mit sa patience à l'épreuve. C'était la semaine de Noël ; nous ne nous attachâmes à aucune occupation méthodique, mais passâmes cette semaine au milieu d'une sorte de joyeuse dissipation familiale. L'air de la lande, la liberté du foyer, l'aube de la prospérité agissaient sur l'humeur de Diana et de Mary à la manière d'une sorte d'élixir de vie ; elles étaient gaies du matin jusqu'à midi et de midi jusqu'au soir. Elles étaient toujours bonnes causeuses ; et leurs propos, spirituels, intelligents, originaux, avaient pour moi de tels charmes que je préférais à toute autre occupation le plaisir de les écouter et de m'y associer. Saint-John ne blâmait pas notre vivacité, mais il s'en évadait : il était rarement à la maison ; sa paroisse était vaste et les habitants disséminés ; il trouvait donc chaque jour le moyen de s'occuper à visiter les malades et les pauvres des différents cantons.

Un matin au petit déjeuner, Diana, après avoir pris depuis quelques minutes un air un peu pensif, lui demanda si ses projets étaient toujours inchangés.

— Inchangés et inchangeables, fut-il répondu.

Et Saint-John se mit en devoir de nous informer que son départ d'Angleterre était désormais irrévocablement fixé à l'année suivante.

— Et Rosemonde Oliver ? fit Mary, qui sembla avoir laissé ces mots lui échapper presque involontairement, car elle ne les eut pas plus tôt prononcés qu'elle fit un geste, comme si elle avait envie de les rattraper.

Saint-John avait un livre à la main (il avait l'habitude peu sociable de lire pendant les repas) ; il le referma et leva les yeux.

— Rosemonde Oliver, dit-il, va épouser M. Granby, qui appartient à l'une des meilleures familles et qui est l'un des plus estimables habitants de S*** ; c'est le petit-fils et l'héritier de Sir Frederic Granby ; c'est M. Oliver qui m'a appris la nouvelle hier.

Ses sœurs échangèrent un regard avant de se tourner vers moi ; puis nous le regardâmes toutes trois ; il était limpide comme du cristal.

— Ce mariage a dû être conclu précipitamment, dit Diana ; il ne doit pas y avoir bien longtemps qu'ils se connaissent.

— Deux mois seulement ; ils se sont rencontrés en octobre, au bal du comté, à S***. Mais quand il n'existe pas d'obstacles à un mariage, comme c'est le cas, puisque cette alliance est à tous égards désirable, les délais sont superflus ; le mariage aura lieu dès que le château de S***, que Sir Frederic leur abandonne, aura pu être remis en état pour les accueillir.

La première fois que je trouvai Saint-John seul après

cette annonce, je fus tentée de lui demander si l'événement l'affectait ; mais il paraissait avoir si peu besoin de sympathie que, bien loin de m'aventurer à lui en offrir davantage, j'éprouvai une certaine honte au souvenir de celle que j'avais déjà risquée. En outre, je ne savais plus comment m'y prendre pour lui parler ; sa réserve était de nouveau recouverte d'une couche de glace, sous laquelle ma franchise était gelée. Il n'avait pas tenu sa promesse de me traiter comme ses sœurs ; il faisait sans cesse entre nous de petites différences réfrigérantes, qui ne tendaient nullement à favoriser la cordialité ; bref, maintenant que j'étais reconnue comme sa parente et que j'habitais sous le même toit que lui, je sentais une bien plus grande distance entre nous que quand il me connaissait seulement en tant que maîtresse d'école au village. Quand je me rappelais à quel point j'avais naguère été mise dans sa confidence, je n'arrivais guère à comprendre sa froideur présente.

C'est pourquoi je ne fus pas peu surprise quand il leva soudain la tête du pupitre sur lequel il était penché et me dit :

— Vous voyez, Jane, la bataille a été livrée et la victoire remportée.

Stupéfaite qu'il s'adressât à moi en ces termes, je ne dis mot tout d'abord ; au bout d'un moment d'hésitation, je répondis :

— Mais êtes-vous sûr de ne pas être dans la situation de ces conquérants auxquels leurs victoires coûtent trop cher ? Une autre du même genre ne vous anéantirait-elle pas ?

— Je ne le crois pas ; et quand bien même il en serait ainsi, c'est sans grande importance ; je ne serai jamais appelé à livrer un autre combat analogue. L'issue du conflit est définitive ; la voie est libre pour moi désormais ; j'en rends grâces à Dieu !

Ce disant il retourna à ses papiers et retomba dans le silence.

Quand notre bonheur commun (je parle de celui de Diana, Mary et moi) se mit à suivre un cours plus calme, et quand nous reprîmes nos habitudes anciennes et nos études régulières, Saint-John resta davantage à la maison ; il était assis dans la même pièce que nous, parfois pendant des heures de suite. Tandis que Mary dessinait, que Diana poursuivait une série de lectures encyclopédiques qu'elle avait entreprise (à mon grand effarement et à ma grande stupeur) et que je peinais sur mon allemand, Saint-John assimilait de son côté une connaissance mystérieuse, celle d'une langue orientale dont il estimait l'acquisition nécessaire à ses projets.

Occupé de la sorte, assis dans son coin personnel, il paraissait tranquille et assez absorbé ; mais son œil bleu avait l'habitude de quitter la grammaire d'aspect exotique, de parcourir du regard le groupe de ses compagnes d'étude, et de se fixer parfois sur nous avec une étrange intensité d'observation ; s'il était surpris, le regard se retirait aussitôt ; mais de temps à autre, il revenait, inquisiteur, vers notre table. Je me demandais ce que cela voulait dire ; je m'étonnais aussi de la satisfaction que Saint-John ne manquait jamais d'exprimer ponctuellement en une circonstance qui me paraissait de peu d'importance : ma visite hebdomadaire à l'école de Morton ; et j'étais encore plus intriguée de voir que, si le temps était défavorable, s'il y avait de la neige, de la pluie ou un grand vent, et si ses sœurs me pressaient de ne pas y aller, il traitait toujours à la légère leur sollicitude et m'encourageait à accomplir ma tâche sans souci des éléments.

— Jane n'est pas la faible femme que vous voudriez faire d'elle, disait-il ; elle peut supporter le vent de la montagne, ou une averse, ou quelques flocons de neige, aussi bien que n'importe qui. Elle a une constitution à la fois solide et adaptable ; elle est plus capable de supporter des variations de climat que bien des personnes plus robustes.

Et quand je rentrais, parfois bien fatiguée et passablement éprouvée par les intempéries, je n'osais jamais me plaindre, parce que je voyais que le moindre murmure l'ennuierait ; en toutes circonstances l'endurance lui faisait plaisir ; l'attitude contraire était source d'une irritation particulière.

Un après-midi, toutefois, j'obtins la permission de rester à la maison, car j'avais tout de même pris un refroidissement. Mes cousines étaient parties pour Morton à ma place ; je lisais Schiller ; Saint-John déchiffrait ses rébarbatifs parchemins orientaux. Au moment où j'achevais une traduction et passais à un exercice, il m'advint de regarder de son côté ; c'est alors que je me trouvai sous l'influence de son œil bleu toujours vigilant. Je ne saurais dire depuis combien de temps il me fouillait de part en part, de fond en comble ; mais il était si perçant, et en même temps si froid, que j'éprouvai un instant de peur superstitieuse, comme si je me trouvais dans la pièce avec un être mystérieux.

— Jane, que faites-vous ?

— J'apprends l'allemand.

— Je voudrais que vous renonciez à l'allemand pour apprendre l'hindoustani.

— Parlez-vous sérieusement ?

— Si sérieusement que c'est une nécessité pour moi ; et je vais vous dire pourquoi.

Il se mit alors en devoir de m'expliquer que l'hindoustani était la langue qu'il étudiait lui-même présentement ; qu'au fur et à mesure de ses progrès, il risquait d'oublier les débuts ; que ce serait pour lui une aide puissante d'avoir une élève avec laquelle il pût revenir à mainte et mainte reprise sur les rudiments jusqu'à ce qu'il se les fût ainsi gravés dans l'esprit ; qu'il hésitait depuis quelque temps entre ses sœurs et moi, mais que son choix s'était porté sur moi parce qu'il avait remarqué que des trois j'étais celle qui pouvait rester attelée le plus longtemps à un travail. Il me demanda si je voulais bien lui faire cette faveur. Il ajouta que je n'aurais sans doute pas à consentir longtemps ce sacrifice, puisqu'il ne restait plus que trois mois à peine avant son départ.

Saint-John n'était pas un homme à qui l'on pût aisément refuser quelque chose ; on sentait que toutes les impressions qu'on produisait sur lui, heureuses ou malheureuses, étaient profondes et définitives. Je consentis.

Quand Diana et Mary rentrèrent, celle-ci vit que son frère lui avait enlevé son élève ; elle se mit à rire, et tomba d'accord avec Diana pour dire que jamais Saint-John ne les eût convaincues, ni l'une ni l'autre, de prendre une telle décision. Il répondit calmement :

— Je le sais bien.

Je trouvai en lui un maître très patient, très compréhensif, mais exigeant : il attendait beaucoup de moi ; et quand je répondais à son attente, il manifestait pleinement, à sa manière, son approbation. Petit à petit, il acquit sur moi une certaine influence qui me priva de ma liberté d'esprit ; ses louanges et son attention étaient plus contraignantes que son indifférence. Je ne pouvais plus parler ou rire librement en sa présence, car un instinct exaspérant par sa persistance me rappelait que la vivacité (chez moi, du moins) lui était désagréable. Je me rendais si bien compte que seules des humeurs et des occupations sérieuses lui étaient acceptables que, devant lui, toute tentative pour en adopter ou en poursuivre d'autres devint vaine ; je succombai à un glacial envoûtement. Quand il me disait « allez », j'allais,

« venez », je venais, « faites ceci », je le faisais. Mais je n'aimais pas ma servitude. Maintes fois, je regrettai qu'il n'eût pas continué à me négliger.

Un soir où, vers l'heure du coucher, nous l'entourions, ses sœurs et moi, pour lui dire bonsoir, il embrassa chacune d'elles, selon sa coutume ; puis, toujours selon sa coutume, il me tendit la main. Diana, qui se trouvait être d'humeur folâtre (car elle n'était pas dominée, elle, par la volonté de Saint-John ; à sa manière, elle avait une volonté tout aussi forte), s'exclama :

— Saint-John, tu appelais Jane ta troisième sœur, mais tu ne la traites pas comme telle ; tu devrais l'embrasser aussi.

Elle me poussa vers lui. Je trouvai que Diana était très agaçante et je me sentis désagréablement embarrassée ; mais, tandis que j'étais livrée à ces pensées et à ces sentiments, Saint-John inclina la tête ; son profil grec arriva au niveau de mon visage, ses yeux interrogèrent les miens d'un regard perçant : il m'embrassa. Il n'existe pas de baisers de marbre ni de baisers de glace, sans quoi j'eusse dit que la salutation de mon ecclésiastique cousin appartenait à l'une de ces catégories ; mais il peut exister des baisers expérimentaux, et le sien était un baiser expérimental. Une fois qu'il me l'eut donné, il m'examina pour en apprendre le résultat ; ce résultat n'était pas sensationnel ; je suis sûre que je n'avais pas rougi ; peut-être avais-je même pâli un peu, car il me semblait que ce baiser rivât mes chaînes. Par la suite il n'omit plus jamais ce cérémonial, et la gravité paisible avec laquelle je m'y soumettais paraissait donner pour lui à ce geste un certain charme.

Quant à moi, je souhaitais chaque jour davantage lui faire plaisir ; mais pour y parvenir je comprenais chaque jour plus clairement qu'il me fallait renier la moitié de ma nature, étouffer la moitié de mes facultés, détourner violemment mes goûts de leur cours originel, me contraindre à adopter des occupations pour lesquelles je n'avais pas de vocation naturelle. Il voulait me faire grimper à une hauteur que je ne pourrais jamais atteindre ; j'étais torturée à chaque heure du jour par l'effort pour suivre l'étendard qu'il brandissait. La chose était tout aussi impossible que de modeler mes traits en harmonie avec le dessin classique et régulier des siens, ou de donner à mes yeux verts et changeants la teinte bleu de mer et l'éclat solennel des siens.

Ce n'était pas seulement son ascendant, toutefois, qui me retenait captive à présent. Depuis quelque temps il ne m'était que trop facile d'avoir l'air grave ; un mal m'envahissait et de l'attente me rongeait le cœur tarissant mon bonheur à sa source ; c'était la douleur.

Peut-être croyez-vous, lecteur, que j'avais oublié M. Rochester, au milieu de tous ces changements de décor et de fortune. Pas un instant. Son idée était sans cesse avec moi, parce que ce n'était pas une vapeur que pût dissiper le soleil, ni une effigie tracée sur le sable que pussent balayer les tempêtes ; c'était un nom gravé sur des tablettes, destiné à durer aussi longtemps que le marbre sur lequel il était inscrit. Le désir de savoir ce qu'il était advenu de lui me suivait partout ; quand j'étais à Morton je rentrais chaque soir dans ma maison pour y penser ; à présent, à Moor House, je regagnais ma chambre chaque soir pour méditer tristement là-dessus.

Au cours de mon indispensable correspondance avec M. Briggs concernant le testament, je lui avais demandé s'il savait quelque chose sur l'adresse actuelle et la santé de M. Rochester ; mais, comme Saint-John l'avait conjecturé, M. Briggs ne savait rien de ce qui touchait M. Rochester. J'écrivis alors à Mme Fairfax pour la prier de me donner des renseignements à ce sujet. J'avais escompté avec assurance que cette démarche me permettrait de parvenir à mes fins ; j'étais certaine d'obtenir une réponse rapide. Je fus surprise qu'une semaine s'écoulât sans réponse ; mais quand deux mois eurent passé lentement, quand jour après jour le courrier fut arrivé sans rien m'apporter, je devins la proie de l'anxiété la plus vive.

J'écrivis de nouveau, car il n'était pas impossible que ma première lettre se fût perdue. Un renouveau d'espoir succéda à mon renouveau d'effort : cet espoir brilla comme le premier pendant quelques semaines, puis, comme lui, pâlit, chancela ; nulle ligne, nul mot ne parvint jusqu'à moi. Quand près de six mois eurent été consumés en une vaine attente, mon espoir s'éteignit et c'est alors que je me sentis plongée vraiment dans les ténèbres.

Un beau printemps resplendit autour de moi, que je ne pus goûter. L'été approchait ; Diana essaya de me réconforter ; elle déclara que j'avais l'air malade et exprima le souhait de m'accompagner au bord de la mer. À ce projet Saint-John s'opposa, disant que ce n'était pas de divertissement que j'avais besoin, mais d'occupations ; selon lui, ma vie actuelle était trop peu orientée, il me fallait un but ; aussi, afin, j'imagine, de pallier ce manque, allongea-t-il encore mes leçons d'hindoustani et rendit-il plus pressantes ses exigences touchant leur accomplissement ; et moi, comme une sotte, je ne songeai pas un instant à lui résister... je n'étais pas capable de lui résister.

Un jour je vins me mettre au travail, l'humeur encore plus triste que d'habitude ; cette dépression était due à une déception cruellement ressentie. Hannah m'avait dit le matin qu'il y avait une lettre pour moi et, quand j'étais descendue la prendre, sûre que les nouvelles si longtemps attendues m'étaient enfin accordées, j'avais trouvé seulement une lettre d'affaires sans importance envoyée par M. Briggs. Cette amère désillusion m'avait arraché quelques larmes ; et alors que je peinais sur les caractères rébarbatifs et les tropes ornés tracés par un scribe indien, mes yeux se remplirent de nouveau.

Saint-John m'appela auprès de lui pour me faire lire ; quand j'essayai de lui obéir la voix me manqua ; mes mots furent étouffés par mes sanglots. Nous étions, lui et moi, les seuls occupants du petit salon ; Diana faisait de la musique dans le grand salon et Mary jardinait ; c'était un très beau jour de mai, clair, ensoleillé, aéré. Mon compagnon n'exprima aucune surprise en constatant mon émotion, et ne me posa aucune question quant à son origine ; il me dit simplement :

— Nous allons attendre quelques minutes, Jane, que vous vous soyez un peu calmée.

Puis, tandis que je refoulais précipitamment mon trouble, il resta tranquillement et patiemment appuyé à son pupitre et me regarda comme un médecin qui observe d'un œil scientifique une crise prévue et pleinement comprise dans la maladie d'un sujet. Après avoir réprimé mes sanglots, séché mes yeux et murmuré quelques mots pour dire que je ne me sentais pas très bien ce matin-là, je repris ma tâche et parvins à l'achever. Saint-John rangea mes livres et les siens, ferma son pupitre à clef et me dit :

— Maintenant, Jane, vous allez faire une promenade, et ce sera avec moi.

— Je vais appeler Diana et Mary.

— Non, je ne veux qu'une seule compagne ce matin, et il faut que ce soit vous. Mettez vos affaires ; sortez par la porte de la cuisine ; prenez la route qui mène en haut du val du Marais ; je vous rejoins dans un instant.

Je ne connais pas de milieu ; à aucun moment de ma vie, dans mes façons d'agir envers des caractères durs et sûrs, opposés au mien, je n'ai connu de milieu entre la soumission absolue et la révolte résolue. J'ai toujours observé fidèlement la première attitude jusqu'à l'instant précis où j'ai tout soudainement adopté la seconde, parfois avec une véhémence volcanique ; or, comme les circonstances présentes ne justifiaient pas plus la rébellion que mon humeur du moment ne m'y inclinait, je pratiquai une stricte obéissance aux instructions de Saint-John, si bien que dix minutes plus tard, je foulais la piste rudimentaire du vallon encaissé, côte à côte avec mon cousin.

La brise venait de l'ouest ; elle venait par-dessus les montagnes, chargée de suaves odeurs de bruyère et de jonc ; le ciel était d'un bleu immaculé ; le cours d'eau qui descendait le ravin, gonflé par les pluies récentes du printemps, se déversait, clair et abondant, empruntant au soleil ses rayons dorés, au firmament des teintes de saphir. Plus loin, quand nous quittâmes le chemin, nous eûmes sous les pieds un tendre gazon, fin comme la mousse et vert comme l'émeraude, émaillé de minuscules fleurs blanches et pailleté de fleurettes jaunes en forme d'étoiles ; sur ces entrefaites, les montagnes nous avaient complètement environnés, car le vallon, en approchant de son point le plus élevé, s'enfonçait en serpentant jusqu'au cœur même de la montagne.

— Reposons-nous ici, dit Saint-John, quand nous atteignîmes les premiers soldats attardés de ce bataillon de rochers qui montaient la garde sur une sorte de passe, au-delà de laquelle le ruisseau tombait brusquement en cascade, et où, plus loin encore, la montagne se débarrassait de l'herbe et des fleurs, ne gardait plus que la bruyère pour vêtement et pour bijoux que le roc, où elle accentuait jusqu'à la sauvagerie son aspect inculte et troquait sa fraîcheur contre un air menaçant, où elle veillait sur le dernier espoir de la solitude, sur l'ultime refuge du silence.

Je m'assis ; Saint-John resta debout à côté de moi. Il leva et abaissa le regard vers la passe et vers le vallon ; ses yeux s'en furent suivre le cours du ruisseau, puis revinrent pour embrasser le ciel sans nuages qui en colorait l'eau ; Saint-John ôta son chapeau, laissa la brise agiter ses cheveux et lui caresser le front. Il avait l'air de communier avec le génie de l'endroit ; du regard il disait adieu à quelque chose.

— Et je reverrai ce paysage, dit-il, en rêve, quand je dormirai au bord du Gange ; puis de nouveau, à une heure plus lointaine, quand un autre sommeil m'envahira, sur la berge d'un fleuve plus ténébreux !

Étrange expression d'un amour étrange ! Passion d'un austère patriote pour la terre de ses aïeux ! Il s'assit ; pendant une demi-heure pas un mot ne fut prononcé, ni par lui à mon adresse ni par moi à la sienne ; au terme de ce laps de temps, il reprit :

— Jane, je pars dans six semaines ; j'ai retenu ma cabine à bord d'un bateau de la compagnie des Indes Orientales qui fait voile le 20 juin.

— Dieu vous protégera, car c'est son œuvre que vous avez entreprise, répondis-je.

— Oui, dit-il, et c'est là ma gloire et ma joie. Je suis au service d'un Maître infaillible. Je ne m'en vais pas guidé par des hommes, soumis aux lois incomplètes et aux directives fallacieuses de misérables vers de mon espèce ; mon roi, mon législateur, mon capitaine, est la perfection absolue. Il me paraît étrange que tous autour de moi ne brûlent pas de s'enrôler sous la même bannière... de se joindre à la même entreprise.

— Tous n'ont pas votre puissance ; et ce serait folie pour les faibles que de vouloir marcher avec les forts.

— Ce n'est pas aux faibles que je parle, ni que je

pense ; je m'adresse seulement à ceux qui sont dignes de l'œuvre et compétents pour l'accomplir.

— Ceux-là sont en petit nombre, et difficiles à découvrir.

— Vous dites vrai ; mais quand on les a trouvés, il convient de les réveiller, de les pousser et de les exhorter à l'effort, de leur montrer quels sont leurs dons et pourquoi ils les ont reçus, de réciter à leur oreille le message du Ciel, de leur offrir, de la part de Dieu lui-même, une place dans les rangs de ses élus.

— S'ils sont vraiment qualifiés pour cette tâche, leur propre cœur ne sera-t-il pas le premier à les en informer ?

J'avais l'impression qu'un envoûtement redoutable se formait autour de moi ou s'amassait au-dessus de ma tête ; je tremblais d'entendre prononcer un mot fatal qui eût à la fois formulé et scellé ce pouvoir magique.

— Et que dit votre cœur à vous ? demanda Saint-John.

— Mon cœur est muet... mon cœur est muet, répondis-je, atterrée et vibrante.

— En ce cas il faut que je parle à sa place, poursuivit la voix grave et inexorable. Jane, venez avec moi aux Indes ; venez être ma compagne et partager mes labeurs.

Le val et le ciel basculèrent ; les montagnes se soulevèrent ! C'était comme si j'avais entendu un appel venu du Ciel, comme si dans une vision un messager, analogue à celui de Macédoine, avait déclaré : « Venez nous aider[1] ! » Mais je n'étais pas un apôtre ; je ne pouvais voir le héraut : je ne pouvais recevoir son appel.

— Oh, Saint-John ! m'écriai-je, un peu de pitié ! Mais je m'adressais à quelqu'un qui, dans l'accomplis-

---

1. Actes, 16, 9.

sement de ce qu'il considérait comme son devoir, ne connaissait ni la pitié ni le remords. Il poursuivit :

— Dieu et la nature vous ont destinée à être femme de missionnaire. Ce ne sont pas les dons du corps, mais ceux de l'esprit qu'ils vous ont accordés ; vous êtes faite pour le travail et non pour l'amour. Femme de missionnaire vous devez être... et vous serez. Vous serez la mienne : je vous réclame... non point pour mon plaisir, mais pour le service de mon Souverain.

— Je n'en suis pas capable ; je n'ai pas de vocation, dis-je.

Il s'était attendu à ces premières objections ; elles ne l'irritèrent pas. À vrai dire, tandis qu'il s'adossait au rocher placé derrière lui, croisait les bras sur sa poitrine et figeait les traits de son visage, je vis qu'il s'était préparé à une longue et pénible opposition et qu'il avait amassé des réserves de patience suffisantes pour aller jusqu'au bout, mais qu'il avait résolu que la lutte se terminerait par sa victoire.

— L'humilité, Jane, me dit-il, est le fondement des vertus chrétiennes ; vous avez raison de dire que vous n'êtes pas capable de faire ce travail. Qui en est capable ? Ou qui, de tous ceux qui ont jamais reçu un appel authentique, s'est cru digne de l'invitation ? Ainsi, moi, je ne suis que cendre et poussière. Comme saint Paul, je reconnais que je suis le plus grand des pécheurs ; mais je ne me laisse pas décourager par ce sentiment de mon abjection personnelle. Je connais mon Chef ; je sais qu'il est juste en même temps que puissant ; et s'il a choisi un instrument chétif pour accomplir une tâche grandiose, il puisera dans les réserves illimitées de sa Providence pour compenser l'inadaptation des moyens à la fin. Pensez comme moi, Jane, ayez confiance comme moi. C'est sur le Roc des Âges que je vous demande de vous appuyer ; ne doutez pas qu'il puisse supporter le poids de votre faiblesse humaine.

— Je ne connais rien à la vie missionnaire ; je n'ai jamais étudié le travail des missionnaires.

— Sur ce point, pour humble que je sois, je puis vous donner l'aide dont vous avez besoin ; je puis vous assigner vos tâches heure par heure, être toujours à vos côtés, vous aider d'instant en instant. C'est du moins ce que je pourrais faire au début ; bientôt – car je connais vos ressources – vous seriez aussi forte et aussi capable que moi, et vous n'auriez plus besoin de mon secours.

— Mais mes ressources... que sont-elles pour cette entreprise ? Je n'en ai pas conscience. Rien ne parle ou ne s'anime en moi en réponse à vos propos. Je ne sens s'allumer aucune lumière, frémir aucune vie, aucune voix me conseiller ni me soutenir. Ah, je voudrais pouvoir vous faire saisir à quel point mon esprit ressemble en ce moment à un cachot obscur, dans les profondeurs duquel se tapit une crainte prisonnière... la crainte de me laisser convaincre par vous d'entreprendre ce que je ne suis pas capable d'accomplir !

— J'ai une réponse à votre service ; écoutez-la. Je vous observe depuis que nous nous sommes rencontrés ; depuis six mois j'ai fait de vous un objet d'étude. Au cours de cette période je vous ai éprouvée de diverses manières ; or, qu'ai-je vu, qu'ai-je mis au jour ? À l'école du village je me suis aperçu que vous pouviez accomplir bien, ponctuellement, consciencieusement, un labeur qui répugnait à vos habitudes et à vos penchants ; j'ai vu que vous saviez l'accomplir avec intelligence et avec délicatesse ; vous avez su plaire tout en affirmant votre autorité. Dans le calme avec lequel vous avez appris que vous étiez subitement devenue riche, j'ai lu un esprit exempt du vice de Demas[1] : le lucre n'a sur vous aucun empire indû. Dans l'empressement résolu avec lequel vous avez divisé votre fortune en quatre parties, n'en conservant qu'une pour vous et abandonnant les trois autres aux exigences d'une justice abstraite, j'ai reconnu une âme qui se complaisait à la ferveur et à l'exaltation du sacrifice.

Dans la docilité avec laquelle, sur mon désir, vous avez renoncé à une étude qui vous intéressait pour en adopter une autre parce qu'elle m'intéressait, moi ; dans l'assiduité inlassable avec laquelle vous avez depuis lors persévéré dans cette étude nouvelle, dans l'énergie sans défaillance et l'égalité d'humeur avec lesquelles vous en avez affronté les difficultés, je reconnais le complément des qualités que je recherche. Jane, vous êtes docile, active, désintéressée, loyale, constante et courageuse ; très douce et très héroïque ; cessez de vous défier de vous-même, car je puis placer en vous une confiance sans réserve. En tant que directrice d'école indienne et qu'auxiliaire parmi les femmes indiennes, votre aide sera pour moi inappréciable.

Mon linceul de fer se resserrait autour de moi ; la persuasion avançait d'un pas lent et sûr. J'avais beau fermer les yeux, les derniers mots de Saint-John réussissaient à me faire apparaître comme assez dégagée la voie qui m'avait semblé obstruée. Mon travail, qui m'était apparu comme si vague, comme si désespérément indéterminé, se précisa tandis que parlait Saint-John et prit, façonné par sa main adroite, une forme définie. Il attendait une réponse. Je demandai un quart d'heure pour réfléchir, avant de me risquer à reprendre la parole.

---

1. Le vice de Demas est la cupidité, cf. John Bunyan (1628-1688), prêcheur et allégoriste anglais, *Le voyage du pèlerin*.

— Très volontiers, répliqua-t-il.

Puis il se leva, fit quelques pas en direction de la passe, se laissa tomber sur une pente couverte de bruyère, où il resta immobile.

« Je peux faire ce qu'il veut que je fasse ; je suis bien forcée de voir et de reconnaître ce fait, pensai-je, si du moins ma vie est épargnée. Mais je sens que mon existence n'est pas de celles qui se prolongeraient longtemps sous le soleil de l'Inde. Et après ? Il ne s'en met pas en peine ; quand viendrait l'heure de ma mort, il m'abandonnerait, en toute sérénité et en toute sainteté, au Dieu qui m'aurait donnée à lui. Je vois très clairement la situation. En quittant l'Angleterre, je quitterais une terre aimée, mais vide... puisque M. Rochester n'y est pas ; et quand bien même il y serait, qu'est-ce que cela peut me faire, maintenant ou à un moment quelconque de l'avenir ? Mon rôle est de vivre sans lui désormais : rien n'est si absurde, si mesquin que de me traîner de jour en jour, comme si j'attendais je ne sais quel impossible changement de circonstances qui pût me réunir à lui. Certes, comme me l'a dit un jour Saint-John, il faut que je cherche un autre intérêt dans la vie pour remplacer celui que j'ai perdu : l'occupation qu'il m'offre à présent n'est-elle pas en vérité la plus glorieuse que l'homme puisse choisir ou Dieu nous assigner ? N'est-elle pas, par la noblesse de ses visées et la sublimité de ses résultats, la plus propre à combler le vide creusé par des affections déchirées et des espoirs détruits. Je crois qu'il faut que je dise oui... et pourtant j'en frémis. Hélas ! Si je m'associe à Saint-John, j'abandonne la moitié de moi-même ; si je vais aux Indes, je vais à une mort prématurée. Et de quoi sera fait l'intervalle entre le moment où je quitterai l'Angleterre pour l'Inde et celui où je quitterai l'Inde pour la tombe ? Ah, je ne le sais que trop ! De cela aussi, j'ai une vision très claire. En m'acharnant à satisfaire Saint-John, au point d'en avoir les muscles endoloris, je le satisferai sans nul doute, je répondrai à son attente, dans ce qu'elle aura de minutieusement précis comme dans ce qu'elle aura de démesurément étendu. Si vraiment je pars avec lui, si vraiment je fais le sacrifice qu'il m'incite à faire, je le ferai sans restriction ; je jetterai tout sur l'autel, cœur, entrailles, la victime tout entière. Jamais il ne m'aimera ; mais il m'estimera ; je lui révélerai une énergie qu'il n'a pas encore vue, des ressources qu'il n'a jamais soupçonnées. Oui, je puis travailler aussi dur que lui, et sans rechigner plus que lui.

« Il m'est donc possible de consentir à sa demande, à l'exception d'une seule clause, d'une clause redoutable. C'est le fait... qu'il me demande d'être sa femme, alors qu'il n'a pas plus à mon égard le cœur d'un époux que ne l'a ce menaçant géant de rocher, sur lequel écume le cours d'eau là-bas dans la gorge. Il m'apprécie comme un soldat apprécierait une bonne arme, un point, c'est tout. Si je ne l'épouse pas, cela ne me chagrinera jamais ; mais puis-je le laisser mener à bien ses calculs, mettre froidement en pratique ses projets, accomplir la cérémonie du mariage ? Puis-je recevoir de lui l'anneau nuptial, me soumettre à tous les rites de l'amour (et je suis sûre qu'il les observerait scrupuleusement) en sachant que l'esprit en serait tout à fait absent ? Puis-je supporter la certitude que tous les gestes de tendresse qu'il m'accorderait seraient des sacrifices accomplis par devoir ? Non ; un tel martyre serait monstrueux. Jamais je ne m'y soumettrai. En qualité de sœur, je pourrais l'accompagner... non point en qualité d'épouse ; c'est ce que je vais lui dire. »

Je regardai du côté du tertre ; Saint-John y était allongé, immobile comme un pilier couché sur le sol ;

il était tourné vers moi ; son œil était luisant, vigilant, perçant. Il se mit debout d'un bond et s'avança vers moi.

— Je suis prête à aller aux Indes, si j'y puis aller libre.

— Votre réponse exige un commentaire, dit-il ; elle n'est pas claire.

— Jusqu'ici vous avez été mon frère adoptif, j'ai été votre sœur adoptive ; continuons sur le même pied ; il vaut mieux que nous ne nous épousions pas, vous et moi.

Il hocha la tête.

— Une fraternité adoptive ne peut convenir en l'occurrence. Si vous étiez vraiment ma sœur, ce serait différent ; je vous emmènerais et ne chercherais pas à me marier. Mais, compte tenu de la situation réelle, il faut que notre union soit consacrée et scellée par le mariage, sans quoi elle ne peut exister. Des obstacles matériels s'opposent à toute autre formule. Ne le voyez-vous pas, Jane ? Réfléchissez un instant... votre solide bon sens va vous guider.

Je réfléchis donc ; pourtant mon bon sens, ou du moins ce qui m'en tenait lieu, m'indiqua seulement le fait que nous ne nous aimions pas comme doivent s'aimer mari et femme ; il en déduisit donc que nous ne devions pas nous marier. Je le dis.

— Saint-John, répondis-je, je vous considère comme un frère, vous me considérez comme une sœur ; continuons ainsi.

— Nous ne le pouvons pas... nous ne le pouvons pas, répliqua-t-il sur un ton de résolution impatiente et tranchante ; cela ne conviendrait pas. Vous m'avez dit que vous vouliez bien venir aux Indes avec moi ; rappelez-vous-le... vous l'avez dit.

— Sous condition.

— Bon... bon. À l'essentiel – votre départ d'Angleterre en ma compagnie, votre coopération à mes travaux futurs – vous n'êtes pas opposée. Vous avez pratiquement déjà mis la main à la pâte ; vous êtes trop cohérente pour retirer cette main. Vous n'avez qu'un objectif à garder sous les yeux : la façon dont l'œuvre que vous avez entreprise peut le mieux s'accomplir. Simplifiez la complication de vos intérêts, de vos sentiments, de vos pensées, de vos désirs, de vos visées ; fondez toutes les considérations en un seul but : celui d'accomplir avec efficacité, avec puissance, la mission de votre noble Maître. Pour ce faire, il vous faut un acolyte ; non point un frère, car le lien est trop lâche, mais un mari. De même, je ne veux pas d'une sœur ; une sœur pourrait m'être enlevée d'un jour à l'autre. Je veux une femme, la seule compagne sur laquelle je puisse exercer une influence efficace dans la vie et que je puisse conserver avec moi absolument jusqu'à la mort.

Je frissonnai en l'entendant ; je sentais son influence dans la moelle de mes os, et son étreinte sur tout mon corps.

— Cherchez-en une ailleurs qu'en moi, Saint-John ; cherchez-en une qui vous soit adaptée.

— Adaptée à mon dessein, voulez-vous dire, adaptée à ma vocation. Je vous répète que ce n'est pas pour l'insignifiant particulier que je suis, l'homme pur et simple, avec sa sensualité égoïste d'homme, que je veux une compagne ; c'est pour le missionnaire.

— À ce missionnaire je donnerai mon énergie... c'est tout ce qu'il veut de moi... mais non ma personne ; ce ne serait qu'ajouter la carapace ou l'écorce à l'amande. Il ne saurait qu'en faire ; je les conserve.

— Vous ne le pouvez pas ; vous n'en avez pas le droit. Croyez-vous que Dieu se contentera de la moitié d'une oblation ? Acceptera-t-il un sacrifice ainsi amputé ? C'est la cause de Dieu que je défends ; c'est sous sa bannière que je vous enrôle. En son nom je ne puis accepter d'allégeance partagée ; il faut qu'elle soit complète.

— Oh ! Je donnerai mon cœur à Dieu, dis-je. Vous n'en avez pas besoin, vous.

Je ne jurerais pas, lecteur, qu'il n'y eût un élément de sarcasme contenu aussi bien dans le ton sur lequel je prononçai cette phrase que dans le sentiment qui me la dicta. J'avais redouté Saint-John en silence jusqu'à cet instant parce que je ne l'avais pas compris. Il m'avait tenue dans la crainte, parce qu'il m'avait tenue dans le doute. Je n'aurais su dire jusqu'alors quelle proportion de son être était d'un saint, quelle proportion d'un mortel ; mais des révélations se faisaient au cours de cet entretien ; l'analyse de sa nature se déroulait devant mes yeux. Je voyais sa faillibilité ; je la comprenais. Je me rendais compte qu'assise où j'étais, sur un talus de bruyère, avec cette belle silhouette devant moi, j'étais aux pieds d'un homme, qui pouvait se tromper comme moi. Le voile tombait de sa dureté et de son despotisme. Une fois que j'eus décelé en lui la présence de ces traits, je décelai son imperfection et je m'enhardis. J'étais avec un égal, quelqu'un avec qui je pouvais discuter, quelqu'un à qui, si je le jugeais bon, je pouvais résister.

Il garda le silence une fois que j'eus prononcé cette dernière phrase, et bientôt je levai timidement mon regard vers son visage. Ses yeux étaient baissés vers moi : ils exprimaient à la fois une austère surprise et une interrogation intense. « Est-elle sarcastique, et sarcastique à mes dépens ? semblaient-ils dire. Qu'est-ce que cela signifie ? »

— N'oublions pas qu'il s'agit d'une affaire sérieuse,

dit-il peu après ; une affaire que nous ne saurions sans péché traiter à la légère en pensée ni en paroles. J'ose espérer, Jane, que vous parlez sérieusement quand vous dites que vous voulez donner votre cœur à Dieu ; je n'en demande pas davantage. Une fois que vous aurez détaché ce cœur de l'homme pour l'attacher à votre Créateur, le progrès du royaume spirituel de ce Créateur sur la terre sera votre principal plaisir et votre principale ambition ; vous serez prête à faire sur-le-champ tout ce qui est propice à ce but. Vous verrez alors quelle impulsion sera donnée à vos efforts et aux miens par notre union physique et mentale dans le mariage, la seule union qui confère un caractère de conformité définitive aux destinées et aux desseins des êtres humains ; alors, laissant de côté tous les caprices secondaires, toutes les petites difficultés et toutes les petites délicatesses des sentiments, tous les scrupules concernant le degré, la nature, la force ou la tendresse de simples inclinations personnelles, vous vous empresserez de contracter cette union sans délai.

— Vraiment ? répliquai-je succinctement.

Puis je regardai ses traits, beaux par leur harmonie, mais curieusement redoutables par leur immuable sévérité ; son front, autoritaire, mais non ouvert ; ses yeux, brillants, profonds et pénétrants, mais sans aucune douceur ; sa haute silhouette imposante ; et je me représentai en imagination ce que ce serait qu'être sa femme. Ah ! Cela ne se pourrait jamais ! Si j'étais son vicaire, son compagnon, tout irait bien ; je traverserais des océans avec lui à ce titre ; je peinerais sous les ciels de l'Orient, parmi les déserts de l'Asie, dans cette fonction ; j'admirerais et j'imiterais son courage, son dévouement et sa vigueur ; je me résignerais paisiblement à sa domination ; je sourirais imperturbablement de son ambition indéracinable ; je distinguerais le chrétien de l'homme ;

j'estimerais profondément le premier et je pardonnerais sans réserve au second. Je souffrirais souvent, sans nul doute, même si je ne m'attachais à lui qu'à ce titre ; mon corps serait soumis à un joug assez rigoureux, mais mon cœur et mon esprit resteraient libres. Il me resterait la possibilité de me retourner vers mon être intact, de communier aux moments de solitude avec mes sentiments naturels et non réduits en esclavage. Il y aurait des recoins de mon esprit qui ne seraient qu'à moi et où Saint-John n'aurait jamais accès ; il s'y épanouirait des sentiments, frais et abrités, qui ne risqueraient pas d'être flétris par son austérité, ni piétinés par le pas rythmé de sa marche guerrière. Mais si j'étais sa femme, sans cesse à ses côtés, toujours contrainte et toujours réprimée, obligée de réduire sans cesse le feu de ma nature, de la forcer à brûler intérieurement sans jamais pousser un cri, même si la flamme prisonnière consumait organe après organe... ce serait intolérable.

— Saint-John ! m'écriai-je, quand j'en fus arrivée à ce point de ma décision.

— Alors ? me demanda-t-il sur un ton glacial.

— Je vous répète que je consens volontiers à partir avec vous pour être votre compagne missionnaire, mais non votre femme ; je ne peux pas vous épouser et devenir une partie de vous-même.

— Une partie de moi-même, c'est ce qu'il faut que vous deveniez, répondit-il avec fermeté ; sans quoi tout notre marché est nul et non avenu. Comment puis-je, moi qui suis un homme de moins de trente ans, emmener avec moi en Inde une jeune fille de dix-neuf ans, sans qu'elle m'ait épousé ? Comment pourrions-nous vivre sans cesse ensemble, parfois dans la solitude, parfois au milieu de tribus sauvages, autrement que comme mari et femme ?

— Très facilement, dis-je d'un ton sec ; étant donné

les circonstances, tout aussi facilement que si j'étais soit vraiment votre sœur, soit homme et ecclésiastique comme vous.

— On sait que vous n'êtes pas ma sœur ; je ne puis vous faire passer pour telle ; essayer de le prétendre nous exposerait tous deux à des soupçons insultants. Au demeurant, si vous avez un cerveau vigoureux d'homme, vous avez un cœur de femme et... c'est impossible.

— C'est possible, affirmai-je non sans dédain, c'est parfaitement possible. J'ai un cœur de femme, mais non point en ce qui vous concerne ; pour vous je n'ai que la fidélité d'un camarade, d'un compagnon d'armes ; le respect et la soumission d'un néophyte envers son hiérophante ; rien de plus... n'ayez crainte.

— C'est ce que je désire, dit-il, à part lui ; c'est exactement ce que je désire. Or il y a des obstacles en travers de la route ; il faut les abattre. Jane, vous ne vous repentiriez pas de m'avoir épousé, soyez-en sûre. Il faut que nous nous épousions... je le répète ; il n'y a pas d'autre moyen ; et sans nul doute une dose suffisante d'amour résulterait du mariage pour justifier cette union, même à vos yeux.

— Je méprise votre idée de l'amour, ne pus-je m'empêcher de dire, en me levant et en me plantant devant lui, adossée au rocher. Je méprise la contrefaçon de sentiment que vous m'offrez ; oui, Saint-John, et je vous méprise vous-même quand vous me l'offrez.

Il me regarda fixement, tout en pinçant ses lèvres bien dessinées. Il n'était pas facile de voir s'il était irrité ou surpris, car il exerçait sur ses traits un empire absolu.

— Je ne m'attendais guère à entendre une pareille expression de votre part, dit-il ; je ne crois pas avoir fait ou dit quelque chose qui mérite le mépris.

Je fus touchée par la modération de son ton et son maintien calme et altier me fit grande impression.

— Pardonnez-moi ce mot, Saint-John ; mais c'est par votre faute que je me suis laissée aller à parler de façon si irréfléchie. Vous avez engagé la conversation sur un sujet à propos duquel nos natures ne sont pas en accord... un sujet dont nous ne devrions jamais discuter ; le nom même de l'amour est une pomme de discorde entre nous. Si la réalité de l'amour était exigée, que serait-ce ? Quels sentiments éprouverions-nous ? Cher cousin, abandonnez votre projet de mariage... oubliez-le.

— Non, dit-il ; c'est un projet que je nourris de longue date, et c'est le seul qui puisse permettre l'accomplissement de mon vaste dessein ; mais je ne veux pas vous presser davantage pour le moment. Demain, je quitte la maison pour aller à Cambridge ; j'y ai de nombreux amis auxquels j'aimerais dire adieu. Je serai absent quinze jours ; prenez ce laps de temps pour réfléchir à mon offre ; et n'oubliez pas que si vous la rejetez, ce n'est pas à moi, mais à Dieu que s'adresse votre refus. Par mon truchement, Il vous ouvre une noble carrière ; c'est seulement si vous êtes ma femme que vous pourrez y entrer. Refusez d'être ma femme, et vous vous bornerez pour toujours à suivre la voie de la facilité égoïste et de l'obscurité stérile. Tremblez d'être en ce cas comptée au nombre de ceux qui ont rejeté la foi et qui sont plus coupables que les infidèles

Il avait fini. Il se détourna de moi et, une fois encore, « regarda le ruisseau, regarda la montagne[1] ». Mais cette fois ses sentiments restèrent enfermés dans son cœur ; je n'étais plus digne de les entendre exprimer.

---

1. Walter Scott, *Le lai du dernier ménestrel.*

En prenant à ses côtés le chemin du retour, je lus clairement dans son silence de fer tout ce qu'il éprouvait à mon égard : la déception d'une nature austère et despotique qui a rencontré la résistance là où elle s'attendait à trouver la soumission, la réprobation d'un jugement froid et inflexible, qui a décelé chez autrui des sentiments et des pensées avec lesquels il n'a pas le moyen d'être en sympathie ; bref, en tant qu'homme, il eût aimé me contraindre à l'obéissance ; c'était seulement en tant que chrétien sincère qu'il supportait si patiemment ma perversité et m'accordait un si long délai de réflexion et de repentance.

Ce soir-là, après avoir embrassé ses sœurs, il jugea bon d'oublier même de me serrer la main et quitta le salon en silence. Pour moi, qui, si je n'avais pas d'amour, avais beaucoup d'amitié pour lui, je fus peinée par cette omission ostensible ; j'en fus même si peinée que les larmes me vinrent aux yeux.

— Je vois, dit Diana, que vous vous êtes disputée avec Saint-John, Jane, pendant votre promenade dans la lande. Mais allez le rejoindre ; il traîne en ce moment dans le couloir pour vous attendre... vous allez vous réconcilier.

Je n'avais guère de fierté en pareille circonstance ; j'ai toujours préféré être heureuse plutôt que digne ; je lui courus donc après ; il était au pied de l'escalier.

— Bonsoir, Saint-John, dis-je.
— Bonsoir, Jane, répondit-il avec calme.
— Alors, serrons-nous la main, ajoutai-je.

Combien froid et mou fut le contact de ses doigts avec les miens ! Il était profondément mécontent de ce qui s'était produit ce jour-là ; la cordialité ne pouvait l'attendrir, ni les larmes l'émouvoir. On ne devait espérer de sa part aucune heureuse réconciliation, aucun sourire réconfortant ni aucune parole généreuse ; pourtant le chrétien restait patient et paisible ; et quand je lui demandai s'il me pardonnait, il me répondit qu'il n'avait pas l'habitude de nourrir le souvenir des vexations ; qu'il n'avait rien à pardonner, puisqu'il n'avait pas été offensé.

Sur cette réponse il me quitta. J'eusse bien préféré qu'il me jetât par terre d'un coup de poing.

CHAPITRE XXXV

Il ne partit pas pour Cambridge le lendemain, comme il l'avait annoncé. Il retarda son départ d'une semaine entière, pendant laquelle il me fit voir quel cruel châtiment peut être infligé par un homme droit mais sévère, consciencieux mais implacable, à quelqu'un qui l'a offensé. Sans un seul geste d'hostilité déclarée, sans un seul mot de reproche, il s'arrangeait pour me faire éprouver à chaque instant la conviction que j'étais bannie de sa faveur.

Non que Saint-John nourrît un esprit vindicatif et contraire au christianisme, non qu'il eût souhaité abîmer un seul cheveu de ma tête, s'il avait été entièrement en son pouvoir de le faire. Tant par nature que par ses principes il était au-dessus des joies mesquines de la vengeance ; il m'avait pardonné de lui avoir dit que je le méprisais et que je méprisais son amour, mais il n'avait pas oublié cette phrase ; jamais il ne pourrait l'oublier tant que nous vivrions l'un et l'autre. Je voyais à son regard, quand il se tournait vers moi, qu'elle était sans cesse inscrite dans les airs entre lui et moi ; chaque fois que je parlais, elle parlait par ma voix à son oreille, et l'écho de la phrase retentissait dans toutes les réponses qu'il me faisait.

Il ne s'abstenait pas de converser avec moi ; il allait

même jusqu'à m'inviter tous les matins à venir le rejoindre comme d'habitude à son pupitre ; et, je le crains fort, la partie simplement humaine et corrompue de son être prenait un plaisir, ignoré de la partie pure et chrétienne qui n'y avait point de part, à me montrer avec quelle habileté il savait, tout en agissant et en parlant apparemment comme d'habitude, supprimer de chaque geste et de chaque phrase l'esprit d'intérêt et d'approbation qui avait naguère donné à ses propos et à son attitude un certain charme austère. À mon égard, il n'était en réalité plus de chair, il était devenu de marbre ; son œil était une pierre froide, bleue, brillante ; sa langue un instrument à parler... sans plus.

Tout cela était pour moi une torture, une torture raffinée et prolongée. Tout cela entretenait en moi un feu couvant d'indignation et un chagrin frémissant et lancinant, qui me tourmentait et m'accablait complètement. Je voyais comment, si j'étais sa femme, cet homme de bien, pur comme la source profonde qui n'aperçoit pas le soleil, pourrait bientôt me tuer, sans faire couler de mes veines une seule goutte de sang, ni souiller sa conscience de cristal de la plus petite tâche de crime. C'est surtout quand je faisais un effort pour me concilier ses bonnes grâces que je m'en rendais compte. Nulle douceur ne répondait à ma douceur. Notre éloignement ne causait à Saint-John aucune souffrance, ne lui inspirait nul ardent désir de réconciliation ; et bien que, plus d'une fois, mes larmes versées en abondance eussent boursouflé la page sur laquelle nous étions penchés tous les deux, elles ne lui faisaient pas plus d'effet que si son cœur avait été vraiment fait de pierre ou de métal. En même temps, il était plus aimable que d'habitude avec ses sœurs ; comme si, craignant que la simple froideur ne suffît pas à me convaincre que j'étais complètement bannie et exclue, il y ajoutait la force du contraste ; et je suis sûre qu'il ne le faisait pas par méchanceté, mais par devoir.

Le soir précédant son départ, il se trouva que je le vis se promener dans le jardin au coucher du soleil ; je me rappelai en le regardant que, pour éloigné qu'il fût à présent, il ne m'en avait pas moins sauvé la vie jadis, et que nous étions proches parents ; je me sentis donc portée à faire une dernière tentative pour regagner son amitié. Je sortis et je m'approchai de lui, qui était appuyé à la petite porte du jardin ; j'entrai aussitôt dans le vif du sujet.

— Saint-John, je suis malheureuse parce que vous êtes encore irrité contre moi. Soyons bons amis.

— J'espère que nous sommes bons amis, me répondit-il sans émotion et sans cesser d'observer le lever de la lune, qu'il contemplait au moment où je m'étais approchée de lui.

— Non, Saint-John, nous ne sommes plus aussi bons amis qu'auparavant. Vous le savez bien.

— Vraiment ? C'est fâcheux. Pour ma part je ne vous veux aucun mal ; je vous veux même tout le bien possible.

— Je vous crois, Saint-John ; car je suis sûre que vous êtes incapable de vouloir du mal à qui que ce soit ; mais, puisque je suis votre parente, je désirerais un peu plus d'affection que cette sorte de philanthropie universelle que vous accordez à de simples étrangers.

— Bien sûr, dit-il. Votre désir est raisonnable et je suis loin de vous considérer comme une étrangère.

Ces mots, dits d'un ton calme et tranquille, étaient assez humiliants et déconcertants. Si j'avais cédé aux impulsions de l'orgueil et de la colère, je l'eusse quitté sur-le-champ ; mais un sentiment plus fort que ceux-là m'animait. Je vénérais profondément l'intelligence et la valeur morale de mon cousin. J'attachais du prix à son amitié ; la perdre était pour moi une cruelle épreuve. Je ne voulus pas renoncer si vite à ma tentative pour la reconquérir.

— Faut-il que nous nous séparions de la sorte, Saint-John ? Et quand vous partirez pour l'Inde, me quitterez-vous ainsi, sans me dire un mot plus affectueux que vous n'en avez prononcé jusqu'ici ?

Il se détourna alors complètement de la lune et me regarda en face.

— Quand je partirai pour l'Inde, Jane, vous quitterai-je ? Comment ! N'allez-vous pas en Inde ?

— Vous m'avez dit que c'était impossible si je ne vous épousais pas.

— Et vous ne voulez pas m'épouser ! Vous restez fidèle à cette résolution !

Lecteur, connaissez-vous comme moi les terreurs dont les gens au caractère froid savent marquer leurs glaciales questions ? Savez-vous comme leur colère ressemble à la chute de l'avalanche ? Ou leur déplaisir à la rupture soudaine de la banquise ?

— Non, Saint-John, je ne veux pas vous épouser. Je reste fidèle à ma résolution.

L'avalanche avait tremblé et glissé légèrement en avant, mais elle ne dévalait pas encore la pente.

— Encore une fois, pourquoi ce refus ? demanda-t-il.

— Auparavant, répondis-je, c'était parce que vous ne m'aimiez pas ; à présent, je vous déclare que c'est parce que vous me haïssez presque. Si je vous épousais, vous me tueriez. Vous me tuez déjà.

Ses lèvres et ses joues blêmirent, devinrent absolument livides.

— Je vous tuerais... je vous tue ? Vos paroles sont de celles qui ne devraient jamais être prononcées ; elles sont violentes, contraires à la féminité et à la vérité.

Elles révèlent un état d'esprit regrettable ; elles méritent une sévère réprimande ; elles paraîtraient inexcusables, si ce n'était le devoir de l'homme que de pardonner à son prochain jusqu'à septante-sept fois[1].

J'avais parachevé mon ouvrage à présent. Alors que je souhaitais ardemment effacer de son esprit la trace de ma première offense, je venais de marquer cette surface malléable d'une empreinte nouvelle et beaucoup plus profonde ; je l'avais gravée comme au fer rouge.

— Maintenant vous allez vraiment me haïr, dis-je. Il est inutile que j'essaie de vous apaiser ; je vois que j'ai fait de vous mon ennemi à tout jamais.

C'est une blessure nouvelle qu'infligèrent ces mots, et une blessure d'autant pire qu'ils contenaient une part de vérité. La lèvre exsangue frémit, agitée par un spasme passager. Je savais quelle colère acérée j'avais aiguisée. J'en eus le cœur navré.

— Vous vous méprenez complètement sur mes paroles, dis-je en lui saisissant aussitôt la main. Je n'ai nulle intention de vous faire de la peine ou du chagrin ; vraiment, je vous le garantis.

C'est avec beaucoup d'amertume qu'il sourit, avec beaucoup de résolution qu'il ôta sa main des miennes.

— Ainsi vous revenez maintenant sur votre promesse et vous n'irez pas du tout en Inde, je présume ? dit-il, après un très long silence.

— Si, j'irai, pour être votre assistante, répondis-je.

Une nouvelle pause prolongée s'ensuivit. Je ne saurais dire quelle lutte se livra en lui entre la Nature et la Grâce pendant cet intervalle ; simplement, de sin-

---

1. *Matthieu*, 18, 22.

gulières lueurs scintillèrent dans ses yeux et d'étranges ombres passèrent sur son visage. Il finit par parler.

— Je vous ai déjà prouvé l'absurdité qu'il y a dans le fait qu'une femme célibataire de votre âge propose à un homme célibataire du mien de l'accompagner à l'étranger. Je vous l'ai prouvé en des termes tels qu'à mon avis ils auraient dû vous interdire de faire jamais une nouvelle allusion à ce projet. Je regrette que vous en ayez reparlé... je le regrette pour vous.

Je l'interrompis. Tout ce qui ressemblait à un reproche précis me donnait aussitôt du courage :

— Restez dans le domaine du sens commun, Saint-John ; vous êtes au bord de l'absurdité. Vous feignez d'être choqué par ce que j'ai dit. Vous n'êtes pas vraiment choqué ; car, avec votre intelligence supérieure, vous ne sauriez être assez sot ni assez fat pour vous méprendre sur le sens de mes paroles. Je vous répète que je veux bien être votre vicaire, si vous le voulez, mais je ne serai jamais votre femme.

De nouveau il devint d'une pâleur livide ; mais, comme précédemment, il domina sa colère à la perfection. Il me répondit, avec force, mais avec calme :

— Un vicaire du sexe féminin, qui ne serait pas ma femme, ne me conviendrait absolument pas. Il apparaît donc que vous ne pouvez pas partir avec moi ; mais si votre offre est faite sincèrement, je profiterai de mon passage à Londres pour parler de vous à un missionnaire marié, dont la femme a besoin d'une assistante. Votre fortune personnelle vous permettra de ne pas dépendre de l'aide de la Société ; ainsi pourra tout de même vous être épargné le déshonneur de violer votre promesse et de déserter l'armée où vous vous étiez engagée.

Or jamais, comme le sait le lecteur, je n'avais fait de promesse formelle, ni contracté aucun engagement ;

ces paroles étaient donc beaucoup trop dures et beaucoup trop despotiques pour convenir aux circonstances. Je répondis :

— Il n'y a en l'occurrence ni déshonneur, ni violation de promesse, ni désertion. Je ne reconnais pas la moindre obligation d'aller en Inde, surtout avec des inconnus. Avec vous j'étais prête à prendre de grands risques, parce que je vous admire, que j'ai confiance en vous et que je vous aime comme un frère ; mais je suis convaincue que, quels que soient le moment de mon départ et la compagnie avec laquelle je partirais, je ne vivrais pas longtemps dans un pareil climat.

— Tiens ! Vous vous méfiez de vous-même, dit-il en retroussant la lèvre.

— Oui. Dieu ne m'a pas donné la vie pour que je la gaspille ; faire ce que vous me demandez reviendrait presque, je commence à le croire, à commettre un suicide. En outre, avant de me résoudre définitivement à quitter l'Angleterre, je désire savoir avec certitude si je ne puis me rendre plus utile en restant en Angleterre qu'en en partant.

— Que voulez-vous dire ?

— Il serait vain d'essayer de vous l'expliquer ; mais il est un point à propos duquel je suis depuis longtemps la proie d'une incertitude douloureuse, et je ne puis aller nulle part avant que ce doute soit d'une manière ou d'une autre dissipé.

— Je sais dans quelle direction se tourne votre cœur et à quoi il s'attache. L'intérêt que vous nourrissez n'est ni légitime ni consacré. Il y a longtemps que vous auriez dû l'anéantir ; aujourd'hui vous devriez rougir d'y faire allusion. C'est à M. Rochester que vous pensez ?

C'était vrai. Je l'avouai par mon silence.

— Allez-vous vous mettre à la recherche de M. Rochester ?

— Il faut que je découvre ce qu'il est advenu de lui.

— Il ne me reste donc, dit-il, qu'à me souvenir de vous dans mes prières, et à implorer Dieu pour vous, avec toute ma ferveur, de ne pas vous laisser devenir une véritable réprouvée. J'avais cru reconnaître en vous l'une des élues. Mais Dieu a d'autres façons de voir que les hommes : que Sa volonté soit faite.

Il ouvrit la grille, la franchit et s'éloigna en direction du vallon. Je ne tardai pas à le perdre de vue.

En rentrant dans le petit salon, je trouvai Diana debout à la fenêtre, l'air très pensive. Diana était beaucoup plus grande que moi ; elle me mit une main sur l'épaule et se pencha pour m'examiner le visage.

— Jane, me dit-elle, tu es sans cesse agitée et pâle à présent ; je suis sûre qu'il y a quelque chose qui ne va pas. Dis-moi ce qui se passe entre Saint-John et toi. Il y a une demi-heure que je vous observe par la fenêtre ; il faut me pardonner de jouer ce rôle d'espionne, mais depuis longtemps je m'imagine... je ne sais trop quoi. Saint-John est un étrange personnage...

Elle s'interrompit ; je gardai le silence. Elle reprit bientôt :

— Mon estimable frère nourrit à ton sujet des visées particulières d'un genre ou d'un autre, j'en suis certaine ; voilà longtemps qu'il te distingue en t'accordant une attention et un intérêt qu'il n'a jamais montrés envers personne d'autre... à quelle fin ? Je voudrais qu'il fût amoureux de toi... est-ce le cas, Jane ?

Je portai sa main fraîche à mon front brûlant.

— Non, Di, pas le moins du monde.

— Alors, pourquoi te suit-il des yeux comme il le fait, et te prend-il si souvent à part, et te garde-t-il si continuellement à son côté ? Nous en avions conclu toutes deux, Mary et moi, qu'il voulait t'épouser.

— C'est exact... il m'a demandé d'être sa femme.

Diana battit des mains.

— C'est exactement ce que nous pensions et ce que nous espérions ! Alors tu vas l'épouser, Jane, n'est-ce pas ? Ainsi il restera en Angleterre.

— Loin de là, Diana ; son unique pensée en me faisant sa demande était de se procurer un compagnon capable de partager ses labeurs aux Indes !

— Comment ! Il veut que tu ailles aux Indes ?

— Oui.

— Folie ! s'écria-t-elle. Tu n'y survivrais pas trois mois, j'en suis certaine. Tu n'iras sous aucun prétexte ; tu n'y as pas consenti, Jane, n'est-ce pas ?

— J'ai refusé de l'épouser...

— Et c'est ainsi que tu l'as mécontenté ? avança-t-elle.

— Profondément ; il ne me le pardonnera jamais, je le crains ; pourtant, je lui ai offert de l'accompagner comme sa sœur.

— C'était de la folie furieuse, Jane. Pense au travail que tu entreprenais... un travail qui entraîne une fatigue incessante, dans un pays où la fatigue tue même les forts, alors que tu es faible. Saint-John (tu le connais) te pousserait à faire des choses impossibles ; avec lui tu n'aurais pas la permission de te reposer pendant les heures chaudes du jour et malheureusement, j'ai remarqué que, quoi qu'il exige, tu te forces à l'accomplir. Je suis stupéfaite que tu aies trouvé le courage de refuser sa main. Ne l'aimes-tu donc pas, Jane ?

— Pas en tant que mari.

— Pourtant il est bel homme.

— Mais je suis si laide, vois-tu, Di. Nous serions bien mal assortis.

— Laide ! Toi ? Tu es bien trop jolie, et aussi bien trop gentille, pour aller rôtir toute vive à Calcutta.

Et de nouveau elle me conjura avec ferveur de renoncer à toute pensée de partir avec son frère.

— Il le faut bien, dis-je, car, il y a un instant, quand j'ai renouvelé mon offre de lui servir de diacre, il s'est déclaré choqué de mon manque de sens des convenances. Il a eu l'air de penser que je commettais une incongruité en proposant de l'accompagner sans que nous soyons mariés : comme si je n'avais pas depuis le début espéré trouver en lui un frère, comme si je n'avais pas pris l'habitude de le considérer comme tel.

— Qu'est-ce qui te fait dire qu'il ne t'aime pas, Jane ?

— Il faut l'entendre parler lui-même de ce sujet. Il m'a expliqué à mainte et mainte reprise que ce n'est pas pour sa personne, mais pour sa fonction, qu'il cherche une compagne. Il m'a dit que je suis faite pour le travail et non pour l'amour ; ce qui est exact, sans nul doute. Mais, à mon avis, si je ne suis pas faite pour l'amour, il s'ensuit que je ne suis pas faite pour le mariage. Ne serait-il pas étrange, Di, d'être enchaînée pour la vie à un homme qui ne nous considérerait que comme un outil commode ?

— Ce serait intolérable, contre nature, inconcevable !

— Et puis, poursuivis-je, encore que je n'aie actuellement pour lui qu'une affection de sœur, pourtant, si j'étais contrainte de devenir sa femme, je puis imaginer la possibilité de concevoir pour lui une sorte d'amour inéluctable, étrange, torturant, parce qu'il a tant de talent, et parce qu'il y a souvent une certaine grandeur héroïque dans son regard, dans ses manières, dans ses propos. Il ne voudrait pas être aimé de moi ; si je lui manifestais ce sentiment, il me ferait comprendre que ce serait du superflu, quelque chose dont il n'a pas besoin, quelque chose d'inconvenant de ma part. Je le sais.

— Et pourtant Saint-John est un homme vertueux, dit Diana.

— C'est un homme vertueux et un grand homme ; mais il oublie impitoyablement les sentiments et les droits des petits quand il poursuit ses vastes desseins personnels. Il vaut donc mieux que les gens insignifiants évitent de se trouver sur son chemin, sans quoi, dans sa marche en avant, il risquerait de les fouler aux pieds. Le voilà qui arrive ! Je vais te quitter, Diana.

Et je montai précipitamment au premier quand je vis mon cousin rentrer dans le jardin.

Mais il me fallut le retrouver au souper. Au cours de ce repas il parut tout aussi calme que de coutume. Je m'étais imaginé qu'il ne m'adresserait pour ainsi dire pas la parole, et j'étais certaine qu'il avait renoncé à poursuivre son projet de mariage ; la suite devait montrer que je me trompais sur l'un et l'autre point. Il me parla exactement à sa manière habituelle, ou du moins à la manière qui lui était récemment devenue habituelle, c'est-à-dire une manière scrupuleusement polie. Sans nul doute il avait invoqué le secours de l'Esprit Saint pour apaiser la colère que j'avais suscitée en lui et croyait à présent m'avoir de nouveau pardonné.

Pour la lecture du soir, avant la prière, il fit choix du chapitre XXI de l'Apocalypse. Il était toujours agréable de l'écouter quand tombaient de ses lèvres les paroles de la Bible ; jamais sa belle voix ne paraissait à la fois aussi suave et aussi ample, jamais sa diction ne devenait aussi imposante dans sa noble simplicité que quand il récitait les oracles de Dieu ; et ce soir-là cette voix prit un ton encore plus solennel, sa diction se chargea d'un sens encore plus bouleversant, quand, assis au milieu de son cercle de famille (la lune de mai entrant par la fenêtre sans rideaux et rendant presque superflue la lumière de la bougie posée sur la table), quand, assis là, penché sur la grande vieille Bible, il emprunta à ses pages la description du ciel nouveau et de la terre nouvelle... nous annonça comment Dieu viendrait demeurer avec les hommes, comment Il essuierait toutes les larmes de leurs yeux... nous promit qu'il n'y aurait plus de mort, de pleurs, de cri et de peine, car l'ancien monde s'en serait allé.

Les mots qui suivirent m'émurent étrangement quand il les prononça, d'autant plus que j'eus l'impression, d'après une infime et indescriptible modification du ton de sa voix, qu'en les proférant il avait les yeux posés sur moi.

— Celui qui vaincra héritera toute chose ; et je serai son Dieu et il sera mon fils. Mais (la lecture se fit encore plus lente et plus distincte) les craintifs, les incrédules... auront pour lot l'étang brûlant de feu et de soufre, qui est la seconde mort.

Désormais, je compris quel destin Saint-John redoutait pour moi.

Une expression de triomphe calme et modéré, mêlé d'une ferveur ardente, marqua sa lecture des splendides derniers versets du chapitre. Le lecteur croyait que son nom était déjà inscrit dans le Livre de Vie de l'Agneau et il appelait de ses vœux l'heure qui le ferait entrer dans la ville où les rois de la terre apportent leur gloire et leur honneur, qui peut se passer de l'éclat du soleil et de celui de la lune, car la gloire de Dieu l'a illuminée, et l'Agneau lui tient lieu de flambeau.

Dans la prière qui succéda à cette lecture, toute son énergie se rassembla, tout son zèle austère s'embrasa ; il était profondément fervent, il luttait avec Dieu, il avait résolu de vaincre. Il implorait la force pour les faibles de cœur, la lumière pour les égarés hors du bercail, un retour, fût-ce à la onzième heure, pour ceux que les tentations du monde et de la chair détournaient du chemin étroit. Il demandait, il appelait, il réclamait que lui fût accordée la faveur d'arracher au feu un tison. La ferveur est toujours imposante ; tout d'abord, en écoutant cette prière, je m'émerveillai de la ferveur de Saint-John ; puis, quand elle se maintint et s'accentua, j'en fus touchée et je finis par la vénérer. Il était si sincèrement persuadé de la grandeur et de la justice de son dessein qu'en l'entendant présenter son plaidoyer, on ne pouvait manquer d'en être persuadé aussi.

Une fois la prière terminée, nous prîmes congé de lui ; il devait partir de très bonne heure le lendemain. Diana et Mary, après l'avoir embrassé, quittèrent le salon (pour obéir, j'imagine, à une injonction qu'il leur avait glissée dans le creux de l'oreille) ; je tendis la main et souhaitai à mon cousin un voyage agréable.

— Merci, Jane. Comme je vous l'ai dit, je reviendrai de Cambridge dans quinze jours ; il vous reste donc cette période pour réfléchir. Si je prêtais l'oreille à l'orgueil humain, je ne vous reparlerais pas de mariage avec moi ; mais j'écoute la voix du devoir et je garde les yeux résolument fixés sur mon objectif premier, qui est de tout faire pour la gloire de Dieu. Mon Maître était longanime ; je veux l'être aussi. Je ne puis vous abandonner à la perdition comme un vase de colère[1] ; repentez-vous, décidez-vous, pendant qu'il en est temps encore. Rappelez-vous que nous avons reçu l'ordre de travailler pendant qu'il fait jour, et l'avertissement que « viendra la nuit où nul homme ne travaillera ». Rappelez-vous le destin de l'homme riche, qui reçut ses

1. Romains, 9, 22.

biens en ce monde. Que Dieu vous donne la force de choisir la meilleure part qui ne vous sera point ôtée !

Il me posa une main sur la tête en prononçant ces derniers mots. Il avait parlé avec ferveur et avec modération ; son regard n'était pas, à vrai dire, celui d'un amoureux qui contemple sa maîtresse, mais celui d'un pasteur qui rappelle ses brebis égarées, ou mieux, celui d'un ange gardien qui veille sur l'âme dont il est responsable. Tous les hommes de talent, qu'ils soient ou non sentimentaux, qu'ils soient zélotes, ambitieux ou despotes, pourvu du moins qu'ils soient sincères, ont leurs moments sublimes, où ils dominent et s'imposent. J'éprouvais de la vénération pour Saint-John, une vénération si forte que son élan me précipita d'un seul coup à l'endroit que j'évitais depuis si longtemps. Je fus tentée de cesser de lutter contre lui, de m'élancer en suivant le cours torrentueux de sa volonté dans l'abîme de son existence pour y perdre la mienne. J'étais presque aussi rudement assaillie par lui à présent que je l'avais déjà été une fois, d'une manière différente, par un autre. Je fus sotte les deux fois. Avoir cédé la première fois eût été une faute morale ; céder à présent eût été une erreur intellectuelle. C'est ce que je pense aujourd'hui, en reportant mon regard en arrière vers ce moment critique, à travers le voile apaisant du temps ; sur l'instant je n'avais pas conscience de ma sottise.

Je restai immobile sous le toucher de mon hiérophante. Mes refus étaient oubliés, mes craintes surmontées, ma résistance paralysée. L'Impossible, c'est-à-dire le mariage avec Saint-John, devenait à grands pas le Possible. Tout changeait complètement d'un mouvement vaste et soudain. La religion m'appelait, les Anges me faisaient signe, Dieu me donnait un ordre, la vie se recroquevillait comme un parchemin qui s'enroule, les portes de la mort s'ouvraient et me montraient l'éternité dans l'au-delà ; il semblait que, pour avoir l'assurance du salut et de la félicité là-haut, tout ici-bas pût être sacrifié en une seconde. La pièce obscure s'emplit de visions.

— Pourriez-vous vous décider maintenant ? demanda le missionnaire.

Cette question fut posée d'une voix douce ; avec la même douceur il m'attira vers lui. Ah, cette douceur ! Combien plus puissante que la force elle est ! Je savais résister au courroux de Saint-John ; je devenais flexible comme un roseau sous l'effet de sa bonté. Pourtant, pas un instant je ne cessai de savoir que, si je cédais à présent, je n'en serais pas moins conduite à me repentir un jour de ma révolte récente. La nature de Saint-John n'avait pas été transformée par une heure de prière solennelle ; elle n'en était qu'exaltée.

— Je pourrais me décider si seulement j'étais certaine, répondis-je ; si seulement j'étais convaincue que Dieu veuille que je vous épouse, je pourrais prendre sur-le-champ l'engagement de vous épouser... sans me soucier des conséquences !

— Ma prière a été entendue ! s'exclama Saint-John.

Il appuya plus fortement sa main sur ma tête, comme s'il me réclamait pour sienne ; il m'entoura de son bras, presque comme s'il m'aimait (je dis : « presque » : je connaissais la différence, car j'avais éprouvé ce que c'était que d'être aimée ; mais, comme lui, j'avais désormais laissé de côté l'amour pour ne plus penser qu'au devoir). Je luttai contre l'incertitude de ma vision intérieure, devant laquelle roulaient encore des nuages. J'aspirais sincèrement, profondément, ardemment, à faire ce qui était le bien, et cela seulement. Je suppliais le Ciel : « Montrez-moi, ah, montrez-moi la voie ! » J'étais plus agitée que je ne l'avais jamais été ; et le lecteur jugera si ce qui s'ensuivit était ou non l'effet de ma surexcitation.

Toute la maison était silencieuse ; car tout le monde, je crois, à l'exception de Saint-John et moi, était allé se coucher. L'unique bougie achevait de se consumer ; le salon était empli par la clarté de la lune. J'avais le cœur qui battait à grands coups rapides ; j'en entendais les palpitations. Soudain il s'immobilisa sous l'effet d'une sensation inexprimable qui le fit tressaillir de part en part et s'étendit aussitôt à ma tête et à mes extrémités. Cette sensation n'était pas identique à une secousse électrique, mais elle était tout aussi poignante, tout aussi étrange, tout aussi saisissante ; elle agit sur mes sens comme si le summum de l'activité déployée par eux jusqu'alors n'avait été qu'une torpeur, dont ils étaient à présent tirés et forcés de se réveiller. Ils se dressèrent, en alerte ; l'œil et l'oreille attendaient, tandis que toute la chair de mon corps frémissait.

— Qu'avez-vous entendu ? Que voyez-vous ? demanda Saint-John.

Je ne voyais rien, mais j'entendis une voix crier quelque part :

— Jane ! Jane ! Jane !

Ce fut tout.

— Ah ? juste Ciel ! Qu'est-ce ? dis-je, haletante.

J'aurais pu demander : « Où est-ce ? » car la voix ne semblait pas être dans le salon, ni dans la maison ni dans le jardin ; elle ne venait pas des airs, ni de sous la terre ni d'en haut. Je l'avais entendue, mais il était impossible à tout jamais de savoir où elle était, d'où elle venait ! Or, c'était la voix d'un être humain, une voix connue, aimée, inoubliable, celle d'Édouard Fairfax Rochester ; et elle parlait avec un accent de souffrance et de douleur, follement, mystérieusement, instamment.

— Je viens ! m'écriai-je. Attendez-moi ! Oui, je vais venir !

Je me précipitai vers la porte et je regardai dans le couloir ; il était obscur. Je courus dans le jardin : il était vide.

— Où êtes-vous ? m'écriai-je.

Les montagnes, au-delà du val des Marais, me renvoyèrent la réponse affaiblie : « Où êtes-vous ? » Je prêtai l'oreille. Le vent gémissait tout bas dans les sapins ; tout n'était que solitude des landes et silence de minuit.

— Arrière, Superstition ! dis-je à titre de commentaire, en voyant se dresser ce sombre fantôme près de l'if sombre de la grille. Ce n'est point là ton illusion, ni ta sorcellerie ; c'est l'œuvre de la nature. Elle a été mise en branle et elle a, non point fait un miracle, mais fait de son mieux.

Je quittai brusquement Saint-John, qui m'avait suivie et voulait me retenir. C'était mon tour de prendre l'initiative. C'étaient mes facultés qui étaient en jeu et en action. Je l'invitai à s'abstenir de toute question ou de toute observation ; je le priai de me laisser, car je devais et voulais être seule. Chaque fois que quelqu'un a l'énergie de donner des ordres assez nets, l'obéissance ne fait jamais défaut. Je montai à ma chambre ; je m'y enfermai à clef ; je tombai à genoux et je priai à ma manière, qui était différente de celle de Saint-John, mais efficace en son genre. J'eus l'impression de pénétrer tout près d'un Esprit puissant ; et mon âme se précipita à ses pieds dans un mouvement de gratitude. Je me relevai après cette action de grâces, pris une résolution et me couchai, sans crainte, éclairée, n'attendant plus avec impatience que le lever du jour.

CHAPITRE XXXVI

Le lever du jour arriva. Je fus debout dès l'aube. Je m'occupai pendant une heure ou deux à ranger mes affaires dans ma chambre, dans mes tiroirs, dans ma penderie, comme je souhaitais les laisser pour une brève absence. Sur ces entrefaites, j'entendis Saint-John sortir de sa chambre. Il s'arrêta devant ma porte. Je craignis de l'y entendre frapper... mais non ; simplement un bout de papier fut glissé sous ma porte ; je le ramassai. Il portait les mots suivants :

« Vous m'avez quitté trop brusquement hier soir. Si vous étiez restée seulement un instant de plus, vous auriez mis la main sur la croix du chrétien et sur la couronne des anges. Je compte connaître votre nette décision quand je reviendrai dans quinze jours. En attendant, veillez et priez afin que vous ne tombiez point en tentation : l'esprit, je l'espère, est bien disposé, mais la chair, je le vois, est faible[1]. Je prierai pour vous à chaque heure du jour. Bien à vous, SAINT-JOHN. »

« Mon esprit, répondis-je mentalement, est disposé à faire ce qui est juste ; et ma chair, je l'espère, est assez forte pour accomplir la volonté du Ciel, une fois que

1. Matthieu, 26, 41.

cette volonté me sera clairement connue. En tout cas, elle aura assez de force pour rechercher, pour essayer de trouver, fût-ce à tâtons, un moyen de sortir de ce nuage de doute et de parvenir au grand jour de la certitude. »

Nous étions le 1er juin ; pourtant il faisait un temps frais et couvert ce matin-là, et une pluie battante assaillait mes vitres. J'entendis s'ouvrir la porte d'entrée et sortir Saint-John. En regardant par la fenêtre, je le vis traverser le jardin ; il s'engagea sur le chemin qui passait par la lande embrumée, en direction de Whitcross ; c'est là qu'il devait prendre la diligence.

« Dans quelques heures je vous suivrai sur ce chemin, mon cousin, pensai-je ; moi aussi, j'ai une diligence à prendre à Whitcross. Moi aussi j'ai quelqu'un à revoir, ou quelqu'un dont il faut que j'obtienne des nouvelles en Angleterre, avant de partir pour toujours. »

Il y avait encore deux heures avant le petit déjeuner. Je meublai cet intervalle de temps en me promenant sans bruit dans ma chambre et en méditant sur le phénomène qui avait donné à mes projets leur orientation nouvelle. J'évoquai la sensation intérieure que j'avais éprouvée ; en effet, je pouvais l'évoquer, dans toute son indicible étrangeté. Je me rappelais la voix que j'avais entendue ; je me demandais de nouveau, et aussi vainement que la première fois, d'où elle était venue ; il semblait qu'elle fût en moi, non dans le monde extérieur. Je me demandais si c'était une simple impression nerveuse, une illusion ; je ne pouvais le concevoir ni le croire ; car cela ressemblait plutôt à une inspiration. Ce prodigieux ébranlement de la sensibilité était survenu comme le tremblement de terre qui avait ébranlé les fondations de la prison de Paul et de Silas[1] ; il avait

---

1. Actes, 16, 26.

ouvert les portes de la cellule de mon âme, dont il avait desserré les liens ; il l'avait tirée de son sommeil, d'où elle avait surgi, tremblante, attentive, effarée ; alors un cri avait à trois reprises vibré à mon oreille stupéfaite, dans mon cœur frémissant et dans tout mon esprit, qui n'était ni apeuré ni tremblant, mais plutôt exultant comme dans la joie donnée par le succès d'un unique effort qu'il eût eu le privilège d'accomplir, en se libérant des entraves du corps.

« D'ici peu de jours, me dis-je en arrivant au terme de mes réflexions, je saurai quelque chose sur celui dont la voix a paru hier soir m'appeler. Les lettres se sont révélées inefficaces... une enquête personnelle va se substituer à elles. »

Au petit déjeuner, j'annonçai à Diana et Mary que je partais en voyage et que je resterais absente au moins quatre jours.

— Seule, Jane ? demandèrent-elles.

— Oui ; c'est pour revoir un ami au sujet duquel je suis inquiète depuis quelque temps, ou pour avoir de ses nouvelles.

Elles auraient pu me dire, comme elles le pensèrent sans aucun doute, qu'elles m'avaient crue dépourvue d'amis en dehors d'elles, car en vérité c'est ce que je leur avais souvent dit ; mais, avec leur authentique délicatesse naturelle, elles s'abstinrent de tout commentaire, si ce n'est que Diana me demanda si j'étais sûre d'être assez bien portante pour voyager. Elle déclara que je paraissais très pâle. Je répondis que le seul mal dont je souffrais était l'anxiété et que j'espérais y remédier bientôt.

Il me fut facile de faire le reste de mes préparatifs, car je ne fus pas accablée de questions ou de conjectures. Une fois que j'eus fait comprendre à mes cousines que je ne pouvais momentanément donner d'explications à propos de mes projets, elles eurent la bonté et la sagesse d'accepter le silence dans lequel je les accomplissais, en m'accordant le privilège d'une liberté de mouvement que je leur eusse accordée en des circonstances analogues.

Je quittai Moor House à trois heures de l'après-midi et peu après quatre heures je me trouvai au pied du poteau indicateur de Whitcross, attendant l'arrivée de la diligence qui allait m'emporter au loin vers Thornfield. Dans le silence de ces routes solitaires et de ces collines désertes, je l'entendis approcher d'une grande distance. C'était le même véhicule d'où, un an auparavant, j'étais descendue un soir d'été, à cet endroit précis, combien désolée, désespérée, désorientée ! La diligence s'arrêta à mon signal. J'y montai, sans être obligée cette fois d'abandonner la totalité de ma fortune pour prix de ses services. En me retrouvant sur la route de Thornfield, j'eus l'impression d'être comme le pigeon voyageur qui rentre au logis.

C'était un voyage de trente-six heures. J'étais partie de Whitcross un mardi après-midi ; de bonne heure, au matin du jeudi suivant, la diligence s'arrêta pour faire boire les chevaux devant une auberge routière située au milieu d'un paysage dont les haies vertes et les vastes champs et les basses collines couvertes de pâtures (combien douces leurs pentes et verdoyantes leurs couleurs, comparées aux austères landes des comtés du centre entourant Morton !) frappèrent mon regard comme les traits d'un visage jadis familier. Oui, je reconnaissais le caractère de ce paysage ; j'étais sûre que nous approchions de mon but.

— Quelle distance y a-t-il d'ici au manoir de Thornfield ? demandai-je au palefrenier.

— Pas plus de deux milles, Madame, à travers champs.

« Mon voyage est fini », pensai-je à part moi.

Je descendis de la diligence, confiai au palefrenier une malle que j'avais apportée, en lui demandant de me la garder jusqu'à nouvel avis ; je réglai mon voyage ; je donnai une gratification au cocher ; j'allais me mettre en route ; le jour, qui s'éclaircissait, fit reluire l'enseigne de l'auberge et je lus en lettres d'or : *Aux Armes de Rochester*. Mon cœur bondit dans ma poitrine ; j'étais déjà sur les terres mêmes de mon maître. Mais mon exaltation retomba, car la pensée suivante me frappa :

« Pour autant que tu le saches, ton maître en personne est peut-être de l'autre côté de la Manche ; d'ailleurs, s'il est au manoir de Thornfield, vers lequel tu te dépêches, qui d'autre que lui s'y trouve ? Sa femme la folle. Tu n'as donc rien à voir avec lui ; tu n'oserais lui parler ou rechercher sa présence. Tu as perdu ta peine... tu ferais mieux de ne pas aller plus loin, me glissa avec insistance ma monitrice. Demande des renseignements aux gens de l'auberge ; ils peuvent te donner tous ceux que tu désires ; ils peuvent dissiper sur-le-champ tous tes doutes. Avance-toi vers cet homme et demande-lui si M. Rochester est chez lui. »

Cette suggestion était sensée, mais pourtant je ne pus me contraindre à la suivre. Je redoutais trop une réponse qui m'eût accablée de désespoir. Prolonger l'incertitude, c'était prolonger l'espoir. Je pourrais revoir encore une fois le manoir sous les rayons de cet astre. L'échalier était devant moi, ainsi que ces mêmes champs que j'avais traversés en toute hâte, aveugle, sourde, affolée par une furie vengeresse qui me poursuivait et me harcelait, le matin où j'avais fui Thornfield ; avant de trop bien savoir quelle attitude j'avais résolu d'adopter, je me trouvai au beau milieu de ces champs. À quelle allure je marchais ! Comme je courais parfois ! Comme j'étais impatiente d'apercevoir enfin les bois bien connus ! Avec quels sentiments je saluais les arbres isolés que je connaissais et des visions familières de prés et de collines aperçues entre ces arbres !

Finalement les bois se dressèrent devant moi, et la masse sombre qui abritait la colonie de freux ; un sonore croassement déchira la tranquillité du matin. Un étrange bonheur s'empara de moi ; je poursuivis ma marche précipitée. Encore un champ traversé, un sentier suivi, et j'eus devant moi les murs de la cour, les dépendances ; la maison elle-même et la colonie de freux restaient dissimulées. « C'est de face que je veux jeter mon premier coup d'œil sur la maison, décidai-je, de sorte que ses hardis créneaux frappent noblement mon regard tout de suite, et que je puisse distinguer exactement la fenêtre de mon maître ; peut-être qu'il s'y montrera... il se lève tôt ; peut-être se promène-t-il en ce moment dans le verger, ou sur le trottoir devant la maison. Si seulement je pouvais le voir ! Sûrement, en ce cas, je ne serais pas assez insensée pour courir vers lui ? Je ne sais... je n'en suis pas certaine. D'ailleurs, si je le faisais... et alors ? Dieu le bénisse ! Et alors ! À qui ferais-je tort en goûtant une fois encore la vie que peut me donner son regard ? Je délire ; peut-être en ce moment observe-t-il le lever du soleil sur les Pyrénées ou sur la mer sans marées du Midi. »

J'avais longé le mur bas du verger ; j'en avais contourné l'angle : il se trouvait une porte à cet endroit précis, qui donnait sur le pré, encadrée de deux piliers de pierre surmontés de boules de pierre. Abritée derrière l'un de ces piliers, je pouvais sans attirer l'attention risquer un regard sur toute l'étendue de la façade du manoir. J'avançai la tête avec précaution, car je désirais me rendre compte si certaines des fenêtres des chambres avaient déjà leurs stores levés ; créneaux, fenêtres, longue façade, j'embrassais tout cela de mon poste abrité.

Les corbeaux qui tournoyaient au-dessus de ma tête m'observèrent peut-être tandis que j'effectuais cet examen. Je me demande ce qu'ils en pensèrent. Ils durent trouver que je commençais par être très précautionneuse et timide et que je devenais progressivement très hardie et téméraire. Un bref regard, puis une longue contemplation ; puis l'abandon de ma cachette pour aller me promener au beau milieu du pré ; un arrêt soudain exactement en face de la grande demeure et un long regard effronté fixé dessus. « Que signifiait tout d'abord cette affectation de poltronnerie ? auraient-ils pu demander ; que représente maintenant cette stupide insouciance ? »

Écoutez cette comparaison, lecteur.

Un amoureux trouve sa maîtresse endormie sur un tertre moussu ; il voudrait apercevoir son gracieux visage sans la réveiller. Il s'avance tout doucement sur l'herbe en prenant soin de ne faire aucun bruit ; il s'arrête... car il s'imagine qu'elle a bougé ; il se retire ; il ne voudrait pas pour un empire se faire voir. Tout est calme ; il s'avance à nouveau ; il se penche sur elle ; un voile léger est posé sur les traits de l'aimée ; il soulève le voile, se penche plus bas ; déjà ses yeux goûtent à l'avance la vision de la beauté, chaude, épanouie, adorable, dans son repos. Combien rapide fut leur premier regard ! Mais comme ils deviennent fixes ! Comme l'homme sursaute ! Comme il étreint soudain, avec véhémence, dans ses deux bras, la forme qu'il n'osait, il y a un instant, toucher du bout du doigt ! Comme il lance avec force un nom, laisse tomber son fardeau et le contemple d'un air égaré ! S'il étreint, crie et regarde de la sorte, c'est qu'il ne craint plus d'éveiller par tout le bruit qu'il pourra faire, par tous les gestes auxquels il pourra se livrer. Il croyait que son aimée dormait paisiblement ; il s'aperçoit qu'elle est raide morte.

Je portai mon regard avec une joie craintive vers une maison majestueuse ; je vis une ruine noircie.

Inutile de me tapir derrière le pilier d'une porte, en vérité ! De lever un coup d'œil rapide vers les fenêtres des chambres, de peur que la vie ne palpitât derrière les vitres ! Inutile de prêter l'oreille pour entendre s'ouvrir des portes, de me figurer que je distinguais des pas sur les trottoirs ou dans l'allée de gravier ! La pelouse et le parc étaient piétinés et dévastés ; le portail était béant. La façade n'était plus, comme je l'avais vue en rêve, qu'une carcasse de mur, très haute et d'aspect très fragile, percée de fenêtres sans vitres ; plus de toit, de créneaux, de cheminées... tout s'était effondré.

Et il régnait alentour le silence de la mort, la solitude de l'abandon et du désert. Il n'était pas étonnant que des lettres envoyées à cette adresse n'eussent jamais reçu de réponse : autant dépêcher des épîtres dans un caveau, sous le bas-côté d'une église. La sinistre noirceur des pierres disait assez par quel destin le manoir avait été abattu : c'était par un incendie. Mais comment s'était-il allumé ? Quelle était l'histoire de ce désastre ? Quelles pertes, en dehors de celle du mortier, du marbre et des boiseries, avait-il entraînées ? Des vies avaient-elles été anéanties en même temps que des biens ? En ce cas, lesquelles ? Question redoutable : il n'y avait là personne qui pût y répondre, ni même de signe muet ou d'indication silencieuse.

En faisant le tour des murs croulants et en traversant l'intérieur dévasté, je trouvai la preuve que la calamité ne s'était pas produite récemment. Les neiges de l'hiver, me sembla-t-il, étaient passées sous cette arcade béante, les pluies de l'hiver avaient fait leur entrée par ces fenêtres creuses ; en effet, parmi les amas de débris détrempés, le printemps avait fait surgir une végétation ; l'herbe et les plantes folles poussaient çà et là entre les pierres et les poutres abattues. Mais... Oh ! Où était pendant ce temps l'infortuné possesseur de cette ruine ? Dans quel pays ? Sous quels auspices ? Mon regard alla involontairement se poser sur la tour grise de l'église proche de la grille, et je demandai : « Est-il avec Damer de Rochester, partageant l'abri de son étroite demeure de marbre ? »

Il me fallait obtenir une réponse à ces questions. Je ne pouvais la trouver ailleurs qu'à l'auberge ; c'est donc là que je ne tardai pas à retourner. L'aubergiste en personne m'apporta mon petit déjeuner au salon. Je le priai de refermer la porte et de s'asseoir, car j'avais des questions à lui poser. Mais quand il m'obéit, je ne sus trop par où commencer, tant les réponses possibles m'inspiraient d'horreur. Pourtant le spectacle de désolation que je venais de quitter m'avait dans une certaine mesure préparée à un récit de malheurs. L'aubergiste était un homme d'âge mûr et d'aspect respectable.

— Vous connaissez le manoir de Thornfield, naturellement ? parvins-je enfin à demander.

— Oui, Madame ; j'y ai vécu autrefois.

« Vraiment ? Ce n'était pas de mon temps, pensai-je ; car vous êtes un inconnu pour moi. »

— J'étais le sommelier de feu M. Rochester, ajouta-t-il.

« Feu ! » J'eus l'impression de recevoir, sans ménagement, le coup que j'avais cherché à éviter.

— Feu M. Rochester ! dis-je d'une voix haletante. Est-il mort ?

— Je parle du père de l'actuel M. Rochester, du père de M. Édouard, m'expliqua-t-il.

Je respirai ; mon sang recommença à couler. Pleinement assurée par ces mots que M. Édouard (*mon* M. Rochester – et que Dieu le bénît, où qu'il fût !) était du moins en vie, était, bref, « l'actuel M. Rochester » (parole réjouissante !), il me sembla que je pouvais écouter tout ce qui allait suivre, quelles que dussent être les révélations, avec un calme relatif. Du moment qu'il n'était pas dans la tombe, je pouvais supporter, croyais-je, de m'entendre dire qu'il était aux antipodes.

— M. Rochester habite-t-il au manoir de Thornfield actuellement ? demandai-je, tout en sachant, naturellement, quelle allait être la réponse, mais désirant retarder encore la question directe concernant l'endroit où il se trouvait réellement.

— Non, Madame... Oh non ! Personne n'y habite actuellement. J'imagine que vous n'êtes pas de la région, sans quoi vous auriez entendu parler de ce qui s'est passé à l'automne dernier. Le manoir de Thornfield est complètement en ruine ; il a brûlé juste au moment de la moisson. Épouvantable calamité ! Il y a eu une énorme quantité d'objets de valeur qui ont été détruits : c'est tout juste si on a pu sauver quelques meubles. Le feu s'est déclaré au cœur de la nuit, et, avant que les pompes puissent arriver de Millcote, la maison n'était plus qu'une masse de flammes. Ce fut un spectacle terrible ; j'y ai moi-même assisté.

— Au cœur de la nuit ! murmurai-je.

Oui, cette heure avait toujours été celle de la fatalité à Thornfield.

— A-t-on su comment le feu avait pris naissance ? demandai-je.

— On a fait des suppositions, Madame, on a fait des suppositions. À mon avis, je dirai que la chose est établie de façon indubitable. Vous ne savez peut-être pas, poursuivit-il, en rapprochant un peu sa chaise de la table et en parlant plus bas, qu'il y avait une femme, une... une folle enfermée dans la maison ?

— J'en ai entendu vaguement parler.

— Elle était tenue très soigneusement enfermée, Madame ; pendant quelques années les gens n'ont même pas pu être certains de son existence. Personne ne la voyait ; on entendait seulement courir le bruit qu'il y avait une personne de ce genre au manoir ; quant à savoir qui c'était ou ce qu'elle était, il était difficile de faire des conjectures à ce propos. On disait que M. Rochester l'avait ramenée de l'étranger, et certaines personnes croyaient qu'elle avait été sa maîtresse. Mais il s'est passé une drôle de chose il y a un an... une très drôle de chose.

Je craignis alors d'entendre raconter ma propre histoire. Je m'efforçai de le faire revenir à l'essentiel.

— Alors, cette dame ?

— Cette dame, répondit-il, se révéla être la femme de M. Rochester, Madame ! Cette découverte se produisit de la façon la plus étrange du monde. Il y avait une jeune personne qui était gouvernante au manoir et dont M. Rochester tomba...

— Mais cet incendie ? demandai-je.

— J'y viens, Madame... dont M. Édouard tomba amoureux. Les domestiques disent qu'ils n'ont jamais vu personne d'aussi amoureux que lui ; il était sans cesse après elle. Les domestiques l'observaient (c'est ce qu'ils font toujours, vous savez, Madame) et il lui était attaché de façon inimaginable ; et avec ça, personne d'autre que lui ne la trouvait tellement jolie. C'était un petit bout de femme, à ce qu'on dit, qui avait presque l'air d'une enfant. Je ne l'ai jamais vue personnellement ; mais j'en ai entendu parler par Léa, la femme de chambre. Léa l'aimait assez. M. Rochester avait près de quarante ans, et cette gouvernante n'en avait pas vingt ; mais, voyez-vous, quand les messieurs de son âge tombent amoureux d'une jeune fille, ils sont souvent comme ensorcelés. Enfin, il a voulu l'épouser.

— Vous me raconterez cette partie de l'histoire une autre fois, dis-je ; mais j'ai des raisons impérieuses en ce moment de souhaiter connaître tout ce qui a trait à l'incendie. A-t-on soupçonné cette folle, cette Mme Rochester, d'avoir trempé dans l'affaire ?

— Vous avez mis le doigt dessus, Madame ; il est tout à fait certain que ce fut elle, et personne d'autre, qui le déclencha. Il y avait bien une femme qui la surveillait, une femme appelée Mme Poole, très capable dans son métier et de toute confiance, à cela près qu'elle avait un défaut (un défaut qu'on retrouve chez un tas de gardes-malades et d'infirmières) : elle avait toujours à portée de la main, en cachette, une bouteille de gin, et de temps en temps elle en prenait un coup de trop. C'est excusable, parce qu'elle menait une vie pénible ; mais tout de même, c'était assez dangereux ; en effet, quand Mme Poole était profondément endormie sous l'effet de son gin à l'eau, la folle, qui était rusée comme une sorcière, lui volait ses clefs dans sa poche, ouvrait la porte de sa chambre et s'en allait vagabonder dans la maison, pour accomplir tous les méfaits insensés qui lui passaient par la tête. On raconte qu'un jour elle avait failli faire brûler son mari dans son lit ; cela, je n'en suis pas sûr. En tout cas, cette nuit-là, elle a commencé par mettre le feu aux tentures de la chambre voisine de la sienne, et puis elle est descendue d'un étage et s'est rendue dans la chambre qui avait été celle de la gouvernante – tout se passait comme si elle avait été plus ou moins au courant de ce qui s'était produit et gardait rancune à la jeune fille – et elle a incendié le lit de cette chambre ; mais heureusement, personne n'y dormait. La gouvernante s'était enfuie deux mois plus tôt, et

M. Rochester a eu beau la rechercher comme s'il n'avait rien de plus précieux au monde, il n'a jamais pu apprendre quoi que ce soit sur son compte ; alors il est devenu sauvage... vraiment sauvage sous l'effet de sa déception ; c'est un homme qui n'avait jamais été doux, mais après cette perte il est devenu dangereux. Et il a voulu être seul, avec ça. Il a renvoyé Mme Fairfax, l'intendante, dans sa famille, loin de Thornfield ; mais il a bien fait les choses, puisqu'il lui a donné une rente viagère ; et elle le méritait bien, car c'était une très brave femme. Mlle Adèle, une pupille à lui, a été envoyée à l'école. Il a rompu ses relations avec la bonne société et s'est enfermé comme un ermite au manoir.

— Comment ! Il n'a pas quitté l'Angleterre ?

— Quitté l'Angleterre ? Ma foi, non ! Il ne voulait même plus franchir le seuil de sa maison, excepté la nuit, pour se promener comme un vrai fantôme dans le parc et dans le verger, comme s'il avait perdu la raison... ce qui était bien le cas, à mon avis ; car, avant que cette gouvernante haute comme trois pommes se trouve sur son chemin, Madame, vous n'auriez jamais pu trouver un homme plus énergique, plus hardi, plus allant qu'il n'était. Ce n'était pas un homme qui s'adonnait à la boisson, ni au jeu ni aux courses, comme certains, et il n'était pas tellement beau ; mais sous le rapport du courage et de la volonté, il était comme pas un. Je le connaissais depuis son enfance, voyez-vous ; et, pour ma part, j'ai souvent regretté que Mlle Eyre ne se soit pas noyée dans la mer au lieu de venir au manoir de Thornfield.

— M. Rochester était donc à Thornfield quand le feu s'est déclaré ?

— Oui, en effet ; et il est même monté aux mansardes alors que tout brûlait au-dessus et au-dessous de lui pour tirer les domestiques du lit et les aider lui-même à descendre ; puis il est retourné pour libérer sa femme, la folle, de sa cellule. Alors on lui a crié qu'elle était sur le toit, où on la voyait se dresser, agiter les bras au-dessus des créneaux et hurler si fort qu'on l'entendait à un mille de là : je l'ai vue et entendue – mes yeux m'en sont témoins. C'était une grande femme, qui avait de longs cheveux noirs ; on les voyait qui flottaient au vent devant les flammes. J'ai vu, et plusieurs ont vu comme moi, M. Rochester gagner le toit par la lucarne ; on l'a entendu appeler : « Berthe ! » On l'a vu s'approcher d'elle ; et alors, Madame, elle a poussé un hurlement et elle a fait un bond ; et l'instant d'après elle s'écrasait sur le trottoir.

— Morte ?

— Morte ! Ouais, aussi morte que les pierres sur lesquelles sa cervelle et son sang étaient éparpillés.

— Grand Dieu !

— Vous avez bien raison de dire cela, Madame : c'était épouvantable.

Il frissonna.

— Et après ? demandai-je encore.

— Eh bien, Madame, après, la maison a brûlé du haut en bas ; il n'en reste plus actuellement que quelques pans de mur debout.

— Y a-t-il eu d'autres victimes ?

— Non... peut-être aurait-il mieux valu qu'il y en eût.

— Que voulez-vous dire ?

— Ce pauvre M. Édouard ! s'exclama-t-il, je ne me serais jamais douté que je verrais un jour une chose pareille ! Il y a des gens qui disent qu'il a été justement châtié pour avoir tenu son premier mariage secret et pour avoir voulu prendre une autre femme alors que la première était encore vivante ; mais, pour ma part, j'ai pitié de lui.

— Vous m'avez dit qu'il était vivant ? m'écriai-je.
— Oui, oui ; il est vivant, mais beaucoup de gens pensent qu'il vaudrait mieux qu'il fût mort.
— Pourquoi ? Comment ? (Mon sang recommençait à se glacer.) Où est-il ? demandai-je. Est-il en Angleterre ?
— Ouais… ouais… il est en Angleterre ; il ne peut pas quitter l'Angleterre, j'imagine… le voilà installé à demeure maintenant.

Quelle souffrance c'était là ! Et l'homme paraissait résolu à la faire durer.

— Il est complètement aveugle, finit-il par dire. Oui, il est complètement aveugle, M. Édouard.

J'avais redouté pis. J'avais redouté qu'il ne fût fou. Je rassemblai mes forces pour demander ce qui avait été cause de cette calamité.

— Cela s'est fait entièrement par suite de son courage, et, on peut dire, à cause de sa bonté, d'une certaine manière, Madame ; il n'a pas voulu quitter la maison avant que tous les autres en soient sortis devant lui. Quand il a fini par redescendre le grand escalier, une fois que Mme Rochester se fut jetée du haut des créneaux, il y a eu un grand craquement… tout s'est écroulé. On l'a retiré de sous les ruines, vivant, mais bien mal en point ; une poutre était tombée de telle façon qu'elle l'avait en partie protégé ; mais il avait un œil crevé, et une main broyée à tel point que M. Carter, le chirurgien, a été obligé de l'amputer immédiatement. L'autre œil a fait de l'inflammation ; M. Rochester en a ainsi perdu la vue. Il est maintenant désemparé, en vérité… aveugle et mutilé.

— Où est-il ? Où habite-t-il maintenant ?
— À Ferndean, un manoir attaché à une ferme qu'il possède à quelque trente milles d'ici, dans un endroit tout à fait désolé.

— Qui est avec lui ?
— Le vieux John et sa femme : il n'a voulu de personne d'autre. Il est complètement abattu, m'a-t-on dit.
— Avez-vous un moyen de transport quelconque ?
— Nous avons un cabriolet, Madame, un très beau cabriolet.
— Qu'on l'apprête instantanément ; et si votre postillon peut me conduire à Ferndean aujourd'hui même avant la tombée de la nuit, je vous paierai à tous deux le double de ce que vous demandez habituellement.

CHAPITRE XXXVII

Le manoir de Ferndean était une demeure d'une grande antiquité, de dimensions modestes et sans prétentions architecturales, profondément ensevelie dans un bois. J'en avais déjà entendu parler. M. Rochester y faisait souvent allusion et s'y rendait parfois. Son père avait acheté le domaine à cause des chasses qu'il comportait. Il aurait voulu louer la maison, mais n'avait pu trouver de locataire, en raison du site insalubre et indésirable. Ferndean restait donc inhabité et démeublé, à l'exception de deux ou trois pièces équipées pour accueillir le maître des lieux quand il y allait chasser à la saison.

C'est à cette maison que j'arrivai juste avant la tombée de la nuit, un soir marqué par des caractéristiques telles qu'un ciel triste, un vent froid et une petite pluie continuelle et pénétrante. Je parcourus le dernier mille à pied, après avoir congédié le cabriolet et le cocher avec la double rémunération que j'avais promise. Même quand on était à très faible distance du manoir, on n'en voyait rien, tant le bois lugubre qui l'entourait était épais et sombre. Des grilles de fer entre des piliers de granit me montrèrent où entrer, et, les ayant franchies, je me trouvai aussitôt dans le crépuscule créé par des arbres en rangs serrés. Il y avait un chemin envahi d'herbe qui parcourait cette cathédrale forestière entre des troncs chenus et noueux et sous des voûtes de branches. Je suivis ce chemin, en pensant que j'allais atteindre bientôt l'habitation, mais il se prolongea interminablement, et serpenta de plus en plus avant ; on n'apercevait pas la moindre trace d'une maison ou d'un parc.

Je crus que je m'étais trompée de direction et que je m'étais perdue. L'obscurité d'un crépuscule naturel s'ajoutant au crépuscule sylvestre s'épaissit au-dessus de moi. Je regardai alentour pour chercher une autre route. Il n'y en avait pas : tout n'était que fûts entremêlés, troncs semblables à des piliers, denses frondaisons d'été ; il n'y avait d'ouverture nulle part.

J'allai de l'avant ; finalement mon chemin se dégagea, les arbres s'éclaircirent un peu ; bientôt j'aperçus une grille, puis la maison... qu'il était bien difficile, dans cette lumière indécise, de distinguer des arbres, tant ses murs délabrés étaient humides et verdâtres. Franchissant une porte fermée seulement par un loquet, je me trouvai au milieu d'un espace enclos, situé au centre d'un demi-cercle de forêt. Il n'y avait ni fleurs ni parterres ; seule une allée de gravier encerclait une pelouse, et le tout était serti dans le cadre épais des bois. La maison offrait deux pignons pointus en façade ; les fenêtres étaient étroites et treillissées ; la porte d'entrée était également étroite et surélevée d'une marche. L'ensemble avait bien l'air, comme me l'avait dit l'aubergiste des *Armes de Rochester,* d'un « endroit tout à fait désolé ». Tout était calme comme dans une église un jour de semaine ; le crépitement de la pluie sur les feuilles de la forêt était le seul bruit perceptible dans ce voisinage.

« Se peut-il que la vie existe ici ? » me demandai-je.

Oui, il y avait là une certaine forme de vie ; car j'entendis un mouvement ; l'étroite porte d'entrée s'ouvrait ; une forme était sur le point d'émerger de la bâtisse.

La porte s'ouvrit lentement ; une silhouette apparut dans le crépuscule et s'arrêta sur la marche : c'était un homme sans chapeau. Il tendit la main comme pour se rendre compte s'il pleuvait. Bien qu'il fît très sombre, je l'avais reconnu ; il n'était autre que mon maître : Édouard Fairfax Rochester.

Je retins mes pas et presque ma respiration ; je restai immobile pour l'observer, pour l'examiner, sans me faire voir moi-même et d'ailleurs, hélas ! invisible pour lui. La rencontre était soudaine, et ce qu'elle comportait de joie était efficacement réprimé par la douleur. Je n'eus pas de peine à empêcher ma voix de s'exclamer, mes pas de se porter précipitamment en avant.

Son corps gardait toujours les mêmes contours forts et vigoureux ; il se tenait toujours aussi droit, il avait toujours les cheveux d'un noir de jais ; ses traits n'étaient ni altérés ni creusés ; ce n'était pas en l'espace d'un an, quel que fût son chagrin, que sa force athlétique pouvait être domptée ou sa robustesse virile anéantie. Mais sur son visage je lus un changement : l'expression en était farouche et accablée ; elle me fit penser à une bête sauvage ou à un oiseau brutalement traité et enchaîné, dont il eût été dangereux de s'approcher dans sa douleur morose. Un aigle en cage, dont un acte cruel aurait éteint les yeux cerclés d'or, telle était l'image qu'aurait pu évoquer ce Samson au regard mort.

Alors, lecteur, croyez-vous que j'eus peur de lui dans son aveugle férocité ? Si vous le croyez, c'est que vous me connaissez bien peu. À mon chagrin se mêla le tendre espoir d'oser bientôt déposer un baiser sur ce front de roc, ou, plus bas, sur ces lèvres, si hargneusement scellées ; mais pas encore. Je ne voulais pas encore l'aborder.

Il descendit l'unique marche et s'avança lentement et d'une marche hésitante vers la pelouse. Qu'était devenue à présent sa démarche impétueuse ? Puis il s'arrêta, comme s'il ne savait de quel côté se tourner. Il leva la main et ouvrit les paupières ; il leva, au prix d'un effort douloureux, un regard sans couleur vers le ciel et vers l'amphithéâtre d'arbres ; on voyait que tout n'était plus pour lui que ténèbres vides. Il tendit la main droite (le bras gauche, mutilé, restait contre sa poitrine) ; il avait l'air de vouloir obtenir par le toucher une idée de ce qui se trouvait autour de lui ; il ne rencontra encore que le vide ; car les arbres étaient à quelques mètres de lui. Il renonça à son effort, croisa les bras et resta immobile et muet sous la pluie, qui tombait dru à présent sur sa tête découverte. À cet instant John s'approcha de lui, venant je ne sais d'où.

— Voulez-vous que je vous donne le bras, Monsieur ? demanda-t-il ; il y a une grosse averse qui se prépare ; est-ce que vous ne feriez pas mieux de rentrer ?

— Laissez-moi tranquille, lui fut-il répondu.

John se retira, sans m'avoir aperçue. M. Rochester essaya alors de faire sa promenade ; mais en vain... tout était trop incertain. Il regagna la maison d'un pas hésitant, puis il y rentra et referma la porte.

C'est alors que je m'approchai et frappai ; la femme de John m'ouvrit.

— Mary, lui dis-je, comment allez-vous ?

Elle sursauta comme si elle avait vu un fantôme ; je la rassurai. À sa question immédiate : « Est-ce réellement vous, Mademoiselle, qui arrivez à une heure si tardive dans un endroit si solitaire ? » je répondis en lui prenant la main ; puis je la suivis dans la cuisine, où John s'était déjà installé au coin d'un bon feu. Je leur expliquai, en quelques mots, que j'avais appris tout ce qui s'était passé depuis mon départ de Thornfield, et que je venais voir M. Rochester. Je demandai à John d'aller au bureau du péager, devant lequel j'avais renvoyé le cabriolet, et de me rapporter ma malle, que j'y avais laissée ; ensuite, tandis que j'ôtais mon chapeau et mon châle, je posai quelques questions à Mary pour savoir si je pouvais être logée au manoir cette nuit-là ; voyant que des dispositions à cette fin, sans être faciles, ne seraient pas impossibles à prendre, je lui annonçai que j'allais rester. À cet instant précis la sonnette du salon retentit.

— Quand vous entrerez, dis-je, annoncez à Monsieur qu'une personne est là qui voudrait lui parler ; mais ne donnez pas mon nom.

— Je ne pense pas qu'il vous recevra, répondit-elle, car il refuse toutes les visites.

Quand elle revint, je lui demandai ce qu'avait dit son maître.

— Il faut que vous lui fassiez connaître votre nom et l'objet de votre visite, répondit-elle.

Elle se mit alors en devoir d'emplir un verre qu'elle posa sur un plateau, ainsi que des bougies.

— Est-ce pour cela que Monsieur avait sonné ? demandai-je.

— Oui ; il se fait toujours apporter des bougies à la tombée de la nuit, tout aveugle qu'il est.

— Donnez-moi le plateau ; je vais le lui porter.

Je le pris des mains de Mary ; elle me montra la porte du salon. Le plateau tremblait entre mes mains ; une partie de l'eau se renversa ; mon cœur battait à coups rapides et sonores dans ma poitrine. Mary m'ouvrit la porte et la referma derrière moi.

Ce salon avait un air lugubre ; un méchant reste de feu mal entretenu brûlait faiblement sur la grille de l'âtre ; penché sur ce feu, la tête appuyée contre la haute cheminée à l'ancienne mode, apparaissait l'aveugle habitant de cette pièce. Son vieux chien, Pilote, était couché d'un côté, s'étant mis hors de portée de son maître et pelotonné comme s'il craignait que celui-ci ne lui marchât dessus par inadvertance. Pilote dressa l'oreille quand j'entrai ; puis il se mit soudain sur ses pattes avec un jappement et un gémissement et bondit vers moi ; il faillit me faire tomber le plateau des mains. Je le posai sur la table ; puis je caressai le chien, et lui dis d'une voix étouffée : « Couché ! » M. Rochester se retourna machinalement pour « voir » quelle était la cause de cette agitation ; mais comme il ne « vit » rien, il se retourna de nouveau et poussa un soupir.

— Donnez-moi l'eau, Mary, dit-il.

Je m'approchai de lui avec le verre déjà à moitié vide ; Pilote me suivit, toujours très agité.

— Que se passe-t-il ? demanda M. Rochester.

— Couché, Pilote ! répétai-je.

M. Rochester arrêta le mouvement du verre en direction de ses lèvres et eut l'air de tendre l'oreille ; puis il but et reposa son verre.

— C'est bien vous, Mary, n'est-ce pas ?

— Mary est à la cuisine, répondis-je.

Il tendit la main d'un geste prompt, mais, comme il ne voyait pas où j'étais, il ne me toucha pas.

— Qui est-ce ? Qui est-ce ? demanda-t-il, en essayant, me sembla-t-il, de voir avec ses yeux aveugles, dans un effort vain et désolant ! Répondez-moi... parlez à nouveau ! ordonna-t-il d'une voix forte et impérieuse.

— Voulez-vous encore un peu d'eau, Monsieur ? J'ai renversé la moitié du verre, dis-je.

— Qui est-ce ? Qu'est-ce que c'est ? Qui parle ?

— Pilote m'a reconnue, et John et Mary savent que je suis ici. Je viens d'arriver ce soir, répondis-je.

— Grand Dieu !... Quelle hallucination s'empare de moi ? Quelle folie m'a saisi ?

— Ce n'est ni une hallucination ni une folie ; vous avez l'esprit trop vigoureux pour les hallucinations, Monsieur, et la santé trop robuste pour la folie.

— Et où est celle qui parle ? N'est-ce qu'une voix ? Ah ! Je n'y vois pas, mais il faut que je la touche, sans quoi mon cœur va s'arrêter et mon cerveau éclater. Qui que vous soyez, quoi que vous soyez, rendez-vous perceptible au toucher, ou je meurs !

Il chercha à tâtons ; j'arrêtai sa main errante et l'emprisonnai dans les deux miennes.

— Exactement ses doigts ! s'écria-t-il ; ses petits doigts menus ! Puisqu'il en est ainsi, il doit y avoir d'autres parties de sa personne.

La main musclée échappa à ma garde ; mon bras se trouva empoigné, puis mon épaule, mon cou, ma taille... je fus encerclée et pressée contre lui.

— Est-ce Jane ? Qu'est-ce donc ? C'est bien sa silhouette, c'est bien sa taille...

— Et c'est bien sa voix, ajoutai-je. Elle est ici tout entière, y compris son cœur. Dieu vous bénisse, Monsieur. Je suis si heureuse de me retrouver si près de vous.

— Jane Eyre ! Jane Eyre ! dit-il simplement.

— Mon cher maître, répondis-je, je suis Jane Eyre ; je vous ai retrouvé ; je suis revenue vers vous.

— En réalité ?... en chair et en os ? C'est ma Jane vivante ?

— Vous me touchez, Monsieur... vous me tenez, et même assez serré : je ne suis ni froide comme un cadavre ni vide comme l'air, n'est-ce pas ?

— Ma vivante bien-aimée ! Ce sont assurément là ses bras, et ici les traits de son visage ; mais il est impossible que je reçoive pareille grâce, après tant de souffrance. C'est un rêve ; un de ces rêves comme j'en ai fait la nuit, où je la serrais de nouveau contre mon cœur, comme je le fais en ce moment ; où je l'embrassais, comme ceci... où je me rendais compte qu'elle m'aimait et m'estimais sûr qu'elle n'allait plus me quitter.

— De fait, Monsieur, je ne vous quitterai jamais plus, à compter de ce jour.

— Jamais plus ? dit la vision. Mais je me suis toujours réveillé pour m'apercevoir que ce n'était qu'une vaine dérision ; et je restais solitaire et abandonné ; ma vie assombrie, désolée, sans espoir... l'âme assoiffée sans avoir le droit de boire... le cœur affamé sans avoir la possibilité de se nourrir. Douce et tendre rêverie blottie en ce moment dans mes bras, tu vas t'envoler, toi aussi, comme tes sœurs se sont enfuies avant toi ; mais embrasse-moi avant de partir ; serrez-moi dans vos bras, Jane.

— Voilà, Monsieur... et voilà !

Je posai mes lèvres sur ses yeux jadis brillants et maintenant éteints... j'écartai ses cheveux de son front, que j'embrassai aussi. M. Rochester parut soudain se ressaisir : la conviction que tous ces gestes étaient réels s'empara de lui.

— C'est bien vous, n'est-ce pas, Jane ? Vous êtes donc revenue vers moi ?

— Oui.

— Et vous n'êtes pas morte dans un fossé ou au fond d'un cours d'eau ? Et vous ne vous languissez pas, exilée chez des étrangers ?

— Non, Monsieur ! Je suis indépendante à présent.

— Indépendante ! Que voulez-vous dire, Jane ?

— Mon oncle de Madère est mort et m'a légué cinq mille livres.

— Ah ! Voilà qui est pratique... voilà qui est réel !

s'écria-t-il ; ce sont des choses que je ne pourrais pas rêver. D'ailleurs, il y a cette voix si caractéristique de Jane, si réconfortante et si piquante, en même temps que si douce ; elle réchauffe mon cœur desséché ; elle lui rend vie. Comment, Janette ! Êtes-vous donc indépendante ? Riche ?

— Très riche, Monsieur. Si vous ne voulez pas me laisser vivre avec vous, je pourrai me faire construire une maison pour moi toute seule à votre porte, et vous aurez le droit de venir dans mon salon quand vous n'aurez pas envie d'être seul le soir.

— Mais puisque vous êtes riche, Jane, vous avez maintenant, sans doute, des amis, qui vont s'occuper de vous et qui ne vous permettront pas de vous consacrer à un pauvre aveugle estropié comme moi ?

— Je vous ai dit que je suis indépendante, Monsieur, en même temps que riche ; je suis ma propre maîtresse.

— Et vous voulez rester avec moi ?

— Assurément... à moins que cela ne vous ennuie. Je serai votre voisine, votre infirmière, votre intendante. Je vous trouve solitaire ; je veux être votre compagne... vous faire la lecture, me promener avec vous, vous tenir compagnie, vous servir, être pour vous comme des yeux et des mains. Cessez d'avoir cet air mélancolique, mon cher maître ; vous ne resterez plus abandonné, tant que je vivrai.

Il ne répondit pas ; il paraissait grave, absorbé ; il soupira ; il entrouvrit les lèvres, comme pour parler ; il les referma. Je me sentis un peu embarrassée. Peut-être avais-je trop témérairement franchi les limites des conventions ; et peut-être, tout comme Saint-John, voyait-il quelque inconvenance dans mon étourderie.

En vérité, j'avais fait ma proposition en partant de l'idée qu'il voulait m'épouser et qu'il allait me le demander ; une assurance, qui n'était pas moins ferme pour être restée inexprimée, m'avait soutenue : l'assurance qu'il allait instantanément me réclamer pour sienne. Mais comme nulle allusion en ce sens ne lui échappait, et comme son visage s'assombrissait de plus en plus, je me rappelai soudain que j'avais pu me tromper complètement, et que je me conduisais peut-être à mon insu comme une sotte ; aussi commençai-je à me dégager tout doucement de ses bras... mais il me retint avidement tout contre lui.

— Non... non... Jane ; il ne faut pas vous en aller. Non... je vous ai touchée, je vous ai entendue, j'ai éprouvé le réconfort de votre présence... la douceur de votre consolation ; je ne puis renoncer à ces joies. Il me reste bien peu de ressources en moi-même... j'ai besoin de vous. Le monde pourra se moquer, pourra m'accuser d'absurdité ou d'égoïsme... mais peu importe. Mon âme elle-même vous réclame ; il faut qu'elle se satisfasse, sans quoi elle prendra une revanche meurtrière sur le corps.

— Eh bien, Monsieur, je suis prête à rester avec vous ; je vous l'ai dit.

— Oui ; mais quand vous parlez de rester avec moi, vous entendez une chose ; j'en entends une autre. Vous, sans doute, vous pourriez vous résigner à être à portée de ma main et de mon fauteuil, à me servir comme une gentille petite infirmière – car vous avez le cœur tendre et l'esprit généreux, qui vous poussent à faire des sacrifices pour ceux que vous prenez en pitié ; et assurément, je devrais m'en contenter aussi. J'imagine que je ne devrais plus désormais nourrir que des sentiments paternels à votre égard ; qu'en pensez-vous ? Allons, dites-le-moi.

— J'en penserai ce qu'il vous plaira, Monsieur ; je me contenterai de n'être que votre infirmière, si cela vous paraît préférable.

— Mais vous ne sauriez être mon infirmière pour toujours, Janette ; vous êtes jeune ; il faudra vous marier un jour.

— Je ne tiens pas à me marier.

— Vous devriez y tenir, Janette ; si j'étais encore celui que j'ai été jadis, j'essaierais de vous y faire tenir... mais... une souche aveugle !

Il retomba dans son humeur sombre. Pour moi, au contraire, je devins plus gaie et je repris courage ; ses derniers mots me laissaient entrevoir où gisait la difficulté ; et comme elle n'en était pas une pour moi, je me sentis complètement délivrée de mon embarras antérieur. Je repris la conversation sur un ton plus enjoué.

— Il est grand temps que quelqu'un entreprenne de vous rendre forme humaine, dis-je, en écartant les mèches épaisses de ses longs cheveux négligés, car je vois que vous vous métamorphosez en lion, ou en quelque autre animal de ce genre. Vous avez un *faux air* de Nabuchodonosor aux champs[1], c'est sûr ; vos cheveux me font penser à des plumes d'aigle ; quant à vos ongles, sont-ils, oui ou non, devenus semblables à des serres ? Je ne l'ai pas encore observé.

— À ce bras-ci je n'ai ni main ni ongles, dit-il, en tirant de son habit le bras mutilé pour me le montrer. Ce n'est qu'un moignon... horrible à voir ! Qu'en dites-vous, Jane ?

— Il fait pitié à voir ; comme font pitié vos yeux... et cette cicatrice de brûlure sur votre front ; mais ce qu'il y a de pis, c'est qu'on risque de vous aimer trop pour tous ces motifs et de faire trop grand cas de vous.

---

1. « [Nabuchodonosor] fut chassé du milieu des hommes, il mangea de l'herbe comme les bœufs... » Daniel, 4, 33.

— Je pensais que vous alliez me trouver révoltant, Jane, quand vous verriez mon bras et mon visage cicatrisé.

— L'avez-vous cru ? Ne venez pas me le dire, si vous ne voulez pas que je m'exprime en termes sévères sur votre jugeote. Maintenant, permettez-moi de vous quitter un instant pour vous préparer un plus beau feu et faire nettoyer l'âtre. Vous rendez-vous compte quand le feu est beau ?

— Oui ; de l'œil droit, je vois une lueur... une brume rougeâtre.

— Et voyez-vous les bougies ?

— Très indistinctement ; chacune d'elles forme un nuage lumineux.

— Me voyez-vous ?

— Non, ma petite fée ; mais je suis déjà trop heureux de vous entendre et de vous toucher.

— Quand soupez-vous ?

— Je ne soupe jamais.

— Mais vous allez souper ce soir. J'ai faim ; vous aussi, j'en suis sûre ; seulement vous n'y pensez pas.

J'appelai Mary et ne tardai pas à obtenir que la pièce présentât un aspect plus aimablement ordonné ; je préparai également pour M. Rochester un repas réconfortant. J'étais d'humeur animée et c'est avec plaisir et avec entrain que je lui parlai pendant le souper et pendant le long moment qui suivit. Il n'y avait nulle contrainte épuisante, nul besoin de réprimer l'allégresse et la vivacité avec lui ; car avec lui j'étais parfaitement à mon aise ; parce que je savais que je lui convenais ; tout ce que je disais ou faisais semblait le consoler ou le faire revivre. Délicieuse sensation ! Elle rendit la vie et la lumière à tout mon être ; en présence de M. Rochester je vivais pleinement, comme il vivait en la mienne. Il avait beau être aveugle, des sourires se jouaient sur son visage, la joie s'allumait sur son front, ses traits devenaient plus doux et plus chauds.

Après le souper, il se mit à me poser de nombreuses questions, sur l'endroit où j'étais allée, ce que j'avais fait, la façon dont je l'avais retrouvé ; mais je ne lui fournis que des réponses très partielles, car il était trop tard pour entrer dans le détail ce soir-là. D'ailleurs, je ne voulais toucher aucune corde trop profondément sensible, faire surgir dans son cœur aucune source jaillissante d'émotion, mon seul but pour le moment étant de l'égayer. Égayé, comme je l'ai dit, il le fut ; mais seulement par à-coups. Chaque fois que la conversation était interrompue par un instant de silence il s'agitait, me touchait et disait : « Jane ».

— Êtes-vous absolument un être humain, Jane ? En êtes-vous certaine ?

— En mon âme et conscience je le crois, monsieur Rochester.

— Alors comment, par cette soirée sombre et mélancolique, avez-vous pu surgir si soudainement devant mon âtre solitaire ? Je tendais la main pour prendre un verre d'eau présenté par une domestique, et c'est vous qui me l'avez donné ; j'ai posé une question, en pensant que la femme de John allait me répondre, et c'est votre voix qui m'a frappé l'oreille.

— C'est parce que j'étais entrée à la place de Mary avec le plateau.

— Et puis il y a quelque chose de magique dans l'heure même que je passe maintenant avec vous. Qui pourrait dire la vie sombre, sinistre, désespérée que j'ai menée pendant d'interminables mois ? À ne rien faire, à ne rien attendre, à confondre le jour avec la nuit ; à n'éprouver qu'une sensation de froid quand je laissais le feu s'éteindre, ou de faim quand j'oubliais de manger ; et aussi un chagrin incessant et, parfois, un désir absolument frénétique de revoir ma Jane. Oui, j'aspirais à la retrouver bien plus ardemment qu'à retrouver ma vue perdue. Comment se peut-il que Jane soit avec moi et me dise qu'elle m'aime ? Ne va-t-elle pas repartir aussi soudainement qu'elle est arrivée ? Demain, je crains de ne plus la retrouver.

Une réponse banale et concrète, étrangère à l'enchaînement de ses propres idées en désordre, devait être, j'en avais la certitude, la meilleure et la plus rassurante pour lui dans l'état d'esprit où il était. Je passai mon doigt sur ses sourcils, je déclarai qu'ils étaient roussis et que j'allais leur appliquer une pommade qui les ferait repousser aussi drus et aussi noirs que jamais.

— À quoi bon me favoriser de façon quelconque, esprit bienfaisant, alors qu'à un moment fatal, vous m'abandonnerez à nouveau : pour vous évanouir comme une ombre, d'une manière et dans une direction que je ne connaîtrai pas, et qui me resteront par la suite impossibles à découvrir ?

— Avez-vous un peigne de poche sur vous, Monsieur ?

— Pourquoi, Jane ?

— Simplement pour peigner cette crinière noire et hirsute. Je vous trouve un peu inquiétant quand je vous examine de tout près ; vous m'accusez d'avoir l'air d'une fée ; mais je vous assure que vous ressemblez bien plus à un farfadet.

— Suis-je affreux, Jane ?

— Au plus haut point, Monsieur ; vous l'avez toujours été, vous savez.

— Baste ! Vous n'avez pas perdu votre méchanceté, où que vous ayez séjourné.

— Pourtant, j'étais chez des gens vertueux ; bien plus vertueux que vous, cent fois plus vertueux, des gens qui avaient des idées et des façons de voir comme vous n'en avez jamais conçu de toute votre vie ; infiniment plus raffinés et plus nobles.

— Chez qui diantre étiez-vous ?

— Si vous vous tortillez de cette façon vous allez m'obliger à vous arracher les cheveux de la tête ; et alors je crois que vous cesserez de nourrir des doutes quant à ma présence réelle.

— Chez qui étiez-vous, Jane ?

— Vous ne me le ferez pas dire ce soir, Monsieur ; il faudra que vous attendiez jusqu'à demain ; en laissant mon histoire inachevée, je vous donne, voyez-vous, une sorte de garantie que j'apparaîtrai à la table de votre déjeuner pour la terminer. À propos, il faut que je prenne garde de ne pas surgir devant votre âtre avec un simple verre d'eau à ce moment-là ; il faut que je vous apporte, pour le moins, un œuf, sans parler de lard frit.

— Moqueuse enfant de fée... née d'une magicienne et élevée par les humains ! Vous me faites éprouver des sensations comme je n'en avais pas éprouvé depuis douze mois. Si Saül avait pu vous avoir à la place de David, l'esprit malin eût été exorcisé sans l'aide de la harpe[1].

— Voilà, Monsieur, vous êtes rapproprié et convenable. Maintenant je vais vous quitter ; il y a trois jours que je voyage, et je crois que je suis fatiguée. Bonsoir.

— Un mot seulement, Jane : n'y avait-il que des dames dans la maison où vous étiez ?

J'éclatai de rire, je me sauvai et je montai l'escalier en riant encore.

« Excellente idée ! pensai-je avec allégresse. Je vois que j'ai le moyen de l'arracher à sa mélancolie par la taquinerie pendant un bon moment. »

---

1. Saül fut le premier roi des Israélites en terre d'Israël, d'après la Bible. David fut envoyé à Saül pour lui jouer de la cithare quand l'esprit de ce dernier se troublait et il gagna ainsi la bienveillance du roi.

De très bonne heure le lendemain j'entendis M. Rochester qui était debout et en mouvement, allant de pièce en pièce. Dès que Mary descendit j'entendis son maître lui poser des questions :

— Mlle Eyre est-elle ici ?

Puis :

— Dans quelle chambre l'avez-vous mise ? Y faisait-il sec ? Est-elle levée ? Allez lui demander si elle a besoin de quelque chose et quand elle va descendre.

Je descendis dès que j'estimai que j'avais des chances de pouvoir déjeuner. Entrant tout doucement dans le salon, je pus apercevoir M. Rochester avant qu'il découvrît ma présence. C'était vraiment affligeant d'observer l'asservissement de cet esprit vigoureux par une infirmité corporelle. Il était assis dans son fauteuil... immobile, mais non point en repos ; il était manifestement dans l'attente ; ses traits puissants marqués par les ravages d'un chagrin désormais habituel. Son visage faisait penser à une lampe éteinte, attendant d'être rallumée ; or, hélas ! il n'avait pas la possibilité de ranimer lui-même le lustre d'une expression vivante ; pour y parvenir il dépendait d'autrui ! J'avais eu l'intention de me montrer gaie et insouciante, mais l'impuissance de cet homme robuste me toucha le cœur au vif ; pourtant je l'abordai avec toute la vivacité possible.

— Il fait un temps clair et ensoleillé ce matin, Monsieur, dis-je. La pluie est finie et s'en est allée ; une douce lumière lui a succédé ; vous allez bientôt faire une promenade.

J'avais ranimé la flamme ; ses traits s'éclairèrent.

— Ah, vous êtes vraiment ici, mon alouette ! Venez vers moi. Vous n'êtes pas partie, vous ne vous êtes pas évaporée ! J'ai entendu il y a une heure un être de votre race, qui chantait bien haut au-dessus du bois ; mais son chant ne m'apportait pas de musique, non plus que le soleil ne m'apportait de rayons. Toute la mélodie de la terre est pour mon oreille concentrée dans la langue de ma Jane – et je me réjouis que cette langue ne soit point naturellement silencieuse ; tout le soleil que je puis sentir réside en sa présence.

Les larmes me vinrent aux yeux en entendant cet aveu de dépendance ; exactement comme si un aigle royal, enchaîné à un perchoir, était contraint de supplier un moineau de lui servir de pourvoyeur. Mais je ne voulais pas être larmoyante ; je rejetai précipitamment les gouttes salées et je m'occupai activement de préparer le petit déjeuner.

La plus grande partie de la matinée se passa en plein air. Je conduisis M. Rochester hors du bois humide et inculte vers des champs plus gais ; je lui expliquai combien verdoyants ils étaient, combien les fleurs et les haies paraissaient rafraîchies ; combien étincelant était le bleu du ciel. Je cherchai pour M. Rochester un siège dans un endroit caché et charmant ; ce fut une souche d'arbre sèche ; et, une fois qu'il s'y fut assis, je ne refusai pas de le laisser me prendre sur ses genoux. Pourquoi eussé-je refusé, alors que lui comme moi, nous étions plus heureux réunis que séparés ? Pilote était couché près de nous ; tout était tranquille. M. Rochester s'exclama soudain, tout en me serrant dans ses bras :

— Cruelle, très cruelle désertrice ! Ah, Jane, que n'ai-je éprouvé quand j'ai découvert que vous vous étiez enfuie de Thornfield et quand je n'ai pu vous retrouver nulle part ; quand, après avoir fouillé votre chambre, je me suis aperçu que vous n'aviez pas emporté d'argent, ni rien qui pût en tenir lieu ! Un collier de perles que je vous avais donné était resté intact dans son petit coffret ; vos malles étaient toujours là, cordées et fermées à clef, telles qu'elles avaient été préparées pour le voyage de noces. Que pouvait faire ma bien-aimée, me demandai-je, sans ressources et sans argent ? Alors, qu'a-t-elle fait ? Dites-le-moi maintenant.

Répondant à cette invitation, je commençai le récit de mes aventures depuis un an. J'atténuai considérablement ce qui avait trait à mes trois jours de vagabondage et de famine, parce que en lui disant tout je lui eusse infligé une souffrance inutile ; le peu que je lui en dis déchira son cœur loyal de façon plus profonde que je ne le souhaitais.

Il me dit que je n'aurais pas dû le quitter de la sorte, sans avoir aucun moyen de me tirer d'affaire ; j'aurais dû lui parler de mes intentions. J'aurais dû me confier à lui ; jamais il ne m'eût contrainte de devenir sa maîtresse. Certes, dans son désespoir, il avait pu paraître violent, mais en vérité il m'aimait beaucoup trop et beaucoup trop tendrement pour se faire mon tyran. Il m'eût donné la moitié de sa fortune, sans exiger même un seul baiser en retour, plutôt que de me laisser me lancer sans un ami de par le vaste monde. Il se déclara certain que j'avais enduré plus de souffrances que je ne lui en avais avoué.

— En tout cas, quelles qu'aient été mes souffrances, elles furent très courtes, répondis-je.

Puis je me mis à lui raconter comment j'avais été accueillie à Moor House, comment j'avais obtenu le poste de maîtresse d'école, etc. L'héritage, la découverte de mes cousins suivirent dûment. Naturellement le nom de Saint-John Rivers survint fréquemment au cours du récit. Quand j'eus fini, ce nom fut aussitôt relevé.

— Ce Saint-John est donc votre cousin ?
— Oui.
— Vous avez maintes fois parlé de lui ; l'aimez-vous bien ?

— C'est un véritable homme de bien, Monsieur ; je ne pouvais faire autrement que de l'aimer.

— Un homme de bien. Cela signifie-t-il un homme digne et respectable de cinquante ans ? Ou alors, que cela signifie-t-il ?

— Saint-John n'avait que vingt-neuf ans, Monsieur.

— *Jeune encore,* comme on dit en français. Est-ce un personnage de petite taille, impassible et laid ? Un personnage chez qui le bien se compose plutôt d'une absence de vices que de hauts faits de vertu ?

— Il est d'une activité inlassable. Des actions nobles et grandes sont le but même de sa vie.

— Mais son cerveau ? Il était probablement un peu ramolli ? Il n'est pas méchant, mais vous haussez les épaules quand vous l'entendez parler ?

— Il parle peu, Monsieur ; ce qu'il dit est toujours pertinent. Il a un esprit de premier ordre, que je crois peu influençable, mais vigoureux.

— Est-ce donc un homme capable ?

— Très capable.

— Un homme d'une éducation achevée ?

— Saint-John possède une érudition profonde et complète.

— Ses manières, m'avez-vous dit, je crois, ne sont pas à votre goût ? Elles sont pédantes et cléricales ?

— Je n'ai pas soufflé mot de ses manières ; mais il faudrait que j'eusse bien mauvais goût pour qu'elles ne me convinssent point, car elles sont élégantes, calmes et distinguées.

— Son allure... je ne me rappelle plus quelle description vous avez faite de son allure ; est-ce une sorte de vicaire mal dégrossi, à moitié étouffé par sa cravate blanche et haut perché sur les doubles semelles de ses bottines ?

— Saint-John s'habille bien. Il est bel homme, grand, blond, avec des yeux bleus et un profil grec.
— *(À part.)* Le diable l'emporte ! *(Haut.)* L'aimiez-vous bien, Jane ?
— Oui, monsieur Rochester, je l'aimais bien ; mais vous m'avez déjà posé cette question.

Je voyais naturellement où voulait en venir mon interlocuteur. La jalousie s'était emparée de lui ; elle le piquait ; mais cette piqûre était salutaire ; elle lui procurait un répit en le soustrayant à la cuisante morsure de la mélancolie. Je ne voulus donc pas charmer tout de suite ce serpent.

— Peut-être préféreriez-vous ne plus rester assise sur mes genoux, mademoiselle Eyre ? me fut-il ensuite déclaré, de façon assez inattendue.
— Pourquoi cela, monsieur Rochester ?
— Le tableau que vous venez de brosser évoque un contraste un peu trop accablant. Vos paroles ont fort joliment dessiné un gracieux Apollon ; il est présent dans votre imagination ; grand, blond, les yeux bleus, le profil grec. Vos yeux se posent sur un Vulcain... un vrai forgeron, brun, large d'épaules, aveugle et estropié par-dessus le marché.
— Je n'y avais jamais pensé ; mais il est certain que vous ressemblez fort à Vulcain, Monsieur.
— Eh bien, vous pouvez me quitter, Mademoiselle ; mais avant de partir (il me retenait d'une étreinte plus énergique que jamais), vous aurez simplement la bonté de répondre à une ou deux questions.

Il se tut.

— Quelles questions, monsieur Rochester ?

Alors se déroula l'interrogatoire suivant :

— Saint-John fit de vous la maîtresse d'école de Morton avant de savoir que vous étiez sa cousine ?
— Oui.

— Vous deviez le voir souvent ? Visitait-il parfois l'école ?
— Tous les jours.
— Il devait admirer vos méthodes, Jane ? Je sais qu'elles devaient être adroites, car vous êtes une personne de talent !
— Il les approuvait... oui.
— Il devait découvrir en vous bien des traits qu'il ne s'était sûrement pas attendu à trouver ? Vous avez certaines aptitudes qui sortent de l'ordinaire.
— Je n'en sais rien.
— Vous aviez une petite maison près de l'école, disiez-vous ; est-il jamais venu vous y rendre visite ?
— De temps à autre.
— Le soir ?
— Une ou deux fois.
Un silence.
— Combien de temps avez-vous résidé avec ses sœurs et lui une fois que le cousinage eut été découvert ?
— Cinq mois.
— Rivers passait-il beaucoup de temps avec les demoiselles de sa famille ?
— Oui ; le petit salon lui servait de bureau en même temps qu'à nous ; il s'installait près de la fenêtre, et nous nous mettions à la table.
— Travaillait-il beaucoup ?
— Énormément.
— Qu'étudiait-il ?
— L'hindoustani.
— Et que faisiez-vous pendant ce temps ?
— Au début j'étudiais l'allemand.
— Est-ce lui qui vous l'enseignait ?
— Il ne comprenait pas l'allemand.
— Ne vous enseignait-il rien ?

— Un peu d'hindoustani.
— Rivers vous enseignait l'hindoustani ?
— Oui, Monsieur.
— Et à ses sœurs aussi ?
— Non.
— À vous seule ?
— À moi seule.
— L'appreniez-vous sur votre demande ?
— Non.
— Avait-il souhaité vous l'enseigner ?
— Oui.

Nouveau silence.

— Pourquoi le souhaitait-il ? À quoi pouvait vous servir l'hindoustani ?
— Il avait l'intention de m'emmener aux Indes.
— Ah ! J'en arrive au cœur du problème. Il voulait vous épouser ?
— Il m'a demandé de l'épouser.
— C'est un mensonge... impudemment inventé, exprès pour me tourmenter.
— Je vous demande pardon, c'est l'exacte vérité ; il me l'a demandé plus d'une fois et s'est montré aussi têtu dans sa façon d'insister pour en venir à ses fins que vous le fûtes jamais vous-même.
— Mademoiselle Eyre, je vous le répète, vous pouvez me quitter. Combien de fois faut-il que je redise la même chose ? Pourquoi restez-vous obstinément perchée sur mes genoux, alors que je vous ai signifié votre congé ?
— Parce que je me trouve bien où je suis.
— Non, Jane, vous n'êtes pas bien où vous êtes, parce que votre cœur n'est plus avec moi ; il est avec ce cousin... ce Saint-John. Ah, jusqu'à cet instant, je pensais que ma petite Jane était toute à moi ! Je gardais l'assurance qu'elle m'aimait même quand elle m'a

quitté : c'était là une goutte de nectar au milieu de beaucoup d'amertume. Malgré la durée de notre séparation, malgré les larmes brûlantes que j'ai versées sur notre éloignement, je n'aurais jamais cru que, tandis que je la pleurais, elle en aimait un autre ! Mais il est vain de se lamenter. Jane, quittez-moi ; allez épouser Rivers.

— En ce cas, Monsieur, rejetez-moi... repoussez-moi, car je ne vous quitterai pas de mon propre gré.

— Jane, le son de votre voix m'a toujours charmé ; il me rend encore l'espoir, tant il donne une impression de sincérité. Quand je l'entends, je me trouve reporté d'un an en arrière. J'oublie que vous avez formé de nouvelles attaches. Mais je ne suis pas un imbécile... allez-vous-en...

— Où faut-il que je m'en aille, Monsieur ?

— Allez votre chemin... avec le mari de votre choix.

— Qui est-ce ?

— Vous le savez bien... ce Saint-John Rivers.

— Il n'est pas mon mari et ne le sera jamais. Il ne m'aime pas ; je ne l'aime pas. Celle qu'il aime – dans la mesure où il est capable d'aimer, et ce n'est pas comme vous –, c'est une belle jeune femme appelée Rosemonde. Il voulait m'épouser simplement parce qu'il pensait que je ferais une femme de missionnaire convenable, ce qui n'était pas le cas de cette jeune personne. C'est un homme vertueux et grand, mais austère, et à mon égard il est froid comme un iceberg. Il ne vous ressemble pas, Monsieur. Je ne suis pas heureuse à son côté, ni auprès de lui ni avec lui. Il n'a aucune indulgence pour moi... ni aucune tendresse. Il ne voit rien de séduisant en moi ; pas même la jeunesse... à l'exception de quelques utiles qualités intellectuelles... Faut-il donc que je vous quitte, Monsieur, pour aller vers lui ?

Je frissonnai malgré moi et me serrai d'instinct plus étroitement contre mon maître aveugle, mais chéri. Il eut un sourire.

— Comment, Jane ! Est-ce vrai ? Est-ce vraiment à ce point qu'en sont les choses entre Rivers et vous ?

— Absolument, Monsieur ! Ah, vous n'avez pas lieu d'être jaloux ! Je voulais vous taquiner un peu pour vous rendre moins triste ; il me semblait que la colère vaudrait mieux que le chagrin. Mais si vous avez envie que je vous aime, vous n'auriez qu'à voir à quel point je vous aime en effet pour être fier et satisfait. Mon cœur est tout entier à vous, Monsieur, il vous appartient ; et c'est avec vous qu'il demeurerait, quand bien même le destin exilerait le reste de ma personne à tout jamais loin de votre présence.

De nouveau, tandis qu'il m'embrassait, des pensées douloureuses lui assombrirent le visage.

— Ma vue éteinte ! Ma force mutilée ! murmura-t-il sur un ton de regret.

Je le caressai afin de le consoler. Je savais à quoi il pensait, et j'aurais voulu parler à sa place, mais je ne l'osais pas. Quand il détourna la tête une minute, je vis une larme couler de sa paupière close et glisser le long de sa joue virile. Mon cœur se serra.

— Je ne vaux pas plus cher que le vieux marronnier frappé par la foudre dans le verger de Thornfield, déclara-t-il bientôt. Et quel droit aurait pareille ruine d'inviter un chèvrefeuille en bourgeon à venir couvrir de sa fraîcheur ce déclin ?

— Vous n'êtes pas une ruine, Monsieur ; vous êtes vert et vigoureux. Les plantes pousseront autour de vos racines, que vous le leur demandiez ou non, parce qu'elles prennent plaisir à votre ombre généreuse ; et en poussant elles s'inclineront vers vous et vous enlaceront, parce que votre force leur offre un appui si sûr.

Une fois de plus il eut un sourire ; je l'avais réconforté.

— Est-ce d'amis que vous parlez, Jane ? me demanda-t-il.

— Oui, d'amis, répondis-je d'une voix assez hésitante, car je me rendais compte que je pensais à quelque chose de plus que l'amitié, mais je ne savais trop quel mot employer.

Il me vint en aide :

— Ah, Jane ! Mais c'est une femme qu'il me faut.

— Vraiment, Monsieur ?

— Oui ; est-ce une surprise pour vous ?

— Bien sûr ; vous n'en aviez pas encore parlé.

— Est-ce une surprise désagréable ?

— Cela dépend des circonstances, Monsieur... de votre choix.

— Ce choix, vous allez le faire pour moi, Jane. Je m'en tiendrai à votre décision.

— Alors, Monsieur, choisissez... celle qui vous aime le plus.

— Je vais plutôt choisir... celle que j'aime le plus. Jane, voulez-vous m'épouser ?

— Oui, Monsieur.

— Un pauvre aveugle, qu'il vous faudra mener par la main ?

— Oui, Monsieur.

— Un mutilé, qui a vingt ans de plus que vous, et qu'il vous faudra servir ?

— Oui, Monsieur.

— Sincèrement, Jane ?

— Très sincèrement, Monsieur.

— Ah ! ma chérie ! Dieu vous bénisse et vous récompense !

— Monsieur Rochester, si jamais j'ai accompli une seule bonne action dans ma vie... si jamais j'ai conçu une seule bonne pensée... si jamais j'ai dit une seule prière sincère et pure... si jamais j'ai fait un vœu vertueux... j'en suis récompensée maintenant. Être votre femme, c'est pour moi être aussi heureuse que je puis l'être sur cette terre.

— Parce que vous prenez plaisir à vous sacrifier.

— À me sacrifier ! Qu'est-ce que je sacrifie ? La faim en échange de la nourriture, l'attente en échange de l'accomplissement. Avoir le privilège de serrer dans mes bras celui que j'estime, de poser les lèvres sur le visage que j'aime, de m'appuyer sur l'homme en qui j'ai confiance, est-ce là me sacrifier ? S'il en est ainsi, alors assurément je prends plaisir à me sacrifier.

— Et il vous faudra subir mes infirmités, Jane, et essayer d'oublier mes insuffisances.

— Qui n'en sont point pour moi, Monsieur. Je vous aime plus aujourd'hui, alors que je puis vous être réellement utile, que je ne vous aimais en votre état d'orgueilleuse indépendance, alors que vous méprisiez tout autre rôle que ceux de donateur et de protecteur.

— Jusqu'ici j'ai eu horreur de me faire aider, de me faire conduire ; désormais, je sens que je n'en aurai plus horreur. Il me déplaisait de mettre ma main dans celle d'un mercenaire, mais il m'est agréable de la sentir encerclée par les petits doigts de Jane. Je préférais la solitude absolue à la présence constante des domestiques ; mais le tendre service de Jane sera une joie perpétuelle. Jane est celle qui me convient : lui conviens-je ?

— Jusqu'à la fibre la plus fine de ma nature, Monsieur.

— Cela étant, nous n'avons absolument rien au monde à attendre ; nous n'avons qu'à nous marier instantanément.

Il avait un air et un ton d'ardeur ; son impétuosité d'autrefois resurgissait.

— Il faut que nous devenions une seule chair sans délai, Jane ; nous n'avons que la dispense de bans à obtenir... et nous nous marions.

— Monsieur Rochester, je viens de découvrir que le soleil est descendu très au-dessous de son apogée ; et Pilote est bel et bien rentré dîner. Permettez-moi de regarder votre montre.

— Attachez-la à votre ceinture, Janette, où vous la garderez désormais ; elle ne me sert à rien.

— Il est près de quatre heures de l'après-midi, Monsieur. N'avez-vous pas faim ?

— Il faut que le troisième jour à compter d'aujourd'hui soit celui de notre mariage, Jane. Peu importent les beaux vêtements et les bijoux ; rien de tout cela ne vaut tripette.

— Le soleil a séché toutes les gouttes de pluie, Monsieur. La brise s'est calmée ; il fait très chaud.

— Savez-vous, Jane, que j'ai votre petit collier de perles en ce moment, sous ma cravate, contre mon poitrail de bronze ? Je le porte depuis le jour où j'ai perdu mon unique trésor, en souvenir d'elle.

— Nous allons rentrer à travers bois ; ce sera le chemin le plus ombragé.

Il poursuivit le cours de ses pensées sans prendre garde à ce que je disais.

— Jane ! vous me tenez, j'imagine, pour un gaillard sans religion ; mais en ce moment précis mon cœur se gonfle de gratitude envers le Dieu bienfaisant de la terre. Il ne voit pas comme voit l'homme, mais bien plus clairement ; il ne juge pas comme juge l'homme, mais bien plus sagement. J'ai mal agi : je voulais souiller ma fleur innocente, ternir sa pureté du souffle de la faute ; le Tout-Puissant me l'a arrachée. Et moi, dans ma révolte d'homme au cou roide[1], j'ai presque maudit l'événement ; au lieu de m'incliner devant le décret, je l'ai défié. La justice divine a poursuivi son cours ; les désastres se sont accumulés sur ma tête ; j'ai été contraint de passer par la vallée de l'ombre de la mort. Les châtiments de Dieu sont puissants ; et l'un de ceux qui m'ont frappé m'a humilié à tout jamais. Vous savez que j'étais fier de ma force ; mais que vaut-elle à présent, puisque je dois la remettre à la direction d'autrui comme un enfant remet sa faiblesse ? Il y a peu de temps, Jane... il y a seulement très peu de temps que j'ai commencé à voir et à reconnaître la main de Dieu dans mon destin. J'ai commencé à éprouver le remords, le repentir, le désir de me réconcilier avec mon Créateur. J'ai commencé à prier parfois ; mes prières furent très brèves, mais très sincères.

« Il y a quelques jours... je peux même les compter... il y a quatre jours... c'était lundi dernier, le soir, un état d'esprit singulier s'est emparé de moi, dans lequel le chagrin a pris la place de la fureur, l'affliction celle de la hargne. J'avais depuis longtemps l'impression que, puisque je ne pouvais vous retrouver nulle part, vous deviez être morte. Tard ce soir-là (il devait être entre onze heures et minuit), avant de me retirer pour prendre mon sinistre repos, je suppliai Dieu de me permettre, si bon lui semblait, d'être arraché bientôt à cette vie et accueilli dans le monde à venir, où subsistait encore l'espoir de retrouver Jane.

« J'étais dans ma chambre, assis près de la fenêtre, qui était ouverte ; j'étais apaisé par le contact de l'air embaumé de la nuit, bien que je ne pusse voir d'étoiles et que j'eusse conscience de la présence de la lune

1. Exode, 33, 3.

seulement par un vague halo lumineux. Mon être t'appelait, Janette ! Ah, comme il t'appelait de toute son âme et de toute sa chair ! Je demandai à Dieu, avec douleur et humilité à la fois, s'il n'y avait pas assez longtemps que j'étais désolé, affligé, tourmenté, et si je ne pourrais bientôt goûter de nouveau le bonheur et la paix. Je ne niais pas que je méritais ce que j'endurais... mais je protestais que je ne pouvais guère en endurer davantage ; alors, l'alpha et l'oméga des désirs de mon cœur jaillirent involontairement de mes lèvres sous forme d'un cri : "Jane ! Jane ! Jane !"

— Avez-vous prononcé ces mots à haute voix ?

— Oui, Jane. Si quelqu'un s'était trouvé là pour m'entendre, il m'aurait cru fou, tant je les prononçai avec une énergie farouche.

— Et cela se passait lundi dernier, à peu près vers minuit ?

— Oui, mais le moment est sans importance ; ce qui est le plus étrange, c'est ce qui a suivi. Vous allez me trouver superstitieux, et il est vrai que j'ai un peu de superstition dans le sang, et que j'en ai toujours eu ; néanmoins, ceci est vrai, ou du moins il est vrai que j'ai entendu ce que je vous rapporte à présent :

« Quand je m'écriai : "Jane ! Jane ! Jane !", une voix... je ne saurai dire d'où venait cette voix, mais je sais à qui elle était... répondit : "Je viens, attendez-moi" ; puis, un instant plus tard, arrivèrent, portés par le murmure du vent, les mots : "Où êtes-vous ?"

« Je vais vous dire, si je le puis, l'idée et l'image qu'évoquèrent ces mots à mon esprit ; mais il est difficile d'exprimer ce que je voudrais exprimer. Ferndean est enseveli, comme vous le voyez, dans un bois épais, où les sons sont amortis et s'éteignent sans se répercuter. La question : "Où êtes-vous ?" me fit l'effet d'être prononcée dans des montagnes ; car j'entendis un écho, renvoyé par des pentes, répéter ces mots. À cet instant la brise plus fraîche et plus vive me caressa le front ; j'aurais pu croire qu'au milieu d'un décor sauvage et isolé, Jane et moi, nous nous rencontrions. Et je pense qu'en esprit nous nous sommes en effet rencontrés. À cette heure-là, vous deviez sans nul doute être dans l'inconscience du sommeil, Jane ; peut-être votre âme s'évada-t-elle de sa cellule pour venir consoler la mienne ; car ces accents étaient les vôtres : aussi sûr que je suis vivant, c'étaient les vôtres !

Lecteur, c'était le lundi soir, vers minuit, que j'avais, moi aussi, reçu l'appel mystérieux ; ces mots étaient exactement ceux par lesquels j'y avais répondu. J'écoutai le récit de M. Rochester, mais n'y répondis par aucune révélation. La coïncidence me faisait l'effet d'être trop importante et inexplicable pour être communiquée ou discutée. Si je disais quoi que ce fût, ma relation serait de nature à produire inévitablement une impression profonde à l'esprit de mon interlocuteur ; or cet esprit, encore trop enclin, par suite de ses souffrances, à la mélancolie, n'avait pas besoin des couleurs plus sombres du surnaturel. Aussi je ne dis mot de ce mystère et le méditai dans mon cœur.

— Vous ne pouvez vous étonner à présent, poursuivit mon maître, que, quand vous avez surgi si inopinément devant moi hier soir, j'aie éprouvé de la difficulté à croire que vous étiez autre chose que simple voix et vision, quelque chose qui allait se fondre en silence et en néant, comme le murmure de minuit et l'écho de la montagne s'étaient dissipés auparavant. À présent, je rends grâces à Dieu ! Je sais qu'il en va autrement. Oui, je rends grâces à Dieu !

Il me fit descendre de ses genoux, se leva, ôta respectueusement son chapeau et, inclinant ses yeux aveugles vers le sol, il se plongea dans une muette dévotion. Seuls les derniers mots de sa prière s'entendirent :

— Je remercie mon Créateur qui, au milieu de son jugement, s'est souvenu de sa miséricorde. J'implore humblement mon Rédempteur de me donner la force de mener désormais une vie plus pure que par le passé !

Puis il tendit la main pour se laisser conduire.

Je pris cette chère main, que je pressai un instant contre mes lèvres, avant de la laisser se poser sur mon épaule ; comme j'étais de taille beaucoup plus petite que lui, je lui servais à la fois d'appui et de guide. Nous entrâmes dans le bois et prîmes le chemin du retour à la maison.

CHAPITRE XXXVIII

Lecteur, je l'épousai. Ce fut un mariage bien calme que le nôtre ; seuls, avec lui et moi, étaient présents l'officiant et le clerc de paroisse. Quand nous revînmes de l'église, j'entrai dans la cuisine du manoir, où Mary préparait le dîner, tandis que John nettoyait les couteaux, et je dis :

— Mary, je me suis mariée avec M. Rochester ce matin.

L'intendante et son mari appartenaient tous deux à cette catégorie d'individus convenables et flegmatiques auxquels on peut en tout temps annoncer une nouvelle remarquable sans courir le risque d'avoir les oreilles transpercées par une exclamation suraiguë, ou d'être ensuite abasourdi par un torrent de stupéfaction loquace. Mary leva bien un peu les yeux et me dévisagea bien un peu ; la louche avec laquelle elle arrosait deux poulets qui rôtissaient devant le feu resta tout de même quelque trois minutes suspendue en l'air et pendant le même laps de temps les couteaux de John connurent, eux aussi, un répit dans l'opération d'astiquage ; mais Mary se pencha de nouveau sur ses poulets et dit simplement :

— Vraiment, Mademoiselle ? Eh bien, par exemple ! Au bout de quelques instants, elle poursuivit :

— Je vous ai vue sortir avec Monsieur, mais je ne savais pas que vous vous en alliez à l'église pour vous marier.

Et de jouer de la louche. Quant à John, quand je me tournai vers lui, il avait la bouche fendue par un large sourire.

— J'avais bien dit à Mary comment les choses allaient tourner, déclara-t-il ; je savais ce que M. Édouard (John était un vieux domestique et avait connu son maître alors que celui-ci était le cadet de la famille ; c'est pourquoi il se servait souvent de son prénom)… je savais ce que M. Édouard allait faire ; et j'étais même sûr qu'il n'attendrait pas longtemps ; il a eu bien raison, si vous voulez mon avis. Je vous félicite, Mademoiselle !

Là-dessus il porta poliment la main à son front.

— Merci, John. M. Rochester m'a dit de vous donner ceci, à Mary et à vous.

Je lui mis dans la main un billet de cinq livres. Sans attendre d'en avoir entendu davantage, je sortis de la cuisine. En repassant devant la porte de ce sanctuaire un peu plus tard, je saisis les mots suivants :

— Elle va peut-être bien faire mieux l'affaire de Monsieur que n'importe laquelle des grandes dames.

Et aussi ceci :

— Elle est peut-être pas des plus jolies, mais elle est pas plus mal qu'une autre, et elle a très bon caractère ; aux yeux de Monsieur, elle est vraiment belle, tout le monde peut le voir.

J'écrivis immédiatement à Moor House et à Cambridge pour dire ce que j'avais fait, donnant des explications complètes sur les raisons de mes actes. Diana et Mary approuvèrent ma décision sans réserve. Diana annonça qu'elle allait me laisser tout juste le temps de finir ma lune de miel, après quoi elle viendrait me voir.

— Elle ferait mieux de ne pas attendre jusque-là,

Jane, dit M. Rochester, quand je lui lus la lettre de Diana ; sans quoi elle arrivera trop tard, car notre lune de miel brillera pendant toute notre vie ; elle ne s'éteindra qu'au-dessus de ta tombe ou de la mienne.

Je ne sais comment Saint-John accueillit la nouvelle, car il ne répondit jamais à la lettre par laquelle je la lui annonçai ; mais il m'écrivit six mois plus tard, sans toutefois citer le nom de M. Rochester ni faire allusion à mon mariage. La lettre qu'il m'envoya alors était d'un ton calme et, quoique très sérieuse, affectueuse. Il a entretenu depuis lors une correspondance régulière, sinon fréquente : il espère que je suis heureuse et veut croire que je ne suis pas de ceux qui vivent sans Dieu dans le monde et ne se soucient que des réalités terrestres.

Vous n'avez pas complètement oublié la petite Adèle, n'est-ce pas, lecteur ? En tout cas, moi, je ne l'avais pas oubliée ; je ne tardai pas à solliciter et à obtenir de M. Rochester la permission d'aller la voir à l'école où il l'avait fait entrer. La joie délirante d'Adèle en me revoyant m'émut fort. Elle me parut pâle et amaigrie ; elle me dit qu'elle n'était pas heureuse. Je découvris que le règlement de l'établissement était trop rigoureux, et le programme des études trop exigeant, pour une enfant de son âge ; je la ramenai avec moi à Ferndean. Je voulais redevenir sa gouvernante, mais je m'aperçus bientôt que c'était impraticable ; mon temps et mes soins étaient désormais exigés par quelqu'un d'autre : mon mari en avait besoin en totalité. Je cherchai donc une école dirigée conformément à un système plus indulgent, et assez proche pour me permettre d'aller souvent voir Adèle et de la ramener de temps en temps chez nous. Je veillai à ce qu'elle ne manquât de rien qui pût contribuer à son bien-être ; elle ne tarda pas à s'habituer à sa nouvelle résidence, elle y fut bientôt très heureuse et fit des progrès honorables dans ses études. À mesure qu'elle grandit, une solide éducation anglaise corrigea dans une large mesure ses défauts français ; aussi, quand elle quitta l'école, trouvai-je en elle une compagne aimable et obligeante, docile, de caractère facile, et très droite. Par sa gratitude attentive envers moi et envers les miens, elle m'a depuis longtemps payée de toutes les petites bontés que j'ai jamais eu les moyens de lui montrer.

Mon histoire tire à sa fin : un mot touchant mon expérience de la vie conjugale, un bref regard sur le destin de ceux dont le nom est revenu le plus fréquemment dans ce récit, et j'en aurai fini.

Il y a maintenant dix ans que je suis mariée. Je sais ce que signifie vivre entièrement pour et avec celui que j'aime le plus au monde. Je m'estime suprêmement privilégiée, privilégiée au-delà de tout ce que peut exprimer le langage, car je suis la vie de mon mari aussi pleinement qu'il est la mienne. Nulle femme ne fut jamais plus proche de son compagnon que moi, ne fut jamais plus véritablement os de ses os et chair de sa chair. Je ne peux pas me lasser de la compagnie de mon Édouard ; il ne peut pas se lasser de la mienne, non plus que nous ne pouvons nous lasser l'un et l'autre des pulsations du cœur qui bat dans chacune de nos poitrines séparées ; par conséquent, nous sommes toujours ensemble. Être ensemble signifie pour nous à la fois être aussi libres que dans la solitude, aussi gais qu'en société. Je crois bien que nous parlons toute la journée ; nous parler l'un à l'autre équivaut pour nous à penser de façon plus animée et plus sonore. Je me confie totalement à lui, qui de son côté n'a pas de secrets pour moi ; nous sommes exactement adaptés l'un à l'autre par le caractère ; il en résulte une concorde parfaite.

M. Rochester resta aveugle pendant les deux premières années de notre union ; peut-être fut-ce ce fait qui nous rendit si proches l'un de l'autre, qui tissa entre nous des liens si étroits ; car j'étais à cette époque sa vision, de même que je suis encore sa main droite. Littéralement, j'étais (nom qu'il me donnait souvent) la prunelle de ses yeux. Il voyait la nature, il voyait les livres par mon intermédiaire ; et jamais je ne me lassais de regarder de sa part et de décrire l'effet produit par les champs, les arbres, les villes, les rivières, les nuages, les rayons de soleil, des paysages que nous avions devant nous ou de l'atmosphère qui nous entourait, ni de traduire en sons pour son oreille ce que la lumière ne pouvait plus présenter à ses yeux. Jamais je ne me lassais de lui faire la lecture ; jamais je ne me lassais de le conduire où il souhaitait aller, ni de faire pour lui ce qu'il souhaitait que je fisse. Rendre ces services m'apportait même un plaisir très plein, très raffiné, tout en étant un peu triste, car Édouard me demandait ces services sans éprouver de honte douloureuse ou d'accablante humiliation. Il m'aimait si sincèrement qu'il ne répugnait jamais à bénéficier de mon aide ; il se rendait compte que je l'aimais si tendrement que lui accorder cette aide était pour moi satisfaire mes désirs les plus chers.

Un matin, vers la fin de ces deux années, alors que j'écrivais une lettre sous sa dictée, il vint se pencher au-dessus de moi et me dit :

— Jane, as-tu quelque chose de brillant autour du cou ?

J'avais une chaîne de montre en or. Je répondis affirmativement.

— Et portes-tu une robe bleu pâle ?

C'était vrai. Il m'apprit alors que depuis quelque temps il avait eu l'impression que les ténèbres enveloppant l'un de ses yeux devenaient moins épaisses, et qu'à présent il en était sûr.

Nous allâmes à Londres, lui et moi. Il consulta un oculiste éminent et finit par recouvrer la vue de cet œil-là. Aujourd'hui encore il n'y voit pas très distinctement ; il ne peut guère lire ni écrire ; mais il peut trouver son chemin sans qu'on le mène par la main ; le ciel n'est plus pour lui un néant, ni la terre un vide. Quand on lui mit dans les bras son premier-né, il put voir que l'enfant avait hérité ses yeux à lui (tels qu'ils étaient jadis) : de grands yeux noirs et brillants. En cette circonstance, une fois encore, le cœur débordant, il reconnut que Dieu avait tempéré son châtiment par la miséricorde.

Mon Édouard et moi, donc, nous sommes heureux ; et nous le sommes d'autant plus que ceux que nous aimons le plus sont heureux également. Diana et Mary Rivers sont mariées toutes les deux ; une fois par an, à tour de rôle, elles viennent nous voir, ou nous allons chez elles. Le mari de Diana est capitaine de marine, brillant officier et homme de bien. Mary a épousé un ecclésiastique, camarade d'études de son frère et, par ses qualités et ses vertus, digne de cette alliance. Le capitaine Fitzjames et M. Wharton aiment tous deux leurs femmes, qui le leur rendent bien.

Quant à Saint-John Rivers, il quitta l'Angleterre ; il partit pour l'Inde. Il s'engagea sur le chemin qu'il s'était lui-même tracé ; il le suit toujours. Jamais pionnier plus résolu et plus infatigable ne travailla parmi les rochers et les périls. Ferme, fidèle, dévoué, plein d'énergie et de zèle, et de loyauté, il travaille pour la race des hommes ; il leur fraye péniblement un chemin vers l'amélioration ; il abat comme un géant les préjugés de croyance et de caste qui les arrêtent. Il est peut-être sévère, il est peut-être exigeant ; il est peut-être ambitieux encore ; mais sa sévérité est celle du guerrier Grandcœur, qui protège son convoi de pèlerins contre les assauts d'Apollyon[1]. Son exigence est celle de l'apôtre, qui parle tout simplement pour le Christ, quand il dit : « Quiconque voudra venir après Moi, qu'il renonce à lui-même, qu'il prenne sa croix et me suive. » Son ambition est celle d'un esprit véritablement supérieur, qui vise à occuper une place au premier rang de ceux qui sont rachetés de la terre, qui se dressent sans faute devant le trône de Dieu, qui prennent part aux dernières glorieuses victoires de l'Agneau, qui sont appelés, élus, fidèles.

Saint-John n'est pas marié et ne se mariera jamais. Il a jusqu'ici suffi seul à la tâche, et la tâche approche de sa fin ; son soleil magnifique se presse vers son déclin. La dernière lettre que j'ai reçue de lui m'a fait venir aux yeux des larmes humaines, en même temps qu'elle m'emplissait pourtant le cœur d'une joie divine ; il attendait sa sûre récompense, sa couronne incorruptible. Je sais que la prochaine fois, c'est la main d'un inconnu qui m'écrira pour me dire que le bon et loyal serviteur est enfin entré dans la joie de son Maître. Pourquoi nous en affligerions-nous ? Nulle crainte de la mort n'assombrira la dernière heure de Saint-John ; son esprit restera sans nuages, son cœur sans faiblesse, son espérance restera sûre et sa foi ferme. Ses propres mots en sont le gage :

« Mon Maître, écrit-il, m'a averti d'avance. Chaque jour il m'annonce plus distinctement : Sois-en sûr, je viens promptement ! Et d'heure en heure, je réponds avec plus d'empressement : Amen, qu'il en soit ainsi ; viens, Seigneur Jésus ! »

---

1. Cf. Bunyan, *Le voyage du pèlerin* : Apollyon est un monstre d'enfer.

POCKET N° 17603

> L'une des plus belles réussites de Dickens, remplie d'humour et de réalisme.

Charles DICKENS
LES GRANDES ESPÉRANCES

Appelez-le Pip. Orphelin de père et de mère, « décédés dans cette paroisse », le petit Philip Pirrip mène une enfance pauvre dans les marais du Kent quand, à la veille de Noël, il y fait la rencontre d'un forçat, hirsute évadé du bagne auquel il prête secours. Dieu récompensant les bonnes actions, le petit garçon, promis à la forge, se voit bientôt appelé à Londres, pour y recevoir éducation et bonnes manières. Entre sa bienfaitrice, miss Havisham, et la belle Estelle, Pip s'acquitte peu à peu des espérances mises en lui. Sauf une seule peut-être : celle de devenir un vrai gentleman. Un gentleman de cœur.

Retrouvez toute l'actualité de Pocket sur :
www.pocket.fr

POCKET N° 17245

Grand classique de la littérature russe, une plongée dans la psyché d'un meurtrier et les conséquences de son crime.

Fedor DOSTOÏEVSKI
CRIME ET CHÂTIMENT

Été 1865, Saint-Pétersbourg. Écrasé par la pauvreté, Raskolnikoff doit abandonner ses études. Se croyant appelé à un grand avenir, il fomente le meurtre de sa logeuse. Les conséquences de son acte le rongeront... Œuvre majeure de la littérature russe, *Crime et Châtiment* est le roman de la déchéance humaine, Raskolnikoff son témoin incarné. Écrivain de la conscience et du doute, Dostoïevski offre, avec cette plongée troublante dans la psyché d'un criminel, une vibrante réflexion sur la dualité de l'Homme, son mystère, et les possibles lueurs de son salut.

Retrouvez toute l'actualité de Pocket sur :
www.pocket.fr

POCKET N° 17251

Le grand classique de Shakespeare, maître des tragédies.

William
SHAKESPEARE
OTHELLO

Général des armées vénitiennes, Othello a épousé Desdémone : beauté noble, blanche et dévouée. Un triomphe pour ce Maure affranchi. Pourtant, Iago, officier perfide, le hait. Distillant le mensonge à la façon d'un venin, il tissera un stratagème machiavélique pour faire chuter son maître. Quant à Othello, manipulé, il commettra l'irréparable...

Histoire de peau, d'amour trahi et tragédie : immense classique, ce drame aussi noir que poignant exalte tout le génie de Shakespeare, dont le théâtre scrute avec acuité le vertige des passions.

Retrouvez toute l'actualité de Pocket sur :
www.pocket.fr

Imprimé en France par

MAURY IMPRIMEUR
à Malesherbes (Loiret)
en août 2024

POCKET - 92 avenue de France, 75013 PARIS

N° d'impression : 279178
S29904/07